Delphi 5

Delphi 5

Dirk Louis

Delphi 5

Referenz & Praxis

Markt+Technik Verlag

Die Deutsche Bibliothek – CIP-Einheitsaufnahme

Ein Titeldatensatz für diese Publikation ist
bei der Deutschen Bibliothek erhältlich.

10 9 8 7 6 5 4 3 2 1

04 03 02 01 00

ISBN 3-8272-5590-2

© 2000 by Markt+Technik Verlag,
ein Imprint der Pearson Education Deutschland GmbH.
Martin-Kollar-Straße 10–12, D–81829 München/Germany
Alle Rechte vorbehalten
Lektorat: Erik Franz, efranz@pearson.de
Herstellung: Claudia Bäurle, cbaeurle@pearson.de
Satz: reemers publishing services gmbh, Krefeld
Einbandgestaltung: ZDESIGN, München
Druck und Verarbeitung: Bercker Graphischer Betrieb, Kevelaer
Printed in Germany

Inhaltsverzeichnis

Vorwort

Delphi ist zweifelsohne eine herausragende Programmierumgebung, die die Entwicklung von Windows-Anwendungen wesentlich vereinfacht. Leider vereinfacht sich damit nicht auch die Aufgabe, brauchbare Bücher zu Delphi zu schreiben.

Gute Bücher zeichnen sich durch einen hohen Informationsgehalt, ansprechenden Stil und eine klare Konzeption aus. Das Erfolgsrezept für eine Delphi-Referenz könnte daher lauten: »Setze eine vollständige Referenz der VCL-Klassen auf.« An dem Informationsgehalt eines solchen Buches ist nicht zu zweifeln, der Schriftstil ist naturbedingt informativ und karg, die Konzeption könnte klarer nicht sein. Ich habe jedoch Zweifel, ob ein solches Buch mehr als eine ausgedruckte Online-Hilfe und dem Leser eine wirkliche Hilfe sein kann.

Die Konzeption des vorliegenden Buches sieht daher so aus, dass der Anspruch der Vollständigkeit zugunsten einer größeren Themenvielfalt aufgegeben wurde. Statt nur über die VCL zu referenzieren, gliedert sich das Buch in vier große Abschnitte:

- Referenz der Delphi-Programmierumgebung mit besonderem Schwerpunkt auf Konzeption und Hintergrund der RAD-Umgebung;
- Referenz der Sprache Object Pascal mit besonderem Schwerpunkt auf der objektorientierten Programmierung mit Pascal;
- Referenz der Bibliotheken, die relativ knapp gehalten ist und vornehmlich der schnellen Orientierung dient;
- Praxisteil mit Lösungen zu typischen Praxisproblemen und Einführung in die wichtigsten Programmiertechniken.

Zahlreiche Verweise und ein ausführlicher Index sollen dem Leser helfen, schnell zu den gesuchten Informationen zu gelangen. Auf allzu offensichtliche Verweise, insbesondere auf Verweise zu direkt nachfolgenden Überschriften habe ich weitgehend verzichtet. Verweise innerhalb eines Kapitels (einer Kategorie) bestehen allein aus der Überschrift kapitelübergreifenden Verweisen sind die Kategorie und gegebenenfalls der Referenzteil vorangestellt. Unbedingt ans Herz legen möchte ich dem Leser auch den Index, da gerade in den Abschnitten des Praxisteils etliche Techniken und Tipps beschrieben sind, die man an den Überschriften der Abschnitte nicht ablesen kann.

Abschließend möchte ich allen an dem Buch beteiligten Personen meinen herzlichen Dank aussprechen, namentlich meiner Frau, meinen beiden Lektoren Erik Franz und Jürgen Bergmoser sowie Ingo Böhme, der sich freundlicherweise bereit erklärt hat, das Fachlektorat zu übernehmen und darüber hinaus auch etliche Tipps zum Praxisteil beigetragen hat.

Viel Erfolg mit Delphi wünscht Ihnen

Dirk Louis   Saarbrücken, den 5. März 2000

Referenzteil

Dieser Teil erläutert sämtliche für die
Programmierung mit Delphi und
Object Pascal wichtigen Begriffe, Routinen,
Klassen und Programmierinstrumente.

Grundlagen

Delphi und Object Pascal

Einführung

Aus der Sicht des Programmierers zeichnen sich Anwendungen, die unter Windows laufen, vor allem dadurch aus, dass sie Fenster als Schnittstellen zum Benutzer verwenden und über Ereignisse gesteuert werden.

Um dem Programmierer den damit einhergehenden Mehraufwand an Entwicklungsarbeit abzunehmen, bieten die meisten Compiler, mit denen sich Windows-Anwendungen erstellen lassen, verschiedene Hilfen: von objektorientierten Klassenbiblio-theken, in denen die Funktionen der Windows-API gekapselt sind, über Experten-Programme zur automatischen Erstellung von Programmgerüsten bis hin zu Editoren zur visuellen Programmierung von Windows-Anwendungen. Als Vorreiter – gerade für die visuelle Erstellung von Windows-Anwendungen – ist hier vor allem das sehr erfolgreiche Visual Basic zu nennen.

Delphi verbindet die Idee der visuellen Anwendungsentwicklung mit der äußerst leistungsfähigen Programmiersprache Pascal. Das Ergebnis dieser Verbindung darf man wohl als ausgesprochen geglückt bezeichnen. Dem Einsteiger bietet Delphi objektorientierte Programmgerüste und visuelle Programmierung in Komponentenbauweise, sodass schon nach kurzer Eingewöhnungsphase komfortable und software-technisch ausgereifte Windows-Anwendungen erstellt werden können. Fortgeschrittenen Programmierern ermöglicht die Kombination aus visueller und traditioneller Programmierung die effiziente, weil schnelle Entwicklung anspruchsvoller, professioneller Anwendungen für die verschiedensten Aufgabenbereiche.

Neben der Entwicklung konventioneller Windows-Anwendungen bietet Delphi auch weit reichende Unterstützung bei der Programmierung von Internet- und Datenbankanwendungen sowie bei der Erstellung nicht-grafischer Konsolenprogramme für MS-DOS.

Die Sprache Pascal

Pascal wurde 1971 von Nikolaus Wirth entwickelt. Ursprünglich als Lehrsprache zur strukturierten Programmierung gedacht, erfreut sich Pascal heute großer Beliebtheit und wird auch in semiprofessionellen und professionellen Bereichen eingesetzt. Neben den positiven Eigenschaften der Sprache (strenge Typisierung, strukturelle und modulare Programmierkonzepte etc.) ist diese Entwicklung vor allem auch dem in den Achtzigern auf den Markt gekommenen Turbo Pascal-Compiler von Borland zu verdanken, der sich bereits durch alle wichtigen Merkmale auszeichnete, die mittlerweile zu Markenzeichen der Borland-Compiler geworden sind:

- Integrierte Entwicklungsumgebung (IDE)
- Kurze Kompilierzeiten
- Schnelle Programme

Seit der Entwicklung von Pascal haben sich die Anforderungen an Programmiersprachen jedoch verschoben. Heutzutage sieht die Situation so aus, dass Rechenzeit immer billiger und der Programmieraufwand immer kostspieliger wird. Um diesen veränderten Anforderungen gerecht zu werden, wurde Pascal um objektorientierte Konzepte erweitert. Vorläufiges Endprodukt dieser Entwicklung ist Object Pascal, das – abgesehen von den Templates – alle wichtigen objektorientierten Konzepte unterstützt.

Object Pascal ist allerdings mehr als nur objektorientiertes Pascal. Was Delphi für Programmierer so interessant macht, ist die schnelle, visuelle Entwicklung von Windows-Anwendungen (RAD = Rapid Application Development). Ermöglicht wird diese aber erst durch einige besondere syntaktische Erweiterungen, die in Object Pascal Eingang gefunden haben und die Object Pascal auf besondere Weise mit Delphi verknüpfen (diese Erweiterungen betreffen vor allem die Programmierung von Komponenten).

Windows-Programmierung

Die Programmierung für grafische Multitasking-Oberflächen wie Windows konfrontiert den Programmierer mit ganz anderen Problemen als die Erstellung einfacher Programme ohne grafische Oberfläche. Letztere haben meist recht primitive Schnittstellen zum Bediener – einfach im Aufbau und einfach zu programmieren. Programme, die unter Windows-Oberflächen ablaufen, bieten dagegen wesentlich weitreichendere Möglichkeiten, die Schnittstelle zum Benutzer zu gestalten. Mausbedienung, Popup-Menüs und hochauflösende grafische Darstellung sind Elemente, auf die heute kaum noch ein Benutzer verzichten möchte. Solche Elemente in DOS-Anwendungen einzubauen, wäre mit einem enormen Aufwand verbunden. Zum Glück nehmen Ihnen grafische Oberflächen wie Windows einen Großteil der Arbeit ab, indem einerseits spezielle Funktionen zur Windows-Programmierung (API = Application Programming Interface) zur Verfügung gestellt werden, andererseits bestimmte Aufgaben (Verschieben von Fenstern auf dem Desktop, Zuweisung von Benutzereingaben an Fenster) direkt vom Betriebssystem übernommen werden, ohne dass der Programmierer sich darum zu kümmern braucht. Was dem Programmierer bleibt, ist die Mühe, sich in den Gebrauch der Windows-Funktionen beziehungsweise der entsprechenden Klassenbibliotheken (im Falle von Delphi wäre dies die VCL) einzuarbeiten und sich mit den Anforderungen, die die Windows-Oberfläche an seine Anwendungen stellt, vertraut zu machen.

Delphi kommt dem Programmierer allerdings noch einen weiteren Schritt entgegen, indem es die Besonderheiten und Formalismen der Windows-Programmierung in automatisch erstellten Programmgerüsten, Komponenten und einer Vielzahl spezieller Editoren auffängt, sodass Standardanwendungen in kürzester Zeit und ohne große Vorkenntnisse erstellt werden können.

Die Delphi-Programmierumgebung

IDE und RAD

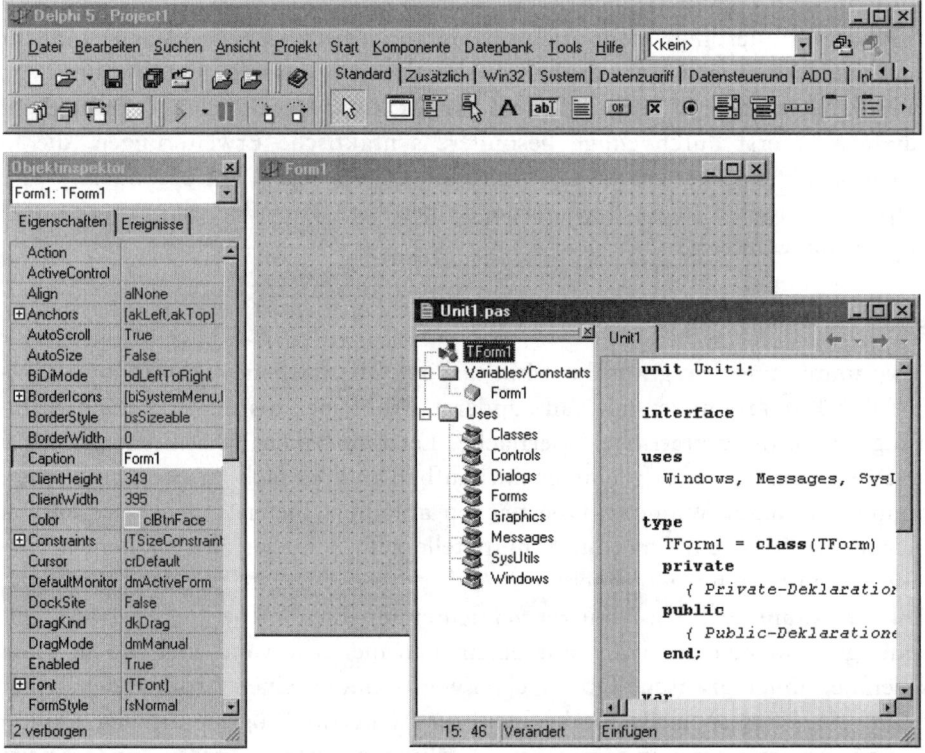

Die IDE

IDE steht für »Integrierte Entwicklungsumgebung« (englisch: Integrated Development Environment). Von einer integrierten Entwicklungsumgebung spricht man, wenn der Programmierer alle zur Programmerstellung erforderlichen Tools (Editor, Compiler etc.) aus einem übergeordneten Shell-Programm (in unserem Falle Delphi) heraus aufrufen kann.

Die wichtigsten Elemente der Delphi-IDE sind:

Die **Objektgalerie** mit der Regis-
terseite *Neu* zum Anlegen neuer
Projekte (Aufruf über *Datei/
Neu*).

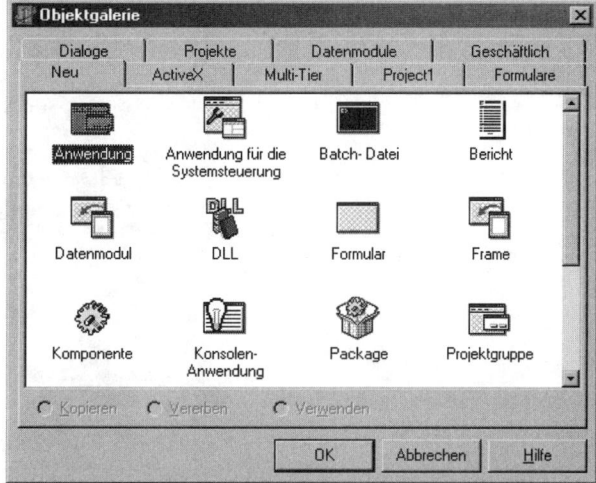

Die **Projektverwaltung**, in der
festgehalten wird, welche Datei-
en zu dem aktuellen Projekt gehören und mit welchen
Einstellungen diese Dateien zu
kompilieren und zu linken sind.

Zur Projektverwaltung gehören
unter anderem das Fenster *Projektverwaltung* (Aufruf über *An-
sicht/Projektverwaltung*) und die
Befehle im Menü *Projekt*.

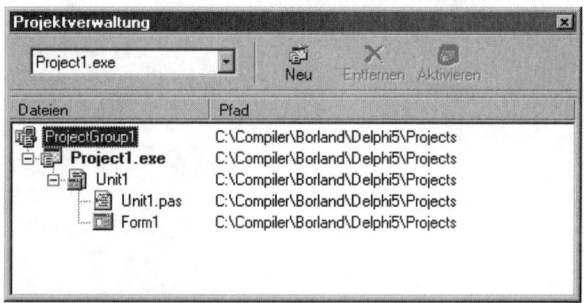

Der **Editor** zur Bearbeitung des
Quelltextes.

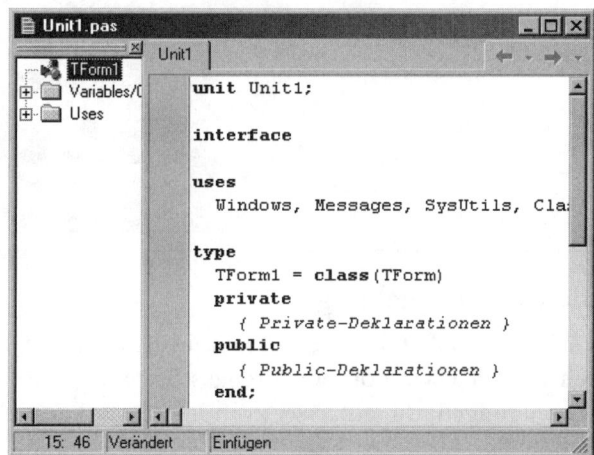

Compiler und Linker, die über die Befehle im Menü *Projekt* aufgerufen werden.

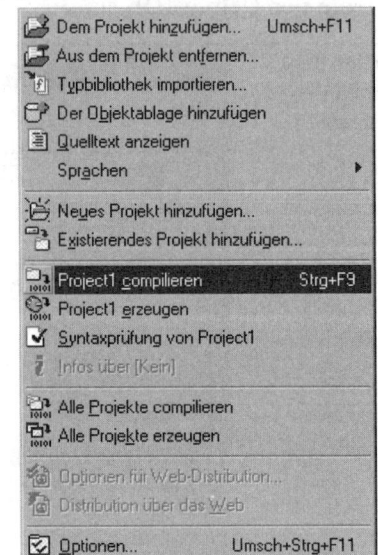

Der Debugger, der über die Befehle im Menü *Start* aktiviert und gesteuert wird.

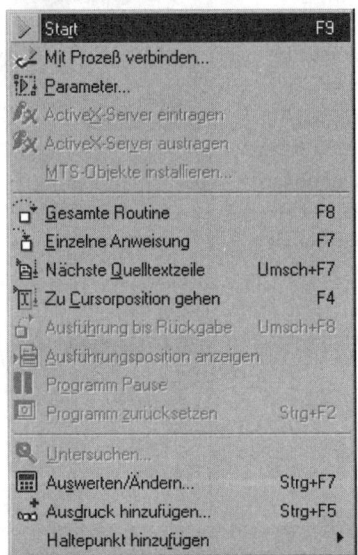

Die RAD-Umgebung

RAD ist eine Abkürzung für »Rapid Application Development«. Dahinter verbirgt sich die Idee der komponentengestützten, grafischen Entwicklung von Windows-Anwendungen, die auf zwei grundlegenden Feststellungen fußt:

- Windows-Anwendungen bestehen letztendlich aus der Summe ihrer Fenster.
- Die verschiedenen Elemente von Windows-Anwendungen lassen sich gut funktionell voneinander abgrenzen und unabhängig voneinander implementieren.

Formulare als Ausgangspunkt der Anwendungserstellung

Aus der ersten Prämisse folgt, dass man eine Windows-Anwendung erstellen kann, indem man zuerst die einzelnen Fenster der Anwendung implementiert und dann die verschiedenen Fenster zu einer Anwendung zusammenfasst.

In Delphi werden die Fenster zur Bearbeitung in den Formular-Designer geladen, wo sie sich dem Programmierer gerade so darstellen, wie sie später bei Ausführung des Programms aussehen werden. Durch Aufnahme einzelner Komponenten (Steuerelemente, Menüleiste, Datenbankverbindung etc.) in das Formular und durch Konfiguration des Formulars mit Hilfe des Objektinspektors (Titel, Einstellung von Größe und Position, Hintergrundfarbe etc.) wird das Formular angepasst (dabei unterscheidet Delphi bei der visuellen Bearbeitung der Fenster nicht zwischen Hauptfenster, untergeordneten Fenstern, MDI-Fenstern oder Dialogfenstern und auch nicht zwischen sichtbaren und nichtsichtbaren, dynamisch oder nicht dynamisch erzeugten Fenstern – daher auch der allgemeine Begriff des »Formulars«).

Komponenten als Software-Bausteine von Windows-Anwendungen

Aus der zweiten Prämisse folgt, dass man die verschiedenen Elemente von Windows-Anwendungen (Steuerelemente, Menüleiste, Elemente zur Visualisierung von Daten etc.) unabhängig voneinander programmieren und dann auf einfache Weise in Windows-Anwendungen einbinden kann.

Zur Kapselung von funktionellen Codeeinheiten bietet sich in objektorientierten Programmiersprachen der Datentyp der »Klasse« an. Entsprechend sind auch die Komponenten, die Delphi benutzt, in Form von Klassen implementiert. In Erweiterung der typischen Syntax einer Klassendeklaration sind die Komponenten aber noch in besonderer Weise an die RAD-Oberfläche von Delphi angepasst (published-Elemente etc.).

Die drei zentralen Elemente der RAD-Umgebung von Delphi sind:

Die **Komponentenpalette**

Hier werden dem Programmierer auf mehrere Registerseiten verteilt die verschiedenen Komponenten zur Auswahl angeboten. Zusätzlich zu den von Delphi mitgelieferten Standardkomponenten können auch eigene oder hinzugekaufte Komponenten installiert und in die Palette aufgenommen werden.

Der **Formular-Designer**

Per Klick mit der Maus fügt
der Programmierer die in der
Komponentenpalette ausge-
wählte Komponente in sein
Formular ein, verschiebt und
bearbeitet sie.

Das Formular wird im For-
mular-Designer genau so angezeigt, wie es später bei
Ausführung des Programms
erscheinen wird.

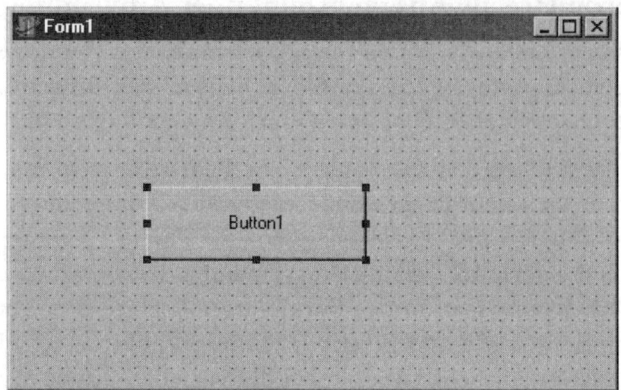

Der **Objektinspektor**

Über den Objektinspektor
können die einzelnen Kom-
ponenten (und Formulare)
konfiguriert und angepasst
werden.

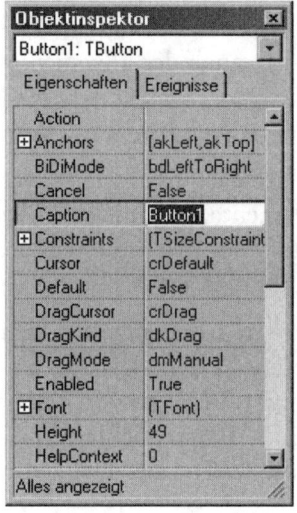

Warnung

Von Nachteil ist, dass die erstellten RAD-Programme im Vergleich zu reinen API-
Programmen mehr Speicherplatz benötigen und in der Ausführung langsamer sind.
Nicht nur aus dieses Gründen, sondern auch um ihren Programmierstil zu verbessern und weiterzuentwickeln, sollten Programmierer, die mit einer RAD-Umgebung
wie Delphi in die Windows-Programmierung einsteigen, nicht versäumen, sich nach
und nach das nötige Hintergrundwissen zur Windows-Programmierung anzueignen.

Verweise

Siehe Erstellung von Konsolenprogrammen und Windows-Programmen
Siehe Delphi-Programmierumgebung, Konzeption der RAD-Umgebung

Schreibkonventionen in Delphi/Pascal

Bei der Festlegung der Namen von Bezeichnern (Variablen-, Funktions-, Prozedur-, Klassen- und Typennamen) dürfen folgende Zeichen benutzt werden:

- alle Buchstaben des englischen Alphabets (a bis z, A bis Z)
- die Ziffern 0 bis 9
- der Unterstrich »_«
- Der Name eines Bezeichners muss mit einem Buchstaben oder dem Unterstrich beginnen. Die Verwendung einer Ziffer als ersten Buchstaben eines Bezeichners ist nicht erlaubt.
- Die deutschen Umlaute und andere Sonderzeichen dürfen nur in Kommentaren und in Zeichenketten vorkommen.
- Die maximale Länge der Bezeichner ist nicht vorgeschrieben, jedoch werden nur die ersten 63 Zeichen zur Unterscheidung herangezogen.

Warnung

Pascal unterscheidet nicht zwischen Groß- und Kleinschreibung. Die Bezeichner var1 und Var1 stehen also für ein und dieselbe Variable.

Verweise

Siehe Object Pascal-Referenz, Elemente der Sprache, Eigene Bezeichner

Erstellung von Konsolenprogrammen

Beschreibung

Konsolenprogramme sind textbildschirmorientierte Anwendungen, wie sie vielen Programmierern und PC-Anwendern noch von MS-DOS her bekannt sind. Unter Windows 95/NT/2000 werden Konsolenprogramme innerhalb eines MSDOS-Eingabeaufforderungsfensters ausgeführt.

Anwendung

Um ein Konsolenprogramm zu erstellen

1. Rufen Sie den Befehl *Datei/Neu* auf.
2. Doppelklicken Sie auf der Registerseite *Neu* der *Objektgalerie* auf das Symbol *Konsolenanwendung*.
3. Bearbeiten Sie im Quelltexteditor den Programmcode.
4. Speichern Sie das Projekt (Befehl *Datei/Projekt speichern unter*).

5. Erstellen Sie das Programm (Befehl *Projekt/<Projektname> erzeugen*).

6. Führen Sie das Programm über *Start/Start* oder durch Aufruf aus der MSDOS-Eingabeaufforderung aus.

Tipp

Wenn Sie eine Konsolenanwendung aufsetzen und diese zum Testen direkt von Delphi aus über den Befehl *Start/Start* ausführen, wird automatisch zusammen mit der Konsolenanwendung ein MSDOS-Eingabeaufforderungsfenster gestartet, das unter Windows als Ein- und Ausgabefenster der Konsolenanwendung dient. Wenn es Sie stört, dass dieses Fenster direkt mit Beendigung des Konsolenprogramms verschwindet, sodass man etwaige Programmausgaben nicht lesen kann, setzen Sie einfach vor das Programmende eine readln-Anweisung.

Beispiel

```
program Vektor;
{$APPTYPE CONSOLE}
uses  sysutils,  Math;

type
  TVektor = record
    x,y ,z : Double;
  end;

var
  v : TVektor;

begin
  v.x := 1;   v.y := 1;  v.z := 1;
  writeln('Betrag von v: ', sqrt(sqr(v.x) + sqr(v.y) + sqr(v.z)) );
  readln;
end.
```

Verweise

Siehe Object Pascal-Referenz, Programmgerüste
Siehe Praxisteil, Sonstiges, Kommandozeilenargumente abfragen

Erstellung von Windows-Programmen

Beschreibung

Windows-Programme werden unter Delphi üblicherweise mit Hilfe der VCL und der RAD-Entwicklungsumgebung erstellt.

Anwendung

Der grundlegende Ablauf bei der Erstellung einer Windows-Anwendung in Delphi sieht wie folgt aus:

1. **Anlegen eines neuen Projekts für die Anwendung.** Rufen Sie dazu den Befehl *Datei/ Neu* auf und doppelklicken Sie auf der Registerseite *Neu* der *Objektgalerie* auf das Symbol *Anwendung*.

2. **Komponenten in Formular aufnehmen.** Wählen Sie in der Komponentenpalette die Komponenten aus, die Sie für die Implementierung Ihres Formulars benötigen. Mit einem Klick legen Sie die Komponenten im Formular ab. Bestücken Sie das Formular auf diese Weise mit Textfeldern (TLabel), Eingabefeldern (TEdit), Menü (TMain-Menu) und anderen Steuerelementen oder auch mit unsichtbaren Software-Komponenten wie zum Beispiel der Verbindung zu einer Datenbank (TDataSource, TTable) oder einem Zeitgeber (TTimer).

3. **Komponenten und Formular konfigurieren.** Klicken Sie die Komponente (oder das Formular) an und bearbeiten Sie die Eigenschaften der Komponente im Objektinspektor.

4. **Funktionellen Code hinzufügen.** Doppelklicken Sie im Objektinspektor in die Eingabefelder der Ereignisse, die Sie abfangen und auf die das Programm reagieren soll. Tippen Sie im Quelltexteditor den Code zur Bearbeitung der Ereignisse ein.

5. **Kompilieren Sie das Programm** (Befehl *Projekt/<Projektname> erzeugen*) und testen Sie es über *Start/Start* aus.

Beispiel

```
{Unit1 eines einfachen Programms, dessen Fenster einen Schalter enthält, dessen
Titel beim Anklicken in "Danke" wechselt.}
unit Unit1;

interface

uses  Windows, Messages, SysUtils, Classes, Graphics, Controls,
      Forms, Dialogs, StdCtrls;

type
  TForm1 = class(TForm)
    Button1: TButton;
    procedure Button1Click(Sender: TObject);
  private
    { Private-Deklarationen }
  public
    { Public-Deklarationen }
  end;

var
```

```
  Form1: TForm1;
implementation
{$R *.DFM}

procedure TForm1.Button1Click(Sender: TObject);
begin
  Button1.Caption := 'Danke!'
end;

end.
```

Verweise

Siehe Delphi-Referenz, Programmieren in der RAD-Umgebung

Hilfe

Delphi unterstützt Sie mit einem umfangreichen Hilfesystem.

Alle größeren Dialogfenster sind mit einem *Hilfe*-Schalter versehen, über den Sie sich Informationen zu den Elementen des Dialogfensters anzeigen lassen können.

Über das Menü *Hilfe* oder über die entsprechenden Hilfe-Programme aus der Delphi-Programmgruppe können Sie sich Informationen zur IDE und den verschiedenen Tools sowie zur Programmierung mit den verschiedenen Bibliotheken anzeigen lassen. Die Suche kann sowohl über ein Stichwort als auch über das Inhaltsverzeichnis erfolgen.

Wenn Sie über einen unter Windows eingerichteten Internet-Zugang verfügen, können Sie sich über die Menübefehle Borland-Homepage, Delphi-Homepage, Delphi.Entwickler-Support und Delphi Direct auch Informationen aus dem Internet besorgen.

- Auf der Borland-Home-Page finden Sie hauptsächlich Produktinformationen zu den Borland-Programmierumgebungen.

- Über die Delphi-Home-Page erhalten Sie auch Unterstützung bei der Programmierung (Newsgroups, Komponenten, Q&As, Online-Kurse).

Kontextbezogene Hilfe können Sie mit Hilfe der Taste F1 für die folgenden Elemente aufrufen:

- Im Quelltext markierte Suchbegriffe (sinnvollerweise ein Schlüsselwort oder ein Element einer Laufzeitbibliothek).

- In der Komponentenpalette ausgewählte Komponenten.

- Zu ausgewählten Menübefehlen oder Einträgen im Objektinspektor.

- Zu Fehlermeldungen des Compilers.

Die Delphi-Programmierumgebung

Programmieren in der RAD-Umgebung

Die visuelle Programmierung mit Komponenten stützt sich auf vier wichtige Elemente:

- die Komponentenpalette,
- den Formular-Designer,
- den Objektinspektor

und

- den Projekt-Quelltext.

Letzterer wird von Delphi automatisch erstellt und enthält den Quellcode zur Einrichtung der Anwendung, zur Erzeugung der Fenster der Anwendung sowie zur Koppelung der Anwendung mit der Botschaftsverarbeitung von Windows.

Die Komponentenpalette

Ansicht/Symbolleisten/Komponentenpalette

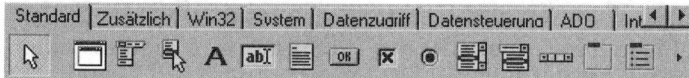

Beschreibung

Komponenten sind sichtbare oder auch nichtsichtbare Elemente von Windows-Anwendungen, die als fertige Bausteine (eben Komponenten) in Formulare (Anwendungs- und Dialogfenster) integriert werden. Zu den sichtbaren Komponenten gehören die typischen Steuerelemente (Schaltflächen, Editierfelder etc.) sowie die Elemente zur Anzeige von Daten aus Datenbanken. Zu den nichtsichtbaren Komponenten gehören beispielsweise der Windows-Zeitgebermechanismus, die Menü-Komponenten und die Elemente zur Verbindung mit Datenbanken. Von der Programmierung her sind Komponenten Pascal-Klassen, die bei Verwendung in einem Formular instanziiert und durch Definition ihrer Eigenschaften und Ereignisse konfiguriert werden.

Verfügbare Komponenten

- Die mit Delphi ausgelieferten Komponenten sind gemäß ihrer Funktion auf die verschiedenen Seiten der Komponentenpalette verteilt (siehe VCL-Referenz, Standardkomponenten).

- Wem diese Auswahl nicht genügt, der kann weitere Komponenten hinzukaufen oder eigene Komponenten entwickeln und in die Komponentenpalette aufnehmen (Befehl *Komponente/Komponente installieren*, siehe Praxisteil, Komponentenentwicklung).

- Damit nicht genug, bietet Delphi auch die Möglichkeit, ActiveX-Steuerelemente (vormals auch OCX-Steuerelemente genannt) zu installieren und über die Komponentenpalette als Komponenten zur Verfügung zu stellen (Befehl *Komponente/ActiveX importieren*, siehe Praxisteil, Internet und verteilte Anwendungen, ActiveX-Steuerelemente in Delphi-Programmen verwenden).

Konfiguration der Komponentenpalette

Die Komponentenpalette können Sie auf drei verschiedene Arten konfigurieren:

- Sie können die Palette ein- und ausblenden (Befehl *Symbolleisten/Komponentenpalette* im Menü *Ansicht*)

- Sie können ihre Größe im IDE-Fenster verändern, indem Sie den Balken zwischen Symbolleiste und Komponentenpalette mit der Maus aufnehmen und verschieben.

- Sie können die Zusammenstellung der Komponenten verändern, indem Sie im Kontextmenü der Komponentenpalette den Befehl *Eigenschaften* aufrufen. Da man einzelne Seite jedoch nur löschen kann, wenn zuvor alle Komponenten der Seite verborgen wurden, ist es meist effizienter, zuerst den Befehl *Komponenten/Packages installieren* aufzurufen und die nicht benötigten Pakkages zu deaktivieren (siehe Tipp). Wenn Sie die Einstellungen bei geöffnetem Projekt vornehmen, gelten die Einstellungen nur für das Projekt. Sollen die Einstellungen für alle zukünftigen Projekte gelten, müssen Sie sie vornehmen, wenn kein Projekt geladen ist.

Tipp

Über den Befehl *Komponenten/Packages installieren* können Sie die Komponentenpalette auch durch An- und Ausschalten der anzuzeigenden Packages konfigurieren. Beachten Sie aber, dass Sie die Packages nur über die Markierungskästchen vor dem Package-Namen deaktivieren. Drücken Sie nicht den Schalter *Entfernen*, sonst wird das Package deinstalliert.

Das gleiche Dialogfeld zur Konfiguration der Packages ist auch über die Projektoptionen verfügbar, sodass man die Komponentenpalette für einzelne Projekte getrennt konfigurieren kann.

Verweise

Siehe Konzeption der RAD-Umgebung, Komponenten
Siehe VCL-Referenz, Standardkomponenten

Der Formular-Designer

Ansicht/Formulare

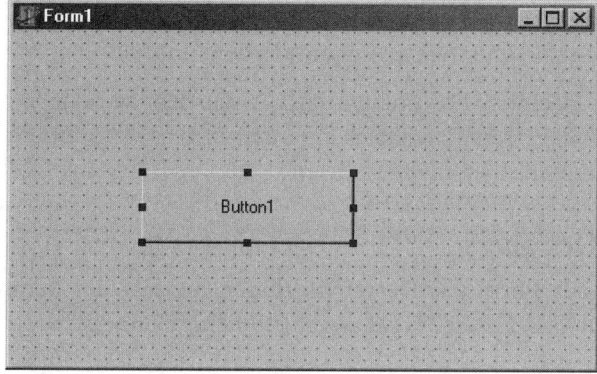

Beschreibung

Der Formular-Designer dient zur Bearbeitung der verschiedenen Fenster einer Anwendung. Die Fenster werden dabei vom Formular-Designer möglichst so dargestellt, wie sie später bei Ausführung des Programms zu sehen sein werden. Da der Formular-Designer zudem über kein eigenes Rahmenfenster verfügt, unterscheidet sich die Darstellung der Fenster im Formular-Designer praktisch nur durch die typischen Bearbeitungshilfen (Gitterpunkte, Markierungspunkte etc.) von ihrem Erscheinungsbild zur Laufzeit.

Die Bearbeitung der Fenster im Formular-Designer besteht tpyischerweise aus zwei Schritten:

- Das Fenster dient als Arbeitsfläche, auf der Komponenten, sichtbare wie unsichtbare, abgelegt und angeordnet werden.

- Das Fenster selbst wird – ganz wie eine Komponente – mit Hilfe des Objektinspektors konfiguriert.

Der Formular-Designer

Für jedes Formular (Hauptfenster, Dialogfenster, MDI-Kindfenster etc.), das Sie in ein Projekt aufnehmen (Befehl *Datei/Neues Formular*), legt Delphi eine neue Unit an (die als neue Seite im Quelltexteditor erscheint) und zeigt das Formular in einer eigenen Instanz des Formular-Designers an.

Des Weiteren wird eine .dfm-Datei für das Formular angelegt. In dieser Datei speichert Delphi alle für den Aufbau des Formulars relevanten Daten (Werte der Formular-Eigenschaften, abgelegte Komponenten). Die DFM-Datei kann im Binär- oder im Text-Format (Vorgabe) abgespeichert werden. Ist im Kontextmenü des Formular-Designers der Befehl *Text-DFM* aktiviert (Häkchen), wird die Datei als normale Textdatei abgespeichert und kann mit anderen Texteditoren bearbeitet werden.

Mit Hilfe des Tastenkürzels F12 können Sie vom Formular-Designer zur Quelltext-Unit des Formulars wechseln.

Sichtbare Komponenten, die in einem Formular abgelegt wurden, werden zur Entwurfszeit genauso angezeigt, wie sie zur Laufzeit aussehen werden.

Nichtsichtbare Komponenten, die in einem Formular abgelegt wurden, werden im Formular durch das gleiche Symbol vertreten, welches sie auch in der Komponentenpalette repräsentiert. Zur Laufzeit sind sie nicht sichtbar.

Konfiguration des Formular-Designers

Die Optionen zur Konfiguration des Formular-Designers finden Sie auf der Seite *Präferenzen*, zu der Sie über den Befehl *Tools/Umgebungsoptionen* gelangen.

Verweise

Siehe Konzeption der RAD-Umgebung, Fenster und Formulare
Siehe Programmerstellung, Formular-Designer

Der Objektinspektor

`Ansicht/Objektinspektor`

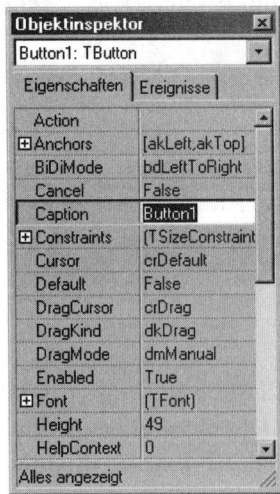

Beschreibung

Wie bereits oben erwähnt, werden Komponenten durch Festlegung Ihrer Eigenschaften (Properties) und durch Definition von Antwortprozeduren zu ihren Ereignissen (so genannten Ereignisbehandlungsroutinen) für den Einsatz in einer Anwendung eingerichtet. Dabei unterstützt Sie vor allem der Objektinspektor, der hierzu über die Seiten *Eigenschaften* und *Ereignisse* verfügt.

Über die Seite *Eigenschaften* können Sie den wichtigsten Datenelementen der Komponente Werte zuweisen. Über die Seite *Ereignisse* können Sie für jedes der aufgeführten Ereignisse eine Prozedur einrichten, die jeweils bei Eintritt des Ereignisses aufgerufen wird.

Der Objektinspektor

Der Objektinspektor bezieht sich stets auf die aktuell markierte Komponente im gerade aktiven Formularfenster (bzw. auf das Formular selbst, wenn keine Komponente ausgewählt ist). Umgekehrt können Sie die zu bearbeitende Komponente auch in dem Listenfeld des Objektinspektors auswählen (die Komponente wird dann im Formular markiert).

Wenn Sie mehrere Komponenten gleichzeitig markiert haben (Anklicken bei gleichzeitigem Drücken der Umschalt-Taste), werden im Objektinspektor nur die gemeinsamen Eigenschaften und Ereignisse der markierten Komponenten angezeigt. Auf diese Weise kann man mehreren Komponenten gleichzeitig denselben Wert zuweisen.

Um einer Eigenschaft einen Wert zuzuweisen, wechseln Sie zur Seite *Eigenschaften* und klicken Sie das Feld der Eigenschaft an. Je nach Eigenschaft gibt es verschiedene Möglichkeiten der Eingabe:

- Der häufigste Fall ist der, dass Sie den Wert direkt in das zugehörige Editierfeld eingeben (beispielsweise Eigenschaft Caption).

- Eigenschaften vom Typ Boolean zeigen ein Listenfeld an, in dem Sie zwischen True und False wählen können (beispielsweise Eigenschaft Enabled).

- Eigenschaften vom Typ Set können über das Plus-Zeichen neben dem Namen expandiert und die einzelnen Elemente der Menge über True/False ausgewählt werden (beispielsweise Eigenschaft BorderIcons).

- Für Eigenschaften von Aufzählungstypen wird ein Listenfeld zur Auswahl der möglichen Werte angezeigt (beispielsweise Eigenschaft BorderStyle).

- Für komplexere Eigenschaften kann die Implementierung der Komponentenklasse einen eigenen Editor zur Verfügung stellen. Ist dies der Fall, zeigt der Objektinspektor die Schaltfläche an. Durch Klicken auf diese Schaltfläche rufen Sie den speziellen Editor auf (beispielsweise Eigenschaft Font).

Um eine Behandlungsroutine zu einem Ereignis festzulegen, wechseln Sie zur Seite *Ereignisse* und klicken Sie die zu bearbeitende Eigenschaft an. In dem Editierfeld geben Sie dann den Namen der Behandlungsroutine ein. Danach richtet Delphi die Behandlungsroutine für Sie in der zugehörigen Unit ein, wo sie von Ihnen bearbeitet werden kann. (Wenn Sie keinen Namen angeben bzw. das Editierfeld direkt doppelt anklicken, teilt Delphi der Behandlungsroutine einen Standardnamen zu, der sich aus dem Komponentennamen und dem Ereignis zusammensetzt.)

Tipp

Zu jedem Ereignis gibt es einen bestimmten Typ von Ereignisbehandlungsroutine, wobei sich die einzelnen Typen vor allem durch die Parameter unterscheiden. Eine Ereignisbehandlungsroutine für das OnClick-Ereignis hat beispielsweise als einzigen Parameter Sender: TObject. Eine Ereignisbehandlungsroutine für das OnMouseDown-Ereignis hat zusätzlich Parameter zur Spezifikation der gedrückten Maustaste und der Koordinaten des Mausklicks: Sender: TObject; Button: TMouseButton; Shift: TShiftState; X, Y: Integer.

Zu ihrer Bequemlichkeit führt Delphi in den Ereignisfeldern alle Ereignisbehandlungsroutinen auf, die von den Parametern zu dem jeweiligen Ereignis passen. Dies vereinfacht es, ähnlichen Komponenten (beispielsweise mehreren Edit-Komponenten) ein und dieselbe Ereignisbehandlungsroutine zuzuweisen.

Verweise

Siehe Konzeption der RAD-Umgebung, Windows-Botschaften und Ereignisse
Siehe Konzeption der RAD-Umgebung, Komponenten
Siehe Praxisteil, Komponentenentwicklung, Eigenschaftseditor einrichten

Der Projektquelltext

Ansicht/Quelltext anzeigen

Damit sich der Programmierer ganz auf die visuelle Erstellung der Formulare konzentrieren kann, übernimmt Delphi die Implementierung und Wartung des Projekt-Quelltextes. In der Projektdatei, die die Extension .dpr trägt, wird festgehalten, welche Units und Ressourcendateien zu dem Projekt gehören. Des Weiteren steht hier der Quellcode zur Einrichtung der Anwendung, zur Erzeugung der Fenster und zum Eintritt in die Botschaftsverarbeitung.

Tipp

In den meisten Fällen ist es für den Programmierer nicht erforderlich, den Projekt-Quelltext selbst zu bearbeiten. Damit Delphi den Projekt-Quelltext ordnungsgemäß auf dem aktuellen Stand halten kann, sollten Sie

- neue Formulare, Datenmodule etc. über die Objektablage in Ihre Projekte aufnehmen (Befehle *Datei/Neu* bzw. *Datei/Neues Formular*);

- bestehende Units (Quelldateien), die nicht über die Objektablage verfügbar sind, über das Fenster der Projektverwaltung oder den Befehl *Dem Projekt hinzufügen* aus dem Menü *Projekt* aufnehmen;

- die Auswahl des Hauptfensters und die automatische Erzeugung der Fenster über die Seite *Formulare* (Aufruf über Befehl *Projekt/Optionen*) vornehmen.

Wenn Sie sich den Inhalt der Projektdatei anschauen wollen, rufen Sie den Befehl *Projekt/Quelltext anzeigen* auf.

Verweise

Siehe Konzeption der RAD-Umgebung, Projektquelltext

Ablauf der RAD-Programmierung

Beschreibung

Der grundlegende Ablauf bei der Erstellung einer Windows-Anwendung in Delphi sieht wie folgt aus:

1. **Anlegen eines neuen Projekts für die Anwendung.** Rufen Sie dazu den Befehl *Datei/Neu* auf und doppelklicken Sie auf der Registerseite *Neu* der *Objektgalerie* auf das Symbol *Anwendung*.

2. **Komponenten in Formular aufnehmen.** Wählen Sie in der Komponentenpalette die Komponenten aus, die Sie für die Implementierung Ihres Formulars benötigen. Mit einem Klick legen Sie die Komponenten im Formular ab. Bestücken Sie das Formular auf diese Weise mit Textfeldern (TLabel), Eingabefeldern (TEdit), Menü (TMainMenu) und anderen Steuerelementen oder auch mit unsichtbaren Software-Komponenten wie zum Beispiel der Verbindung zu einer Datenbank (TDataSource, TTable) oder einem Zeitgeber (TTimer).

3. **Komponenten und Formular konfigurieren.** Klicken Sie die Komponente (oder das Formular) an und bearbeiten Sie die Eigenschaften der Komponente im Objektinspektor.

4. **Funktionellen Code hinzufügen.** Doppelklicken Sie im Objektinspektor in die Eingabefelder der Ereignisse, die Sie abfangen und auf die das Programm reagieren soll. Tippen Sie im Quelltexteditor den Code zur Bearbeitung der Ereignisse ein.

5. **Kompilieren Sie das Programm** (Befehl *Projekt/<Projektname> erzeugen*) und testen Sie es über *Start/Start* aus.

Anwendung

1. Starten Sie Delphi.

2. Legen Sie ein neues Projekt an, wofür Sie beispielsweise den Menübefehl *Datei/ Neue Anwendung* oder eine der Vorlagen unter *Datei/Neu* aufrufen.

   - Wenn Sie ein neues Projekt öffnen, legt Delphi für Sie eine Projektdatei und eine Unit für das Hauptfenster an. Da Sie die Projektdatei üblicherweise nicht selbst bearbeiten müssen (Delphi übernimmt dies für Sie), wird nur die Unit des Hauptfensters im Quelltexteditor angezeigt. Des Weiteren wird der Formular-Designer für die grafische Bearbeitung des Hauptfensters geöffnet (das Hauptfenster verdeckt anfangs den Quelltexteditor). Sie können nun Komponenten in das Hauptfenster aufnehmen oder mit Hilfe des Objektinspektors die Eigenschaften und Ereignisse des Fensters bearbeiten. Sie können aber auch den von Delphi vorimplementierten Code direkt ausführen.

   - Für jedes Formular, das Sie in ein Projekt aufnehmen, legt Delphi eine eigene Unit an. In dieser Unit wird für das neue Formular eine eigene Klasse (TForm1) von der VCL-Klasse TForm abgeleitet und eine Instanz (Form1) dieser neuen Klasse gebildet. Über die Instanz können Sie zur Laufzeit auf das Formular zugreifen.

3. Nehmen Sie eine Label- und eine Button-Komponente in das Formular der Anwendung auf. Beide Komponenten finden Sie auf der Seite Standard der Komponentenpalette. Klicken Sie zuerst auf das Symbol der Komponente und danach auf die Stelle im Formular, an der die Komponente abgelegt werden soll.

   - Wenn Sie eine Komponente aus der Komponentenpalette auswählen und in einem Formular ablegen, deklariert Delphi in der Klasse des Formulars als neues Datenelement eine Instanz der Komponente (genauer gesagt, der VCL-Klasse, die die Komponente implementiert).

4. Konfigurieren Sie die Label-Komponente. Klicken Sie auf die Label-Komponente und geben Sie für die Caption-Eigenschaft der Label-Komponente den Text »Schalter drücken« ein. Doppelklicken Sie dann auf die Eigenschaft Font und setzen Sie die Größe auf 20.

   - Da die Eigenschaft AutoSize der Label-Komponenten standardmäßig auf True gesetzt ist, passt Delphi die Größe der Label-Komponente automatisch an den anzuzeigenden Text an.

   - Hinter den Eigenschaften einer Komponente, die Sie im Objektinspektor bearbeiten, stehen letztendlich Datenelemente der entsprechenden VCL-Klasse. Wenn Sie im Objektinspektor einer Eigenschaft einen Wert zuweisen, ist dies im Prinzip nichts anderes, als würden Sie im Konstruktor der Klasse dem Datenelement, das der Eigenschaft zugrunde liegt, einen Wert zuweisen. Die Zuweisungen werden allerdings in einer eigenen Datei (.dfm-Datei des Formulars) abgespeichert, da diese Informationen ja auch zur Entwurfszeit des Projekts verfügbar sein müssen.

5. Bearbeiten Sie die Ereignisse der Button-Komponente. Wenn der Anwender mit der Maus auf den Schalter klickt, soll der Text der Label-Komponente geändert werden.

Markieren Sie dazu die Button-Komponente und wechseln Sie im Objektinspektor auf die Seite *Ereignisse*. Doppelklicken Sie dort auf das Feld zu dem Ereignis On-Click. Es erscheint automatisch der Quelltexteditor, wo Sie auf dem Weg über die Instanzvariable Label1 die Eigenschaften der Label-Komponente zur Laufzeit ändern können:

```
Label1.Font.Size := 14;
Label1.Caption := 'Schalter wurde gedrückt';
```

6. Konfigurieren Sie das Hauptfenster der Anwendung. Nehmen Sie mit der Maus eine Ecke des Formulars auf und verkleinern oder vergrößern Sie es, bis es ungefähr zu den Komponenten passt. Zentrieren Sie dann die beiden Komponenten, indem Sie sie jeweils markieren und im Dialogfenster *Ausrichtung* (Aufruf über *Bearbeiten/ Ausrichten*) die Option *Zentriert im Fenster* auswählen. Klicken Sie zum Abschluss mit der Maus in das Fenster (nicht auf eine der aufgenommenen Komponenten) und wechseln Sie zum Objektinspektor, wo Sie für die Eigenschaft Caption des Formulars einen neuen Titel (beispielsweise »Erste Anwendung«) eingeben.

7. Speichern Sie das Projekt (Befehl *Datei/Projekt speichern unter*). Delphi fragt Sie nach Namen für die Unit des Formulars und die Projektdatei ab. Nennen Sie die Unit beispielsweise »Test_u« und die Projektdatei »Test_p«.

   - In Delphi ist es nicht erlaubt, einer Unit den gleichen Dateinamen zu geben wie der zugehörigen Projektdatei.

8. Kompilieren und linken Sie das Projekt (Befehl *Projekt/<Projektname> Compilie-ren* oder *Projekt/<Projektname> Erzeugen*). Der Compiler versucht, Ihren Quell-text in Objektcode umzuwandeln. Damit der Compiler ein Programm übersetzen kann, muss es syntaktisch korrekt formuliert sein. Trifft der Compiler auf Kon-strukte, deren Übersetzung fraglich ist, gibt er eine Warnung oder eine Fehlermel-dung aus. Ein guter Compiler unterstützt Sie also bei der Erstellung syntaktisch einwandfreier Programme. Beheben Sie eventuell aufgetretene Fehler und kompilie-ren Sie erneut, bis das Programm vollständig übersetzt ist.

   - Treten Fehler auf, wird im unteren Teil des Editorfensters ein Teilfenster aufge-macht, in dem die verschiedenen Fehlermeldungen angezeigt werden (bei schwerwiegenden Syntaxfehlern wird eine Fehlermeldung ausgegeben und die Kompilation abgebrochen). Korrigieren Sie aufgetretene Fehler.

   - Nach dem Compiler wird der Linker aufgerufen (geschieht automatisch), um eine ausführbare .exe-Datei zu erstellen. Umfangreichere Programme bestehen meist aus mehreren Modulen, d.h. Quelltexteinheiten, die jede für sich in Ob-jektcode übersetzt wurden. Der Linker setzt aus diesen Modulen und den Mo-dulen der Pascal-Bibliotheken das ausführbare Programm zusammen.

9. Führen Sie das Programm aus (Befehl *Start* im gleichnamigen Menü).

Tipp

Um eine Anwendung auszutesten, ist es nicht erforderlich, das Projekt zuvor noch zu kompilieren. Bei Aufruf des Befehls *Start* prüft Delphi automatisch, ob der

Quelltext des Projektes seit der letzten Kompilation geändert wurde und aktualisiert gegebenfalls die EXE-Datei. Schritt 8 erübrigt sich daher in solchen Fällen.

Verweise

Siehe Programmerstellung
Siehe Debuggen

Konzeption der RAD-Umgebung

Windows und Windows-Programmierung

Beschreibung

Aufbau und Programmierung von Windows-Anwendungen unterscheiden sich ganz wesentlich von der Erstellung von Konsolen-Anwendungen. Während der Konsolen-Anwendung vorgegaukelt wird, sie würde ganz allein auf dem System ausgeführt werden, ist dies bei Windows-Anwendungen nicht der Fall. Windows-Anwendungen müssen sich die System-Ressourcen (CPU, Speicher, Bildschirm, Eingabegeräte etc.) meist mit anderen laufenden Anwendungen teilen. Die Verteilung und dynamische Zuordnung der Ressourcen auf die Anwendungen übernimmt Windows. Damit dies aber funktioniert, müssen die Anwendungen in korrekter Weise mit Windows kommunizieren.

Die Kommunikation zwischen Windows und den unter Windows laufenden Anwendungen läuft über:

- Botschaften und
- Fenster.

Fenster

Windows-Anwender kennen Fenster vornehmlich als die sichtbare Benutzeroberfläche ihrer Windows-Anwendungen – zu erkennen an Titelleiste und Rahmen.

Windows fasst den Begriff des Fensters aber wesentlich weiter. Für Windows ist ein Fenster definiert als ein Objekt einer unter Windows registrierten Fensterklasse[1], das über folgende Eigenschaften verfügt:

---

1. Windows ist nicht objektorientiert programmiert. Hinter den so genannten Fensterklassen verbergen sich also in Wirklichkeit C-Strukturen (entsprechen den Pascal-Records). Der Begriff der Klasse ist daher in diesem Zusammenhang allgemeinsprachlich und nicht programmtechnisch zu verstehen.

- Es bildet einen rechteckigen, sichtbaren (oder verborgenen) Teil der Benutzeroberfläche der Anwendung.

- Es kann zur Ausgabe sowie zur Entgegennahme von Benutzereingaben verwendet werden, d.h. der Anwender kann mit dem Fenster interagieren.

- Es verfügt über einen Handle, dessen Wert ihm von Windows zugewiesen wird und anhand dessen Windows das Fenster jederzeit eindeutig identifizieren kann.

- Es ist Ziel der Botschaften, die unter Windows verschickt werden.

- Es (genauer seine Fensterklasse) definiert eine so genannte Fensterfunktion, die die Windows-Botschaften entgegennimmt und bearbeitet.

Fenster sind zum Beispiel: Hauptfenster, untergeordnete Fenster, Dialoge, alle Steuerelemente (Schalter, Eingabefelder, Listenfelder etc.), alle Komponenten, die von TWinControl abgeleitet sind.

Damit eine Anwendung also überhaupt auf dem Desktop sichtbar wird und mit dem Anwender interagieren kann, muss sie ein Fenster erzeugen. Da Fenster Objekte von unter Windows registrierten Fensterklassen sind, muss die Anwendung ein Fenster einer bereits registrierten Fensterklasse erzeugen (Windows registriert selbst Fensterklassen für alle seine Windows-Steuerelemente) oder eine spezielle Fensterklasse für das Fenster registrieren (üblich für Hauptfenster et. al.).

Wird eine eigene Fensterklasse registriert, muss dieser ein Zeiger auf eine Fensterfunktion mitgegeben werden. Diese Funktion wird von Windows aufgerufen, wenn Botschaften für das Fenster vorliegen. In der Implementierung der Fensterfunktion führt man die Botschaften einer geeigneten Bearbeitung zu.

Botschaften

Jegliche Kommunikation unter Windows läuft über Botschaften. Dabei ist zwischen zwei Wegen der Botschaftsübermittlung zu unterscheiden:

- Synchrones Verschicken (Post) über die Message Loop der Anwendung.

- Asynchrones Senden (Send) an die Fensterfunktion (unter Umgehung der Message Loop).

Klickt ein Anwender in ein Fenster einer Anwendung, fängt Windows dieses Ereignis ab und erzeugt dafür eine Botschaft (beispielsweise WM_LBUTTONDOWN für das Drücken der linken Maustaste). Diese Botschaft trägt Windows in die Botschaftenwarteschleife (Message Loop) der Anwendung ein. Aufgabe der Anwendung ist es, diese Botschaftenwarteschleife kontinuierlich nach eingegangenen Botschaften abzufragen. Üblicherweise sieht dies so aus, dass die Anwendung die Botschaften aus der Warteschlange ausliest und auf dem Weg über Windows an die Fensterfunktion des Fensters weiterleitet, in dem das zugrunde liegende Ereignis aufgetreten ist.

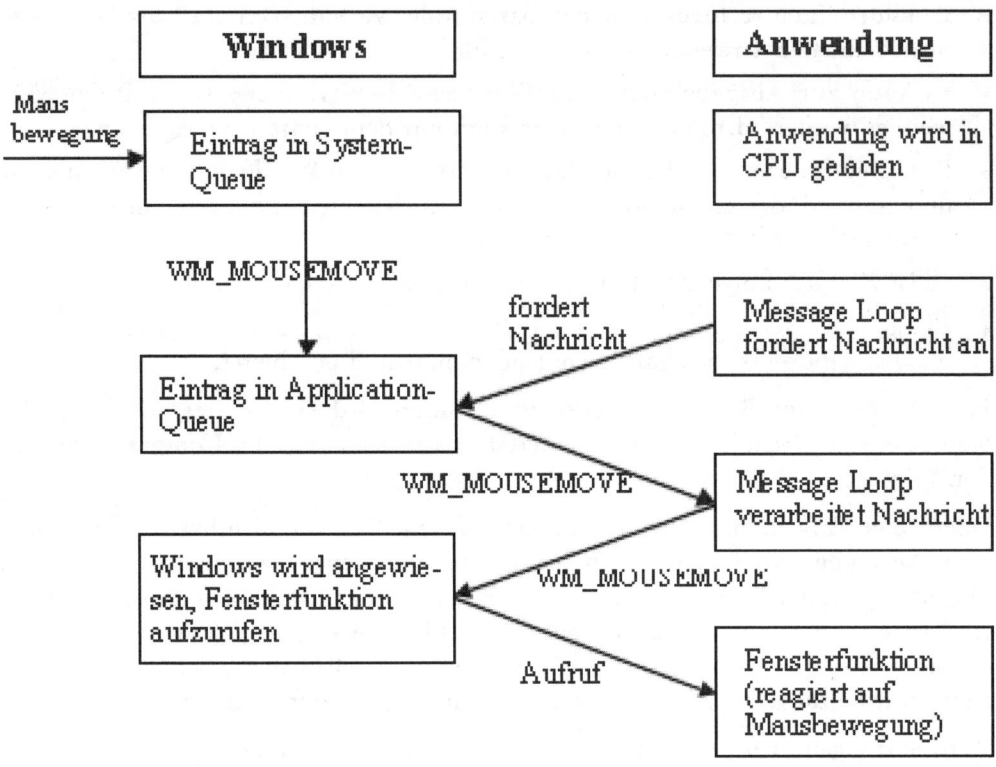

Alle Botschaften, die auf Benutzereingaben zurückgehen (Maus- und Tastaturereignisse), werden über die Message Loop verschickt.

Die meisten anderen Botschaften werden von Windows direkt an die Fensterfunktionen der Anwendungen gesendet.

Anforderungen an Windows-Anwendungen

Aus obigen Ausführungen ergeben sich folgende Anforderungen an eine Windows-kompatible Anwendung:

- Die Anwendung muss für ihre Fenster zugehörige Fensterklassen registrieren.

- Zu jeder Fensterklasse muss eine Fensterfunktion implementiert werden, die Windows aufruft, wenn Botschaften an die Fenster der Fensterklasse zu senden sind.

- In der Implementierung der Fensterfunktion wird festgelegt, wie das Fenster auf die verschiedenen Botschaften reagiert.

- Die Anwendung erzeugt ihre Fenster als Objekte der registrierten Fensterklassen.

- Die Anwendung muss eine Message Loop implementieren, die fortwährend die Botschaftenwarteschleife auf eingegangene Botschaften untersucht und diese verarbeitet bzw. an die Fenster der Anwendung weiterleitet.

Alle diese Abläufe werden bei der RAD-Programmierung vor dem Programmierer verborgen. Ziel der nachfolgenden Abschnitte ist es, diesen Abläufen in Delphi-Programmen nachzuspüren und die Mechanismen und die Konzeption der RAD-Programmierung etwas transparenter zu machen.

Beispiel

Es ist in Delphi auch möglich, direkt mit der Windows-API zu programmieren. Das nachfolgende Listing ist der Quelltext einer einfachen Windows-Anwendung, die wenig mehr macht, als ihr Hauptfenster auf dem Bildschirm anzuzeigen und beim Anklicken mit der linken Maustaste piept.

```
program API;

uses
  Windows,
  Messages;

const
  AppName = 'API';

// Fensterfunktion
function WindowProc(Window: HWnd; AMessage, WParam,
                    LParam: Longint): Longint; stdcall; export;
begin
  WindowProc := 0;

  case AMessage of
    wm_LButtonDown: begin      // Klick mit linker Maustaste
      Beep(1000,800);
      end;
    wm_Destroy: begin          // Anwendung beenden
      PostQuitMessage(0);
      Exit;
      end;
  end;
  // Standardverarbeitung für alle anderen Botschaften
  WindowProc := DefWindowProc(Window, AMessage, WParam, LParam);
end;

var
  AMessage: TMsg;
  hWindow: HWnd;
  WindowClass: TWndClass;

begin
  // Fensterklasse registrieren
  WindowClass.Style := cs_hRedraw or cs_vRedraw;
  WindowClass.lpfnWndProc := @WindowProc;
```

```
WindowClass.cbClsExtra := 0;
WindowClass.cbWndExtra := 0;
WindowClass.hInstance := HInstance;
WindowClass.hIcon := LoadIcon(0, idi_Application);
WindowClass.hCursor := LoadCursor(0, idc_Arrow);
WindowClass.hbrBackground := HBrush(Color_Window);
WindowClass.lpszMenuName := nil;
WindowClass.lpszClassName := AppName;

if RegisterClass(WindowClass) = 0 then Exit;

// Fenster erzeugen
hWindow := CreateWindow(AppName, 'Mein Fenster',
          ws_OverlappedWindow, cw_UseDefault, cw_UseDefault,
          cw_UseDefault, cw_UseDefault, 0, 0, HInstance, nil);

// Fenster anzeigen
if hWindow <> 0 then begin
  ShowWindow(hWindow, CmdShow);
  UpdateWindow(hWindow);
  end
  else Exit;

// Message Loop
while GetMessage(AMessage, 0, 0, 0) do begin
  TranslateMessage(AMessage);
  DispatchMessage(AMessage);
end;
Halt(AMessage.wParam);
end.
```

Tipp

Beachten Sie, dass die EXE-Datei dieses Programms nur cirka 17 KByte belegt, während das gleiche Programm in der RAD-Version es auf fast 300 KByte bringt!

Verweise

Siehe Praxisteil, Multithread-Anwendungen

Der Projektquelltext

```
Ansicht/Quelltext anzeigen
```

Beschreibung

Wenn Sie in ein neues Projekt für eine Windows-Anwendung anlegen (Befehl *Datei/ Neue Anwendung*), erzeugt Delphi eine Projektdatei (Extension .dpr) mit dem Programmquelltext, den Sie üblicherweise gar nicht zu Gesicht bekommen.

Um sich den Code anzeigen zu lassen, rufen Sie den Befehl *Projekt/Quelltext anzeigen* auf.

```
program Project1;

uses Forms,
    Unit1 in 'Unit1.pas' {Form1};

{$R *.RES}

begin
  Application.Initialize;
  Application.CreateForm(TForm1, Form1);
  Application.Run;
end.
```

- In der uses-Klausel des Programms hält Delphi fest, welche Units zu dem Programm gehören. Standardmäßig wird hier neben der VCL-Unit Forms die Unit für das Formular aufgeführt, das Delphi automatisch als Hauptfenster jeder neuen Anwendung anlegt. Nehmen Sie neue Units (für Formulare oder sonstigen Quellcode) nur über die Befehle der Projektverwaltung auf (Befehl *Datei/Neu*, Befehl *Projekt/Dem Projekt hinzufügen*), damit Delphi den Programmcode für Sie aktualisiert.

- Die Compiler-Direktive {$R *.res} bewirkt, dass die Ressourcendatei mit dem gleichen Namen wie das Programm und der Extension .res zu dem Programm gelinkt wird. Delphi erzeugt für jedes Projekt automatisch eine Ressourcendatei, in der das Icon der Anwendung abgespeichert ist. (Den Inhalt der Ressourcendatei können Sie sich im Bildeditor anschauen.)

- Die erste Anweisung des Programms lautet Application.Initialize. Zuvor wird noch ein von Delphi generierter Startcode ausgeführt, der ein TApplication-Objekt erzeugt, das die Anwendung repräsentiert. Dieses Objekt wird der VCL-Variablen Application zugewiesen.

- Die TApplication-Methode CreateForm registriert auf der Basis einer von TForm abgeleiteten Klasse eine neue Fensterklasse und erzeugt ein Objekt dieser Fensterklasse. Das Objekt wird der Instanz zugewiesen, die dem zweiten Parameter übergeben wurde. Die Anwendung wird zum Besitzer des Formulars. Das erste mit CreateForm erzeugte Fenster wird automatisch zum Hauptfenster der Anwendung (festgehalten in TApplication.MainForm und TApplication.Handle).

- Die TApplication-Methode Run implementiert die Message Loop der Anwendung. Nach dem Aufruf von Run befindet sich die Anwendung in einer Endlosschleife, in der sie auf einkommende Botschaften wartet und diese an die Fenster verteilt.

Anwendung

Meist besteht kein Grund, in den Projektquelltext einzugreifen. Für manche Zwecke ist dies aber dennoch notwendig:

- Sie wollen vor dem Anzeigen des Hautpfensters die Kommandozeile auswerten. (Siehe Praxisteil, Sonstiges, Kommandozeilenargumente verarbeiten)
- Sie wollen beim Start der Anwendung eine Meldung oder ein Dialogfenster anzeigen. (Siehe Praxisteil, Windows-Programme starten und beenden, Meldungsfenster vor Programmstart)
- Sie wollen feststellen, ob ein Automatisierungsserver als eigenständige Anwendung oder nur als Server aufgerufen wurde. (siehe Praxisteil, Internet und verteilte Anwendungen, Automatisierungsserver im Hintergrund starten)

Warnung

Der Name des Programms muss mit dem Namen der Projektdatei übereinstimmen. Wenn Sie das Projekt speichern (Befehl *Datei/Projekt speichern unter*), passt Delphi automatisch die Namen der Projektdatei und des Programms an.

Verweise

Siehe VCL-Referenz, Sonstige Klassen, TApplication
Siehe Praxisteil, Fenster und Komponenten, Hauptfenster festlegen

Fenster und Formulare

Beschreibung

Im Abschnitt »Windows und Windows-Programmierung« wurde bereits geklärt, was aus Sicht von Windows ein »Fenster« ist. Was bleibt, ist die Frage, was nun ein Formular ist?

Ein Formular ist ein Anwendungsfenster mit Rahmen – also ein Hauptfenster, ein MDI-Fenster, ein Dialogfenster, ein gleichberechtigtes Fenster im Besitz der Anwendung oder des Hauptfensters. Alle kleineren, untergeordneten Fenster sind in Delphi Komponenten (beispielsweise die Windows-Steuerelemente).

Sämtliche Fenster einer Anwendung stehen zueinander in Beziehung. Dabei ist zwischen zwei verschiedenen Formen der Beziehung zu unterscheiden:

- Eltern/Kind-Beziehungen (übergeordnet/untergeordnet)
- Besitzer

Eltern/Kind-Fenster

Zwischen Eltern- und Kindfenstern (übergeordneten und untergeordneten Fenstern) besteht folgende Beziehung:

- Kindfenster können nur im Client-Bereich ihres Elternfensters dargestellt und bewegt werden.

- Kindfenster, die Botschaften verarbeiten, informieren ihr Eltern-Fenster über spezielle Windows-Botschaften über die Botschaften, die sie empfangen haben.

- Kind-Fenster können keine Besitzer von anderen Fenstern sein.

- Das Elternfenster eines Kindfensters kann über die Eigenschaft `Parent` abgefragt werden.

- Komponenten, die Sie in ein Formular (oder eine andere Komponente) aufnehmen, werden automatisch zu Kindfenstern des Formulars (der Komponente).

- Für Komponenten, die Sie zur Laufzeit dynamisch erstellen, müssen Sie die Eigenschaft `Parent` explizit setzen.

- Kindfenster werden unter Windows mit dem Fenster-Stil `WS_CHILD` erzeugt.

Besitzer

- Ein Fenster (oder eine Komponente), das im Besitz eines anderen Fensters (oder der Anwendung) steht, wird mit seinem Besitzer aufgelöst.

- Ein Fenster (oder eine Komponente), das im Besitz eines anderen Fensters (oder der Anwendung) steht, wird immer über seinem Besitzer angezeigt (überlappt den Besitzer).

- Ein Fenster (oder eine Komponente), das im Besitz eines anderen Fensters (oder der Anwendung) steht, wird verborgen, wenn sein Besitzer minimiert wird.

- Der Besitzer eines Fensters kann über die Eigenschaft `Owner` abgefragt werden.

- Wenn Sie Komponenten in ein Formular (oder eine andere Komponente) aufnehmen, gelangen die Komponenten automatisch in Besitz des Formulars.

- Für Komponenten, die Sie zur Laufzeit dynamisch erstellen, müssen Sie den Besitzer als Argument an den Konstruktor übergeben.

- Kind-Fenster können keine Besitzer von anderen Fenstern sein.

Um einem Projekt ein neues Formular (Anwendungsfenster) hinzuzufügen, ruft man den Befehl *Datei/Neues Formular* auf. Delphi legt daraufhin für das Formular eine eigene Quelltext-Unit und eine DFM-Datei an.

Die Unit des Formulars

In der Unit wird für das Formular eine neue Klasse von der VCL-Klasse `TForm` abgeleitet und eine globale Instanz der neuen Klasse deklariert (die aber noch nicht mit einem Formular-Objekt verbunden ist).

```
unit Unit1;

interface
```

```
uses
  ... Forms, ...;
type
  TForm1 = class(TForm)
  private
    { Private-Deklarationen }
  public
    { Public-Deklarationen }
  end;

var
  Form1: TForm1;

implementation
{$R *.DFM}
end.
```

- Dadurch, dass Delphi für jedes neue Formular eine eigene Klasse ableitet statt die Fenster direkt als Instanzen von TForm zu definieren, haben Sie die Möglichkeit, jedes Fenster über seine Klassendefinition individuell zu implementieren.

- Über die globale Instanz (oben Form1) können Sie auf das Formular und die Komponenten des Formulars zugreifen.

- Die Projektdatei wird um einen Aufruf der Methode Application.CreateForm erweitert, der dafür sorgt, dass das Fenster direkt beim Start der Anwendung erzeugt wird. Dies bedeutet aber nicht, dass das Fenster auch direkt beim Start der Anwendung angezeigt wird.

- Grundsätzlich sind alle Fenster verborgen (Eigenschaft Visible = False). Um ein Fenster anzuzeigen, muss man Visible auf True setzen oder die Methode Show aufrufen. Lediglich das Hauptfenster der Anwendung (das erste mit CreateForm erzeugte Fenster) wird automatisch angezeigt.

- Wenn Sie ein Fenster dynamisch erzeugen wollen, löschen Sie den Aufruf von Application.CreateForm (entweder direkt im Projektquelltext oder indirekt über die *Projektoptionen*, Seite *Formulare*).

Die DFM-Datei des Formulars

Bearbeitet wird ein Formular durch die Bearbeitung seiner Eigenschaften und Ereignisse im Objektinspektor sowie durch die Aufnahme von Komponenten.

Während jedoch die Routinen für die Ereignisbehandlung im Quelltext der Unit des Formulars implementiert werden und die aufgenommenen Komponenten in die Klassendeklaration des Formulars eingetragen werden, sieht man dort nichts von den Einstellungen im Objektinspektor und der Hierarchie der Komponenten.

Diese Informationen werden in der DFM-Datei des Formulars abgelegt.

```
object Form1: TForm1
  Left = 192
  Top = 107
  Width = 696
  ...
  object Panel1: TPanel
    Left = 56
    Top = 72
    Width = 561
    ...
    object SpeedButton1: TSpeedButton
      Left = 64
      ...
    end
  end
end
```

- Um zwischen dem Formular und seiner Unit hin und her zu wechseln, drücken Sie die Taste F12.

- Um zwischen der Anzeige der DFM-Datei als Formular oder als Textdatei hin und her zu wechseln, drücken Sie die Tastenkombination Alt + F12.

Bei der Programmierung mit Formularen und Komponenten merkt man herzlich wenig von den auf Windows-Ebene ablaufenden Prozessen. Die Registrierung der Fensterklassen, die Zuweisung von Fenster-Handles, die Anordnung in Eltern- und Kindfenstern, die Einrichtung von Besitzern – all dies wird durch die RAD-Programmierung und die Kapselung der Windows-API in der VCL verborgen.

Es gibt aber auch Gelegenheiten, zu denen man mit diesen Konzepten konfrontiert wird.

- Wenn Sie eine Windows-API-Funktion aufrufen, die mit Fenstern zu tun hat, müssen Sie der Funktion unter Umständen einen Fenster-Handle übergeben. Alle von TWinControl abgeleiteten Komponenten (schließt TForm mit ein) verfügen zu diesem Zweck über die Eigenschaft Handle, in der der Handle abgespeichert ist, der dem Fenster bei seiner Erzeugung von Windows zugewiesen wurde. TApplication.Handle enthält den Handle des Hauptfensters der Anwendung.

- Wenn Sie Komponenten (oder Fenster) zur Laufzeit erzeugen, müssen Sie dem Konstruktor den Eigentümer als Argument übergeben. Üblicherweise teilt man Komponenten das Formular als Besitzer zu, in das sie eingebettet werden. Dialoge erhalten als Besitzer meist das Formular, in dessen Methode sie aufgerufen werden, Formulare erhalten als Besitzer die Anwendung.

Warnung

Komponenten, die keinen Besitzer haben, müssen explizit durch Aufruf der Methode `Free` (`Release` für Formulare) aufgelöst werden.

Verweise

Siehe Projektquelltext
Siehe VCL-Referenz, Sonstige Klassen, TForm
Siehe Praxisteil, Fenster und Komponenten, Fenster dynamisch erzeugen

Windows-Botschaften und Ereignisse

Beschreibung

Über die Bedeutung der Botschaften für Windows und die Botschaftsverarbeitung unter Windows wurde bereits im Abschnitt »Windows und Windows-Programmierung« einiges gesagt. Nicht geklärt wurde die Frage, wie sich die VCL und Delphi in die Botschaftsverarbeitung einklinken. Dazu ist es erforderlich, das Thema »Botschaftsvererbung unter Windows« noch ein wenig zu vertiefen.

Botschaftsverarbeitung unter Windows

Was passiert, wenn Sie im Hauptfenster eines Programms, das ein Schalter-Steuerelement enthält, auf den Schalter klicken?

Windows schickt eine `WM_LBUTTONDOWN`-Botschaft an die Fensterfunktion des Windows-Steuerelementes. Das Steuerelement schickt als Antwort eine Benachrichtigung an das übergeordnete Fenster (in unserem Fall also das Hauptfenster der Anwendung). Die Benachrichtigung besteht in einer `WM_COMMAND`-Botschaft, die als Parameter alle nötigen Informationen enthält (beispielsweise auch eine Kennung des Absenders). Diese `WM_COMMAND`-Botschaft wird in der Fensterfunktion des Hauptfensters empfangen und einer Bearbeitung zugeführt.

Man bezeichnet dies als **Delegierung**. Delegiert wurde dabei die Beantwortung des Klick-Ereignisses des Schalters – und zwar vom Schalter zum Hauptfenster. Warum delegiert der Schalter die Ereignisverarbeitung?

Für alle Windows-Steuerelemente sind in Windows bereits entsprechende Fensterklassen mit Fensterfunktionen definiert – so auch für Button-Schalter. Der Programmierer braucht den Schalter also nur zu erzeugen und in sein Programm aufzunehmen. Die Implementierung der Fensterfunktion sorgt dafür, dass der Schalter beim Drücken und gedrückt Halten korrekt angezeigt wird, doch welche Aktion soll mit dem Drücken des Schalters verbunden werden. Dies muss der Programmierer festlegen, der den Schalter in sein Programm aufnimmt. Dieser kann die Implementierung der Fensterklasse oder der Fensterfunktion des Schalters nicht ändern. Würde das Schalter-Steuerelement die Bearbeitung nicht delegieren, müsste der Programmierer eine eigene Fensterklasse generieren und eine komplett neue Fensterfunktion implementieren. Windows erspart uns dies, indem es die Bearbeitung an das übergeordnete Fenster delegiert (durch Verschicken einer WM_COMMAND-Botschaft).

Botschaftsverarbeitung in VCL

Wenn Sie eine TButton-Komponente in ein Formular aufnehmen, liegt dieser Schalter-Komponente das Schalter-Steuerelement von Windows zugrunde, d. h., TButton implementiert kein vollständiges Schalter-Element, sondern kapselt das in Windows implementierte Steuerelement (dies ist sinnvoll, da dadurch stets die Kompatibilität zu Windows garantiert ist).

Klickt der Anwender in einem Delphi-Programm auf einen TButton-Schalter, läuft also zuerst einmal die gleiche Botschaftsverarbeitung ab wie in einem API-Programm. Das Windows-Steuerelement empfängt die Botschaft und benachrichtigt das übergeordnete Fenster durch eine WM_COMMAND-Botschaft. In einem API-Programm hätten wir jetzt also die Möglichkeit, die WM_COMMAND-Botschaft in der Fensterfunktion des Hauptfensters abzufangen und mit der gewünschten Ereignisbehandlungsfunktion zu verbinden.

Nicht so in einem RAD-Programm. Die Fensterfunktion des Hauptfensters ist in den Tiefen der VCL versteckt. Nun könnte man natürlich trotzdem hingehen, die Fensterfunktion hervorkramen und mit einer eigenen Implementierung überschreiben, aber das ist natürlich nicht der Sinn des Ganzen. In der VCL ist nicht nur das Hauptfenster, auch alle Windows-Steuerelemente sind in Form von Klassen gekapselt und in eine Klassenhierarchie eingebunden. Jede Komponente, die Ereignisse bearbeitet, verfügt über entsprechende Methoden zur Behandlung von Botschaften. Diese Methoden sind teilweise in den jeweiligen Komponenten, teilweise in deren Basisklassen definiert. Was passiert nun, wenn die WM_COMAMND-Botschaft in der Fensterfunktion des Hauptfensters ankommt? Sie wird durch die Hierarchie der VCL-Klassen durchgereicht, bis sie schließlich irgendwo bearbeitet wird. In unserem Beispiel ist dies die Click-Prozedur, die die TButton-Komponente von TControl geerbt hat.

```
procedure TControl.Click;
begin
  { Call OnClick if assigned and not equal to associated action's
    OnExecute. If associated action's OnExecute assigned then call it,
    otherwise, call OnClick. }
  if Assigned(FOnClick) and (Action <> nil)
    and (@FOnClick <> @Action.OnExecute) then
    FOnClick(Self)
  else if not (csDesigning in ComponentState)
            and (ActionLink <> nil) then
    ActionLink.Execute
  else if Assigned(FOnClick) then
    FOnClick(Self);
end;
```

Diese prüft, ob das Click-Ereignis der Komponente mit einer Ereignisbehandlungs-routine verbunden wurde (über die Seite *Ereignisse* des Objektinspektors). Wenn ja, weist der Prozedurzeiger FOnClick auf diese Routine und die Click-Methode ruft sie auf.

Botschaftsverarbeitung und Ereignisse

Wie Ereignisbehandlungsroutinen mit Windows-Botschaften verbunden werden, wurde gerade im obigen Abschnitt ausgeführt. Einen Punkt möchte ich in diesem Zusammenhang noch deutlicher herausstreichen:

Wir haben hier den Fall, dass eine vordefinierte Klasse wie TButton eine Methode (die Ereignisbehandlungsroutine) aufruft, die erst viel später, von einem anderen Programmierer und außerhalb der Klasse implementiert wurde. Ja, die Klasse TBut-ton kann nicht einmal sicher sein, dass eine solche Routine existiert. Wie ist dies möglich?

Die Antwort liegt in der RAD-Umgebung und der Implementierung der Click-Methode. Die Komponentenklasse (TButton) definiert zu jedem Ereignis, das sie im Objektinspektor anbietet, ein zugehöriges Datenelement – einen Zeiger auf eine Ereignisbehandlungsroutine zu dem Ereignis. Standardmäßig weist dieser Zeiger auf Null. Wenn der Benutzer der Komponente nun für ein Ereignis einer Instanz der Komponente (in unserem Beispiel also das OnClick-Ereignis des Button-Schal-ters) eine Ereignisbehandlungsfunktion definiert, wird dem Zeiger zu dem Ereignis die Adresse der Ereignisbehandlungsfunktion übergeben. Geht jetzt bei der Instanz eine Botschaft ein, die zu dem Ereignis passt (in unserem Fall also die Benachrichti-gung, dass der Schalter angeklickt wurde), ruft sie die zu der Benachrichtigung pas-sende interne Antwortfunktion (Click()) auf, die wiederum prüft, ob der zugehö-rige Ereignis-Zeiger auf eine Ereignisbehandlungsfunktion weist und diese dann aufruft.

Warum diese trickreiche Konstruktion? Nun, die Alternative wäre wie im Falle des Windows-Steuerelements gewesen, dass man den Programmierer dazu anhält, von der TButton-Klasse eine eigene Klasse abzuleiten und in dieser die Methode zur Ereignisbehandlung zu überschreiben. Dies wäre aber wesentlich aufwändiger. Also hat man sich entschieden, durch Delegierung die Ereignisbehandlung für die Kom-ponenten an das übergeordnete Formular zu übertragen.

Anwendung

Die Delegierung ist aufwändig zu implementieren, doch betrifft dies nur die Pro-grammierer der VCL und in geringerem Umfang die Entwickler von Komponenten. Die Bearbeitung von Ereignissen in der RAD-Umgebung ist dagegen von erstaunli-cher Einfachheit:

1. Markieren Sie die Komponente im Formular-Designer.

2. Doppelklicken Sie im Objektinspektor, Seite *Ereignisse,* in das Eingabefeld neben dem Ereignis, das sie bearbeiten wollen.

3. Setzen Sie im Editor den Code für die Ereignisbehandlungsroutine auf.

Tipp

Wenn Sie sich selbst von der Botschaftsverarbeitung unter Windows überzeugen wollen, rufen Sie dazu `WinSight32` auf (siehe Debuggen/Botschaften überwachen mit WinSight)). Über den Befehl *WinSight/Fokus folgen* können Sie das Hauptfenster der Anwendung und den Schalter auffinden. Markieren Sie beide Fenster dann im Fensterausschnitt, deaktivieren Sie den Befehl *WinSight/Fokus folgen,* wählen Sie die Menüoption *Botschaften/Ausgewählte Fenster* und starten Sie die Botschaftsverfolgung, indem Sie den Menüschalter *Start* drücken (wechselt in *Halt).* Wenn Sie jetzt in der Anwendung den Schalter drücken, können Sie im Botschaftsausschnitt von WinSight die über Windows ausgetauschten Botschaften kontrollieren.

Verweise

Siehe Praxisteil, Kategorie Ereignisbehandlung

Komponenten

Beschreibung

Komponenten sind bestimmte, sichtbare oder auch nichtsichtbare Elemente von Windows-Anwendungen, die als fertige Bausteine (eben Komponenten) in Formulare (Anwendungs- und Dialogfenster) integriert werden. Zu den sichtbaren Komponenten gehören die typischen Steuerelemente (Schaltflächen, Editierfelder etc.) sowie die Elemente zur Anzeige von Daten aus Datenbanken. Zu den nichtsichtbaren Komponenten gehören beispielsweise der Windows-Zeitgebermechanismus, die Menü-Komponenten und die Elemente zur Verbindung mit Datenbanken.

Alle Komponenten gehen auf die Basisklasse `TComponent` zurück. Dies gilt auch für Formulare, die also ebenfalls Komponenten darstellen.

Anwendung

Komponenten verwenden. Wenn Sie eine Komponente mit der Maus in der Komponentenpalette auswählen und per Klick in ein Formular einfügen, deklariert Delphi in der Klasse des Formulars eine Instanz der Komponente.

```
type
  TForm1 = class(TForm)
    Button1: TButton;
```

Komponenten konfigurieren. Komponenten definieren einen Teil ihrer Eigenschaften mit dem Schlüsselwort published. Alle Eigenschaften, die als published deklariert sind, werden in der RAD-Umgebung im Objektinspektor angezeigt und können mit diesem zur Entwurfszeit bearbeitet werden. Wenn Sie die Eigenschaften im Objektinspektor anpassen, hält Delphi die Änderungen in der DFM-Datei des Formulars fest (Standardwerte für Eigenschaften werden nicht abgespeichert).

```
object Form1: TForm1
  Left = 616
  Top = 134
  Width = 357
  Height = 279
  Caption = 'Form1'
  ...
  object Button1: TButton
    Left = 80
    Top = 80
    Width = 169
    Height = 73
    Caption = 'Button1'
    TabOrder = 0
    OnClick = Button1Click
  end
end
```

Ereignisse für Komponenten abfangen. Wenn Sie eine Ereignisbehandlungsroutine für die Ereignisse einer Komponente einrichten, hält Delphi die Verbindung des Ereignisses mit der Ereignisbehandlungsroutine in der DFM-Datei des Formulars fest und legt die Ereignisbehandlungsroutine als Methode des Formulars an:

```
type
  TForm1 = class(TForm)
    Button1: TButton;
    procedure Button1Click(Sender: TObject);
...
implementation

{$R *.DFM}

procedure TForm1.WndProc(var Message: TMessage);
begin
  inherited;
end;

procedure TForm1.Button1Click(Sender: TObject);
begin
Caption := 'Hallo';
end;
```

Alle Komponenten, die Sie in ein Formular einfügen, sind Kinder und Eigentum des Formulars (werden also automatisch zusammen mit dem Formular aufgelöst).

Warnung

Wenn Sie den Namen einer Komponente (schließt Formulare ein), ändern wollen, tun Sie dies sofort nach dem Einfügen der Komponente. Falls Sie nämlich den Namen irgendwo verwenden, kann Delphi diese Vorkommen des Namens nicht aktualisieren, wenn Sie diesen später ändern.

Verweise

Siehe Programmieren in der RAD-Umgebung, Objektinspektor
Siehe Programmerstellung, Formular-Designer
Siehe VCL-Referenz, Standardkomponenten

Projektverwaltung

Was sind Projekte?

Beschreibung

Unter Delphi werden Programme in Form von Projekten erstellt. Ein Projekt ist dabei zunächst nichts anderes als die Sammlung aller Quelltextdateien, die zu dem Programm gehören. (Wenn Sie bisher nur kleinere Pascal-Programme erstellt haben, sind Sie vermutlich mit einer Quelltextdatei, inklusive einiger Header-Dateien, und ohne Projektverwaltung ausgekommen. Windows-Anwendungen sind jedoch meist recht umfangreich, sodass man zur besseren Übersicht und Wartung den Quelltext auf mehrere Dateien (Module) verteilt). Der Quelltext dieser Dateien wird dann beim Kompilieren in Objektcode umgewandelt, der zusammen mit dem bereits vorkompilierten Code der für das Programm benötigten Laufzeit- und VCL-Bibliothken zur ausführbaren Datei (EXE oder DLL) zusammengebunden wird.

Zu den Dateien eines Projekts gehören:

- **Projektdateien** mit den Informationen über die Zusammensetzung des Projekts und den Vorgaben für die Kompilation.

Projektdatei (*.dpr)	Eigentliche Projektdatei. Sie enthält den Quelltext für den Start der Anwendung sowie die Verweise auf die anderen Module. Sie wird automatisch von Delphi verwaltet, kann aber über den Befehl *Projekt/ Quelltext anzeigen* auch in den Editor geladen und dort bearbeitet werden.

Projektoptionen (*.dof)	Trägt den gleichen Namen wie die Projektdatei und speichert die Projektoptionen (ASCII-Datei, die üblicherweise nur über das Dialogfenster zu den Projektoptionen (Befehl *Projekt/Optionen*) bearbeitet wird).
Projektoptionen (*.cfg)	Trägt den gleichen Namen wie die Projektdatei und speichert die Optionen zum Kompilieren und Linken des Projekts (ASCII-Datei, die üblicherweise nur über die Dialogfenster zu den Projektoptionen, Seiten *Compiler* und *Linker* bearbeitet wird, siehe Projekte konfigurieren).
Projektgruppendatei (*.bpg)	Wenn Sie eine Projektgruppe anlegen, verwaltet Delphi in dieser Datei die Information darüber, welche Projekte zu der Projektgruppe gehören (ASCII-Datei, die üblicherweise nur über das Fenster der Projektverwaltung (Befehl *Ansicht/Projektverwaltung*) bearbeitet wird).

- **Quelltextdateien**, die den Code der Anwendung enthalten und die Sie in Editoren bearbeiten.

Unit (*.pas)	Quelltext zu einer Unit. Jede Unit stellt ein eigenes Modul dar. Bei der Kompilation wird der Quelltext der Unit (*.pas) in Objektcode (*.dcu oder *.obj) übersetzt. Formulare verfügen neben ihrer Unit auch noch über eine .dfm-Datei.
Formular (*.dfm)	Diese Datei, die über den Befehl *Ansicht als...* des zugehörigen Kontextmenüs entweder grafisch oder als Quelltext angezeigt und bearbeitet werden kann, enthält die Informationen für den Aufbau des Formulars (dazu gehören die integrierten Komponenten und die Eigenschaften, die nicht mit Standardwerten initialisiert werden sollen). Zu einem Formular gehören stets seine Unit (in der beispielsweise die Ereignisse des Formulars bearbeitet werden) und seine Formulardatei. Beide Dateien tragen den gleichen Namen.

- **Ausgabedateien**, die durch Kompilation der Quelltextdateien erzeugt werden.

Unit (*.dcu)	Kompilierte Version des Unit-Quelltextes, die den gleichen Namen wie die zugehörige Unit trägt. Über die Optionen *Linker-Ausgabe* auf der Seite *Linker* der Projektoptionen können Sie den Compiler anweisen, C-Objektdateien statt .dcu-Dateien zu erzeugen.
Ressourcendatei (*.res)	In dieser Datei, die in bereits kompilierter Form vorliegt, werden die Ressourcen (Bitmaps, Cursor, Zeichenketten etc.) des Projekts gespeichert. Sie trägt den gleichen Namen wie die Projektdatei und kann mit Hilfe des Bildeditors bearbeitet werden.

- **Zieldateien**. Eine Zieldatei ist das Ergebnis der Kompilation eines Projekts.

Ausführbare Datei (*.exe)	Fertige Programmdatei. Sie trägt den gleichen Namen wie die Projektdatei und wird bei der Kompilation aus den Quelldateien des Projekts erstellt.

Linkbibliothek (*.dll)	Dynamische Linkbibliothek. Sie trägt den gleichen Namen wie die Projektdatei und wird bei der Kompilation aus den Quelldateien des Projekts erstellt.

- **Sonstige Dateien**, die von Delphi generiert werden und verschiedene mehr oder weniger wichtige Informationen zu einem Projekt enthalten.

Desktop (*.dsk)	Trägt den gleichen Namen wie die Projektdatei und speichert die Darstellung des Projekts auf dem Desktop, also beispielsweise welche Fenster geöffnet sind und welche Quelltext-Units angezeigt werden sollen (damit diese Informationen korrekt aktualisiert werden, müssen Sie unter *Tools/Umgebungsoptionen/Präferenzen* die Optionsfelder unter Optionen für *Autospeichern* setzen).
MAP-Datei (*.map)	Ausdruck der Symboltabelle und der Segmente.
Debugger (*.rsm)	Die Debug-Symboltabelle (zur Verwendung mit externen Debuggern).
Aufgabenliste (*.todo)	Datei der Aufgabenliste.

Mit Projekten arbeiten

Beschreibung

Die folgende Übersicht beschreibt die wichtigsten Aktionen in Zusammenhang mit der Verwaltung von Projekten und ist zur schnellen Orientierung gedacht.

Aktion	Beschreibung	Kürzel
Neue Projekte anlegen	Wenn Sie Delphi aus der Delphi-Programmgruppe heraus aufrufen, wird automatisch ein neues Windows-Projekt angelegt.	Alt+D+W
	Mit Hilfe des Befehls *Datei/Neue Anwendung* können Sie jederzeit ein neues Standardprojekt öffnen.	
	Weitere Projektvorlagen finden Sie auf der Seite *Projekte* unter dem Befehl *Datei/Neu*.	
	Mit Hilfe des Anwendungs-Experten können Sie selbst festlegen, wie das von Delphi anzulegende Projektgerüst ausgestattet werden soll.	
	Schließlich haben Sie auch die Möglichkeit, eigene Projektvorlagen zu definieren und in die Objektablage aufzunehmen (siehe Objektablage,Vorlagen in Objektablage aufnehmen).	
Neues Formular hinzufügen	Befehl *Datei/Neues Formular*.	Alt+D+O
	Befehl *Datei/Neu*, Seiten *Formulare, Dialoge*.	

Aktion	Beschreibung	Kürzel
Bestehendes Formular hinzufügen	Befehl *Projekt/Dem Projekt hinzufügen* und Auswahl der PAS-Datei der Formular-Unit.	Umschalt+F11
Formular anzeigen	Befehl *Ansicht/Formulare*.	Umschalt+F12
Formular löschen	Befehl *Projekt/Aus dem Projekt entfernen*.	Alt+P+F
Neue Unit hinzufügen	Befehl *Datei/Neu*, Seite *Neu*, Symbol *Unit*.	Alt+D+N
Bestehende Unit hinzufügen	Befehl *Projekt/Dem Projekt hinzufügen* und Auswahl der Unit.	Umschalt+F11
Unit anzeigen	Befehl *Ansicht/Units*.	Strg + F12
Unit löschen	Befehl *Projekt/Aus dem Projekt entfernen*.	Alt+P+F
Projektdatei anzeigen	Befehl *Projekt/Quelltext anzeigen*.	Alt+P+Q
Projektoptionen bearbeiten	Befehl *Projekt/Optionen*.	Umschalt+Strg+F11
Projekt speichern	Befehl *Datei/Alles speichern*. Um die Projektdatei zu speichern, wählen Sie den Befehl *Datei/Projekt speichern unter*. (Speichert auch ungespeicherte Units des Projekts)	Alt+P+P
Projekt kompilieren	Befehl *Projekt/<Projektname> kompilieren*.	Strg+F9
Projekt erzeugen	Befehl *Projekt/<Projektname> erzeugen*.	Alt+P+E
Projekt ausführen (in Debugger)	Befehl *Start/Start*.	F9
Projekte als Vorlage ablegen	Um das Projekt als Ausgangsbasis für zukünftige Projekte in der Objektablage abzuspeichern, rufen Sie im Menü *Projekt* den Befehl *Der Objektablage hinzufügen* auf. In dem gleichnamigen Dialogfenster geben Sie den Titel für den Eintrag in der Objektablage an und wählen Sie die Seite der Objektablage aus, in der das Projekt aufgeführt werden soll – üblicherweise die Seite *Projekte*.	Alt+P+B

Tipp

Speichern Sie jedes Projekt in einem eigenen Verzeichnis. Delphi vergibt für neu erstellte Dateien eines Projekts Standardnamen. Wenn Sie mehrere Projekte in einem Festplattenverzeichnis speichern und vergessen, den einzelnen Dateien beim Speichern eindeutige Namen zu geben, kann es schnell zum unerwünschten Überschreiben wichtiger Module kommen.

Warnung

Wenn Sie mit Hilfe des Befehls *Projekt/Dem Projekt hinzufügen* eine Unit (oder ein Formular) aus einem anderen Projekt aufnehmen, wird keine Kopie der Unit erstellt! Ihr Projekt nutzt und bearbeitet also die Unit aus dem Verzeichnis des anderen Projekts:

```
program ProjectA;
uses
  Forms,
  UnitA in 'UnitA.pas' {FormA},
  UnitB in '..\ProjektB\UnitB.pas' {Formb};
```

Meist ist dies nicht gewollt. Um Units vor ungewollter Überschreibung zu schützen, sollten Sie die importierte Unit gleich unter einem neuen Namen im Verzeichnis des neuen Projekts abspeichern.

Wenn Sie eine Unit aus einem Projekt entfernen, bleibt die Datei der Unit auf der Festplatte natürlich weiterhin bestehen (es sei denn, die Unit wurde noch nicht abgespeichert). Sie können diese Datei dann selbst entfernen, sollten aber sicher sein, dass sie nicht vielleicht von anderen Projekten benutzt wird.

Beispiel: Unit aufnehmen und verwenden

1. Wenn Sie eine neue Unit oder ein neues Formular anlegen wollen,

   - rufen Sie den Befehl *Datei/Neues Formular* auf oder

   - rufen Sie den Befehl *Datei/Neu* auf und doppelklicken Sie auf der Seite *Neu* auf das Symbol *Unit* oder

   - wählen Sie in der Objektgalerie (Aufruf über *Datei/Neu*) eine Unit- oder Formularvorlage aus.

2. Wenn Sie eine bestehende Unit oder ein bestehendes Formular aufnehmen wollen, das nicht in der Objektgalerie eingetragen ist,

   - rufen Sie den Befehl *Projekt/Dem Projekt hinzufügen* auf.

3. Speichern Sie die Unit im Verzeichnis des Projekts (Befehl *Datei/Speichern unter*).

   Danach ist die Unit als Teil des Projekts in der Projektdatei eingetragen und wird zusammen mit dem Projekt kompiliert.

```
program Project1;
uses
  Forms,
  UnitA in 'UnitA.pas' {FormA},
  UnitB in 'UnitB.pas' {FormB};
```

Handelt es sich um die Unit eines Formulars, sorgt Delphi für die automatische Erzeugung des Formulars bei Programmstart:

```
begin
  Application.Initialize;
  Application.CreateForm(TFormA, FormA);
  Application.CreateForm(TFormB, FormB);
  Application.Run;
end.
```

Um die Unit aber in einer anderen Unit verwenden zu können, müssen Sie die Unit im uses-Abschnitt der anderen Unit aufführen.

4. Wechseln Sie im Editor zu der Unit, die die neue Unit verwenden soll.

5. Rufen Sie den Befehl *Datei/Unit verwenden* auf und wählen Sie die neue Unit aus.

Delphi trägt daraufhin die neue Unit in den uses-Abschnitt des Implementations-Teils der aktuellen Unit ein:

```
unit UnitA;
...
implementation
uses UnitB;
...
end.
```

Die Elemente der neuen Unit können daraufhin in den Routinen der Unit verwendet werden.

```
implementation
uses UnitB;
...

procedure TFormA.FormClick(Sender: TObject);
begin
  FormB.Show;
end;
end.
```

Verweise

Siehe Objektablage, Vorlagen in Objektablage aufnehmen
Siehe Oject Pascal-Referenz, Programmgerüste, Aufbau einer Unit

Das Projektverwaltungsfenster

```
Ansicht/Projektverwaltung
```

Beschreibung

Das Projektverwaltungsfenster hilft Ihnen, Ihre Projekte zu organisieren und in größeren Projekten den Überblick über die Quelldateien des Projekts zu behalten.

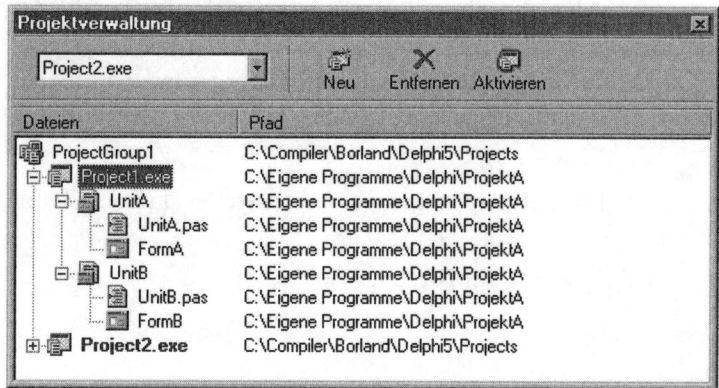

Sie öffnen das Projektverwaltungsfenster mit Hilfe des Befehls *Ansicht/Projektverwaltung*.

Danach können Sie

- neue Projekte in die aktuelle Projektgruppe aufnehmen (Symbol *Neu* in der Symbolleiste des Projektfensters);

- Module aufnehmen (Symbol *Neu*) und entfernen (Symbol *Entfernen*);

- ein Projekt aus der Projektgruppe zum aktiven Projekt machen (Symbol *Aktivieren*);

- Projekte und Module über die im Kontextmenü angebotenen Befehle bearbeiten;

- Units und Formulare durch Doppelklick zur Bearbeitung in den passenden Editor laden.

Anwendung

Nutzen Sie das Projektverwaltungsfenster zum Anlegen von Projektgruppen und als zentrale Schaltstelle bei der Bearbeitung größerer Projekte. Zu diesem Zweck sollten Sie das Projektverwaltungsfenster bei umfangreicheren Projekten stets in einer Ecke des Desktop, wo es nicht verdeckt wird, geöffnet lassen. Ist dies nicht möglich, merken Sie sich das Tastaturkürzel zum Aufruf der Projektverwaltung (Strg+Alt+F11).

Projektgruppen

`Ansicht/Projektverwaltung`

Beschreibung

Projektgruppen sind eine den Projekten übergeordnete Organisationsebene, d.h., innerhalb einer Projektgruppe kann man mehrere Projekte verwalten. Dies hat bestimmte Vorteile:

- Man kann schneller zwischen den Projekten hin- und herwechseln (Befehl *Aktivieren* in Fenster der Projektverwaltung).

- Man kann schneller einzelne Units verschiedener Projekte der Projektgruppe zur Bearbeitung in den Editor laden (Doppelklicken in Fenster der Projektverwaltung).

- Man kann alle Projekte der Projektgruppe gemeinsam erstellen lassen (Befehl *Projekt/Alle Projekte erzeugen*).

- Man kann Projekte übersichtlicher organisieren.

Anwendung

Um mehrere Projekte in einer Projektgruppe zusammenzufassen,

1. laden Sie das erste Projekt (oder legen Sie ein neues Projekt an).

2. Öffnen Sie das Projektverwaltungsfenster.

3. Klicken Sie mit der rechten Maustaste auf den Eintrag für Projektgruppe und wählen Sie im Kontextmenü einen der Befehle

   - Neues Projekt hinzufügen

   - Existierendes Projekt hinzufügen

Tipp

Nutzen Sie Projektgruppen, um beispielsweise

- das Projekt einer EXE-Datei und einer unterstützenden DLL gemeinsam zu verwalten;

- mehrere Versionen eines Programms gemeinsam zu verwalten.

Verweise

Siehe Projektverwaltungsfenster

Projekte konfigurieren

Projekt/Optionen

Beschreibung

Zur Konfiguration eines Projekts gehören

- die Verwaltung der Module, aus denen das Projekt zusammengesetzt ist (siehe Mit Projekten arbeiten);

- die Projektoptionen;

- die Optionen für die Anpassung der Projektverwaltung.

Die Projektoptionen

Die Projektoptionen finden Sie im gleichnamigen Fenster, das Sie über den Befehl *Projekt/Optionen* aufrufen. Alle Einstellungen, die Sie in diesem Dialogfenster treffen, gelten nur für das gerade aktive Projekt. Es sei denn, Sie markieren die Option *Vorgabe*, dann gelten die Einstellungen auch für zukünftige Projekte.

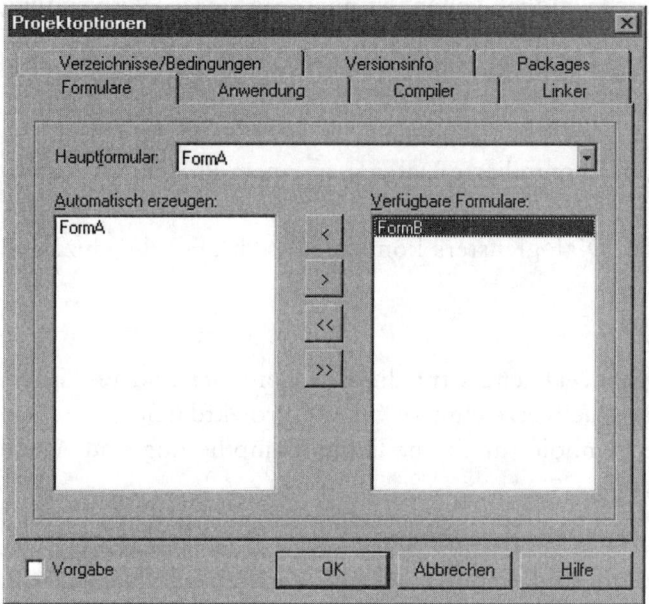

Seite *Formulare*

• Hier können Sie auswählen, welches Formular als Hauptfenster verwendet werden soll.

• Des Weiteren können Sie festlegen, welche Fenster automatisch beim Start der Anwendung erzeugt werden sollen (Liste *Automatisch erzeugen*) und welche nicht (Liste *Verfügbare Formulare*).

Seite *Anwendung*

• Hier können Sie der Anwendung einen Titel, eine Hilfedatei und ein Symbol (Icon) zuordnen.

• Titel und Symbol werden z.B. in der Startleiste von Windows 95 benutzt.

• Wie man eine Hilfedatei aufsetzt, erfahren Sie im Praxisteil, Hilfe-Programmierung.

• Zusätzlich können Sie die Anwendung als Bearbeiter für eine bestimmte Dateiextension registrieren.

Seite *Compiler*

- Optionen für den Compiler, der die Quelldateien in Objektcode übersetzt.

- Über den *Hilfe*-Schalter des Dialogfensters können Sie sich über die einzelnen Optionen informieren. Im Übrigen entsprechen fast alle Optionen Compiler-Direktiven (siehe Object Pascal-Referenz, Compiler-Direktiven).

- Während die Projektoptionen global gelten, können Sie durch Verwendung der Compiler-Direktiven im Quelltext die Einstellungen für einzelne Units und sogar Code-Blöcke individuell anpassen.

Seite *Linker*

- Optionen für den Linker, der kompilierte Dateien zu einem Programm zusammenbindet.

- Über den *Hilfe*-Schalter des Dialogfensters können Sie sich über die einzelnen Optionen informieren.

Seite *Verzeichnisse/Bedingungen*

- Hier können Sie das Ausgabeverzeichnis für die von Compiler und Linker erzeugten Dateien sowie die Quellverzeichnisse für die Projektdateien angeben. Des Weiteren können Sie Symbole für die bedingte Kompilierung und Aliase für Unit-Namen spezifizieren.

Seite *Versionsinfo*

- Hier können Sie festlegen ob, und wenn ja, welche Versionsinformationen in den kompilierten Code mit aufgenommen werden sollen. Unter Windows kann sich der Benutzer der Anwendung dann im Kontextmenü des Anwendungssymbols über den Befehl *Eigenschaften* die Versionsinformationen anzeigen lassen.

Seite *Packages*

Ab der Version 3.0 arbeitet Delphi mit so genannten Packages (siehe Packages), die die VCL unterteilen. Der Vorteil des Package-Konzeptes liegt darin, dass man nun auswählen kann,

- welche Teile der VCL für die Erstellung des Projekt benötigt werden und

- ob diese Teile in die .exe-Datei mit aufgenommen oder als externe DLL mit dem Projekt vertrieben werden sollen.

Anpassung der Projektverwaltung

Wenn Sie die Optionen zum Autospeichern setzen (Befehl *Tools/Umgebungsoptionen*, Seite *Präferenzen*), wird bei jedem Speichern des Projekts oder beim Verlassen von Delphi der Zustand des Desktops abgespeichert, sodass Sie bei erneutem Laden des Projekts stets mit der zuletzt gesicherten Desktop-Konfiguration weiterfahren. Sie können aber auch eine Standard-Konfiguration herstellen, abspeichern und dann die Markierungsfelder unter Optionen für Autospeichern wieder löschen, sodass Sie bei jedem Aufruf des Projekts mit der Standard-Konfiguration starten.

Des Weiteren können Sie über die Befehle *Komponente/Packages installieren* und *Komponente/Palette konfigurieren* festlegen, welche Entwurfszeit-Packages verwendet werden sollen und welche Seiten der Komponentenpalette für ein Projekt angezeigt werden sollen (siehe Programmieren in der RAD-Umgebung, Komponentenpalette).

Verweise

Siehe Object Pascal-Referenz, Compiler-Direktiven

Programmerstellung

Quelltexteditor

`Ansicht/Units`

Beschreibung

Auch eine grafisch orientierte RAD-Umgebung kommt nicht ohne Quelltexteditor aus – und sei es, dass dieser praktisch nur noch zum Aufsetzen und Debuggen der Ereignisbehandlungsroutinen benötigt wird.

Anwendung

War der Quelltexteditor in früheren Zeiten (Turbo Pascal) nichts anderes als ein einfacher ASCII-Texteditor, haben wir jetzt ein hochspezialisiertes Tool vorliegen, das den Programmierer in vielfältiger Weise unterstützt:

Konfigurierbarkeit	Die Optionen für die Konfiguration des Quelltexteditors finden Sie im Dialogfenster *Editoreigenschaften* (Befehl *Tools/Editor-Optionen*)
Syntaxhervorhebung	Unterschiedliche Programmelemente (Bemerkungen (=Kommentare), Bezeichner, Strings etc.) werden durch unterschiedliche Farben und Schriften hervorgehoben.
	Sie können die Syntaxhervorhebung über die Seite *Farben* der *Editoreigenschaften* anpassen.

Syntax-
vervollständigung

Wenn die Option *Code-Vervollständigung* auf der Seite *Programmierhilfe* der *Editoreigenschaften* gesetzt ist, zeigt der Editor Ihnen nach Eingabe des Punktes hinter dem Namen einer Klasseninstanz eine Liste der öffentlichen Elemente der Klasse an.

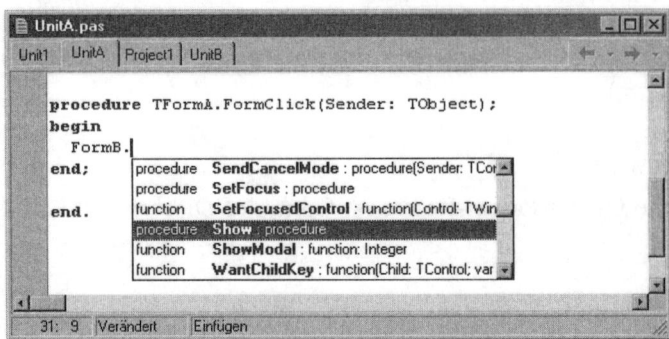

Wenn die Option *Code-Parameter* auf der Seite *Programmierhilfe* der *Editoreigenschaften* gesetzt ist, zeigt der Editor Ihnen nach Eingabe der öffnenden Klammer hinter einem Routinennamen eine Liste der erwarteten Parameter an. Handelt es sich dabei um eine überladene Routine, werden die unterschiedlichen Parametersätze untereinander angezeigt.

Quelltextvorlagen sparen Zeit und vermeiden Tippfehler. Sie brauchen nur noch den Namen der Vorlage einzutippen und die Tastenkombination Strg+J zu drücken und der Name wird durch die Vorlage ersetzt.

Klassen-
vervollständigung

Der Editor kann Klassendeklarationen vervollständigen, indem er

- für Eigenschaften private Datenelemente und Zugriffsmethoden erzeugt;
- für Methoden im `Implementations-Teil` ein Quelltextgerüst aufsetzt.

Aktiviert wird die Klassenvervollständigung, indem Sie den Cursor in die Klassendeklaration setzen und dann die Tastenkombination Strg+Umschalt+C drücken.

So wird aus

```
TDemo = class
private
  daten : Integer;
public
  procedure Methode;
  property OnClick : TNotifyEvent;
end;
```

die Klasse:

```
TDemo = class
  private
    daten : Integer;
    FOnClick: TNotifyEvent;
    procedure SetOnClick(const Value: TNotifyEvent);
  public
    procedure Methode;
    property OnClick : TNotifyEvent read FOnClick
                           write SetOnClick;
  end;
implementation
{$R *.DFM}
{ TDemo }
procedure TDemo2.Methode;
begin
end;
procedure TDemo2.SetOnClick(const Value:
                        TNotifyEvent);
begin
  FOnClick := Value;
end;
```

Tastaturkürzel

Eine Reihe von Tastaturkürzeln beschleunigen die Entwicklungsarbeit. Welche Tastaturkürzel Ihnen dabei zur Verfügung stehen, hängt von der Tastaturbelegung ab, die Sie auf der gleichnamigen Seite der *Editor-Optionen* ausgewählt haben.

Über die Hilfe-Seiten zu der Dialogseite können Sie sich die Tastaturkürzel für die verschiedenen Tastaturbelegungen anschauen und ausdrucken.

Compiler-Unterstützung

Treten bei der Kompilation eines Projekts Fehler oder Warnungen auf, werden diese in einem untergeordneten Fenster des Editors angezeigt.

Durch Doppelklick auf die Fehlermeldung springen Sie direkt in die Zeile, die die Meldung ausgelöst hat.

Duch Auswahl einer Fehlermeldung und Drücken von F1 können Sie sich eine Erläuterung zu der Meldung anzeigen lassen.

Debugger-Unterstützung

Der Editor arbeitet in vielfältiger Weise mit dem integrierten Debugger zusammen.

Sie können per Mausklick in den linken Rand Haltepunkte setzen.

Sie können während der schrittweisen Ausführung des Programms verfolgen, welche Quelltextzeilen ausgeführt werden.

Sie können sich bei angehaltenem Debugger den Wert von Variablen anzeigen lassen, indem Sie mit der Maus auf die Variable weisen (Option *Auswertung durch Kurzhinweis* auf der Seite *Programmierhilfe* der *Editoreigenschaften*).

Warnung

Die Syntaxvervollständigung zeigt die Klassenelemente nicht in alphabetischer Reihenfolge an, sondern nach Klasse und Basisklassen sortiert.

Tipp

Tippen Sie nach Aufspringen der Syntaxvervollständigung die ersten Buchstaben des aufzurufenden Elements ein, um die Auswahl in der Liste der Syntaxvervollständigung zu fokussieren.

Drucken Sie sich die Liste der Tastaturkürzel für die von Ihnen verwendete Tastaturbelegung aus (Befehl *Tools/Editor-Optionen*, Seite *Tastaturbelegung*, *Hilfe-Schalter*).

Verweise

Siehe Code-Explorer

Formular-Designer

`Ansicht/Formulare`

Beschreibung

Für jedes Formular (Hauptfenster, Dialogfenster, MDI-Kindfenster etc.), das Sie in ein Projekt aufnehmen (Befehl *Datei/Neues Formular*), legt Delphi eine neue Unit an (die als neue Seite im Quelltexteditor erscheint) und zeigt das Formular in einer eigenen Instanz des Formular-Designers an. Die Darstellung des Formulars im Formular-Designer basiert auf der DFM-Datei des Formulars, in der die Werte der Formular-Eigenschaften sowie die im Formular abgelegten Komponenten abgespeichert werden.

Komponenten aufnehmen

- Wählen Sie die Komponente in der Komponentenpalette aus und klicken Sie danach in das Formular (oder die übergeordnete Komponente).
- Um mehrere Komponenten nacheinander einzufügen, halten Sie bei der Auswahl der Komponente die Umschalt-Taste gedrückt. Nach Einfügen der Komponenten drücken Sie auf das Pfeil-Symbol am Anfang der Komponentenpalette.

Komponenten markieren

Um eine Komponente bearbeiten zu können, muss man sie markieren. Indem man mehrere Komponenten zusammen markiert, kann man diese gleichzeitig bearbeiten.

- Einzelne Komponenten markiert man durch Anklicken mit der Maus.

- Nebeneinander liegende Komponenten markiert man durch Aufziehen eines Rahmens um die Komponenten. Der Rahmen wird mit gedrückter Maustaste aufgezogen und muss alle gewünschten Komponenten zumindest berühren.

- Nicht nebeneinander liegende Komponenten markiert man durch Drücken der Umschalt-Taste und Anklicken.

Komponenten positionieren und ausrichten

- Verschieben Sie die Komponente mit der Maus. Durch Ziehen der Markierungskästchen verändern Sie die Größe.

- Lassen Sie mit der Maus verschobene Komponenten am Raster ausrichten (Option *Am Raster ausrichten*, auf der Seite *Präferenzen* der *Umgebungsoptionen*).

- Um eine frei platzierte Komponente wieder aufs Raster zu setzen, rufen Sie den Befehl *Bearbeiten/Am Raster ausrichten* auf.

- Um eine Komponente feiner zu positionieren, markieren Sie die Komponente, halten Sie die Strg-Taste gedrückt und verwenden Sie die Pfeiltasten (Umschalt-Taste drücken, wenn die Größe verändert werden soll).

- Um mehrere Komponenten zueinander auszurichten, markieren Sie die Komponenten (entweder indem Sie die Komponenten bei gedrückter Umschalt-Taste anklicken oder indem Sie mit der Maus einen Rahmen aufziehen, der alle gewünschten Komponenten berührt) und rufen Sie dann den Befehl *Ausrichten* aus dem Menü *Bearbeiten* auf.

- Nichtsichtbare Komponenten können beliebig über das Formular verteilt werden.

Komponenten gruppieren

- Wenn Sie mehrere sichtbare Komponenten in ein Formular aufnehmen (beispielsweise in einen Dialog mit vielfältigen Optionen), ist es sinnvoll, die Komponenten grafisch zu gruppieren, um dem Benutzer das Zurechtfinden zu erleichtern. Zu diesem Zweck dienen die verschiedenen »Container«-Komponenten (TBevel, TGroupBox, TRadioGroup, TPanel, TTabControl, TPageControl).

- Unter diesen kommt TGroupBox eine Sonderstellung zu, da die Optionsfelder dieser Komponente nicht nur grafisch, sondern auch funktionell eine Gruppe bilden, d.h. von den Optionsfeldern einer Gruppe kann jeweils nur eine gesetzt werden (siehe Praxisteil).

Tabulatorreihenfolge

Sichtbare Komponenten eines Formulars können üblicherweise durch Drücken der Tabulatortaste aktiviert werden, d.h. der Benutzer kann mit Hilfe der Tab-Taste von Komponente zu Komponente springen.

- Ob eine Komponente mit Hilfe der Tab-Taste aktiviert werden kann, hängt davon ab, ob ihre Eigenschaft TabStop auf True gesetzt ist.

- Die Reihenfolge, in der die Komponenten aktiviert werden, hängt von dem Wert der Eigenschaft TabOrder ab. Statt aber die Eigenschaft für jede Komponente extra zu bearbeiten, können Sie auch den Befehl *Tabulatorreihenfolge* aus dem Menü *Bearbeiten* aufrufen. In dem erscheinenden Dialogfenster werden alle integrierten Komponenteninstanzen aufgeführt, die mit der Tab-Taste angesprungen werden können. Ändern Sie die Reihenfolge einfach, indem Sie die Einträge mit der Maus aufnehmen und verschieben oder benutzen Sie die Pfeilschalter des Dialogfensters.

- Standardmäßig ist die Tabulatorreihenfolge gleich der Reihenfolge, in der die Komponenteninstanzen erstellt wurden.

Erstellungsreihenfolge

Für die nichtsichtbaren Komponenten ist naturgemäß keine Tabulatorreihenfolge definiert, dafür aber eine Erstellungreihenfolge, die über den Befehl *Erstellungsfolge* aus dem Menü *Bearbeiten* geändert werden kann (das erscheinende Dialogfenster ist ganz so aufgebaut wie das Fenster *Tabulator-Reihenfolge bearbeiten*).

Die Erstellungsreihenfolge spielt bei bestimmten nichtsichtbaren Komponenten insofern eine Rolle, als diese unter Umständen Referenzen auf andere nichtsichtbare Komponenten enthalten. Damit diese Referenzen korrekt aufgelöst werden können, muss die referenzierte Komponente zuerst erstellt werden.

Konfiguration des Formular-Designers

Die Optionen zur Konfiguration des Formular-Designers finden Sie auf der Seite *Präferenzen*, zu der Sie über den Befehl *Tools/Umgebungsoptionen* gelangen.

Verweise

Siehe Programmieren in der RAD-Umgebung, Ablauf der RAD-Programmierung

Code-Explorer

Ansicht/Code-Explorer

Beschreibung

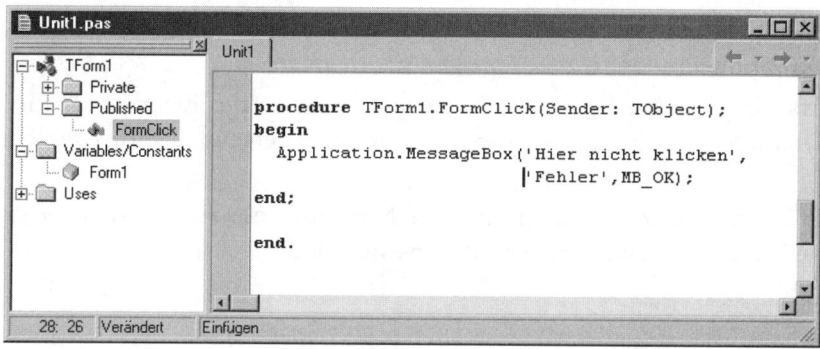

```
Unit1.pas                                                    _ □ ×
                      x    Unit1                          ← · → ·
□ TForm1
  □ Private                  procedure TForm1.FormClick(Sender: TObject);
  □ Published                begin
     FormClick                 Application.MessageBox('Hier nicht klicken',
  □ Variables/Constants                           'Fehler',MB_OK);
     Form1                   end;
  □ Uses
                             end.

  28: 26   Verändert    Einfügen
```

Der Code-Explorer ist ein Browser, der für Sie den Überblick über Ihre Programm-
elemente behält.

Anwendung

- Ist die Option *Explorer automatisch anzeigen* auf der Seite *Explorer* der Um-
  gebungsoptionen gesetzt, wird der Code Explorer automatisch am linken
  Rand des Quelltexteditors angezeigt. Ansonsten rufen Sie ihn über den Befehl
  Ansicht/Code-Explorer auf.
- Durch Doppelklick auf die im Explorer aufgeführten Elemente können Sie zu
  deren Deklaration springen.
- Über die Seite *Explorer* der Umgebungsoptionen (Befehl *Tools/ Umgebungs-
  optionen*) können Sie den Code-Explorer konfigurieren.

Verweise

Siehe Quelltexteditor

Ressourcen

Tools/Bildeditor

Die Ressourcenbehandlung von Delphi ist etwas eigentümlich. Programmierern, die
mit Delphi in die Windows-Programmierung eingestiegen sind, wird dies vermutlich gar nicht auffallen, Umsteiger von der API-Programmierung oder von Borland
C++ (oder Visual C++) können darüber aber durchaus ins Grübeln kommen.

Bitmaps

Bitmaps werden im Prinzip ganz so behandelt, wie man es von Windows-Ressourcen her kennt. Mit Hilfe des Bildeditors (Befehl *Tools/Bildeditor*) kann man Bitmaps erstellen und in eigenen Dateien (Extension .bmp) oder in Ressourcendateien (.bmp) speichern.

- Um in einer Delphi-Anwendung eine Bitmap anzuzeigen, ist es am einfachsten, eine Image-Komponente (Seite *Zusätzlich*) aufzunehmen.

- Zur Entwurfszeit gelangen Sie im Objektinspektor über die Eigenschaft Picture in ein Dialogfenster, in dem Sie die Datei der anzuzeigenden Bitmap laden können.

- Zur Laufzeit können Sie die Bitmap über die Methode LoadFromFile der Eigenschaft TImage.Picture.Bitmap aus einer Bitmap-Datei laden.

```
if OpenDialog1.Execute then
    Image1.Picture.Bitmap.LoadFromFile(OpenDialog1.FileName);
```

- Zur Laufzeit können Sie die Bitmap auch mit Hilfe der Methode LoadFromResource der Eigenschaft TImage.Picture.Bitmap aus einer Ressourcendatei laden (siehe Praxisteil, Grafik- und Spieleprogrammierung, Bitmaps in Ressourcendatei speichern).

- Über die Eigenschaft AutoSize der Image-Komponente können Sie festlegen, dass die Größe der Komponente den Abmaßen der darzustellenden Bitmap angepasst wird.

- Über die Eigenschaft Stretch der Image-Komponente können Sie festlegen, dass die Größe der Bitmap den Abmaßen der Komponenten angepasst wird (was durch Einfügen oder Auslassen von Pixeln zu entsprechenden Verfremdungen führen kann).

Icons

Icons (auch Symbole genannt) sind spezielle Bitmaps, die unter Windows als Logos für Anwendungen benutzt werden. Sie werden wie Bitmaps im Bildeditor erstellt und können auf zwei verschiedene Arten einer Anwendung zugewiesen werden:

- Entweder gehen Sie über die Seite *Anwendung* der Projektoptionen (Aufruf über Befehl *Projekt/Optionen*) und klicken auf den Schalter *Symbol laden* oder

- Sie rufen die Methode Application.Icon.LoadFromFile auf.

Cursor

Cursor sind spezielle Bitmaps zur Darstellung des Mauszeigers. Sie werden wie Bitmaps im Bildeditor erstellt und können auf zwei verschiedene Arten einer Anwendung zugewiesen werden:

- Um einer bestimmten Komponente eine Cursor-Form zuzuweisen, übergeben Sie den Index der gewünschten Cursorform an die Eigenschaft `Cursor` der Komponente, beispielsweise:

```
Image1.Cursor = crHelp;
```

- Wenn Sie der `Cursor`-Eigenschaft des `Screen`-Objekts einen anderen Wert als `crDefault` zuweisen, beispielsweise `Screen.Cursor = crHelp;` wird diese Cursor-Form in allen Fenstern der Anwendung beibehalten – so lange, bis Sie der `Cursor`-Eigenschaft von `Screen` wieder den Standardwert `crDefault` zuweisen.

- Um eigene Cursor-Formen verfügbar zu machen, müssen Sie diese zuerst mit Hilfe der API-Funktion `LoadCursor()` in das Cursor-Array des `Screen`-Objekts der Anwendung eintragen.

```
Screen.Cursors[crMyCursor] = LoadCursor(HInstance, 'NewCursor');
Form1.Cursor = crMyCursor;
```

Menüs

Menüs werden mit Hilfe der Komponente `MainMenu` und dem Menüeditor erstellt. Letzterer erlaubt auch die Erstellung von Menüs aus bestehenden Menüressourcen (mit der Einschränkung, dass in der Ressourcendatei nur eine Menüressource definiert sein darf). Ansonsten erlaubt der Menüeditor auch den Austausch von Menüs in Form von Schablonen (siehe Befehle des lokalen Menüs des Menüeditors).

Abgespeichert werden die verwendeten Menüs in den dfm-Dateien der Formulare.

Strings

Strings können

- entweder in einer RC-Datei abgespeichert und dann über die Funktion `LoadStr` geladen werden

- oder einfach als `resourcestring` deklariert und über ihren Bezeichner angesprochen werden:

```
interface

uses
  Windows, ...

resourcestring
  hallo = 'Hallo Dirk';
  ...

implementation
{$R *.DFM}
```

```
procedure TForm1.FormClick(Sender: TObject);
begin
  Label1.Caption := hallo;
end;
end.
```

Verweise

Siehe Praxisteil, Internationalisierung und Lokalisierung, Ressourcen

Compiler und Linker

```
Projekt/...
```

Beschreibung

Compiler und Linker erstellen aus den Quelldateien eines Projekts ein Programm oder eine DLL (die Zieldatei des Projekts). Der Compiler übersetzt die Quelltextdateien in Objektdateien. Der Linker erzeugt aus den Objektdateien die Zieldatei.

Anwendung

Aufgerufen werden der Compiler und der Linker über die Befehle

- *Projekt/<Projektname> compilieren* (nur Compiler)
- *Projekt/<Projektname> erzeugen* (Compiler und Linker)

Wenn Sie alle Projekte einer Projektgruppe erstellen wollen, rufen Sie die folgenden Befehle auf

- *Projekt/Alle Projekte compilieren* (nur Compiler)
- *Projekt/Alle Projekte erzeugen* (Compiler und Linker)

Die Arbeit von Compiler und Linker kann über die gleichnamigen Seiten der Projektoptionen sowie im Quelltext aufgerufene Compiler-Direktiven beeinflusst werden.

Verweise

Siehe Projektverwaltung, Projekte konfigurieren

Debuggen

Die Arbeit des Programmierers ist üblicherweise nicht mit dem erfolgreichen Kompilieren und Linken der Anwendung abgeschlossen. Danach beginnt das Austesten des Programms, verbunden mit dem Ausmerzen auftretender Fehler (Bugs).

Debug-Techniken

Beschreibung

Je komplexer und umfangreicher ein Programm, umso aufwändiger ist das Debuggen desselben. Während man beispielsweise für einfache Programme noch theoretisch beweisen kann, dass sie stets korrekt arbeiten (allerdings sind diese Programme meist so simpel, dass sich der Nachweis nicht lohnt), sind umfangreichere Programme oft so komplex, dass der Beweis der Korrektheit nicht einmal mehr mit Hilfe von Supercomputern erbracht werden kann (weswegen Microsoft auch lieber auf Millionen von Beta-Testern vertraut). Daraus ergibt sich natürlich die Forderung, schon bei der Programmerstellung die Fehleranalyse zu berücksichtigen.

Debug-fähigen Code erstellen

Sie können das Debuggen Ihrer Anwendungen durch Berücksichtigung zweier Konzepte wesentlich vereinfachen:

- Modularisierung,
- kritischen Code überprüfen.

Modularisierung

Die Modularisierung eines Programms geschieht auf verschiedenen Ebenen:

- Code in Schleifen zusammenfassen;
- Teilaufgaben als Funktionen oder Prozeduren implementieren;
- Objekte als Klassen implementieren;
- Bibliotheken verwenden;
- Programme in mehrere Quelltextdateien aufteilen.

Der Vorteil der Modularisierung für das Debuggen liegt darin, dass die einzelnen Module (z.B. eine implementierte Funktion) für sich debuggt werden können.

Statt also ein komplexes Programm als Ganzes zu debuggen, überprüft man zuerst die einzelnen, übersichtlicheren Module und danach das Zusammenspiel dieser Module im Programm – im Vertrauen darauf, dass die Module für sich genommen ja korrekt arbeiten (wovon man ja beispielsweise auch bei der Verwendung der Funktionen und Klassen der Laufzeitbibliotheken ausgeht).

Kritischen Code überprüfen

Bestimmte Stellen eines Programms sind besonders fehlerträchtig.

- Schleifen sind stets darauf zu überprüfen, ob ihre Abbruchbedingungen irgendwann erfüllt werden. Nicht abbrechende Programmläufe weisen meist auf Endlosschleifen hin.

- Ebenso muss für Rekursionen sichergestellt sein, dass irgendwann die gewünschte Rekursionstiefe erreicht und die Rekursion nicht endlos fortgesetzt wird. Endlosrekursionen enden meist damit, dass der Stack vollgeschrieben wird.

- Der indizierte Zugriff auf Felder ist besonders anfällig dafür, mit ungültigen Indizes auf Speicher außerhalb des vorgesehenen Speicherbereichs zuzugreifen.

- Zeiger sind eine häufige Fehlerquelle. Zeiger müssen mit einem entsprechenden Speicherraum verbunden werden oder auf nil gesetzt werden. Zeiger, die auf keinen Speicherraum weisen, dürfen nicht dereferenziert werden.

- Eingaben müssen stets auf ihre Korrektheit überprüft werden. Dies gilt für die Eingabe seitens des Benutzers, der vielleicht »eins« statt »1« eintippt, ebenso wie für die Funktionsaufrufe innerhalb des Programms, wo eine Funktion beispielsweise »-1« oder »0« als Argument erhält, aber nur natürliche Zahlen verarbeiten kann.

Debugger verwenden

Treten dennoch zur Laufzeit Fehler auf, ist der Debugger das wichtigste Werkzeug zum Lokalisieren der Fehler.

Der Debugger

Start/Start

Beschreibung

Der Debugger ist mit Abstand das wichtigste Werkzeug zum Lokalisieren von Laufzeitfehlern.

Anwendung

Der Vorteil des Debuggers besteht darin, dass ein Programm schrittweise, notfalls Anweisung für Anweisung, ausgeführt werden kann.

- Nach jedem ausgeführten Schritt wird das Programm angehalten und Informationen zum aktuellen Zustand des Programms können angezeigt und überprüft werden.

- Um ein Programm nur an ganz bestimmten Punkten anhalten zu lassen, können Haltepunkte gesetzt werden. Bedingte Haltepunkte führen darüber hinaus nur zu einem Programmstopp, wenn der Haltepunkt erreicht und zudem eine bestimmte Bedingung – meist bezüglich des Inhalts einer Variablen – erfüllt ist.

- Bevor der Programmierer das Programm nach einem Stopp weiter ablaufen lässt, kann er sich Informationen anzeigen lassen, beispielweise den Inhalt von Variablen oder den Zustand des Stacks.

Vorarbeiten

Damit Sie ein Programm debuggen können, müssen dem Debugger entsprechende Informationen über das Programm vorliegen, beispielsweise die Symboltabelle (mit den Namen aller Bezeichner, die im Programm verwendet werden) oder die nummerierten Quelltextzeilen, damit der Debugger eine Verbindung zwischen dem von ihm ausgeführten Objektcode und dem Quelltext herstellen kann.

Zu diesem Zweck müssen Sie Compiler (und für externe Debugger auch den Linker) anweisen, Debug-Informationen zu erstellen. Aktivieren Sie hierzu die *Debuggen*-Optionen auf der Seite *Compiler* der Projektoptionen (sind per Voreinstellung gesetzt).

Tipp

Wenn Sie keinen Debugger verwenden wollen, können Sie einen einfachen Debugger auch simulieren, indem Sie sich zur Laufzeit vom Programm selbst Informationen ausgeben lassen.

Wenn Sie beim Debuggen auch in den Code der VCL verzweigen wollen, setzen Sie auf der Seite *Compiler* der Projektoptionen die Option *Mit Debug-DCUs*.

Programmablauf steuern

Start/...

Beschreibung

Um eine Anwendung sinnvoll debuggen zu können, muss der eingesetzte Debugger folgende Optionen zur Steuerung der Programmausführung zur Verfügung stellen:

- Anhalten des Programms in beliebigen Quelltextzeilen (beispielsweise um die Programmausführung in einer verdächtigen Routine zu unterbrechen).
- Schrittweises Ausführen des Programms (beispielsweise um die genaue Quelltextzeile auszumachen, in der ein Fehler auftritt, oder um zu verfolgen, wie sich der Inhalt bestimmter Variablen von Quelltextzeile zu Quelltextzeile verändert).

Schrittweise Ausführung

Start	F9	Führt Programm ganz bzw. bis zum nächsten Haltepunkt aus. Dieser Befehl dient vor allem dem Springen von Haltepunkt zu Haltepunkt.
Gesamte Routine	F8	Führt ein Programm Zeile für Zeile aus, wobei nicht in Routinen verzweigt wird. Dieser Befehl dient dem schnellen Durchgehen eines Programms. Insbesondere Routinen, die bereits ausgetestet sind, können so übersprungen werden.
Einzelne Anweisung	F7	Führt ein Programm Zeile für Zeile aus, wobei in Routinen verzweigt wird. Dieser Befehl dient der minuziösen Überwachung.
Nächste Quelltextzeile	Umschalt+F7	Führt ein Programm Zeile für Zeile aus, wobei in Routinen verzweigt wird.
Zur Cursorposition gehen	F4	Führt Programm bis zur aktuellen Cursorposition aus.
Ausführung bis Rückgabe	Umschalt+F8	Verlässt die aktuelle Routine und springt in die Zeile direkt hinter dem Aufruf der Routine.
Programm Pause		Mit diesem Befehl kann ein Programm angehalten werden. Die Ausführungsposition bleibt erhalten und das Programm kann später von dort aus wieder weiter ausgeführt werden.
Programm zurücksetzen	Strg+F2	Dieser Befehl setzt ein Programm zurück, sodass es wieder von neuem ausgeführt werden kann.

Tipp

Wenn die Ausführung des Programms an irgendeinem Punkt gestoppt wird, wird die als nächstes auszuführende Zeile im Quelltext farbig (blau) unterlegt und mit einem Pfeil in der Gutterleiste gekennzeichnet. Sollte Ihnen diese so genannte Ausführungsposition einmal aus den Augen geraten, sei es, weil Sie im Quelltext scrollen oder andere Fenster geöffnet wurden, können Sie die Ausführungsposition mit dem Befehl *Start/Ausführungsposition anzeigen* schnell wiederfinden.

Wenn Ihr Programm Kommandozeilenargumente erwartet, müssen Sie diese beim Debuggen irgendwie an das debuggte Programm weiterreichen. Rufen Sie dazu den Befehl *Start/Parameter* auf und tippen Sie die Parameter in das gleichnamige Eingabefeld ein.

Warnung

Wenn Sie den Befehl *Ausführung bis Rückgabe* in Windows-Anwendungen verwenden (beispielsweise in Ereignisbehandlungsroutinen), kann es passieren, dass Sie in Windows-Code springen. Der Debugger findet dann keinen zugehörigen Quelltext und öffnet daher das CPU-Fenster.

Haltepunkte

Haltepunkte gehören zu den wesentlichen Konzepten jedes besseren Debuggers. Sie ermöglichen es dem Programmierer, das Programm ganz gezielt an bestimmten Stellen anhalten zu lassen, um sich dann mit Hilfe der Anzeigefenster des Debuggers Informationen über den aktuellen Zustand des Programms und seiner Variablen anzeigen zu lassen.

1. Setzen Sie den Cursor in die Quelltextzeile, an der das Programm angehalten werden soll.

2. Rufen Sie den Befehl *Start/Haltepunkt hinzufügen/Quelltexthaltepunkt* auf.

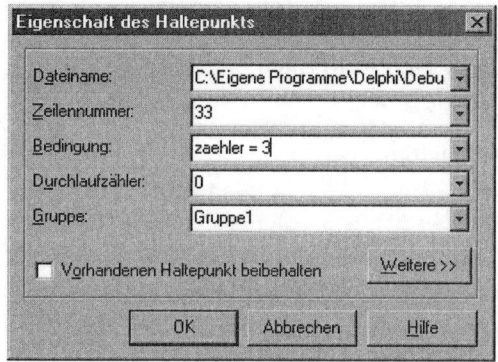

- Schließen Sie das Dialogfenster ohne weitere Angaben mit OK, um einen **unbedingten Haltepunkt** einzurichten.

- **Bedingung.** Hier können Sie in Pascal-Syntax einen Booleschen Ausdruck eingeben, der jedesmal überprüft wird, wenn der Debugger bei der Ausführung des Programms den Haltepunkt erreicht. Der Haltepunkt wird nur dann berücksichtigt, wenn die Bedingung erfüllt ist.

- **Durchlaufzähler.** Legt fest, wie oft der Haltepunkt ausgeführt werden muss, bevor er zu einem Programmstopp führt. Wird der Durchlaufzähler in Verbindung mit einem bedingten Haltepunkt verwendet, wird die Ausführung erst dann angehalten, wenn die Bedingung zum n-ten Male erfüllt ist (wobei n die Anzahl der geforderten Durchläufe ist).

- **Gruppe.** Durch Eintippen eines Namens definieren Sie eine neue Gruppe. Um einen Haltepunkt einer bestehenden Gruppe zuzuweisen, wählen Sie den Gruppennamen in der Liste aus. Alle Haltepunkte einer Gruppe können gemeinsam aktiviert und deaktiviert werden (über Schalter *Weitere*).

- **Weitere.** Expandiert das Fenster und blendet die Optionen für Haltepunktgruppen und die Verbindung von Haltepunkten mit Aktionen ein.

Tipp

Unbedingte Haltepunkte setzen Sie am schnellsten, indem Sie im Quelltexteditor mit der linken Maustaste in die Gutterleiste links neben der entsprechenden Textzeile klicken, woraufhin die Zeile farbig (rot) markiert und mit einem Punkt gekennzeichnet wird. Durch nochmaliges Klicken auf den Anfang der Textzeile löschen Sie den Haltepunkt wieder.

Die Haltepunkteliste

Über den Befehl *Ansicht/Debug-Fenster*, *Haltepunkte* können Sie sich eine Liste aller eingerichteten Haltepunkte anzeigen lassen. Über die Befehle in den Kontextmenüs des Fensters wie der aufgeführten Haltepunkte können Sie

- Haltepunkte hinzufügen, aktivieren, deaktivieren, löschen;
- Gruppen aktivieren oder deaktivieren;
- die Eigenschaften von Haltepunkten bearbeiten.

Variablen überwachen

```
Ansicht/Debug-Fenster/...
```

Beschreibung

Das Anhalten der Programmausführung dient meist dem Zweck, sich über den Zustand des Programms zu informieren. Dazu gehören vor allem

- der Stack (Befehl *Ansicht/Debug-Fenster/Aufruf-Stack*);
- die Inhalte der Variablen.

Überwachte Ausdrücke

Um eine Variable zu überwachen:

1. Rufen Sie den Befehl *Ausdruck hinzufügen* im Menü *Start* auf.

2. Tippen Sie im Feld *Ausdruck* den Namen der zu überwachenden Variable ein.

3. Schicken Sie das Dialogfeld ab.

4. Es erscheint das Fenster mit den überwachten Ausdrücken (Befehl *Ansicht/Debug-Fenster/Überwachte Ausdrücke*).

5. Führen Sie die Anwendung schrittweise weiter aus und beobachten Sie, wie sich der Inhalt der Variablen verändert.

Tipp

Wenn Sie lokale Variablen überwachen wollen, brauchen Sie diese nicht extra in die Liste der überwachten Ausdrücke aufzunehmen. Rufen Sie einfach den Befehl *Ansicht/Debug-Fenster/Lokale Variablen* auf.

Wenn Sie einzelne Variablen nur an bestimmten Stellen kontrollieren wollen, lohnt sich die Eintragung in die Liste der überwachten Ausdrücke nicht. Bewegen Sie den Mauszeiger einfach im Quelltext auf die Variablen und lassen Sie den Mauszeiger einen Moment über dem Bezeichner stehen, bis eine Kurzinformation mit dem aktuellen Wert der Variable aufspringt. (Voraussetzung dafür ist, dass die Option *Auswertung durch Kurzhinweis* auf der Seite *Programmierhilfe* der *Editoreigenschaften* gesetzt ist).

Verweise

Siehe Object Pascal-Referenz, Prozeduren und Funktionen, Routinen und der Stack

Debuggen mit dem CPU-Fenster

`Ansicht/Debug-Fenster/CPU`

Beschreibung

Mit Hilfe des CPU-Fensters können Sie den Zustand der CPU (Register, Stack, RAM) kontrollieren oder Code debuggen, zu dem kein Quelltext existiert.

Anwendung

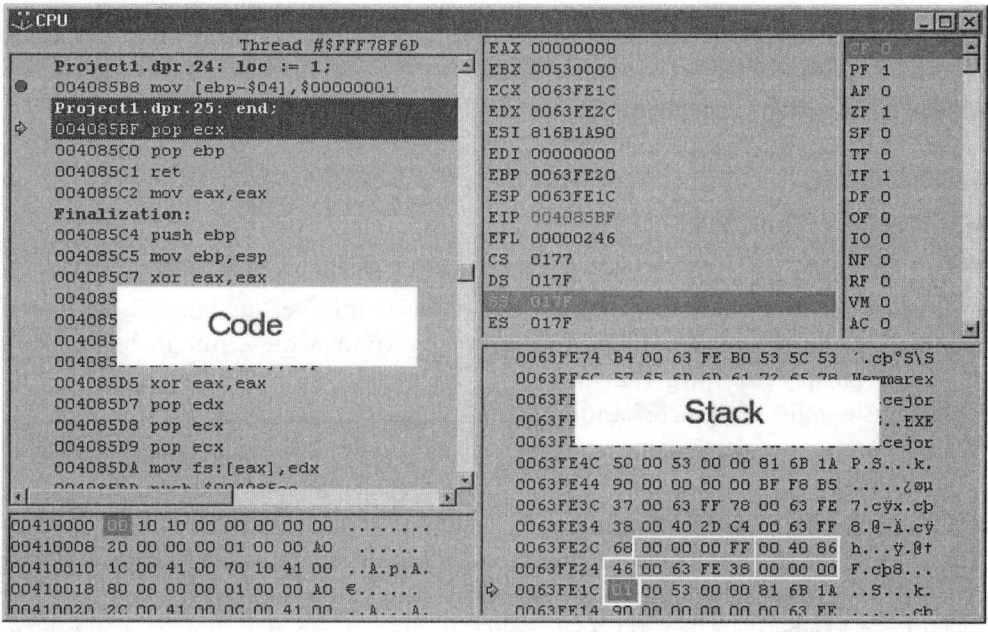

Von links nach rechts und von oben nach unten sehen Sie im CPU-Fenster folgende Abschnitte:

Code	In diesem Abschnitt können Sie mit der Maus Adresshaltepunkte setzen (Haltepunkte, die mit einer Code-Adresse verbunden sind) und die Anwendung Maschinenbefehl für Maschinenbefehl ausführen. (Soweit vorhanden, zeigt der Debugger die Quelltextzeilen zu den Maschinenbefehlen an)
Register	Zeigt den Inhalt der CPU-Register. Wenn Sie Routinen debuggen, die die Register EAX und EDX zur Übergabe von Parametern verbinden, können Sie in den Registern beispielsweise den Wert oder die Adresse der Argumente ablesen.
Flags	Die Flags des Prozessors.
Speicherauszug	Zeigt den Inhalt des Speichers in Byte-, Word-, DWord-Einheiten. Die Darstellung kann über das Kontextmenü angepasst werden.
Stack	Zeigt den Inhalt des Stacks in Byte-, Word-, DWord-Einheiten. Die Darstellung kann über das Kontextmenü angepasst werden. In der Abbildung sehen Sie beispielsweise den Stack der zuletzt aufgerufenen Routine: • den Parameter (mit dem Wert 255 = FF) • die Rücksprungadresse (00 40 86 46) • die Adresse des vorangehenden Stack-Rahmens (00 63 FE 38) • die lokale Variable (mit dem Wert 1)

Verweise

Siehe Object Pascal-Referenz, Prozeduren und Funktionen, Routinen und der Stack

Windows-Anwendungen debuggen

Beschreibung

Beim Debuggen von Windows-Anwendungen sind einige Besonderheiten zu beachten.

• Wegen der Botschaftsverarbeitung und der damit verbundenen besonderen Ablaufstruktur von Windows-Anwendungen können diese nur in begrenztem Maße schrittweise ausgeführt werden. Sie müssen daher Haltepunkte in jede interessierende Ereignisbehandlungsroutine setzen, um so bei Ausführung des Programms aus der Botschaftsverarbeitung wieder in den Debugging-Modus zu kommen.

• Zur effektiveren Speichernutzung ist es unter Windows üblich, Code, der unter Umständen von mehreren laufenden Anwendungen gleichzeitig benötigt wird, in dynamischen Linkbibliotheken (DLLs) auszulagern. Wenn Sie selbst DLLs schreiben wollen (DLL-Projekte werden über den Befehl *Datei/Neu/ DLL* angelegt), brauchen Sie zusätzlich eine Anwendung, die die Funktionen, Klassen, Ressourcen aus Ihrer DLL aufruft. Implementieren Sie also die aufrufende Anwendung und erstellen Sie die entsprechende .exe-Datei. Kehren Sie dann in Ihr DLL-Projekt zurück und rufen Sie den Befehl *Start/Parameter* auf. In dem erscheinenden Dialogfenster können Sie im Editierfeld Host-Anwendung die .exe-Datei der aufrufenden Anwendung angeben. Starten Sie dann das DLL-Projekt.

● In 32-Bit-Anwendungen haben Sie die Möglichkeit, mehrere Threads gleichzeitig ausführen zu lassen. Welcher Thread Ihres Programms vom Debugger verfolgt wird, können Sie dem Thread-Fenster entnehmen (Befehl *Ansicht/Debug-Fenster/Threads*). Hier haben Sie auch die Möglichkeit, mit Hilfe der Option *Aktuell* aus dem Kontextmenü des Fensters einen beliebigen Thread zum aktiven, d.h. überwachten Thread zu machen. Um den Überblick darüber zu behalten, welcher Thread gerade aktiv ist, sollten Sie beim Debuggen von Multithread-Programmen stets das Thread-Fenster im Auge behalten.

Tipp

Stürzt Ihr Programm mit einer Exception-Meldung des Betriebssystems ab, schauen Sie nach, ob die Exception-Meldung die Speicheradresse des auslösenden Programmcodes enthält. Wenn ja, können Sie mit Hilfe des Debuggers und des Menübefehls *Suchen/Laufzeitfehler suchen* die Verbindung zwischen der Code-Adresse und dem Quelltext herstellen (vorausgesetzt, die erforderlichen Informationen sind dem Debugger zugänglich). Wenn Sie die verdächtige Adresse in dem Editierfeld des Dialogfensters eingeben und auf *OK* drücken, springt der Debugger im Quelltexteditor zu der zur Adresse gehörenden Quelltextzeile.

Warnung

Wenn Sie den Befehl *Ausführung bis Rückgabe* in Windows-Anwendungen verwenden (beispielsweise in Ereignisbehandlungsroutinen), kann es passieren, dass Sie in Windows-Code springen. Der Debugger findet dann keinen zugehörigen Quelltext und öffnet daher das CPU-Fenster.

Wenn Sie Programme mit eigenen Exceptions austesten, kann es sein, dass Ihnen der Debugger bei der Behandlung der Exceptions in die Quere kommt. Wenn der Compiler beim Auftreten einer Exception mit einer Fehlermeldung anhält, statt Ihrem Programm die Behandlung der Exception zu überlassen, rufen Sie den Befehl *Tools/Debugger-Optionen* auf und deaktivieren Sie auf der Seite *Sprach-Exceptions* die Option *Bei Delphi-Exceptions stoppen*.

Verweise

Siehe Botschaften überwachen mit WinSight
Siehe Konzeption der RAD-Umgebung, Windows und Windows-Anwendungen
Siehe Praxisteil, Multithread-Programmierung
Siehe Object Pascal-Referenz, Exceptions

Botschaften überwachen mit WinSight

Delphi-Programmgruppe/WinSight32

Beschreibung

WinSight ist ein spezielles Anzeige-Werkzeug zum Debuggen von Windows-Botschaften. Im Einzelnen versorgt Sie WinSight mit Informationen zu

- Fenstern,
- Fensterklassen und
- eintreffenden Botschaften

der laufenden Windows-Anwendungen.

Ablauf einer WinSight-Sitzung

Eine typische WinSight-Sitzung besteht aus vier Schritten:

1. Anzeigefenster anpassen.

2. Zu überwachendes Fenster auswählen.

3. Zu überwachende Botschaften auswählen.

4. Überwachung starten.

Anzeigefenster anpassen

1. Lassen Sie neben der Fensterhierarchie auch die Botschaften anzeigen: Rufen Sie den Befehl *Anzeige/Botschaften* auf (falls vor Botschaften kein Häkchen steht).

2. Sollten im Botschaften-Ausschnitt Botschaften der letzten Überwachung zu sehen sein, löschen Sie diese (Befehl *Botschaften/Löschen*).

3. Arrangieren Sie WinSight und die anderen Fenster auf dem Desktop so, dass Sie WinSight und das zu überwachende Fenster gleichzeitig im Auge behalten können.

Fenster auswählen

Im Menü *Botschaften* legen Sie fest, ob *alle* oder nur die im Ausschnitt der Fensterhierarchie *ausgewählten Fenster* überwacht werden sollen.

Wenn Sie nur ausgewählte Fenster überwachen wollen, markieren Sie diese im Ausschnitt Fensterhierarchie. Um mehrere Fenster gleichzeitig zu markieren, benutzen Sie in gewohnter Weise die Tasten Strg und Umschalt.

Wenn Sie nicht sicher sind, welches Fenster zu welchem Eintrag im Ausschnitt Fensterhierarchie gehört, benutzen Sie die Befehle *Winsight/Fenster finden*, *Winsight/Fokus folgen* und *Winsight/Wechseln zu*.

- *Fenster finden*. Ermöglicht die Identifizierung der im Ausschnitt Fensterhierarchie aufgelisteten Fenster. Klicken Sie einfach nach dem Aufruf des Befehls auf einen Eintrag im Ausschnitt Fensterhierarchie und das zugehörige Fenster wird auf dem Desktop durch einen dunklen Rahmen hervorgehoben (sofern es nicht verborgen (hidden) ist). Mit Esc können Sie den Suchmodus verlassen.

- *Fokus folgen*. Ermöglicht die Zuordnung der Fenster auf dem Desktop zu den Einträgen im Ausschnitt Fensterhierarchie. Klicken Sie einfach nach dem Aufruf des Befehls auf ein Fenster auf dem Desktop und der zugehörige Eintrag im Ausschnitt Fensterhierarchie wird markiert. Rufen Sie den Menübefehl erneut auf, um den Suchmodus auszuschalten.

- *Wechseln zu*. Bringt das Fenster, dessen Eintrag im Ausschnitt Fensterhierarchie markiert ist, in den Vordergrund und übergibt ihm den Fokus.

Botschaften auswählen

Im Dialogfenster des Menübefehls *Botschaften/Optionen* legen Sie fest, welche Botschaften für die ausgewählten Fenster überwacht werden sollen.

- Wählen Sie links oben die Botschaften nach Gruppen aus. Danach können Sie rechts einzelne Botschaften ein- oder ausschalten.

Überwachung starten

1. Klicken Sie auf den Menüpunkt *Start!* (der sich daraufhin in *Halt!* verwandelt).

2. Arbeiten Sie mit den überwachten Fenstern. Im Botschaften-Ausschnitt werden die von WinSight abgefangenen Botschaften angezeigt.

3. Beenden Sie die Aufzeichnung durch Aufruf des Befehls *Halt!*.

Jeder Botschafteneintrag besteht aus

- Zeilennummer,
- Handle und »Titel« oder-{Klasse} des betroffenen Fensters,

- Name der Botschaft,
- Status der Botschaft.

Wurden zu viele unwichtige Botschaften aufgezeichnet, streichen Sie diese aus der Liste der überwachten Botschaften (Befehl *Botschaften/Optionen*) und starten Sie die Botschaftenüberwachung erneut.

Ist die Aufzeichnung zu umfangreich, um im Botschaften-Ausschnitt angezeigt zu werden, lassen Sie die abgefangenen Botschaften in einer *Protokoll-Datei* abspeichern (Befehl *Botschaften/Optionen*).

Tipp

Wenn Sie WinSight starten, beginnt WinSight sofort mit der Botschaftenüberwachung, was die Ausführung von WinSight stark verlangsamen kann. Schalten Sie die Botschaftenüberwachung als Erstes aus (Klick auf Menüpunkt *Halt!*, der sich darauf in *Start!* verwandelt).

Unter Windows werden unzählige Botschaften verschickt. Engen Sie die Gruppe der ausgewählten Fenster und Botschaften so weit wie möglich ein.

Wenn Sie öfters mit WinSight arbeiten, erweitern Sie die IDE mit Hilfe des Befehls *Tools/Tools konfigurieren*, sodass Sie WinSight über das Menü *Tools* aufrufen können (siehe Anpassung der Programmierumgebung, Externe Tools in die IDE integrieren).

Beispiel

Wählen Sie als zu überwachendes Fenster den Explorer und als zu überwachende Botschaft lediglich WM_PAINT, die an das Fenster geschickt wird, um Ihm mitzuteilen, dass sein Inhalt neu gezeichnet werden muss. Nachdem Sie die Botschaftsverfolgung gestartet haben, verkleinern und vergrößern Sie das Fenster des Explorers, minimieren Sie es zu Symbolgröße und stellen Sie es wieder her, wobei Sie die Botschaftsverfolgung von WinSight im Auge behalten sollten, um zu sehen, welche Aktionen WM_PAINT und WM_PAINTICON auslösen.

Verweise

Siehe Konzeption der RAD-Umgebung, Windows und Windows-Anwendungen
Siehe Konzeption der RAD-Umgebung, Windows-Botschaften und Ereignisse

Packages

Packages

Komponente/Packages installieren

Beschreibung

Seit Delphi 3 ist die VCL in so genannte Packages aufgegliedert. Dabei handelt es sich um dynamische Linkbibliotheken (DLLs), in denen die einzelnen Komponenten ihrer Funktion nach aufgeteilt sind.

Die Aufteilung fällt allerdings nicht mit der Aufteilung der Komponenten auf die Seiten der Komponentenpalette zusammen. Die folgende Tabelle listet die Units zu den zentralen Delphi-Packages auf:

Package	Units
VCL50.BPL	Ax, Buttons, Classes, Clipbrd, Comctrls, Commctrl, Commdlg, Comobj, Comstrs, Consts, Controls, Ddeml, Dialogs, Dlgs, Dsgnintf, Dsgnwnds, Editintf, Exptintf, Extctrls, Extdlgs, Fileintf, Forms, Graphics, Grids, Imm, IniFiles, Isapi, Isapi2, Istreams, Libhelp, Libintf, Lzexpand, Mapi, Mask, Math, Menu, Messages, Mmsystem, Nsapi, Ole2I, Oleconst, Olectnrs, Olectrls, Oledlg, Penwin, Printers, Proxies, Registry, Regstr, Richedit, Shellapi, Shlobj, Stdctrls, Stdvcl, Sysutils, Tlhelp32, Toolintf, Toolwin, Typinfo, Vclcom, Virtintf, Windows, Wininet, Winsock, Winspool, Winsvc
VCLX50.BPL	Checklst, Colorgrd, Ddeman, Filectrl, Mplayer, Outline, Tabnotbk, Tabs
VCLDB50.BPL	Bde, Bdeconst, Bdeprov, Db, Dbcgrids, Dbclient, Dbcommon, Dbconsts, Dbctrls, Dbgrids, Dbinpreq, Dblogdlg, Dbpwdlg, Dbtables, Dsintf, Provider, SMintf
VCLDBX50.BPL	Dblookup, Report
DSS50.BPL	Mxarrays, Mxbutton, Mxcommon, Mxconsts, Mxdb, Mxdcube, Mxdssqry, Mxgraph, Mxgrid, Mxpivsrc, Mxqedcom, Mxqparse, Mxqryedt, Mxstore, Mxtables, Mxqvb
QRPT50.BPL	Qr2const, Qrabout, Qralias, Qrctrls, Qrdatasu, Qrexpbld, Qrextra, Qrprev, Qrprgres, Qrprntr, Qrqred32, Quickrpt
TEE50.BPL	Arrowcha, Bubblech, Chart, Ganttch, Series, Teeconst, Teefunci, Teengine, Teeprocs, Teeshape
TEEDB50.BPL	Dbchart, Qrtee
TEEUI50.BPL	Areaedit, Arrowedi, Axisincr, Axmaxmin, Baredit, Brushdlg, Bubbledi, Custedit, Dbeditch, Editchar, Flineedi, Ganttedi, Ieditcha, Pendlg, Pieedit, Shapeedi, Teeabout, Teegally, Teelisb, Teeprevi, Teexport
VCLSMP50.BPL	Sampreg, Smpconst

Tipp

Für die meisten Standard-Anwendungen benötigen Sie folglich nur die DLL VCL50, für Datenbank-Anwendungen zusätzlich das Package VCLDB50.

Entwurfszeit- und Laufzeit-Packages

Es wird zwischen Entwurfszeit- und Laufzeit-Packages unterschieden. Dies liegt daran, dass zur Unterstützung einer Komponente nicht nur die eigentliche Implementierung der Komponente benötigt wird, sondern auch Code, den die Delphi-IDE benötigt, um die Komponente in die RAD-Umgebung eingliedern zu können. Folglich gibt es nun Laufzeit-Packages (s. o.), in denen die Komponenten implementiert sind, und Entwurfszeit-Packages, die von der Delphi-IDE benötigt werden (ein Package kann aber auch gleichzeitig als Entwurfszeit- und Laufzeit-Package fungieren).

Package	Seiten der Komponentenpalette
DCLSTD50.BPL	Standard, Zusätzlich, System, Win32, Dialoge
DCLDB50.BPL	Datenzugriff, Datensteuerung
NMFAST50.BPL	Internet
DCLSMP50.BPL	Beispiele
DCLOCX50.BPL	ActiveX
DCLQRT50.BPL	QReport
DCLDSS50.BPL	Datenanalyse

Packages für Projekte verwenden

Rufen Sie den Menübefehl *Projekt/Optionen* auf und gehen Sie in dem erscheinenden Dialogfenster zur Seite *Packages*.

- Im oberen Bereich des Dialogfensters können Sie die Entwurfszeit-Packages auswählen (Setzen bzw. Löschen des Markierungskästchens), die Sie für Ihr Projekt benötigen. Entsprechend Ihrer Auswahl wird dann die Komponentenpalette der IDE aktualisiert und überflüssige Seiten entfernt. Auch die Liste der korrespondierenden Laufzeit-Packages im unteren Teil des Dialogfensters wird aktualisiert.

- Im unteren Bereich können Sie die Laufzeit-Packages auswählen, die Sie verwenden möchten. Per Voreinstellung ist die Option *Mit Laufzeit-Packages compilieren* jedoch ausgeschaltet, was bedeutet, dass der Objektcode der benutzten VCL-Klassen vom Linker in die .exe-Datei mit eingebunden wird. Wenn Sie die Option einschalten, wird das darunter liegende Editierfeld aktiviert, in dem bereits die Laufzeit-Packages aufgeführt sind, die zu den im oberen Teil ausgewählten Entwurfszeit-Packages gehören.

Für die Verwendung der Packages sprechen vor allem die geringere Größe der .exe-Dateien sowie die bessere Nutzung der Systemressourcen, da für mehrere Programme, die die gleichen Packages benutzen, stets nur eine Kopie der Packages in den Arbeitsspeicher geladen werden muss.

Warnung

Wenn Sie Laufzeit-Packages verwenden und die Option *Mit Laufzeit-Packages compilieren* aktiviert haben, müssen Sie beim Weitergeben Ihrer Programme darauf achten, dass Sie auch die Laufzeit-Packages, die verwendet werden, mit ausliefern.

Verweise

Siehe Projektverwaltung

Objektablage

Konzeption

Beschreibung

In der Objektablage werden neben den Experten-Programmen Projekte und Module (Formulare, Dialoge, Datenmodule) verwaltet, die der Programmierer als Vorlagen für neue Anwendungen verwenden kann. Darüber hinaus hat der Programmierer auch die Möglichkeit, eigene Projekte oder Module in die Objektablage einzufügen, sodass er einerseits eigene Vorlagen schaffen kann und andererseits die Objektablage dazu nutzen kann, Module auf einfache Weise zwischen Projekten auszutauschen. Schließlich ist es auch möglich, das Standardprojekt (wird durch Befehl *Datei/Neue Anwendung* erzeugt), das Standardformular und das Standardhauptformular festzulegen.

Aufbau der Objektablage

Intern verwaltet die Objektablage keine Projekte oder Module, sondern lediglich die Verweise auf die in ihr abgelegten Projekte und Module sowie alle nötigen Informationen, die sie zur Anzeige ihrer Elemente benötigt (Beschreibung, Autor, Symbol etc.). Die meisten Eintragungen sind in der Textdatei *Delphi32.dro* aus dem Delphi/bin-Verzeichnis gespeichert. Sie brauchen aber nun keineswegs diese Datei selbst zu bearbeiten, wenn Sie mit der Objektablage arbeiten wollen. Delphi stellt Ihnen hierfür drei Dialogfenster zur Verfügung:

- Das Dialogfenster *Der Objektablage hinzufügen*, das die Angaben abfragt, die zum Aufnehmen eines Projekts oder Formulars in die Objektablage nötig sind

(Aufruf über den Befehl *Der Objektablage hinzufügen* aus dem Menü *Projekt* oder dem Kontextmenü des Formular-Designers).

- Das Dialogfenster *Objektgalerie*, in dem die Elemente der Objektablage ausgewählt werden können (Aufruf über den Menübefehl *Datei/Neu*).

- Das Dialogfenster Objektablage, das den Inhalt der einzelnen Seiten anzeigt und zur Konfiguration der Objektablage dient (Aufruf über *Tools/Objektablage*).

Vorlagen in Objektablage aufnehmen

Beschreibung

Die Wiederverwertung bestehenden Codes und die Programmierung mit Software-Bausteinen sind wichtige Grundlagen moderner Programmierung. Eine leistungsfähige und sehr erfolgreiche Umsetzung dieser Prinzipien sehen Sie in den Delphi-Komponenten. Delphi beschränkt die Programmierung mit wiederverwertbaren Software-Bausteinen aber nicht auf die Ebene der Komponenten. Mit Hilfe der Objektablage können Sie ganze Formulare, Datenmodule oder gar Projekte als bequem wiederverwertbare Software-Bausteine speichern.

Anwendung

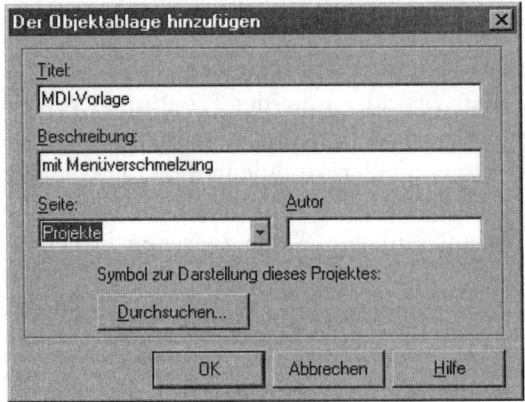

1. Erstellen Sie ein neues Projekt, Formular, Dialog oder Datenmodul und implementieren Sie es soweit, wie Sie es als Vorlage für spätere Anwendungen verwenden wollen.

2. Rufen Sie den Befehl *Der Objektablage hinzufügen* auf. Um ein Projekt aufzunehmen, rufen Sie den Befehl aus dem Menü *Projekt* auf, um ein Datenmodul oder Formular hinzuzufügen, rufen Sie den Befehl aus dem Kontextmenü des Formular-Designers (also des Formulars) auf.

3. In dem erscheinenden Dialogfenster

- geben Sie den Titel für den Eintrag des Elements in der Objektablage ein.

- Setzen Sie eine kurze Beschreibung des Elements auf (wird im Dialogfenster *Objektgalerie* angezeigt).

- Wählen Sie die Seite der Objektablage aus, der das Element hinzugefügt werden soll.

- Geben Sie den Autor des Elements an.

- Wählen Sie ein Symbol für das Element aus.

- Drücken Sie den Schalter OK.

Tipp

Bei der Erstellung von Formularen für die Objektablage sollten Sie erwägen, wie weit Sie die Implementierung des Formulars vorgeben wollen. Je allgemeiner Sie die Formularklasse halten, umso vielseitiger ist das Formular einsetzbar, umso mehr muss es aber auch nachbearbeitet werden. Umgekehrt können Sie Formulare für spezielle Aufgaben nahezu komplett (unter Umständen einschließlich Ereignisbehandlung) vorgeben, sodass Sie in anderen Projekten nur noch eingebunden zu werden brauchen.

Vorlagen aus der Objektablage verwenden

`Datei/Neu`

Beschreibung

Wenn Sie ein Element aus der Objektgalerie wiederverwenden wollen, wählen Sie es in der Objektgalerie aus.

Anwendung

1. Rufen Sie den *Befehl Datei/Neu* auf.

2. Wählen Sie die Seite, auf der sich die gewünschte Vorlage befindet.

3. Wählen Sie die Art und Weise, in der die Vorlage übernommen werden soll. Hierzu sehen Sie am unteren Rand des Dialogfensters drei Optionen, die aber je nach ausgewählter Vorlage nicht unbedingt alle drei zur Verfügung stehen.

   - **Kopieren**. Bedeutet, dass die zugrunde liegenden Dateien in das aktuelle Projektverzeichnis kopiert werden (bei Verwendung von Experten werden die Dateien neu angelegt). Für Projektvorlagen (Seite *Projekte*) ist dies die einzig mögliche Option.

   - **Vererben**. Bedeutet, dass die Klasse für das neu anzulegende Modul von der Klasse des ausgewählten Eintrags abgeleitet wird. Für die Module des gerade geöffneten Projekts ist dies die einzig mögliche Option.

- **Verwenden.** Bedeutet, dass die zugrunde liegenden Dateien nicht kopiert werden, sondern dass das aktuelle Projekt auf die Originaldateien zugreift. Änderungen in den Originaldateien betreffen daher automatisch alle Projekte, die das Modul benutzen.

4. Doppelklicken Sie auf die gewünschte Vorlage.

Tipp

Die Einträge in der Objektablage können wie die Dateien im Explorer auf verschiedene Arten angezeigt werden. Die Befehle zum Wechseln der Anzeige finden Sie im Kontextmenü der Objektablage.

Objektablage konfigurieren

```
Tools/Objektablage
```

Beschreibung

Wenn Sie den Befehl *Tools/Objektablage* aufrufen, gelangen Sie in das Dialogfenster *Objektablage*, in dem Sie

- neue Seiten einrichten können (Schalter *Seite hinzufügen*);
- Seiten löschen können (Schalter *Seite löschen*); zuvor müssen alle Objekte der Seite gelöscht sein;
- die Reihenfolge der Seiten verändern können (Pfeile);
- Objekte bearbeiten können (Schalter *Objekte bearbeiten*); betrifft Titel des Eintrags, Beschreibung, Symbol;
- Objekte löschen können (Schalter *Objekte löschen*);
- Formulare oder Projekte als Standardvorlagen festlegen können (Markierungsfelder *Neues Formular*, *Hauptformular*, *Neues Projekt*).

Die Befehle beziehen sich jeweils auf den gerade markierten Listeneintrag.

Standardvorlagen definieren

Delphi kennt drei Standardvorlagen:

- Das Standardprojekt, das erzeugt wird, wenn Sie den Befehl *Datei/Neue Anwendung* aufrufen.
- Das Standardformular, das erzeugt wird, wenn Sie den Befehl *Neues Formular* aus dem Menü *Datei* aufrufen.
- Das Standardhauptfenster, das erzeugt wird, wenn Sie ein neues Projekt anlegen.

Für alle drei Standardvorlagen können Sie festlegen, welches Element der Objektablage dieser Vorlage entsprechen soll (einschließlich der vorhandenen Experten).

1. Rufen Sie den Befehl *Tools/Objektablage* auf.

2. Wählen Sie das zukünftige Standardelement aus. Markieren Sie dazu zuerst die Seite, in der das Element abgelegt ist (oder den Eintrag *Objektablage*), und dann das Element selbst.

3. Setzen Sie unter dem Listenfeld die Option zur Festlegung des Standardelements.

Tipp

Um wieder das alte Standardprojekt oder -Formular zu verwenden, löschen Sie einfach die Markierungskästchen für das aktuelle *Projekt/Formular*.

Anpassung der Programmierumgebung

Delphi-Desktops speichern

`Ansicht/Desktops/...`

Beschreibung

Wenn Sie eine neue Anwendung anlegen, erscheinen immer die gleichen Elemente (Objektinspektor, Formular-Designer und Quelltexteditor) in der immer gleichen Anordnung. Ab Delphi 5 können Sie die Organisation der Projektfenster auf dem Desktop selbst bestimmen.

Desktop speichern

1. Arrangieren Sie die Fenster des Projekts nach Ihren Wünschen (beispielsweise Projektverwaltungsfenster in einer Ecke anzeigen, Quelltexteditor unter Formular-Designer hervorholen).

2. Rufen Sie den Befehl *Ansicht/Desktops/Desktop speichern* auf.

3. Geben Sie in dem erscheinenden Dialogfeld einen Namen für das aktuelle Desktop-Layout an.

Das neue Desktop-Layout wird zum aktiven Layout, das auch für neu geöffnete Projekte gültig bleibt.

Desktop auswählen

Wenn mehrere Desktops gespeichert sind, können sie zwischen diesen hin und her wechseln.

1. Rufen Sie den Befehl *Ansicht/Desktops* auf und

2. wählen Sie den Namen des gewünschten Desktop-Layouts im aufspringenden Untermenü aus.

Desktop löschen

1. Rufen Sie den Befehl *Ansicht/Desktops/Löschen* auf.

2. Wählen Sie das zu löschende Desktop-Layout im erscheinenden Dialogfenster aus.

3. Klicken Sie auf den Schalter *Löschen*.

Debug-Desktop definieren

Zusätzlich zu dem Desktop-Layout für die normale Bearbeitung können Sie ein eigenes Desktop-Layout zum Debuggen speichern. Wenn Sie danach eine Anwendung debuggen, wird automatisch zusammen mit dem Debugger der Debug-Desktop geladen. Sowie Sie die Debug-Sitzung beenden, wird das normale Desktop-Layout wiederhergestellt.

1. Arrangieren Sie die Fenster auf dem Desktop so, wie es Ihnen zum Debuggen zum Vorteil gereicht (Lassen Sie beispielsweise wichtige Debug-Fenster wie die Liste der überwachten Ausdrücke oder der lokalen Variablen anzeigen.)

2. Speichern Sie das Desktop-Layout als ganz normales Layout (Befehl *Ansicht/Desktops/Desktop speichern*).

3. Rufen Sie den Befehl *Ansicht/Desktops/Debug-Desktop einstellen* auf.

4. Wählen Sie im erscheinenden Dialogfenster das zum Debuggen gedachte Desktop-Layout aus.

5. Klicken Sie auf den Schalter *OK*.

Debug-Desktop löschen

1. Rufen Sie den Befehl *Ansicht/Desktops/ Debug-Desktop einstellen* auf.

2. Wählen Sie als neues Debug-Desktop den Eintrag <kein>.

3. Klicken Sie auf den Schalter *OK*.

Externe Tools in die IDE integrieren

```
Tools/Tools konfigurieren
```

Beschreibung

Gibt es irgendwelche externen Programme, die Sie bei der Programmentwicklung häufiger verwenden? Dann wäre es doch praktisch, wenn Sie diese direkt aus der IDE heraus aufrufen könnten. Über den Befehl *Tools/Tools konfigurieren* ist dies möglich. Das eingerichtete externe Tool kann danach über das Menü *Tools* aufgerufen werden.

Beispiel

Die folgende Anleitung demonstriert die Einrichtung eines externen Tools am Beispiel von WinSight.

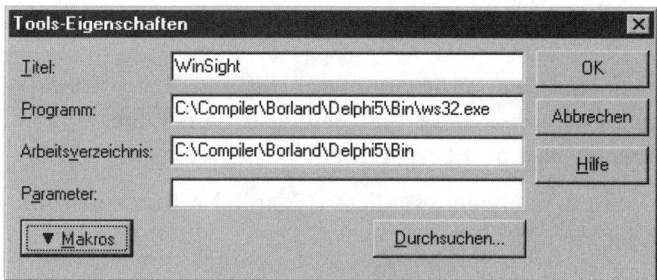

1. Rufen Sie den Befehl *Tools/Tools konfigurieren* auf.

2. Drücken Sie im erscheinenden Dialog den Schalter *Hinzufügen*.

3. Geben Sie einen Titel ein, unter dem das Tool im Menü *Tools* aufgeführt werden soll (In unserem Beispiel »WinSight«).

4. Klicken Sie auf den Schalter *Durchsuchen*, um die EXE-Datei des Tools auszuwählen (ws32.exe aus dem Delphi-BIN-Verzeichnis).

5. Wenn Sie dem Programm Parameter übergeben wollen, klicken Sie auf den Schalter *Makros* und nutzen Sie gegebenenfalls die vordefinierten Optionen.

6. Klicken Sie auf *OK* und *Schließen* Sie das Fenster Tools-Optionen.

7. Danach kann WinSight über das Menü *Tools* aufgerufen werden.

Verweise

Siehe Debuggen, WinSight

Object Pascal-Referenz

Wenn Sie Delphi-Anwendungen erstellen, programmieren Sie in Object Pascal – einem objektorientierten Pascal-Dialekt. Syntax und Semantik von Objekt Pascal sind in diesem Kapitel zusammengefasst und beschrieben.

Wenn Sie die kleinen Konsolenanwendungen aus diesem Kapitel selbst ausprobieren möchten, gehen Sie wie folgt vor:

1. Rufen Sie den Befehl *Datei/Neu* auf.

2. Doppelklicken Sie auf der Registerseite *Neu* der *Objektgalerie* auf das Symbol *Konsolenanwendung*.

3. Bearbeiten Sie im Quelltexteditor den Programmcode.

4. Speichern Sie das Projekt (Befehl *Datei/Projekt speichern unter*).

5. Erstellen Sie das Programm (Befehl *Projekt/<Projektname> erzeugen*).

6. Führen Sie das Programm über *Start/Start* oder durch Aufruf aus der MSDOS-Eingabeaufforderung aus.

Programmgerüste

Aufbau eines Programms

```
program
```

Beschreibung

Grundsätzlich besteht ein Object Pascal-Programm aus 4 Teilen:

- einem Programmkopf,
- einer optionalen uses-Anweisung,
- einem optionalen Deklarationsteil,
- einem Anweisungsblock.

Programmkopf   program

Der erste Teil eines Objekt Pascal-Programms, der Programmkopf, besteht aus dem Schlüsselwort program und einem von Ihnen vergebenen Programmnamen.

```
program tuIrgendEtwas;
```

- Das Schlüsselwort program zeigt dem Compiler an, dass es sich bei dem vorliegenden Modul um das Hauptmodul des Programms handelt, mit dessen Ausführung beim Programmstart begonnen wird.

- Für Windows-Anwendungen müssen – anders als bei Konsolenanwendungen – der Programmname und der Name der Programmdatei (.dpr) identisch sein. Wenn Sie Ihre Projekte mit dem Befehl *Datei/Projekt speichern unter* abspeichern, sorgt Delphi automatisch für die Übereinstimmung.

uses-Anweisung   uses

Auf das Schlüsselwort uses folgt eine durch Kommata getrennte Liste der vom Programm verwendeten Units. Units bilden in Pascal die Grundlage der modularen Programmierung. Units sind Sammlungen von Funktionen, Prozeduren, Variablen etc., die Sie Programmen, DLLs oder anderen Units zur Verfügung stellen. Dazu muss die Unit zuerst kompiliert werden (als Teil eines Projekts). Danach kann jedes beliebige Modul die Unit mit Hilfe der uses-Anweisung einbinden (Voraussetzung dafür ist allerdings, dass der Compiler weiß, in welchem Verzeichnis die kompilierte Unit zu finden ist) und dann auf die Elemente, die von der Unit im Interface-Teil als öffentliche Elemente deklariert wurden, zugreifen.

Für Units, deren Quelltext weder im Verzeichnis des Projekts noch im Suchpfad des Compilers abgespeichert sind, kann man mit Hilfe des Schlüsselwortes in den absoluten oder relativen (ausgehend vom Verzeichnis des Projekts) Pfad angeben. Pfadangaben sind allerdings nur in der Programmdatei, nicht in Units möglich.

```
uses
  sysutils, Unit1,
  Unit2 in '..\Demo\Unit2.pas';
```

Deklarationsteil   const, type, var

Als Nächstes folgt der Deklarationsteil, in dem die globalen Elemente des Programms aufgeführt werden. Im Einzelnen sind dies

- globale Konstanten (eingeleitet durch das Schlüsselwort const),
- globale Typen (eingeleitet durch das Schlüsselwort type),
- globale Variablen (eingeleitet durch das Schlüsselwort var),
- globale Prozeduren und Funktionen (einschließlich Implementierung),
- globale Compiler-Direktiven.

Die hier deklarierten Elemente sind vom Ort ihrer Deklaration an in der Programmdatei verfügbar, nicht aber in anderen Units des Programms.

Anweisungsteil	begin ... end.

Zuletzt folgt der Anweisungsblock des Programms, der wie jeder Anweisungsblock in die Schlüsselwörter begin und end gefasst wird (im Vergleich zu anderen Anweisungsblöcken folgt hier auf das Schlüsselwort end jedoch ein Punkt und kein Semikolon). Die Ausführung eines Programms beginnt mit der ersten Anweisung in diesem Anweisungsblock.

Tipp

Wenn Sie eine Konsolenanwendung erstellen (Befehl *Datei/Neu*, Symbol *Konsolenanwendung*), lädt Delphi automatisch den Quelltext der Programmdatei (.dpr) in den Editor.

Wenn Sie eine Windows-Anwendung erstellen (Befehl *Datei/Neu*, Symbol *Anwendung*), lädt Delphi nicht den Programmquelltext, sondern legt ein Hauptfenster zu der Anwendung an und lädt den Quelltext der Unit des Fensters. Um sich den Programmquelltext einer Windows-Anwendung anzeigen zu lassen, rufen Sie den Befehl *Projekt/Quelltext anzeigen* auf.

Beispiel 1 – Programmquelltext einer Konsolenanwendung

```
// Programmkopf
program Vektor; {$APPTYPE CONSOLE}

// uses-Klausel (Bibliotheken einbinden)
uses  SysUtils, Math;

// Deklarationsteil
type  TVektor = record
        x, y ,z : Double;
        end;

var   v : TVektor;

// Anweisungsteil
begin
  v.x := 1;   v.y := 1;  v.z := 1;
  writeln('Betrag von v: ',
        sqrt(sqr(v.x) + sqr(v.y) + sqr(v.z)) );
  readln;
end.
```

Beispiel 2 – Programmquelltext einer Windows-Anwendung

```
program RAD1;

uses  Forms,
      Unit1 in 'Unit1.pas' {Form1};
{$R *.RES}

begin
  Application.Initialize;
  Application.CreateForm(TForm1, Form1);
  Application.Run;
end.
```

Verweise

Siehe Praxisteil, Kategorie Sonstiges, Kommandozeilenargumente verarbeiten
Siehe Praxisteil, Kategorie Dynamische Linkbibliotheken

Aufbau einer Unit

```
unit
```

Beschreibung

Je umfangreicher ein Programm ist, umso wichtiger ist es, den Quelltext des Programms zu strukturieren und aufzuteilen. Zu diesem Zweck erlaubt Pascal die Aufteilung des Quelltexts in Units. Delphi unterstützt dies beispielsweise dadurch, dass es für jedes Fenster einer Windows-Anwendung automatisch eine eigene Unit anlegt. Über den Befehl *Datei/Neu*, Symbol *Unit* können Sie eigene Units anlegen – zum Beispiel für Funktionensammlungen. Um die in einer Unit A deklarierten globalen Elemente in einer anderen Unit B (oder dem Programmquelltext) verwenden zu können, braucht man lediglich die Unit A im uses-Abschnitt der Unit B (oder des Programmquelltextes) aufzuführen.

Grundsätzlich besteht eine Unit aus 4 Teilen:

- dem Unit-Kopf,
- dem Interface-Teil,
- dem Implementierungsteil,
- dem Initialisierungs- und Abschlussteil (optional).

Unit-Kopf	unit

Der Unit-Kopf, der die Unit als solche kennzeichnet, besteht aus dem Schlüsselwort unit und einem frei wählbaren Namen für die Unit.

```
Unit funktionen1;
```

Interface-Teil `interface`

Alle Elemente (Konstanten, Typen, Variablen, Prozeduren und Funktionen), die im Interface-Teil deklariert werden, sind öffentlich, d.h. sie können später in den Modulen, die die Unit per uses-Anweisung einbinden, so verwendet werden, als wären sie in dem Modul selbst deklariert. Prozeduren und Funktionen werden im Interface-Teil nur als reine Deklarationen aufgeführt (das Schlüsselwort forward wird dabei nicht benötigt). Die Implementierung der Prozeduren und Funktionen (begin..end-Block) folgt im Implementierungsteil.

Implementierungsteil `implementation`

Dieser Teil enthält zum einen die Anweisungsblöcke zu den im Interface-Teil deklarierten Funktionen, Prozeduren und Methoden, zum anderen diejenigen Elemente, die nur innerhalb der Unit verwendet werden und für andere Module nicht zugänglich sind.

Initialisierungsteil `initialization`

Der Initialisierungsteil ist optional. Hier können Anweisungen eingefügt werden, die automatisch beim Programmstart zur Initialisierung der Unit ausgeführt werden sollen. Üblicherweise nutzt man dies zum Initialisieren von Variablen oder zur Allokation dynamischen Speichers.

(Statt des Schlüsselworts initialization kann man auch einfach ein »begin« vor das abschließende »end.« setzen und den Code zur Initialisierung in diesen Block einfügen.

Abschlussteil `finalization`

Dieser Teil ist ebenfalls optional und kann nur bei einem vorhandenen Initialisierungsteil definiert werden. Die Abschlussteile der Units werden bei Beendigung des Programms ausgeführt und dienen dazu, die nötigen Aufräumarbeiten vorzunehmen (der Abschlussteil bildet das natürliche Gegenstück zum Initialisierungsteil und wird beispielsweise dazu verwendet, dynamischen Speicher, der im Initialisierungsteil reserviert wurde, wieder freizugeben.

Beispiel

```
UNIT unitname;

{-----Interface-Teil------}
INTERFACE
   USES      { Liste der öffentlichen Units };
   CONST     { Liste der öffentlichen Konstanten };
   TYPE      { Liste der öffentlichen Typen };
```

```
VAR       { Liste der öffentlichen Variablen };
{ Liste der öffentlichen Prozeduren und Funktionen }

{-----Implementationsteil------}
IMPLEMENTATION
   USES      { Liste der privaten Units };
   CONST     { Liste der privaten Konstanten };
   TYPE      { Liste der privaten Typen };
   VAR       { Liste der privaten Variablen };
   { Implementationen der öffentlichen und privaten
     Prozeduren und Funktionen }

{-----Initialisierungsteils------}
INITIALIZATION
   {Anweisungen}
   FINALIZATION
     {Anweisungen}
END.
```

Verweise

Siehe Delphi-Programmierumgebung, Kategorie Projektverwaltung, Mit Projekten arbeiten

Typische Elemente von Pascal-Programmen

```
program Demo1;
{$APPTYPE CONSOLE}——————————————— Compiler-Direktive

uses
  sysutils;
var
  varA, varB : Integer;——————————— Variablendeklaration

begin
  // Werte addieren und ausgeben——— Kommentar
  varA := 1;
  varB := 2;
  varA := varA + varB;——————————— Anweisung
  writeln('varA := ', varA);
  readln;
end.
```

Typische Elemente eines Pascal-Programms

Beschreibung

Die Funktionalität eines Programms wird bestimmt durch die Daten, die es verarbeitet, und die Operationen, die es auf den Daten ausführt. Insofern könnte man meinen, ein Programm bestünde nur aus Variablendeklarationen und Anweisungen. Dem ist aber nicht so. Der Compiler unterscheidet noch ganz andere Elemente.

Aus Sicht des Compilers besteht ein Programm aus:

- Deklarationen
- Anweisungen
- Compiler-Direktiven
- Kommentaren

Deklarationen

Nur allein mit den Schlüsselwörtern und Symbolen einer Programmiersprache kann man keine Programme schreiben. Der Programmierer muss sich daher einen Großteil der Elemente, mit denen er arbeiten möchte, selbst definieren. Um beispielsweise Daten aufzunehmen und zwischenzuspeichern, definiert man sich Variablen. Um Daten sinnvoll zu verwalten, kann es angebracht sein, sich eigene Datentypen zu definieren (beispielsweise TVektor zum Abspeichern von dreidimensionalen Vektoren).

Pascal erlaubt die Deklaration folgender Elemente:

- Konstanten
- Variablen
- Datentypen
- Funktionen
- Prozeduren
- Label

Deklarationen können im Deklarationsteil eines Programms (oder einer DLL), im Interface- und am Anfang des Implementierungsteils einer Unit, zu Beginn einer Funktionen- oder Prozedurdefinition sowie in Typendeklarationen stehen (siehe Kategorie Variablen, Verfügbarkeit von Variablen).

Variablen und Konstanten

Feste Werte, die sich im Laufe des Programms nicht ändern oder nur einmal benötigt werden, kann man direkt in Form von literalen Konstanten in den Quelltext schreiben.

Für veränderliche Werte definiert man Variablen. Der Compiler weist der Variablen einen Speicherbereich zu, in dem man im Laufe des Programms verschiedene Werte abspeichern kann.

Eine Variable kann aber immer nur Werte eines Datentyps aufnehmen. Dies liegt daran, dass unterschiedliche Daten (Buchstabe, ganzzahliger Wert, Gleitkommawert) unterschiedlich viel Speicher benötigen. Auch die Kodierung der Werte in Binärdarstellung für die Ablage im RAM ist für die einzelnen Datentypen unterschiedlich. Aus diesem Grund gehört jede Variable einem Datentyp an, der bei der Definition der Variable vom Programmierer angegeben wird.

```
var1 : Integer;     // Deklaration einer Variable für ganzzahlige Werte
var2 : Double;      // Deklaration einer Variable für Gleitkommawerte
var3 : Char;        // Deklaration einer Variable für Zeichen
var1 := 3;          // Zuweisung einer ganzzahligen Konstante
var2 := 3.14;       // Zuweisung einer Gleitkommakonstante
var3 := 'c';        // Zuweisung einer Zeichenkonstante
```

Anweisungen   ;

Die Anweisungen bilden den eigentlichen Code des Programms. Die Anweisungen werden vom Compiler in Maschinenbefehle umgesetzt, die vom Prozessor des Computers bei Ausführung des Programms nacheinander abgearbeitet werden.

- Grundsätzlich muss jede Anweisung mit einem Semikolon abgeschlossen werden.

- Anweisungen können nicht an beliebiger Stelle im Programm auftauchen. Anweisungen findet man im begin-end-Block des Programms, im Initialisierungs/ Abschlussteil einer Unit sowie in den begin-end-Blöcken von Funktionen und Prozeduren.

- Mehrere Anweisungen können – durch Semikolons getrennt – in einer Zeile stehen.

```
var1 := 3 * var2;   // Zuweisung eines Wertes
                    // an eine Variable
writeln('Hallo');   // Aufruf einer Funktion
break;              // Schlüsselwort zur Beendigung
                    // einer Schleife
```

Anweisungsblöcke   begin end

Mit Hilfe der Schlüsselwörter begin und end werden Anweisungen in Anweisungsblöcken zusammengefasst. Anweisungsblöcke werden eingesetzt, um anzuzeigen, welche Anweisungen zu einer Funktion/Prozedur oder einer Steueranweisung (if, for, while...) gehören.

Anweisungsblöcke können ineinander verschachtelt werden.

```
procedure quadratzahlen();
var  zaehler : Integer;
     quadrat : LongInt;
begin
  for zaehler := 1 to 50 do begin
```

```
    quadrat := zaehler * zaehler;
    writeln('Das Quadrat von ',zaehler,' ist ',quadrat);
    end;
end;
```

Compiler-Direktiven

Compiler-Direktiven sind spezielle Anweisungen an den Compiler, die nicht in Maschinencode übersetzt werden (sind also nicht Teil des Programms), sondern vielmehr den Compiler während der Kompilation anweisen, wie er bei der Kompilation vorzugehen hat.

Compiler-Direktiven sind in geschweifte Klammern gefasst und beginnen stets mit einem Dollarzeichen:

```
{$APPTYPE CONSOLE}
```

Kommentare   { } und //

Kommentare sind Textpassagen, die vom Compiler ignoriert werden. Sie erlauben dem Programmierer, Anmerkungen in den Quelltext aufzunehmen – meist zur Erklärung des nebenstehenden oder nachfolgenden Pascal-Codes.

Einzeilige Kommentare beginnen mit // und gehen bis zum Ende der Zeile.

Mehrzeilige Kommentare werden in geschweifte Klammern – oder alternativ in (* *) – gefasst.

```
{ Das folgende Programm gibt einen Gruß auf den
  Bildschirm Ihres Computers aus              }
program Demo;
{$APPTYPE CONSOLE}
uses  sysutils;

begin
  writeln('Hallo Anwender!');  // Bildschirmausgabe
  readln;
end.
```

Tipp

Es bietet sich an, innerhalb von Anweisungsblöcken nur //-Kommentare zu verwenden und die Klammern { und } zum Auskommentieren größerer Code-Blöcke beim Debuggen einzusetzen.

Verweise

Siehe Aufbau eines Programms

Elemente der Sprache

Zeichensatz

Beschreibung

Man unterscheidet zwischen zwei Zeichensätzen:

- Dem **Basiszeichensatz**, in dem der Programmcode aufgesetzt wird.
- Dem **Ziel-** oder **Umgebungszeichensatz**, den das Programm bei der Ausführung verwendet, etwa für Ein- und Ausgaben.

Der Basiszeichensatz

Der Basiszeichensatz, in dessen Zeichen der Programmquelltext aufgesetzt wird, enthält die folgenden Zeichen:

a	b	c	d	e	f	g	h	i	j	k	l	m	n	o	p	q	r	s	t
u	v	w	x	y	z														
A	B	C	D	E	F	G	H	I	J	K	L	M	N	O	P	Q	R	S	T
U	V	W	X	Y	Z														
0	1	2	3	4	5	6	7	8	9										
_	{	}	[	]	#	(	)	<	>	@	:	;	.	$	*	+	-	/	^
&	=	,	'																

sowie:

Leerzeichen
Horizontaler Tabulator (HT)
Neue Zeile (NL)

Zielzeichensatz

Der Zielzeichensatz von Pascal entspricht dem ANSI-Zeichensatz von Windows. Auf die Zeichen dieses Zeichensatzes können Sie in Kommentaren und Zeichen- bzw. String-Literalen zurückgreifen.

Zeichen, die auf ihrer Tastaturbelegung nicht vorgesehen sind, können Sie auch als Steuerzeichen eingeben. Ein Steuerzeichen besteht aus einem # und dem ANSI-Code des auszugebenden Zeichens.

Tipp

Sie können Sonderzeichen auch im Objektinspektor von Delphi eingeben. Schalten Sie dazu NumLock ein, halten Sie die Alt-Taste gedrückt und geben Sie über die nummerische Tastatur den ANSI-Code des Zeichens ein. Wenn Sie häufig Sonderzeichen einer bestimmten Sprache verwenden, ist es einfacher, die Sprachunterstützung von Windows zu installieren und die Tastaturbelegung zu ändern.

Warnung

Wie ein String bei der Ausgabe aussieht, hängt von dem System ab, unter dem das Programm ausgeführt wird. Ihr Programmcode gibt lediglich einen Zeichencode vor, wie dieser Code interpretiert wird, hängt von dem ausführenden System ab. So können Sie beispielsweise die norwegischen Sonderzeichen (å, æ, ø etc.) üblicherweise ohne Probleme in Windows-Steuerelementen verwenden (Titel eines Schalters, Text eines Label-Textfelds), als Ausgabe einer Konsolenanwendung werden die norwegischen Sonderzeichen dagegen als Zeichen des OEM-Zeichensatzes interpretiert. Ebenso wichtig ist, dass der zur Darstellung verwendete Font die betreffenden Zeichen enthält.

Beispiele

```
var kaempfer : String;    { in Bezeichner sind keine Umlaute erlaubt}

begin
  kaempfer := 'Kämpfer';  { in Strings sind Umlaute erlaubt }
  writeln('1'#13#10'2'#13#10'3');  { Ausgabe mit Zeilenumbrüchen }
  ...

procedure TForm1.Button1Click(Sender: TObject);
begin
  Button1.Caption := 'åpen';  {entspricht Button1.Caption := #229'pen'; }
  ...
```

Verweise

Siehe Praxisteil, Kategorie Internationalisierung und Lokalisierung, Umlaute im MSDOS-Fenster

Siehe Anhang, ASCII/ANSI-Tabellen

Alternative Zeichen

(., (*

Beschreibung

Statt der eckigen und geschweiften Klammern kann man auch Kombinationen von Punkt oder Sternchen mit runden Klammern verwenden.

Anwendung

Der Basiszeichensatz ist eng an die englische Sprache und die englische Tastaturbelegung geknüpft. Für Programmierer anderer Nationen kann die Eingabe bestimmter Zeichen, speziell der eckigen und geschweiften Klammern, auf Grund ihrer landesspezifischen Tastaturbelegung unbequem, wenn nicht sogar nur über ALT+ASCII-Code möglich sein. Pascal definiert aus diesem Grund für diese Zeichen alternative Zeichenfolgen, die vom Compiler zu Beginn der Kompilation in die entsprechenden Zeichen des Basiszeichensatzes umgewandelt werden.

Synonym	für	Synonym	für
(.	[	.)	]
(*	{	*)	}

Tipp

Für die deutsche Tastaturbelegung bedeuten die alternativen Darstellungen keine große Erleichterung. Um den Programmcode lesbar zu gestalten, sollte man auf sie verzichten.

Beispiele

```
var  feld : array(.1..12.) of Integer;
     i : Integer;

begin
  (* Array initialisieren *)
  for i := 1 to 12 do  begin
    feld(.i.) := i;
    end;
...
```

Schlüsselwörter und Symbole

Beschreibung

Pascal kennt eine Reihe von Schlüsselwörtern und Symbolen, die innerhalb der Sprache eine feste Bedeutung haben.

Schlüsselwörter

and	array	as	asm
at	begin	case	class
const	constructor	destructor	dispinterface
div	do	downto	else
End	except	exports	file
finalization	finally	for	function
goto	if	implementation	in
inherited	initialization	inline	interface
is	label	library	mod
nil	not	object	of
on	or	out	packed
procedure	program	property	raise
record	repeat	set	shl
shr	string	then	threadvar
to	try	type	unit
until	uses	var	while
with	xor		

sowie

private	protected	public	published

sofern sie in Klassendeklarationen verwendet werden.

Direktiven

Bei den folgenden Wörtern, den so genannten Direktiven von Object Pascal, handelt es sich zwar nicht um Schlüsselwörter, dennoch sollten Sie sie nicht umdefinieren, indem Sie sie als Bezeichner für eigene Elemente verwenden (gleiches gilt auch für die vordefinierten Datentypen).

absolute	abstract	assembler	automated
cdecl	contains	default	dispid
dynamic	exports	external	far
forward	implements	index	message
name	near	nodefault	overload
override	package	pascal	private
protected	public	published	read
readonly	register	reintroduce	safecall
stdcall	stored	virtual	write
writeonly			

Warnung

Schlüsselwörter dürfen nicht als Bezeichner für Variablen, Funktionen etc. verwendet werden.

Symbole

Pascal kennt eine Reihe an bedeutungstragenden Symbolen, wobei ein Großteil auf die Operatoren der Sprache fällt.

Symbol	Bedeutung
;	Abschluss einer Anweisung oder Deklaration
:	Variablendeklaration
.	Zugriff auf Elemente strukturierter Datentypen
	Abschluss des Programms
,	Argument- und Parameterlisten
#	Sonderzeichen
$	Compiler-Direktiven
&	Assembler, Tastaturkürzel
'	String-Literal
( )	Parameterdeklaration, Routinenaufruf, Mengentyp- oder Aufzählungstypdeklaration
[ ]	Arraydeklaration, Indizierung
..	Array-Grenzen
{ }	Kommentare
*	Multiplikation
+	Addition, Vorzeichen, String-Konkatenation
-	Subtraktion, Vorzeichen
/	Division

Symbol	Bedeutung
=	Test auf Gleichheit
<>	Test auf Ungleichheit
<	Kleiner-Vergleich
<=	Kleiner/Gleich-Vergleich
>	Größer-Vergleich
>=	Größer/Gleich-Vergleich
:=	Zuweisung
//	Kommentar
^	Zeiger
@	Adress-Operator

Eigene Bezeichner

Beschreibung

Wenn Sie in Object Pascal Programme schreiben, werden Sie in den seltensten Fällen mit den Schlüsselwörtern der Sprache und den Elementen der Bibliotheken auskommen. Zumindest einige eigene Variablen werden Sie zum Aufnehmen und Manipulieren von Daten deklarieren wollen. Um überhaupt eigene Elemente in ein Programm aufnehmen zu können (sei es nun eine Variable, ein neuer Datentyp oder eine Funktion etc.), müssen Sie das Element zuerst beim Compiler bekannt machen – also deklarieren.

Die Deklaration teilt dem Compiler mit, um was für ein Element es sich handelt (Datentyp, Variable, Prozedur, Funktion etc.) und verbindet das neue Element mit einem Namen, seinem Bezeichner.

Gleichzeitig erhält der Compiler durch die Deklaration alle nötigen Informationen, um Speicher für das deklarierte Element reservieren und die korrekte Verwendung des Elements im nachfolgenden Quellcode kontrollieren zu können.

Anwendung

Prinzipiell sind Sie in der Vergabe von Bezeichnern ganz frei. Schließlich sollen die Bezeichner vor allem der besseren Lesbarkeit der Programme dienen, während der Compiler den Bezeichner nur als Referenz auf das bezeichnete Element ansieht (meist ist der Bezeichner, wie im Falle von Variablennamen, nur ein Synonym für eine Speicheradresse). Trotzdem gilt es, bei der Namensgebung einige Regeln zu beachten:

- Bezeichner dürfen Buchstaben, Ziffern und Unterstriche enthalten; Leerzeichen, Umlaute und ß sind nicht zugelassen.
- Das erste Zeichen muss ein Buchstabe oder ein Unterstrich (_) sein.

- Bezeichner dürfen beliebig lang sein, werden aber nur nach den ersten 63 Zeichen unterschieden.

Warnung

- Es wird nicht zwischen Groß- und Kleinschreibung unterschieden.
- Die zum Sprachumfang von Object Pascal gehörenden Schlüsselwörter können nicht als Bezeichner verwendet werden.

Die wichtigsten Elemente, die ein Programmierer in ein Programm einführen kann, sind:

- **Variablen**, um Daten zwischenzuspeichern;
- **eigene Datentypen**, um die Verwaltung der Daten zu organisieren und zu vereinfachen (einschließlich der Definition von Klassen);
- **Funktionen und Prozeduren**, um zusammengehörige Anweisungen zusammenzufassen und den Quelltext zu modularisieren.

Beispiele

```
mein_typ    //ok
Writeln     //ok, kann aber die RTL-Prozedur writeln verdecken
index       //ok, definiert aber Direktive um
3fach       // nicht erlaubt
file        // nicht erlaubt
```

Verweise

Siehe Kategorie Variablen, Gültigkeitsbereiche

Variablen

Variablen und Datentypen

Beschreibung

Ganz egal, welche Art von Programm Sie schreiben: Die Hauptaufgabe eines Programms besteht immer darin, Daten zu verarbeiten. Während das Programm abläuft, werden diese Daten an verschiedenen Stellen im Arbeitsspeicher abgelegt. Um auf die Daten zugreifen zu können, ohne sich mit Speicheradressen herumärgern zu müssen, werden Variablen benutzt.

Variablen

Eine Variable ist ein Name für einen Speicherbereich, in den ein Datenobjekt abgelegt werden kann (beispielsweise eine ganze Zahl, eine Gleitkommazahl, eine Zeichenkette etc.). Über den Namen der Variablen kann auf den Speicherbereich zugegriffen werden, um die dort sich befindenden Daten zu lesen oder Daten dorthin zu schreiben. Der Compiler legt zu diesem Zweck eine Symboltabelle an, in der zu jedem Variablennamen die Anfangsadresse des zugehörigen Speicherbereichs vermerkt ist. Bei der Kompilation kann er dann jedes Vorkommen eines Variablennamens durch die passende Adresse ersetzen. Für das Anlegen dieser Symboltabelle ist es aber notwendig, dass jede Variable vor ihrer Verwendung deklariert wird, beispielsweise:

```
var
 variablenname : Typ;
```

Die wichtigste Angabe bei der Deklaration ist, neben dem Namen der Variablen, der Datentyp.

Datentypen

Je nach Art der Daten, die in einer Variablen abgelegt werden können, unterscheidet man verschiedene Datentypen, beispielsweise:

- Integer für ganze Zahlen
- Double für reelle Zahlen (auch Gleitkommazahlen genannt)
- Char für Zeichen (Buchstaben, Ziffern, Sonderzeichen)
- Boolean für Boolesche Variablen, die einen Wahrheitswert annehmen können (true, false)

Die Datentypen bestimmen

- die **interne Darstellung** der Werte der Variablen im Rechner (Bedenken Sie, dass alle Daten im Speicher als eine Folge von Nullen und Einsen dargestellt werden müssen. Die Kodierung eines Zeichens in eine Bitfolge erfolgt dabei nach anderen Regeln als die Kodierung einer ganzen Zahl oder einer Gleitkommazahl.);
- die **Größe des Speicherbereichs** (Eine Gleitkommazahl benötigt mehr Speicher als ein einzelnes Zeichen und eine Strukturvariable benötigt meist mehr Speicher als eine Gleitkommazahl);
- den **Wertebereich** (dieser ergibt sich letztendlich aus der Größe des Speicherbereichs und der Art der Kodierung);
- die **Operationen**, die auf den Werten des Datentyps ausgeführt werden können (Beispielsweise kann man ganze Zahlen multiplizieren, nicht aber Strings).

Pascal unterscheidet zwischen elementaren Datentypen, die in der Sprache verankert sind (integer, double, char, string etc.), und zusammengesetzten Datentypen, die vom Programmierer definiert werden (Arrays, Mengen, Records und Klassen).

Des Weiteren unterscheidet man in Pascal zwischen Datentypen, deren Elemente in einer eindeutigen Reihenfolge stehen und die – mit Ausnahme des ersten und des letzten Elements – eindeutige Vorgänger und Nachfolger besitzen. Datentypen, die diese Kriterien erfüllen (Integer-Datentypen, Zeichentypen, Boolesche Typen, Teilbereiche, Aufzählungstypen) nennt man ordinale Typen. Pascal kennt eine Reihe von Funktionen, die nur auf ordinale Typen angewendet werden können: Ord, Pred, Succ, High, Low, Inc, Dec.

Tipp

Wenn Sie sich einen Überblick über die Symboltabelle des Compilers verschaffen wollen, lassen Sie sich vom Linker eine Map-Datei anlegen (Befehl *Projekt/Optionen*, Seite *Linker*, Option *Map-Datei Publics*).

Nach erneuter Kompilation finden Sie im Projektverzeichnis eine Datei mit der Extension .map, die Sie in einen beliebigen Texteditor laden können. (Beachten Sie, dass in der MAP-Datei auch die Bezeichner aus den Bibliotheken, insbesondere System.pas enthalten sind.)

```
Address          Publics by Name

0001:00006AE8       .
0002:0000005C       .
...
0001:00007714       MeineProzedur
0002:00001600       MeineVariable
0002:00000018       MemoryManager
0001:000002BC       MergeBlockAfter
...
```

Variablendeklaration

```
var
  variablenname : Datentyp;
```

Beschreibung

Variablen sind vom Programmierer eingeführte Bezeichner, denen Werte zugewiesen werden können. Welche Werte einer Variablen zugewiesen werden können, hängt vom Datentyp der Variable ab. Der Compiler verbindet die Variable mit einem Speicherbereich, in dem der jeweils aktuelle Wert der Variable abgespeichert wird.

```
var
  variablenname : Datentyp;
  var1, var2, var2 : Datentyp;
```

- **var**: Variablendeklarationen werden stets durch das Schlüsselwort var eingeleitet. Folgen mehrere Variablendeklarationen aufeinander, braucht man nicht jedes Mal das Schlüsselwort var voranzustellen. Variablendeklarationen sind im Deklarationsteil des Programms, im Interface- und Implementierungsteil von Units sowie zu Beginn von Prozeduren, Funktionen oder Methoden erlaubt.

  Außer var kann auch das Schlüsselwort threadvar verwendet werden, das allerdings nur für die Implementierung von Multithread-Anwendungen relevant ist.

- **variablenname**: Der Variablenname ist frei wählbar (unter Beachtung der Regeln zur Namensgebung von Bezeichnern, siehe oben). Mehrere Variablen eines Datentyps können zusammen deklariert werden, wobei die Bezeichner durch Kommata getrennt werden.

- **Datentyp**: Erlaubt sind sowohl elementare als auch zuvor definierte, zusammengesetzte Datentypen.

Anwendung

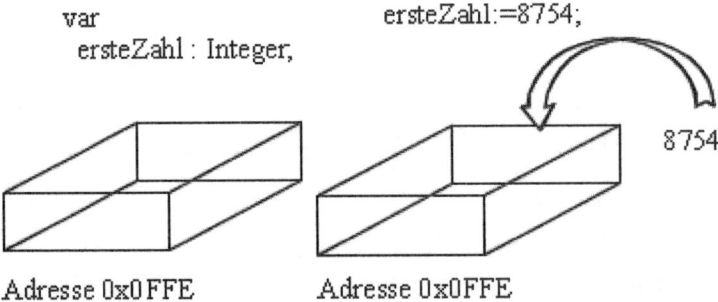

Variablen sind für ein Programm wie ein Zwischenspeicher, in dem Daten abgelegt und bei Bedarf wieder hervorgeholt und weiter verarbeitet werden können. Eine Variable wird durch eine Deklaration eingeführt. Deklarationen von Variablen (wie auch von Konstanten, Typen, Routinen) sind nicht an beliebiger Stelle erlaubt, sondern nur:

Ort der Deklaration	Beispiel

im Deklarationsteil des Programmcodes	`program Project1;`
	`uses Sysutils;`
	`var`
	`  wert : Integer;`
	`begin`
	`...`
	`end.`

im Interface-Teil einer Unit	`unit Unit1;`
	`interface`
	`...`
	`var`
	`  wert: Integer;`
	`implementation`
	`...`

im Implementations-Teil einer Unit	`implementation`
	`var wert : Integer;`
	`procedure demo;`
	`begin`
	` wert := 3;`
	`end;`
	`end.`

vor dem Anweisungsteil von Prozeduren und Funktionen	`procedure demo;`
	`var`
	`  wert : Integer;`
	`begin`
	` wert := 3;`
	`end;`

Warnung

Der Ort der Deklaration bestimmt im Wesentlichen die Verfügbarkeit der Variablen (siehe auch »Gültigkeitsbereiche« und »Verfügbarkeit von Variablen«).

Absolute Adressen

Grundsätzlich sorgt der Compiler für die Speicherreservierung für die Variablen. In seltenen Fällen kann es aber wünschenswert sein, selbst vorzugeben, an welcher Adresse der Speicher einer Variablen beginnen soll. Man kann dies durch Angabe einer absoluten Adresse (im Hex-Format) oder als Name einer bereits deklarierten Variable.

```
var
  str : string[100] = 'Hallöchen';    //normaler ShortString, im ersten
                                      //Byte steht die Länge des Strings
  wert1 : Integer absolute $00021F00;
```

```
wert2 : Integer absolute wert1;    //Synonym für wert1
laenge : Byte absolute str;        //weist auf Länge von str
```

Warnung

Die explizite Verbindung von Variablen mit absoluten Adressen ist nur für ganz spezielle Einsatzgebiete (beispielsweise Treiber-Programmierung) gedacht. In allen anderen Fällen sollte man die Speicherorganisation und die Vergabe von Speicheradressen an Variablen tunlichst dem Compiler überlassen!

Verweise

Siehe Variableninitialisierung

Gültigkeitsbereiche

Beschreibung

In Object Pascal wird jedem Bezeichner in Abhängigkeit davon, an welcher Stelle des Programms er deklariert wird, ein Gültigkeitsbereich zugeordnet. Danach kann der Bezeichner von dem Ort seiner Deklaration bis zum Ende seines Gültigkeitsbereichs verwendet werden. In Object Pascal gibt es verschiedene Kategorien von Gültigkeitsbereichen.

Blöcke

Blöcke sind die Gültigkeitsbereiche von Prozeduren, Funktionen, Methoden und Modulen. Sie umfassen jeweils den Deklarations- und Anweisungsteil und enden mit der abschließenden end-Anweisung.

Blöcke sind häufig ineinander verschachtelt – beispielsweise durch Implementierung einer Schleife im Anweisungsteil einer Prozedur:

```
programm MyProg; {Konsolenanwendung}
var writeln   : Integer;    // verdeckt Bezeichner writeln aus
                            // system.pas

procedure innerer_Bereich;
var   writeln : Real;
      i : Integer;
begin
  writeln := 3.54;          // Zugriff auf lokale Variable
  MyProg.writeln := 100;    // Zugriff auf globale Variable
  system.writeln(writeln);  // Zugriff auf System-Variable
  i := MyProg.writeln;
  system.writeln(i);
end;
```

```
begin
  innerer_Bereich;
  readln;
end.
```

In solchen Fällen gilt:

- Ein Bezeichner, der in einer Prozedur, Funktion oder Methode deklariert wird, ist lokal zu dieser.

- Ein Bezeichner, der außerhalb jeder Prozedur, Funktion, Methode, Struktur oder Klasse deklariert wird, ist ein globaler Bezeichner.

- Ab dem Ort der Deklaration ist ein Bezeichner in seinem Gültigkeitsbereich und allen folgenden eingeschlossenen Gültigkeitsbereichen verwendbar.

- Ein Bezeichner kann in einem untergeordneten Gültigkeitsbereich dadurch verdeckt werden, dass in dem eingeschlossenen Gültigkeitsbereich ein Bezeichner gleichen Namens deklariert wird. Trotzdem stehen beide Bezeichner für verschiedene Objekte und können vom Compiler unterschieden werden. Mit Hilfe des Namens des Gültigkeitsbereichs und des Punkt-Operators können Sie auch auf verdeckte Variablen zugreifen (siehe obiges Beispiel).

Records

Feldbezeichner aus Record-Typen sind zum einen innerhalb der Deklaration ihres Record-Typs gültig – und zwar ab dem Ort ihrer Deklaration. Zum anderen sind sie in zusammengesetzten Bezeichnern gültig, wenn der vorangehende Bezeichner auf ein Objekt ihres Typs verweist.

Klassen

Wird ein Elementbezeichner in einer Klassentyp-Deklaration vereinbart, so erstreckt sich sein Gültigkeitsbereich vom Ort seiner Deklaration bis zum Ende der Klassentyp-Definition sowie über alle Nachkommen des Klassentyps und die Blöcke sämtlicher Methoden des Klassentyps. Zusätzlich ist er in zusammengesetzten Bezeichnern gültig, wenn der vorangehende Bezeichner auf ein Objekt ihres Typs verweist.

Units

Bezeichner, die im interface-Abschnitt einer Unit deklariert werden, gehören zum globalen Gültigkeitsbereich der Unit. Darüber hinaus erstreckt sich ihr Gültigkeitsbereich auf alle Units und Programme, die diese Unit in ihrer uses-Anweisung aufführen.

Bezeichner, die im implementation-Abschnitt einer Unit deklariert werden, gehören zum internen Gültigkeitsbereich der Unit. Sie sind im implementation-Abschnitt ab dem Ort ihrer Deklaration verfügbar, nicht aber in Units und Programmen, die diese Unit in ihrer uses-Anweisung aufführen.

Die Unit System

Die Unit System, die automatisch in jedes Programm eingebunden wird, stellt einen Gültigkeitsbereich außerhalb des globalen Gültigkeitsbereichs dar. Daher können Sie auf alle Bezeichner dieser Unit direkt oder für den Fall, dass der Bezeichner verdeckt ist, mittels System.Bezeichner zugreifen.

Verweise

Siehe Kategorie Vererbung und Polymorphie, Neudeklaration geerbter Elemente

Verfügbarkeit von Variablen

Beschreibung

Die Verfügbarkeit von Variablen hängt von verschiedenen Faktoren ab:

- dem Ort ihrer Deklaration;
- der Art ihrer Deklaration;
- der möglichen Deklaration gleichlautender Variablen.

Ort der Deklaration

Ort der Deklaration	Verfügbarkeit

im Deklarationsteil des Programm-codes
 	
`program Project1;`
 	
`var`
`  wert : Integer;`
 	
`begin`
`...`
`end.`
	Die Variable (Funktion, Prozedur, Konstante oder der Typ) ist vom Ort ihrer Deklaration ab verfügbar, also
	
	• in den Anweisungsteilen aller nachfolgend im Deklarationsteil der Programmdatei definierten Prozeduren und Funktionen;
	
	• im Anweisungsteil der Programmdatei.

im Interface-Teil einer Unit
`unit Unit1;`
 	
`interface`
 	
`var`
`  wert: Integer;`
 	
`implementation`
`...`
	Die Variable (Funktion, Prozedur, Konstante oder der Typ) ist vom Ort ihrer Deklaration ab in der Unit verfügbar sowie in allen Units und Programmen, die die Unit in ihrer uses-Klausel aufführen.

Ort der Deklaration	Verfügbarkeit

im Implementations-Teil einer Unit
 	
`unit Unit1;`
 	
`...`
 	
`implementation`
 	
`var wert : Integer;`
 	
`end.`
	Die Variable (Funktion, Prozedur, Konstante oder der Typ) ist vom Ort ihrer Deklaration ab im Implementations-Teil der Unit verfügbar, kann also beispielsweise in den Anweisungsteilen der nachfolgend im Implementations-Teil definierten Prozeduren und Funktionen verwendet werden.

vor dem Anweisungsteil von Prozeduren und Funktionen
 	
`procedure demo;`
`var`
`  wert : Integer;`
`begin`
`end;`
	Die Variable (Funktion, Prozedur, Konstante oder der Typ) ist im Anweisungsblock der Prozedur/Funktion sowie in allen eingeschlossenen Blöcken verfügbar.

Art der Deklaration

Art der Deklaration	Verfügbarkeit der Variablen
Normale Deklaration `Var`	Keine besonderen Regeln, die Verfügbarkeit richtet sich ganz nach dem Ort der Deklaration.

Lokale `const`-Variable
`procedure demo;`
`  const wert : Integer = 0;`
	Lokale typisierte Variablen, die mit dem Schlüsselwort `const` statt `var` deklariert werden, sind wie normale lokale Variablen nur im Anweisungsteil ihrer Prozedur/Funktion gültig.
	
	Im Gegensatz zu normalen lokalen Variablen, die bei jedem Aufruf der Routine neu allokiert werden, bleiben die statischen Variablen zwischen Aufrufen erhalten und behalten ihren Wert bei.

Thread-Variable `threadvar`	Thread-Variablen sind Variablen, die im Code eines Threads mit dem Schlüsselwort `threadvar` deklariert wurden. Sie sind threadspezifisch, d.h., jeder Thread erhält eine eigene Kopie der Thread-Variable.

Und schließlich noch ein Fall, bei dem ohne Variablendeklaration ein Objekt im Speicher erzeugt wird:

Dynamisches Objekt	Mit den Routinen GetMem und New werden Objekte in einem speziellen Speicherbereich, dem Heap, erzeugt. Diese Objekte unterscheiden sich von normalen Variablen in zwei Punkten:
GetMem, New	

- Die Speicherobjekte sind nicht mit einem Variablennamen verbunden. Stattdessen verwendet man Zeiger für den Zugriff auf die Objekte.
- Der Programmierer kann die Lebensdauer der Speicherobjekte selbst bestimmen, denn diese existieren so lange, bis sie durch Aufrufe der Routinen FreeMem bzw. Dispose aufgelöst werden.

Gleichlautende Deklarationen

Wenn in einem Programm zwei Variablen gleichen Namens deklariert werden, kann es zu Problemen kommen:

- Entweder liegt eine ungültige Redeklaration vor
- oder eine Variable wird verdeckt.

Verweise

Siehe Kategorie Prozeduren und Funktionen, Lokale Variablen
Siehe Praxisteil, Kategorie Object Pascal, Dynamische Speicherverwaltung

Redeklaration und Verdeckung

Redeklaration

Eine ungültige Redeklaration bedeutet, dass der Compiler die zweite Deklaration des Bezeichners nicht erlaubt. Dies ist der Fall, wenn

- zwei gleichlautende Variablen in einem Gültigkeitsbereich deklariert werden:

```
procedure tuewas;
var
  wert : Integer;
  Wert : Double;      // Redeklaration (= Compiler-Fehler)
begin
end;
```

- im Implementations-Teil einer Unit eine Variable mit gleichem Namen wie eine Variable aus dem Interface-Teil der Unit deklariert wird:

```
unit Unit1;

interface
...
var
  wert : Integer;
```

```
implementation

var wert : Integer;    // Redeklaration (= Compiler-Fehler)
...
```

Verdeckung

Wird ein und derselbe Bezeichner mehrfach benutzt, um Elemente in ineinander verschachtelten Gültigkeitsbereichen zu deklarieren, verdeckt die Variable des innersten Gültigkeitsbereichs alle Variablen der umschließenden Gültigkeitsbereiche. Typische Fälle von Verdeckung sind:

- Eeine lokale Variable einer Routine verdeckt eine globale Variable aus der Unit:

```
unit Unit1;
interface
uses SysUtils;

var  wert : Integer = 2;

implementation

procedure tuewas;
var  wert : Integer; // enthält zufälligen Wert
begin
  Writeln(wert);      // gibt lokale Variable wert aus
end;
```

- Die in einer Unit deklarierte Variable verdeckt eine gleichnamige Variable aus einer anderen eingebundenen Unit:

```
unit Unit1;                      unit Unit2;
interface                        interface
uses SysUtils, Unit2;            uses SysUtils;

var                              var
  wert : Integer = 1;              wert : Integer = 2;

implementation                   ...

procedure tuewas;
begin
  Writeln(wert);    // gibt 1 aus
end;
```

Tipp

Verdeckte Variablen können durch Angabe des Gültigkeitsbereichs (qualifizierte Bezeichner) angesprochen werden.

Beispiel

```
unit Unit1;                  unit Unit2;
interface                    interface
uses SysUtils, Unit2;        uses SysUtils;

var                          var
  wert : Integer = 1;          wert : Integer = 2;

implementation               ...

procedure tuewas;
begin
  Writeln(Unit2.wert);   // gibt 2 aus
end;
```

Verweise

Siehe Gültigkeitsbereiche

Siehe Kategorie Vererbung und Polymorphie, Verdeckung geerbter Elemente

Siehe Kategorie Vererbung und Polymorphie, Überschreibung von Methoden

Variableninitialisierung

```
var
  varname : typ = konstanterWert;
```

Beschreibung

Von Initialisierung spricht man, wenn einer Variablen direkt bei der Deklaration ein Wert zugewiesen wird. Die Initialisierung hat den Vorteil, dass sie effizienter ist als eine Deklaration mit anschließender Zuweisung eines Wertes und der Programmierer der Variablen gleich einen vernünftigen Wert mitgeben kann.

Anwendung

Globalen Variablen kann man direkt im Zuge der Deklaration einen Wert zuweisen.

```
procedure demo;
var
  wert : Integer = 12;
begin
  ...
```

Arrays werden durch Auflistung der Werte für die Elemente initialisiert. Die Liste wird in runde Klammern gefasst, die einzelnen Werte werden durch Kommata getrennt.

```
var
  bez : array[1..5] of Integer = (1,4,9,16,25);
```

Im Falle mehrdimensionaler Arrays werden die Werte der einzelnen Dimensionen wiederum in runde Klammern gefasst.

```
var
  bez : array[1..3, 1..2] of Char
                = (('a', 'a'), ('b', 'b'), ('c', 'c'));
```

Für **Record-Variablen** werden in runden Klammern die einzelnen Feldelemente aufgeführt und mit konstanten Werten initialisiert. Feldname und Wert werden durch einen Doppelpunkt getrennt, die einzelnen Felder werden durch Semikolons getrennt.

```
type
  TVektor = record
    x, y, z : Integer;
    end;

var
  Einheitsvektor : TVektor = (x: 1; y: 0; z: 0);
```

Warnung

- Globale Variablen, die nicht initialisiert werden, werden vom Compiler mit dem Wert 0 initialisiert.

- Lokale Variablen, die innerhalb einer Funktionen- oder Prozedurdefinition deklariert werden, kann man nicht auf diese Weise initialisieren – sie enthalten vor der ersten Zuweisung einen zufälligen Wert.

Es gibt allerdings einen Trick, um auch lokale Variablen zu initialisieren. Sie brauchen die Variable dazu nur als Konstante zu deklarieren.

```
procedure demo;
const
  wert : Integer = 12;
begin
  ...
```

Diese Form der Initialisierung mag zwar geringe Laufzeitvorteile gegenüber der normalen Deklaration und der anschließenden anfänglichen Wertzuweisung bringen, hat aber auch etliche Nachteile:

Standardmäßig verhalten sich typisierte const-Variablen aus Gründen der Abwärts-kompatibilität wie Variablen, d. h. ihr Wert kann überschrieben werden. Ist jedoch die Compiler-Direktive {$J} (*Projekt/Optionen*, Seite *Compiler*, Option *Zuweis-bare typisierte Konstanten*) deaktiviert ({$J-}), kann die Variable nicht mehr über-schrieben werden.

Der Speicher für typisierte const-Variablen wird nicht wie der Speicher lokaler Variablen auf dem Stack der Prozedur oder Funktion reserviert. Der Speicher wird daher nicht automatisch bei Verlassen der Routine freigegeben. (Die Variable ist aber trotzdem nur in der Routine verfügbar).

Aus Gründen der besseren Verständlichkeit des Quellcodes sollte die Compiler-Direktive für die Zuweisbarkeit typisierter Konstanten deaktiviert sein ({$J-}) und das Schlüsselwort const zur Anzeige einer Konstanten und nicht zur Initialisierung von lokalen Variablen verwendet werden.

Tipp

Sinnvoll ist die const-Deklaration lokaler Variablen, wenn es darum geht, lokale statische Variablen zu definieren (siehe Kategorie Prozeduren und Funktionen, Lokale Variablen).

Verweise

Siehe Konstanten, Typisierte Konstanten
Siehe Kategorie Prozeduren und Funktionen, Lokale Variablen

Datentypen

Elementare Datentypen

Beschreibung

Elementare Datentypen sind Datentypen, die fest in der Sprache verankert sind und nicht vom Programmierer deklariert werden müssen.

Zu den elementaren Datentypen gehören:

- die Integer-Typen (Integer, SmallInt, Byte etc.);
- die Gleitkommatypen (Double, Single, Extended etc.);
- die Zeichen-Datentypen (Char, AnsiChar, WideChar);
- die String-Datentypen (String, AnsiString etc.);
- die Booleschen Datentypen (Boolean etc.).

Verweise

Siehe Kategorie Variablen, Variablen und Datentypen, Stichwort »Ordinale Typen«

Integer-Typen

Integer

Beschreibung

Die Integer-Typen stellen Teilmengen der ganzen Zahlen dar und unterscheiden sich in dem von ihnen benötigten Speicherplatz und ihrem Wertebereich.

Typ	Wertebereich	Format
Shortint	-128 ... 127	8 Bit mit Vorzeichen
Smallint	-32768 ... 32.767	16 Bit mit Vorzeichen
Longint	-2.147.483.648..2.147.483.647	32 Bit mit Vorzeichen
Int64	-9.223.372.036.854.775.808 ... 9.223.372.036.854.775.807	64 Bit mit Vorzeichen
Byte	0 ... 255	8 Bit ohne Vorzeichen
Word	0 ... 65.535	16 Bit ohne Vorzeichen
Longword	0 ... 4.294.967.295	32 Bit ohne Vorzeichen
Integer		16 oder 32 Bit mit Vorzeichen (abh. von Umgebung)
Cardinal		16 oder 32 Bit ohne Vorzeichen (abh. von Umgebung)

Anwendung

Nach Möglichkeit sollte man die Typen Integer und Cardinal verwenden, da Operationen mit diesen Datentypen für die jeweilige Plattform optimiert sind. Unter Delphi für Windows 95/NT/2000 sind beide Datentypen übrigens 32 Bit groß – entsprechen in ihren Wertebereichen also den Typen Longint und Longword.

Die Verwendung kleinerer Datentypen (Shortint, Smallint etc.) kann zwar den Speicherbedarf des Programms reduzieren, birgt aber die Gefahr unbemerkter Bereichsüberschreitungen (siehe Warnung). Die Speicherersparnis dürfte in Relation zur heutigen RAM-Ausstattung der Computer zudem unbedeutend sein.

Bei Verwendung des Datentyps Int64 ist zu beachten, dass dieser nicht von allen Pascal-Routinen unterstützt wird (die meisten Standardroutinen verkürzen Int64-Argumente, die ihnen übergeben werden, auf 32 Bit). Zudem liefern Operationen auf Variablen von Integer-Typen standardmäßig einen Integer-Wert als Ergebnis zurück (siehe Beispiel).

Erlaubte Operationen

- Zuweisung :=
- Alle arithmetischen Operationen (+, −, *, / div, mod, Vorzeichen)
- Vergleichsoperatoren (<, >, <=, <=, <>, =)
- Bitoperationen (and, or, xor, not, shl, shr)
- Routinen für Ordinaltypen (Ord, Pred, Succ, Dec, Inc, High, Low)
- Etliche Routinen der Laufzeitbibliothek (IntToStr, Writeln, Readln)

Speicherbelegung und Kodierung

int i = 3;

| 00000000 | 00000000 | 00000000 | 00000011 |

&i

Vorzeichenbehaftete Integer-Werte werden üblicherweise gemäß dem 2er-Komplement binärkodiert. Das erste Bit von links kodiert dabei das Vorzeichen: 0 steht für positive Zahlen, 1 für negative Zahlen. Multiplikationen mit -1 entsprechen der Invertierung aller Bits mit anschließender Addition von 1:

i := 312;

Daraus folgt für

n := not i + 1;

dass n gleich -312 (-i) ist,

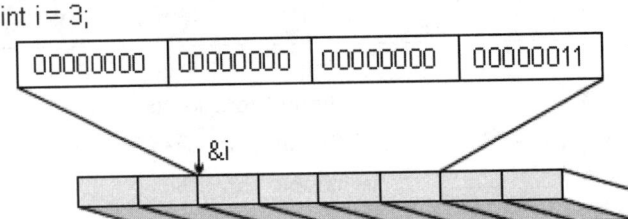

$$
\partial\,(a_{n-1}\dots,a_0) := \begin{cases} \sum_{i=0}^{n-1} a_i \cdot 2^i & \text{für } a_n = 0 \\ \sum_{i=0}^{n-1} a_i \cdot 2^i - 2^n & \text{für } a_n = 1 \end{cases}
$$

Warnung

Im Falle von Bereichsüberschreitungen interpretiert der Compiler die Zahlen so, dass sie wieder im Bereich des betreffenden Datentyps liegen. Wenn Sie beispielsweise zu einer Shortint-Variablen mit dem Wert 127 den Wert 1 addieren, erhalten Sie als Ergebnis -128.

```
var1 : ShortInt;
...
var1 := 127;
var1 := var1 + 1;
writeln(var1);    // ergibt -128
```

Um dieses meist unerwünschte Verhalten zu unterbinden, sollte man darauf achten,

- Datentypen mit kleineren Wertebereichen (Shortint, Smallint, Byte, Word) nur für Variablen zu verwenden, bei denen sichergestellt ist, dass es nicht zu Bereichsüberschreitungen kommt;
- die Bereichsüberprüfung einzuschalten. Die Bereichsüberprüfung kann mit der Compiler-Direktive {$R+} (oder dem Befehl *Projekt/Optionen*, Registerkarte *Compiler*, Option *Bereichsüberprüfung*) eingeschaltet werden. Kommt es dann zur Laufzeit zu einer Bereichsüberprüfung, wird eine ERangeError-Exception ausgelöst.

Beispiel

```
var
  varI : Integer;
  varSH : ShortInt;
  varI64 : Int64;

begin
varI := High(Integer);   // setze varI auf höchsten Wert des Typs Integer
varI64 := varI + 1;      // varI + 1 erzeugt Bereichsüberschreitung
writeln(varI64);         // varI64 enthält kleinsten Wert des Typs Integer
varI64 := Int64(varI) + 1; // Typumwandlung Int64(varI) verhindert
                         // Bereichsüberschreitung
writeln(varI64);
...
{$R+}                    // erzeuge Exception bei Bereichsüberschreitung
  varSH := 127;
  varSH := varSH + 1;
  writeln(varSH);
{$R-}
readln;
end.
```

Verweise

Siehe Kategorie Variablen, Variablen und Datentypen

Gleitkommatypen

Double

Beschreibung

Gleitkommatypen besitzen als Wertebereich eine Teilmenge der reellen Zahlen und dienen der Darstellung von Zahlen mit Nachkommaanteil.

Gleitkommazahlen werden üblicherweise durch zwei Werte kodiert, von denen der eine Mantisse, der andere Exponent genannt wird. In dieser so genannten Exponential-Schreibweise wird z.B. die Zahl 54.123 folgendermaßen aussehen: 0,54123*10e4. Die Zahl 0,54123 ist in dem Beispiel die (normalisierte) Mantisse, die Zahl 4 der Exponent zur Basis 10 (Compiler verwenden allerdings üblicherweise die Basis 2).

$$ x = s \cdot b^e \cdot \left[\sum_{i=1}^{p} f_k \cdot b^{-i} \right], \quad e_{min} \leq e \leq e_{max} $$

s = Vorzeichen
b = Basis des Exponenten
e = Exponent
p = Anzahl Stellen der Mantisse (bestimmt die Genauigkeit)
f = Ziffer der Mantisse

Die Art und Weise, in der die Gleitkommazahlen der verschiedenen Gleitkommatypen abgespeichert werden, beeinflusst den Wertebereich und die Genauigkeit (Anzahl der signifikanten Stellen).

Typ	Wertebereich der positiven Zahlen	Bytes	Signifikante Stellen
Real48	$2.9 * 10^{-39} .. 1.7 * 10^{38}$	6	11 – 12
Single	$1.5 * 10^{-45} .. 3.4 * 10^{38}$	4	7-8
Double	$5.0 * 10^{-324} .. 1.7 * 10^{308}$	8	15-16
Real	$5.0 * 10^{-324} .. 1.7 * 10^{308}$	8	15-16
Extended	$3.4 * 10^{-4932} .. 1.1 * 10^{4932}$	10	19-20
Comp	$-2^{63} +1 .. 2^{63}-1$	8	19-20
Currency	-922337203685477.5808 .. 922337203685477.5807	8	19-20

Die kleinsten und größten Werte der wichtigsten reellen Datentypen sind als Konstanten in der Unit math.pas festgehalten.

Anwendung

Im Allgemeinen sollte man die Datentypen Single, Double und Extended verwenden. Der Datentyp Double hat zudem den Vorteil, dass er zur Windows-API kompatibel ist.

Die Datentypen Real48 und Comp dienen vor allem der Abwärtskompatibilität (Real48 entspricht dem früheren Real-Typ, der jetzt zu Double identisch ist).

Der Datentyp Currency ist speziell für finanzmathematische Berechnungen mit großen Zahlen gedacht, in denen Rundungsfehler kritisch sind. Die Anzahl der Nachkommastellen dieses Typs ist auf 4 begrenzt, Werte mit mehr Nachkommastellen werden gerundet.

Werte vom Typ Extended können plattformspezifisch sein, d. h., es kann Probleme geben, wenn man Werte dieses Typs binär in einer Datei speichert und auf ein anderes System portiert.

Erlaubte Operationen

- Zuweisung :=
- Die meisten arithmetischen Operationen (+, −, *, /, Vorzeichen)
- Vergleichsoperatoren (<, >, <=, <=, <>, =)
- Etliche Routinen der Laufzeitbibliothek (FloatFoStr, FloatbToStrF, Writeln, Readln, Power, Cos, ...)

Speicherbelegung für Single und Double

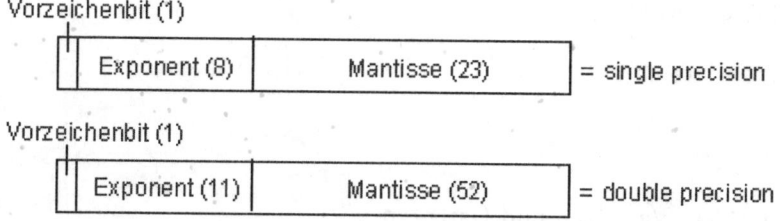

Warnung

Gleitkommatypen sind wunderbar geeignet, um sehr große (eine Trillion = $1.0 * 10^{18}$) oder sehr kleine Zahlen (ein Trillionstel = $1.0 * 10^{-18}$) darzustellen, doch es mangelt gelegentlich an der Genauigkeit. So kann man in einer Single-Variable problemlos die Zahl 1 Trillion (immerhin eine Zahl mit 18 Nullen) abspeichern, doch bei der Zahl 999999999,0 gibt es schon Schwierigkeiten, da diese über 9 signifikante Stellen verfügt, der Datentyp Single aber nur 7-8 signifikante Stellen abspeichern kann. Die Folge wird sein, dass die Zahl wahrscheinlich zu 1000000000,0 aufgerundet wird.

Rundungsfehler sind auch der Grund dafür, dass =- und <>-Vergleiche mit Gleit-kommazahlen in einigen Fällen unerwartete Resultate zeitigen können. Besonders heikel sind dabei Vergleiche mit Null. Es empfiehlt sich daher, die Gleitkommazahl im Zuge des Vergleichs mit Hilfe der Funktion Round auf einen Integer-Wert zu run-den oder Vergleiche mit <= oder >= durchzuführen.

Beispiele

```
// Signifikante Stellen
var  varDO : Double;
     varSI : Single;

begin
  varDO := 999999999.0;
  varSI := 999999999.0;
  writeln(varDO);         // Ausgabe:  9.999999990 E0008
  writeln(varSI);         // Ausgabe:  1.000000000 E0009
  varDO := varSI;
  writeln(varDO);         // Ausgabe:  1.000000000 E0009
  readln;
end.

// Vergleich mit Null
var  wert : Double;
begin
  wert := 12.3;
  wert := wert - 12.3;
  if Round(wert) = 0 then
    writeln('Wert ist gleich 0')
    else
    writeln('Wert ist ungleich 0');
end;
```

Verweise

Siehe Kategorie Variablen, Variablen und Datentypen

Boolesche Typen

```
boolean
```

Beschreibung

Der Wertebereich Boolescher Typen besteht aus nur zwei möglichen Werten: den beiden vordefinierten Konstanten False und True.

Typ	Bytes	Zeichensatz
Boolean	1	Ord(False) = 0
		Ord(True) = 1
ByteBool	1	Ord(False) = 0
		Ord(True) <> 1
WordBool	2	Ord(False) = 0
		Ord(True) <> 1
LongBool	4	Ord(False) = 0
		Ord(True) <> 1

Anwendung

Boolesche Variablen werden meist in Bedingungen von if-Verzweigungen und Schleifen verwendet.

Üblicherweise verwendet man zur Deklaration Boolescher Variablen den Typ Boolean, der am wenigsten Speicherplatz benötigt. Eine Variable vom Typ Boolean kann nur die Ordinalwerte 0 oder 1 annehmen.

Die Typen ByteBool, WordBool und LongBool dienen lediglich der Kompatibilität zu anderen Sprachen (speziell Visual Basic).

Erlaubte Operationen

- Zuweisung :=
- Boolesche Operationen (not, and, or, xor)
- Vergleichsoperatoren (<, >, <=, <=, <>, =)
- Routinen für Ordinaltypen (Ord, Pred, Succ, Dec, Inc, High, Low)

Warnung

Programmierer, die von C/C++ oder Java kommen, seien gewarnt, dass es in Pascal keine automatische Umwandlung von Integer-Werten in Boolesche Werte gibt. Während ein C/C++-Compiler eine Variable mit dem Wert 0 in einem Booleschen Kontext (beispielsweise in einer if-Bedingung) als false interpretiert, gilt gleiches nicht für den Pascal-Compiler. Anweisungen wie

```
if var1 then
```

führen in Pascal zu einem Compiler-Fehler und sollten beispielsweise als

```
if var1 <> 0 then
```

aufgelöst werden.

Beispiel

Boolesche Variablen werden üblicherweise zusammen mit if-Bedingungen verwendet, um in Abhängigkeit vom Wahrheitswert der Variablen (True oder False) den Programmfluss zu steuern.

```
if CheckBox1.Checked = true then
   ...
   else
   ...
```

Verweise

Siehe Kategorie Ausdrücke und Operatoren, Ausdrücke
Siehe Kategorie Ausdrücke und Operatoren, Boolesche Operatoren
Siehe Kategorie Ablaufsteuerung, Bedingte Verzweigungen und Schleifen

Zeichentypen

Char

Beschreibung

Es gibt zwei grundlegende Zeichentypen, AnsiChar und WideChar, sowie einen generischen Zeichentyp Char, der je nach Umgebung als AnsiChar oder WideChar definiert ist. Alle drei Typen dienen dazu, einzelne Zeichen aufzunehmen.

Der Typ AnsiChar belegt 1 Byte und kann daher 256 verschiedene Zeichen kodieren (1 Byte = 8 Bit gleich 2^8 = 256 mögliche Bitkombinationen). Der Typ WideChar belegt dagegen 1 Word = 2 Byte und kann daher 2^{16} = 65.536 verschiedene Zeichen kodieren. Während AnsiChar also lediglich die Zeichen des erweiterten ANSI-Codes darstellen kann, dient WideChar zur Unterstützung des UNICODEs (allgemeiner internationaler Zeichensatz, in dem alle nationalen Alphabete sowie die Zeichen der arabischen und asiatischen Sprachen kodiert sind).

Typ	Bytes	Zeichensatz
AnsiChar	1	ANSI
WideChar	2	Unicode
Char	1 oder 2 (derzeit 1)	derzeit ANSI

Anwendung

Im Allgemeinen wird man für einzelne Zeichen den Datentyp Char verwenden.

Der Datentyp WideChar wird eher selten gebraucht, zumal Windows 95/98 in der Unterstützung für Unicode noch etwas hinterherhinkt.

Erlaubte Operationen

- Zuweisung :=
- Aneinanderreihung (+)
- Vergleichsoperatoren (<, >, <=, <=, <>, =)
- Routinen für Ordinaltypen (Ord, Pred, Succ, Dec, Inc, High, Low)

String-Typen

string

Beschreibung

Unter Strings versteht man eine Folge von Zeichen. Strings dienen meistens dazu, Zeichenketten recht unterschiedlicher Größe aufzunehmen:

Dies stellt den Compiler vor das Problem, wie und wie viel Speicher er für den String bereitzustellen hat. Nach der Art, wie dieses Problem gelöst wird, unterscheidet man verschiedene String-Typen:

ShortStrings

ShortStrings erhalten ihren Speicher statisch zugewiesen. Dazu muss bei der Deklaration angegeben werden, wie viel Zeichen der String maximal aufnehmen kann (erlaubt sind Werte zwischen 1 und 255). ShortStrings dienen der Abwärtskompatibilität zu Borland Pascal und können auf verschiedene Arten deklariert werden:

- mit Hilfe des Typbezeichners ShortString:

      str : ShortString;

- mit Hilfe des Typbezeichners string und einer Längenangabe

      str : string[127];

- mit Hilfe des Typbezeichners string und der Compiler-Direktive {$H-} (Voreinstellung ist {H+} für AnsiString).

      {$H-}
      str : string;

LongStrings

LongStrings erhalten ihren Speicher dynamisch zugewiesen und unterliegen, praktisch gesehen, keiner Größenbeschränkung (theoretisch liegt diese bei 2 GigaByte). Intern ist ein LongString ein Zeiger auf einen dynamisch reservierten Speicherbereich plus einem 32-Bit-Wert, der die Länge des Strings kodiert. Zudem wird hinter einem LongString ein Null-Zeichen abgespeichert, was eine Konvertierung in einen Null-terminierten String erlaubt. LongStrings können auf verschiedene Arten deklariert werden:

- mit Hilfe des Typbezeichners AnsiString:

    ```
    str : AnsiString;
    ```

- mit Hilfe des Typbezeichners string und der Compiler-Direktive {$H+} (dies ist die Voreinstellung).

    ```
    str : string;
    ```

Null-terminierte Strings

Null-terminierte Strings erhalten ebenfalls dynamisch verwalteten Speicher. Allerdings speichern sie nur die Adresse auf den Anfang des Speicherbereichs. Das Ende des Strings wird durch das abschließende Null-Zeichen #0 gekennzeichnet. Der nötige Speicher muss explizit vom Programmierer reserviert werden (GetMem-Funktion). Null-terminierte Strings können auf folgende Arten deklariert werden:

- als Arrays vom Typ Char:

    ```
    str : array[0..10000] of Char;
    ```

- als Zeiger vom Typ PChar

    ```
    str : PChar;
    ```

WideStrings

WideStrings verwenden statt der 8-Bit-ANSI-Zeichen 16-Bit-UNICODE-Zeichen, wie sie in 32-Bit-ActiveX-Anwendungen obligatorisch sind. Ansonsten gelten für WideStrings die gleichen Aussagen wie für LongStrings. Deklariert werden WideStrings:

- mit Hilfe des Typbezeichners WideString:

    ```
    str : WideString;
    ```

Erlaubte Operationen

- Zuweisung := (eingeschränkt für Null-terminierte Strings, siehe Abschnitt »Kompatibilität«)
- Aneinanderreihung + (nicht für Null-terminierte Strings)
- Vergleichsoperatoren: <, >, <=, <=, <>, = (für Null-terminierte Strings nur eingeschränkt verwendbar)
- Routinen zur String-Bearbeitung (Str.., AnsiStr..)

Warnung

- String-Literale sind auf maximal 255 Zeichen begrenzt.

- Bei der Programmierung mit Null-terminierten Strings müssen Sie darauf achten, dass Ihnen das abschließende Nullzeichen nicht verloren geht, da es sonst zu undefinierten Speicherzugriffen kommt. Null-terminierte Strings werden üblicherweise nur mit Hilfe der entsprechenden Routinen der Laufzeitbibliothek (Str.., AnsiStr..) bearbeitet.

Kompatibilität

- Die Pascal-Stringtypen sind untereinander vollständig kompatibel.

- Die Pascal-Stringtypen sind zu den Null-terminierten Strings weitgehend kompatibel. Will man allerdings einem Null-terminierten String einen Pascal-String zuweisen, muss man den Pascal-String zuerst in einen Null-terminierten String umwandeln. Dies ist beispielsweise bei der Verwendung der String-Routinen aus der Laufzeitbibliothek oder bei Aufrufen der Windows-API von Bedeutung (siehe Beispiel).

- Ist der Schalter {$X+} für die erweiterte Syntax gesetzt, sind die Typen PChar und Array of Char zueinander kompatibel.

Beispiel

- Automatische Speicherreservierung für AnsiStrings

```
Var str : string;

begin
  str := 'Dies ist ein String';
  writeln(str);
  str := 'Dies ist ebenfalls ein String';
  writeln(str);
end.
```

- In der Laufzeitbibliothek gibt es eine Reihe von Funktionen zur Stringbearbeitung (beginnen mit »Str« oder »AnsiStr«), die Null-terminierte Strings als Argumente erwarten. Will man diesen Routinen AnsiStrings übergeben, muss man die Strings zuvor konvertieren:

```
procedure TForm1.Edit1Exit(Sender: TObject);
var
  str : PChar;
begin
  str := StrUpper(PChar(Edit1.Text));
  ...
end;
```

- Die Windows-API ist in C implementiert. Will man aus einem Pascal-Programm heraus Windows-API-Funktionen aufrufen, die Strings als Argumente erwarten, muss man Null-terminierte Strings übergeben (der einzige Stringtyp, den C kennt).

```
MessageBox(0, PChar(Edit1.Text), 'Falsche Eingabe in Edit-Feld', MB_OK);
```

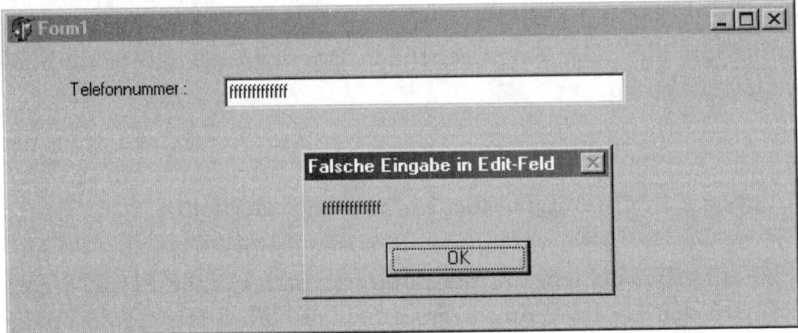

Verweise

Siehe Praxisteil, Kategorie Object Pascal, Strings analysieren und zerlegen

Typdeklarationen

```
type
  typname = Typ;
```

Beschreibung

Prinzipiell sind die elementaren Datentypen (Integer, Double, Char, String etc.) für die Programmierung absolut ausreichend. Allerdings kann die Programmierung mit diesen Datentypen auch recht unhandlich sein, beispielsweise dann, wenn man mit Objekten arbeiten möchte, die sich aus mehreren Unterobjekten elementarer Datentypen zusammensetzen – etwa mit dreidimensionalen Vektoren, die durch eine x-, y- und z-Koordinate gegeben sind.

Aus diesem Grund erlaubt Delphi die Deklaration eigener Typen auf der Basis der elementaren Datentypen.

```
type
  typname = Typ;
```

Die Typendeklaration wird mit dem Schlüsselwort type eingeleitet. Darauf folgen der Name des neu zu definierenden Typs und dann – angeschlossen mit einem Gleichheitszeichen – die eigentliche Definition.

Anwendung

Typdefinitionen werden aus drei unterschiedlichen Gründen genutzt:

- Man definiert für einen Typ einen synonymen Bezeichner, der aussagekräftiger oder kürzer ist.

  ```
  type  TKurzString = array[0..50] of Char;
  ```

- Man definiert einen Typbezeichner für einen Parameter (in Parameterdeklara-tionen sind keine Typdeklarationen erlaubt).

```
type  TIntegerFeld = array[0..50] of Integer;
procedure TueEtwas(param : TIntegerFeld);
```

- Man definiert einen eigenen Typ, der genau zu den Objekten passt, mit denen man arbeiten möchte.

```
type  TVektor = record
        x, y, z : Integer;
        end;
```

Tipp

Es ist zwar nicht erforderlich, aber nichtsdestotrotz eine nützliche Konvention, alle Typenbezeichner durch ein vorangestelltes »T« zu kennzeichnen.

Wenn Sie einen Typ nur an einer Stelle zur Deklaration einer oder mehrerer Varia-blen verwenden wollen, ist es nicht nötig, dass Sie den Typ mit einem Typnamen verbinden. Sie können den Typ auch direkt im Zuge der Variablendeklaration angeben:

```
var  variable : Typdefinition;
```

Verweise

Siehe Typkompatibilität, Typumwandlung und Typidentifizierung

Aufzählungstypen

```
(element1, element2, element3);
```

Beschreibung

Aufzählungstypen sind Datentypen, deren Werte durch Aufzählung definiert wer-den. Bei den aufgelisteten Werten muss es sich um gültige Bezeichner handeln, die intern vom Compiler in Integer-Konstanten verwandelt werden. Dabei weist der Compiler dem ersten Element in der Aufzählung den Wert 0 zu, dem zweiten Ele-ment den Wert 1 und so fort.

```
type
  typname = (element1, element2, element3);
```

Anwendung

Aufzählungstypen werden meist für kleine geordnete Mengen eingesetzt, insbeson-dere dann, wenn die Werte in einer case-Anweisung verarbeitet werden sollen (siehe Beispiel).

Erlaubte Operationen

- Zuweisung von Variablen gleichen Aufzählungstyps (:=)
- Vergleichsoperatoren (<, >, <=, <=, <>, =)
- Routinen für Ordinaltypen (Ord, Pred, Succ, Dec, Inc, High, Low)

Beispiel

```
type  TAmpel = (Ausgefallen, Rot, Gelb, Gruen, RotGelb);
var   Ampel : TAmpel;

begin
Ampel := Gruen;
case Ampel of
  Ausgefallen: Writeln('Ampel ist defekt');
  Rot:         Writeln('Anhalten');
  Gelb:        Writeln('Ampel wird rot');
  RotGelb:     Writeln('Ampel wird grün');
  Gruen:       Writeln('Fahren');
  end;
end.
```

Verweise

Siehe Teilbereichstypen, Array-Typen und Mengentypen

Teilbereichstypen

```
Min..Max
```

Beschreibung

Ein Teilbereich ist eine zusammenhängende Teilmenge eines Ordinaltyps, der durch die Angabe seines kleinsten und größten Elements definiert wird.

```
type
  typname = kleinstesElement .. groesstesElement;
```

Anwendung

Teilbereichstypen erhöhen die Verständlichkeit eines Programms. Wenn Sie beispielsweise eine Variable definieren wollen, die nur ganzzahlige Prozentwerte annehmen kann, könnten Sie

```
type  prozenttyp = 0..100;
var prozente1 : prozenttyp;
```

statt

```
var prozente2 : Smallint;
```

schreiben.

Gleichzeitig können Sie durch Verwendung von Teilbereichstypen den Compiler zur Fehlererkennung einspannen. So wird der Compiler für die Variable prozent1 keine Wertzuweisungen außerhalb des Wertebereichs des Typs prozenttyp zulassen. Wenn Sie zudem die Bereichsüberprüfung eingeschaltet haben ({$R+}), werden auch Erhöhungen oder Erniedrigungen, die aus dem Wertebereich herausführen, abgefangen.

Eine Speicherersparnis bringt die Verwendung von Teilbereichstypen nicht, da der Compiler für den Teilbereichstyp den kleinsten Ordinaltyp verwendet, der ausreicht, um alle Werte des Teilbereichtyps darzustellen (für prozenttyp also beispielsweise Byte oder Smallint).

Erlaubte Operationen

- Zuweisung von Variablen gleichen Teilbereichtyps (:=)
- Arithmetische Operationen (+, –, *, /, div, mod)
- Vergleichsoperatoren (<, >, <=, <=, <>, =)
- Routinen für Ordinaltypen (Ord, Pred, Succ, Dec, Inc, High, Low)

Verweise

Siehe Aufzählungstypen, Array-Typen, Mengentypen

Strukturierte Typen

Beschreibung

Strukturierte Typen speichern mehrere Werte und können bis zu einer Größenordnung von 65.520 Bytes beliebig viele Strukturebenen aufweisen. Folgende Struktur-Typen lassen sich differenzieren:

- Array-Typen
- Record-Typen
- Mengen-Typen
- Datei-Typen

Tipp

Die einzelnen Elemente von Strukturtypen werden vom Compiler standardmäßig an Word- und DoubleWord-Grenzen ausgerichtet, da diese Speicherstrukturierung den Zugriff auf die Elemente beschleunigt. Der Nachteil ist, dass dabei meist Speicherlücken zwischen den Elementen entstehen. Durch Voranstellung des Schlüsselwortes packed bei der Typendeklaration kann man erreichen, dass der Compiler den Speicher komprimiert (was allerdings auf Kosten der Zugriffszeiten geht).

Die Ausrichtung von Record-Variablen an 32-Bit-Grenzen kann auch über die Compiler-Direktive {$A+} bzw. die Option *Ausgerichtete Record-Felder* im Dialogfeld *Projektoptionen* (Befehl *Projekt/Optionen*, Seite *Compiler*) eingestellt werden.

Beispiel

```
// komprimierter Record-Typ
type  TVektor = packed record
        x, y, z : Integer;
        end;
```

Array-Typ

```
array
```

Beschreibung

Ein Array, auch Datenfeld oder Feld genannt, ist die Zusammenfassung von mehreren Daten des gleichen Typs.

```
type
   typname = array [indexbereich] of  Typ;
```

- **Indexbereich.** Die Anzahl der Elemente, die im Array abgelegt werden können, ist durch die Angabe indexbereich festgelegt. Als Indexbereich gilt jeder Ordinaltyp, dessen Wertebereich kleiner als 2 GigaByte ist. Schreiben Sie einfach den Typbezeichner in die eckige Klammer (array [Teilmenge]) oder geben Sie den Bereich durch seinen Anfangs- und Endwert (array [1..100]) an.
- **Typ.** Der Datentyp der Elemente.

Zugriff auf Array-Elemente

Der Indexbereich bestimmt nicht nur, wie viel Elemente das Array fassen kann (Obergrenze – Untergrenze +1), sondern auch über welche Indizes auf die einzelnen Elemente im Array zugegriffen wird.

Der Zugriff auf die einzelnen Elemente des Arrays erfolgt über Indizes, die einfach in eckigen Klammern hinter den Namen der Array-Variablen gestellt werden.

```
type  teilmenge = -1..1;
var   var1 : array [Teilmenge] of Double;

var1[-1] := -PI;          //Wert in Array ablegen
var1[0]  := 0;
var1[1]  := PI;
for i := -1 to 1 do       //Werte auslesen
  writeln(var1[i]);
```

Warnung

Beim indizierten Zugriff ist es wichtig, darauf zu achten, dass nur gültige Indizes verwendet werden, da Indizes, die außerhalb des für das Array spezifizierten Indexbereichs liegen, zu unkontrollierten Speicherzugriffen führen.

Prinzipiell sollten Sie natürlich selbst sicherstellen, dass in Ihren Programmen nur gültige Indizes verwendet werden, Sie können aber auch den Compiler anweisen, Code zur Überprüfung der Indizes zu erzeugen (Compiler-Direktive {$R+} oder Option Bereichsüberprüfung im Dialogfeld *Projektoptionen* (Befehl *Projekt/Optionen*), Seite *Compiler*). Im Falle eines ungültigen Index wird dann eine ERangeError-Exception ausgelöst.

Erlaubte Operationen

- Zuweisung: feld1 := feld2; Wenn Sie einer Array-Variablen feld1 eine andere Array-Variable feld2 des gleichen Typs zuweisen, werden die Elemente aus feld2 nach feld1 kopiert.

- High und Low liefern die Indexwerte des letzten und ersten Elements des Arrays.

- In der RTL gibt es eine Reihe von statistischen Funktionen, die auf Arrays operieren. So kann man beispielsweise mit Sum die Summe aller Werte eines Arrays von Double-Elementen berechnen, siehe auch SumInt, Mean, MaxValue, MaxIntValue etc.

- Auf die einzelnen Elemente können die ihrem Typ gemäßen Operationen angewendet werden.

Arrays als Parameter

Arrays können natürlich auch als Parameter von Funktionen und Prozeduren eingesetzt werden. Der Nutzen solcher Funktionen wäre allerdings sehr eingeschränkt, wenn die Größe der zu übergebenden Arrays immer schon durch die Größe des Array-Parameters festgelegt wäre. Object Pascal erlaubt daher die Deklaration so genannter offener Array-Parameter, die Arrays beliebiger Größe akzeptieren. Für sie gelten einige besondere Regeln:

- Offen ist lediglich die Anzahl der Elemente, die das Array aufnehmen kann; der Datentyp der Elemente muss für Parameter und Argument übereinstimmen.

- Bei der Übergabe ändert sich die Indizierung. Wird ein Array übergeben, das für N Elemente deklariert ist, läuft der Index im formalen Array-Parameter der Routine von 0 bis N-1. Um den höchsten Index für den Array-Parameter zu ermitteln, rufen Sie die Funktion High auf und übergeben ihr den Namen des Array-Parameters.

- Auf Array-Parameter kann nur elementweise zugegriffen werden, sie können aber an offene Array-Parameter oder untypisierte Variablenparameter anderer Routinen weitergereicht werden.

- Mehrdimensionale Arrays (siehe unten) können nicht als offene Parameter übergeben werden.

Beispiel

```
var var1 : array [Teilmenge] of Double;

{Funktion zur Berechnung des Mittelwerts aus Math.Pas}
function Mean(const Data: array of Double): Extended;
var  I: Integer;
begin
  Result := SUM(Data) / (High(Data) - Low(Data) + 1)
end;

begin
  writeln(mean(var1));
end.
```

Verweise

Siehe Record-Typ
Siehe Praxisteil, Kategorie Object Pascal, Arrays sortieren
Siehe Praxisteil, Kategorie Object Pascal, Arrays von Routinen
Siehe Praxisteil, Kategorie Klassen und Vererbung, Basisklassenobjekte und Arrays

Dynamische Arrays

```
array
```

Beschreibung

Dynamische Arrays sind Arrays, die ohne Angabe eines Indexbereichs deklariert werden.

```
type
    typname = array of Typ;
```

Anwendung

Der große Vorteil der dynamischen Arrays besteht darin, dass die Größe des Arrays erst zur Laufzeit des Programms festgelegt werden muss. So kann das Array beispielsweise an Benutzereingaben angepasst werden (siehe Beispiel).

Die Größe des Arrays wird erst durch Aufruf der Prozedur SetLength oder durch Zuweisung einer kompatiblen Array-Variablen festgelegt. Zu diesem Zeitpunkt wird auch der Speicher für das Array reserviert.

```
SetLength(feld,anzahl);
```

Warnung

Da der Programmierer bei dynamischen Arrays keinen Indexbereich angibt, legt der Compiler die Indexierung fest. Alle dynamischen Arrays beginnen daher mit dem Index 0.

Intern sind dynamische Arrays Zeiger. Dies hat Auswirkungen auf die Programmierung mit dynamischen Arrays.

Erlaubte Operationen

- Zuweisung: `feld1 := feld2`; Wenn Sie einer dynamischen Array-Variablen `feld1` eine andere dynamische Array-Variable `feld2` des gleichen Typs zuweisen, werden **nicht** die Elemente aus `feld2` nach `feld1` kopiert. Stattdessen weisen danach die internen Zeiger beider Arrays auf den gleichen Speicherbereich. `feld1` und `feld2` sind danach also Synonyme, die beide für ein und dasselbe Array stehen.

- Dynamische Array-Variablen können miteinander verglichen werden (=, <, > etc.). Verglichen werden dabei allerdings nicht die Inhalte der Arrays, sondern die Zeiger, die hinter den dynamischen Arrays stehen. Zwei dynamische Array-Variablen sind also dann gleich, wenn sie auf das gleiche Array (den gleichen Speicherbereich) verweisen.

Beispiel

```
program Arrays;
{$APPTYPE CONSOLE}
uses sysutils, math;

var  anzahl : Integer;
     werte  : array of Double;
     mittelwert : Double;
     loop   : Integer;

begin
  writeln('Programm, das das arithmetische Mittel aus einer Reihe von'+
          'Zahlen berechnet'#13#10);
  write('Anzahl der Werte : ');
  readln(anzahl);

  // Speicher für Array reservieren
  SetLength(werte,anzahl);

  // Werte einlesen
  for loop := 0 to anzahl-1 do  begin
```

```
    write(loop+1,'-ter Wert : ');
    readln(werte[loop]);
    end;

  // Ausgabe
  for loop := 0 to anzahl-1 do
    writeln(loop+1,'-ter Wert : ',werte[loop]);

  mittelwert := Mean(werte);
  writeln('Mittelwert : ',mittelwert);
  readln;
end.
```

Verweise

Siehe Praxisteil, Kategorie Object Pascal, Teilarrays erstellen mit Slice

Mehrdimensionale Arrays

```
array of array
```

Beschreibung

Mehrdimensionale Arrays sind Arrays mit mehr als einem Indexbereich. Sie entsprechen Arrays, deren Elemente wiederum Arrays sind. Dementsprechend gibt es auch zwei alternative Möglichkeiten der Deklaration:

```
type
typ1 = array[Indexbereich1] of array[Indexbereich2] of Typ;
typ2 = array[Indexbereich1,Indexbereich2] of Typ;
```

Anwendung

Mehrdimensionale Arrays sind bestens dazu geeignet, Daten aufzunehmen, die von Natur aus eine mehrdimensionale Ordnung haben. So könnte man die Sitzplätze eines Theaters, die in 25 Reihen mit je 30 Sitzplätzen arrangiert sind, bequem in einem entsprechenden zweidimensionalen Array verwalten (siehe Beispiel). Auch mathematische Matrizen werden üblicherweise in mehrdimensionalen Arrays abgespeichert.

Mehrdimensionale dynamische Arrays

```
type typname = array of array of Typ;
```

Um Speicher für ein mehrdimensionales dynamisches Array zu reservieren, übergeben Sie SetLength Werte für jede Dimension des Arrays.

```
Setlength(feld, Dim1, Dim2);
```

Oder Sie weisen den untergeordneten Arrays explizit unterschiedliche Dimensionen zu:

```
SetLength(feld, 3);
SetLenght(feld[0],10);
SetLenght(feld[1],20);
SetLenght(feld[2],10);
```

Beispiel

```
program Arrays;
{$APPTYPE CONSOLE}
uses  sysutils;

var   feld1: array [1..25] of array [1..30] of Boolean;
      //entspricht
      feld2 : array [1..25,1..30] of Boolean;
      x, y : integer;

begin
for x := 1 to 25 do
  for y := 1 to 30 do begin
  feld1[x,y] := false;
  feld2[x,y] := false;
  end;
end.
```

Record-Typ

```
record
```

Beschreibung

```
type  recordtypname =  record
        elem1, elem2 :  Typ1;
        elem3 :  Typ2;
        end;
```

Ein Record ist wie ein Array dazu gedacht, mehrere Elemente aufzunehmen. Im Unterschied zum Array können die einzelnen Elemente (die man im Zusammenhang mit Records auch als Felder bezeichnet) verschiedenen Datentypen angehören. Bei der Deklaration eines Records wird jedes Element durch einen Bezeichner und seinen Datentyp spezifiziert.

Anwendung

Der Zugriff auf ein Feld einer Record-Variablen erfolgt über den Namen der Recordvariablen, den Punkt-Operator und den Namen des Feldes:

```
var vekt : TVektor;  {TVektor sei ein Record-Typ mit den
                      Integer-Elementen x, y und z}
...
vekt.x := 1;
vekt.y := 0;
vekt.z := 0;
```

Tipp

Wenn man innerhalb eines Blocks von Anweisungen mehrfach auf Elemente einer Record-Variablen (oder einer Klasseninstanz) zugreifen will, lohnt sich der Einsatz der with-Anweisung:

```
with vekt do begin
  x := 1;
  y := 0;
  z := 0;
  end;
```

Durch das Schlüsselwort with wird eine Record-Variable (oder eine Klasseninstanz) als Vorgabe ausgewählt und ein eigener Block eingeleitet. Alle Felder (und Methoden), die innerhalb dieses Blocks ohne den Namen ihres Records (oder ihrer Klasseninstanz) aufgerufen werden, werden als Felder oder Methoden der Vorgabe aufgefasst (siehe Beispiel).

Erlaubte Operationen

- Zuweisung: recVar1 := recVar2; Wenn Sie einer Record-Variablen recVar1 eine andere Record-Variable recVar2 des gleichen Typs zuweisen, werden die Werte der Elemente von recVar2 nach recVar1 kopiert. Es wird also eine Kopie erstellt.

- Auf die einzelnen Elemente können die ihrem Typ gemäßen Operationen angewendet werden.

Variante Records

Object Pascal erlaubt zudem die Deklaration so genannter varianter Felder. Variante Felder werden in Listen aufgeführt. Ein Record kann beliebig viele solcher Varianten (Listen varianter Felder) enthalten, aber nur eine verwenden. Dies liegt daran, dass der Compiler für alle Varianten nur einen gemeinsamen Speicherplatz bereitstellt, der sich nach der speicherintensivsten Variante bemisst. Welche Variante benutzt wird, hängt von dem Wert eines speziellen statischen Feldes ab, dem **Markierungsfeld**.

```
var varname :  record
      feld1, feld2 : Typ1;
      feld3        : Typ2;
```

```
case markfeld4 : OrdTyp3 of
   Konst1:  (feld5, feld6 : Typ4 );
   Konst2:  (feld7 : Typ5;
             feld8 : Typ6 );
   end;
```

- Das Markierungsfeld, das den varianten Teil einleitet, ist selbst ein statisches Feld.

- Ein Markierungsfeld muss einem Ordinaltyp angehören. Die Konstanten, die die verschiedenen Feldlisten kennzeichnen, müssen gültige Werte des Ordinaltyps des Markierungsfeldes darstellen.

- Das Markierungsfeld kann ohne Bezeichner, nur als Typ angegeben werden. Üblicherweise gibt man aber einen Bezeichner an. Der Wert des Markierungsfeldes legt dann fest, welche Feldliste zu verwenden ist, d.h., wie der entsprechende Speicherplatz zu interpretieren ist.

- Der Wert des Markierungsfeldes legt zwar fest, welche Feldliste benutzt wird – also wie der Speicher des varianten Teils zu interpretieren ist, verhindert aber nicht, dass Sie auf die Felder anderer Feldlisten zugreifen können. Da dies fast zwangsläufig zu Fehlern führt, müssen Sie bei der Programmierung selbst darauf achten, dass es hier nicht zu unerwünschten Speicherzugriffen kommt.

Beispiel

```
var buch1 : record
      Autor: string[40];
      Titel: string[40];
      case Taschenbuch: boolean of
        true: (Ausgabe: (gekuerzt,
                          ungekuerzt, Maengelexemplar));
         false:(Einband: (Leinen, Kunstleder, Leder));
      end;

begin
with buch1 do begin
  Autor := 'Graham Greene';
  Titel := 'The Power and the Glory';
  Taschenbuch := true;
  Ausgabe := Ungekuerzt;
  end;
case buch1.Taschenbuch of
  true:  writeln(Ord(buch1.Ausgabe));
  false: writeln(Ord(buch1.Einband));
  end;
end.
```

Verweise

Siehe Klassen- und Objekttypen

Mengen-Typ

```
set of ordinaltyp
```

Beschreibung

Äußerlich erinnert der Mengentyp an den Aufzählungstyp. Beide werden durch die Angabe einer endlichen Menge von Werten definiert. Während eine Variable eines Aufzählungstyps jedoch jeweils nur einen einzelnen Wert aus dieser Definitionsmenge repräsentiert, werden einer Variablen eines Mengentyps stets Teilmengen der Definitionsmenge zugewiesen.

```
type
  typ1 = Set of (wert1, wert2, wert2);
  typ2 = Set of 100..200;
```

Anwendung

Der Wertebereich einer Variablen eines Mengentyps ist die Menge aller Teilmengen seiner Basismenge. Den Variablen f1 und f2 aus nachfolgendem Beispiel können also die Teilmengen:

- [fRot, fGruen, fBlau],
- [fRot, fGruen], [fRot, fBlau], [fGruen,fBlau],
- [fRot], [fGruen], [fBlau] sowie
- die leere Teilmenge []

zugewiesen werden. Allgemein gilt, dass eine N-elementige Menge 2^n Teilmengen enthält.

Erlaubte Operationen

- Zuweisung :=
- Die Mengenoperatoren: Vereinigung (+), Schnittmenge (*), Teilmenge (<=), Element in Menge (in) etc.

Warnung

Da die Anzahl der Teilmengen sich mit jedem zusätzlichen Element der Basismenge verdoppelt, sind für Ordinaltypen nur Mengen mit maximal 256 Elementen zugelassen. Die Ordinalwerte der Ober- und Untergrenzen der Basismenge müssen zwischen 0 und 255 liegen.

Beispiel

```
var f1, f2 ; set of (fRot, fGruen, FBlau);      // Mengentyp
    f3 : set of 100..200;
    f4 : (Rot, Gruen, Blau);                    // Aufzaehlungstyp
begin
  f1 := [fRot, fGruen];
  f2 := [fBlau];                                // Einelementige Teilmenge
  f4 := Blau;
end.
```

Verweise

Siehe Aufzählungstypen, Teilbereichstypen, Array-Typen

Datei-Typ

```
file
```

Beschreibung

Ein Dateityp besteht aus einer linearen Folge von Objekten des angegebenen Typs.

```
type
  typname = file of Typ;
```

Anwendung

Variablen von Dateitypen dienen dem Zugriff auf Dateien. Je nachdem, in welcher Form die Daten in einer Datei gespeichert sind (oder gespeichert werden sollen), wählt man für den Zugriff auf die Datei einen der folgenden Dateitypen:

- **Textdateien.** Sie enthalten ASCII- oder UNICODE-Zeichen, die zeilenweise angeordnet sind.

  ```
  MyFile : TextFile;  // oder einfach nur Text
  ```

- **Strukturierte Dateien.** Sie enthalten nur Objekte eines bestimmten Datentyps, beispielsweise eine Serie von Integer-Werten oder auch ganze Records.

  ```
  MyFile : File of Integer;
  ```

- **Unstrukturierte Dateien.** Die Daten dieser Dateien können keinem bestimmten Datentyp zugeordnet werden, entweder weil die Datei Daten unterschiedlichen Typs enthält oder weil nichts über ihre Datentypen bekannt ist. Aus diesem Grund wird der Inhalt dieser Dateien byteweise gelesen und gespeichert.

  ```
  MyFile : File;
  ```

Textdateien und strukturierte Dateien werden zusammengenommen als **typisierte** Dateien bezeichnet. Unstrukturierte Dateien werden auch **untypisierte** Dateien genannt.

Erlaubte Operationen

- Folgende Routinen stehen für Dateioperationen bereit: Append, AssignFile, BlockRead, BlockWrite, ChDir, CloseFile, Eof, Eoln, Erase, FilePos, FileSize, Flush, GetDir, IOResult, MkDir, Read, Readln, Rename, Reset, Rewrite, RmDir, Seek, SeekEof, SeekEoln, SetTextBuf, Truncate, Write, Writeln.

- Es sind jedoch nicht alle Routinen für jeden Dateityp geeignet. So sind die Prozeduren BlockRead und BlockWrite speziell für untypisierte Dateien gedacht (ersetzen hier die Routinen Read, Readln, Write, Writeln), während beispielsweise die Routinen FileSize und Seek nicht auf Textdateien angewendet werden können.

Tipp

In den Variablen der Datei-Typen speichert der Compiler Informationen über die Datei, auf die die Datei-Variable verweist (Handle, Dateiname etc.). Wenn Sie diese Informationen einsehen wollen, müssen Sie die Datei-Variable in eine TFileRec-Variable umwandeln. Danach können Sie die Elemente der TFileRec-Struktur (siehe Referenz der Laufzeitbibliothek) ausgeben.

```
var  MyFile : File;
     DateiInfo : TFileRec;

begin
  AssignFile(MyFile,'Neu.txt');
  DateiInfo := TFileRec(MyFile);
  writeln(DateiInfo.Handle);
  writeln(DateiInfo.Mode);
  writeln(DateiInfo.RecSize);
  ...
```

Beispiel

```
program schreiben; {Konsolenanwendung}
var  MyFile : TextFile;

begin
AssignFile(MyFile,'Neu.txt');
{$I-}
Rewrite(MyFile);
{$I+}
if IOResult = 0 then begin
  writeln(MyFile,'Hallo');
  CloseFile(MyFile);
```

```
  end;
end.

program lesen; {Konsolenanwendung}
var
  MyFile : File;
  buf : Byte;
  ok : Integer;

begin
AssignFile(MyFile,'Neu.txt');
{$I-}
Reset(MyFile, 1);              // Datensatzgrösse auf 1 setzen
{$I+}
if IOResult <> 0 then
  writeln('Fehler in der Dateibehandlung')
  else begin
  while not Eof(MyFile) do begin
    BlockRead(MyFile, buf, 1, ok); // byteweise einlesen
    if ok > 0 then
      write(Char(buf));     // Ausgabe auf Bildschirm
    end;
  CloseFile(MyFile);
  end;
readln;
end.
```

Verweise

Siehe Praxisteil, Kategorie Dateien

Zeiger-Typen

```
^Typ
```

Beschreibung

Ein Zeiger ist eine Variable, in der man statt eines Wertes die Adresse eines Daten-objektes aufbewahrt. Der Typ des Zeigers hängt von dem Typ der Datenobjekte ab, auf die er verweisen kann. So gibt es »Zeiger auf Integer-Objekte«, »Zeiger auf Double-Objekte« etc.

```
type
  Zeigertyp = ^Typ;
```

Obwohl es sich bei Zeigern um Adressen handelt (ihr Speicherbedarf also immer gleich ist), wird bei ihrer Deklaration ein Datentyp angegeben – nämlich der Typ der Objekte, auf die der Zeiger (genauer gesagt, die Adresse in der Zeigervariable) verweist. Diese Typinformation ist für die Dereferenzierung erforderlich – jenem

Vorgang, bei dem man über die Zeigervariable direkt auf das Objekt zugreift, auf dessen Speicherraum der Zeiger verweist.

Insgesamt sind bei der Arbeit mit Zeigern drei wichtige Abschnitte zu unterscheiden:

Deklaration

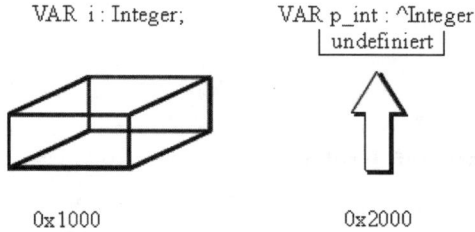

Zeigervariablen werden entweder als Variablen eines bereits definierten Zeigertyps oder als Zeiger auf Objekte eines bestimmten Typs deklariert.

```
type
  tVektor = record
    x,y,z : Double;
    end;
  pVektor = ^tVektor;
Var
  ptr1 : ^tVektor;    // ptr1 und ptr2 verweisen beide auf
  ptr2 : pVektor;     // Objekte vom Typ tVektor
  ptr3 : PChar;
  ptr4 : ^Double;
  ptr5 : Pointer;
```

Tipp

Wollen Sie sich bei der Deklaration des Zeigers noch nicht auf einen bestimmten Typ festlegen – sei es, dass der Typ des Zeigers nicht feststeht oder allgemein gehalten werden soll –, so können Sie den vordefinierten, unspezifischen Typ Pointer verwenden. Erst in einer nachfolgenden expliziten Typumwandlung wird dann festgelegt, wie der zum Zeiger gehörende Speicherplatz interpretiert werden soll, ob zum Beispiel als Folge von Double-Werten oder als String.

Initialisierung

Die Initialisierung eines Zeigers erfolgt durch die Zuweisung einer Adresse und eines mit der Adresse verbundenen Speicherbereichs. Die Initialisierung kann auf verschiedene Arten geschehen.

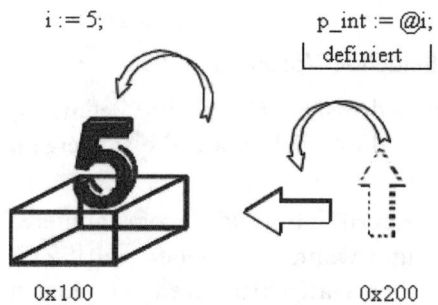

i := 5;   p_int := @i;
            | definiert |

0x100   0x200

- **Zuweisung einer Adresse eines existierenden Objekts** (sofern es sich bei dem Objekt nicht ehedem um eine Adresse handelt, können Sie seine Adresse mit Hilfe des @-Operators zurückliefern oder die Funktion Ptr verwenden)

```
ptr1 := @vektor_var;
ptr2 := ptr1;
```

- **Zuweisung von nil.** Zeiger, die auf kein Objekt gerichtet sind, sollten mit der NULL-Adresse nil initialisiert werden. Auf diese Weise kann auch leicht getestet werden, ob der Zeiger auf ein Objekt weist oder nicht.

```
ptr3 := nil;
```

- **Allokation durch die Routinen zur dynamischen Speicherreservierung** (New, GetMem). Speicher, der mit einer dieser Routinen eingerichtet wurde, kann durch die korrespondierende Freigabe-Routine (Dispose, FreeMem) wieder gelöscht werden. Voraussetzung dafür ist natürlich, dass ein Zeiger auf den Speicherbereich vorhanden ist. (Wenn Sie einem Zeiger, dessen Adresse auf einen dynamisch reservierten Speicherbereich weist, eine neue Adresse zuweisen, und es keinen anderen Zeiger mit der Anfangsadresse dieses Speichers gibt, können Sie diesen Speicher nicht mehr zur Laufzeit freigeben.)

```
New(ptr4);
Dispose(ptr4);
```

Dereferenzierung

Wenn Sie statt an dem Zeiger an dem Wert des Objekts, auf das er verweist, interessiert sind, können Sie den Zeiger mit Hilfe des ^-Operators dereferenzieren.

```
vektor_var := ptr4^;
vektor_var.x := ptr4^.x;
```

Warnung

Zeiger des Typs Pointer müssen vor der Dereferenzierung in einen anderen Typ umgewandelt werden.

Tipp

Die Verwendung von Zeigern bringt zwei entscheidende Vorteile mit sich:

- Speicherersparnis. Zeigervariablen speichern Adressen. Ihr Speicherbedarf ist also auf 16 oder 32 Bit festgelegt, wohingegen die Objekte, auf die sie zeigen, wesentlich größer sein können.

- Dynamische Speicherverwaltung. Mittels Zeigern kann der Programmierer selbst entscheiden, wann Speicher reserviert und wann freigegeben wird. Zeiger erlauben die Implementierung dynamischer Datenstrukturen wie Listen und Bäume.

In Delphi gibt es eine ganze Reihe vordefinierter Zeigertypen, die alle mit »P« beginnen (PAnsiString, PCurrency etc.).

Warnung

Nicht initialisierte Zeiger enthalten undefinierte Bitmuster, die bei der Dereferenzierung als Adresse interpretiert werden. Dies führt unweigerlich zu Programmfehlern und oftmals zu Programmabstürzen. Durch folgende Vorsichtsmaßnahmen kann man sich dagegen schützen:

- Initialisieren Sie Zeiger stets direkt bei ihrer Deklaration; zumindest als Zeiger auf nil.

- Testen Sie an wichtigen Programmstellen, ob ein Zeiger eine Adresse enthält oder auf nil zeigt.

Beispiel

```
type  pVektor = ^tVektor;
      tVektor = record
         x,y,z : Double;
         end;
Var  ptr1 : ^tVektor;
     ptr2 : pVektor;
     v1   : tVektor;

begin
  v1.x := 12.5; v1.y := 1; v1.z := 240;
  writeln(v1.x, v1.y, v1.z);
  // Initialisierung von ptr1
  ptr1 := @v1;
  ptr1^.x := 100;
  // Typumwandlung und Initialisierung von ptr2
  ptr2 := pVektor(ptr1);
  // Dereferenzierung
  writeln(ptr2^.x, ptr2^.y, ptr2^.z);
  v1 := ptr2^;
```

```
  writeln(v1.x, v1.y, v1.z);
  readln;
end.
```

Verweise

Siehe Prozedur-Typen

Siehe Praxisteil, Kategorie Object Pascal, Dynamische Speicherverwaltung

Siehe Praxisteil, Kategorie Object Pascal, Dynamischer Speicher, Routinen und Exceptions

Prozedur-Typen

^func, ^proc, ^method

Beschreibung

Object Pascal ermöglicht es auch, Zeiger auf Routinen zu definieren. Dabei muss man unterscheiden zwischen

- Zeigern auf globale Prozeduren oder Funktionen
- und Methodenzeigern.

Zeiger auf globale Prozeduren

```
type
   PProc =  procedure (param: Typ);
   PFunc =  function (param: Typ1): Typ2;
```

Dem Zeiger wird also als Typ die vollständige Signatur der Prozedur bzw. Routine übergeben.

Methodenzeiger

Methodenzeiger erlauben es, von außen auf die Methoden von Klasseninstanzen zuzugreifen.

Die Typenangabe für Methodenzeiger enthält neben der Signatur der zu referenzierenden Methode noch die Angabe of object. Methodenzeiger werden intern mittels zweier Zeiger realisiert: der erste Zeiger speichert die Adresse einer Methode, der zweite Zeiger speichert eine Referenz auf das Objekt, zu dem die Methode gehört.

```
type
   PMeth1 =  procedure(param: Typ) of object;
   PMeth2 =  function(param: Typ1): Typ2 of object;
```

Tipp

Zeiger auf Routinen und Methoden haben u.a. den Vorteil, dass auf diese Weise Prozeduren und Funktionen als Argumente an Funktionen übergeben und in Arrays abgelegt werden können.

Warnung

Folgende Routinen können nicht für prozedurale Werte verwendet werden:

- Die Standardroutinen der Unit System
- Lokal deklarierte Routinen

Zuweisung von Routinen an prozedurale Variablen

Der Variablen eines prozeduralen Typs kann ein prozeduraler Wert zugewiesen werden:

- ein Bezeichner einer globalen Prozedur, Funktion oder Methode, deren Signatur der Deklaration des prozeduralen Typs entspricht;
- der Wert nil;
- eine Variable eines kompatiblen prozeduralen Typs.

```
// Prozeduraler Typ
type PFunc =  function (param: Integer) : Integer;

// prozedurale Variable
var  eineFunktion : PFunc;

function quadrat(param : Integer) : Integer;
begin
  result := sqr(param);
end;

begin
  eineFunktion := quadrat;  // Zuweisung einer passenden Funktion
                            // an eine prozedurale Variable
  ...
end.
```

Warnung

Prozedurale Typen sind kompatibel, wenn sie die gleiche Aufrufkonvention besitzen, gleich viele Parameter besitzen und die Parameter an korrespondierenden Positionen vom selben Typ sind. Bei Funktionen müssen außerdem die Ergebnistypen identisch sein.

Der Wert nil ist mit jedem prozeduralen Typ kompatibel.

Aufruf der Routinen

Wenn in einer Zuweisung auf der linken Seite eine prozedurale Variable und rechts eine passende Routine steht, wird die Adresse der Routine in der prozeduralen Variablen gespeichert. Ansonsten wird beim Auftauchen einer prozeduralen Variablen in einer Anweisung die Routine, auf die die prozedurale Variable verweist, aufgerufen.

```
begin
  eineFunktion := quadrat;    // Zuweisung
  writeln(eineFunktion(3));   // Aufruf
  readln;
end.
```

Beispiel

Bei der Komponentenprogrammierung werden Methodenzeiger beispielsweise für die Einrichtung der Ereignisbehandlung eingesetzt (siehe Praxisteil, Kategorie Komponentenentwicklung, Eigene Ereignisse implementieren). Der folgende Auszug aus einem Beispiel der Delphi Online-Hilfe zeigt die Definition des Standardtyps für Ereignisse (TNotifyEvent) sowie den Einsatz eines Methodenzeigers (FOnClick):

```
type TNotifyEvent = procedure(Sender: TObject) of object;

type TAnObject = class(TObject)
       FOnClick: TNotifyEvent;
       end;
     TAnotherObject = class(TObject)
       procedure AMethod(Sender: TObject);
       end;

var  AnObject: TAnObject;
     AnotherObject: TAnotherObject;
begin
  AnObject := TAnObject.Create;
  AnotherObject := TAnotherObject.Create;
  AnObject.FOnClick := AnotherObject.AMethod;
end;
```

Verweise

Siehe Praxisteil, Kategorie Komponentenentwicklung, Eigene Ereignisse implementieren

Varianten-Typen

```
variant
```

Beschreibung

Mit Hilfe des Datentyps Variant lassen sich Variablen deklarieren, deren Datentyp nicht festgelegt ist. Dies hat den Vorteil, dass der Datentyp erst bei der Initialisierung bestimmt wird (durch den Datentyp des zugewiesenen Objekts) und dass der Datentyp sogar während der Laufzeit umdefiniert werden kann.

```
var
   variablenname : Variant;
```

Anwendung

Varianten können Integer, Realwerte, Stringwerte, Boolesche Werte, Datums- und Zeitwerte und OLE-Automatisierungsobjekte enthalten, sowie Arrays wechselnder Größe und Dimension. (Zur Zuweisung von OLE-Automatisierungsobjekten ist der Typ Variant vorgeschrieben.)

Intern werden Variablen des Datentyps Variant durch eine TVarData-Struktur repräsentiert (siehe Pascal-Laufzeitbibliothek-Referenz). Welchen Typ die Variable aktuell repräsentiert, ist in dem Feld TVarData.VType festgehalten und kann durch einen Aufruf der Funktion VarType (siehe Pascal-Laufzeitbibliothek-Referenz) ermittelt werden.

Alle Varianten-Variablen werden beim ersten Mal mit dem Wert Unassigned initialisiert.

Erlaubte Operationen

• Alle Operationen außer ^, in und is.

Beispiel

```
var  v1, v2 : Variant;
     varI: Integer;
     varS: String;

begin
  v1 := 1;          // Integer-Wert zuweisen
  v2 := 1234.5678;  // Reellen Wert zuweisen
  v1 := v1 + v2;

  varI := v1;
  varS := v1;
end;
```

Verweise

Siehe Praxisteil, Kategorie Internet und verteilte Anwendungen, COM-Automatisierungsclient

Klassen- und Objekttypen

`class, object`

Beschreibung

Klassen sind eine Erweiterung des Record-Datentyps und bilden gleichzeitig die grundlegende Stütze der objektorientierten Programmierung. Alle wichtigen Konzepte und Errungenschaften der objektorientierten Programmierung (Kapselung, Vererbung, Polymorphie) beruhen auf diesem neuen Datentyp.

Klassendeklaration

```
type klassenname = class(Basisklasse)
     Elementliste;
     end;
```

- **Klassenname**: Name der zu deklarierenden Klasse.

- **Basisklasse**: wird eine Basisklasse angegeben, erbt die neu zu definierende, abgeleitete Klasse alle Elemente dieser Basisklasse. Die oberste Basisklasse aller Pascal-Klassen ist TObject, die auch automatisch als Basisklasse verwendet wird, wenn Sie bei der Deklaration selbst keine Basisklasse angeben. Von TObject erben die Klassen wichtige Standardelemente wie z.B. Konstruktor und Destruktor zur Einrichtung und Auflösung von Klassenobjekten.

- **Elementliste**: In der Elementliste werden die Datenelemente und Methoden der Klasse deklariert. Der Zugriff auf die Elemente kann durch die Spezifizierer `published`, `public`, `protected` und `private` geregelt werden. Alle Elemente haben ihre Klasse als Gültigkeitsbereich.

Objekttypen

Als Alternative zu Klassentypen können auch Objekttypen deklariert werden. Objekttypen dienen allerdings nur der Abwärtskompatibilität und sollten in neuen Anwendungen nicht mehr verwendet werden.

```
type  objekttypname = object (VorfahrObjekttyp)
     Elementliste
     end;
```

Objekttypen unterscheiden sich von Klassen dadurch, dass sie nicht auf die grundlegende Basisklasse TObject zurückgehen und daher auch nicht automatisch über Standardelemente wie Konstruktor, Destruktor u.a. verfügen. Instanzen von Objekttypen werden daher mit der Prozedur New erstellt und mit Dispose freigegeben.

Klassenreferenztypen

Klassenreferenztypen sind Typen, deren Variablen Klassen (und nicht Klasseninstanzen) sind.

```
type
  class of Klassentyp;
```

Klassenreferenztypen können zum Aufruf von Klassenmethoden verwendet werden.

Verweise

Siehe Kategorie Klassen
Siehe Praxisteil, Kategorie Klassen und Vererbung

Typkompatibilität

Beschreibung

Dass man in einem Ausdruck Variablen unterschiedlicher Typen verwenden kann, hängt damit zusammen, dass bestimmte Typen zueinander kompatibel sind. Beispielsweise sind Integer-Typen und reelle Typen kompatibel und können in Ausdrücken mit arithmetischen Operatoren vermischt werden:

```
var varD : Double;
    varSI : ShortInt;

begin
  varSI := 100;
  varD := 3.5;

  varD := varD + varSI;
  writeln(varD);
```

Strenger ist das Kriterium der Zuweisungskompatibilität. So sind Integer- und reelle Typen zwar kompatibel, aber nur in einer Richtung zuweisungskompatibel, d.h., man kann einer Variablen eines reellen Werts eine Integer-Variable zuweisen (siehe oben), aber nicht umgekehrt.

Kompatibilität

Zwei Typen sind kompatibel, wenn:

- Beide Typen sind reelle Typen.
- Beide Typen sind Integer-Typen.
- Ein Typ ist ein Teilbereich des anderen.
- Beide Typen sind Teilbereiche desselben Typs.
- Beide Typen sind Mengentypen mit kompatiblen Basistypen.

- Beide Typen sind gepackte String-Typen mit identischer Anzahl von Komponenten.

- Ein Typ ist ein String-Typ, der andere ist ein String-Typ, ein gepackter String-Typ oder der Typ Char.

- Ein Typ ist eine Variante, der andere ein Integer-Typ, ein reeller Typ, ein String-Typ, ein Zeichentyp oder ein Boolescher Typ.

- Beide Typen sind Klassentypen, Klassenreferenztypen oder Schnittstellentypen, wobei der eine Typ vom anderen abgeleitet ist.

- Ein Typ ist PChar oder PWideChar, der andere ein nullbasiertes Zeichen-Array der Form array[0..n] of Char.

- Ein Typ ist vom Typ Pointer (untypisierter Zeiger), der andere ist ein beliebiger Zeigertyp.

- Beide Typen sind (typisierte) Zeiger auf denselben Typ und die Compiler-Direktive {$T+} ist aktiviert.

- Beide Typen sind prozedurale Typen mit identischem Ergebnistyp und identischer Parameteranzahl, wobei Parameter an derselben Position identische Typen haben müssen.

Zuweisungskompatibilität

T1 und T2 sind identische Typen und beide sind weder ein Dateityp noch ein strukturierter Typ, der Dateikomponenten enthält.

- T1 und T2 sind kompatible ordinale Typen.

- T1 und T2 sind reelle Typen.

- T1 ist ein reeller Typ und T2 ist ein Integer-Typ.

- T1 ist ein PChar oder ein String-Typ und der Ausdruck ist eine String-Konstante.

- T1 und T2 sind String-Typen.

- T1 ist ein String-Typ und T2 ist ein gepackter String-Typ oder ein PChar.

- T1 ist ein langer String und T2 ist ein PChar.

- T1 und T2 sind kompatible gepackte String-Typen.

- T1 und T2 sind kompatible Mengentypen.

- T1 und T2 sind kompatible Zeigertypen.

- T1 und T2 sind Klassentypen, Klassenreferenztypen oder Schnittstellentypen, wobei T2 von T1 abgeleitet ist.

- T1 ist ein Schnittstellentyp und T2 ist ein Klassentyp, der T1 implementiert.

- T1 ist vom Typ PChar oder PWideChar und T2 ist ein nullbasiertes Zeichen-Array der Form array[0..n] of Char.

- T1 und T2 sind kompatible prozedurale Typen. (Ein Funktions- oder Prozedurbezeichner wird in bestimmten Zuweisungsanweisungen als Ausdruck eines prozeduralen Typs behandelt.)

- T1 ist eine Variante und T2 ist ein Integer-Typ, ein reeller Typ, ein String-Typ, ein Zeichentyp, ein Boolescher Typ oder ein Schnittstellentyp.

- T1 ist ein Integer-Typ, ein reeller Typ, ein String-Typ, ein Zeichentyp oder ein Boolescher Typ und T2 ist eine Variante.

- T1 ist der Schnittstellentyp IUnknown oder IDispatch und T2 ist ein Variante. (Die Variante muss den Typencode varEmpty, varUnknown oder varDispatch haben, wenn T1 IUnknown ist, bzw. varEmpty oder varDispatch, wenn T1 IDispatch ist.)

Identität

Selbstverständlich sind auch identische Typen zueinander kompatibel. Dabei ist aber zu beachten, wie die Identität in Pascal definiert ist: In Pascal sind zwei nicht automatisch dadurch identisch, dass sie identisch definiert sind, sondern nur dadurch, dass sie synonyme Typennamen tragen (siehe Beispiel).

So sind die beiden folgenden Variablen v1 und v2 vom gleichen Typ, während v3 von einem anderen Typ ist, obwohl der Typ identisch definiert ist.

```
var  v1, v2 : record      // v1, v2 haben den gleichen Typ
         x,y,z : Double;
         end;
     v3 : record          // v3 hat einen eigenen Typ
         x,y,z : Double;
         end;
```

Synonyme Typbezeichner stehen für identische Typen:

```
type TVektor = record
         x,y,z : Double;
         end;
     TV1 = TVektor;

var  v1 : TVektor;
     v2 : TV1;

begin
  v1 := v2;        // ok
```

Wird bei der Definition eines synonymen Typs das Schlüsselwort type verwendet, entsteht ein neuer Typ:

```
type
  TVektor = record
    x,y,z : Double;
```

```
    end;
  TV1 = type TVektor;
Var
  v1 : TVektor;
  v2 : TV1;
Begin
  v1 := v2;       // Fehler
```

Verweise

Siehe Typdeklarationen

Typumwandlung

```
Datentyp(Wert/Variable)
```

Beschreibung

Pascal ist bezüglich der Unterscheidung von Typen sehr streng (siehe »Typkompatibilität«). Damit der Programmierer diese rigide Typentrennung bei Bedarf umgehen kann, sieht Object Pascal die Möglichkeit der expliziten Typumwandlung vor. Allerdings ist dann der Programmierer selbst dafür verantwortlich, dass die vorgenommene Typumwandlung sinnvoll ist. (Der Compiler zeigt Ihnen nur an, wenn Sie versuchen, inkompatible Typen ineinander umzuwandeln: beispielsweise kann ein SmallInt-Wert wegen des zu kleinen Speicherplatzes nicht in einen Single-Wert umgewandelt werden.)

Anwendung

Es gibt verschiedene Möglichkeiten der Typumwandlung:

- **Automatische Umwandlung kompatibler Typen.** So sind beispielsweise Variablen des generischen Zeigertyps Pointer kompatibel zu jedem anderen Zeigertyp.

```
type  TVektor = record
        x,y,z : Double;
        end;
      PVektor = ^TVektor;

var  v1 : TVektor;
     ptr1 : PVektor;
     ptr2 : Pointer;

begin
  ptr2 := @v1;    // generischen Zeiger initialisieren
  ptr1 := ptr2;   // generischen Zeiger umwandeln
  ...
end.
```

- **Explizite Wertumwandlung.** Nur erlaubt für Werte von ordinalen Typen und Zeigern.

```
var  varI : Integer;
begin
  varI := Integer('C');
```

- **Explizite Variablenumwandlung.** Bei der expliziten Umwandlung gilt grundsätzlich, dass die beiden ineinander umzuwandelnden Typen gleiche Größe (im Speicher) haben müssen, wie zum Beispiel der unten definierte Datentyp DWORD, der mit zwei Word-Elementen 32 Bit belegt und der Datentyp LongInt, der ebenfalls 32 Bit belegt. Etwas nachsichtiger ist der Compiler bei der Umwandlung von einem Integer-Typ in einen anderen. Gar nicht erlaubt sind dagegen beispielsweise Umwandlungen von einem reellen Daten- in einen Integer-Typ.

```
type DWORD = record
       low, high : Word;
       end;
var  varLI : LongInt;
     varDW : DWORD;

begin
  varLI := $00010002;       // = 65538
  varDW := DWORD(varLI);
  writeln(varLI);           // 66538
  writeln(varDW.low);       //    2
  writeln(varDW.high);      //    1
  ...
```

- **Umwandlung durch entsprechende Routinen.** Eine explizite Variablenumwandlung bedeutet, dass das Bitmuster im Speicherbereich einer Variable gemäß eines anderen Datentyps interpretiert wird. Dies muss keine sinnvolle Konvertierung einschließen. Es gibt in der Laufzeitbibliothek aber eine Reihe von Routinen, mit denen man sinnvolle Konvertierungen vornehmen kann – auch zwischen Datentypen, zwischen denen keine explizite Variablenumwandlung erlaubt ist. Zu diesen Routinen gehören: StrToInt, IntToStr, IntToHex, StrToInt64, StrToFloat, FloatToStr, StrToCurr, StrToDate, CompToCurrency, DoubleToComp, BCDToCurr, AnsiToNative etc.

Beispiel

```
// Variablen identisch definierter, aber unterschiedlicher Typen
// zuweisungskompatibel machen
type  TVektor = record
        x,y,z : Double;
        end;
      TV1 = type TVektor;
```

```
var v1 : TVektor;
    v2 : TV1;

begin
  v1 := TVektor(v2);        // ok
```

Tipp

Um sich fortwährende explizite Typumwandlungen bei Klassenobjekten zu erspa-ren, können Sie den as-Operator nutzen, der zuerst prüft, ob die gewünschte Typumwandlung der Variable objekt in den Typ TKlassentyp erlaubt ist. Wenn ja, wird die Variable im nachfolgenden Codeblock als Variable vom Typ TKlassentyp behandelt.

Dabei stellt die folgende Verwendung des as-Operators

```
with objekt as TKlassentyp do... ;
```

eine verkürzte Version der folgenden Konstruktion dar:

```
if objekt is TKlassentyp then with TKlassentyp(Objekt) do... ;
```

Typische Anwendungsbeispiele für die Verwendung der Operatoren is und as sind die Überprüfung der Klassentypen der in einem Formular abgelegten Komponenten sowie die Überprüfung des Sender-Objekts in Ereignisbehandlungsroutinen (vor-ausgesetzt, die Ereignisbehandlungsroutine wurde mit mehreren Komponenten ver-bunden):

```
procedure TForm1.Button1Click(Sender: TObject);
begin
with Sender as TButton do
  begin
  case Tag of
     1: Form1.Close;
     2: Form1.Caption := 'Neuer Titel';
     end;
  end;
end;
```

Verweise

Siehe Kategorie Ausdrücke und Operatoren, Klassenoperatoren
Siehe Praxisteil, Kategorie Klassen und Vererbung, Basisklassenobjekte und Routi-nen

Typidentifizierung

```
is
```

Beschreibung

Bei der Programmierung mit Klassen nutzt man häufig die Tatsache, dass man einer Routine, die einen Parameter vom Typ einer Basisklasse deklariert, auch Objekte der abgeleiteten Klassen übergeben kann. Ein typisches Beispiel hierfür wäre beispielsweise der Sender-Parameter der Delphi-Ereignisbehandlungsroutinen.

```
procedure TForm1.Button1Click(Sender: TObject);
begin

end;
```

In der Routine entsteht dann aber unter Umständen das Problem, dass man irgendwie feststellen muss, von welchem abgeleiteten Typ das an Sender übergebene Objekt ist. Hier kommt der is-Operator ins Spiel.

Anwendung

Mit Hilfe des is-Operators kann man den Typ eines Klassenobjekts überprüfen.

Der Boolesche Ausdruck

```
object is klassentyp
```

liefert

- true zurück, wenn das Objekt eine Instanz des angegebenen oder eines abgeleiteten Klassentyps ist;
- false zurück, wenn das Objekt von einem anderen Typ oder nil ist.

Beispiel

Der nachfolgende Quelltext zeigt die Unit eines Formulars, das über zwei Komponenten, ein Label- und ein Edit-Feld verfügt, deren OnClick-Ereignisse mit der gleichen Ereignisbehandlungsroutine Klick verbunden sind.

```
unit Unit1;
interface
uses  Windows, Messages, SysUtils, Classes, Graphics, Controls, Forms,
      Dialogs, StdCtrls;

type  TForm1 = class(TForm)
        Button1: TButton;
        Label1: TLabel;
        procedure Klick(Sender: TObject);
      end;
```

```
var Form1: TForm1;

implementation
{$R *.DFM}
procedure TForm1.Klick(Sender: TObject);
begin
  if Sender is TButton then Beep;
  if Sender is TLabel then Label1.Caption := 'Angeklickt';
end;
end.
```

Verweise

Siehe Typumwandlung

Siehe Vererbung und Polymorphie, Typidentifizierung zur Laufzeit

Siehe Kategorie Ausdrücke und Operatoren, Klassenoperatoren

Siehe Praxisteil, Kategorie Klassen und Vererbung, Basisklassenobjekte und Routinen

Konstanten

Neben den Variablen stellen die Konstanten die zweite Möglichkeit zur Repräsentation von Daten in Programmen dar. Der Unterschied zwischen Variablen und Konstanten liegt auf der Hand: Während eine Variable im Laufe eines Programms unterschiedliche Werte annehmen und repräsentieren kann, stellt eine Konstante immer einen festen Wert dar.

Pascal kennt drei verschiedene Typen von Konstanten:

- Literale

- Echte Konstanten

- Typisierte Konstanten

Konstanten stellen eine Möglichkeit dar, feststehende Daten direkt im Programmcode zu verankern: etwa um den Zahlenwert von PI in eine Formel einzubauen oder in Form einer Stringtabelle für Fehlermeldungen des Programms.

Literale

Beschreibung

Die einfachste Form der Konstante ist ein konstanter Wert. Um sie von den konstanten Variablen zu unterscheiden, bezeichnet man die konstanten Werte auch als Literale.

Anwendung

Konstante Werte werden bei der Übersetzung durch den Compiler hartkodiert, d.h., die Werte sind nicht irgendwo im Speicher abgelegt, von wo sie bei Bedarf ausgelesen werden können, sondern die Werte stehen direkt in den betreffenden Maschinenbefehlen.

Die einzige Ausnahme: für String-Literale wird Speicher reserviert, doch hat der Programmierer üblicherweise keinen Zugriff auf diesen Speicherbereich.

```
writeln('Hallo');
```

Die automatische Speicherallokation erlaubt allerdings die Zuweisung von String-Literalen an Zeiger auf char (PChar).

```
var str : PChar;

begin
  str := 'Dies ist ein Null-terminierter String';
  writeln(str);
  ...
```

Datentyp	Literal
Boolean	True, False (vordefinierte Konstanten)
Char	'c', 'Ü', #13, #65
String	'Dies ist ein String'
Integer	12, -128, 1000000, $FF00, $001011FE
Extended	3. 14159265, 10E3, 22.5e-3

Warnung

Wichtig bei der Verwendung von Literalen ist, dass Sie sich an die vorgesehene Syntax zur Angabe der Werte halten, damit der Compiler aus dem Wert auch den zugehörigen Datentyp ablesen kann.

Beispiele

```
var  str1 : AnsiString = 'Dies ist ein AnsiString';
     str2 : PChar;
```

```
   b : Boolean = False;
   c : Char = 'A';
   i : Integer = 125;
   d : Double = 33.333;

begin
  if i < 100 then
    writeln('i ist kleiner als 100');
  ...
```

Echte Konstanten

```
const
```

Beschreibung

Echte Konstanten sind Bezeichner, die mit dem Schlüsselwort const deklariert sind und bei der Deklaration auf einen konstanten Wert gesetzt werden, der im Laufe des Programms nicht geändert werden kann.

```
const
  Bezeichner = konstanterAusdruck;
```

Anwendung

Wird eine Konstante mehrfach verwendet, ist es sinnvoll, sie vorab zu deklarieren und mit einem symbolischen Namen zu verbinden, der dann im weiteren Verlauf des Programms die Konstante repräsentiert. Dies ermöglicht die const-Deklaration.

```
const
  MaxElemente = 250;
```

Danach kann der symbolische Bezeichner im weiteren Quelltext stellvertretend für die Konstante eingesetzt werden. Bei der Kompilation werden alle Vorkommen des symbolischen Bezeichners durch die zugehörige Konstante ersetzt.

Der Vorteil besteht einmal darin,

- dass Sie eine Konstante mit einem aussagekräftigen Namen verbinden können und

- zum anderen nur die const-Anweisung anpassen müssen, wenn Sie die Konstante mit einem anderen Wert verbinden wollen (beispielsweise ist es sinnvoll, Obergrenzen für Arrays oder Abbruchbedingungen für Schleifen mit Hilfe von const am Dateianfang festzulegen, damit man sie später bei Bedarf schnell findet und zentral ersetzen kann).

Konstante Ausdrücke

Ein konstanter Ausdruck, wie er zur Deklaration einer Konstanten verwendet werden kann, ist ein Ausdruck, der nur aus Zahlen, Zeichen-Strings, echten Konstanten, Werten von Aufzählungstypen, den speziellen Konstanten True, False und nil sowie den Funktionen Abs, Cbhr, Hi, Hibgh, Length, Lo, Low, Odd, Ord, Pred, Round, SizeOf, Subcc, Swap, Trunc besteht.

PI

Eine häufig benötigte Konstante ist die reelle Zahl PI. In Pascal ist PI jedoch nicht als Konstante, sondern als Funktion definiert, die den Wert von PI zurückliefert.

Beispiele

```
const  MaxElemente = 10;

var  feld : array[1..MaxElemente] of Integer;

begin
  for loop := 1 to MaxElemente do begin
    feld[loop] := loop;
    writeln(feld[loop]);
    end;
```

end.

Typisierte Konstanten

Beschreibung

Die letzte Form der Konstanten ist die typisierte Konstante – im Prinzip eine Variable, die im const-Abschnitt deklariert wird.

```
const
  variablenname : Typ = Wert;
```

Anwendung

Typisierte Variablen haben den Vorteil, dass man auf diese Weise auch Objekte von strukturierten Datentypen wie Arrays oder Records als konstant deklarieren kann. Allerdings muss man dazu wissen, wie man diese Variablen initialisiert.

Typ	Beispiel

Konstante Arrays werden durch Auflistung der Werte für die Elemente initialisiert. Die Liste wird in runde Klammern gefasst, die einzelnen Werte werden durch Kommata getrennt.
 	
Im Falle mehrdimensionaler Arrays werden die Werte der einzelnen Dimensionen wiederum in runde Klammern gefasst.
	`const`
	`bez : array[1..5] of Integer`
	`            = (1,4,9,16,25);`
	
	`bez : array[1..2, 1..2] of Char`
	`    = (('a', 'a'), ('b', 'b'),`
	`        ('c', 'c'));`

Für Record-Konstanten werden in runden Klammern die einzelnen Feldelemente aufgeführt und mit konstanten Werten initialisiert. Feldname und Wert werden durch einen Doppelpunkt getrennt, die einzelnen Felder werden durch Semikolons getrennt.	`type`
	`  TVektor = record`
	`    x, y, z : Integer;`
	`    end;`
	
	`const`
	`  Einheitsvektor : TVektor`
	`            = (x: 1; y: 0; z: 0);`

Warnung

Ob man einer typisierten Konstanten nach der Initialisierung neue Werte zuweisen kann, hängt von der Compiler-Direktive {$J} ab. Ist dieser Compiler-Schalter gesetzt ({$J+}, Befehl *Projekt/Optionen*, Seite *Compiler*, Option *Zuweisbare typisierte Konstanten*) – was aus Gründen der Abwärtskompatibilität der Voreinstellung entspricht –, kann man neue Werte zuweisen, d.h., die typisierte Konstante verhält sich wie eine Variable. Ist der Schalter nicht gesetzt, ist die Variable nach der Initialisierung schreibgeschützt.

Beispiele

```
type  TVektor = record
        x, y, z : Integer;
        end;

// Deklaration konstanter Variablen strukturierter Typen
const Einheitsvektor : TVektor = (x: 1; y: 0; z: 0);
      quadratzahlen : array[1..5] of Integer = (1,4,9,16,25);

// Deklaration konstanter Parameter
function CompareStr(const S1, S2: string): Integer;
```

Verweise

Siehe Kategorie Prozeduren und Funktionen, Lokale Variablen

Ausdrücke und Operatoren

Zuweisung

:=

Beschreibung

Zuweisungen dienen dazu, Werte an Variablen zuzuweisen.

```
Variable := Ausdruck;
```

Ein Ausdruck (siehe unten) kann dabei aus einem einzelnen Wert (einer Konstanten), einer Variablen, dem Rückgabewert einer Funktion oder aus Zusammensetzungen dieser Elemente mit Operatoren bestehen.

Warnung

Das Ergebnis des Ausdrucks muss mit dem Typ der Variablen auf der linken Seite der Zuweisung zuweisungskompatibel sein.

Verweise

Siehe Datentypen, Typkompatibilität
Siehe Praxisteil, Kategorie Klassen und Vererbung, Klassenobjekte kopieren

Ausdrücke

Beschreibung

Ausdrücke sind Zusammensetzungen aus Operatoren und ihren Operanden (Variablen, Konstanten, Rückgabewerte von Funktionen).

Operatoren	Priorität	Kategorie
@, not	1 (höchste)	unäre Operatoren
*,/,div,mod,and,shl,shr,as	2	multiplikative Operatoren
+,-,or,xor	3	additive Operatoren
=,<>,<,>,<=,>=, in, is	4 (niedrigste)	relationale Operatoren

Anwendung

Bei komplexeren Ausdrücken mit mehreren Operatoren ist es wichtig zu wissen, in welcher Reihenfolge die Operatoren ausgewertet werden:

- Ein Operand ist immer an den höherrangigeren Operator gebunden, sodass die Operatoren höherer Priorität zuerst ausgewertet werden.

- Steht ein Operand zwischen zwei gleichrangigen Operatoren, so ist dieser stets an den links von ihm stehenden Operator gebunden, sodass Operatoren gleicher Priorität von links nach rechts ausgewertet werden.

- Ausdrücke in Klammern haben bei der Auswertung Priorität und werden dann als einzelner Operand betrachtet, sodass Sie durch die Klammerung von Teilausdrücken, die durch die Priorität der Operatoren vorgegebene Auswertungsreihenfolge aufheben können.

Warnung

- Funktionen in Ausdrücken werden vor Berechnung der Ausdrücke ausgeführt. Dies ist von Bedeutung, wenn die Funktionen zu Seiteneffekten führen, d.h. auf andere Elemente im Ausdruck rückwirken:

```
var  varI : Integer;
     varX : Integer;

function f(i : Integer) : Integer;
begin
  varX := i;
  result := 1;
end;

begin
  varI := varX * 3 + f(2);  // ergibt 7!
  ...
```

- Boolesche Ausdrücke werden nicht notwendigerweise vollständig ausgewertet. Erkennt der Compiler, dass nach der Berechnung eines Teilausdrucks bereits das Ergebnis des gesamten Booleschen Ausdrucks feststeht, bricht er die weitere Berechnung ab.

```
varX := 0;
varI := 3;
if (varX > varI) and (varX < f(2)) then
    writeln(varX);
    else
    writeln(varX);
```

Hier stellt sich die Frage, ob die Funktion f(2) ausgeführt wird (varX wäre danach gleich 2) oder nicht (varX wäre dann 0). Standardmäßig wird die Auswertung des Booleschen Ausdrucks abgebrochen, nachdem der erste Teilausdruck (varX > varI) ausgewertet wurde. Der Teilausdruck ist nämlich bereits falsch und ein and-Ausdruck ist nur dann wahr, wenn alle Teilausdrücke wahr sind. Der Compiler erkennt also, dass der Gesamtausdruck falsch ist und spart sich die Auswertung des zweiten Teilausdrucks und damit auch die Ausführung der Funktion f(2).

Tipp

Durch Setzen der Compiler-Direktive ({$B+}, Befehl *Projekt/Optionen*, Seite *Compiler*, Option *Boolesche Ausdrücke vollständig*) können Sie erreichen, dass Boolesche Ausdrücke vollständig ausgewertet werden.

Beispiele

```
var  varI : Integer;
     varX : Integer;

begin
  varX := 2;

  varI := varX * 3 + varX;    // = 8
  writeln(varI);
  varI := varX * (3 + varX);  // = 10
  writeln(varI);
  ...
```

Verweise

Siehe Datentypen, Boolesche Typen
Siehe Boolesche Operatoren

Arithmetische Operatoren

+, -, /, *, div, mod

Beschreibung

Mit den arithmetischen Operatoren können Sie, wie es der Name vermuten lässt, einfache arithmetische Operationen durchführen.

Operator	Operation	Operandentyp	Ergebnistyp
+	Addition	Integer	Integer
		Real	Real
		PChar, Integer	PChar
-	Subtraktion	Integer	Integer
		Real	Real
		PChar, Integer	PChar
		PChar, Pchar	Word
*	Multiplikation	Integer	Integer
		Real	Real

Operator	Operation	Operandentyp	Ergebnistyp
/	Division	Integer	Real
		Real	Real
div	Integerdivision	Integer	Integer
mod	Modulo (Rest)	Integer	Integer
+ (unär)	Identität	Integer	Integer
		Real	Real
- (unär)	Negation	Integer	Integer
		Real	Real

Anwendung

Fast alle arithmetischen Operatoren gehören zu den so genannten binären Operatoren, d.h., sie arbeiten immer mit zwei Operanden.

Eine Ausnahme bilden die beiden unären Operatoren + (Identität) und – (Negation), die nur einen Operanden benötigen.

Auf Zeiger vom Typ PChar angewandt, manipulieren die Operatoren den Offset-Anteil des Zeigers. Auf diese Weise kann ein PChar-Zeiger um eine bestimmte Anzahl von Zeichen nach vorne oder nach hinten gerückt werden. Bildet man die Differenz zweier PChar-Zeiger, erhält man einen Wert, der anzeigt, wie viel Zeichen zwischen den Adressen der beiden Zeiger liegen.

Beispiel

```
i := 5+3;        // i = 8
j := -i;         // j = -8
j := 20 mod i;   // j = 4
j := 3*4 + i;    // j = 20
j := 3*(4 + i);  // j = 36
```

Verweise

Siehe String-Operator
Siehe Praxisteil, Kategorie Object Pascal, Strings analysieren und zerlegen

Vergleichsoperatoren

=, <>, <, >, <=, >=

Beschreibung

Mit den Vergleichsoperatoren, die auch relationale Operatoren genannt werden, werden Vergleiche zwischen zwei Operanden durchgeführt.

Operator	Operation	Operandentyp
=	gleich	einfache Typen, Klasseninstanz, Zeiger, String-Typen, Mengen
<>	ungleich	einfache Typen, Klasseninstanz, Zeiger, String-Typen, Mengen
<	kleiner als	einfache Typen, String-Typen
>	größer als	einfache Typen, String-Typen
<=	kleiner als oder gleich	einfache Typen, String-Typen
>=	größer als oder gleich	einfache Typen, String-Typen
<=	Teilmenge von	Mengen
>=	Obermenge von	Mengen

Anwendung

Das Ergebnis einer dieser Operationen ist ein Boolescher Wert, also entweder wahr (True) oder falsch (False). Ausdrücke, die vergleichende Operatoren enthalten, werden häufig als Kontrollbedingung in Schleifen oder if-Anweisungen eingesetzt.

Warnung

Null-terminierte Strings können nicht mit Hilfe der Vergleichsoperatoren verglichen werden (da sie ja im Grunde Zeiger sind). Zum Vergleichen von Null-terminierten Strings stehen in der Laufzeitbibliothek spezielle Funktionen zur Verfügung: StrComp, StrIComp, StrLComp, StrLIComp, **AnsiStbrComp**, AnsiStrIComp, AnsiStrLComp, AnsiStrLIComp).

Beispiel

Als Beispiel sei der BubbleSort-Algorithmus erwähnt, der die Elemente in einem Array sortiert, indem er die Elemente paarweise vergleicht und dabei die größeren Elemente immer weiter nach hinten schiebt.

```
procedure bubblesort(var feld : array of Integer);
var  tmp, max, min, loop1, loop2 : Integer;
begin
  max := High(feld);
  min := Low(feld);
  for loop1 := min+1 to max do
    for loop2 := min to max-1 do
      if feld[loop2] > feld[loop2+1] then   // Elemente vergleichen
        begin
        tmp := feld[loop2];
        feld[loop2] := feld[loop2+1];
```

```
        feld[loop2+1] := tmp;
        end;
end;
```

Verweise

Siehe Praxisteil, Kategorie Object Pascal, Arrays sortieren

Bit-Operatoren

```
not, and, or, xor, shl, shr
```

Beschreibung

Bit-Operatoren erlauben nur Integer-Werte als Operanden und manipulieren diese bitweise.

Operator	Operation	Operandentyp	Ergebnistyp
not	bitweise Negation	Integer	Integer
and	bitweises UND	Integer	Integer
or	bitweises ODER	Integer	Integer
xor	bitweises XOR	Integer	Integer
shl	Schieben links	Integer	Integer
shr	Schieben rechts	Integer	Integer

Anwendung

Auf die bitweise Manipulation von Integer-Werten wird meist dann zurückgegriffen, wenn einzelne Bits von Variablen manipuliert werden sollen oder wenn mehrere Schalterzustände als Kombination von Bitwerten in einer Variablen abgespeichert werden sollen. Dabei nutzt man den or-Operator, um einen Schalter zu setzen, ohne die anderen Schalter in der Variablen zu löschen. Der and-Operator dient dazu zu prüfen, ob ein Schalter gesetzt ist, und der xor-Operator kann dazu verwendet werden, einen Schalter zu löschen (siehe Beispiel).

bitweises ODER   or

Der Operator für die bitweise ODER-Verknüpfung vergleicht die Bitmuster seiner Operanden und setzt das entsprechende Bit im Ergebnis, wenn eines der Bits in den Operanden gesetzt ist.

Dieser Operand kann beispielsweise dazu verwendet werden, um gezielt einzelne Bits zu setzen, ohne die anderen Bits der ersten Operanden zu verändern.

Ein Beispiel dafür ist die Umwandlung von Groß- in Kleinbuchstaben. In der ASCII-Tabelle unterscheiden sich die Klein- von den Großbuchstaben des englischen Alphabets (also nicht die deutschen Umlaute) binär dadurch, dass bei den Kleinbuchstaben immer Bit 5 gesetzt ist.

Um einen Großbuchstaben in den entsprechenden Kleinbuchstaben umzuwandeln, braucht also nur Bit 5 gesetzt zu werden, was Sie im folgenden Beispiel sehen:

```
   0 1 0 0   0 0 0 1   Buchstabe 'A'
or 0 0 1 0   0 0 0 0   Maske dezimal 32
   --------------------
   0 1 1 0   0 0 0 1   Buchstabe 'a'
```

Beispiel

```
var zeichen : Char;

begin
  zeichen := 'A';
  writeln(zeichen);
  zeichen := Chr(Ord(zeichen) or 32);
  writeln(zeichen);
  readln;
end.
```

bitweises UND	and

Der Operator für die bitweise AND-Verknüpfung vergleicht die Bitmuster seiner Operanden und setzt das entsprechende Bit im Ergebnis nur dann, wenn in beiden Operanden die korrespondierenden Bits gesetzt sind.

Dieser Operator kann eingesetzt werden, um Bits in seinem ersten Operanden gezielt zu löschen.

In der ASCII-Tabelle unterscheiden sich die Klein- von den Großbuchstaben des englischen Alphabets (also nicht die deutschen Umlaute) binär dadurch, dass bei den Kleinbuchstaben immer Bit 5 (von rechts her gezählt) gesetzt ist. Um einen Klein- in einen Großbuchstaben umzuwandeln, soll Bit 5 des ersten Operanden gelöscht werden. Um dies zu erreichen, werden im zweiten Operanden, der Maske, alle Bits, bis auf Bit 5, das gelöscht werden soll, gesetzt. Dadurch bleiben die anderen Bits unverändert.

```
    0 1 1 0   0 0 0 1   Buchstabe 'a'
and 1 1 0 1   1 1 1 1   Maske (dezimal 223)
    --------------------
    0 1 0 0   0 0 0 1   Buchstabe 'A'
```

Beispiel

```
var  zeichen : Char;

begin
  zeichen := 'a';
  writeln(zeichen);
  zeichen := Chr(Ord(zeichen) and 223);
  writeln(zeichen);
  readln;
end.
```

bitweises exklusives ODER   xor

Der Operator für die bitweise exklusive ODER-Verknüpfung vergleicht die Bitmuster seiner Operanden und setzt das entsprechende Bit im Ergebnis, wenn eines der Bits in den Operanden, aber nicht beide gesetzt sind.

```
      0 0 0 1  1 0 0 1
xor   0 0 0 0  1 1 0 0
      ---------------------
      0 0 0 1  0 1 0 1
```

bitweises Komplement   not

Der bitweise Komplement-Operator kippt alle Bits seines Operanden. Durch Invertierung werden im Ergebnis alle Bits, die im Operanden gesetzt waren, gelöscht, und alle Bits, die gelöscht waren, gesetzt. Die Zahl 4 besitzt folgendes Bitmuster:

```
  0 0 0 0  0 1 0 0
```

Durch die Operation not 4 erhalten wir folgendes Muster:

```
  1 1 1 1  1 0 1 1
```

Rechtsverschiebung   shr

Bei der bitweisen Rechtsverschiebung werden die einzelnen Bits eines Operanden um die festgelegte Anzahl nach rechts verschoben.

Der Operator kann beispielsweise für eine schnelle Programmierung der Division durch die Potenzen der Zahl 2 benutzt werden.

Der Ausdruck 80 shr 3 entspricht 80 div Round(Power(2,3)) und erzeugt folgendes Ergebnis:

	dezimal	binär
vor Verschiebung	80	0101 0000
nach Verschiebung	10	0000 1010

Linksverschiebung   shl

Bei der bitweisen Linksverschiebung werden die einzelnen Bits eines Operanden um die festgelegte Anzahl nach links verschoben.

Der Operator kann beispielsweise für eine schnelle Programmierung der Multiplikation mit den Potenzen der Zahl 2 benutzt werden.

Der Ausdruck 3 shl 2 entspricht 3 * Round(Power(2,2)) und erzeugt folgendes Ergebnis:

	dezimal	binär
vor Verschiebung	3	0000 0011
nach Verschiebung	12	0000 1100

Beispiel

Das folgende Beispiel definiert drei Flags, die anzeigen, dass eine Datei geöffnet ist, ungesicherte Änderungen enthält oder nicht beschrieben werden darf. Die Konstanten werden so gewählt, dass es bei den gesetzten Bits keine Überschneidungen gibt. Im Anweisungsteil werden die Flags open und dirty gesetzt. Danach wird überprüft, ob das Flag dirty gesetzt ist. Da dies der Fall ist, wird eine entsprechende Meldung ausgegeben und das Flag gelöscht.

```
const open   = $0001; //0000 0000 0000 0001
      dirty  = $0002; //0000 0000 0000 0010
      nowrite = $0004; //0000 0000 0000 0100

var dateiflags : SmallInt;

begin
  dateiflags := $0000;
  dateiflags := dateiflags or open;
  dateiflags := dateiflags or dirty;
  if dateiflags and dirty <> 0 then  begin
    writeln('Ungesicherte Aenderungen');
    dateiflags := dateiflags xor dirty;
  end;
  if dateiflags and dirty = 0 then
    writeln('Ungesicherte Aenderungen');
end.
```

Die Shift-Operatoren dagegen dienen dazu, schnelle Divisionen und Multiplikationen um Potenzen von 2 durchzuführen.

```
dateiflags := dateiflags shl 3;
// entspricht
dateiflags := dateiflags * Trunc(Power(2,3)); // * 2^3

dateiflags := dateiflags shr 3;
// entspricht
dateiflags := dateiflags div Trunc(Power(2,3)); // div 2^3
```

Verweise

Siehe Praxisteil, Kategorie Fenster und Komponenten, Fensterstil ändern

Boolesche Operatoren

```
and, or, xor, not
```

Beschreibung

Die Programmiersprache Object Pascal kennt vier Boolesche Operatoren:

Operator	Operation	Operandentyp	Ergebnistyp
not	logische Negation	Boolean	Boolean
and	logisches UND	Boolean	Boolean
or	logisches ODER	Boolean	Boolean
xor	logisches XOR	Boolean	Boolean

Anwendung

Mit Hilfe dieser Operatoren lassen sich komplexe Boolesche Ausdrücke aufbauen und auswerten. Boolesche Ausdrücke werden vor allem in den Bedingungen von if-Anweisungen und Schleifen verwendet.

logisches UND	and

Mit dem and-Operator wird eine logische UND-Verknüpfung seiner Operanden durchgeführt. Das Ergebnis der Verknüpfung hat nur dann den Wert true (ungleich Null), wenn beide Operanden den Wert true (ungleich Null) besitzen.

Die Operanden werden von links nach rechts ausgewertet. Wenn der erste Operand den Wert false (also Null) ergibt, wird der zweite Operand nicht ausgewertet (es sei denn, die Compiler-Direktive {$B+} ist gesetzt).

Die folgende Wahrheitstabelle zeigt Ihnen die möglichen Kombinationen:

1. Operand	2. Operand	Ergebnis
wahr	Wahr	wahr
wahr	Falsch	falsch
falsch	Wahr	falsch
falsch	Falsch	falsch

logisches ODER   or

Der logische ODER-Operator verknüpft seine Operanden, sodass das Ergebnis der Verknüpfung den Wert true hat, wenn einer oder beide Operanden den Wert true haben.

Die Operanden werden von links nach rechts ausgewertet. Wenn der erste Operand den Wert true (also ungleich Null) ergibt, wird der zweite Operand nicht ausgewertet (es sei denn, die Compiler-Direktive {$B+} ist gesetzt).

Die folgende Wahrheitstabelle zeigt Ihnen die möglichen Kombinationen:

1. Operand	2. Operand	Ergebnis
wahr	Wahr	wahr
wahr	Falsch	wahr
falsch	Wahr	wahr
falsch	Falsch	falsch

logisches exklusives ODER   xor

Der logische xor-Operator verknüpft seine Operanden, sodass das Ergebnis der Verknüpfung den Wert true hat, wenn genau einer der Operanden den Wert true hat.

Die Operanden werden von links nach rechts ausgewertet.

Die folgende Wahrheitstabelle zeigt Ihnen die möglichen Kombinationen:

1. Operand	2. Operand	Ergebnis
wahr	Wahr	falsch
wahr	Falsch	wahr
falsch	Wahr	wahr
falsch	Falsch	falsch

Warnung

Boolesche Ausdrücke werden nicht notwendigerweise vollständig ausgewertet. Erkennt der Compiler, dass nach der Berechnung eines Teilausdrucks bereits das Ergebnis des gesamten Booleschen Ausdrucks feststeht, bricht er die weitere Berechnung ab (siehe Beispiel).

Tipp

Durch Setzen der Compiler-Direktive ({$B+}, Befehl *Projekt/Optionen*, Seite *Compiler*, Option *Boolesche Ausdrücke vollständig*) können Sie erreichen, dass Boolesche Ausdrücke vollständig ausgewertet werden.

Beispiele

Im folgenden Programm stellt sich die Frage, ob die Funktion f(2) in der if-Anweisung ausgeführt wird (varX wäre danach gleich 2) oder nicht (varX wäre dann 0). Standardmäßig wird die Auswertung des Booleschen Ausdrucks abgebrochen, nachdem der erste Teilausdruck (varX > varI) ausgewertet wurde. Der Teilausdruck ist nämlich bereits falsch und ein and-Ausdruck ist nur dann wahr, wenn alle Teilausdrücke wahr sind. Der Compiler erkennt also, dass der Gesamtausdruck falsch ist und spart sich die Auswertung des zweiten Teilausdrucks und damit auch die Ausführung der Funktion f(2).

```
var varI : Integer;
    varX : Integer;

function f(i : Integer) : Integer;
begin
  varX := i;
  result := 1;
end;

begin
  varX := 0;
  varI := 3;
  if (varX > varI) and (varX < f(2)) then
    writeln(varX);
    else
    writeln(varX);
```

Verweise

Siehe Kategorie Datentypen, Boolesche Typen
Siehe Kategorie Ablaufsteuerung

String-Operator

```
str1 + str2
```

Beschreibung

Der Operator + verkettet zwei String-Operanden miteinander, wobei es sich bei den Operanden um einen String, ein Zeichen oder einen gepackten String handeln kann.

Operator	Operation	Operandentyp	Ergebnistyp
+	Verkettung	String, Char	String

Anwendung

Der Operator hängt den zweiten String an den ersten String an und liefert das Ergebnis dieser Verkettung zurück.

Warnung

Sind beide Operanden ShortStrings, wird das Ergebnis nach 255 Zeichen abgeschnitten.

Der Operator kann nicht auf Null-terminierte Strings angewendet werden. Ist aber nur einer der Operanden ein Null-terminierter String (PChar, array of char), während der andere Operand ein Pascal-String ist (string, AnsiString, ShortString, WideString), wird der Null-terminierte String automatisch in einen Pascal-String umgewandelt.

Beispiel

```
var str1, str2 : string;
begin
  str1 := 'Katmandu ist die Hauptstadt von ';
  str2 := 'Nepal';
  str1 := str1 + str2;
  writeln(str1);
```

Verweise

Siehe Arithmetische Operatoren
Siehe Kategorie Datentypen, String-Typen

Mengenoperatoren

+, -, *, =, <>, <=, >=, in

Beschreibung

Den Mengenoperationen liegen die Gesetze der Mengenlehre zugrunde. So liefert der Operator +, auf zwei Operanden vom Typ Set of angewendet, die Vereinigungsmenge seiner beiden Operandenmengen zurück, der Operator – die Differenz von A und B, der Operator * die Schnittmenge von A und B.

Operator	Operation	Operandentyp	Ergebnistyp
+	Vereinigung	Menge	kompatible Mengentypen
-	Differenz	Menge	kompatible Mengentypen
*	Schnitt	Menge	kompatible Mengentypen
=	identisch	Menge	Boolean
<>	nicht identisch	Menge	Boolean
<=	Teilmenge von	Menge	Boolean
>=	Obermenge von	Menge	Boolean
in	Element von	Ordinalwert, Menge	Boolean

Anwendung

Mit Hilfe des Datentyps set of und den Mengenoperatoren kann man in Pascal Operationen nach den Gesetzen der Mengenlehre ausführen (siehe Beispiel).

Beispiel

```
program Fahne;
{$APPTYPE CONSOLE}
uses sysutils;

type TFarben = set of (Weiss, Beige, Blau, Gelb, Gold, Gruen, Magenta,
                       Rot, Schwarz, Silber);
var menge1, menge2, menge3 : TFarben;

procedure faerben(farbe : TFarben);
begin
  if Silber in farbe then writeln('Silber');
  if Schwarz in farbe then writeln('Schwarz');
  if Rot in farbe then writeln('Rot');
  ...
end;

begin
  menge1 := [Weiss, Blau, Gelb, Gold, Gruen, Rot, Schwarz];
```

```
  menge2 := [Silber, Schwarz, Magenta, Rot, Beige, Gold];

  menge3 := menge1 * menge2;
  faerben(menge3);
  readln;
end.
```

Verweise

Siehe Kategorie Datentypen, Mengen-Typ

Klassenoperatoren

as, is, =, <>

Beschreibung

Die Klassenoperatoren dienen ganz unterschiedlichen Zwecken.

Operator	Operation	Operandentyp	Ergebnistyp
as	Typprüfung	Objekt, Klasse	
is	Typumwandlung	Objekt, Klasse	Boolean
=	Gleichheit	Klasseninstanz	Boolean
<>	Ungleichheit	Klasseninstanz	Boolean

Anwendung

Objekt O in Typ der Klasse A umwandeln   as

Der Klassenoperator as dient der Typumwandlung.

```
Objekt as Klasse
```

Wenn Objekt vom Typ Klasse oder von einem abgeleiteten Klassentyp (oder nil) ist, wandelt der Operator das Objekt in ein Objekt vom Typ Klasse um.

Auf diese Weise kann man beispielsweise einen Parameter vom Typ einer Basisklasse, dem ein Objekt einer abgeleiteten Klasse übergeben wurde, in den Typ der abgeleiteten Klasse umwandeln und dann auf Klassenelemente zugreifen, die nur in der abgeleiteten Klasse verfügbar sind:

```
procedure TForm1.Klick(Sender: TObject);
begin
  (Sender as TButton).Caption := '&Ok';
end;
```

Ist Objekt O vom Typ der Klasse A ? is

Mit dem Klassenoperator is können Sie überprüfen, ob der aktuelle (Laufzeit-) Typ einer Objektreferenz (Klasseninstanz oder Zeiger auf Klasseninstanz) einem bestimmten Klassentyp entspricht:

```
Objekt is Klasse
```

Der Operator erlaubt Ihnen eine dynamische Typüberprüfung und wird hauptsächlich zusammen mit einer if-Anweisung benutzt. Das Ergebnis ist ein Boolescher Wert.

- true, wenn das Objekt eine Instanz des angegebenen oder eines abgeleiteten Klassentyps ist.

- false, wenn das Objekt von einem anderen Typ oder nil ist.

Instanzen vergleichen =, <>

Klasseninstanzen werden in Vergleichen gemäß ihrer internen Zeigernatur ausgewertet. Zwei Instanzen sind daher gleich, wenn sie auf dasselbe Objekt weisen.

Beispiel

```
type CVektor = class
    public
      x, y : Integer;
      constructor Create(x_param, y_param : Integer);
      procedure Ausgeben;
    end;

constructor CVektor.Create(x_param, y_param : Integer);
begin
  x := x_param;
  y := y_param;
end;

procedure CVektor.Ausgeben;
begin
  writeln('Vektor = ',x,' ',y);
end;

var  v1, v2, v3 : CVektor;

begin
  v1 := CVektor.Create(1,0);
  v2 := CVektor.Create(1,0);     // v1 <> v2
  v3 := v1;                      // v1 = v3
```

```
  if v1 = v2 then
    writeln('V1 und v2 sind gleich')
    else
    writeln('V1 und v2 sind nicht gleich');

  if v1 = v3 then
    writeln('V1 und v2 sind gleich')
    else
    writeln('V1 und v2 sind nicht gleich');

  readln;
end.
```

Verweise

Siehe Kategorie Datentypen, Typidentifizierung

Siehe Kategorie Klassen

Siehe Kategorie Vererbung und Polymorphie, Typidentifizierung zur Laufzeit

Zeigeroperatoren

+, -, ^, =, <>, <, >, <=, >=

Beschreibung

Die Zeiger-Operatoren dienen ganz unterschiedlichen Zwecken.

Operator	Operation	Operandentyp	Ergebnistyp
+	Zeiger-Addition	Zeichenzeiger, Integer	Zeichenzeiger
-	Zeiger-Differenz	Zeichenzeiger	Integer
^	Dereferenzierung	Zeiger	Objekt
=	Gleichheit	Zeiger	Boolean
<>	Ungleichheit	Zeiger	Boolean
<, <=, >, >=	Vergleiche	PChar-Zeiger auf ein gemeinsames Zeichen-Array	Boolean

Anwendung

Zeiger-Vergleiche vergleichen stets die Adressen der Zeiger.

Interessant sind die Operatoren zur Zeiger-Arithmetik, mit denen man Zeiger auf Zeichen in Strings manipulieren kann (siehe Beispiel).

Beispiel

```
var  str : string = 'AAABBBBCCCCDDDDDABBBB';
     PStr1 : PChar;
```

```
    PStr2 : PChar;
    loop : Integer;

begin
  // Abstand des ersten Cs vom Anfang des Strings bestimmen
  PStr1 := PChar(str);
  PStr2 := StrScan(PChar(str),'C');
  writeln(PStr2 - PStr1);

  // String zeichenweise durchgehen
  PStr1 := PChar(str);
  for loop := 0 to StrLen(PChar(str))-1 do begin
    PStr1 := PChar(str) + loop;
    writeln(PStr1^);
    end;
...
```

Verweise

Siehe Arithmetische Operatoren
Siehe Kategorie Datentypen, Zeiger-Typen

Adress-Operator

@

Beschreibung

Mit Hilfe des Adress-Operators @ kann man sich die Adresse einer Variablen, Prozedur, Funktion oder Methode zurückliefern lassen.

Anwendung

- Wird der Adress-Operator auf eine Variable angewendet, liefert der Operator einen Zeiger vom Typ Pointer zurück, der auf die Anfangsadresse der Variablen im Speicher weist. Ist die Compiler-Direktive {$T+} gesetzt (Befehl *Projekt/Optionen*, Seite *Compiler*, Option *Typisierter @-Operator*), liefert der Operator einen Zeiger vom Typ der Variable zurück.

- Wird der Adress-Operator auf eine Prozedur oder Funktion angewendet, liefert der Operator einen Zeiger vom Typ Pointer zurück, der auf den Eintrittspunkt der Routine weist.

- Wird der Adress-Operator auf eine Methode angewendet, liefert der Operator einen Zeiger vom Typ Pointer zurück, der auf den Eintrittspunkt der Routine weist. Die Methode muss allerdings durch den Klassennamen vollständig qualifiziert werden.

Der Adress-Operator wird meistens dazu gebraucht, einen Zeiger auf eine Variable zu richten (sonst würde versucht, dem Zeiger den Wert der Variablen zuzuweisen). Für die Zuweisung von Prozeduren, Funktionen, Methoden an Zeiger ist der Adress-Operator nicht erforderlich, da die Namen von Routinen auf der rechten Seite von Zuweisungen ehedem als Zeiger interpretiert werden.

Beispiel

```
var  x : Integer;
     ptr: ^Integer;      // Zeiger auf einen Integer

begin
  x := 17;
  ptr := @X;         // Adresse von x an ptr zuweisen
  writeln(ptr^);     // ptr dereferenzieren und ausgeben
end;
```

Verweise

Siehe Datentypen, Zeiger-Typen

Datenzugriff

```
objekt.element
feld[]
```

Beschreibung

Für den Zugriff auf die untergeordneten Elemente strukturierter Typen gibt es zwei spezielle Operatoren:

- den Punkt-Operator für den Zugriff auf Elemente von Records und Klassen;
- den Index-Operator für den Zugriff auf Array-Elemente.

Anwendung

Um auf ein untergeordnetes Element einer Variablen eines strukturierten Typs zuzugreifen, schließt man an die Variable den Punkt-Operator und dann den Bezeichner des Elements an.

```
variable.element
```

Um auf ein bestimmtes Element in einem Array zuzugreifen, schließt man an den Namen der Array-Variablen die eckigen Klammern des Index-Operators an und setzt in die Klammern den Index desjenigen Elements, auf das man zugreifen möchte. Dabei kann man als Index jeden Ausdruck angeben, der zu einem Integer-Wert ausgewertet werden kann.

```
feld[3] := 100;
```

Warnung

Beim indizierten Zugriff ist es wichtig, darauf zu achten, dass nur gültige Indizes verwendet werden, da Indizes, die außerhalb des für das Array spezifizierten Indexbereichs liegen, zu unkontrollierten Speicherzugriffen führen.

Prinzipiell sollten Sie natürlich selbst sicherstellen, dass in Ihren Programmen nur gültige Indizes verwendet werden. Sie können aber auch den Compiler anweisen, Code zur Überprüfung der Indizes zu erzeugen (Compiler-Direktive {$R+} oder Option Bereichsüberprüfung im Dialogfeld *Projektoptionen* (Befehl *Projekt/Optionen*), Seite *Compiler*). Im Falle eines ungültigen Index wird dann eine ERangeError-Exception ausgelöst.

Beispiel

```
type  TVektor = record
         x, y : Integer;
         end;

      TWerte = array[1..10] of Integer;

var  v1 : TVektor;
     v2 : ^TVektor;
     feld : TWerte;
     PFeld: ^TWerte;
     loop : Integer;

begin
  v1.x := 1; v1.y := 0;;
  New(v2);
  v2^.x := v1.x;
  v2^.y := 5;
  writeln('V1: ',v1.x,' ',v1.y);
  writeln('V2: ',v2^.x,' ',v2^.y);
  writeln;

  for loop := 1 to 10 do
    feld[loop] := loop;

  PFeld := @feld;
  PFeld^[1] := feld[5];

  for loop := 1 to 10 do
    writeln(feld[loop]);

  readln;
end.
```

Verweise

Siehe Datentypen, Array-Typ

Siehe Datentypen, Record-Typ

Ablaufsteuerung

Je komplexer Programme werden, desto öfter ist es erforderlich, je nach Situation und Zustand des Programms zu verschiedenen Anweisungen zu verzweigen.

Hierzu gibt es verschiedene Konzepte:

- Steuerung des Programmflusses innerhalb von Prozeduren, Funktionen und Methoden mittels Verzweigungen und Schleifen.
- Gesonderter Programmablauf bei Auftreten von Fehlern durch die Exception-Behandlung.
- Bedingte Kompilation durch Compiler-Direktiven.

Bedingte Verzweigung mit if und else

```
if.. else
```

Beschreibung

if-Bedingung. Verzweigungen werden mit dem Schlüsselwort if eingeleitet. Auf das Schlüsselwort folgt eine Bedingung, die darüber entscheidet, mit welcher Anweisung das Programm fortgesetzt werden soll. Wird die Bedingung zu True ausgewertet, wird der mit dem Schlüsselwort then eingeleitete Block ausgeführt. Liefert die Auswertung des Ausdrucks als Ergebnis False, wird die Ausführung des Programms mit der ersten Anweisung hinter der Verzweigung fortgesetzt.

```
if Bedingung then
  begin
  Anweisungen;
  end;
```

if-else-Verzweigung. Es gibt auch Fälle, in denen alternativ (also dann und nur dann, wenn die zu if gehörende Bedingung als Ergebnis False liefert) zu einem anderen Anweisungsblock verzweigt werden soll. Letzterer wird durch das Schlüsselwort else eingeleitet.

```
if Bedingung then
  begin
  Anweisungen1;
```

```
  end
else
  begin
  Anweisungen2;
  end;
```

if-else-Ketten. Schließlich gibt es die Möglichkeit, if-else-Verzweigungen zu if-else-Ketten zu verschachteln:

```
if Bedingung1 then
  Anweisungsblock
  else if Bedingung2 then
    Anweisungsblock
    else if Bedingung3 then
      Anweisungsblock
      else
      Anweisungsblock;
```

- Die Bedingungen werden in der Reihenfolge ausgewertet, in der sie im Programmcode stehen.
- Wenn eine der Bedingungen als Ergebnis True liefert, wird der zugehörige Anweisungsteil ausgeführt und danach die Abarbeitung der Kette beendet.
- Die zum letzten else gehörenden Anweisungen werden ausgeführt, wenn keine der vorher überprüften Bedingungen das Ergebnis True liefert.
- Das letzte else ist optional, kann also entfallen, wenn keine Standard-Aktion ausgeführt werden soll.

Anwendung

Mit Hilfe der einfachen if-Bedingung kann man während der Ausführung des Programms entscheiden, ob eine nachfolgende Anweisung (oder ein Anweisungsblock) ausgeführt werden soll oder nicht. So kann man beispielsweise auf Benutzereingaben reagieren oder vor der Ausführung eines Blocks prüfen, ob in den benötigten Variablen korrekte Werte stehen (etwa verhindern, dass eine nachfolgende Division ausgeführt wird, wenn im Divisor eine 0 steht).

Mit Hilfe der if-else-Bedingung kann man zur Laufzeit entscheiden, ob der eine oder der andere Anweisungsblock auszuführen ist.

Tipp

Besteht ein Anweisungteil aus einer einzigen Anweisung, braucht diese nicht in die Schlüsselwörter begin und end eingefasst zu werden. Sollen dagegen als Antwort auf die Auswertung der Bedingung mehrere Anweisungen ausgeführt werden, müssen diese durch die Schlüsselwörter begin und end als Block gekennzeichnet werden.

Warnung

Als Bedingung sind nur Boolesche Ausdrücke erlaubt.

Beachten Sie, dass dem Schlüsselwort else kein Semikolon vorangehen darf.

Beispiel

```
var  zahl1, zahl2 : Double;
     op : char;

begin
writeln('Ein kleiner Taschenrechner:');
write('1. Operanden eingeben: ');
readln(zahl1);
write('Operator eingeben: ');
readln(op);
write('2. Operanden eingeben: ');
readln(zahl2);
if op = '+' then
  writeln(zahl1 + zahl2:5:3)
  else if op = '-' then
    writeln(zahl1 - zahl2:5:3)
    else if (op = 'X') or (op = 'x') or (op = '*') then
      write(zahl1 * zahl2:5:3)
      else if (op = ':') or (op = '/') then
        write(zahl1 / zahl2:5:3)
  else write('Operator nicht bekannt');
readln;
end.
```

Verweise

Siehe Kategorie Ausdrücke und Operatoren, Ausdrücke
Siehe Kategorie Ausdrücke und Operatoren, Boolesche Operatoren

Bedingte Verzweigung mit case

```
case
```

Beschreibung

Eine einfachere und meist auch übersichtlichere Programmiertechnik als die im vorigen Abschnitt beschriebenen else-if-Ketten bietet die case-Anweisung. Auch mit ihr kann ein Programm zwischen mehreren Alternativen auswählen.

```
case selektor of
   Konstanten1:    Anweisungsteil1;
   Konstanten2:    Anweisungsteil2;
   Konstanten3:    Anweisungsteil3;
```

```
Konstanten4:    Anweisungsteil4;
else            Standard-Verarbeitung;
end;
```

- Als **Selektor** ist jeder Ausdruck zulässig, dessen Wert einem Ordinaltyp von Byte- oder Word-Größe entspricht.

- Als **Konstanten** sind alle Werte erlaubt, die zum Wertebereich des Typs des Selektors gehören. Ebenfalls erlaubt sind Wertebereiche (beispielsweise 1..100) sowie Auflistungen von Werten (2, 4, 6, 8, 10). Bei der Ausführung der case-Verzweigung wird der Selektor der Reihe nach mit den Konstanten verglichen. Trifft er auf eine Konstante, die den gleichen Wert wie der Selektor repräsentiert, wird der zugehörige Anweisungsteil ausgeführt.

- Der **Anweisungsteil** kann aus einer oder mehreren Anweisungen bestehen (im letzteren Fall müssen die Anweisungen in die Schlüsselwörter begin und end eingefasst werden). Nach der Ausführung des Anweisungsteils wird das Programm nicht mit dem Vergleich der nächsten Konstante, sondern mit der ersten Anweisung hinter dem case-Block fortgesetzt. Aus diesem Grund dürfen sich die in den case-Konstanten definierten Bereiche nicht überlappen.

- **Else-Block**. Zu diesem Anweisungsblock wird verzweigt, wenn der Vergleich des Selektors mit den case-Konstanten keine Übereinstimmung ergeben hat. Dieser Block ist optional, wird aber häufig implementiert, um eine Standardverarbeitung für unvorhergesehene Fälle einzurichten.

Anwendung

Während man mit einer if-else-Kette den Programmfluss mit Hilfe mehrerer unterschiedlicher Bedingungen steuern kann, dient die case-Verzweigung dazu, den Programmfluss aufgrund der unterschiedlichen möglichen Werte eines Ausdrucks zu verzweigen.

Im einfachsten Fall sieht das so aus, dass der Selektor aus einer Variable eines Ordinaltyps besteht und der Programmfluss in Abhängigkeit von dem Wert dieser Variablen verzweigt wird.

Warnung

Die Wertebereiche der Konstanten dürfen sich nicht überlappen.

Beispiel

```
var zahl1, zahl2 : Double;
    operator : Char;

begin
writeln('Ein kleiner Taschenrechner:');
write('1. Operanden eingeben: ');
```

```
readln(zahl1);
write('Operator eingeben: ');
readln(operator);
write('2. Operanden eingeben: ');
readln(zahl2);
case operator of
  '+': writeln(zahl1 + zahl2:5:3);
  '-': writeln(zahl1 - zahl2:5:3);
  'X','x','*': write(zahl1 * zahl2:5:3);
  ':','/' : write(zahl1 / zahl2:5:3);
  else write('Operator nicht bekannt');
  end; // end of case
readln;
end.
```

Verweise

Siehe Kategorie Variablen, Variablen und Datentypen, Stichwort »Ordinaltypen«
Siehe Kategorie Ausdrücke und Operatoren, Ausdrücke

Schleifen

Beschreibung

Schleifen werden eingesetzt, wenn ein Anweisungsblock mehrere Male hintereinander ausgeführt werden soll. Schleifen bestehen aus

- einer Abbruchbedingung, die festlegt, wann die Ausführung der Schleife zu beenden ist, und
- einem von begin und end eingefassten Anweisungsblock.

In Object Pascal gibt es while, for und repeat-Schleifen. Unabhängig von der verwendeten Schleife kann diese auf mehrere Arten verlassen werden:

- Abbruchbedingung der Schleife wird erfüllt.
- Abbruch durch break.
- Sprung aus Schleife heraus durch goto.

Warnung

Es ist Aufgabe des Programmierers sicherzustellen, dass eine Schleife auch in jedem Fall wieder verlassen wird, da das Programm sonst in einer Endlosschleife verharren kann.

for-Schleife

```
for
```

Beschreibung

Mit dem Schlüsselwort for wird eine bedingte Schleife eingeleitet, für die die Anzahl der Schleifendurchläufe beim Aufsetzen der Schleife feststeht.

Der Schleifenausdruck besteht aus einer Kontrollvariablen, einem Anfangswert, einem Endwert und dem Anweisungsteil:

```
for kontrollvariable := Anfangswert to Endwert do
    Anweisungsteil;
```

- **Kontrollvariable.** Als Kontroll- oder Schleifenvariable ist jede Variable zulässig, die einem einfachen Ordinaltyp angehört. Je nachdem, ob die for-Schleife mit to oder downto gebildet wird, wird die Schleifenvariable bei jedem Schleifendurchgang um Eins erhöht oder erniedrigt.

- Der **Anfangswert** dient zur Initialisierung der Kontrollvariablen beim Eintritt in die Schleife.

- Der **Endwert** legt fest, bei welchem Wert der Kontrollvariablen die Schleife verlassen wird. Aus Anfangswert und Endwert ergibt sich daher üblicherweise die Anzahl der Schleifendurchgänge (Endwert – Anfangswert +1, falls Endwert >= Anfangswert und Schleifenvariable inkrementiert wird). Wird der Wert der Schleifenvariable allerdings im Anweisungsteil verändert (wovon meist abzuraten ist) oder werden Schleifendurchgänge mittels der Prozeduren Break oder Continue übersprungen, lässt sich die Anzahl der Schleifendurchgänge natürlich nicht mehr so leicht errechnen.

- Der **Anweisungsteil** kann aus einer einzelnen Anweisung oder aus einem Anweisungsblock bestehen, wobei letzterer in die Schlüsselwörter begin und end eingeschlossen werden muss.

Anwendung

for-Schleifen setzt man dann ein, wenn die Anzahl der Schleifendurchläufe feststeht -beispielsweise wenn man

- einen Anweisungsblock genau hundert Mal hintereinander ausführen will (vielleicht zur Ausgabe der ersten hundert Quadratzahlen);

- die Elemente eines Arrays initialisieren möchte.

Beispiel

```
type TFeld10 = array[1..10] of Integer;
var feld1 : TFeld10;
    i : Integer;
```

```
begin
  for i:= 1 to 10 do
    feld1[i] := i;
...
  for i:= 1 to 10 do
    writeln(i,'-tes Element : ', feld1[i]);
...
end.
```

Verweise

Siehe Kategorie Datentypen, Array-Typ
Siehe Abbruchbefehle und -prozeduren

while-Schleifen

```
while
```

Beschreibung

Eine while-Schleife definiert in ihrem Kopf nur eine Abbruchbedingung. Die Initialisierung der Schleifenvariablen (es können hier mehrere Variablen in die Abbruchbedingung eingehen) muss vor der while-Schleife geschehen. Da die Schleifenvariablen nicht wie bei der for-Schleife automatisch inkrementiert oder dekrementiert werden, muss innerhalb des Anweisungsteils dafür gesorgt werden, dass die Abbruchbedingung irgendwann erfüllt oder die Schleife anderweitig (break, goto) verlassen wird.

```
while Bedingung do
  Anweisungsteil;
```

- Als **Bedingung** sind nur Boolesche Ausdrücke erlaubt.
- Der **Anweisungsteil** kann aus einer einzelnen Anweisung oder aus einem Anweisungsblock bestehen, wobei letzterer in die Schlüsselwörter begin und end eingeschlossen werden muss. Auf jeden Fall ist darauf zu achten, dass die wiederholte Ausführung des Anweisungsteils irgendwann zum Verlassen der Schleife führt (üblicherweise dadurch, dass die Abbruchbedingung erfüllt wird).

Auswertung der while-Schleife

Die Bedingung der while-Schleife wird am Anfang jeden Schleifendurchgangs getestet.

Die Schleife endet, wenn die Bedingung nicht mehr den Wert true ergibt (oder anderweitig verlassen wird).

Liefert die Auswertung der Bedingung der while-Schleife bereits beim Eintritt den Wert false, werden die zur Schleife gehörenden Anweisungen nicht ausgeführt.

Anwendung

Die while-Schleife unterscheidet sich von der for-Schleife dadurch, dass man nicht die Anzahl der Schleifendurchläufe vorgibt, sondern eine Schleifenbedingung aufsetzt. Solange diese Schleifenbedingung erfüllt ist, wird die Schleife wiederholt ausgeführt.

Man kann dies beispielsweise nutzen,

- um eine Berechung so lange zu wiederholen, bis eine Variable, die in die Berechnung eingeht, einen bestimmten Wert erreicht;
- um die Elemente eines Arrays so lange zu durchlaufen, bis ein bestimmter Wert gefunden wird.

Im Gegensatz zur repeat-Schleife ist es möglich, dass der Anweisungteil der while-Schleife überhaupt nicht ausgeführt wird (wenn nämlich die Schleifenbedingung gleich zu Beginn nicht erfüllt ist.)

Beispiel

Das folgende Beispiel bestimmt die Position des ersten 'a'-Zeichens in einem String.

```
var  text : string;
     i : Integer;

begin
  writeln('Geben Sie einen kurzen Text ein');
  readln(text);

  i:= 0;
  while (text[i] <> 'a') and (i <= Strlen(PChar(text))) do
    begin
    i := i+1;
    end;
  if i <= Strlen(PChar(text)) then
    writeln('Buchstabe a an ',i,'-ter Position gefunden')
    else
    writeln('Buchstabe a kommt in Text nicht vor');

  readln;
end.
```

Verweise

Siehe Abbruchbefehle und -prozeduren

repeat-Schleifen

```
repeat
```

Beschreibung

Der while-Schleife ähnlich ist die repeat- oder repeat-until-Schleife. Im Unterschied zur while-Schleife findet die Auswertung der Schleifenbedingung jedoch immer nach dem Durchlaufen des Anweisungsteils statt, sodass der Anweisungsteil der repeat-Schleife mindestens einmal ausgeführt wird.

```
repeat
  Anweisungsteil;
until Bedingung;
```

- Der **Anweisungsteil** kann aus einer einzelnen Anweisung oder aus einem Anweisungsblock bestehen und ist in die Schlüsselwörter repeat und until eingeschlossen (nicht begin .. end). Auf jeden Fall ist darauf zu achten, dass die wiederholte Ausführung des Anweisungsteils irgendwann zum Verlassen der Schleife führt (üblicherweise dadurch, dass die Abbruchbedingung erfüllt wird).
- Als **Bedingung** sind nur Boolesche Ausdrücke erlaubt.

Auswertung der repeat-Schleife

Die Bedingung der repeat-Schleife wird zum Abschluss jeden Schleifendurchgangs getestet.

Die Schleife endet, wenn die Bedingung nicht mehr den Wert true ergibt (oder anderweitig verlassen wird).

Die zur repeat-Schleife gehörenden Anweisungen werden mindestens einmal abgearbeitet.

Anwendung

Im Unterschied zur while-Schleife wird der Anweisungsteil der repeat-Schleife mindestens einmal ausgeführt. Entsprechend nutzt man die repeat-Schleife für Situationen, in denen es wichtig ist, dass der Anweisungsteil der Schleife mindestens einmal ausgeführt wird. (Natürlich wäre es auch möglich, den Anweisungsteil einer while-Schleife einfach vor den Kopf der while-Schleife zu kopieren, doch ist solcher Code unübersichtlicher und fehlerträchtiger als eine repeat-Schleife.)

Typische Anwendungen für repeat-Schleifen sind

- die Implementierung von Textmenüs für Konsolenanwendungen (siehe Praxisteil, Kategorie Konsolenanwendungen, Menüs für Konsolenanwendungen) oder
- Benutzerabfragen mit Fehlerbehandlung (siehe Beispiel).

Beispiel

```
var zahl : Integer;

begin
  repeat
    write('Geben Sie eine Zahl groesser 0 ein: ');
    readln(zahl);
  until (zahl > 0);

  writeln('Wurzel von ',zahl,' ist ',sqrt(zahl));
  readln;
end.
```

Verweise

Siehe Abbruchbefehle und -prozeduren

Abbruchbefehle und -prozeduren

Beschreibung

Die folgenden Schlüsselwörter und Routinen können verwendet werden, um Anweisungsblöcke vorzeitig abzubrechen oder zu verlassen.

continue

Mit der continue-Prozedur wird zum Anfang einer Schleife zurückgesprungen, d.h., der aktuelle Schleifendurchgang wird abgebrochen und die Schleife wird mit dem nächsten Schleifendurchgang fortgesetzt.

Das folgende Beispiel gibt nur die geraden Zahlen eines Integer-Arrays aus.

```
type  TFeld10 = array[1..10] of Integer;
var   feld : TFeld10;
      i : Integer;

begin
  for i:= 1 to 10 do
    feld[i] := i;

  for i:= 1 to 10 do  begin
    if Odd(feld[i]) = True then
      Continue;
    writeln(i,'-tes Element : ', feld[i]);
    end;

  readln;
end.
```

Warnung

Wenn Sie einen continue-Aufruf in eine Schleife einbauen, müssen Sie darauf achten, dass dieser nicht verhindert, dass die Abbruchbedingung der Schleife irgendwann erfüllt wird. Dies gilt ganz besonders für while- und repeat-Schleifen, in denen die Variablen, die in der Abbruchbedingung ausgewertet werden, im Anweisungsteil verändert werden.

Im folgenden Programm, das die Zeichen mit ASCII-Codes zwischen 33 und 110 ausgibt, die Ziffern aber auslassen soll, wird die continue-Prozedur beispielsweise vor der Inkrementierung der Schleifenvariable asciiCode aufgerufen. Sobald asciiCode den Wert 48 erreicht hat, ändert sich sein Wert daher nicht mehr und die Schleife wird endlos weiter ausgeführt.

```
var  asciiCode : SmallInt;

begin
asciicode := 33;
while asciicode < 111 do begin
  if (asciiCode > 47) and (asciiCode < 58) then
    continue;
  writeln(Chr(asciiCode),' (', asciiCode, ')');
  asciiCode := asciiCode + 1;
  end;
end.
```

break

Die Prozedur break bewirkt im Gegensatz zur continue-Prozedur, dass nicht nur der aktuelle Schleifendurchgang abgebrochen, sondern die Schleife ganz verlassen wird.

Das folgende Beispiel ist eine alternative Lösung für das Beispielprogramm aus dem Abschnitt zur while-Schleife.

```
var text : string;
    i : Integer;

begin
  writeln('Geben Sie einen kurzen Text ein');
  readln(text);

  for i:=0 to Strlen(PChar(text)) do begin
    if text[i] = 'a' then begin
      writeln('Buchstabe a an ',i,'-ter Position gefunden');
      break;
      end;
    end;
  readln;
end.
```

Tipp

Mit Hilfe von break kann man die Abbruchbedingung einer Schleife in den Anweisungsteil der Schleife verlegen (siehe auch »Prozeduren und Funktionen, Rekursive Routinen«).

```
while True do begin
  ...
  if BEDINGUNG then
    break;
  ...
  end;
```

exit

Wird die Prozedur exit nicht innerhalb einer Routine, sondern im Hauptanweisungsteil des Programms aufgerufen, führt ihr Aufruf zum Programmabbruch. Wird exit in einem try..finally-Block aufgerufen, wird vor Verlassen des Programms noch der finally-Block ausgeführt.

abort

Mit der Prozedur abort wird das Programm umgehend beendet (auch wenn abort innerhalb einer Routine aufgerufen wird).

Wird abort in einem try..finally-Block einer Routine aufgerufen, wird vor Verlassen der Routine noch der finally-Block ausgeführt.

Gibt es im Hauptanweisungsteil des Programms einen try..finally-Block wird vor Verlassen des Programms noch der finally-Block ausgeführt.

halt

Die Prozedur halt(exitcode : Integer) beendet das Programm sofort (es werden keine finally-Blöcke mehr ausgeführt) und übergibt die Steuerung wieder an das Betriebssystem. exitcode bezeichnet den Austrittscode des Programms.

runerror

Dieser Prozedur, die das Programm wie halt beendet, kann ein Fehlercode mitgegeben werden (beispielsweise runerror(204)). Die Programmausführung wird beendet und es erscheint die Meldung: Runtime error 204 at ....

Tipp

Die Prozedur runerror ist eine einfache Möglichkeit, Fehlerquellen durch einen Zahlencode zu qualifizieren und bei Auftreten schwerwiegender Fehler das Programm mit einem entsprechenden Hinweis auf die Art des Fehlers abzubrechen. So könnte man beispielsweise für das Auftreten von nil-Zeigern an Stellen, wo ein

Zeiger auf ein gültiges Objekt erwartet würde, den Fehlercode 3 vorsehen und schreiben:

```
if ptr = nil then
  runerror(3);
```

Leistungsfähiger und moderner ist allerdings die Fehlerbehandlung durch Exceptions. Dennoch ist der Einsatz von runerror für einfachere Anwendungen und zum Debuggen sicher berechtigt.

Verweise

Siehe Kategorie Exceptions

Sprung ausführen

```
goto
```

Mit goto kann zu einem beliebigen anderen Punkt innerhalb des aktuellen Blocks verzweigt werden, der durch eine Sprungmarke (Label) gekennzeichnet wurde.

```
// Deklarationsteil
label sprungmarke;
...
// Anweisungsteil
begin
...
  if Bedingung
    goto sprungmarke;
...
sprungmarke: Anweisung;
...
end.
```

Anwendung

Mit goto kann man den Programmfluss scheinbar absolut frei gestalten. Doch täuscht diese Freiheit und führt bei ausgiebigem Gebrauch von goto nur zu schlecht konzipierten Programmen, deren Programmfluss kaum mehr nachzuvollziehen ist.

Deshalb sollten Sie, auch wenn die Verführung groß ist, goto vermeiden, zumal jedes Programm mit goto-Anweisungen auch als Programm ohne goto-Anweisungen geschrieben werden kann.

Ganz praktisch ist die goto-Anweisungen allerdings, wenn man einmal eine verschachtelte Schleifenkonstruktion verlassen muss (break verlässt nämlich immer nur die Schleife, in der es aufgerufen wurde). Trotzdem sollte man in so einem Fall den goto-Sprung durch einen Kommentar erklären.

Beispiel

```
label Sprungmarke;

var loop1, loop2, loop3 : Integer;
    feld : array[1..15,1..15,1..15] of Integer;
    suche : Integer;

begin
  ...
  for loop1 := 1 to 15 do
    for loop2 := 1 to 15 do
      for loop3 := 1 to 15 do begin
        writeln(loop1,loop2,loop3);    // nur zur Verdeutlichung
        if feld[loop1,loop2,loop3] = suche then  begin
          writeln('Gefunden'#13#10,
                  'feld[',loop1,',',loop2,',',loop3,'] = ',
                  feld[loop1,loop2,loop3]);
          // springe aus den Schleifen heraus
          goto Sprungmarke;
          end;
        end;

Sprungmarke:  readln;
end.
```

Warnung

Die in der goto-Anweisung aufgeführte Sprungmarke muss sich im selben Block wie die goto-Anweisung befinden. Sie können also nicht in eine andere Funktion oder Prozedur springen.

Verweise

Siehe Abbruchbefehle und -prozeduren

Compiler-Direktiven

Einsatz von Compiler-Direktiven

```
{$Direktive}
```

Beschreibung

Compiler-Direktiven beeinflussen das Verhalten des Compilers. Compiler-Direktiven werden wie Kommentare in geschweifte Klammern gefasst und beginnen stets mit einem Dollar-Zeichen: $. Auf das Dollar-Zeichen folgt dann die Liste der Direktiven.

```
{$ Direktive }
{$ Direktive1, Direktive2}
```

Es werden drei Formen unterschieden:

- **Schalterdirektiven**. Dabei handelt es sich um Direktiven, die zusammen mit einem Plus- oder Minuszeichen auftreten und auf die Arbeitsweise des Compilers Einfluss nehmen. Sie gelten entweder global, d.h. für den gesamten Kompiliervorgang (globale Direktiven müssen vor den Deklarationsteil der Unit platziert werden) oder nur lokal, d.h. bis zur Änderung des Schalters durch einen erneuten Aufruf.

- **Parameterdirektiven**. Mit diesen Direktiven übergeben Sie dem Compiler Parameter, die den Kompiliervorgang beeinflussen, z.B. Dateinamen.

- **Befehle für die bedingte Kompilation**. Mit diesen Direktiven können Anweisungen zu Blöcken zusammengefasst werden, die dann in Abhängigkeit bestimmter, vom Programmierer definierter Debug-Konstanten kompiliert oder von der Kompilation ausgeschlossen werden (siehe Beispiel am Ende des Abschnitts).

Verweise

Siehe Praxisteil, Kategorie Object Pascal, Compiler-Schalter setzen
Siehe Praxisteil, Kategorie Object Pascal, Debuggen mit Hilfe bedingter Kompilation
Siehe Praxisteil, Kategorie Object Pascal, Portabilität mit Hilfe bedingter Kompilation

Die einzelnen Direktiven

Ausrichten der Daten	ALIGN
Syntax:	{$A+} oder {$A-}
	{$ALIGN ON} oder {$ALIGN OFF}
Voreinstellung:	{$A+} bzw. {$ALIGN ON}

Gültigkeitsbereich:	Lokal
Art:	Schalter
IDE-Analogon:	*Ausgerichtete Record-Felder* auf der Seite *Compiler* des Dialogfensters *Projektoptionen*.
Erläuterung:	Diese Direktive kontrolliert die Ausrichtung der Felder von Record-Variablen. Ist der Schalter gesetzt {$A+}, werden die Felder der nachfolgenden Records an 32-Bit-Grenzen ausgerichtet, was die Laufzeit zu Lasten des Speicherbedarfs verbessert. Records, die zudem als *packed* deklariert sind, können nicht ausgerichtet werden.
Anwendungstyp	**APPTYPE**
Syntax:	{$APPTYPE GUI} oder
	{$APPTYPE CONSOLE}
Voreinstellung:	{$APPTYPE GUI}
Gültigkeitsbereich:	Global
Art:	Parameter
IDE-Analogon:	*Textbildschirm-Anwendung* auf der Seite *Linker* des Dialogfensters *Projektoptionen*.
Erläuterung:	Diese Direktive steuert, ob eine Befehlszeilen- oder GUI-Anwendung erzeugt werden soll. Per Voreinstellung generiert der Compiler eine GUI-Anwendung. Diese Direktive ist nur innerhalb von Programmen sinnvoll.
Überprüfung Boolescher Ausdrücke	**ASSERTIONS**
Syntax:	{$C+} oder {$C-}
	{$ASSERTIONS ON} oder
	{$ASSERTIONS OFF}
Voreinstellung:	{$C+} bzw. {$ASSERTIONS ON}
Gültigkeitsbereich:	Global
Art:	Schalter
IDE-Analogon:	*Assertion* auf der Seite *Compiler* des Dialogsfensters *Projektoptionen*.
Erläuterung:	Die {$C}-Anweisung aktiviert bzw. deaktiviert die Erzeugung von Code zur automatischen Überprüfung Boolescher Ausdrücke durch die RTL-Funktion Assert. Nutzen Sie Assert, um Bedingungen zu prüfen, die stets True sein müssen. Für die endgültige Version Ihrer .exe-Datei deaktivieren Sie den Schalter vor der Kompilation.
Auswerten Boolescher Ausdrücke	**BOOLEVAL**
Syntax:	{$B+} oder {$B-}
	{$BOOLEVAL ON} oder {$BOOLEVAL OFF}

Voreinstellung:	{$B-} bzw. {$BOOLEVAL OFF}
Gültigkeitsbereich:	Lokal
Art:	Schalter
IDE-Analogon:	*Boolesche Ausdrücke vollständig* auf der Seite *Compiler* des Dialogsfensters *Projektoptionen*.
Erläuterung:	Bestimmt, ob Boolesche Ausdrücke vollständig auszuwerten sind oder die Auswertung abgebrochen wird, sobald das Ergebnis abzusehen ist. Standardmäßig ist die Option deaktiviert {$B-} und die Auswertung wird abgebrochen, wenn das Ergebnis des Gesamtausdrucks eindeutig feststeht.

Debug-Information **DEBUGINFO**

Syntax:	{$D+} oder {$D-}
	{$DEBUGINFO ON} oder {$DEBUGINFO OFF}
Voreinstellung:	{$D+} bzw. {$DEBUGINFO ON}
Gültigkeitsbereich:	Global
Art:	Schalter
IDE-Analogon:	*Debug-Informationen* auf der Seite *Compiler* des Dialogsfensters *Projektoptionen*.
Erläuterung:	Diese Compiler-Direktive aktiviert bzw. deaktiviert die Erzeugung von Debug-Informationen durch den Compiler. Standardmäßig ist {$D} aktiviert.

DEFINE-Direktive **DEFINE**

Syntax:	{$DEFINE name}
Art:	Bedingte Kompilierung
Erläuterung:	Diese Direktive definiert ein bedingtes Symbol mit dem Bezeichner name, welches so lange gültig ist, bis es in einer Direktive {$UNDEF name} auftaucht.

Description-Direktive **DESCRIPTION**

Syntax:	{$D text}
	{$DESCRIPTION text}
Gültigkeitsbereich:	Global
Art:	Parameter
IDE-Analogon:	*Beschreibung der EXE* auf der Seite *Linker* des Dialogsfensters *Projektoptionen*.
Erläuterung:	Mit dieser Direktive wird der angegebene Text in den Modulbeschreibungseintrag im Kopf einer .EXE oder .DLL-Datei eingefügt.

ELSE-Direktive **ELSE**

Syntax:	{$ELSE}
Art:	Bedingte Kompilierung

Erläuterung:	Diese Direktive dient zur Umschaltung zwischen Kompilieren und Ignorieren des Quelltextes, der sich zwischen dem letzten {$IFxxx} und dem nächsten {$ENDIF} befindet.
ENDIF-Direktive	**ENDIF**
Syntax:	{$ENDIF}
Art:	Bedingte Kompilierung
Erläuterung:	Die ENDIF-Direktive beendet die bedingte Kompilierung, die mit dem letzten {$IFxxx}-Befehl eingeleitet wurde.
Erweiterte Syntax	**EXTENDEDSYNTAX**
Syntax:	{$X+} oder {$X-}
	{$EXTENDEDSYNTAX ON} oder
	{$EXTENDEDSYNTAX OFF}
Voreinstellung:	{$X+} bzw. {$EXTENDEDSYNTAX ON}
Gültigkeitsbereich:	Global
Art:	Schalter
IDE-Analogon:	*Erweiterte Syntax* auf der Seite *Compiler* des Dialogsfensters *Projektoptionen.*
Erläuterung:	Diese Compiler-Direktive legt fest, ob die erweiterte Delphi-Syntax (Funktionen können wie Prozeduren aufgerufen werden, PChar-Unterstützung) benutzt wird oder nicht.
Hinweise	**HINTS**
Syntax:	{$HINTS ON} oder {$HINTS OFF}
Voreinstellung:	{$HINTS OFF}
Gültigkeitsbereich:	Lokal
Art:	Schalter
IDE-Analogon:	*Hinweise anzeigen* auf der Seite *Compiler* des Dialogsfensters *Projektoptionen.*
Erläuterung:	Diese Direktive legt fest, ob der Compiler Hinweismeldungen generiert oder nicht.
IFDEF-Direktive	**IFDEF**
Syntax:	{$IFDEF name}
Art:	Bedingte Kompilierung
Erläuterung:	Falls name definiert ist, wird der nachfolgende Quelltext kompiliert.
IFNDEF-Direktive	**IFNDEF**
Syntax:	{$IFNDEF name}
Art:	Bedingte Kompilierung
Erläuterung:	Falls name nicht definiert ist, wird der nachfolgende Quelltext kompiliert.

IFOPT-Direktive	**IFOPT**
Syntax:	{$IFOPT switch}
Art:	Bedingte Kompilierung
Erläuterung:	Falls der Schalter momentan den angegebenen Zustand besitzt, wird der nachfolgende Quelltext kompiliert.
Image Base Adresse	**IMAGEBASE**
Syntax:	{$IMAGEBASE nummer}
Voreinstellung:	{$IMAGEBASE $00400000}
Gültigkeitsbereich:	Global
Art:	Parameter
IDE-Analogon:	*Image-Basisadresse* auf der Seite *Linker* des Dialogsfensters *Projektoptionen.*
Erläuterung:	Diese Anweisung steuert die voreingestellte Ladeadresse für eine Anwendung oder eine DLL. Das Argument nummer muss ein 32-Bit-Integerwert sein, der die Image Base-Adresse angibt.
Include-Datei	**INCLUDE**
Syntax:	{$I dateiname} oder
	{$INCLUDE dateiname}
Gültigkeitsbereich:	Lokal
Art:	Parameter
Erläuterung:	Mit dieser Direktive wird der Compiler angewiesen, die angegebene Datei während des Kompiliervorgangs einzufügen. Die Include-Datei wird direkt hinter der Direktive in den Quelltext eingebunden.
Überprüfung Ein-/ Ausgabe	**IOCHECKS**
Syntax:	{$I+} oder {$I-}
	{$IOCHECKS ON} oder
	{$IOCHECKS OFF}
Voreinstellung:	{$I+} bzw. {$IOCHECKS ON}
Gültigkeitsbereich:	Lokal
Art:	Schalter
IDE-Analogon:	*I/O-Prüfung* auf der Seite *Compiler* des Dialogsfensters *Projektoptionen.*
Erläuterung:	Die {$I}-Anweisung aktiviert bzw. deaktiviert die Erzeugung von Code zur automatischen Überprüfung der Ergebnisse von E/A-Operationen. In der Voreinstellung ist der Schalter aktiviert.

Einbinden von Objektdateien	**LINK**
Syntax:	{$L dateiname} oder
	{$LINK dateiname}
Gültigkeitsbereich:	Lokal
Art:	Parameter
Erläuterung:	Mit dieser Direktive wird der Compiler angewiesen, die angegebene Datei in das gerade kompilierte Programm einzubinden. Dient dazu, externe, in Assembler geschriebene Unterprogramme einzubinden.
Lokale Symbolinformationen	**LOCALSYMBOLS**
Syntax:	{$L+} oder {$L-}
	{$LOCALSYMBOLS ON} oder
	{$LOCALSYMBOLS OFF}
Voreinstellung:	{$L+} bzw. {$LOCALSYMBOLS ON}
Gültigkeitsbereich:	Global
Art:	Schalter
IDE-Analogon:	*Lokale Symbole* auf der Seite *Compiler* des Dialogsfensters *Projektoptionen*.
Erläuterung:	Die {$L}-Direktive aktiviert bzw. deaktiviert die Erzeugung von Informationen über lokale Symbole.
Lange Strings	**LONGSTRINGS**
Syntax:	{$H+} oder {$H-}
	{$LONGSTRINGS ON} oder
	{$LONGSTRINGS OFF}
Voreinstellung:	{$H+} bzw. {$LONGSTRINGS ON}
Gültigkeitsbereich:	Lokal
Art:	Schalter
IDE-Analogon:	*Huge-Strings* auf der Seite *Compiler* des Dialogsfensters *Projektoptionen*.
Erläuterung:	Die {$H}-Direktive steuert die Bedeutung des Schlüsselwortes string. Sie können den generischen Typ string entweder als einen langen dynamisch reservierten String (Voreinstellung) oder als einen kurzen statisch reservierten String definieren.
Speicherbelegungsgrößen	**MINSTACKSIZE/MAXSTACKSIZE**
Syntax:	{$M minstacksize,maxstacksize}

	{$MINSTACKSIZE Nummer}
	{$MAXSTACKSIZE Nummer}
Voreinstellung:	{$M 16384,1048576}
Gültigkeitsbereich:	Global
Art:	Parameter
IDE-Analogon:	*Minimale Stack-Größe / Maximale Stack-Größe* auf der Seite *Linker* des Dialogsfensters *Projektoptionen.*
Erläuterung:	Mit dieser Direktive werden die Stackbelegungsparameter einer Anwendung festgelegt. Sinnvoll ist diese Direktive nur in Programmen anzuwenden.
Speichergröße von Aufzählungstypen	**MINENUMSIZE**
Syntax:	{$Z1} oder {$Z2} oder {$Z4}
	{$MINENUMSIZE1} oder {$MINENUMSIZE2} oder {$MINENUMSIZE4}
Voreinstellung:	{$Z1}
	{$MINENUMSIZE1}
Gültigkeitsbereich:	Lokal
Art:	Parameter
IDE-Analogon:	*Lokale Symbole* auf der Seite *Compiler* des Dialogsfensters *Projektoptionen.*
Erläuterung:	Die {$Z}-Anweisung legt die Speichergröße von Aufzählungstypen fest.
Offene String-Parameter	**OPENSTRINGS**
Syntax:	{$P+} oder {$P-}
	{$OPENSTRINGS ON} oder
	{$OPENSTRINGS OFF}
Voreinstellung:	{$P+}
	{$OPENSTRINGS ON}
Gültigkeitsbereich:	Lokal
Art:	Schalter
IDE-Analogon:	*Offene Parameter* auf der Seite *Compiler* des Dialogsfensters *Projektoptionen.*
Erläuterung:	Diese Compiler-Direktive legt fest, wie die mit dem Schlüsselwort string deklarierten Variablenparameter interpretiert werden. {$P-} steht für normale, {$P+} für offene String-Parameter. Diese Direktive steht aus Gründen der Rückwärtskompatibilität zur Verfügung.

Optimierung	**OPTIMIZATION**
Syntax:	{$O+} oder {$O-}
	{$OPTIMIZATION ON} oder
	{$OPTIMIZATION OFF}
Voreinstellung:	{$O+}
	{$OPTIMIZATION ON}
Gültigkeitsbereich:	Lokal
Art:	Schalter
IDE-Analogon:	*Optimierung* auf der Seite *Compiler* des Dialogsfensters *Projektoptionen.*
Erläuterung:	Mit dieser Compiler-Direktive kann der Code in mehrerlei Hinsicht optimiert werden, z.B. Variablen in CPU-Register ablegen, gemeinsame Teilausdrücke eliminieren.
Überprüfung auf arithmetischen Überlauf	**OVERFLOWCHECKS**
Syntax:	{$Q+} oder {$Q-}
	{$OVERFLOWCHECKS ON} oder
	{$OVERFLOWCHECKS OFF}
Voreinstellung:	{$Q-}
	{$OVERFLOWCHECKS OFF}
Gültigkeitsbereich:	Lokal
Art:	Schalter
IDE-Analogon:	*Überlaufprüfung* auf der Seite *Compiler* des Dialogsfensters *Projektoptionen.*
Erläuterung:	Diese Compiler-Direktive steuert die Erzeugung von Code zur Prüfung arithmetischer Überläufe. Das Aktivieren der Überlaufprüfung verlangsamt die Programmausführung beträchtlich und vergrößert den Programmumfang. Deshalb sollte diese Option nur in der Testphase zur Fehlersuche eingesetzt werden.
Pentiumsichere Fließkommadivision (FDIV)	**SAFEDIVIDE**
Syntax:	{$U+} oder {$U-}
	{$SAFEDIVIDE ON} oder
	{$SAVEDIVIDE OFF}
Voreinstellung:	{$U-}
	{$SAFEDIVIDE OFF}

Gültigkeitsbereich:	Lokal
Art:	Schalter
IDE-Analogon:	*Pentium-sicheres FDIV* auf der Seite *Compiler* des Dialogsfensters *Projektoptionen*.
Erläuterung:	Diese Compiler-Direktive aktiviert die Erzeugung von Code, der die fehlerhafte Gleitkommadivision bei den Pentiumprozessoren der 1. Generation ausgleicht.
Überprüfung auf Wertebereichsüber-lauf	**RANGECHECKS**
Syntax:	{$R+} oder {$R-}
	{$RANGECHECKS ON} oder
	{$RANGECHECKS OFF}
Voreinstellung:	{$R-}
	{$RANGECHECKS OFF}
Gültigkeitsbereich:	Lokal
Art:	Schalter
IDE-Analogon:	*Bereichsüberprüfung* auf der Seite *Compiler* des Dialogsfensters *Projektoptionen*.
Erläuterung:	Diese Compiler-Direktive aktiviert oder deaktiviert die Erzeugung von Code zur Bereichsüberprüfung. Das Aktivieren der Überlaufprüfung verlangsamt die Programmausführung und vergrößert den Programmumfang. Deshalb sollte diese Option nur mit Bedacht eingesetzt werden.
Ressourcendatei	**RESOURCE**
Syntax:	{$R dateiname} oder
	{$RESOURCE dateiname}
Gültigkeitsbereich:	Lokal
Art:	Parameter
Erläuterung:	Mit dieser Direktive wird eine Ressourcendatei (mit Standard-Dateinamenerweiterung .RES) angegeben, die in eine Anwendung oder in eine Bibliothek aufgenommen werden soll.

Statt `dateiname` kann man auch *.xxx angeben. * steht dabei für den Namen der aktuellen Quelltextdatei und xxx ist zu ersetzen durch die Extension der Datei, die man einbinden möchte. So kann man in

```
program Demo1;
```
mit
```
{$R *.res}
```
die Datei Demo1.res einbinden.

Typinformation zur Laufzeit	**TYPEINFO**
Syntax:	{$M+} oder {$M-}
	{$TYPEINFO ON} oder {$TYPEINFO OFF}
Voreinstellung:	{$M-}
	{$TYPEINFO OFF}
Gültigkeitsbereich:	Lokal
Art:	Schalter
Erläuterung:	Diese Compiler-Direktive aktiviert oder deaktiviert die Erzeugung von Typinformationen zur Laufzeit (im Falle von Klassen betrifft dies alle Elemente, die als published deklariert sind). Klassen, die unter der Schalterstellung {M-} deklariert oder von einer in diesem Zustand deklarierten Klasse abgeleitet werden, können keine published-Abschnitte enthalten (u.a. aus diesem Grund werden Komponentenklassen von der Klasse TPersistent abgeleitet, die unter der Schalterstellung {$M+} deklariert ist).
Information über Symbolreferenzen	**REFERENCEINFO**
Syntax:	{$Y+} oder {$Y-}
	{$REFERENCEINFO ON} oder
	{$REFERENCEINFO OFF}
Voreinstellung:	{$Y+}
	{$REFERENCEINFO ON}
Gültigkeitsbereich:	Lokal
Art:	Schalter
IDE-Analogon:	*Referenzinfo/Nur Definitionen* auf der Seite *Compiler* des Dialogsfensters *Projektoptionen*.
Erläuterung:	Diese Compiler-Direktive legt fest, ob Informationen über Symbolreferenzen erzeugt werden. Diese werden in Tabellen gefasst mit den Zeilennummern aller Deklarationen in einem Modul. Diese Informationen werden vom Code-Browser, Code-Explorer, Projekt-Browser und vom Debugger verwendet, wenn gleichzeitig die Optionen *Debug-Informationen* {$D+} und *Lokale Symbole* {$L+} gesetzt sind.
	Wenn Sie {$YD} setzen, wird auch festgehalten, wo die Symbole verwendet werden.
Typgeprüfte Zeiger	**TYPEDADDRESS**
Syntax:	{$T+} oder {$T-}
	{$ TYPEDADDRESS ON} oder
	{$ TYPEDADDRESS OFF}

Voreinstellung:	{$T-}
	{$TYPEDADDRESS OFF}
Gültigkeitsbereich:	Global
Art:	Schalter
IDE-Analogon:	*Typisierter @-Operator* auf der Seite *Compiler* des Dialogsfensters *Projektoptionen.*
Erläuterung:	Diese Compiler-Direktive legt fest, welche Zeigertypen vom @-Operator erzeugt werden. In der Voreinstellung liefert der Operator einen untypisierten, kompatiblen Zeiger. Für {$T+} richtet sich der zurückgelieferte Zeigertyp nach dem Typ der übergebenen Variable.
UNDEF-Direktive	**UNDEF**
Syntax:	{$UNDEF name}
Art:	Bedingte Kompilierung
Erläuterung:	Diese Direktive hebt die Definition des zuvor definierten Symbols name auf.
Überprüfung von var-Strings	**VARSTRINGCHECKS**
Syntax:	{$V+} oder {$V-}
	{$ VARSTRINGCHECKS ON} oder
	{$ VARSTRINGCHECKS OFF}
Voreinstellung:	{$V+}
	{$ VARSTRINGCHECKS ON}
Gültigkeitsbereich:	Lokal
Art:	Schalter
IDE-Analogon:	*Strenge Prüfung von VAR-Strings* auf der Seite *Compiler* des Dialogsfensters *Projektoptionen.*
Erläuterung:	Diese Compiler-Direktive kontrolliert die Typenprüfung von Short-Strings, die als Variablen-Parameter weitergegeben werden. Dient der rückwärtigen Kompatibilität mit früheren Versionen.
Warnungen	**WARNINGS**
Syntax:	{$ WARNINGS ON} oder {$ WARNINGS OFF}
Voreinstellung:	{$ WARNINGS ON}
Gültigkeitsbereich:	Lokal
Art:	Schalter
IDE-Analogon:	*Warnungen zeigen* auf der Seite *Compiler* des Dialogsfensters *Projektoptionen.*
Erläuterung:	Diese Direktive steuert die Generierung von Warnungen durch den Compiler.

Windows Stack-Rahmen	**STACKFRAMES**
Syntax:	{$W+} oder {$W-}
	{$ STACKFRAMES ON} oder
	{$ STACKFRAMES OFF}
Voreinstellung:	{$W-}
	{$ STACKFRAMES OFF}
Gültigkeitsbereich:	Lokal
Art:	Schalter
IDE-Analogon:	*Stack-Frames* auf der Seite *Compiler* des Dialogsfensters *Projektoptionen*.
Erläuterung:	Diese Compiler-Direktive kontrolliert die Erzeugung von Stack-Rahmen für Prozeduren und Funktionen. Im aktiven Status werden Stack-Rahmen auch dann erzeugt, wenn sie nicht benötigt werden, im deaktivierten Zustand nur dann, wenn sie angefordert werden.
Beschreibbare typisierte Konstanten	**WRITEABLECONST**
Syntax:	{$J+} oder {$J-}
	{$ WRITEABLECONST ON} oder
	{$ WRITEABLECONST OFF}
Voreinstellung:	{$J-}
	{$ WRITEABLECONST OFF}
Gültigkeitsbereich:	Lokal
Art:	Schalter
IDE-Analogon:	*Zuweisbare typisierte Konstanten* auf der Seite *Compiler* des Dialogsfensters *Projektoptionen*.
Erläuterung:	Mit dieser Compiler-Direktive kann die Veränderbarkeit typisierter Konstanten festgelegt werden. Im aktiven Zustand haben Sie die Möglichkeit, typisierten Konstanten neue Werte zuzuweisen, d.h. wie Variablen zu behandeln; im deaktivierten Zustand sind die typisierten Konstanten echte Konstanten, bei denen ein Änderungsversuch zu einer Fehlermeldung führt.

Beispiel

Das folgende Beispiel demonstriert den Einsatz der Direktive zur bedingten Kompilierung. Das Programm soll ein Array mit Zusatzzahlen füllen und den Mittelwert dieser Zahlen berechnen. Um die Korrektheit des Programms zu testen, ist es einfacher, einen festen Datensatz zu haben, für den man den Mittelwert kennt, als den Mittelwert für 1000 Zufallszahlen nachzurechnen. Aus diesem Grund sieht das

Programm zwei for-Schleifen zum Initialisieren des Arrays vor. Zum Debuggen braucht der Programmierer dann nur den Bezeichner DEBUG definieren (wie im Listing zu sehen) und der Compiler übersetzt nur die erste der beiden Schleifen. Für die Erstellung des fertigen Programms wird dann {$define DEBUG} durch {$undef DEBUG} ersetzt und der Compiler übersetzt den Code zur Initialisierung mit Zufallszahlen.

```
uses math;
var daten : array[0..999] of Double;
    i : Integer;

begin
{$ifdef DEBUG}
  for i:= 0 to 999 do
    daten[i] := i+1;
{$else}
  randomize;
  for i:= 0 to 999 do
    daten[i]:=random(100);
{$endif DEBUG}
writeln(mean(daten));
readln;
end.
```

Verweise

Siehe Praxisteil, Kategorie Object Pascal, Debuggen mit Hilfe bedingter Kompilation

Siehe Praxisteil, Kategorie Object Pascal, Portabilität mit Hilfe bedingter Kompilation

Exceptions

Exceptions

```
try .. except
```

Beschreibung

Die Exception-Behandlung ist eine moderne Art der Fehlerbehandlung, bei der Fehler in Form von »Exceptions« im Programm weitergereicht werden, bis sie auf eine passende Exception-Behandlungsroutine treffen. Gegenüber der herkömmlichen Art der Fehlerbehandlung bringt die Exception-Behandlung einige Vorteile:

- So erlaubt die Exception-Behandlung eine räumliche Trennung von Fehlerauslöser und Fehlerbehandlung. Eine Bibliotheksfunktion braucht ihre Fehler also nicht unbedingt selbst zu verarbeiten. Stattdessen kann sie eine Exception auslösen und die Behandlung des Fehlers dem aufrufenden Programm überlassen.

- Der zweite Vorteil liegt darin, dass die Weiterreichung der Exception nicht über Rückgabewerte von Funktionen, Parameter von Routinen oder irgendwelche globale Variablen erfolgt. Die für den korrekten Einsatz der Funktion benötigte Schnittstelle wird also nicht belastet oder aufgebläht.

- Drittens wird der Quelltext übersichtlicher, da der eigentliche Algorithmus und die Fehlerbehandlung getrennt ablaufen.

Schema einer Exception-Behandlung

- Eine Exception-Behandlung beginnt mit dem Auftreten eines Fehlers, beispielsweise einer Division durch Null oder dem Öffnen einer nicht vorhandenen Datei.

- Als Antwort auf den Fehler löst die Funktion, in der der Fehler auftrat, eine Exception aus. Eine Exception ist eine Instanz einer von der Basisklasse Exception abgeleiteten Klasse. Bei der Erzeugung der Instanz erhält diese üblicherweise Informationen über den aufgetretenen Fehler, meist ein String, der den Anwender über den aufgetretenen Fehler informiert. Dann wird die Exception mittels des Schlüsselwortes raise ausgelöst.

- Danach wird in den umgebenden Blockbereichen nach einer Behandlungsroutine für die Exception gesucht. Behandlungsroutinen werden also für spezielle Exceptions, sprich Instanzen eines bestimmten Klassentyps, definiert. Die Behandlungsroutinen werden am Ende eines Blocks (Routine oder Unit) aufgelistet. Eingeleitet wird dieser Bereich durch das Schlüsselwort except.

- Bereiche, in denen Exceptions ausgelöst werden können, werden mit dem Schlüsselwort try eingeleitet.

Beispiel

```
program lesen2; {Konsolenanwendung}
uses SysUtils;
var  MyFile : File;
     buf : Byte;
     ok : Integer;

begin
AssignFile(MyFile,'Neu.txt');
try
  Reset(MyFile, 1);        // Datensatzgrösse auf 1 setzen
  while not Eof(MyFile) do begin
    BlockRead(MyFile, buf, 1, ok); // byteweise einlesen
```

```
     if ok > 0 then
       write(Char(buf));     // Ausgabe auf Bildschirm
     end;
   readln;
except
  on EInOutError do begin
    writeln('Fehler in Dateibehandlung');
    readln;
  end;
end;
end.
```

Erläuterung

Obiges Beispiel ist das Pendant zu dem Beispielprogramm *Lesen* aus dem Abschnitt »Datei-Typ«. Statt der Fehlerbehandlung mittels IOResult wird hier jedoch von der Exception-Behandlung Gebrauch gemacht.

Kontrollieren Sie, ob die Compiler-Option *I/O-Prüfung* aktiviert ist (Befehl *Projekt/Optionen*, Seite *Compiler*). Ist diese Compiler-Direktive deaktiviert, erzeugt die Reset-Routine keine Exceptions.

Kompilieren Sie das Programm und rufen Sie es von einem Konsolenfenster aus auf. Wenn Sie das Programm im Delphi-Debugger ausführen wollen (Befehl *Start/ Start*), rufen Sie den Befehl *Tools/Debugger-Optionen* auf und deaktivieren Sie auf der Seite *Sprach-Exceptions* die Option *Bei Delphi-Exceptions stoppen*.

Sofern im aktuellen Verzeichnis keine Datei *Neu.txt* zu finden ist, führt der Aufruf von Reset zu einer EInOutError-Exception. Diese Exception, die in der Unit SysUtils definiert ist, wird innerhalb der Bibliotheksfunktion Reset ausgelöst.

Danach springt das Programm direkt in den except-Teil und prüft, ob eine Behandlungsroutine für Exceptions vom Klassentyp EInOutError vorgesehen ist. Ist dies wie im vorliegenden Beispiel der Fall, wird die Behandlungsroutine aufgerufen, bzw. wie im Beispiel die zugehörigen Anweisungen direkt ausgeführt.

Danach wird das Programm beendet.

Verweise

Siehe Praxisteil, Kategorie Object Pascal, Dynamischer Speicher, Routinen und Exceptions
Siehe Praxisteil, Kategorie Object Pascal, Eigene Exception-Klassen definieren

Exceptions auslösen

raise

Beschreibung

Mit Hilfe des Schlüsselwortes raise wird eine Exception, d.h. eine Instanz einer Exception-Klasse, ausgelöst. Üblicherweise geschieht dies als Antwort auf einen Fehler im Programmablauf (beispielsweise eine bevorstehende Division durch Null, eine falsche Indizierung, Dereferenzierung eines nil-Zeigers).

Um eine Exception einer bestimmten Exception-Klasse auszulösen, erzeugen Sie die Exception durch Aufruf des Konstruktors der Exception-Klasse und übergeben Sie diese dem Schlüsselwort raise:

raise ExceptionKlasse.Create;

Innerhalb einer mit except eingeleiteten Exception-Behandlungsroutine können Sie die abgefangene Exception einfach durch Aufruf des Schlüsselwortes raise (ohne Angabe des Exception-Objekts) erneut auslösen.

```
except
    on Exception-Typ do begin
        ...
        raise;
        end;
end;
```

Anwendung

Exceptions können von verschiedenen Quellen stammen:

- Exceptions können von der Hardware ausgelöst werden (beispielsweise im Falle von Gleitkommadivisionen durch Null (EZeroDivide)). Diese Exceptions werden vom Betriebssystem begonnen und an die Anwendung weitergereicht.

- Exceptions, die vom Betriebssystem ausgelöst werden (beispielsweise bei Zugriffen auf nicht-vorhandene Dateien (EInOutError)).

- Exceptions, die von Bibliotheken ausgelöst werden (beispielsweise den Routinen IntToStr, StrToInt zur Typkonvertierung (EInvalidCast))

- Exceptions, die Sie selbst in Ihrem Programm auslösen (mit Hilfe von raise).

All diese Exceptions können Sie in Ihren Programmen abfangen. In der Laufzeitbibliothek sind dazu eine Reihe von Exception-Klassen (E...) vordefiniert.

Wenn Sie Exceptions selbst auslösen, nutzen Sie die Tatsache, dass Exceptions Klassenobjekte sind. Sie können nämlich in den Datenelementen der Exception Informationen über den Fehler und die Fehlerquelle abspeichern. Die Laufzeitbibliothek unterstützt dies dadurch, dass die Basisklasse aller Object Pascal-

Exceptions (die Klasse Exception) bereits mit entsprechenden Datenelementen und Konstruktoren zur Initialisierung der Datenelemente ausgestattet wurde.

```
Exception = class(TObject)
...
public
  constructor Create(const Msg: string);
  constructor CreateFmt(const Msg: string; const Args: array of const);
  constructor CreateRes(Ident: Integer); overload;
  constructor CreateRes(ResStringRec: PResStringRec); overload;
  constructor CreateResFmt(Ident: Integer; const Args: array of const);
                                                    overload;
  constructor CreateResFmt(ResStringRec: PResStringRec;
                    const Args: array of const); overload;
  constructor CreateHelp(const Msg: string; AHelpContext: Integer);
  constructor CreateFmtHelp(const Msg: string;
            const Args: array of const; AHelpContext: Integer);
  ...
  property HelpContext: Integer read FHelpContext write FHelpContext;
  property Message: string read FMessage write FMessage;
end;
```

Nach dem Auslösen einer Exception ist der übliche Programmablauf gestoppt. Statt zur nächsten Anweisung zu springen, wird nun eine geeignete Behandlungsroutine für die aufgetretene Exception gesucht. Dazu werden die except-Abschnitte des aktuellen und der übergeordneten, äußeren try-Blöcke der Reihe nach überprüft, ob sie eine Routine zur Behandlung von Exceptions vom Typ der ausgelösten Exception enthalten. Wurde eine entsprechende Exception-Behandlung gefunden, wird sie ausgeführt; kann keine Behandlungsroutine gefunden werden, bricht das Programm mit einem Laufzeitfehler ab, was man aber beispielsweise dadurch vermeiden kann, dass man den Anweisungsteil des Hauptmoduls mit einem finally- oder except-Teil abschließt, der alle Exceptions beliebigen Typs abfängt (siehe Exceptions abfangen).

Warnung

Exceptions sollten nur für schwerwiegende Fehler verwendet werden, die nicht anders behoben werden können. Unbehandelte Exceptions führen, sofern vom Programmierer keine andere Exception-Behandlung vorgesehen wurde, zum Programmabbruch. Gerade Entwickler von Bibliotheken sollten daher vermeiden, für jede kleine Unstimmigkeit eine Exception auszulösen, die die Benutzer der Bibliothek dann abfangen müssen.

Exceptions, die nicht in der gleichen Routine abgefangen werden, in der sie ausgelöst wurden, führen zur Auflösung des Stacks, d.h. die auf dem Stack befindlichen Routinen werden, ohne zu Ende ausgeführt zu werden, vom Stack entfernt. Dies wiederum kann zu Problemen führen, wenn Ressourcen, die von den Funktionen angefordert wurden, nicht mehr wie am Ende der Funktion freigegeben werden (beispielsweise Freigabe dynamisch reservierten Speichers).

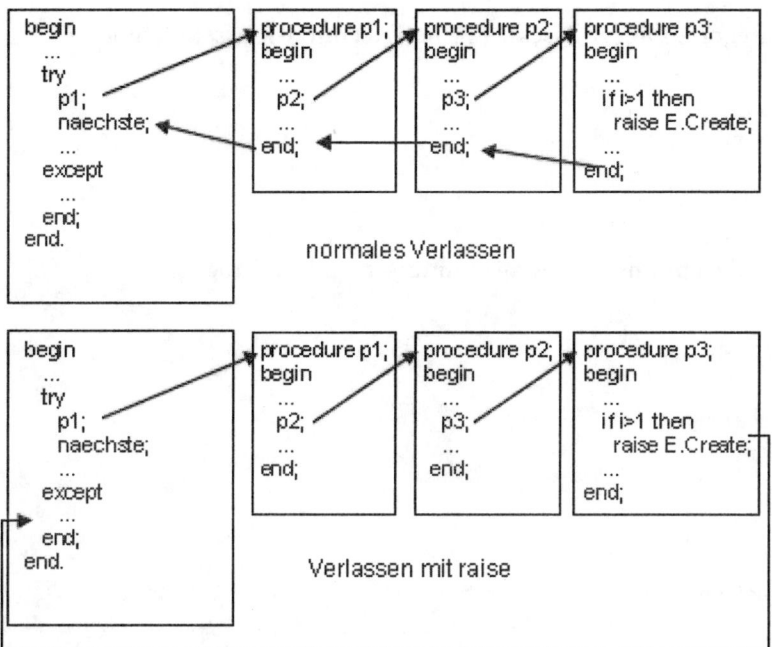

Tipp

Um zu verhindern, dass Ressourcen (geöffnete Dateien, dynamisch allokierter Speicher, Objekte, Windows-Ressourcen) aufgrund des durch die Stack-Auflösung geänderten Programmflusses nicht mehr freigegeben werden, kann man in den gefährdeten Routinen vorsorglich alle Exceptions abfangen, die Ressourcen freigeben und die Exceptions schließlich gegebenenfalls erneut auswerfen (siehe Praxisteil, Kategorie Object Pascal, Dynamischer Speicher, Routinen und Exceptions).

Beispiel

```
function division(zaehler, fakt1, fakt2 : Integer) : Double;
begin
  if fakt1*fakt2 = 0 then
    raise EDivByZero.Create('Division durch Null');

  Result := zaehler div (fakt1*fakt2);
end;
```

Verweise

Siehe Praxisteil, Kategorie Object Pascal, Dynamischer Speicher, Routinen und Exceptions
Siehe Praxisteil, Kategorie Object Pascal, Eigene Exception-Klassen definieren

Exceptions abfangen

```
finally, except
```

Beschreibung

Zum Abfangen von Exceptions gibt es zwei unterschiedliche Möglichkeiten:

```
try
  // überwachte Anweisungen
finally
  // Exception-Behandlung
end;
```

Und

```
try
  // überwachte Anweisungen
except
  // Exception-Behandlung
end;
```

Zwischen der Exception-Behandlung mit finally und except gibt es einen grundlegenden Unterschied:

- Mit finally fängt man Exceptions ab, um trotz geänderten Programmflusses die Routine nach Auftreten einer Exception in ordentlicher Weise zu beenden (Freigeben von Ressourcen). An der Exception selbst ist man dabei nicht interessiert, sie wird einfach an die umliegende Routine weitergereicht.

- Das Schlüsselwort except verwendet man, wenn man gezielt auf die Exceptions eingehen möchte. Die except-Konstruktion verfügt zu diesem Zweck über Möglichkeiten, gezielte Informationen über die Exception (und damit den aufgetretenen Fehler) abzufragen.

Finally

Tritt in einer Routine eine Exception auf, bedeutet dies, dass die Routine direkt verlassen wird. Damit dies nicht dazu führt, dass Ressourcen wie dynamischer Speicher oder Datei-Handles, die von der Routine angefordert wurden, nicht wieder freigegeben werden, können Sie die Routine mit einem finally-Block abschließen, in dem die entsprechenden Aufräumarbeiten vorgenommen werden.

- Der finally-Block wird stets ausgeführt – also sowohl beim Auftreten einer Exception als auch bei ungestörter Ausführung der Routine.

- Wurde der finally-Block im Zuge einer Exception-Behandlung aufgerufen, leitet er nach Ausführung seines Anweisungsteils die aufgetretene Exception an den umliegenden Gültigkeitsbereich weiter.

- Wenn Sie die Anweisungen im begin..end.-Block der Programmdatei in einen try-finally-Block einschließen, werden aufgetretene Exceptions, die nicht anderweitig abgefangen und bearbeitet wurden, als unbehandelte Fehlermeldung ausgegeben (Standardverarbeitung für unbehandelte Fehlermeldungen).

- Nutzen Sie den finally-Block zur Freigabe von Ressourcen (Dateien, Objekte, Speicher, Windows-Ressourcen).

Except

Das Schlüsselwort except leitet den Abschnitt mit den Behandlungsroutinen ein. Dabei gibt es verschiedene Möglichkeiten zum Abfangen und Behandeln der Exceptions.

| ```
try
  if Bedingung then
    raise EDivByZero.Create;
  ...
except
  on EDivByZero do begin
    writeln('Division durch Null');
    ...
    end;
end;
``` | Exception bestimmten Typs abfangen und mit allgemeinem Code behandeln. |
| ```
try
  if par2 = 0 then
    raise EDivByZero.Create(
             'Division durch Null');
  ...
except
  on E : EDivByZero do begin
    writeln(E.message);
    end;
end;
``` | Exception bestimmten Typs abfangen und in lokalem Objekt E speichern. Über das Objekt E kann dann die Information in der Exception zugreifen. |
| ```
except
  on Exception do begin
    ...
    end;
end;
``` | Exception eines Basisklassentyps und aller abgeleiteter Klassen abfangen und behandeln. |
| ```
except
  ...
end;
``` | Alle Exceptions (unabhängig vom Typ) abfangen und behandeln. |

Anwendung

Wurde eine Exception ausgelöst, wird in dem aktuellen und den äußeren try..except-Blöcken nach einer Routine zur Behandlung von Exceptions vom Typ der ausgelösten Exception gesucht. Wurde eine entsprechende Exception-Behandlung gefunden, wird sie ausgeführt. Danach verlässt das Programm den try..except-Block, der die Behandlungsroutine enthielt, und wird normal fortgesetzt. Wurde die Exception-Behandlung also innerhalb einer Routine gefunden, wird das Programm hinter dem Aufruf der Routine fortgesetzt. Wurde die Exception dagegen erst im Anweisungsteil des Programms abgefangen, wird das Programm beendet.

- Eine Exception-Behandlung besteht üblicherweise aus dem Aufruf einer Behandlungsroutine, kann aber auch aus einem einfachen Anweisungsblock bestehen.

- Eine Exception-Behandlung fängt alle Exceptions auf, die vom gleichen oder einem abgeleiteten Typ sind.

- In einer abschließenden else-Verzweigung können alle Exception-Typen abgefangen werden, die zuvor nicht explizit aufgeführt wurden. (Man kann dies im Hauptanweisungsteil des Programms dazu nutzen, alle restlichen Exceptions abzufangen und Abbrüche durch Laufzeitfehler zu umgehen.)

- Ein except-Block ohne on..do-Anweisungen dient dazu, alle Exceptions ohne Unterscheidung ihres Typs abzufangen. (Man kann dies im Hauptanweisungsteil des Programms dazu nutzen, alle Exceptions abzufangen und Abbrüche durch Laufzeitfehler zu umgehen.)

Warnung

Die Exception-Behandlungen eines except-Blocks werden in der Reihenfolge ihrer Deklaration mit dem Typ der ausgelösten Exception verglichen. Stimmen beide Typen überein, wird die entsprechende Exception-Behandlung aufgerufen und anschließend die Exception-Instanz aufgelöst. D.h., eine Exception wird stets nur von einer Exception-Behandlung abgefangen. (Aus diesem Grund ist es nicht sinnvoll, in einem except-Block eine Exception-Behandlung für einen abgeleiteten Klassentyp hinter eine Exception-Behandlung für ihre Basisklasse zu platzieren, da die Exception-Behandlung für die Basisklasse immer zuerst aufgerufen wird und die Exception danach löscht.)

Versuchen Sie niemals, ein Exception-Objekt aufzulösen (Aufruf von Free oder des Destruktors). Exception-Objekte werden automatisch aufgelöst.

Tipp

Wenn Sie Programme mit Exceptions in Delphi austesten, kann es sein, dass Ihnen der Debugger bei der Behandlung der Exceptions in die Quere kommt.

Wenn der Compiler beim Auftreten einer Exception mit einer Fehlermeldung anhält, statt Ihrem Programm die Behandlung der Exception zu überlassen, rufen Sie den Befehl *Tools/Debugger-Optionen* auf und deaktivieren Sie auf der Seite *Sprach-Exceptions* die Option *Bei Delphi-Exceptions stoppen*.

Beispiel

Sie können die Exception-Behandlung gelegentlich auch dazu nutzen, einen Fehler zu beheben und das Programm ordnungsgemäß fortzusetzen. So fängt die nachfolgende Prozedur Divisionen durch Null ab und liefert für diese den Wert 0 zurück.

```
function Mittelwert(Summe, AnzahlWerte: Integer): Integer;
begin
 try
    Result := Summe div AnzahlWerte;
 except
    on EDivByZero do Result := 0;
 end;
end;
```

Verweise

Siehe Praxisteil, Kategorie Object Pascal, Dynamischer Speicher, Routinen und Exceptions
Siehe Praxisteil, Kategorie Object Pascal, Eigene Exception-Klassen definieren

Handlerbereich festlegen

```
try
```

Beschreibung

Durch das Schlüsselwort try wird ein Block zur Exception-Behandlung definiert. Auf das Schlüsselwort try folgt der Anweisungsteil des Blocks, in dem die Exceptions auftreten können. Dahinter schließt sich ein except- oder finally-Abschnitt an, der die Bearbeitung der Exceptions regelt und bei normaler Programmausführung ignoriert wird. Mit einem end; hinter dem except- oder finally-Block schließt der try-Block ab.

```
try
  // überwachte Anweisungen
finally
  // Exception-Behandlung
end;
```

Und

```
try
  // überwachte Anweisungen
except
  // Exception-Behandlung
end;
```

Verweise

Siehe Praxisteil, Kategorie Object Pascal, Dynamischer Speicher, Routinen und Exceptions

Siehe Praxisteil, Kategorie Object Pascal, Eigene Exception-Klassen definieren

Verwandte Routinen

Beschreibung

Folgende Routinen und Variablen der Units System und SysUtils sind im Zusammenhang mit der Exception-Behandlung interessant:

- Die Funktion ExceptObject liefert eine Referenz auf die aktuelle Exception zurück – bzw. nil, falls gerade keine Exception vorliegt. In on..do-Anweisungen können Sie die Exception-Instanz auch direkt einem Bezeichner zuweisen:

  ```
  on bezeichner : Exception-Klassentyp do
  ```

- Die Funktion ExceptAddr liefert die Adresse, an der die aktuelle Exception ausgelöst wurde.

- Die Prozedur ShowException gibt den Meldungsstring und die Adresse der aktuellen Exception zurück.

- Die Prozedur Abort löst eine EAbort-Exception aus.

- Die Prozedur OutOfMemory löst eine EOutOfMemory-Exception aus.

- Die Variable ExceptProc ist ein Zeiger auf die RTL-Behandlungsroutine für ansonsten nicht behandelte Exceptions.

Beispiel

```
function division(zaehler, fakt1, fakt2 : Integer) : Double;
begin
  if fakt1*fakt2 = 0 then
    raise EDivByZero.Create('Division durch Null');

  Result := zaehler div (fakt1*fakt2);
end;
```

```
begin
try
  writeln(division(100,5,0));
except
    begin
    // keine Referenz auf Exception verfügbar
    // nutze ShowException und ExceptObject
    ShowException(ExceptObject, ExceptAddr);
    end;
end;
readln;
end.
```

Verweise

Siehe Praxisteil, Kategorie Object Pascal, Dynamischer Speicher, Routinen und Exceptions

Siehe Praxisteil, Kategorie Object Pascal, Eigene Exception-Klassen definieren

Prozeduren und Funktionen

Die Implementierung größerer Programme ist meist nur schwer dadurch zu realisieren, dass man den Code vom Anfang bis zum Ende Anweisung für Anweisung niederschreibt. Stattdessen versucht man üblicherweise, das Programm in Teilaufgaben zu zerlegen, diese dann unabhängig voneinander zu lösen und wieder zum Hauptprogramm zusammenzuführen. Unterstützt wird diese Form der modularen Programmierung durch Prozeduren und Funktionen. Ob Funktion oder Prozedur (zusammen als Routinen bezeichnet), beide Elemente verfügen wie ein Programm über einen optionalen Deklarationsteil und einen Anweisungsteil. Verbunden wird der Anweisungsblock mit dem Namen der Routine. Über diesen Namen kann die Routine später aufgerufen werden. Der Compiler übersetzt den Aufruf so, dass die Programmausführung nach dem Aufruf bei den Anweisungen der Routine fortgesetzt wird. Nach der Abarbeitung der letzten Anweisung der Routine springt der Befehlszeiger wieder zurück und das Programm wird mit der ersten Anweisung hinter dem Aufruf fortgeführt.

Routinen dienen aber nicht nur der Modularisierung des Code, sie können auch wiederverwertet werden. Entweder dadurch, dass ein Programm eine Routine mehrere Male, unter Umständen auch von verschiedenen Stellen aus aufruft, oder dass Routinen in einer Unit gesammelt und somit auch anderen Programmen zur Verfügung gestellt werden. Voraussetzung dafür, dass eine Routine mehrfach verwendet werden kann, ist, dass sie flexibel und unabhängig ist. Unabhängig in dem Sinne, dass ihr Anweisungsteil ein Teilproblem löst, das prinzipiell immer gleich aussieht (beispielsweise die Berechnung eines Mittelwerts aus einem Satz von Werten oder das Öffnen einer Datei). Flexibel in dem Sinne, dass die aktuelle Konfiguration des Programms berücksichtigt wird (beispielsweise dadurch, dass vom Programm die Daten übernommen werden, aus denen der Mittelwert berechnet werden soll, oder der Name der Datei, die zu öffnen ist). Die Flexibilität der Routinen wird durch ihre Schnittstelle zum Programm sichergestellt, über die beide Daten miteinander austauschen können.

Prozedurdeklarationen

```
procedure
```

Beschreibung

Im einfachsten Fall besteht eine Prozedurdeklaration aus dem Schlüsselwort procedure, dem Namen der Prozedur und dem Anweisungsteil:

```
procedure proc_name;
begin
  Anweisungsteil;
end
```

Eine Prozedur kann aber auch mit Parametern, speziellen Deklarationsmodifizierern und der Deklaration lokaler Variablen, Typen etc. deklariert werden

```
procedure proc_name (Parameterliste); [Spezifizierer;]
lokale Deklarationen;
begin
  Anweisungsteil;
end
```

- **proc_name**. Der Name der Prozedur. Hierbei muss es sich um einen eindeutigen Bezeichner handeln, für den die üblichen Konventionen zur Namensgebung von Bezeichnern gelten.
- **Parameterliste**. Als Parameter bezeichnet man diejenigen Variablen einer Prozedur, die beim Aufruf der Prozedur mit Werten initialisiert werden, die vom Aufrufer übergeben werden (die Werte, die der Aufrufer übergibt, werden auch als Argumente bezeichnet). Die Parameter sind die Schnittstelle zwischen umgebendem Programm und Prozedur. Über die Parameter kann die Prozedur Werte und Variablen von dem umgebenden Programm übernehmen und verarbeiten.
- **Spezifizierer**. Verschiedene optionale Schlüsselwörter für Aufrufkonvention, Überladung und Vorwärtsdeklaration.

- **Deklarationsteil.** Wie in einer Unit können Sie hier Labels, Typen, Konstanten, Variablen und untergeordnete Prozeduren und Funktionen deklarieren, die jedoch nur im lokalen Gültigkeitsbereich der Prozedur verwendbar sind.
- **Anweisungsteil.** Folge von Pascal-Anweisungen.

Anwendung

Prozeduren nutzt man zur Auslagerung von Code, der keinen Ergebniswert zurückliefert (vgl. Funktionen). Typisches Beispiel sind etwa Ausgabefunktionen wie Writeln oder Beep.

Dies bedeutet aber nicht, dass eine Prozedur keine Daten an den Aufrufer zurückgeben könnte. Durch die Deklaration von Variablenparametern (siehe unten) kann die Prozedur Variablen des umgebenden Programms manipulieren.

Beispiel

```
procedure Tausche(var a, b :Integer);
var lokal : Integer;
begin
  lokal := a;
  a := b;
  b := lokal;
end;
```

Verweise

Siehe Spezifizierer für Routinen
Siehe Datenaustausch zwischen Routinen
Siehe Überladung

Funktionsdeklarationen

```
function
```

Beschreibung

Die Funktionsdeklaration ähnelt sehr stark der Prozedurdeklaration (siehe oben). Zusätzlich zur Prozedur deklariert eine Funktion aber noch einen Ergebnistyp.

Im einfachsten Fall besteht eine Funktionsdeklaration aus dem Schlüsselwort function, dem Namen der Funktion, dem Typ des Ergebniswerts und dem Anweisungsteil:

```
function func_name : Ergebnistyp;
begin
  Anweisungsteil;
end
```

Eine Funktion kann aber wie eine Prozedur auch mit Parametern, speziellen Deklarationsmodifizierern und der Deklaration lokaler Variablen, Typen etc. deklariert werden

```
function func_name (Parameterliste) : Ergebnistyp; [Spezifizierer;]
lokale Deklarationen;
begin
  Anweisungsteil;
end
```

Anwendung

Um das Ergebnis der Funktion zurückzuliefern, weisen Sie irgendwo im Anweisungsteil dem Funktionsnamen den Ergebniswert (der vom Typ des deklarierten Ergebnistyps sein muss) zu.

```
func_name := meinErgebnis;
```

Der Ergebniswert der Funktion wird bei Beendigung der Funktion automatisch zurückgeliefert und kann einer Variablen zugewiesen werden.

```
var1 := funk1(argument);
```

Es ist aber auch möglich die Funktion in Ausdrücken als Stellvertreter ihres Rückgabewertes aufzuführen.

```
if funk1(argument) < 100 then
```

Tipp

Wenn Sie die »Erweiterte Syntax« aktiviert haben (Compiler-Direktive {$X+}, Befehl *Projekt/Optionen*, Seite *Compiler*, Option *Erweiterte Syntax*), können Sie das Ergebnis der Funktion statt an den Funktionsnamen auch dem vordefinierten Bezeichner result zuweisen. Dies ist sinnvoll, da der Quelltext dadurch besser verständlich wird.

Im Übrigen können Sie bei »erweiterter Syntax« Funktionen ebenso wie Prozeduren aufrufen, ohne einen Ergebniswert zurückzuliefern:

```
Anweisung;
func_name;
Anweisung;
```

Beispiel

```
program prg_max; {Konsolenanwendung}
var  i,j : Integer;

function Max(a, b :Integer) : Integer;
```

```
begin
  if a > b then
    result := a
    else
    result := b;
end;

begin
  i := 13;
  j := 23552;

  writeln('Das Maximum von i und j ist : ',Max(i,j));
  readln;
end.
```

Verweise

Siehe Spezifizierer für Routinen
Siehe Datenaustausch zwischen Routinen
Siehe Überladung

Routinen und der Stack

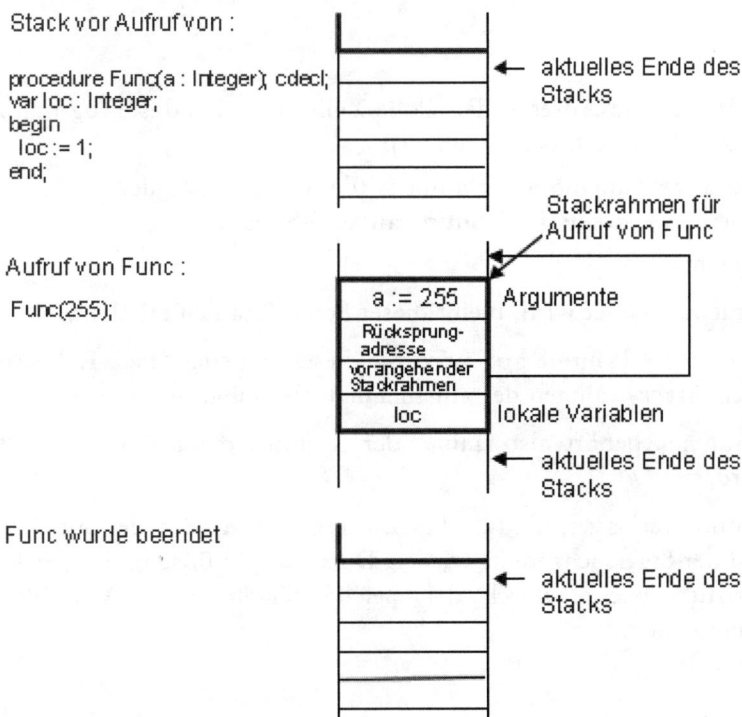

Stack vor Aufruf von :

```
procedure Func(a : Integer); cdecl;
var loc : Integer;
begin
  loc := 1;
end;
```

← aktuelles Ende des Stacks

Stackrahmen für Aufruf von Func

Aufruf von Func :

Func(255);

a := 255 — Argumente

Rücksprung-adresse

vorangehender Stackrahmen

loc — lokale Variablen

← aktuelles Ende des Stacks

Func wurde beendet

← aktuelles Ende des Stacks

229

Beschreibung

Wird eine Prozedur oder Funktion aufgerufen, muss der Compiler Speicher für die Parameter und lokalen Variablen der Routine reservieren. Diesen Speicher reserviert der Compiler in einem speziellen Teil des Arbeitsspeichers, den man Stack nennt.

Der Grund hierfür ist, dass der Speicher für die Parameter und lokalen Variablen nur so lange reserviert sein muss, wie die Routine ausgeführt wird und danach wieder freigegeben werden kann. Die automatische Reservierung und Freigabe von Speicher für die Routinen leistet die Stack-Verwaltung.

Stack-Verwaltung

Der Stack ist ein beliebiger Speicherbereich, dessen Anfangsadresse der Compiler festlegt. Von dieser Anfangsadresse wächst und schrumpft der Stack dynamisch mit den aufgerufenen und abgearbeiteten Routinen. Zu beachten ist, dass in Delphi der Stack nach unten wächst (die Speicheradressen werden also mit wachsendem Stack immer kleiner).

Wird nun eine Routine aufgerufen, reserviert der Compiler auf dem Stack einen eigenen Speicherbereich für die Routine. In diesem Speicherbereich, dem so genannten Stack-Frame oder Stack-Rahmen der Routine, legt er verschiedene Daten ab:

- die Parameter;
- die Rücksprungadresse (die Adresse der Code-Zeile, mit der das Programm nach Beendigung der Routine fortzusetzen ist);
- die Adresse des vorangehenden Stack-Rahmens (damit der Compiler weiß, bis wohin der Stack beim Verlassen der Routine aufzulösen ist);
- die lokalen Variablen.

Solange die Routine nicht beendet wird, bleibt dieser Stack-Rahmen erhalten.

Ruft die Routine eine andere Routine auf, wird für diese ein neuer Stack-Rahmen angelegt, der unter dem Stack-Rahmen der aufrufenden Routine liegt.

Der unterste Stack-Rahmen gehört also immer der Routine, deren Code aktuell gerade ausgeführt wird.

Wird die aktuelle Routine verlassen, wird ihr Stack-Rahmen aufgelöst (der Speicher wird freigegeben) und der Stack schrumpft wieder. Durch die Auflösung des Stack-Rahmens wird automatisch wie gewünscht der Speicher für die lokalen Variablen und die Parameter freigegeben.

Tipp

Das Delphi-Programm verfügt über spezielle Anzeige-Fenster, mit deren Hilfe man den Stack kontrollieren kann.

- Das Fenster *Aufruf-Stack* (Befehl *Ansicht/Debug-Fenster/Aufruf-Stack*) zeigt an, welche Routinen gerade auf dem Stack liegen. Die oberste Routine ist die aktuell ausgeführte Routine.

- Im Fenster *CPU* (Befehl *Ansicht/Debug-Fenster/Aufruf-Stack*) kann man gleichzeitig den ausgeführten Quellcode, den Zustand der CPU-Register und den Stack beobachten.

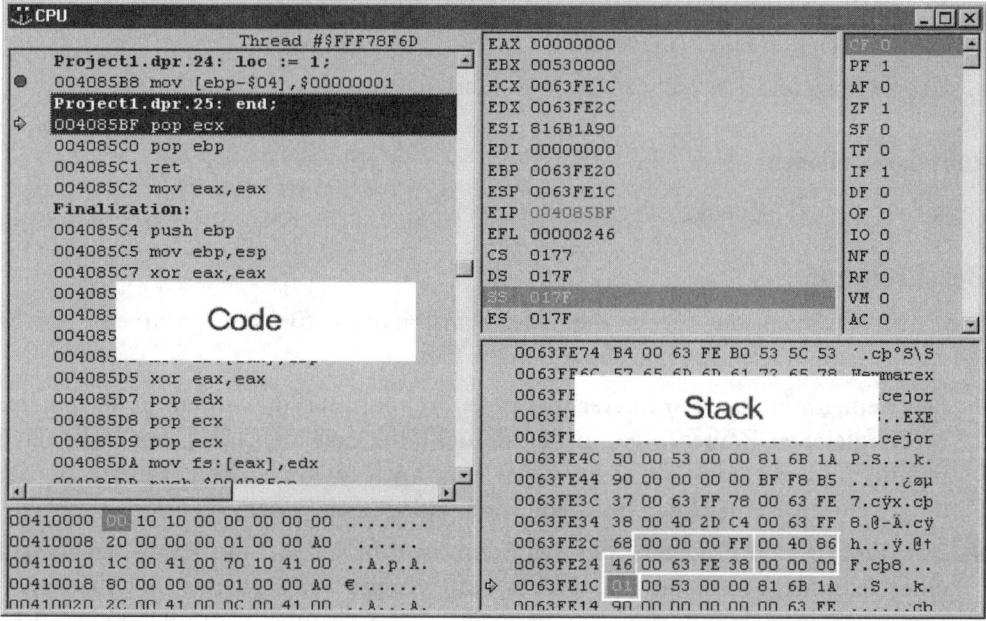

Warnung

Wenn ihre Routinen tief verschachtelt sind und große Mengen lokaler Daten deklarieren, kann es passieren, dass der Stack nicht mehr ausreicht. In so einem Fall können Sie den Compiler anweisen, einen größeren Stack für das Programm zur Verfügung zu stellen (Option *Maximale Stack-Größe* unter *Projekt/Optionen*, Seite *Linker*).

Verweise

Siehe Aufrufkonventionen
Siehe Delphi-Programmierumgebung, Kategorie Debuggen, Debuggen mit dem CPU-Fenster

Spezifizierer für Routinen

Beschreibung

Wie der Compiler intern eine Funktions- oder Prozedurdeklaration handhabt, kann durch die Vergabe verschiedener Spezifizierer beeinflusst werden.

Die Spezifizierer können nach ihrer Funktion klassifiziert werden, wobei gilt, dass man in einer Routinendeklaration mehrere Spezifizierer kombinieren kann, von jeder Klasse von Spezifizierern aber immer nur einen Spezifizierer verwenden darf:

- Aufrufkonventionen (register, pascal, cdecl, stdcall, safecall)
- Vorwärtsdeklaration (forward)
- External-Deklaration (external)
- Überladung und Überschreibung (overload, override)

Aufrufkonventionen

register, pascal, cdecl, stdcall, safecall

Beschreibung

Die Aufrufkonvention regelt die Speicherallokation für die Parameter (siehe Abschnitt zum Stack). Im Einzelnen betrifft dies:

- Die Reihenfolge der Parameterübergabe. Standardmäßig werden die Parameter in der gleichen Reihenfolge, in der sie deklariert wurden (also von links nach rechts) auf dem Stack abgelegt. Es ist aber auch möglich, die Parameter in der umgekehrten Reihenfolge auf dem Stack ablegen zu lassen.

- Den Einsatz von Registern bei der Parameterübergabe. Man kann den Aufruf einer Routine beschleunigen, indem man geeignete Parameter in CPU-Registern speichert. Standardmäßig versucht der Compiler, Parameter in CPU-Registern abzulegen, man kann aber auch verfügen, dass alle Parameter auf dem Stack abgelegt werden.

- Ob die Routine oder ihr Aufrufer die Parameter vom Stack löscht. Dahinter steht die Frage, ob der Compiler die Parameter einer Routine (genauer gesagt, die Argumente für die Parameter) im Stack der aufrufenden oder der aufgerufenen Routine ablegt.

Aufruf	Übergabe der Parameter	Bereinigung	Register
register	von links nach rechts	Funk/Proz	Ja
pascal	von links nach rechts	Funk/Proz	Nein
cdecl	von rechts nach links	Aufrufer	Nein
stdcall	von rechts nach links	Funk/Proz	Nein
safecall	von rechts nach links	Funk/Proz	Nein

Anwendung

Per Voreinstellung folgen alle Routinen der `register`-Konvention. Das heißt, die Parameter werden von links nach rechts in der Reihenfolge ihrer Deklaration im Stack-Rahmen der aufgerufenen Routine abgelegt. Dabei versucht der Compiler, die Parameter so weit es geht in den CPU-Registern statt auf dem Stack unterzubringen.

Die Aufrufkonvention `pascal` entspricht der `register`-Konvention, nutzt aber nicht die CPU-Register für die Parameter.

Die `cdecl`-Konvention dient der Kompatibilität zu C/C++. In C/C++ werden die Parameter nämlich von rechts nach links abgearbeitet und der Compiler reserviert den Speicher für die Parameter nicht im Stack-Rahmen der aufgerufenen, sondern im Stack-Rahmen der aufrufenden Routine. Wenn Sie also beispielsweise eine Funktion aus einer in C geschriebenen DLL verwenden wollen, müssen Sie diese Funktion in Ihrem Pascal-Code mit dem Schlüsselwort `cdecl` deklarieren.

Die Konvention `stdcall` wird für den Aufruf von Windows API-Routinen verwendet.

Die `safecall`-Konvention wurde mit Delphi 3 zur Unterstützung dualer Schnittstellen eingeführt. Alle Methoden dualer Schnittstellen, die nicht von `IUnknown` oder `IDispatch` abgeleitet sind, müssen die `safecall`-Konvention verwenden.

Tipp

Für die Aufnahme von Parametern nutzt der Compiler ausschließlich die Register EAX, EDX und ECX. Sie können den Inhalt dieser Register im CPU-Fenster des Debuggers überwachen (Befehl *Ansicht/Debug-Fenster/Aufruf-Stack*).

Verweise

Siehe Routinen und der Stack

Vorwärtsdeklaration

`forward`

Beschreibung

Unter einer Vorwärtsdeklaration versteht man die Deklaration einer Prozedur oder Funktion ohne Deklarations- und Anweisungsteil.

Grundsätzlich wird eine Vorwärtsdeklaration durch das angehängte Schlüsselwort `forward` angezeigt.

```
procedure Proc(a, b : Integer); forward;
```

Im Interface-Teil einer Unit sind allerdings von vornherein nur Vorwärtsdeklarationen erlaubt. Das Schlüsselwort forward braucht und darf hier nicht angehängt werden.

Anwendung

Vorwärtsdeklarationen werden aus zwei Gründen benötigt:

- Routinen aus Units, die anderen Modulen zur Verfügung gestellt werden sollen, müssen im Interface-Teil vorwärtsdeklariert werden. Wenn Sie die Unit im uses-Abschnitt eines anderen Moduls aufführen, nutzt der Compiler diese Vorwärtsdeklarationen, um sich automatisch mit den Routinen, die die eingebundene Unit zur Verfügung stellt, bekannt zu machen.

- Wenn Routinen sich wechselseitig aufrufen, führt dies zwangsläufig dazu, dass eine Routine eine zweite Routine aufruft, die erst nach ihr deklariert ist. Durch die Vorwärtsdeklaration dieser Routine kann man die Routine beim Compiler bekannt machen, sodass er ihren Aufruf erlaubt, obwohl sie noch nicht definiert ist (siehe Beispiel).

Warnung

Auf eine Vorwärtsdeklaration muss eine gültige Deklaration mit Anweisungsteil folgen. Zwischen der Vorwärtsdeklaration und der Deklaration dürfen lediglich andere Deklarationen stehen.

Explizite forward-Deklarationen im Interface-Teil einer Unit sind nicht zulässig.

Beispiel

```
program Project1;
{$APPTYPE CONSOLE}
uses sysutils;

procedure Func2(a, b : Integer); forward;   // Vorwärtsdeklaration

procedure Func1(a, b : Integer);
begin
  a := a - b;
  writeln(a,' in Func1');
  if a < 0 then
    Func2(a,b);                        // Aufruf von Func2
end;

procedure Func2(a, b : Integer);
const faktor : Integer = 1;
begin
```

```
  a := a + 10*faktor;
  faktor := faktor*2;
  writeln(a,' in Func2');
  if a < 0 then
    Func1(a,b);                    // Aufruf von Func1
end;

begin
  Func1(10,2000);
  readln;
end.
```

Verweise

Siehe Kategorie Programmgerüste, Aufbau einer Unit
Siehe Prozedurdeklarationen
Siehe Funktionsdeklarationen

external-Deklaration

```
external
```

Beschreibung

External-Deklarationen ermöglichen die Einbindung von separat kompilierten, beispielsweise auch in Assemblersprache geschriebenen Prozeduren und Funktionen sowie den Import von Prozeduren und Funktionen aus DLLs.

Anwendung

Zum Importieren von Routinen aus kompilierten Dateien wird das Schlüsselwort external an die Routinendeklaration angehängt und die Objektcode-Datei mit der Direktive {$L Dateiname} eingebunden.

Zum Importieren von Routinen aus dynamischen Linkbibliotheken wird die external-Anweisung um den Namen der DLL und optional einen Bezeichner für die Routine erweitert.

Beispiel

```
// Import aus DLL
procedure get_maus(x,y : Integer); external 'Maus_DLL';

// Import aus Objektdatei
{$L maus.obj}
procedure get_maus(x,y : Integer); external;
```

Verweise

Siehe Praxisteil, Kategorie Dynamische Linkbibliotheken

Überladung

```
overload
```

Beschreibung

Pascal erlaubt die Deklaration mehrerer Routinen gleichen Namens, sofern die Routinen sich in Anzahl oder Typ der Parameter unterscheiden. Die Deklaration mehrerer Routinen gleichen Namens bezeichnet man als Überladung.

Dabei müssen alle überladenen Versionen der Routine in einem gemeinsamen Gültigkeitsbereich liegen und alle Routinen müssen als overload deklariert sein.

```
procedure Demo(i : Integer); overload;
procedure Demo(i : String); overload;
```

Anwendung

Die Überladung von Funktionen wird eingesetzt, um das Verhalten einer Routine an die ihr übergebenen Parametertypen anzupassen.

Nehmen Sie an, Sie hätten eine Funktion aufgesetzt, die das Maximum zweier Integer-Werte ermittelt:

```
function Max(A,B: Integer): Integer;
begin
  if A > B then
    Result := A
  else
    Result := B;
end;
```

Nun wollen Sie auch eine Funktion schreiben, die das Maximum zweier Double-Werte ermittelt. Normalerweise müssten Sie sich für diese Funktion einen neuen Namen überlegen, beispielsweise MaxDouble. Ein sehr unpraktisches Verfahren (insbesondere, wenn Sie noch weitere Maximum-Routinen implementieren wollen).

Sinnvoller ist es, die Funktion zu überladen, wobei Sie aber beachten müssen, sowohl die Deklaration der alten als auch der neuen Max-Funktion mit overload zu kennzeichnen.

```
function Max(A,B: Double): Double; overload;
begin
  if A > B then
    Result := A
  else
```

```
     Result := B;
end;
```

In der Unit Math sind auf diese Weise beispielsweise folgende Versionen von Max überladen:

```
function Max(A,B: Integer): Integer; overload;
function Max(A,B: Int64): Int64; overload;
function Max(A,B: Single): Single; overload;
function Max(A,B: Double): Double; overload;
function Max(A,B: Extended): Extended; overload;
```

Sie können diese Versionen problemlos mit eigenen Versionen überladen, beispielsweise:

```
function Max(A,B: String): String; overload;
begin
  if StrComp(PChar(A),PChar(B)) > 0 then
    Result := A
  else
    Result := B;
end;
```

Warnung

Überladene Routinen müssen in einem gemeinsamen Gültigkeitsbereich liegen, sonst findet keine Überladung, sondern die übliche Verdeckung statt.

Überladene Routinen sollten grundsätzlich die gleiche Aufgabe erfüllen (die durch den Namen der Routine beschrieben wird) und sich lediglich in der parameterabhängigen Ausführung dieser Aufgabe unterscheiden. Es ist kein guter Stil, eine Routine wie Max mit einer String-Version zu überladen, die etwas anderes macht, als das Maximum zu berechnen.

Wenn Sie eine Routine in einer Unit deklarieren, brauchen Sie das Schlüsselwort overload nur im Interface-Teil an die Routine anzuhängen.

Auflösung überladener Routinen

Der Compiler kann die überladenen Routinen nur anhand der Parameter (bzw. Argumente) unterscheiden.

Überladene Routinen müssen sich daher in der Anzahl der Parameter und/oder den Typen der Parameter unterscheiden.

Nicht unterschieden werden

- Parameter, die sich nur in Spezifizierern (var, const) der Parameterdeklaration unterscheiden;
- Parameter, die mit synonymen Typenbezeichnern deklariert sind.

In solchen Fällen erhalten Sie bereits bei der Kompilation eine Fehlermeldung bezüglich einer vorliegenden Redeklaration.

Zusätzlich muss der Compiler in der Lage sein, beim Aufruf einer überladenen Funktion anhand der übergebenen Argumente die aufzurufende Funktion eindeutig festzustellen. Man bezeichnet dies als die Auflösung einer Überladung.

- Zuerst sucht der Compiler dabei nach einer überladenen Routine, die exakt in den Datentypen ihrer Parameter mit den Datentypen der Argumente aus dem Funktionsaufruf übereinstimmt.

- Findet der Compiler keine exakte Übereinstimmung, sucht er nach einer Routine, zu deren Parametern die gegebenen Argumente zuweisungskompatibel sind.

- Findet er immer noch keine Übereinstimmung, gibt er eine Fehlermeldung aus.

- Findet der Compiler zwei oder mehrere Versionen, deren Parameter gleich gut zu den Argumenten passen, gibt er ebenfalls eine Fehlermeldung aus.

Beispiele

Ungültige Überladung, da synonyme Datentypen verwendet werden:

```
Type meinTyp =  Byte;

procedure Demo(a : Byte); overload;
procedure Demo(a : meinTyp);  overload;
```

Ungültige Überladung, da beide Typen bei der Auflösung nicht unterschieden werden können:

```
Type meinTyp =  type Byte;

procedure Demo(a : Byte); overload;
procedure Demo(a : meinTyp);  overload;
```

Korrekte Überladung:

```
procedure Demo(a : Byte); overload;
procedure Demo(a : Char);  overload;
```

Verweise

Siehe Kategorie Variablen, Gültigkeitsbereiche
Siehe Kategorie Vererbung und Polymorphie, Neudeklaration geerbter Elemente

Datenaustausch zwischen Routinen

Beschreibung

Damit Routinen flexibel eingesetzt werden können, müssen sie Daten mit ihrem Aufrufer austauschen können. Hierfür gibt es drei Möglichkeiten:

- **Rückgabewerte.** Funktionen liefern über die vordefinierte Variable result (oder den Funktionsnamen) einen Ergebniswert zurück. Den Typ des Ergebniswerts legt die Funktion bei ihrer Deklaration fest.

- **Parameter.** Routinen definieren Parameter, denen beim Aufruf Argumente übergeben werden. Je nach Typ und Deklaration des Parameters erhält die Routine dabei eine Kopie des Arguments (Datenfluss vom Aufrufer zur Routine) oder greift direkt auf das originale Objekt zu (Datenfluss vom Aufrufer zur Routine und zurück).

- **Globale Variablen,** die in den Gültigkeitsbereichen des Aufrufers und der aufgerufenen Routine verwendbar sind.

Verweise

Siehe Parameter
Siehe Kategorie Variablen, Verfügbarkeit von Variablen

Parameter

Beschreibung

Parameter sind ein wichtiges Instrument des Datenaustauschs zwischen Aufrufer und Routine. Typ und Deklaration des Parameters bestimmen dabei die Möglichkeiten und Grenzen des Datenaustauschs.

Parameter werden in Form einer Parameterliste deklariert, die direkt an den Namen der Routine angehängt wird:

```
procedure demo(param1 : Integer);
```

Jeder Parameter wird durch einen eindeutigen Bezeichner und seinen Typ deklariert. Mehrere Parameter werden durch Semikolons getrennt. Werden mehrere Parameter eines Typs deklariert, kann man die Parameternamen durch Kommata getrennt auflisten:

```
procedure demo(param1 : Integer; param2, param3 : Char);
```

Spezifizierer für die Parameterdeklaration

Spezifizierer	Bedeutung
-	Wird kein Spezifizierer verwendet, liegt ein ganz normaler Wertparameter vor. • Beim Aufruf der Routine wird der Wert des Arguments in den Parameter der Routine kopiert. • Die Routine kann den Wert des Parameters ändern. • Änderungen am Parameter haben keine Auswirkung auf das ursprünglich übergebene Argument. • Wertparameter können Konstanten und Variablen übergeben werden.
var	Wird der Spezifizierer var verwendet, liegt ein so genannter Variablenparameter vor. • Beim Aufruf der Routine wird nicht der Wert des Arguments, sondern ein Verweis auf das Argument an den Parameter der Routine übergeben. • Die Routine kann den Wert des Parameters ändern. • Die Änderungen am Parameter wirken auf das übergebene Argument zurück. Dies liegt daran, dass sich Variablenparameter wie Zeiger verhalten. Nach der Übergabe des Arguments weisen Argument und Parameter auf das gleiche Objekt im Speicher. • Da Variablenparameter wie Zeiger wirken, die auf Objekte im Speicher verweisen, kann man ihnen keine Konstanten als Argumente übergeben.
const	Wird der Spezifizierer const verwendet, wird der Parameter schreibgeschützt (Konstantenparameter). • Die Routine kann den Wert des Parameters nicht ändern.
out	Der Spezifizierer out ist das Pendant zum normalen Wertparameter. Parameter, die mit out deklariert sind, dienen nicht der Übergabe von Daten an die Routine, sondern der Rückgabe von Daten an das umgebende Programm (siehe Praxisteil, Kategorie Internet und verteilte Anwendungen, Wie funktioniert COM, Abschnitt COM-Unterstützung in Delphi).

Anwendung

Werteparameter sind bestens geeignet, um Daten an Routinen zu übergeben – beispielsweise um die Summe aus den Werten der Elemente eines Arrays zu berechnen.

```
function Summe(feld : array of Integer) : Integer;
var loop : Integer;
begin
  Result := 0;
  for loop := Low(feld) to High(feld) do
     Result := Result + feld[loop];
end;
...
```

```
var feld : array[1..5] of Integer;
begin
  ...
  writeln(Summe(feld));
```

Variablenparameter wählt man dagegen, wenn man möchte, dass die Routine das übergebene Argument direkt bearbeitet – beispielsweise um alle Elemente eines Arrays mit einer Zahl zu multiplizieren.

```
procedure Multipliziere(faktor : Integer; var feld : array of Integer);
var loop : Integer;
begin
  for loop := Low(feld) to High(feld) do
    feld[loop] := faktor * feld[loop];
end;
...
var feld : array[1..5] of Integer;
begin
  ...
  Multipliziere(3,feld);
```

Konstantenparameter. Wenn eine Routine einen Parameter übernimmt, dessen Wert sie nicht ändern soll, empfiehlt es sich, den Parameter als const zu deklarieren. Im Vergleich zur Deklaration als einfachen Wertparameter hat dies den Vorteil, dass nun der Compiler für Sie darüber wacht, dass der Parameter nicht versehentlich geändert oder als var-Parameter an eine andere Routine weitergereicht wird. Zudem erlaubt die const-Deklaration dem Compiler eine aggressivere Optimierung des Codes.

```
function Summe(const feld : array of Integer) : Integer;
var loop : Integer;
begin
  Result := 0;
  for loop := Low(feld) to High(feld) do
    begin
    Result := Result + feld[loop];
    feld[loop] := 0;                   // Fehler
    end;
end;
```

Wenn Sie einen Zeigerparameter als const deklarieren, schützt die const-Deklaration den Zeiger, nicht aber das Element, auf das der Zeiger verweist. Es ist also erlaubt, über den Zeiger das referenzierte Objekt zu manipulieren, es ist nicht erlaubt, den Zeiger auf ein anderes Objekt zu richten. (Gleiches gilt für Parameter von Klassentypen, da Klasseninstanzen in Object Pascal intern Zeiger sind.)

```
type TInteger = ^Integer;
```

```
procedure Demo(const param : TInteger);
var  i : Integer;
begin
  param^:= 4;   // ok, referenziertes Objekt ändern
  param := @i;  // Fehler: Zeiger ändern
end;
```

Warnung

Ein Parameter kann immer nur mit einem der obigen Spezifizierer deklariert werden. Es ist also beispielsweise nicht möglich, einen Variablenparameter als const zu deklarieren (würde auch keinen Sinn machen).

Tipp

Parameter, denen eines der Schlüsselwörter var, const oder out vorangestellt ist, brauchen keinen Typ. Solchen Parametern können Argumente beliebigen Typs übergeben werden. In Zuweisungen in der Routine müssen sie dann allerdings per Typumwandlung in definierte Typen verwandelt werden.

In Parameterdeklarationen sind keine Operatoren wie [] oder ^erlaubt. Um Parameter von Array- oder Zeigertypen zu deklarieren, muss man daher vorab synonyme Typbezeichner einführen, mit deren Hilfe man die Parameter deklarieren kann.

Sinnvoller ist es allerdings meist, die Arrays als offene Parameter zu deklarieren, bei denen die Anzahl der Elemente im Array nicht festgelegt ist, sondern erst bei Übergabe des Arguments festgelegt wird. Auf diese Weise akzeptiert die Routine Arrays unterschiedlicher Größe und kann allgemeiner eingesetzt werden (siehe Beispiel).

Beispiele

```
procedure Multipliziere(faktor : Integer; var feld : array of Integer);
var loop : Integer;
begin
  for loop := Low(feld) to High(feld) do
     feld[loop] := faktor * feld[loop];
end;
...
var
  feld1 : array[1..5] of Integer;
  feld2 : array[5..10] of Integer;
  loop : Integer;

begin
  ...
```

```
Multipliziere(3,feld1);
Multipliziere(3,feld2);
```

Verweise

Siehe Prozedurdeklaration, Funktionsdeklaration

Siehe Überladung

Siehe Praxisteil, Kategorie Klassen und Vererbung, Basisklassenobjekte und Routinen

Standardwerte für Parameter

```
param : Typ = Konstante
```

Beschreibung

Wertparametern und typisierten Konstantenparametern kann man Standardwerte vorgeben. Dabei wird der zuzuweisende Wert wie bei der normalen Initialisierung mit einem Gleichheitszeichen an die Parameterdeklaration angehängt:

```
procedure( param : Typ = 3 );
```

Anwendung

Die Vorgabe von Standardwerten hat den Vorteil, dass man den Parametern, die über Standardwerte verfügen, beim Aufruf der Routine nicht mehr notwendigerweise ein Argument übergeben muss. Wird der Parameter beim Aufruf ausgelassen, erhält er als Wert einfach seinen Standardwert.

Dies ist äußerst praktisch für Routinen, die, um möglichst allgemein einsetzbar zu sein, mehrere Parameter deklarieren, von denen meist aber nur wenige benötigt werden.

Damit dies funktioniert, sind einige Regeln zu beachten:

- Standardwerte sind nur für Konstanten- und Wertparameter erlaubt.

- Auf einen Parameter mit Standardwert darf kein Parameter ohne Standardwert mehr folgen.

- Parameter gleichen Typs, die mit Standardwerten versehen werden sollen, können nicht zusammen – durch Kommata getrennt – deklariert werden (Falsch: `param1, param2 : Integer = 0;`).

- Als Standardwerte sind nur konstante Ausdrücke zulässig.

- Gibt es für eine Routine eine Vorwärtsdeklaration (`forward` oder Interface-Teil einer Unit) und eine definierende Deklaration, werden die Standardwerte in der Vorwärtsdeklaration angegeben.

Warnung

Parameter mit Standardwerten können nicht zur Überladung genutzt werden.

```
procedure Demo(param1 : Integer; param2 : Double = 3.1415); overload;
procedure Demo(param1 : Integer); overload;
...
Demo(100);  // Doppeldeutiger Aufruf
```

Beispiele

Gültige und nicht gültige Deklarationen:

```
var wert : Integer = 1;

procedure Demo1(param1 : Integer; param2 : Double = 3.1415);  //ok
procedure Demo2(param1 : Integer = 0; param2 : Double);     // Fehler
function  Demo3(param1, param2 : Integer = 0;);             // Fehler
function  Demo4(var param1 : Integer = 0;);                // Fehler
function  Demo5(param1 : Integer = wert;);                 // Fehler
```

Gültige Aufrufe von Demo1:

```
begin
  Demo1(1,2.2);
  Demo1(1);
end.
```

Verweise

Siehe Parameter
Siehe Überladung

Lokale Variablen

Beschreibung

Lokale Variablen (wie auch Typen, Konstanten und verschachtelte Routinen) werden unter dem Kopf der Routinendeklaration und vor dem Anweisungsteil deklariert.

```
procedure proc_name;
var lokaleVariable : Typ;
begin
end;
```

Anwendung

Variablen, die nur im Anweisungsteil einer einzigen Routine benötigt werden, deklariert man als lokale Variablen dieser Routine.

Lokale Variablen

- machen den Quelltext übersichtlicher;
- können nicht von anderen Routinen versehentlich verändert werden;
- belasten nicht unnötig den Speicher, da sie nach Beendigung der Routine automatisch aufgelöst werden.

Tipp

Da lokale Variablen bei Beendigung der Routine aufgelöst und beim nächsten Aufruf der Routine neu allokiert werden, ist es prinzipiell nicht möglich, in einer lokalen Variablen einen Wert zu speichern, der über mehrere Aufrufe der Routine erhalten bleiben soll.

Um dennoch eine Variable zu erhalten, die nur innerhalb einer Routine verwendbar ist, aber zwischen den einzelnen Aufrufen der Routine erhalten bleibt, kann man eine typisierte Konstante deklarieren. Gleichzeitig muss man darauf achten, dass der Compiler die Zuweisung an typisierte Konstanten erlaubt. Man kann dies für das ganze Projekt (Befehl *Projekt/Optionen*, Seite *Compiler*, Option *Zuweisbare typisierte Konstanten*) oder nur für die betreffende Routine (Compiler-Direktive {$J} sicherstellen (siehe Beispiel).

Warnung

Lokale Variablen sind nur in der betreffenden Routine gültig und verdecken gleichnamige Variablen aus umliegenden Gültigkeitsbereichen. Durch qualifizierte Bezeichner kann man aber auch innerhalb der Routine auf die verdeckten globalen Bezeichner zugreifen.

```
program Project1;
...
var demo : Integer = 1;

procedure hallo;
var demo : Integer;
begin
  demo := 2;
  writeln('lokales  demo : ', demo);
  writeln('globales demo : ', Project2.demo);
end;
```

Beispiel

```
program Project1;
...
{$J+}
procedure AufrufeZaehlen;
```

```
const zaehler : Integer = 0;
begin
  zaehler := zaehler + 1;
  writeln(zaehler,'-ter Aufruf');
end;
{$J-}

begin
  AufrufeZaehlen;
  AufrufeZaehlen;
  AufrufeZaehlen;
  readln;
end.
```

Verweise

Siehe Kategorie Variablen, Variablendeklaration
Siehe Kategorie Konstanten, Typisierte Konstanten

Verschachtelte Routinen

Beschreibung

Neben Variablen, Konstanten und Typen kann man auch Prozeduren und Funktionen lokal zu einer Routine deklarieren.

```
procedure Proc_Name;
   procedure Hilfsroutine;  // lokale Deklaration
   begin
   ...
   end;
begin
...
Hilfsroutine; // Aufruf
end;
```

Anwendung

Lokale Routinen können nur innerhalb der Routine aufgerufen werden, in der sie deklariert wurden (schließt weitere lokale Routinen, die nachfolgend deklariert wurden, mit ein).

Lokale Routinen werden üblicherweise dazu verwendet, um Hilfsarbeiten für die umgebenden Routinen zu erledigen. Durch die lokale Deklaration wird vor allem angezeigt, dass diese Routine nicht von allgemeinem Interesse, sondern nur für die Arbeit der übergeordneten Routine relevant ist. Die Lesbarkeit des Quelltextes wird dadurch verbessert.

Lokale Routinen können auf alle Parameter, Konstanten und lokalen Variablen ihrer übergeordneten Routine zugreifen – sofern diese vor der lokalen Routine deklariert sind.

Verweise

Siehe Lokale Variablen

Rekursive Routinen

Beschreibung

Von Rekursion spricht man, wenn eine Funktion sich selbst wieder aufruft. Verschiedene Probleme, wie zum Beispiel die Berechnung der Fakultät, lassen sich durch Rekursion elegant lösen.

Beispiel

Mathematisch ist die Fakultät definiert als:

```
n! = 1,                     wenn n = 0
n! = 1 * 2 * 3 ... * n-1 * n,    für n = 1, ..
```

oder rekursiv formuliert:

```
fac(0) = 1;
fac(n) = n * fac(n-1);
```

Die rekursive Formel lässt sich leicht in eine rekursive Funktion umwandeln:

```
function fac(zahl : Integer): LongInt;
begin
  if zahl = 0 then
    result := 1
    else
    result := zahl * fac(zahl-1);
end;
```

Warnung

Für rekursive Funktionen gilt es zu beachten, dass die Rekursion auch wieder beendet und nicht bis ins Unendliche fortgesetzt wird.

Rekursion birgt aber noch ein weiteres Problem und dieses hat mit den Funktionsaufrufen selbst zu tun. Funktions- oder Prozeduraufrufe führen zum so genannten Function Overhead (siehe unten).

Beispiel

```
program Fakultaet;
{$APPTYPE CONSOLE}
uses sysutils;

function fac(zahl : Integer): LongInt;
begin
  if zahl = 0 then
    result := 1
    else
    result := zahl * fac(zahl-1);
end;

var eingabe : Integer;
begin
  writeln('Programm zur Berechnung der Fakultät'#13#10);
  while True do begin
    write('Geben Sie eine ganze, positive Zahl ein <0 zum Abbruch> : ');
    readln(eingabe);
    if eingabe <= 0 then
      break;
    writeln('Fakultät = ',fac(eingabe));
    end;
end.
```

Verweise

Siehe Function overhead
Siehe Praxisteil, Kategorie Object Pascal, Arrays sortieren

Function overhead

Beschreibung

Wenn in Pascal eine Prozedur oder Funktion aufgerufen wird, wird für die Routine Speicherplatz reserviert. Die Einrichtung und Verwaltung des Speicherbereichs der Routine kostet auch Laufzeit. Diesen Zeitverlust bezeichnet man als Function Overhead.

Pascal versucht den Function Overhead automatisch zu minimieren, indem es standardmäßig

- umfangreichere Wertparameter (von Records, Arrays) als Zeiger übergibt;
- Klasseninstanzen intern als Zeiger implementiert;
- wenn möglich Parameter über CPU-Register statt über den Stack übergibt.

Warnung

In dem für die Routine bereitgestellten Speicherbereich liegen die Speicherzellen der Parameter, der lokalen Variablen und der Rücksprungadresse, die sicherstellt, dass nach Abarbeitung der Routine wieder an die richtige Stelle im Programm zurückgesprungen wird. Bei Beenden der Routine gibt Pascal diesen Speicherbereich wieder frei, es entsteht also kein Speicherverlust.

Es sei denn, Sie verwenden rekursive Funktionen. Ist die Rekursionstiefe sehr groß oder die lokalen Variablen der rekursiven Funktion sehr speicheraufwändig, kann es passieren, dass während der Rekursion der Speicher vollständig belegt wird, da für jeden Funktionsaufruf Speicherplatz reserviert werden muss. Das Programm stürzt dann mit einer entsprechenden Fehlermeldung ab. Dies passiert zwangsläufig, wenn ihre Rekursion keine Abbruchbedingung erreicht.

Verweise

Siehe Routinen und der Stack

Klassen

Klassen

`class`

Beschreibung

Klassen sind eine Erweiterung des Record-Datentyps und bilden gleichzeitig die grundlegende Stütze der objektorientierten Programmierung. Alle wichtigen Konzepte und Errungenschaften der objektorientierten Programmierung (Kapselung, Vererbung, Polymorphie) beruhen auf diesem neuen Datentyp.

Was ist so anders am Datentyp `class`:

- Zu den Elementen einer Klasse können sowohl Elementdaten als auch Elementfunktionen oder Elementprozeduren (kurz Methoden) gehören.
- Jede Klasse spezifiziert verschiedene Zugriffsrechte für die Elemente. So kann die Klasse entscheiden, welche ihrer Elemente intern und welche frei verfügbar sind.
- Die Objekte eines Klassentyps bezeichnet man als Instanzen. Alle Instanzen sind dynamische Objekte, die auf dem Heap eingerichtet werden. Bei den Variablen, mit denen man auf die Objekte zugreift, handelt es sich folglich um Zeiger – auch wenn sie nicht zusammen mit der üblichen Syntax zur Referenzierung und Dereferenzierung von Zeigern eingesetzt werden.

- Klassen können auf der Basis bereits bestehender Klassen definiert werden.

Klassendeklaration

```
type
  klassenname = class(Basisklasse)
    Elementliste;
  end;
```

- **Klassenname**: Name der zu deklarierenden Klasse.

- **Basisklasse**: wird eine Basisklasse angegeben, erbt die neu zu definierende, abgeleitete Klasse alle Elemente dieser Basisklasse. Folglich verfügt eine abgeleitete Klasse über alle Elemente, die in ihrer Deklaration explizit aufgelistet sind, plus den geerbten Elementen. (Konkret erspart Ihnen die Vererbung zum einen die erneute Auflistung der geerbten Elemente, zum anderen die Implementierung der geerbten Methoden.)

  Eine Basisklasse muss vollständig deklariert sein, bevor sie zur Vererbung herangezogen werden kann!

- Object Pascal sieht als oberste Basisklasse die Klasse TObject vor, die in der Unit System definiert ist. Auch wenn Sie Klassen ohne Basisklasse definieren oder Klassenhierarchien auf selbstdefinierten obersten Basisklassen aufbauen, wird stets TObject automatisch als grundlegende Basisklasse verwendet. Alle Klassen erben somit von TObject wichtige grundlegende Methoden wie zum Beispiel den Konstruktor, den Destruktor oder die Unterstützung für die Typidentifizierung zur Laufzeit (Operatoren is und as).

- **Elementliste**: In der Elementliste werden die Datenelemente und Methoden der Klasse deklariert. Der Zugriff auf die Elemente kann durch die Spezifizierer published, public, protected und private geregelt werden. Alle Elemente haben ihre Klasse als Gültigkeitsbereich.

Instanzbildung

Variablen von Klassen nennt man Instanzen. Instanzen werden wie ganz normale Variablen deklariert:

```
var
  instanz : Klassentyp;
```

Es ist aber zu beachten, dass in Pascal alle Klasseninstanzen intern Zeiger sind. Bevor man mit einer Klasseninstanz arbeiten kann, muss man daher im Speicher ein Objekt der Klasse erzeugen und die Klasseninstanz auf dieses Objekt richten. Dies leistet die Methode Create (der so genannte Konstruktor), den die Klasse entweder selbst definiert oder von der Basisklasse TObject übernimmt.

Nach der Instanzbildung kann man über die Instanz und den Punkt-Operator auf die `public` Datenelemente und Methoden der Klasse zugreifen.

```
instanz := Klassentyp.Create;
instanz.datelement := wert;
instanz.methode;
```

Anwendung

Um zu ergründen, wie man Klassentypen definiert und sinnvoll nutzt, geht man am besten von dem Datentyp `Record` aus. In einem Record kann man mehrere Elemente unterschiedlicher Datentypen zu einem neuen Datentyp zusammennehmen. Auf diese Weise kann man Variablen zur Repräsentation komplexerer Objekte erzeugen – beispielsweise Adressen oder Vektoren:

```
type TVektor = record
        x, y, z : Double;
        end;
```

Damit hat man aber noch keine Operationen, um mit Vektoren zu arbeiten – beispielsweise um zwei Vektoren zu addieren. Diese muss man als unabhängige Routinen aufsetzen:

```
function AddiereVektor(const v1, v2 : TVektor) : TVektor;
begin
  Result.x := v1.x + v2.x;
  Result.y := v1.y + v2.y;
  Result.z := v1.z + v2.z;
end;
```

Diese Trennung von Daten (`TVektor`-Variablen) und Operationen auf den Daten (Routinen wie `AddiereVektor`) ist unschön, fehleranfällig und erschwert die Wartung von Programmen. Sinnvoller wäre es, wenn der strukturierte Datentyp – ähnlich wie die elementaren Datentypen (`Integer`, `Double` etc.) – selbst die Operationen vorgeben würde, durch die seine Variablen manipuliert werden können. Dies leistet die Klasse:

```
type TVektor = class
        x, y, z : Double;
        procedure AddiereVektor(const v : TVektor);
        procedure AusgebenVektor;
        end;
```

`AddiereVektor` ist jetzt eine Methode der Klasse `TVektor`. Diese Methode kann nur für Objekte der Klasse `TVektor` aufgerufen werden:

```
var vektor1, vektor2: TVektor;
...
vektor2.AddiereVektor(vektor1);
```

Dies hat Konsequenzen für die Implementierung der Routine. Methoden von Klassen operieren grundsätzlich auf der Klassenvariablen (Instanz), für die die Methode aufgerufen wurde. Statt einer Funktion, die zwei Vektoren als Parameter übernimmt und das Ergebnis als dritten Vektor zurückliefert, implementiert man also eine Prozedur, die einen Vektor als Parameter übernimmt und diesen zur aktuellen Instanz hinzuaddiert:

```
procedure TVektor.AddiereVektor(const v : TVektor);
begin
  x := x + v.x;
  y := y + v.y;
  z := z + v.z;
end;
```

Für den Programmierer, der die Klasse implementiert, hat die Deklaration als Klasse den Vorteil, dass er Daten und zugehörige Methoden in einem Datentyp zusammenfassen kann. Sein Quellcode wird dadurch übersichtlicher und besser wartbar.

Für den Programmierer, der mit der Klasse arbeitet, hat die Deklaration als Klasse den Vorteil, dass er mit der Klasse wie mit einer »Blackbox« arbeiten kann. Er bildet einfach Instanzen der Klasse und ruft für die Instanzen die Methoden der Klasse auf. Wie die Klasse intern implementiert ist, über welche Datenelemente sie verfügt, wie ihre Methoden arbeiten, braucht ihn nicht zu interessieren. Diese Details gehen nur den Erzeuger, nicht aber den Nutzer der Klasse etwas an (obwohl ein Programmierer natürlich sowohl Erzeuger als auch Nutzer sein kann).

Trotzdem könnte der Nutzer der Klasse versucht sein, die Datenelemente der Klasse direkt zu manipulieren. Dies kann aber u.U. verheerende Folgen für die Integrität der Klasse haben.

Nehmen wir an, die Klasse TVektor verfüge über ein weiteres Datenelement, in dem die Länge des Vektors abgespeichert wird:

```
TVektor = class
    x, y, z : Double;
    laenge  : Double;
    ...
  end;
```

Alle Methoden der Klasse, die den Vektor verändern, seien so implementiert, dass sie auch die Länge aktualisieren. Wenn der Nutzer der Klasse aber der x-Koordinate direkt einen neuen Wert zuweist, denkt er vermutlich nicht daran, auch die

Länge neu zu berechnen. Die Integrität der Klasse wird somit verletzt, sie enthält Datenelemente, deren Werte nicht zueinander passen.

Glücklicherweise gibt es in der objektorientierten Programmierung aber spezielle Mechanismen, mit deren Hilfe man Klassen vor unsachgemäßem Gebrauch schützen kann.

1. **Deklarieren Sie Klassen in eigenen Units.** Die class-Deklaration wird dabei im Interface-Teil aufgesetzt, die definierende Deklaration der Methoden gehört in den Implementations-Teil.

2. **Schützen Sie die Datenelemente.** Deklarieren Sie die Datenelemente der Klasse, die sie vor unsachgemäßem Gebrauch schützen wollen, unter dem Zugriffsspezifizierer private. Der direkte Zugriff (instanz.datenelement) ist dann außerhalb der Unit der Klasse nicht mehr möglich.

3. **Stellen Sie Methoden für die Arbeit mit der Klasse zur Verfügung.** Deklarieren Sie unter dem Zugriffsspezifizierer public die Methoden, mit denen der Nutzer der Klasse arbeiten kann. Achten Sie bei der Implementierung der Methoden sorgfältig darauf, dass diese korrekt implementiert sind.

4. **Kontrollieren Sie die Initialisierung der Klasse.** Deklarieren Sie für Ihre Klasse einen eigenen Konstruktor, mit dem die Datenelemente der Klasse initialisiert werden können.

Beispiel

```
// Unit, in der die Klasse implementiert ist
unit Vektor;
interface
type
  TVektor = class
  private
    x, y, z : Double;
    laenge  : Double;
  public
    constructor Create(Xparam : Integer = 0; Yparam: Integer = 0;
                       ZParam : Integer = 0);
    procedure AddiereVektor(const v : TVektor);
    procedure AusgebenVektor;
  end;

implementation
uses math;

constructor TVektor.Create(Xparam : Integer = 0; Yparam: Integer = 0;
                           Zparam : Integer = 0);
begin
  inherited Create;
  x := Xparam;
```

```
  y := Yparam;
  z := Zparam;
  laenge := sqrt( sqr(x) + sqr(y) + sqr(z));
end;

procedure TVektor.AddiereVektor(const v : TVektor);
begin
  x := x + v.x;
  y := y + v.y;
  z := z + v.z;
  laenge := sqrt( sqr(x) + sqr(y) + sqr(z));
end;

procedure TVektor.AusgebenVektor;
begin
  writeln('Vektor : ');
  writeln('  x = ',x);
  writeln('  y = ',y);
  writeln('  z = ',z);
  writeln('  laenge = ', laenge);
end;
end.
```

Ein Programm, in dem die Klasse verwendet wird:

```
program Vektor;
{$APPTYPE CONSOLE}
uses sysutils, Vektor in 'Vektor.pas';  // Unit der TVektor-Klasse

var  vektor1, vektor2, vektor3 : TVektor;  // Instanzen deklarieren

begin
  vektor1 := TVektor.Create(1,0,0);  // Instanzen erzeugen und
  vektor2 := TVektor.Create(0,1,0);  // initialisieren
  vektor3 := TVektor.Create(0,0,0);
  vektor1.AusgebenVektor;
  vektor2.AusgebenVektor;
  vektor3.AddiereVektor(vektor1);    // Addieren
  vektor3.AddiereVektor(vektor2);
  vektor3.AusgebenVektor;
  readln;
end.
```

Verweise

Siehe Kategorie Vererbung und Polymorphie
Siehe Kategorie Datentypen, Record-Typ
Siehe Praxisteil, Kategorie Klassen und Vererbung, Klassen-Design

Klassen und OOP

Das Konzept, welches hinter den Klassen und allgemein hinter der objektorientierten Programmierung steht, beruht auf der alltäglichen Erfahrung, dass wir die Objekte der realen Welt nach zwei Maßstäben beurteilen. Einmal nach statischen Merkmalen wie Form und Farbe, zum anderen nach bestimmten »Verhaltensweisen«, die ein Objekt aufweist, und die beispielsweise festlegen, wie man mit ihm umzugehen hat. In der objektorientierten Terminologie entsprechen die statischen Merkmale den Datenelementen und die Verhaltensweisen den Methoden.

Objekte, die gleiche Merkmale und Verhaltensweisen aufweisen, können in einer Klasse zusammengefasst werden. So könnte eine Klasse videorecorder folgendermaßen aussehen:

```
videorecorder = class(TObject)
    { statische Merkmale }
    hersteller : PChar;
    anzahl_videokoepfe : SmallInt;
    zeitlupe, longplay, zweikanalton : Boolean;
public
    { Verhaltensweisen }
    procedure anschalten;
    procedure abspielen;
    procedure aufnahme;
    procedure in_zeitlupe_abspielen;
    procedure ausschalten;
    end;
```

Bei der Bildung einer Variablen der Klasse – der Instanzbildung – werden den statischen Merkmalen Werte zugewiesen. Auf diese Weise entsteht durch Spezialisierung eine Instanz, die nur noch einen besonderen Videorecorder repräsentiert. (Ein weiteres Beispiel wäre die Klasse Mensch und ihre Instanzen, nämlich jeder einzelne von uns – die Individuen.)

Kapselung

Die Zusammenfassung von Datenelementen und Methoden wird als Kapselung bezeichnet. Darüber hinaus verbinden sich mit dem Begriff noch zwei weitere Designkriterien:

- Information hiding und
- Abgeschlossenheit.

Information hiding

Klassen sollten vornehmlich über ihre öffentlichen (public) Methoden angesprochen werden. Diese bilden zusammen mit den public-Datenelementen die Schnittstelle zwischen Klasse und Programm. Nach der Implementierung der Klasse ist es für den Programmierer wichtig, dass er die Klasse nur noch über ihre Schnittstelle einzusetzen braucht, ohne sich weitere Gedanken um deren Implementierung machen zu müssen. Für die fehlerlose Bearbeitung der Methodenaufrufe und das korrekte Verhalten der Klasse trägt diese selbst Sorge. Wurde zum Beispiel eine Klasse videorecorder implementiert, um Videorecorder über den Computer anzusteuern, braucht der Programmierer nur noch eine Instanz der Klasse zu bilden (wobei die Instanz entsprechend des konkret angeschlossenen Videorecorders initialisiert wird) und kann danach die Instanz einsetzen wie einen realen Videorecorder:

```
mein_recorder.anschalten;
mein_recorder.in_zeitlupe_abspielen;
mein_recorder.ausschalten;
```

Die Ansteuerung des Videorecorders über die parallele Schnittstelle oder die Kontrolle, ob der Videorecorder überhaupt über Zeitlupe verfügt, nimmt die Klasse selbst vor, d.h., sie versteckt solche Details vor dem Programmierer und entlastet ihn dadurch.

Abgeschlossenheit

Aus der Forderung des Information hiding ergibt sich das Kriterium der Abgeschlossenheit. Die Schnittstelle einer Klasse sollte möglichst vollständig sein, in dem Sinne, dass die Klasse auch sinnvoll eingesetzt werden kann. Eine Klasse videorecorder, die über keine Methode in_zeitlupe_abspielen verfügt, wäre von vornherein zur Bedienung von Videorecordern mit Zeitlupe ungeeignet.

Umgekehrt sollten in einer Klasse nur Daten und Methoden enthalten sein, die die Objekte der Klasse auch wirklich kennzeichnen. Eine Methode berechne_bruch würde in der Klasse videorecorder keinen Sinn machen (bestenfalls als Hilfsroutine, die allerdings keinesfalls Teil der öffentlichen Schnittstelle der Klasse sein sollte).

Vererbung

Vererbung ist ein weiteres, ganz wesentliches Konzept der objektorientierten Programmierung, welches es ermöglicht, neue Klassen auf der Basis bereits vorhandener Klassen zu definieren.

Durch die Vererbung wird festgelegt, dass die abgeleitete Klasse – zusätzlich zu den in ihrer Definition aufgeführten Elementen – über sämtliche Elemente der Basisklasse verfügt.

Zusätzlich zu den mit dem Klassenkonzept und der Kapselung verbundenen Vorteilen bringt die Vererbung weitere Annehmlichkeiten mit sich:

- Gemeinsame Eigenschaften von Klassen brauchen durch Verlegung in eine Basisklasse nur einmal implementiert zu werden, wodurch auch die Wartbarkeit des Quelltextes erleichtert wird.

- Umgekehrt gewährt die Ableitung von einer Basisklasse eine einheitliche Schnittstelle verwandter Klassen (typisches Beispiel ist die Implementierung verschiedener grafischer Figuren als Objekte (TRechteck, TKreis, TLinie), die alle von einer Klasse TFigur abgeleitet sind. Von dieser Basisklasse erben Sie u. a. die Prozedur Zeichnen. Das heißt, alle abgeleiteten Objekte werden durch einen Aufruf der Prozedur Zeichnen ausgegeben).

- Abgeleitete Klassen können polymorphes Verhalten aufweisen, d. h., sie haben die Möglichkeit, geerbte Methoden zu »überschreiben«. Dabei wird eine geerbte Methode unter Beibehaltung ihres Bezeichners und ihrer Signatur neu implementiert (auf diese Weise stellen die abgeleiteten Klassen TRechteck, TKreis, TLinie aus dem obigen Beispiel sicher, dass beim Aufruf ihrer geerbten Zeichnen-Prozedur auch wirklich ein Rechteck, ein Kreis bzw. eine Linie gezeichnet wird).

Verweise

Siehe Zugriffsmodifizierer
Siehe Kategorie Vererbung und Polymorphie
Siehe Praxisteil, Kategorie Klassen und Vererbung, Klassen-Design

Zugriffsmodifizierer

Beschreibung

Die Zugriffsmodifizierer published, public, protected und private regeln, wie von innerhalb und außerhalb der Klasse auf deren Elemente zugegriffen werden kann.

Die Zugriffsmodifizierer werden einfach in einer eigenen Zeile in die Klassendeklaration eingefügt:

```
type TKlassentyp = class
      // Deklarationen
    private
      // Deklarationen
    public
      // Deklarationen
    ...
    end;
```

- Ein Zugriffsmodifizierer gilt für alle folgenden Klassenelemente bis zum Auftreten eines neuen Zugriffsmodifizierers.

- Auf den Zugriffsmodifizierer folgen zuerst die Datenelemente und dann die Methoden, die dem Zugriffsmodifizierer zugeteilt werden sollen (auf eine Methode kann kein Datenelement folgen, ohne dass dazwischen ein neuer Zugriffsmodifizierer steht).

- Zugriffsmodifizierer können nicht kombiniert werden.

- Zugriffsmodifizierer dürfen in der Klassendeklaration mehrfach auftauchen.

- Klassenelemente am Anfang der Deklaration, für die kein Zugriffsmodifizierer spezifiziert wurde, gelten automatisch als public (wenn die Compiler-Direktive {$M+} gesetzt ist, haben die Elemente sogar den Zugriffsmodifizierer published).

- Eine Klasse kann nur published-Elemente haben, wenn sie mit {$M+} kompiliert wird oder von einer Klasse abgeleitet ist, die mit {$M+} kompiliert wurde. In der VCL sind die meisten Klassen mit published-Elementen von der Klasse TPersistent abgeleitet, die im Status {$M+} kompiliert ist.

Anwendung

Die Zugriffsmodifizierer sind ein wichtiges Instrument der Kapselung. Erst durch diese Modifzierer kann eine Klasse vor Missbrauch geschützt werden, erst durch sie kann man zwischen öffentlicher Schnittstelle und privaten Elementen der Klasse unterscheiden.

Die Unterscheidung zwischen öffentlicher Schnittstelle und privaten Elementen kennen Sie bereits von dem Konzept der Units. Alle Elemente, die von der Unit anderen Units zur Verfügung gestellt werden sollen, werden im Interface-Teil deklariert. Der Interface-Teil bildet also die öffentliche Schnittstelle der Unit. Typen, Variablen und Routinen, die nur für die interne Implementierung der Unit nötig sind (beispielsweise für die Implementierung der öffentlichen Routinen), werden dagegen im Implementations-Teil deklariert. Diese Elemente sind nach außen nicht sichtbar – sie bilden die privaten, geschützten Elemente der Unit.

In einer Klassendeklaration wird der Zugriff von außen über die Zugriffsmodifizierer geregelt. Dabei bilden die public-Elemente die öffentliche Schnittstelle (vergleichbar dem Interface-Teil einer Unit) und die private-Elemente die internen Elemente (vergleichbar den Deklarationen im Implementations-Teil der Unit). Darüber hinaus gibt es noch weitere Zugriffsmodifizierer, die den Zugriff in Klassenhierarchien (protected) und RAD-Umgebungen (published) regeln.

Zugriff	Beschreibung
private	Durch die private-Deklaration schützt man die internen Daten und Methoden der Klasse vor dem Zugriff von außen.
	Zugriff von innerhalb der Klasse:
	Innerhalb der eigenen Klasse, d.h. in einer property-Deklaration oder Methoden-Definition, kann das Element direkt über seinen Bezeichner angesprochen werden.
	Zugriff von außerhalb der Klasse:
	Innerhalb der Unit, in der die Klasse definiert ist, kann man über eine Instanz der Klasse auf private-Elemente zugreifen.
	Aus anderen Units heraus kann man nicht auf private-Elemente zugreifen.

Zugriff	Beschreibung
public	Die public-Elemente bilden die öffentliche Schnittstelle der Klasse. Alle Klassenelemente, die man dem Nutzer der Klasse zur Verfügung stellen möchte, deklariert man daher als public.
	Der Zugriff von innen erfolgt einfach über den Bezeichner des Klassenelements.
	Der Zugriff von außen erfolgt über eine Instanz der Klasse.
protected	Der Modifizierer protected ist nur von Bedeutung, wenn von einer Klasse weitere Klassen abgeleitet werden.
	Grundsätzlich gelten die gleichen Zugriffsrechte wie für private. Zusätzlich ist jedoch der direkte Aufruf aus Methoden und Eigenschaften von Klassen, die von der deklarierten Klasse abgeleitet sind, möglich (auch über Modulgrenzen hinweg).
	Gibt es keine abgeleiteten Klassen, sind private und protected identisch.
published	Diese Zugriffsebene ist nur für Komponenten interessant.
	Elemente, die als published deklariert sind, werden Delphi und speziell dem Objektinspektor schon zur Programmerstellung verfügbar gemacht.

Warnung

Trennen Sie Deklaration und Verwendung der Klasse, indem Sie die Klasse in einer eigenen Unit deklarieren. Auf diese Weise ist sichergestellt, dass die private-Elemente der Klasse wirklich vor dem Zugriff von außen geschützt sind (bzw. nur über die zugehörigen public-Methoden manipuliert werden können).

Tipp

Wenn Sie einer bestimmten Routine dennoch den direkten Zugriff auf die privaten Elemente einer Klasse gewähren wollen, deklarieren Sie die Routine in der Unit, in der auch die Klasse deklariert ist.

Beispiel

```
type TDemo = class
    private
      privDaten: Integer;
      procedure privMethode;
    public
      pubDaten : Integer;
      procedure pubMethode;
    end;
```

Verweise

Siehe Klassen und OOP

Zugriff auf Klassenelemente

Beschreibung

Wie der Zugriff auf die Klassenelemente durch die Zugriffsmodifizierer geregelt wird, wurde bereits im vorangehenden Abschnitt beschrieben. Die wichtigsten Punkte werden wegen der besseren Übersichtlichkeit hier noch einmal in Tabellenform zusammengefasst.

Die einzelnen Beispiele beziehen sich auf die folgende Klassendeklaration:

```pascal
type TDemo = class
    private
      privDaten: Integer;
      procedure privMethode;
    public
      pubDaten : Integer;
      procedure pubMethode;
    end;
```

Form des Zugriffs

Direkter Zugriff	Der direkte Zugriff erfolgt einfach über den Bezeichner.

	`procedure TDemo.pubMethode;`
	`begin`
	  `privDaten := 1;    // Direkter Zugriff`
	`end;`
	Der direkte Zugriff ist möglich von
	• innerhalb der Klasse (also in den Methoden und property-Deklarationen der Klasse)
	• innerhalb abgeleiteter Klassen
	sofern es die Zugriffsrechte zulassen.

Zugriff über Instanz	Der Zugriff über eine Instanz erfordert einen qualifizierten Bezeichner.

	`var instanz : TDemo;`
	`begin`
	  `instanz := TDemo.Create;`
	  `instanz.pubDaten := 5;`
	`end.`
	Der Zugriff über eine Instanz ist für alle Zugriffe von außerhalb der Klasse obligatorisch.

Zugriffsrechte

Zugriff von:	innerhalb der Klasse	aus abgeleiteter Klasse	außerhalb der Klasse (in Unit der Klasse)	außerhalb der Klasse	Objekt-inspektor
private	Ja	Nein	Ja	Nein	Nein
protected	Ja	Ja	Ja	Nein	Nein
public	Ja	Ja	Ja	Ja	Nein
published	Ja	Ja	Ja	Ja	Ja

Beispiel

Unit der Klasse:

```
implementation
procedure TDemo.privMethode;
begin
  privDaten := 1;          // Korrekt : Zugriff von innen
  pubDaten  := 1;          //           immer erlaubt
end;


procedure Demo;
var  instanz : TDemo;
begin
  instanz := TDemo.Create;    // Korrekt : Zugriff über Instanz
  instanz.privDaten := 1;     //           in Unit der Klasse
  instanz.pubDaten := 1;      //           erlaubt
end;
```

Andere Unit/Programm:

```
program Project1;
{$APPTYPE CONSOLE}
uses sysutils,  DemoKlasse in 'DemoKlasse.pas';
var instanz : TDemo;

begin
  instanz := TDemo.Create;
  instanz.privDaten := 5;    // Fehler : Zugriff von aussen auf
  instanz.privMethode;       //          private Elemente
  instanz.pubDaten  := 5;    // Korrekt : Zugriff von aussen auf
  instanz.pubMethode;        //           public Elemente
end.
```

Verweise

Siehe Zugriffsmodifizierer

Siehe Kategorie Vererbung und Polymorphie, Verdeckung geerbter Elemente

Datenelemente

Beschreibung

Klassen bringen ihre eigenen Daten mit. Wird eine Instanz von der Klasse gebildet, wird der Instanz Speicher für die Datenelemente zur Verfügung gestellt. Jede Instanz erhält also ihre eigene Kopie der Datenelemente. Gleichzeitig wird die Instanzbildung dazu genutzt, die Datenelemente zu initialisieren. Instanzbildung und Initialisierung ist Aufgabe einer speziellen Methode – des so genannten Konstruktors. Die Auflösung der Datenelemente geschieht weitgehend automatisch im Zuge der Auflösung der Klasseninstanz (hierfür sorgt der Destruktor).

Anwendung

- Datenelemente können mit den Zugriffsmodifizierern published, public, protected oder private (siehe »Zugriffsmodifizierer«) deklariert werden.

- Datenelemente, die am Anfang der Klasse vor dem ersten Zugriffsmodifizierer deklariert sind, sind public.

- Datenelemente werden vom Konstruktor initialisiert und vom Destruktor aufgelöst. Beide arbeiten weitgehend automatisch, d.h., Sie brauchen sich um die zugrunde liegenden Vorgänge der Speicherverwaltung nicht zu kümmern. Sie haben aber die Möglichkeit, Konstruktoren und Destruktoren selbst zu definieren und um eigene Anweisungen zu erweitern.

  Der Konstruktor wird üblicherweise dazu genutzt, den Datenelementen Werte zuzuweisen, Ressourcen zu aktivieren und eingebettete Objekte (siehe »Klasseninstanzen als Datenelemente«) zu erzeugen.

  Der Destruktor wird benötigt, um Ressourcen und eingebettete Objekte wieder freizugeben.

- Eine Klasse kann eine Instanz einer anderen Klasse als Element enthalten, sofern diese Klasse dem Compiler zumindest als forward-Deklaration bekannt ist.

  Prinzipiell ist es möglich, dass eine Klasse eine Instanz von sich selbst als Datenelement deklariert (eingebettete oder verschachtelte Objekte). Derartige Konstruktionen dürften allerdings nur selten sinnvoll sein – auf jeden Fall sind sie wegen der leicht herbeizuführenden Endlos-Rekursionen bei der Initialisierung gefährlich.

- Datenelemente werden statisch gebunden (siehe »Vererbung und Polymorphie, Statische und dynamische Bindung«).

Beispiel

```
// Deklaration
type TVektor = class
    private
      x, y, z : Double;
      laenge  : Double;
      ...
    end;
```

Verweise

Siehe Methoden
Siehe Eigenschaften
Siehe Konstruktor und Destruktor
Siehe Kategorie Vererbung und Polymorphie, Vererbung und Konstruktor
Siehe Kategorie Vererbung und Polymorphie, Vererbung und Destruktor

Klasseninstanzen als Datenelemente

Beschreibung

Die Datenelemente einer Klasse können selbst wieder Instanzen sein (also einem Klassentyp angehören). Man spricht dann auch von eingebetteten Klassenobjekten.

```
TIntern = class;
TDemo = class
  public
    eingebettet  : TIntern;
  ...
```

Anwendung

Wenn Sie in einer Klasse Instanzen anderer Klassen als Datenelemente deklarieren, müssen Sie beachten, dass Ihre Klasse für die Instanziierung und Auflösung der eingebetteten Klassenobjekte verantwortlich ist.

Im Einzelnen bedeutet dies, dass Sie

- das eingebettete Objekt im Konstruktor Ihrer Klasse erzeugen müssen;
- das eingebettete Objekt im Destruktor Ihrer Klasse auflösen müssen.

Tipp

Wenn Sie dem Konstruktor des eingebetteten Objekts Werte zur Initialisierung der Datenelemente übergeben möchten, müssen Sie diese bereits mit dem Konstruktor

der umliegenden Klasse entgegennehmen und an den Konstruktor des eingebetteten
Objekts weiterreichen.

Beispiel

```
interface

type
  // Klasse des eingebetteten Objekts
  TIntern = class
  public
    InternWert : Integer;
    constructor Create(param : Integer);
  end;

  // Klasse mit eingebettetem Objekt
  TDemo = class
  public
    DemoWert : Integer;
    eingebettet  : TIntern;
    constructor Create(param1 : Integer; param2: Integer);
    destructor Destroy; override;
  end;

implementation
// Konstruktor initialisiert Datenelemente
constructor TIntern.Create(param : Integer);
begin
  InternWert := param;
end;

// Konstruktor übernimmt Argumente für eigene Datenelemente
// und Datenelemente des eingebetteten Objekts
constructor TDemo.Create(param1 : Integer; param2: Integer);
begin
  inherited Create;
  DemoWert := param1;                  // Datenelement initialisieren
  eingebettet := TIntern.Create(param2); // eingebettetes Objekt
end;                                   // erzeugen

destructor TDemo.Destroy;
begin
  eingebettet.Free;      // eingebettetes Objekt auflösen
  inherited Destroy;
end;
...
```

Verweise

Siehe Konstruktor und Destruktor
Siehe Kategorie Vererbung und Polymorphie, Vererbung versus Einbettung
Siehe Praxisteil, Kategorie Klassen und Vererbung, Argumente an Konstruktoren weiterreichen

Methoden

Beschreibung

Klassen definieren ihre eigenen Methoden, die bestimmen, was man mit den Instanzen der Klasse machen und wie man mit ihnen programmieren kann. Im Gegensatz zu den Datenelementen erhält nicht jede Instanz der Klasse eine eigene Kopie der Methoden (dies ist auch nicht nötig, da die Instanzen einer Klasse sich ja nur in ihren Datenelementen unterscheiden).

Anwendung

- Methoden können als published, public, protected oder private (siehe »Zugriffsmodifizierer«) deklariert werden.

- Methoden, die am Anfang der Klasse vor dem ersten Zugriffsspezifizierer deklariert sind, sind public.

- Methoden können als virtual, dynamic oder virtual abstract deklariert werden (siehe »Vererbung und Polymorphie, Überschreibung von Methoden«), wodurch der Zugriff auf überschriebene Methoden geregelt wird.

- Methoden haben Zugriff auf alle Datenelemente ihrer Klasse (eine Ausnahme bilden die so genannten Klassenmethoden, siehe »Klassenreferenzen und -methoden, Klassenmethoden«)

- Methoden stellen neben Eigenschaften oft die einzige Möglichkeit dar, auf private Elemente der Klasse zuzugreifen.

  Ein gutes Konzept ist es, alle Datenelemente als protected oder private zu deklarieren und den Zugriff auf die Datenelemente nur über Methoden und Eigenschaften zu ermöglichen. Auf diese Weise kann die Klasse durch die Implementierung ihrer Methoden sicherstellen, dass die Daten in korrekter Weise verwendet werden.

- Methoden werden außerhalb der Klassendeklaration definiert, wobei dem Methodenbezeichner zur eindeutigen Kennzeichnung der Klassenname vorangestellt werden muss.

- Alle Methoden besitzen den impliziten Parameter Self, der als Referenz auf die aufrufende Instanz dient.

Dies ist notwendig, da alle Instanzen einer Klasse auf die gleiche Implementierung der Methoden zugreifen. Da Methoden aber üblicherweise mit den Datenelementen der Klasse operieren und diese instanzspezifisch sind, muss die Methode wissen, von welcher Instanz sie aufgerufen wurde, damit sie auf die Daten der korrekten Instanz zugreifen kann. Dies leistet der Parameter Self.

Self arbeitet weitgehend im Verborgenen, d. h., Sie brauchen Self weder explizit als Parameter einer Methode zu deklarieren noch innerhalb der Methode den Bezeichnern der Klassenelemente voranzustellen. Sie können Self jedoch wie jeden anderen Parameter auch nutzen, beispielsweise wenn Sie die aktuelle Klasseninstanz als Parameter an eine Prozedur oder Funktion übergeben wollen, die keine Methode der Klasse ist.

- Zwei spezielle Methoden dienen der Einrichtung (Konstruktor) und Auflösung (Destruktor) der Klassenobjekte.

Tipp

Aus Gründen der Abwärtskompatibilität zu Delphi 2 können Methoden zudem als automated deklariert werden (bei gleichzeitiger Verwendung der Unit OleAuto). Die Zugriffsberechtigung automated entspricht der Zugriffsberechtigung public, sorgt aber darüber hinaus noch für die Erzeugung von Automatisierungstypinformationen zur Unterstützung der OLE-Automatisierung (in Delphi 3 werden dazu Typbibliotheken verwendet). Methoden, die als automated deklariert sind, unterliegen einigen Beschränkungen (siehe Delphi-Hilfe).

Beispiel

```
interface
type TVektor = class
    private
       x, y, z : Double;
       laenge  : Double;
    public
       constructor Create(Xparam : Integer = 0; Yparam: Integer = 0;
                          ZParam : Integer = 0);
       procedure AddiereVektor(const v : TVektor);
       ...
    end;

implementation
uses math;

constructor TVektor.Create(Xparam : Integer = 0; Yparam: Integer = 0;
                          Zparam : Integer = 0);
begin
  inherited Create;
```

```
  x := Xparam;
  y := Yparam;
  z := Zparam;
  laenge := sqrt( sqr(x) + sqr(y) + sqr(z));
end;

procedure TVektor.AddiereVektor(const v : TVektor);
begin
  x := x + v.x;
  y := y + v.y;
  z := z + v.z;
  laenge := sqrt( sqr(x) + sqr(y) + sqr(z));
end;

...
```

Verweise

Siehe Kategorie Vererbung und Polymorphie, Statische und dynamische Bindung
Siehe Kategorie Vererbung und Polymorphie, Überschreibung von Methoden
Siehe Kategorie Vererbung und Polymorphie, Abstrakte Methoden
Siehe Kategorie Klassenreferenzen und -methoden, Klassenmethoden

Der Konstruktor

constructor

Beschreibung

Der Konstruktor ist eine spezielle Methode, die zur Erzeugung und Initialisierung von Klasseninstanzen dient und durch das Schlüsselwort constructor eingeleitet wird.

Anwendung

Wenn Sie einen Konstruktor definieren, werden Sie in ihm üblicherweise Anweisungen zur Initialisierung der Datenelemente der Instanz, zur Anforderung von Ressourcen (dynamisch allokierter Speicher, Datei-Handles etc.) und zur Erzeugung eingebetteter Objekte zusammenfassen. Implizit geschieht aber beim Konstruktor-Aufruf noch mehr:

- Es wird dynamischer Speicher für die Instanz reserviert;
- der Speicherbereich wird mit Null-Werten initialisiert;
- dann werden die von Ihnen vorgesehenen Anweisungen ausgeführt und
- zum Abschluss wird ein Zeiger auf die neue Instanz zurückgeliefert (Klassenvariablen sind in Object Pascal immer Zeiger, die allerdings wie normale Variablen eingesetzt werden).

Daraus folgt, dass eine Klasseninstanz erst nach dem Aufruf eines ihrer Konstruktoren benutzt werden kann, und dass ein Konstruktor nicht über eine Klasseninstanz aufgerufen werden kann, die noch nicht erzeugt wurde. Aus diesem Grund wird der Konstruktor zur Erzeugung einer Klasseninstanz mit dem Bezeichner des Klassentyps aufgerufen:

```
type TKlasse = class(TObject)
       ...
     end;

var klasseninstanz : TKlasse;

begin
  klasseninstanz := TKlasse.Create;
end.
```

Warnung

Bezüglich der Konstruktoren gelten folgende Regeln:

- Jede Klasse muss über einen Konstruktor verfügen. (Es reicht aber meist, wenn sie den Konstruktor von ihrer Basisklasse erbt. So stellt beispielsweise die oberste Basisklasse TObject sicher, dass alle ihre abgeleiteten Klassen über den Konstruktor Create verfügen.)

- Eine Klasse kann mehrere, überladene Konstruktoren definieren.

- Jeder Konstruktor sollte üblicherweise mit Hilfe des Schlüsselwortes inherited den Konstruktor der Basisklasse aufrufen, damit die geerbten Elemente korrekt initialisiert werden.

- Ein Konstruktor kann über seine Instanz aufgerufen werden, wenn diese zuvor bereits erzeugt wurde. In diesem Fall wird keine neue Speicherzuweisung vorgenommen, sondern es werden wie bei einer normalen Methode nur die Befehle im Anweisungsteil des Konstruktors ausgeführt.

Beispiel

```
interface
type
  // Klasse des eingebetteten Objekts
  TIntern = class; // Vorwärtsdeklaration

  // Klasse mit eingebettetem Objekt
  TDemo = class
  public
    DemoWert : Integer;
    eingebettet : TIntern;
    constructor Create(param1 : Integer; param2: Integer);
```

```
   ...
  end;

implementation

// Konstruktor übernimmt Argumente für eigene Datenelemente
// und Datenelemente des eingebetteten Objekts
constructor TDemo.Create(param1 : Integer; param2: Integer);
begin
  inherited Create;
  DemoWert := param1;                    // Datenelement initialisieren
  eingebettet := TIntern.Create(param2); // eingebettetes Objekt
end;                                     // erzeugen
  ...
```

Verweise

Siehe Destruktor
Siehe Kategorie Vererbung und Polymorphie, Vererbung und Konstruktor
Siehe Praxisteil, Kategorie Klassen und Vererbung, Argumente an Konstruktoren
weiterreichen
Siehe Praxisteil, Kategorie Klassen und Vererbung, Virtuelle Konstruktoren

Der Destruktor

```
destructor
```

Beschreibung

Der Destruktor ist eine spezielle Methode, die zur Löschung und Freigabe von
Klasseninstanzen dient und durch das Schlüsselwort destructor eingeleitet wird.

Anwendung

Der Destruktor ist praktisch das Pendant zum Konstruktor. Wenn Sie einen
Destruktor selbst definieren, dann meist um die Ressourcen und eingebetteten
Objekte freizugeben, die im Konstruktor erzeugt wurden. Die Auflösung der Klasseninstanz selbst übernimmt der Destruktor automatisch. (Oftmals brauchen Sie
einen Destruktor weder zu definieren noch aufzurufen: sofern Sie im Konstruktor
keine extra Speicherbereiche reservieren, genügt ihrer Klasse der geerbte Destruktor
der Basisklasse und dieser wird sogar automatisch aufgerufen, wenn der Gültigkeitsbereich der Klasseninstanz verlassen wird.)

Warnung

Bezüglich der Destruktoren gelten folgende Regeln:

- Jede Klasse muss über einen Destruktor verfügen. (Es reicht aber meist, wenn Sie den Destruktor von ihrer Basisklasse erbt. So stellt beispielsweise die oberste Basisklasse TObject sicher, dass alle ihre abgeleiteten Klassen über den virtuellen Destruktor Destroy verfügen.)

- Eine Klasse kann mehrere, überladene Destruktoren definieren. Delphi empfiehlt jedoch, es bei einem Destruktor zu belassen und diesen durch Überschreibung des Destruktors der Basisklasse zu definieren.

- Jeder Destruktor sollte üblicherweise mit Hilfe des Schlüsselwortes inherited den Destruktor der Basisklasse aufrufen, damit die geerbten Elemente korrekt gelöscht werden.

- Wenn Sie den Destruktor explizit aufrufen, sollten Sie vorher sicherstellen, dass das zu löschende Objekt auch existiert (durch einen Vergleich mit nil) oder stattdessen die von TObject geerbte Methode Free aufrufen, die dies automatisch für Sie übernimmt (wenn Sie die Methode Free verwenden – was zu empfehlen ist –, vergessen Sie aber nicht, den Destruktor Destroy in ihren Klassen konsequent mit dem Schlüsselwort override zu deklarieren).

Beispiel

```
interface
type TIntern = class;  // Vorwärtsdeklaration

    TDemo = class
    public
      DemoWert : Integer;
      eingebettet  : TIntern;
      constructor Create(param1 : Integer; param2: Integer);
      destructor Destroy; override;
    end;

implementation
...

destructor TDemo.Destroy;
begin
  eingebettet.Free;
  inherited Destroy;
end;
```

Verweise

Siehe Konstruktor
Siehe Kategorie Vererbung und Polymorphie, Vererbung und Destruktor

Eigenschaften

property

Beschreibung

Eigenschaften sind den Datenelementen verwandte Klassenelemente. Während für normale Datenelemente bei der Instanzbildung Speicher bereitgestellt wird, ist dies bei den Eigenschaften nicht der Fall. Eigenschaften sind nicht mit Speicherbereichen verbunden, sondern mit Mechanismen zum Abfragen (Lesen) und Setzen (Schreiben) ihres Wertes.

```
property propName: Typ
             read Lesezugriff write Schreibzugriff;
```

- **propName** ist der Name der Eigenschaft.
- **Typ** ist der Datentyp der Eigenschaft.
- **Lesezugriff** steht entweder für ein Datenelement der Klasse, das vom gleichen Typ ist wie die Eigenschaft, oder eine parameterlose Methodenfunktion, deren Rückgabewert vom gleichen Typ ist wie die Eigenschaft.
- **Schreibzugriff** steht entweder für ein Datenelement der Klasse, das vom gleichen Typ ist wie die Eigenschaft, oder eine Methodenprozedur mit einem Parameter, der vom gleichen Typ ist wie die Eigenschaft.

In Anweisungen werden Eigenschaften wie ganz normale Variablen nur über ihren Namen angesprochen – unabhängig davon, ob intern für die Lese/Schreibzugriffe Datenelemente oder Methoden verwendet werden.

```
propName := 3;           // Schreibzugriff
variable := 2*propName;  // Lesezugriff
```

Ansonsten gelten für Eigenschaften folgende Regeln:

- Eigenschaften können einen Lesezugriff, einen Schreibzugriff oder beide Formen des Zugriffs definieren.
- Wenn Sie eine Eigenschaft mit einem zugrunde liegenden privaten Datenelement verbinden, sollten Sie Datenelement und Eigenschaft ähnliche Namen geben. In der VCL setzen die Datenelemente beispielsweise alle das Präfix f vor den Eigenschaftennamen: »fEigenschaft«.
- Eigenschaften können als published, public, protected oder private deklariert werden.
- Eigenschaften haben Zugriff auf alle Datenelemente, dürfen jedoch nicht von einem Datei-Typ sein.
- Eigenschaften stellen neben Methoden die einzige Möglichkeit dar, auf private Elemente ihrer Klasse zuzugreifen.

- Eigenschaften können weder als var-Parameter noch als Adresse an Methoden übergeben werden.

- Für Eigenschaften von Komponenten sind zudem die Spezifizierer stored, default und nodefault interessant, die das Abspeichern ihrer Werte in Formulardateien regeln (siehe Praxisteil, Kategorie Komponentenentwicklung, Eigenschaften speichern und laden).

Anwendung

Eigenschaften stellen die natürliche Erweiterung eines Datenelements um Methoden zum Lesen und Schreiben dar. Gemäß den Prinzipien der objektorientierten Programmierung sollte eine Klasse ihre Datenelemente durch die Deklaration als private oder protected vor unsachgemäßem Gebrauch schützen und nur über public-Methoden zugänglich machen. Eigenschaften vereinfachen dieses Konzept, indem Sie auf der einen Seite festlegen, wie auf ein Datenelement zugegriffen wird (entweder direkt oder über spezielle Routinen zum Lesen und Schreiben), und auf der anderen Seite den Zugriff auf die Eigenschaft (und damit auf das zugrunde liegende Datenelement) durch den Zuweisungsoperator ermöglichen.

So könnte man die folgende Klasse mit private-Datenelement und public-Methoden für den Zugriff

```
TKlasse = class
  private
   fWert : Integer;
  public
   function get_Wert : Integer;
   procedure set_Wert(i : Integer);
  end;

function TKlasse.get_Wert : Integer;
  begin
  result := fWert;
  end;
procedure TKlasse.set_Wert(i : Integer);
  begin
  fWert := (fWert + i) mod 100;
  end;
...
begin
  klasse := TKlasse.Create;
  klasse.set_wert(5);        // Wert setzen
  writeln(klasse.get_wert);  // Wert abfragen
end;
```

auch als Klasse mit einer Eigenschaft implementieren:

```
TPropKlasse = class
  private
   fWert : Integer;
   procedure set_Wert(i : Integer);
  public
   property Wert : Integer read fWert write set_Wert;
  end;

procedure TPropKlasse.set_Wert(i : Integer);
  begin
  fWert := (fWert + i) mod 100;
  end;
...
begin
  propklasse := TPropKlasse.Create;
  propklasse.Wert:= 5;              // Schreibzugriff
  writeln(propklasse.Wert);         // Lesezugriff
end;
```

Hier wird beim Lesezugriff direkt auf das der Eigenschaft zugrunde liegende Datenelement zugegriffen, während der Schreibzugriff nur über die Methode set_Wert läuft.

Tipp

Wenn Sie verhindern wollen, dass die Nutzer einer Klasse den Wert eines bestimmten Datenelements verändern können, müssen Sie das Datenelement als private (oder protected) deklarieren. Dies bedeutet aber auch, dass der Nutzer den Wert des Datenelements nicht mehr abfragen kann. Wenn Sie also ein Datenelement erzeugen wollen, dessen Wert man abfragen aber nicht ändern kann, müssen Sie das Datenelement als private deklarieren und eine public-Methode für das Abfragen des Wertes implementieren:

```
TKlasse = class
  private
   fWert : Integer;
  public
   function get_Wert : Integer;
  end;

function TKlasse.get_Wert : Integer;
  begin
  result := fWert;
  end;
```

Dieses Verfahren ist allerdings etwas umständlich und hat den Nachteil, dass der Nutzer zum Abfragen des Wertes explizit eine Methode aufrufen muss. Mit Eigenschaften lösen Sie dieses Problem viel eleganter. Sie deklarieren einfach eine public-Eigenschaft ohne Schreibzugriff:

```
TPropKlasse = class
   private
    fWert : Integer;
   public
    property Wert : Integer read fWert;
   end;
```

Warnung

Eine Eigenschaft muss nicht mit einem Datenelement der Klasse verbunden sein. Sie kann genauso gut mit einem Wert aus einer Datenbank verbunden sein oder ihren Wert von der Lesemethode auf irgendeine Weise berechnen lassen.

```
TDemo = class
  public
    function getZufallszahl: Integer;
    property Zufallszahl : Integer read getZufallszahl;
    ...
  end;

implementation
uses Math;

function TDemo.getZufallszahl: Integer;
begin
  Result := random(100);
end;
```

Verweise

Siehe Praxisteil, Kategorie Komponentenentwicklung, Eigenschaften bearbeiten
Siehe Praxisteil, Kategorie Komponentenentwicklung, Eigenschaften speichern und laden
Siehe Praxisteil, Kategorie Komponentenentwicklung, Eigenschaftseditor einrichten

Array-Eigenschaften

```
property Name[Index: Typ]: Typ
```

Beschreibung

Eigenschaften können auch als Arrays implementiert werden.

```
property Name[Index: Typ]: Typ
        read Lesemethode write Schreibmethode;
```

Array-Eigenschaften unterliegen einigen gesonderten Regeln:

- Auf den Bezeichner der Eigenschaft folgt in eckigen Klammern eine Liste der Indexparameter.

- Die Indexparameter können von beliebigem Typ sein (i.G. zu den Array-Indizes, die nur ordinale Typen erlauben).

- Für den Lesezugriff sind nur Methodenfunktionen erlaubt, denen entsprechende Indizes übergeben werden können (d.h. ihre Parameterliste muss mit der Liste der Indizes übereinstimmen) und deren Ergebnis vom Typ der Eigenschaft ist.

- Für den Schreibzugriff sind nur Methodenprozeduren erlaubt, denen entsprechende Indizes übergeben werden können (d.h. ihre Parameterliste muss bezüglich dieser Parameter mit der Liste der Indizes übereinstimmen) und die einen Wert- oder Konstantenparameter vom Typ der Eigenschaft definieren.

- Durch die Anhängung des Schlüsselworts default kann eine Array-Eigenschaft zur Array-Standardeigenschaft erhoben werden. Ist eine Array-Standardeigenschaft definiert, kann man auf deren Elemente direkt über den Instanznamen zugreifen.

- Können nicht als published deklariert werden.

Anwendung

Array-Eigenschaften sind keine Eigenschaften, denen Array-Datenelemente zugrunde liegen. Array-Eigenschaften sind einfach Eigenschaften, die die Array-typische Indexsyntax für den Zugriff auf eine beliebige Gruppe von Daten verwenden. Bei diesen Daten kann es sich um Elemente eines Arrays oder einer Liste, um Daten aus einer Datenbank, um Elemente eines Aufzählungstyps oder um beliebige andere Daten handeln.

Die Eigenschaften-Deklaration sorgt dafür, dass der Anwender der Klasse auf alle diese Daten in der gleichen Weise (Array-Indizierung) zugreifen kann. Die zur Array-Eigenschaften gehörenden Zugriffsmethoden setzen die Array-Indizierung in Code um, der an die zugrunde liegende Datenstruktur angepasst ist und auf die gewünschten Daten zugreift. Intern übergibt der Compiler dazu die Indizes aus dem Aufruf der Array-Eigenschaft

```
instanz.ArrayEigenschaft['String-Index']
```

als Parameter an die zugehörige Zugriffsroutine:

```
instanz.GetInfo('String-Index'):
```

Beispiel

Das folgende Beispiel verwendet Strings zur Indizierung der Array-Eigenschaft Info:

```
unit Unit1;
interface
type TDateiInfo = class
      private
        fPfad : string;
        fName : string;
        fGroesse : string;
      public
        function GetInfo(const Name: string): string;
        property Info[const Name: string]: string read GetInfo;
        constructor Create;
      end;

implementation
uses SysUtils;
constructor TDateiInfo.Create;
begin
  fPfad := 'C:\Projekte';
  fName := 'Testdatei';
  fGroesse := '132';
end;

function TDateiInfo.GetInfo(const Name: string): string;
begin
  if StrIComp(PChar(Name),'Pfad') = 0 then
    Result := fPfad
    else if StrIComp(PChar(Name),'Name') = 0 then
      Result := fName
      else if StrIComp(PChar(Name),'Groesse') = 0 then
        Result := fGroesse
        else
        Result := '';
end;
end.

program Project1;
{$APPTYPE CONSOLE}
uses sysutils, Unit1 in 'Unit1.pas';
var instanz : TDateiInfo;

begin
  instanz := TDateiInfo.Create;
  writeln(instanz.Info['Pfad']);
  writeln(instanz.Info['Name']);
  writeln(instanz.Info['Groesse']);
```

```
  instanz.Free;
  readln;
end.
```

Verweise

Siehe Indexangaben in Eigenschaftsdeklarationen
Siehe Praxisteil, Kategorie Komponentenentwicklung, Array-Eigenschaften
Siehe Praxisteil, Kategorie Komponentenentwicklung, Eigenschaftseditor einrichten

Indexangaben in Eigenschaftsdeklarationen

```
property Name1: Typ index 0 read ...;
```

Beschreibung

Das Pendant zu den Array-Eigenschaften sind die indizierten Eigenschaften. Indizierte Eigenschaften bekommen mit Hilfe des Schlüsselwortes index einen Indexwert beigeordnet, der beim Zugriff auf die Eigenschaft an die Zugriffsmethoden weitergegeben wird (die zu diesem Zweck einen zusätzlichen Integer-Parameter deklarieren müssen).

```
property Name1: Typ index 0 read ... write ...;
property Name2: Typ index 1 read ... write ...;
```

Indizierte Eigenschaften unterliegen bestimmten Regeln:

- Der Index-Wert muss eine ganze Zahl im Wertebereich von LongInt sein.

- Für den Lesezugriff sind nur Methodenfunktionen zugelassen, deren letzter (oder einziger) Parameter vom Typ Integer sein muss (diesem Parameter wird der Index-Wert der Eigenschaft übergeben) und deren Ergebnis vom Typ der Eigenschaft ist.

- Für den Schreibzugriff sind nur Methodenprozeduren erlaubt, deren vorletzter Parameter vom Typ Integer (für den Index-Wert der Eigenschaft) und deren letzter Parameter vom Typ der Eigenschaft sein muss.

Anwendung

Indizierte Eigenschaften stellen in gewisser Weise das Pendant zu den Array-Eigenschaften dar. Während man bei den Array-Eigenschaften den Index benutzt, um über eine Eigenschaft auf verschiedene Datenelemente zuzugreifen, nutzt man bei den indizierten Eigenschaften den Index, um mehrere Eigenschaften mit einer Zugriffsmethode zu verbinden.

Beispiel

Die folgende Klasse kapselt den Windows-Datentyp TPoint:

```
{     type TPoint = record
          X: Longint;
          Y: Longint;
          end;                    }

interface
type
  CPoint = class
  private
    FKoordinaten: array[0..1] of Longint;
    function GetKoord(Index: Integer): Longint;
    procedure SetKoord(Index: Integer; Wert: Longint);
  public
    property X: Longint index 0 read GetKoord write SetKoord;
    property Y: Longint index 1 read GetKoord write SetKoord;
  end;

implementation
function CPoint.GetKoord(Index: Integer): Longint;
begin
  case Index  of
    0 : Result := FKoordinaten[0];
    1 : Result := FKoordinaten[1];
  end;
end;

procedure CPoint.SetKoord(Index: Integer; Wert: Longint);
begin
  case Index  of
    0 : FKoordinaten[0] := Wert;
    1 : FKoordinaten[1] := Wert;
  end;
end;
end.

program Project1;
{$APPTYPE CONSOLE}
uses sysutils,  Unit1 in 'Unit1.pas';
var  punkt : CPoint;

begin
  punkt := CPoint.Create;
  punkt.X := 14;
  punkt.Y := 107;
  writeln('Punkt : (',punkt.X,',',punkt.Y,')');
```

```
  punkt.Free;
  readln;
end.
```

Verweise

Siehe Array-Eigenschaften

Vererbung und Polymorphie

Vererbung

```
type
  Name = class(Basisklasse);
```

Beschreibung

Als Vererbung bezeichnet man den Vorgang, wenn bei der Deklaration einer Klasse eine Basisklasse angegeben wird, die alle ihre Elemente (Datenelemente, Methoden, Konstruktor, Destruktor) an die neue Klasse vererbt. Die abgeleitete Klasse ist in diesem Sinne also eine Erweiterung der Basisklasse um die Elemente, die sie selbst noch zusätzlich deklariert.

```
type AbgeleiteteKlasse = class(Basisklasse)
     EIGENE ELEMENTE;
     end;
```

- Die abgeleitete Klasse erbt alle Elemente der Basisklasse.

- Um eine Klasse als Basisklasse verwenden zu können, muss sie vollständig deklariert sein (eine reine Vorwärtsdeklaration Klassenname = class; reicht nicht aus).

- In Object Pascal haben alle Klassen TObject als oberste Basisklasse. Dies gilt auch für Klassen, die Sie neu – ohne Angabe einer Basisklasse – deklarieren. Die einfache Klassendeklaration Klassennamen = class; entspricht also in Wirklichkeit der Deklaration Klassennamen = class(TObject);.

- Object Pascal unterstützt keine Mehrfachvererbung, Sie können also nur eine Basisklasse angeben.

Anwendung

Die Vererbung ermöglicht die bequeme Wiederverwendung bestehenden Codes. Doch es wäre falsch, die Vererbung einfach dazu zu nutzen, sich Methoden und

Datenelemente aus beliebigen Klassen herauszupicken. Ein Negativ-Beispiel soll dies verdeutlichen.

Negativ-Beispiel. Angenommen, Sie haben eine Klasse TStatistik, die – neben einem privaten Array-Datenelement zur Aufnahme der Daten – public-Methoden zur Berechnung des Mittelwertes, der Varianz, der Standardabweichung etc. enthält. Als Nächstes wollen Sie eine Klasse implementieren, die den Datentyp array in einer Klasse kapselt. Die neue Klasse soll ein privates Array-Datenelement haben und eine Reihe von Methoden, die für die Arbeit mit Arrays nützlich sind: ElementEinfuegen, ElementLoeschen, Groesse, Summe und unter anderem auch Mittelwert. Nun könnte man auf die Idee kommen, die Array-Klasse von TStatistik abzuleiten:

```
TArray = class(TStatistik)
```

Sie würden das private Array-Datenelement und die Methode Mittelwert erben. Die restlichen Elemente, die von TStatistik geerbt wurden, werden in TArray einfach ignoriert.

Auf diese Weise hätte man sich zwar etwas Tipparbeit gespart, doch in gravierender Weise gegen eines der ehernen Gesetze der objektorientierten Programmierung verstoßen. Vererbung dient eben nicht nur der Wiederverwertung von Code, sondern soll auch eine »Ist ein«-Beziehung zwischen den Objekten der abgeleiteten und der Basisklasse ausdrücken.

Positiv-Beispiel. Angenommen, Sie wollen Klassen zur Repräsentation von Booten implementieren. Die Boote, mit denen Sie es zu tun haben, zerfallen in zwei Klassen: Segelboote und Motorboote:

```
type
  // Hilfsstruktur für die Methode PositionBestimmen
  TKoordinaten = record
    breite, laenge : Single;
    end;

  TSegelboote = class
   private
     Geschwindigkeit : Integer;
     Laenge          : Integer;
     Segelflaeche    : Double;
   public
     function PositionBestimmen : TKoordinaten;
     procedure SegelSetzen(qm : Integer);
     procedure SegelBergen(qm : Integer);
    end;

TMotorboote = class
   private
```

```
    Geschwindigkeit : Integer;
    Laenge          : Integer;
    Motorleistung   : Double;
  public
    function PositionBestimmen : TKoordinaten;
    procedure Beschleunigen(knoten : Integer);
    procedure Bremsen(knoten : Integer);
  end;
```

Hierbei fällt auf, dass Segel- und Motorboote etliche Elemente gemeinsam haben (was nicht sonderlich verwundert, da beides Boote sind). Es liegt also nahe, die gemeinsamen Elemente in eine gemeinsame Basisklasse auszulagern:

```
type
  // Hilfsstruktur für die Methode PositionBestimmen
  TKoordinaten = record
    breite, laenge : Single;
  end;

  TBoote = class
    protected
      Geschwindigkeit : Integer;
      Laenge          : Integer;
    public
      function PositionBestimmen : TKoordinaten;
    end;

TSegelboote = class(TBoote)
  private
    Segelflaeche    : Double;
  public
    procedure SegelSetzen(qm : Integer);
    procedure SegelBergen(qm : Integer);
  end;

TMotorboote = class(TBoote)
  private
    Motorleistung   : Double;
  public
    procedure Beschleunigen(knoten : Integer);
    procedure Bremsen(knoten : Integer);
  end;
```

Hier deklarieren die Klassen TSegelboote und TMotorboote die Elemente Geschwindigkeit, Laenge und PositionBestimmen nicht selbst, sondern erben sie von ihrer Basisklasse.

Um sicherzustellen, dass die abgeleiteten Klassen ohne Zugriffsbeschränkung auf die Datenelemente der Basisklasse zugreifen können, gibt es zwei Möglichkeiten:

- Basisklasse und abgeleitete Klassen werden in einer gemeinsamen Unit deklariert.

- Besser ist es, die Elemente der Basisklasse, die auch von abgeleiteten Klassen direkt manipuliert werden sollen, als protected zu deklarieren.

Vererbung soll wie gesagt, eine »Ist ein«-Beziehung ausdrücken. Dies ist in obigem Beispiel gegeben, denn ein Objekt einer der abgeleiteten Klassen, beispielsweise ein Segelboot, **ist** auch **ein** Boot, also ein Objekt der Basisklasse.

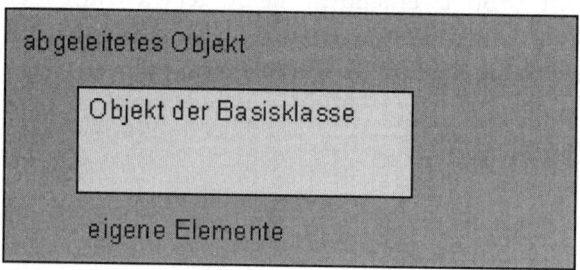

Die »Ist-Beziehung« zwischen abgeleiteter Klasse und Basisklasse wird von Object Pascal in besonderer Weise unterstützt: Einer Instanz einer Basisklasse kann man Objekte ihrer abgeleiteten Klassen zuweisen.

Der Grund hierfür ist einfach, dass Object Pascal den Code des abgeleiteten Objekts intern so organisiert, dass die Elemente des Basisklassenunterobjekts ganz zuoberst kommen. Damit beginnen das Basisklassenunterobjekt und das abgeleitete Objekt an einer Adresse! Dies erlaubt es,

- einer Basisklasseninstanz ein abgeleitetes Objekt zuzuweisen

oder auch

- eine Basisklasseninstanz, die auf ein abgeleitetes Objekt verweist, durch explizite Typumwandlung wieder in einen Zeiger auf ein abgeleitetes Objekt zurückzuverwandeln (Nicht vergessen: Instanzen sind Zeiger!).

Dies ist ein sehr leistungsfähiges Konzept der objektorientierten Programmierung.

Tipp

Object Pascal kennt keine Mehrfachvererbung von Klassen, eine Klasse kann also nicht von zwei oder mehr direkten Basisklassen abgeleitet werden (wie z.B. in AbgKlasse = class(Basis1, Basis2);). Als Ersatz erlaubt Object Pascal aber die Ableitung von mehreren Schnittstellen.

Warnung

Elemente, die in der Basisklasse als private deklariert sind, sind vor dem Zugriff von außen geschützt. Dies gilt auch für abgeleitete Klassen (sofern diese nicht in der gleichen Unit deklariert sind wie die Basisklasse). Erbt eine abgeleitete Klasse ein private-Element, kann sie dieses also nicht wie ein eigenes Element direkt ansprechen, sondern muss sich der public- und protected-Methoden der Basisklasse bedienen, die diese für die Manipulation ihrer private Elemente zur Verfügung stellt. Für das Aufsetzen von Basisklassen bedeutet dies, dass Sie genau überlegen müssen, welche Elemente Sie wirklich als private und welche als protected deklarieren wollen.

Verweise

Siehe Vererbung versus Einbettung
Siehe Polymorphie
Siehe Praxisteil, Kategorie Klassen und Vererbung, Richtlinien für die Vererbung

Vererbung versus Einbettung

Beschreibung

Um in einer Klasse die Elemente einer anderen Klasse nutzen zu können, gibt es – neben der gemeinsamen Deklaration in einer Unit – zwei Möglichkeiten:

- die Vererbung und
- die Einbettung.

Vererbung	Einbettung

``
X = class
  end;
``
	``
	X = class
	  end;
	``

``
Y = class(X)
  ...
  end;
``
	``
	Y = class
	  elem : X;
	  ...
	  end;
	``

Vererbung bringt Ihnen die Vorteile des Polymorphismus, der Zugriffsbeschneidungen und die Möglichkeit, Instanzen der abgeleiteten Klasse wie Objekte der Basisklasse zu behandeln.	Die Verwendung von Elementobjekten ist dagegen einfacher und besser zu überschauen.
Auf geerbte Elemente kann die Klasse direkt zugreifen (sofern die Zugriffsrechte dies erlauben).	Auf eingebettete Elemente kann die Klasse nur über das Datenelement (die Instanz) zugreifen.

Tipp

Sind Sie sich einmal unschlüssig, ob Sie die Funktionalität einer Klasse auf dem Weg über die Vererbung oder durch die Deklaration eines Elementobjekts zur Verfügung stellen, versuchen Sie sich klar zu machen, in welcher Beziehung die Objekte, die die Klassen repräsentieren, zueinander stehen. Stellen Sie sich einfach die Frage:

»Kann man ein Objekt der Klasse Y auch als ein Objekt der Klasse X betrachten oder sieht es vielmehr so aus, dass zu einem Objekt der Klasse Y auch ein Objekt der Klasse X gehört?«

Auf einen kurzen Nenner gebracht, heißt das

» ist ein Y ein X »   (Vererbung)

oder

» enthält Y ein X »   (Einbettung)

Für drei Klassen Auto, Motor und Sportwagen würde dies beispielsweise bedeuten, dass man die Klasse Sportwagen von der Klasse Auto ableiten würde (denn jeder Sportwagen ist auch ein Auto). Dagegen enthält jedes Auto einen Motor, man würde also in der Klasse Auto ein Objekt der Klasse Motor einbetten (und damit auch an die Klasse Sportwagen vererben).

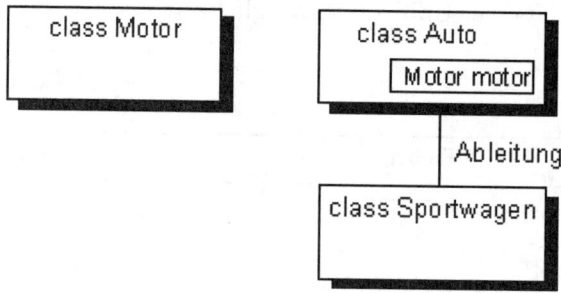

Verweise

Siehe Vererbung
Siehe Polymorphie
Siehe Kategorie Klassen, Klasseninstanzen als Datenelemente

Vererbung und Konstruktor

constructor

Beschreibung

Der Konstruktor einer abgeleiteten Klasse muss nicht nur für die Erzeugung und Initialisierung der in der abgeleiteten Klasse deklarierten Elemente, sondern auch der geerbten Elemente sorgen. (Da Klassen, die ohne Basisklasse deklariert werden, automatisch TObject als Basisklasse erhalten, gilt dies für alle Pascal-Klassen.)

Anwendung

Zu diesem Zweck ruft man als erste Anweisung im Konstruktor der abgeleiteten Klasse den geerbten Konstruktor der Basisklasse auf. In Object Pascal benutzt man hierzu das Schlüsselwort inherited:

```
constructor TDemo.Create;
begin
  inherited Create;
...
```

Diese Vorgehensweise ist aus verschiedenen Gründen allgemein zu empfehlen:

- Man spart sich Tipparbeit.
- Man ist sicher, dass die geerbten Elemente korrekt erzeugt und initialisiert werden.
- Man programmiert in Übereinstimmung mit den Regeln der objektorientierten Programmierung.

Die Initialisierung der geerbten Elemente beschränkt sich nicht auf der Zuweisung anfänglicher Werte. Es ist möglich, dass Ressourcen angefordert werden müssen oder dass Elemente, die selbst Klassentypen angehören, explizit erzeugt werden müssen. Für den Programmierer der abgeleiteten Klasse ist es unter Umständen schwierig bis unmöglich, sich soweit in die Basisklasse einzudenken, dass er diese Aufgabe fehlerlos erledigen kann. Auch widerspräche es vollkommen dem Prinzip des Information hidings, wenn der Programmierer so tief in den Aufbau einer Klasse eindringen müsste, um sie nutzen zu können. Aus diesem Grund vererbt die Basisklasse ihren Konstruktor, der für die korrekte Erzeugung und Initialisierung der Elemente der Basisklasse sorgen kann. Der Programmierer der abgeleiteten Klasse darf nur nicht vergessen, ihn aufzurufen. Nach dem Aufruf des Basisklassenkonstruktors kann der Konstruktor der abgeleiteten Klassen den geerbten Elementen gegebenenfalls Anfangswerte zuweisen.

Wie sieht es aus, wenn die Basisklasse B einer abgeleiteten Klasse A selbst wieder von einer Klasse C abgeleitet ist? Muss der Konstruktor der Klasse A neben dem Konstruktor von B auch den Konstruktor von C aufrufen?

Ja, aber nicht direkt. Man ruft einfach den Konstruktor der direkten Basisklasse (B) auf und verlässt sich darauf, dass dieser korrekt implementiert ist – also mit inherited den Konstruktor ihrer Basisklasse (C) aufruft.

Tipp

Wenn Sie das Schlüsselwort inherited ohne Angabe eines Methodennamens verwenden, wird die Basisklassenmethode aufgerufen, die den gleichen Namen hat wie die Methode, in der inherited verwendet wird. Folglich reicht es, im Konstruktor einer Klasse den Basisklassenkonstruktor allein mit »inherited« aufzurufen.

```
constructor TAbgeleitet.Create;
begin
  inherited;
...
```

Dabei werden dem Basisklassenkonstruktor die gleichen Argumente weitergereicht, die der Konstruktor der abgeleiteten Klasse entgegennimmt.

Wenn Sie andere Argumente übergeben wollen oder der Basisklassenkonstruktor andere Parameter deklariert, rufen Sie Create explizit auf und übergeben Sie die gewünschten Argumente:

```
constructor TAbgeleitet.Create(param : string);
begin
  inherited Create('TBasis in TAbgeleitet');
```

Oder

```
constructor TAbgeleitet.Create(param : string);
begin
  inherited Create;
```

wenn der Basisklassenkonstruktor keine Argumente übernimmt.

Warnung

Wenn eine Klasse keinen eigenen Konstruktor deklariert, geht der Compiler die Liste der Basisklassen durch, bis er einen Konstruktor findet. Im Zweifelsfall ist dies TObject.Create.

Die Suche stoppt mit einer Fehlermeldung, wenn der Compiler in einer Klasse auf einen Compiler trifft, dessen Parameterdeklaration nicht zu den Argumenten passt.

Beispiel

```
constructor TVektor.Create(Xparam : Integer; Yparam: Integer;
                           Zparam : Integer);
begin
  inherited Create;   // Basisklassenkonstruktor aufrufen
  x := Xparam;        // eigene Elemente initialisieren
  y := Yparam;
  z := Zparam;
  laenge := sqrt( sqr(x) + sqr(y) + sqr(z));
end;
```

Verweise

Siehe Kategorie Klassen, Konstruktor
Siehe Kategorie Klassen, Klasseninstanzen als Datenelemente
Siehe Praxisteil, Kategorie Klassen und Vererbung, Argumente an Konstruktoren weiterreichen

Vererbung und Destruktor

```
destructor
```

Beschreibung

Der Destruktor ist das Pendant zum Konstruktor. Dabei gilt für die Implementierung eigener Destruktoren wie für Konstruktoren, dass der Destruktor einer abgeleiteten Klasse (zur Erinnerung: in Object Pascal ist jede Klasse eine von TObject abgeleitete Klasse) zur Auflösung der geerbten Elemente den Destruktor der Basisklasse aufrufen sollte.

Anwendung

Während der Basisklassenkonstruktor als erste Anweisung des Konstruktors aufgerufen wird, wird der Basisklassendestruktor als letzte Anweisung des Destruktors aufgerufen. Zuvor werden eingebettete Objekte aufgelöst und Ressourcen freigegeben.

Darüber hinaus gilt noch zu bedenken, dass der Destruktor auch für polymorphe Objekte aufgerufen werden kann. Wichtig ist dabei der Fall, wenn einer Instanz ein Klassenobjekt zugewiesen wurde, das nicht vom Typ der Instanz, sondern vom Typ einer abgeleiteten Klasse ist.

```
var BasisObj : TBasis;
    AbgObj : TAbgeleitet;
begin
  BasisObj := TAbgeleitet.Create;
```

Wird für eine solche Instanz der Destruktor aufgerufen (entweder direkt oder über die Methode Free), muss sichergestellt sein, dass der Destruktor der abgeleiteten Klasse (Typ des Objekts) und nicht der Basisklasse (Typ der Instanz) aufgerufen wird. Zu diesem Zweck ist der Destruktor in TObject als virtual deklariert und muss in abgeleiteten Klassen als override deklariert werden.

Beispiel

```
interface
type TDemo = class
     public
       eingebettet : TIntern;
```

```
      ...
      destructor Destroy; override;
   end;

implementation
destructor TDemo.Destroy;
begin
  eingebettet.Free;
  inherited Destroy;
end;
```

Verweise

Siehe Überschreibung von Methoden
Siehe Kategorie Klassen, Destruktor
Siehe Kategorie Klassen, Klasseninstanzen als Datenelemente

Neudeklaration geerbter Elemente

Beschreibung

Wenn Sie eine Klasse von einer anderen Klasse ableiten, erbt die neue Klasse erst einmal alle Elemente der Basisklasse, so wie sie dort definiert sind. Sie können zwar keine der geerbten Elemente wieder löschen, Sie können geerbte Elemente aber in der abgeleiteten Klasse neu deklarieren. Dabei ist grundsätzlich zwischen

- Verdeckung,
- Überschreibung und
- Überladung

zu unterscheiden.

Verdeckung

Durch einfache Neudeklaration kann man geerbte Elemente verdecken. Zugriffe über Instanzen der abgeleiteten Klasse oder innerhalb der Methoden der abgeleiteten Klasse greifen danach stets auf das in der abgeleiteten Klasse neu deklarierte Element zurück.

- Verdeckt werden können sämtliche Klassenelemente: Datenelemente, Eigenschaften und Methoden.
- Verdeckung findet statt, wenn ein geerbtes Element in einer abgeleiteten Klasse unter gleichem Namen redeklariert wird.
- Verdeckte Basisklassenelemente kann man innerhalb der Methoden der abgeleiteten Klasse über einen qualifizierten Bezeichner der Form Klassentyp(Self).Datenelement ansprechen. Der Zugriff über eine Instanz erfolgt durch Typumwandlung der Instanz Klassentyp(AbgObj).Datenelement.

- Verdeckung bedingt stets statische Bindung.
- Wenn Sie in einer abgeleiteten Klasse A eine geerbte virtuelle Methode verdecken, kann die virtuelle Methode in von A abgeleiteten Klassen nicht überschrieben werden (da es in A eine Methode gleichen Namens mit statischer Bindung gibt).

Verdeckung von	Beispiel
Datenelementen	```TBasis = class
  fDatenelement : Integer;
end;

TAbgeleitet = class(TBasis)
  fDatenelement : Integer;
end;``` |
| Methoden | ```TBasis = class
  function getDatenelement : Integer;
end;

TAbgeleitet = class(TBasis)
  function getDatenelement : Integer;
end;``` |
| Eigenschaften | ```TBasis = class
  property Datenelement : Integer read fDatenelement
                          write fDatenelement;
end;

TAbgeleitet = class(TBasis)
  property Datenelement : Integer read fDatenelement
                          write fDatenelement;
end;``` |

Überschreibung

Überschreibung ist nur für Eigenschaften und Methoden möglich – allerdings mit unterschiedlichen Folgen.

Eigenschaften:

- Eigenschaften werden überschrieben, indem man die Eigenschaft ohne Typangabe neu deklariert.
- Durch Überschreibung können geerbte Zugriffsangaben ersetzt oder fehlende Zugriffsangaben ergänzt werden.
- Bei der Überschreibung einer Eigenschaft muss die Neudeklaration nicht vollständig sein, d.h., die Deklaration von Zugriffsangaben kann entfallen. Wenn eine Zugriffsangabe, die in der Basisklasse deklariert ist, in der abgeleiteten Klasse weggelassen wird, übernimmt die abgeleitete Klasse die Zugriffsangaben der Basisklasse. Das Entfernen von Zugriffsangaben ist daher nicht möglich.

- Durch Überschreibung kann man das Zugriffsrecht für die Eigenschaft erweitern (nicht aber verringern).
- Die Bindung von Eigenschaften erfolgt stets statisch.

Methoden:

- Methoden werden überschrieben, indem man an die ansonsten identische Neudeklaration das Schlüsselwort override anhängt.
- Überschrieben werden können nur Methoden, die in der Basisklasse als virtual oder dynamic deklariert sind.
- Durch die Überschreibung einer Methode kann man in der abgeleiteten Klasse eine eigene Implementierung der Methode einrichten. Dies ist die Grundlage der Polymorphie.
- Überschriebene Methoden werden dynamisch gebunden.
- Überschriebene Basisklassenmethoden kann man mit Hilfe von inherited oder qualifizierten Bezeichnern (Klassentyp.Methodenname) innerhalb der abgeleiteten Klasse weiter aufrufen.

Überschrei- bung von	Beispiel
Methoden	```TBasis = class procedure setDatenelement(param : Integer); virtual; end;``` ```TAbgeleitet = class(TBasis) procedure setDatenelement(param : Integer); override; end;```
Eigenschaften	```TBasis = class property Datenelement : Integer read fDatenelement write fDatenelement; end;``` ```TAbgeleitet = class(TBasis) property Datenelement write setDatenelement; end;```

Überladung

Überladen werden können nur Methoden. Die Überladung mehrerer Methoden in einer Klasse entspricht dabei dem Überladen von Prozeduren und Funktionen. Interessant ist die Überladung von geerbten Methoden:

- Die überladene Methode muss in der abgeleiteten Klasse mit dem Schlüsselwort overload deklariert sein und muss sich in den Parametern von den geerbten Methoden gleichen Namens unterscheiden.
- Nach der Überladung sind in der abgeleiteten Klasse sowohl die eigenen als auch die geerbten überladenen Methoden verfügbar.

- Es können auch geerbte virtuelle Methoden überladen werden.

- Geerbte virtuelle Methoden, die in einer abgeleiteten Klasse A überladen wurden, können im Gegensatz zu verdeckten virtuellen Methoden in von A abgeleiteten Klassen überschrieben werden. Die overload-Deklaration führt allerdings irreführenderweise zu einer Compiler-Meldung, die besagt, dass die virtuelle Methode verdeckt wäre. Sie können diese Meldung mit Hilfe des Schlüsselworts reintroduce unterbinden.

- Geerbte virtuelle Methoden können in der abgeleiteten Klasse gleichzeitig überladen und überschrieben werden.

- Überladungen von Methoden können als virtual deklariert werden.

Überladung	Beispiel

einer geerbten Methode	```TBasis = class(TObject) procedure Demo1(I: Integer); end;```
	
	 ```TAbgeleitet = class(TBasis) procedure Demo2(S: string); overload; end;```

einer geerbten virtuellen Methode	```TBasis = class(TObject) procedure Demo2(I: Integer); virtual; end;```
	
	 ```TAbgeleitet = class(TBasis) procedure Demo2(S: string); reintroduce; overload; end;```

Überladung und Überschreibung einer geerbten virtuellen Methode	```TBasis = class(TObject) procedure Demo3(I: Integer); virtual; end;```
	
	 ```TAbgeleitet = class(TBasis) procedure Demo3(S: string); reintroduce; overload; procedure Demo3(I: Integer); overload; override; end;```

Überschreibung einer überladenen virtuellen Methode	```TBasis = class(TObject) procedure Demo4(I: Integer); virtual; end;```
	
	 ```TAbgeleitet = class(TBasis) procedure Demo4(S: string); reintroduce; overload; end;```
	
	 ```TAbgeleitet2 = class(TAbgeleitet) procedure Demo4(I: Integer); override; end;```

Verweise

Siehe Polymorphie
Siehe Statische und dynamische Bindung
Siehe Überschreibung von Methoden

Verdeckung geerbter Elemente

Beschreibung

Verdeckung im Klassenbereich bedeutet, dass ein aus einer Basisklasse geerbtes Element durch Neudeklaration in der abgeleiteten Klasse verdeckt wird.

```
TBasis = class
  fDatenelement : string;
  ...
end;

TAbgeleitet = class(TBasis)
  fDatenelement : string;     // Verdeckt TBasis.fDatenelement
  ...
end;
```

Im Gültigkeitsbereich der abgeleiteten Klasse beziehen sich danach alle Vorkommen des Bezeichners auf die Neudeklaration. Auf das gleichnamige verdeckte Element aus der Basisklasse kann man über qualifizierte Bezeichner zugreifen (siehe Beispiel).

Anwendung

Grundsätzlich ist zur Verdeckung im Klassenbereich zu sagen, dass sie selten schadet, meist aber auch nichts nützt.

Warum könnte man versucht sein, ein geerbtes Element zu verdecken:

- **Geerbte Elemente »löschen«.** Wenn Sie von einer Basisklasse Elemente erben, die sie in der abgeleiteten Klasse nicht benötigen, ignorieren Sie die Elemente einfach (statt zu versuchen, sie durch Verdeckung zu »eliminieren«).

- **Methodenimplementierungen anpassen.** Wenn Sie in einer abgeleiteten Klasse für eine geerbte Methode eine neue Implementierung vorgeben wollen (Polymorphie), überschreiben Sie die Methode. Voraussetzung dafür ist allerdings, dass die Methode in der Basisklasse als virtual oder dynamic deklariert ist. Ist sie dies nicht, ist dies meist ein Zeichen, dass man diese Methode nicht überschreiben (und auch nicht verdecken) sollte.

- **Zugriffsrechte verändern.** Beachten Sie, dass Sie die Zugriffsrechte für das geerbte Basisklassenelement nicht ändern können. Sie können lediglich ein neues Element mit gleichem Bezeichner und anderen Zugriffsrechten deklarieren.

Wenn Sie ein public-Basisklassenelement durch ein private- oder protected-Element in der abgeleiteten Klasse verdecken, steht der Bezeichner des Elements in den Methoden der abgeleiteten Klasse für das neu deklarierte Element, während bei Zugriffen über Instanzen der Bezeichner auf das public-Basisklassenelement zurückgreift.

- Das einzige Klassenelement, das regelmäßig verdeckt wird, ist der Klassenkonstruktor.

Warnung

Wichtig ist zu verstehen, dass die von einer Basisklasse geerbten Elemente in einem Objekt einer abgeleiteten Klasse ein eigenständiges Basisklassenunterobjekt bilden. Die Integrität dieses Unterobjekts wird durch Verdeckung der geerbten Elemente grundsätzlich nicht verletzt. Dies bedeutet unter anderem, dass geerbte Methoden aus einer Basisklasse auch in der abgeleiteten Klasse auf den Datenelementen operieren, die zu ihrem Basisklassenunterobjekt gehören.

Betrachten Sie den Fall, dass eine Basisklasse ein privates Datenelement und eine public-Methode für den Zugriff auf das Datenelement definiert.

```
TBasis = class
private
  fDatenelement : string;
public
  function getDaten : string;
  ...
end;
```

In der abgeleiteten Klasse verdecken Sie das Datenelement (vielleicht um die Zugriffsrechte zu ändern?), aber nicht die Zugriffsmethode:

```
TAbgeleitet = class(TBasis)
  fDatenelement : string;
  ...
```

Was passiert, wenn Sie über ein Objekt der abgeleiteten Klasse die geerbte Methode getDaten aufrufen? Natürlich greift getDaten auf TBasis.fDatenelement und nicht auf TAbgeleitet.fDatenelement zu.

Ähnlich liegt der Fall, wenn Sie ein Datenelement verdecken, auf das eine geerbte Eigenschaft zugreift:

```
TBasis = class
private
  fDaten : string;
public
  function getDaten : string;
  property Daten : string read getDaten write fDaten;
```

```
end;

TAbgeleitet = class(TBasis)
  fDaten : string;
  property Daten : string read getDaten write fDaten;
end;
```

Hier wurde daran gedacht, Eigenschaft und zugrunde liegendes Datenelement gemeinsam zu verdecken. Nicht beachtet wurde, dass der read-Zugriff über eine geerbte Methode läuft. Dies hätte man ändern (oder die Methode ebenfalls neu deklarieren/überschreiben) müssen. So greift der Schreibzugriff auf TAbgeleitet.fDaten zu, während der Lesezugriff auf TBasis.fDaten zugreift.

Tipp

Verdeckte Basisklassenelemente können in den Methoden der abgeleiteten Klasse über einen qualifizierten Bezeichner der Form angesprochen Klassentyp(Self).Datenelement werden. Verdeckte Methoden können auch mit Hilfe von inherited aufgerufen werden.

Beim Zugriff über eine Instanz wendet man die explizite Typumwandlung auf die Instanz an: Klassentyp(AbgObj).Datenelement.

Beispiel

```
type
TBasis = class
  fDatenelement : string;
  function getDatenelement : string;
  property Datenelement : string read fDatenelement write fDatenelement;
end;

TAbgeleitet = class(TBasis)
  fDatenelement : string;
  function getDatenelement : string;
  procedure Demo;
  property Datenelement : string read fDatenelement write fDatenelement;
end;

// Zugriff aus Methode der abgeleiteten Klasse
procedure TAbgeleitet.Demo;
begin
  writeln('Demo: daten         : ',fDatenelement);
  writeln('Demo: TBasis.daten   : ',TBasis(Self).fDatenelement);
  writeln('Demo: methode        : ',getDatenelement);
  writeln('Demo: TBasis.methode : ',TBasis(Self).getDatenelement);
  writeln('Demo: inherited meth : ',inherited getDatenelement);
  writeln('Demo: prop           :',Datenelement);
```

```
  writeln('Demo: TBasis.prop    :',TBasis(Self).Datenelement);
end;


// Zugriff über Instanz
var AbgObj : TAbgeleitet;
begin
  writeln('Demo: daten           : ',AbgObj.fDatenelement);
  writeln('Demo: TBasis.daten    : ',TBasis(AbgObj).fDatenelement);
  writeln('Demo: methode         : ',AbgObj.getDatenelement);
  writeln('Demo: TBasis.methode  : ',TBasis(AbgObj).getDatenelement);
  writeln('Demo: prop            : ',AbgObj.Datenelement);
  writeln('Demo: TBasis.prop     : ',TBasis(AbgObj).Datenelement);
end.
```

Verweise

Siehe Neudeklaration geerbter Elemente
Siehe Überschreibung von Methoden
Siehe Überschreibung von Eigenschaften

Polymorphie

Beschreibung

Polymorphie (»Vielgestaltigkeit«) bedeutet letztendlich, dass eine Instanz eines Klassentyps Objekte unterschiedlicher Klassentypen repräsentieren kann und dass man über die Instanz sinnvoll mit den Objekten arbeiten kann.

Gestützt wird die Polymorphie von drei Konzepten:

- der Überschreibung virtueller Methoden in abgeleiteten Klassen;
- der Zuweisungskompatibilität von Basisklassen- und abgeleiteten Objekten;
- der dynamischen Bindung.

Überschreibung virtueller Methoden

Basisklassen dienen in Klassenhierarchien allgemein dazu, die Klassenelemente, die den verschiedenen abgeleiteten Klassen gemeinsam sind, in eine gemeinsame Basisklasse auszulagern. Sehen Sie dazu das folgende Beispiel einer einfachen Klassenhierarchie zur Verwaltung der Zeichenobjekte eines Malprogramms:

```
TZeichenobjekt = class
  protected
    referenzpunkt : TPoint;
  public
    procedure zeichnen(p : TPoint); virtual;
  end;
```

```
TRechteck = class(TZeichenobjekt)
  protected
    ecken : array[1..4] of TPoint;
    ...
  end;

TKreis = class(TZeichenobjekt)
  protected
    raduis : Double;
    ...
  end;
```

Allen Zeichenobjekten sind das Datenelement referenzpunkt (soll die Position speichern, an der das Objekt gezeichnet wurde) und die Methode zeichnen (die das Objekt am übergebenen Referenzpunkt einzeichnet) gemeinsam. Daher werden diese Elemente in der Basisklasse deklariert und vererbt.

Die Frage ist, was nutzt den abgeleiteten Klassen die geerbte Methode zeichnen? Im ersten Moment nicht viel, denn das Zeichnen eines Rechtecks verlangt eine andere Implementierung als das Zeichnen eines Kreises. Aus diesem Grund müssen die abgeleiteten Klassen jeweils eigene Implementierungen für die geerbte Methode zeichnen vorsehen.

Alle von TZeichenobjekte abgeleiteten Klassen verwenden also zum Zeichnen eine Methode gleichen Namens aber unterschiedlicher Implementierung. Dies ist praktisch, da man auf diese Weise alle Zeichenobjekte (Rechtecke, Kreise etc.) aus der Klassenhierarchie durch Aufruf von zeichnen ausgeben kann. Man sagt daher, dass in diesem Fall die **Vererbung der Schnittstelle** (Name der Methode) wichtiger ist als die Implementierung (da die Methode ja überschrieben wird).

Um in einer abgeleiteten Klasse eine eigene Implementierung für eine Methode vorzusehen, kann man die Methode der Basisklasse verdecken oder überschreiben. Aus Gründen, die gleich klarer werden, bevorzugen wir die Überschreibung, denn nur diese ermöglicht die Polymorphie der Klassen. Überschreibung bedeutet, dass die Methode nicht nur mit dem gleichen Namen, sondern auch den gleichen Parametern neu deklariert wird. Zudem muss das Schlüsselwort override verwendet werden. Überschrieben werden können allerdings nur Basisklassenmethoden, die als virtual oder dynamic deklariert sind. Die Basisklasse legt also selbst fest, welche ihrer Methoden überschrieben und welche nur verdeckt werden können.

```
interface
type TZeichenobjekt = class
        protected
        referenzpunkt : TPoint;
      public
        procedure zeichnen(p : TPoint); virtual;
      end;
```

```
TRechteck = class(TZeichenobjekt)
protected
  ecken : array[1..4] of TPoint;
public
  procedure zeichnen(p : TPoint); override;
end;

TKreis = class(TZeichenobjekt)
protected
  radius : Double;
public
  procedure zeichnen(p : TPoint); override;
end;

implementation
procedure TZeichenobjekt.zeichnen(p : TPoint);
begin
  writeln('zeichne Zeichenobjekt');
end;

procedure TRechteck.zeichnen(p : TPoint);
begin
  writeln('zeichne Rechteck');
end;

procedure TKreis.zeichnen(p : TPoint);
begin
  writeln('zeichne Kreis');
end;
```

Zuweisungskompatibilität

Einer Instanz, die als Typ einer Basisklasse deklariert ist, kann man beliebige Objekte abgeleiteter Klassen zuweisen.

```
var figur : TZeichenobjekt;
    rechteck : TRechteck;

begin
  // abgeleitetes Objekt an Basisklasseninstanz zuweisen
  figur := TKreis.Create;

  // Oder auch:
  figur := TZeichenobjekt.Create;
  rechteck := TRechteck.Create;
  figur := rechteck;
```

Dies bringt zwei wesentliche Vorteile:

- Sie können generische Routinen schreiben, die Parameter vom Typ der Basisklasse deklarieren und dann mit Objekten abgeleiteter Typen aufgerufen werden. Ein Beispiel hierfür sind die Ereignisbehandlungsroutinen von Delphi, die alle einen TObject-Parameter deklarieren, dem das sendende Objekt übergeben wird.

- Sie können Arrays deklarieren, deren Elemente vom Typ der Basisklasse sind und in denen Sie Objekte der verschiedenen abgeleiteten Klassen ablegen.

Was aber kann man mit einer Instanz vom Typ einer Basisklasse, die tatsächlich auf ein Objekt einer abgeleiteten Klasse verweist, anfangen?

Wenn Sie den tatsächlichen Typ des Objekts kennen, können Sie eine Typumwandlung vornehmen und alle public-Elemente des Objekts verwenden.

Sie können zudem die Elemente aufrufen, die bereits in der Basisklasse deklariert sind. Hierfür ist natürlich keine Typumwandlung nötig.

```
figur := TRechteck.Create;
figur.zeichnen(p);
```

Hier wird eine Methode aufgerufen, die sowohl in der Basisklasse (Typ der Instanz figur) als auch in der abgeleiteten Klasse (Typ des Objekts, auf das figur verweist) deklariert ist. Welche Methode soll der Compiler nun aufrufen? Die Methode, die zum Typ der Instanz gehört oder die Methode, die zum Typ des Objekts gehört? Wünschenswert ist meist, dass der Compiler die Methode aufruft, die zum Typ des Objekts passt. Dies erreicht man durch dynamische Bindung.

Dynamische Bindung

Dynamische Bindung bedeutet, dass sich der Aufruf einer Methode nach dem Typ des Objekts und nicht nach dem Typ der Instanz richtet. Das Gegenteil ist die statische Bindung, bei der sich die Auswahl der Methode nach dem Typ der Instanz richtet.

Delphi verwendet grundsätzlich die statische Bindung. Man kann aber für Methoden die dynamische Bindung aktivieren, indem man die betreffenden Methoden in der Basisklasse als virtual (oder dynamic) deklariert und in den abgeleiteten Klassen die Methoden überschreibt (Neudeklaration mit gleichem Namen, gleicher Parameterliste und dem Schlüsselwort override).

Entsprechend den oben aufgelisteten Klassendeklarationen ist zeichnen eine überschriebene Methode mit dynamischer Bindung. Der Aufruf von

```
var figur : TZeichenobjekt;

begin
```

```
figur := TRechteck.Create;
figur.zeichnen(p);
```

führt daher zum Aufruf der TRechteck-Version von zeichnen und zur Ausgabe von:

```
writeln('zeichne Rechteck');
```

Verweise

Siehe Statische und dynamische Bindung
Siehe Überschreibung von Methoden
Siehe Praxisteil, Kategorie Klassen und Vererbung, Basisklassenobjekte und Arrays
Siehe Praxisteil, Kategorie Klassen und Vererbung, Basisklassenobjekte und Routinen

Statische und dynamische Bindung

```
-  / virtual
```

Beschreibung

Wie verarbeitet der Compiler den Zugriff von außen (über eine Klasseninstanz) auf ein Klassenelement?

```
type TDemo = class
       fDaten : Integer;
       end;
var Obj : TDemo;

begin
  Obj := TDemo.Create;
  Obj.fDaten := 33;
  ...
```

1. Der Compiler stellt den Typ der Instanz fest. (Im Beispiel TDemo.)

2. Der Compiler prüft, ob das Element, das aufgerufen wird, in der Klasse deklariert und public (oder published) ist. (Ist der Fall.)

3. Der Compiler ermittelt den Speicherbereich, der zu dem Bezeichner Obj.fDaten gehört.

Schritt 3 bezeichnet man als Bindung. Grundsätzlich ist die Bindung eine einfache, eindeutige Angelegenheit. Kompliziert wird es, wenn zwei Dinge zusammenkommen.

- Instanzen sind im Grunde Zeiger auf Klassenobjekte. Wegen der Zuweisungskompatibilität von abgeleiteten Klassen zu Basisklassen kann ein Zeiger vom Typ einer Basisklasse auf ein Objekt vom Typ einer abgeleiteten Klasse verweisen.

- Das Element, auf das zugegriffen wird, ist sowohl im Klassentyp der Instanz als auch im Klassentyp des Objekts deklariert.

```
type TBasis = class
        fDaten : string;
        end;

    TAbgeleitet = class(TBasis)
        fDaten : string;
        end;
...
var BasObj : TBasis;
    AbgObj : TAbgeleitet;

begin
  BasObj := TBasis.Create;
  AbgObj := TAbgeleitet.Create;

  BasObj := AbgObj;
  BasObj.fDaten := 'Text';
```

Die Instanz BasObj ist jetzt vom Typ TBasis, doch das Objekt, auf das die Instanz verweist, ist vom Typ TAbgeleitet. Soll der Compiler nun auf TBasis(BasObj).fDaten oder auf TAbgeleitet(BasObj).fDaten zugreifen?

Statische Bindung

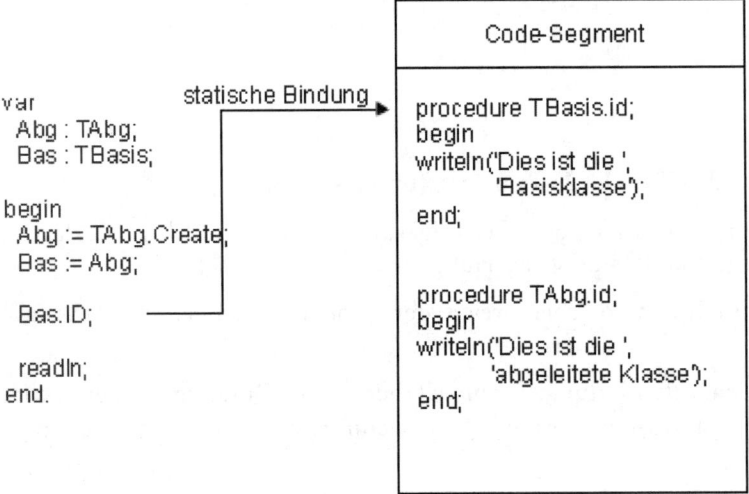

- Für Datenelemente (obiges Beispiel), Eigenschaften und nichtvirtuelle Methoden verwendet der Compiler die statische Bindung.

- Statische Bindung bedeutet, dass sich der Compiler beim Aufruf von Klassenelementen nach dem Typ der Instanz richtet (und nicht nach dem Typ des Objekts, auf das die Instanz verweist).

- Delphi favorisiert die statische Bindung, da die Bindung in diesem Fall während der Kompilation hergestellt werden kann. (Der Typ der Instanz steht ja während der Kompilation fest, der Typ des Objekts kann sich dagegen während der Ausführung des Programms ändern und muss daher zur Laufzeit bestimmt werden.)

- Statische Bindung ist schnell und speicherschonend.

Dynamische Bindung

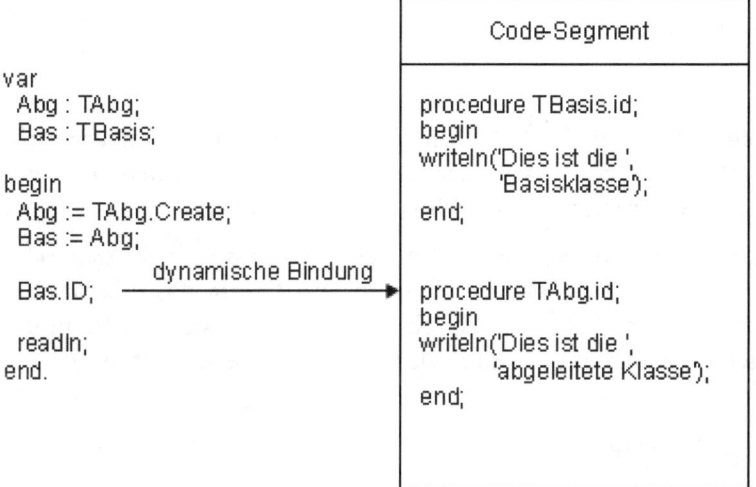

Zur Unterstützung der Polymorphie ist es wichtig, dass Methoden dynamisch gebunden werden.

- Methoden werden dynamisch gebunden, wenn die Basisklassenversion `virtual` oder `dynamic` und die abgeleiteten Versionen mit dem Schlüsselwort `override` deklariert sind.

- Dynamische Bindung bedeutet, dass sich der Compiler beim Aufruf von Klassenelementen nach dem Typ des Objekts richtet, auf das die Instanz verweist (und nicht nach dem Typ der Instanz).

- Für die Realisierung der dynamischen Bindung legt der Compiler so genannte virtuelle Tabellen an. Für jede Klasse mit virtuellen Methoden legt der Compiler eine Tabelle an, in der die virtuellen Methoden (geerbte und eigene) und ihre Anfangsadressen im Codespeicher aufgelistet sind. Jede Instanz der Klasse erhält zudem einen Zeiger (`vPtr`), der auf diese Tabelle verweist. Beim Aufruf einer virtuellen Methode erzeugt der Compiler Code, der über den `vPtr` des

Objekts auf die Tabelle der virtuellen Methoden zugreift und dann die Methode aufruft, die zu dem Objekt gehört.

- Wenn Sie eine virtuelle Methode überschreiben, wird in der Tabelle der virtuellen Methoden eingetragen, dass der Bezeichner der Methode nicht mehr mit der geerbten Methode, sondern der überschriebenen Methode zu verbinden ist.

Verweise

Siehe Polymorphie
Siehe Überschreibung von Methoden

Überschreibung von Methoden

```
virtual/dynamic, override
```

Beschreibung

Als Überschreibung einer Methode bezeichnet man die Neudeklaration einer geerbten Methode in der abgeleiteten Klasse unter Beibehaltung des Namens und der Parameterliste und unter Verwendung des Schlüsselworts override.

Überschreiben kann man nur Methoden, die in der Basisklasse als virtual oder dynamic deklariert sind. (Dabei muss es sich nicht um die direkte Basisklasse handeln. Wenn eine Methode einmal als virtuell deklariert ist, kann sie in jeder in der Klassenhierarchie nachfolgenden abgeleiteten Klassen überschrieben werden.)

```
type
  // Deklaration virtueller Methoden
  TBasis = class
    function FuncName : string; virtual;
    procedure ProcName;         virtual;
    end;

  // Überschreibung
  TAbgeleitet = class(TBasis)
    function FuncName : string; override;
    procedure ProcName;         override;
    end;
```

Die Schlüsselwörter virtual, dynamic und override stehen stets am Ende einer Methodendeklaration.

Anwendung

Die Überschreibung hat zwei Effekte, die einem gemeinsamen Ziel dienen:

- Durch die Neudeklaration passt man die Implementierung einer geerbten Methode an die Bedürfnisse der abgeleiteten Klasse an.
- Durch die override-Deklaration schaltet man die dynamische Bindung der Methode ein.

Auf diese Weise kann man in abgeleiteten Klassen die Implementierung geerbter Methoden anpassen und gleichzeitig sicherstellen, dass für ein Objekt immer die korrekte Methodenversion aufgerufen wird (unabhängig vom Typ der Instanz, die als Zeiger auf das Objekt verwendet wird, siehe Typidentifizierung zur Laufzeit).

Virtual und Dynamic

Virtuelle Methoden können mit dem Schlüsselwort virtual oder alternativ mit dem Schlüsselwort dynamic deklariert werden.

- Methoden, die als virtual deklariert werden, werden in der Tabelle der virtuellen Methoden (VMT) der Klasse eingetragen. Da jede Klasse in ihrer VMT die eigenen wie die geerbten virtuellen Methoden einträgt, ist dieses Verfahren recht speicherintensiv.
- Methoden, die als dynamic deklariert werden, werden in eigenen Tabellen geführt, wobei für jede Klasse nur die eigenen virtuellen Methoden eingetragen werden. Die Tabellen der Klassen einer gemeinsamen Klassenhierarchie sind als Liste miteinander verbunden. Dieses Verfahren ist weniger speicherintensiv, der Aufruf der Methoden dauert aber länger, weil gegebenenfalls die Liste durchwandert werden muss.

Tipp

Da nur solche Methoden überschrieben werden können, die als virtuell deklariert sind, sollten Sie beim Aufsetzen von Basisklassen darauf achten, dass Sie alle Klassen, die für die Überschreibung in Frage kommen, als virtual oder dynamic deklarieren.

Insbesondere Methoden, die als Schnittstellenvorgabe in der Basisklasse geführt werden und bei denen feststeht, dass man ihre Implementierungen in den abgeleiteten Klassen anpassen muss (polymorphe Methoden), sind als virtuell zu deklarieren.

Beispiel

```
interface
type TZeichenobjekt = class
    ...
```

```
  public
    procedure zeichnen(p : TPoint); virtual;
  end;

TRechteck = class(TZeichenobjekt)
...
public
  procedure zeichnen(p : TPoint); override;
end;

TKreis = class(TZeichenobjekt)
...
public
  procedure zeichnen(p : TPoint); override;
end;
```

```
implementation
procedure TZeichenobjekt.zeichnen(p : TPoint);
begin
  writeln('zeichne Zeichenobjekt');
end;
procedure TRechteck.zeichnen(p : TPoint);
begin
  writeln('zeichne Rechteck');
end;
procedure TKreis.zeichnen(p : TPoint);
begin
  writeln('zeichne Kreis');
end;
```

Verweise

Siehe Polymorphie

Siehe Statische und dynamische Bindung

Siehe Abstrakte Methoden

Siehe Typidentifizierung zur Laufzeit

Siehe Praxisteil, Kategorie Klassen und Vererbung, Basisklassenobjekte und Arrays/
Routinen

Überschreibung von Eigenschaften

```
property
```

Beschreibung

Eigenschaften können sowohl verdeckt als auch überschrieben werden. Eine Verdeckung erreicht man durch eine komplette Neudeklaration, die dadurch gekennzeichnet ist, dass der Datentyp der Eigenschaft mit angegeben wird.

Wenn Sie keinen Datentyp angeben, überschreiben Sie die Eigenschaft. Dabei brauchen Sie nicht alle Teile neu zu deklarieren. Was nicht neu deklariert wurde, komplettiert der Compiler mit dem entsprechenden Teil aus der Basisklasse.

Anwendung

Eigenschaften werden meist überschrieben, um die Sichtbarkeit der Eigenschaft (Zugriffsrechte) zu erweitern. In der VCL findet man etliche Beispiele hierfür – etwa die Klasse TEdit, die nichts anderes macht als eine Reihe von geerbten public-Eigenschaften als published zu deklarieren, damit diese im Objektinspektor angezeigt werden.

```
TEdit = class(TCustomEdit)
published
  property Anchors;
  property AutoSelect;
  property AutoSize;
  ...
end;
```

- Zugriffsrechte von Eigenschaften können per Überschreibung nur erweitert, nicht verringert werden.

Ein anderer Grund für die Überschreibung ist die Änderung der Zugriffsangaben.

```
TBasis = class
  property Datenelement : Integer read fDatenelement
                                 write fDatenelement;
end;

// Überschreibung: verbinde Schreibzugriff mit Methode,
//                 behalte Lesezugriff unverändert bei
TAbgeleitet = class(TBasis)
  property Datenelement write setDatenelement;

end;
```

- Zugriffsangaben können per Überschreibung geändert oder ergänzt, nicht aber gelöscht werden.

Tipp

Eigenschaften werden grundsätzlich statisch gebunden. Wenn also eine Instanz vom Typ einer Basisklasse auf ein Objekt einer abgeleiteten Klasse verweist und über diese Instanz auf eine Eigenschaft zugegriffen wird, die sowohl in der Klasse der Instanz als auch des Objekts definiert ist, richtet sich der Aufruf nach dem Typ der Instanz (es wird auf die Eigenschaft aus dem Basisklassenunterobjekt des Objekts zugegriffen).

Man kann aber notfalls eine dynamische Bindung simulieren, indem man Lese- und Schreibzugriff mit überschriebenen Methoden verbindet.

Beispiel

```
// Deklaration in Basisklasse
public
  property beispiel : Integer read fWert write fWert;

// Beispiel für Neudeklaration in abgeleiteter Klasse, die aus einer
// Lese/Schreib-Eigenschaft eine NurLesen-Eigenschaft macht
public
  property beispiel : Integer read fWert;

// Beispiel für Überschreibung in abgeleiteter Klasse, die Lesezugriff
// neu definiert und Schreibzugriff übernimmt
public
  property beispiel read get_Wert;

// Beispiel für Überschreibung in abgeleiteter Klasse, wobei
// Lese-und Schreibzugriff erhalten bleiben und lediglich die
// Zugriffsberechtigung der Eigenschaft von public auf published
// erweitert wird
published
  property beispiel read get_Wert;
```

Verweise

Siehe Kategorie Klassen, Eigenschaften

Abstrakte Methoden

```
abstract
```

Beschreibung

Abstrakte Methoden sind virtuelle Methoden, für die keine Implementierung vorgegeben wird und die mit dem Schlüsselwort abstract deklariert sind.

```
function FuncName : Typ; virtual; abstract;
procedure ProcName(param : Typ); virtual; abstract;
```

Anwendung

Oftmals – wie im Beispiel der Klassenhierarchie für die Zeichenobjekte (siehe Abschnitt »Polymorphie«) – ist es gar nicht erforderlich, dass eine Methode einer Basisklasse eine Definition, also einen Anweisungsteil besitzt, da sie sowieso nur dazu dient, allen abgeleiteten Klassen den Namen der Methode vorzugeben. Aufgabe einer solchen Methode ist es, eine definierte, einheitliche Schnittstelle für alle abgeleiteten Klassen vorzugeben. Object Pascal unterstützt dieses Konzept durch das Schlüsselwort abstract.

Warnung

- Als abstract können nur solche Methoden deklariert werden, die auch als virtual oder dynamic deklariert sind.

- Abstrakte Methoden werden nicht zusammen mit der Klasse implementiert, in der sie deklariert werden, sondern erst in den abgeleiteten Klassen, die eine entsprechende Methode dieses Bezeichners verwenden wollen.

- Beachten Sie, dass Sie bei der Überschreibung einer abstrakten Methode nicht das Schlüsselwort inherited verwenden können.

- Bilden Sie keine Objekte von Klassen mit abstrakten Methoden. Der Compiler quittiert dies lediglich mit einer Warnung, doch wenn Sie für ein solches Objekt die abstrakte Methode aufrufen, stürzt ihr Programm ab, da der Methodenname mit keiner gültigen Code-Adresse verbunden ist.

Beispiel

```
interface
type
...
TZeichenobjekt = class
  ...
  public
    procedure zeichnen(p : TPoint); virtual; abstract;
  end;

TRechteck = class(TZeichenobjekt)
  ...
  public
    procedure zeichnen(p : TPoint); override;
  end;

TKreis = class(TZeichenobjekt)
  ...
  public
    procedure zeichnen(p : TPoint); override;
  end;


implementation
// Überschreibung und Implementierung der abstrakten Methode
procedure TRechteck.zeichnen(p : TPoint);
begin
  writeln('zeichne Rechteck');
```

```
end;

procedure TKreis.zeichnen(p : TPoint);
begin
  writeln('zeichne Kreis');
end;
```

Verweise

Siehe Überschreibung von Methoden
Siehe Praxisteil, Kategorie Klassen und Vererbung, Richtlinien für die Vererbung

Typidentifizierung zur Laufzeit (RTTI)

Beschreibung

Um sinnvoll mit Basisklasseninstanzen auf abgeleitete Objekte arbeiten zu können, muss es eine Möglichkeit geben, wieder auf die volle Funktionalität des abgeleiteten Objekts zuzugreifen. Das eigentliche Problem bei der Rückverwandlung ist die Typidentifizierung: welchem abgeleiteten Klassentyp gehört das Objekt an, auf das der Basisklassenzeiger verweist.

Anwendung

Für die Typidentifizierung gibt es verschiedene Möglichkeiten:

Virtuelle Methoden	Über eine Basisklasseninstanz soll für ein abgeleitetes Objekt eine in der abgeleiteten Klasse überschriebene virtuelle Methode aufgerufen werden.
	
	`BasObj := AbgObj;`
	`BasObj.ueberschriebeneMethode;`
	Die Typidentifizierung erfolgt automatisch durch den Compiler (dynamische Bindung). Soweit möglich und sinnvoll, sollte man diese Form der Typidentifizierung nutzen.

Typumwandlung	Über eine Basisklasseninstanz soll für ein abgeleitetes Objekt eine in der abgeleiteten Klasse neu deklarierte Methode oder ein neu deklariertes Datenelement aufgerufen werden.
	
	`writeln((BasObj as TAbgeleitet).neueMethode);`
	Oder
	
	`with BasObj as TAbgeleitet do`
	`    begin`
	`    neueMethode;`
	`    end;`
	Der Programmierer benutzt den as-Operator zur Typumwandlung und überlässt dem Operator die Aufgabe sicherzustellen, dass diese Umwandlung korrekt ist. Wird in Fällen eingesetzt, in denen man mit den virtuellen Methoden nicht weiterkommt und man sich bezüglich des Typs, in den umgewandelt wird, sicher ist.

Typidentifizierung	Ist man sich nicht sicher, von welchem Typ das Objekt ist, auf das die Instanz verweist, nutzt man den is-Operator zur Feststellung des Typs.
| | ```
procedure TForm1.Klick(Sender: TObject);
begin
    if Sender is TButton then Beep;
    if Sender is TLabel then
                    Label1.Caption := 'Angeklickt';
end;
``` |
| | Sollte möglichst sparsam eingesetzt werden. Den virtuellen Methoden ist – wo möglich – der Vorzug zu geben. |

Verweise

Siehe Überschreibung von Methoden

Siehe Kategorie Ausdrücke und Operatoren, Klassenoperatoren

Siehe Praxisteil, Kategorie Klassen und Vererbung, Basisklassenobjekte und Arrays/Routinen

Klassenreferenzen und -methoden

Klassenmethoden

class Methodendeklaration

Beschreibung

Eine Klassenmethode ist eine Methode, die über den Namen ihrer Klasse aufgerufen werden kann. Klassenmethoden wird sowohl in der Klassendeklaration als auch bei der Implementierung das Schlüsselwort class vorangestellt.

Der Self-Parameter einer Klassenmethode einer Klasse Demo ist vom Typ class of Demo.

Anwendung

Klassenmethoden sind – abgesehen von Konstruktoren – die einzige Möglichkeit, Methoden einer Klasse aufzurufen, ohne dass zuvor ein Objekt der betreffenden Klasse erzeugt wurde. Dies ist beispielsweise interessant, wenn man sich näher über einen bestimmten Typ informieren will. So definiert die oberste Basisklasse TObject eine Reihe von Klassenmethoden, die der Information über den Klassentyp dienen. Da alle Klassen von TObject abgeleitet sind, kann man diese Klassenmethoden für alle Klassen (und Instanzen) aufrufen.
```

- `class function ClassName: ShortString;`

Gibt den Klassennamen zurück.

- `class function ClassNameIs(const Name: string): Boolean;`

Liefert True zurück, wenn der Klassenname mit dem übergebenen Argument übereinstimmt.

- `class function ClassParent: TClass;`

Liefert eine Referenz auf die direkte Basisklasse.

- `class function ClassInfo: Pointer;`

Liefert einen Zeiger auf ausführlichere Informationen.

- `class function InstanceSize: Longint;`

Gibt die Größe einer Instanz der Klasse an.

- `class function InheritsFrom(AClass: TClass): Boolean;`

Liefert True zurück, wenn die Klasse von der Klasse des Arguments zu AClass abgeleitet ist.

- `class function MethodAddress(const Name: ShortString): Pointer;`

Liefert die Adresse einer Methode.

- `class function MethodName(Address: Pointer): ShortString;`

Liefert den Namen einer Methode.

Warnung

Da der Self-Parameter einer Klassenmethode kein Klassenobjekt, sondern eine Klassenreferenz (siehe unten) darstellt, kann man in Klassenmethoden nicht auf normale Elemente der Klasse zugreifen, sondern nur auf andere Klassenmethoden.

Klassenmethoden können auch über Instanzen aufgerufen werden. In diesem Fall wird intern aus der Instanz der Typ ihrer Klasse ermittelt. Ein Aufruf instanz.klassenmethode entspricht also dem Aufruf instanz.ClassType.klassenmethode (ClassType ist eine TObject-Methode).

Beispiel

Das folgende Beispiel nutzt die Klassenmethoden TObject.ClassName und TObject.ClassParent, um die Basisklassen einer beliebigen Klasse auszugeben.

```
procedure Basisklassen(klasse : TClass);
begin
  while klasse.ClassName <> 'TObject' do begin
    writeln(klasse.Classname);
    klasse := klasse.Classparent
    end;
```

```
  writeln('TObject');
end;
```

Ausgabe für den Aufruf Basisklassen(TEdit):

```
TEdit
TCustomEdit
TWinControl
TControl
TComponent
TPersistent
TObject
```

Verweise

Siehe Kategorie Klassen, Konstruktor
Siehe Praxisteil, Kategorie Klassen und Vererbung, Virtuelle Konstruktoren

Klassenreferenztypen

```
class of
```

Beschreibung

Klassenreferenztypen sind Datentypen, deren »Variablen« Klassen sind. Genauer gesagt, sind es jedoch keine Klassen, sondern Klassenreferenzen – Objekte, die intern Informationen über Klassen speichern und im Programm wie ein Klassenname verwendet werden können.

Deklariert werden Klassenreferenzen mit dem Konstruktor class of.

```
type
  Klassenreferenztyp = class of TBasisklasse;
```

Anwendungen

Nach Deklaration einer Klassenreferenz

```
var
  Klassenreferenz : Klassenreferenztyp;
```

kann man dieser als Wert jede Klasse zuweisen, die von der Klasse, die in der Klassenreferenztyp-Deklaration angegeben wurde, abgeleitet ist.

```
Klassenreferenz := TAbgeleitet;
```

Klassenreferenzen werden hauptsächlich in drei Situationen verwendet:

- zur Erzeugung von Objekten;
- zum Aufruf von Klassenmethoden;

- als zweiter Operand zu den Operatoren is und as.

Ein Beispiel für die Erzeugung von Objekten unbekannten Datentyps finden Sie in der Delphi-Hilfe unter dem Indexeintrag *Klassenreferenzen*. Weiter unten finden Sie ein Beispiel für die Erzeugung beliebiger Objekte und zum Aufruf von Klassenmethoden.

Warnung

Klassenreferenztypen dürfen nicht in Variablendeklarationen oder Parameterlisten deklariert werden.

Tipp

In der Unit System ist der Klassenreferenztyp TClass vordefiniert.

```
type
  TClass = class of TObject;
```

Da TObject die Basisklasse aller in Object Pascal deklarierten Klassen ist, kann man einer Klassenreferenz vom Typ TClass jede beliebige Klasse zuweisen.

Beispiel

Das folgende Beispiel definiert eine Funktion ErzeugeObjekt, wie sie beispielsweise zum Debuggen verwendet werden kann.

```
type TKlassenRef = class of TBasis;

function ErzeugeObjekt(klasse : TKlassenRef) : TBasis;
begin
  Result := klasse.Create;
  writeln('Instanz von ', klasse.ClassName);
  writeln('Instanzgroesse : ',klasse.InstanceSize);
end;
```

Entsprechend dem Klassenreferenztyp des Funktionsparameters kann man die Funktion mit TBasis und jeder von TBasis abgeleiteten Klasse aufrufen. TBasis ist dabei die Basisklasse einer kleinen Klassenhierarchie:

```
type TBasis = class
       str : string;
       constructor Create; virtual;
     end;

     TAbg1 = class(TBasis)
       i : Integer;
       constructor Create; override;
     end;
```

```
TAbg2 = class(TAbg1)
  i : Integer;
  constructor Create; override;
  end;
```

Beachten Sie, dass in dieser Klassenhierarchie der Konstruktor virtuell ist. Dies ist notwendig, da der Aufruf von `Create` über den Klassenreferenzparameter nur Objekte vom Typ `TBasis` erzeugen würde.

```
begin
  // Instanzbildung
  obj1 := TBasis(ErzeugeObjekt(TBasis));
  obj2 := TAbg1(ErzeugeObjekt(TAbg1));
  obj3 := TAbg2(ErzeugeObjekt(TAbg2));
  ...
```

Verweise

Siehe Praxisteil, Kategorie Klassen und Vererbung, Virtuelle Konstruktoren

Schnittstellen

Schnittstellen

`interface`

Beschreibung

Ab Delphi 3 kennt Object Pascal die Möglichkeit der Implementierung objektorientierter Schnittstellen (Interfaces).

Eine Schnittstelle enthält die Deklarationen einer Gruppe von Methoden und Eigenschaften, gibt aber keine Implementierung der Methoden vor. Deklariert werden Schnittstellen mit dem Schlüsselwort `interface`:

```
type
  interfacename = interface(Basisschnittstelle)
    Elementliste;
    end;
```

- **Interfacename**: Name der zu deklarierenden Schnittstelle.
- **Basisschnittstelle**: wird eine Basisschnittstelle angegeben, erbt die neu zu definierende, abgeleitete Schnittstelle alle Elemente dieser Basisschnittstelle.

Object Pascal sieht als oberste Basisschnittstelle IUnknown vor (COM-Objekte müssen über diese Schnittstelle verfügen). Auch wenn Sie Schnittstellen ohne Basisschnittstelle definieren oder Hierarchien auf selbstdefinierten obersten Basisschnittstellen aufbauen, wird automatisch IUnknown als grundlegende Basisschnittstelle verwendet.

- **Elementliste:** Liste der Methoden und Eigenschaften, die die Schnittstelle bilden. Bezüglich der Eigenschaften ist nur die Deklaration von Zugriffsmethoden erlaubt, da Datenelemente in einer Schnittstelle nicht erlaubt sind. Alle Elemente einer Schnittstelle sind öffentlich (public). Die Methodenspezifizierer für die Überschreibung sind nicht erlaubt.

Anwendung

Innerhalb einer Schnittstelle werden die zu ihr gehörenden Methoden und Eigenschaften lediglich deklariert, nicht implementiert. Die Implementierung der Methoden der Schnittstelle ist Aufgabe der Klassen, die die Schnittstelle verwenden.

Da alle Schnittstellen von IUnknown abgeleitet werden, muss jede Klasse, die eine Schnittstelle implementiert, die Methoden dieser Schnittstelle implementieren. Sie können sich diese Arbeit sparen, wenn Sie die Klassen von TInterfacedObject ableiten (TInterfacedObject ist eine Klasse, die die Methoden der IUnknown-Schnittstelle implementiert).

Eine Klasse kann mehrere Schnittstellen implementieren. Die einzelnen Schnittstellen werden durch Kommata getrennt aufgelistet. Wird auch eine Basisklasse angegeben, steht diese vor den Schnittstellen.

```
type
  TKlasse = class(TBasisklasse, IInterface1, IInterface2)
```

Schnittstellen sind aus verschiedenen Gründen interessant:

- Schnittstellen stellen in Object Pascal (wie übrigens auch in Java) die einzige Form der Mehrfachvererbung dar.
- Klassen, die eine gemeinsame Schnittstelle implementieren, sind zueinander zuweisungskompatibel.
- Schnittstellen spielen eine große Rolle bei der Implementierung von COM- und CORBA-Anwendungen.

Warnung

Eine Schnittstelle kann nur Eigenschaften und Methoden enthalten (Datenelemente sind nicht erlaubt; Eigenschaften dürfen nur Methoden als Zugriffsangaben deklarieren).

Zugriffsmodifizierer zur Einschränkung der Zugriffsberechtigung sind in Schnittstellen nicht erlaubt. Alle Elemente einer Schnittstelle sind öffentlich.

Die Methodenspezifizierer für die Überschreibung sind nicht erlaubt.

Schnittstellen können nur im äußersten Block eines Moduls deklariert werden.

Schnittstellen und das COM-Modell

Delphi-Schnittstellen sind ohne Einschränkung zum Microsoft COM-Standard kompatibel. In Delphi implementierte Objekte, die Schnittstellen verwenden, sind damit automatisch auch COM-Objekte.

Instanzen von Delphi-Klassen, die Schnittstellen verwenden, sind automatisch COM-Objekte und können mit anderen COM-Objekten zusammenarbeiten.

Für die Erstellung von COM-Objekten (beispielsweise zur Automatisierung von Klassen oder der Programmierung von ActiveX-Steuerelementen) bedienen Sie sich am besten der Vorlagen auf der Seite ActiveX der Objektablage.

Beispiel

```
type IInterface1 = interface
        function getTyp : string;
        end;

    IInterface2 = interface
        function getAdresse : string;
        end;

    TKlasse = class(TInterfacedObject, IInterface1, IInterface2)
        function getTyp : string;
        function getAdresse : string;
        end;
```

Verweise

Siehe Kategorie Vererbung und Polymorphie, Vererbung
Siehe Praxisteil, Kategorie Internet und verteilte Anwendungen, COM

Assembler

Assembler

```
asm
```

Beschreibung

Mit Hilfe des Schlüsselwortes asm können Sie Assembler-Befehle in ihren Object Pascal-Code einbauen.

```
asm
  Assembler-Code
  end;
```

Anwendung

Delphi verfügt über einen integrierten Assembler, den Sie dazu nutzen können, Assembler-Befehle, -Routinen oder -Module in ihre Projekte einzubauen. Wer über gute Assembler-Kenntnisse verfügt, kann Quellcode auf diese Weise in Hinblick auf Laufzeit und/oder Speicherersparnis optimieren. (Große Teile der Delphi-Bibliotheken sind beispielsweise in Assembler geschrieben, siehe *System.pas*).

Beispiel

```
procedure tausche(var p1, p2 : Integer); stdcall
begin
  asm
    mov EDX, [EBP+$0C]
    mov EAX, [EBP+$08]
    mov ECX,  [EAX]
    mov EBX,  [EDX]
    mov [EAX], EBX
    mov [EDX], ECX
  end;
end;
```

Die Pascal-Laufzeitbibliothek

Die Delphi-Laufzeitbibliothek (englisch: RTL für Runtime Library) ist eine Sammlung von Prozeduren und Funktionen zu verschiedenen Standardproblemen:

Kategorie	Routinen
Ein- und Ausgabe	Beep, Format, ParamCount, ParamStr, Read, Readln, Write, Writeln
	(siehe Praxisteil, Konsolenanwendungen, Ein- und Ausgabe sowie Praxisteil, Sonstiges, Kommandozeilenargumente verarbeiten)
Dateiverwaltung	AdjustLineBreaks, Append, AppendStr, AssignFile, BlockRead, BlockWrite, ChangeFileExt, ChDir, Close, CloseFile, CreateDir, DeleteFile, DiskFree, DiskSize, Eof, Eoln, Erase, IncludeTrailingBackslash, ExcludeTrailingBackslash, ExpandFileName, ExpandUNCFileName, ExtractFileDir, ExtractFileDrive, ExtractFileExt, ExtractFilename, ExtractFilePath, ExtractRelativeFilePath, ExtractShortFilePath,
	File...-Routinen
	FindClose, FindFirst, FindNext, Flush, GetCurentDir, GetDir, GetDiskFreeSpaceEx, IOResult, IsPathDelimiter, MkDir, Read, Readln, RemoveDir, Rename, RenameFile, Reset, Rewrite, RmDir, Seek, SeekEof, SeekEoln, SetCurrentDir, SetTextBuf, Truncate, Write, Writeln
	(siehe Praxisteil, Dateien)
String-Bearbeitung	Ansi...-Routinen
	ByteToCharIndex, ByteToCharLen, ByteType, CharToByteIndex, CharToByteLen, CompareStr, CompareText, Concat, Copy, Delete, Dispose, DisposeStr, FillChar, FmtLoadStr, FmtStr, Format, FormatBuf, FormatCurr, FormatDateTime, FormatFloat, GetFormatSettings, Insert, IsDelimiter, IsPathDelimiter, LastDelimiter, Length, LoadStr, LowerCase, NewStr, OleStrToString, Pos, QuotedStr, SameText, SetString, Str,
	Str...-Routinen
	Trim, TrimLeft, TrimRight, UniqueString, UpCase, UpperCase, WrapText
	(siehe Praxisteil, Object Pascal, Strings analysieren und zerlegen; siehe Praxisteil, Konsolenanwendungen, Formatierte Ausgabe)

Kategorie	Routinen
Mathematische Routinen	Abs, ArcCos, ArcCosh, ArcSin, ArcSinh, ArcTan, ArcTan2, ArcTanh, Cos, Cosh, Cotan, CycleToRad, DegToRad, DoubleDecliningBalance, Exclude, Exp, Floor, Frac, Frexp, FutureValue, GradToRad, Hypot, Include, Int, InterestPayment, InterestRate, InternalRateOfReturn, IntPower, IntToHex, Ldexp, Ln, LnXP1, Log2, Log10, LogN, Max, MaxIntValue, MaxValue, Mean, MeanAndStdDev, Min, MinIntValue, MinValue, MomentSkewKurtosis, NetresentValue, Norm, NumberOfPeriods, Odd, Payment, PeriodPayment, Pi, Poly, PopnStdDev, PopnVariance, Power, PresentValue, RadToCycle, RadToDeg, RadToGrad, RandG, Random, Randomize, RandSeed, Round, Sin, SinCos, Sinh, SLNDeprecation, Sqr, Sqrt, StdDev, Sum, SumInt, SumOfSquares, SumsAndSquares, SYDDeprecation, Tan, Tanh, TotalVariance, Trunc, Variance (siehe Praxisteil, Sonstiges, Zufallszahlen und Komplexe Zahlen)
Speicherverwaltung	Addr, AllocMem, Assigned, Dispose, DisposeStr, Finalize, FinalizePackage, FindClose, FindFirst, FreeAndNil, FreeMem, GetAllocMemCount, GetAllocMemSize, GetHeapStatus, GetMem, GetMemoryManager, Initialize, InitializePackage, IsMemoryManagerSet, New, NewStr, Ptr, ReallocMem, SetLength, SetMemoryManager, Str, StrAlloc, StrBufSize, StrNew, SysFreeMem, SysGetMem, SysReallocMem (siehe Praxisteil, Object Pascal, Dynamische Speicherverwaltung)
Typumwandlung	Ceil, Chr, CompToCurrency, CompToDouble, CurrencyToComp, DoubleToComp, CurrToStr, CurrToStrF, CycleToRad, DateTimeToFileDate, DateTimeToSystemTime, DateTimeToStr, DateTimeToString, DateTimeToTimeStamp, DateToStr, DegToRad, FileClose, FileCreate, FileDateToDateTime, FloatToDeximal, FloatToStr, FloatToStrF, FloatToText,FloatToTextFmt, Floor, Frac, GradToRad, Int, IntToHex, IntToStr, MSecsToTimeStamp, OleStrToString, OleStrToVar, Ptr, RadToCycle, RadToDeg, RadToGrad, Round, StrToOleString, StringToWideChar, StrToCurr, StrToDate, StrToDateTime, StrToFloat, StrToInt, StrToInt64, StrToIntDef, StrToInt64Def, StrToTime, SystemTimeToDateTime, TextToFloat, Time, TimeStampToDateTime, TimeStampToMSecs, TimeToStr, Trunc, Val, VarAsType, VarFromDateTime, VarToDateTime, VarToStr, WideCharLenToString, WideCharLenToStrVar, WideCharToString, WideCharToStrVar (siehe Praxisteil, Menüs und andere Fensterdekorationen, Statusleiste mit Zeitanzeige oder Komponentenentwicklung, Eigenschaftseditor einrichten)

Kategorie	Routinen
Datums- und Zeitangaben	Date, DateTimeToFileDate, DateTimeToSystemTime, DateTimeToStr, DateTimeToString, DateTimeToTimeStamp, DateToStr, DayOfWeek, DecodeDate, EncodeDate, EncodeTime, Hi, IncMonth, IsLeapYear, MSecsToTimeStamp, Now, ReplaceDate, StrToDate, StrToDateTime, StrToTime, SystemTimeToDateTime, Time, TimeStampToDateTime, TimeStampToMSecs, TimeToStr, VarAsType, VarFromDateTime, VarToDateTime
	(siehe Praxisteil, Systemprogrammierung, Systemzeit abfragen)
Programmbeendigung	Abort, AddExitProc, Exit, Halt
Sonstige	Assert, BeginThread, Beak, ...
	(siehe Praxisteil, Multithread-Programmierung, Threads mit Threadfunktionen)

Zusammen mit einer Reihe unterstützender Datentypen, Variablen, Konstanten und Exceptions sind diese Routinen auf die vier Units

- System,
- ShareMem,
- SysUtils und
- Math

verteilt, die Sie wie üblich über die uses-Anweisung in Ihre Programme aufnehmen (die Unit System stellt hier insofern eine Ausnahme dar, als dass sie automatisch jedem Delphi-Programm beigefügt wird). Die Laufzeitbibliothek enthält eine Vielzahl allgemein nützlicher Funktionen und Prozeduren. Die Unit System enthält darüber hinaus eine Reihe von Variablen, die bei der Initialisierung der Programme durch Windows und bei der korrekten Beendigung der Programme verwendet werden (die Routinen und Klassen zur Windows-Programmierung sind allerdings auf die Units Windows, Messages, Ole2 etc. und natürlich auf die Units der VCL verteilt (siehe Verzeichnisse *Delphi/Source/RTL/Win* und *Delphi/Source/VCL*, wenn Sie über die Professional-Version verfügen). Große Teile der Laufzeitbibliothek, wie auch Teile anderer Delphi-Units, sind in Assembler programmiert, was die Laufzeit Ihrer Programme natürlich verbessert.

In dem folgenden Kapitel können Sie sich über die

- Datentypen, Konstanten und Variablen,
- Exceptions,
- Prozeduren und Funktionen

der zentralen RTL-Units informieren.

Warnung

Einige Routinen aus der Unit System können mit verschiedenen Datentypen aufgerufen werden (beispielsweise Abs). Da es diese Routinen schon in Turbo Pascal gab – also lange vor der Erweiterung von Pascal um objektorientierte Konzepte – gibt es zu diesen Routinen in *System.pas* keine sauberen Deklarationen, sondern lediglich Platzhalter, aus denen der Compiler intern die überladenen Routinen erzeugt.

Tipp

Zu Elementen, die mit einem Sternchen gekennzeichnet sind, gibt es in der Delphi-Hilfe ein Beispiel.

Zu Elementen, die mit zwei Sternchen gekennzeichnet sind, gibt es einen Verweis auf den Praxisteil.

Abort*	SysUtils

```
procedure Abort;
```

Beendet das Programm und löst eine EAbort-Exception aus.

Abs*	System

```
function Abs(X);
```

Liefert den Absolutwert des Integer- oder Gleitkomma-Arguments zurück.

AddExitProc	SysUtils

```
procedure AddExitProc(Proc: TProcedure);
```

Fügt die übergebene Prozedur in die Liste der Exit-Prozeduren der Laufzeitbibliothek ein. Dient lediglich der Abwärtskompatibilität, in neuen Anwendungen nutzen Sie den finalization-Abschnitt.

Addr*	System

```
function Addr(X): Pointer;
```

Liefert die Adresse des spezifizierten Objekts zurück. Alternative zu @-Operator.

AddTerminateProc	SysUtils

```
procedure AddTerminateProc(TermProc: TTerminateProc);
```

Wird benutzt, um eine Terminierungsprozedur in die Liste der Prozeduren aufzunehmen, die bei Beendigung des Programms aufgerufen werden.

AdjustLineBreaks
SysUtils

```
function AdjustLineBreaks(const S: string): string;
```

Ändert alle Zeilenumbrüche (CR, LF, LF/CR) im String in echte CR/LF-Sequenzen (LF/CR-Paare werden beispielsweise in UNIX-Texten verwendet).

AllocMem
SysUtils

```
function AllocMem(Size: Cardinal): Pointer;
```

Reserviert einen Block der spezifizierten Größe auf dem Heap und initialisiert den Speicherbereich mit Nullen. Mittels der Prozedur FreeMem kann der Speicher wieder freigegeben werden.

AllocMemCount
System

```
var AllocMemCount: Integer;
```

Anzahl der für eine Anwendung allokierten Speicherblöcke.

AllocMemSize
System

```
var AllocMemSize: Integer;
```

Gesamtgröße der für eine Anwendung allokierten Speicherblöcke.

AnsiCompareFileName
SysUtils

```
function AnsiCompareFileName(const S1, S2: string): Integer;
```

Vergleicht Dateinamen gemäß den aktuellen, länderspezifischen Einstellungen. Spezialisierung von AnsiCompareText.

AnsiCompareStr**
SysUtils

```
function AnsiCompareStr(const S1, S2: string): Integer;
```

Vergleicht die beiden Strings S1 und S2 gemäß den aktuellen, länderspezifischen Einstellungen und unter Berücksichtigung der Groß- und Kleinschreibung. Der Rückgabewert zeigt das Ergebnis des Vergleichs an.

Ergebnis	Bedeutung
negativ	S1 < S2
0	S1 = S2
positiv	S1 > S2

(Siehe Praxisteil, Internationalisierung und Lokalisierung, String-Vergleiche).

AnsiCompareText   SysUtils

```
function AnsiCompareText(const S1, S2: string): Integer;
```

Vergleicht die beiden Strings S1 und S2 gemäß den aktuellen, länderspezifischen Einstellungen – ohne Berücksichtigung der Groß- und Kleinschreibung. Der Rückgabewert zeigt das Ergebnis des Vergleichs an (siehe AnsiCompareStr).

AnsiExtractQuotedStr   SysUtils

```
function AnsiExtractQuotedStr(var Src: PChar; Quote: Char): string;
```

Entfernt Anführungszeichen aus dem übergebenen String (mit MBCS-Unterstützung).

AnsiLastChar   SysUtils

```
function AnsiLastChar(const S: string): PChar;
```

Liefert einen Zeiger auf das letzte Zeichen in String S zurück (mit MBCS-Unterstützung).

AnsiLowerCase   SysUtils

```
function AnsiLowerCase(const S: string): string);
```

Konvertiert alle Zeichen des übergebenen Strings gemäß den aktuellen, länderspezifischen Einstellungen in Kleinbuchstaben. (mit MBCS-Unterstützung).

AnsiLowerCaseFileName   SysUtils

```
function AnsiLowerCaseFileName(const S: string): string;
```

Spezialisierung von AnsiLowerCase für Dateinamen.

AnsiPos   SysUtils

```
function AnsiPos(const Substr, S: string): Integer;
```

Liefert Byte-Offset des Teilstrings Substr in S. Liefert 0, wenn Teilstring nicht in S enthalten. MBCS-Version von Pos.

AnsiQuotedStr   SysUtils

```
function AnsiQuotedStr(const S: string; Quote: Char): string;
```

Setzt den String S in die als Quote übergebenen Anführungszeichen. MBCS-Version von QuotedStr.

AnsiSameStr   SysUtils

```
function AnsiSameStr(const S1, S2: string): Boolean;
```

Entscheidet, ob zwei Strings gemäß den aktuellen, länderspezifischen Einstellungen und unter Beachtung der Groß- und Kleinschreibung gleich (Rückgabewert True) oder ungleich (Rückgabewert False) sind.

AnsiSameText   SysUtils

```
function AnsiSameText(const S1, S2: string): Boolean;
```

Entscheidet, ob zwei Strings gemäß den aktuellen, länderspezifischen Einstellungen (ohne Beachtung der Groß- und Kleinschreibung) gleich (Rückgabewert True) oder ungleich (Rückgabewert False) sind.

AnsiStrComp   SysUtils

```
function AnsiStrComp(S1, S2: PChar): Integer;
```

MBCS-Version von StrComp. Der Vergleich hängt zudem von den lokalen Spracheinstellungen unter Windows ab.

AnsiStrIComp   SysUtils

```
function AnsiStrIComp(S1, S2: PChar): Integer;
```

MBCS-Version von StrIComp. Der Vergleich hängt zudem von den lokalen Spracheinstellungen unter Windows ab.

AnsiStrLastChar   SysUtils

```
function AnsiStrLastChar(P: PChar): PChar;
```

Liefert einen Zeiger auf das letzte Zeichen in String S zurück (mit MBCS-Unterstützung).

AnsiStrLComp   SysUtils

```
function AnsiStrLComp(S1, S2: PChar; MaxLen: Cardinal): Integer;
```

MBCS-Version von StrLComp. Der Vergleich hängt zudem von den lokalen Spracheinstellungen unter Windows ab.

AnsiStrLIComp   SysUtils

```
function AnsiStrLIComp(S1, S2: PChar; MaxLen: Cardinal): Integer;
```

MBCS-Version von StrLIComp. Der Vergleich hängt zudem von den lokalen Spracheinstellungen unter Windows ab.

AnsiStrLower   SysUtils

```
function AnsiStrLower(Str: PChar): PChar;
```

MBCS-Version von StrLower. Der Vergleich hängt zudem von den lokalen Spracheinstellungen unter Windows ab.

AnsiStrPos   SysUtils

```
function AnsiStrPos(Str, SubStr: PChar): PChar;
```

MBCS-Version von StrPos.

AnsiStrRScan**   SysUtils

```
function AnsiStrRScan(Str: PChar; Chr: Char): PChar;
```

MBCS-Version von StrRScan. (Siehe Praxisteil, Text, Texteditor implementieren).

AnsiStrScan   SysUtils

```
function AnsiStrScan(Str: PChar; Chr: Char): PChar;
```

MBCS-Version von StrScan.

AnsiStrUpper   SysUtils

```
function AnsiStrUpper(Str: PChar): PChar;
```

MBCS-Version von StrUpper. Der Vergleich hängt zudem von den lokalen Spracheinstellungen unter Windows ab.

AnsiUpperCase   SysUtils

```
function AnsiUpperCase(const S: string): string;
```

Konvertiert alle Zeichen des übergebenen Strings in Großbuchstaben.

AnsiUpperCaseFileName**   SysUtils

```
function AnsiUpperCaseFileName(const S: string): string;
```

Spezialisierung von AnsiUpperCase für Dateinamen. (Siehe Praxisteil, Text, Texteditor implementieren).

Append*   System

```
procedure Append(var f: Text);
```

Öffnet eine Datei f und setzt den Dateizeiger auf das Ende der Datei, sodass neuer Text angehängt wird.

AppendStr   SysUtils

```
procedure AppendStr(var Dest: string; const S: string);
```

Hängt den String S an den String Dest an (Dest:= Dest + S). Wird nur noch aus Gründen der Abwärtskompatibilität verwendet. Verwenden Sie stattdessen den Stringoperator +.

ArcCos   Math

```
function ArcCos(X: Extended): Extended;
```

Arkuskosinus berechnen. Das Argument muss im Bereich zwischen -1.0 und 1.0 liegen (Radiant), der Rückgabewert liegt im Bereich [0..PI].

ArcCosh   Math

```
function ArcCosh(X: Extended): Extended;
```

Arkuskosinus hyperbolicus berechnen. Das Argument muss größer oder gleich 1 sein, der Rückgabewert ist eine reelle Zahl größer oder gleich Null.

ArcSin   Math

```
function ArcSin(X: Extended): Extended;
```

Arkussinus berechnen. Das Argument muss im Bereich zwischen -1.0 und 1.0 liegen (Radiant), der Rückgabewert liegt im Bereich [-PI/2..PI/2].

ArcSinh   Math

```
function ArcSinh(X: Extended): Extended;
```

Arkussinus hyperbolicus berechnen. Argument und Rückgabewert sind beides reelle Zahlen.

ArcTan* — System

```
function ArcTan(X: Extended): Extended;
```

Liefert den Arkustangens des Arguments zurück.

ArcTan2 — Math

```
function ArcTan2(Y, X: Extended): Extended;
```

Berechnet den Arkustangens des Quotienten X/Y (= ArcTan(Y/X)) und liefert einen Winkel im Bereich [-PI..PI] zurück.

ArcTanh — Math

```
function ArcTanh(X: Extended): Extended;
```

Arkustangens hyperbolicus berechnen. Das Argument muss im Bereich zwischen -1.0 und 1.0 liegen (Radiant), der Rückgabewert ist eine reelle Zahl.

Assert — System

```
procedure Assert(expr: Boolean [; msg: string]);
```

Prüft, ob der übergebene Boolesche Ausdruck True ist. Löst die Exception EAssertionFailed aus, wenn der Ausdruck False ergibt.

AssertErrorProc — System

```
var AssertErrorProc: Pointer;
```

Zeiger auf Fehlerbehandlungsroutine zur Prozedur Assert.

Assigned* ** — System

```
function Assigned(var P): Boolean;
```

Überprüft, ob eine Zeiger- oder eine prozedurale Variable gleich nil ist. (Siehe Praxisteil, Dynamische Linkbibliotheken, DLLs dynamisch laden)

AssignFile* ** — System

```
procedure AssignFile(var F; FileName: String);
```

Verbindet den Namen einer externen Datei mit einer Dateivariablen. (Siehe Praxisteil, Object Pascal, Dynamischer Speicher, Routinen und Exceptions)

AssignStr   SysUtils

```
procedure AssignStr(var P: PString; const S: string);
```

Weist dem übergebenen String-Zeiger P einen neu allokierten String zu. Wird nur noch aus Gründen der Abwärtskompatibilität verwendet. Verwenden Sie stattdessen für Pascal-Strings den Zuweisungsoperator.

Beep   SysUtils

```
procedure Beep;
```

Ruft die Windows-API MessageBeep mit dem Parameter Null auf.

BeginThread**   System

```
function BeginThread(SecurityAttributes: Pointer; StackSize: LongWord;
                ThreadFunc: TThreadFunc; Parameter: Pointer;
                CreationFlags: LongWord; var ThreadId: LongWord)
                : Integer;
```

Kapselt die Windows-API-Funktion CreateThread zum Aufruf eines neuen Threads.

Parameter	Bedeutung
SecurityAttributes	Weist auf Struktur mit Sicherheitsattributen. Wird nil übergeben, werden Standardvorgaben übernommen.
StackSize	Maximale Größe des Stacks. 0 steht für gleiche Größe wie Hauptthread des Programms.
Threadfunc	Thread-Funktion. Die Signatur dieser Funktion ist durch TthreadFunc vorgegeben.
Parameter	Parameter, die an Thread übergeben werden sollen.
CreationFlags	Verschiedene Flags, beispielsweise um den Thread direkt anzuhalten.
ThreadId	In diesem Parameter wird die Kennung des Threads zurückgeliefert.

(Siehe Praxisteil, Multithread-Programmierung, Synchronisierung mit Ereignissen)

BlockRead* **   System

```
procedure BlockRead(var F: File; var Buf; Count: Integer
                [; var Result: Integer]);
```

Liest maximal Count Datensätze aus der geöffneten Datei F in die Puffer-Variable buf. In Result wird die tatsächliche Anzahl eingelesener Datensätze zurückgeliefert. (Siehe Praxisteil, Dateien, Untypisierte Dateien)

BlockWrite* ** System

```
procedure BlockWrite(var f: File; var Buf; Count: Integer
                [; var Result: Integer]);
```

Liest maximal Count Datensätze aus der Puffer-Variable buf in die geöffnete Datei F. In Result wird die tatsächliche Anzahl der ausgegebenen Datensätze zurückgeliefert. (Siehe Praxisteil, Dateien, Untypisierte Dateien)

Break* ** System

```
procedure Break;
```

Bricht eine Schleife ab und fährt mit der nachfolgenden Anweisung fort. (Siehe Object Pascal-Referenz, Ablaufsteuerung, Abbruchbefehle und -prozeduren)

ByteToCharIndex SysUtils

```
function ByteToCharIndex(const S: string; Index: Integer): Integer;
```

Gibt an, das wie vielte Zeichen das Index-te Byte im String darstellt.

ByteToCharLen SysUtils

```
function ByteToCharLen(const S: string; MaxLen: Integer): Integer;
```

Liefert die Anzahl Zeichen in einem MBCS-String zurück.

ByteType SysUtils

```
function ByteType(const S: string; Index: Integer): TMbcsByteType;
```

Liefert den Bytetyp des Index-ten Byte im String zurück.

Ceil Math

```
function Ceil(X: Extended):Integer;
```

Rundet auf nächste Ganzzahl auf.

ChangeFileExt* SysUtils

```
function ChangeFileExt(const Filename, Extension: string): string;
```

Ändert die Extension der spezifizierten Datei (Filename kann mit oder ohne Extension angegeben werden).

CharToByteIndex — SysUtils

```
function CharToByteIndex(const S: string; Index: Integer): Integer;
```

Gibt an, das wie viele Byte das Index-te Zeichen im String darstellt.

CharToByteLen — SysUtils

```
function CharToByteLen(const S: string; MaxLen: Integer): Integer;
```

Liefert die Anzahl der Bytes in einem MBCS-String zurück.

ChDir* — System

```
procedure ChDir (S: string);
```

Ändert das aktuelle Verzeichnis in den durch S gegebenen Pfad.

Chr* — System

```
function Chr(X: Byte): Char;
```

Liefert das Zeichen mit der angegebenen Ordinalzahl (ASCII-Code) zurück.

Close — System

```
procedure Close(var F);
```

Löst die Verbindung zwischen einer externen Datei und der Dateivariablen F. Dient vornehmlich der Abwärtskompatibilität. In Delphi-Anwendungen sollten Sie die Prozedur CloseFile verwenden.

CloseFile* ** — System

```
procedure CloseFile (var F);
```

Löst die Verbindung zwischen einer externen Datei und der Dateivariablen F, die mittels Reset, Rewrite oder Append geöffnet wurde. (Siehe Praxisteil, Dateien, Textdateien)

CmdLine — System

```
var CmdLine: PChar;
```

Bei jedem Programmaufruf speichert Windows die Kommandozeile des Aufrufs und weist der Variablen CmdLine einen Zeiger auf diesen String zu. Zum Abfragen der Kommandozeilenargumente kann man auch die Routinen ParamStr und Param-Count verwenden.

CmdShow   System

```pascal
var CmdShow: Integer;
```

Dieser Wert legt das Erscheinungsbild des Hauptfensters fest und wird beim Aufruf des Programms der Windows-Funktion ShowWindow übergeben.

Die folgende Tabelle zeigt die möglichen Werte für CmdShow. Werte, die speziell für die Initialisierung des Hauptfensters geeignet sind, sind mit einem Sternchen gekennzeichnet.

Wert	Bedeutung
SW_HIDE*	Versteckt das Fenster.
SW_MAXIMIZE	Vergrößert das Fenster zu einem Vollbild.
SW_MINIMIZE	Verkleinert das Fenster zu einem Symbol.
SW_RESTORE	Aktiviert das Fenster und stellt seine Normalgröße wieder her, wenn es minimiert oder maximiert war.
SW_SHOW	Aktiviert das Fenster in seinem augenblicklichen Zustand.
SW_SHOWDEFAULT	Definiert den anfänglichen Anzeigemodus für das Hauptfenster und wird verwendet, wenn eine Anwendung von einem anderen Programm mittels CreateProcess aufgerufen wird.
SW_SHOWMAXIMIZED*	Aktiviert und maximiert das Fenster.
SW_SHOWMINIMIZED*	Aktiviert und minimiert das Fenster.
SW_SHOWMINNOACTIVE	Zeigt Fenster als Symbol.
SW_SHOWNA	Zeigt Fenster in seinem aktuellen Zustand, ohne es zu aktivieren.
SW_SHOWNOACTIVATE	Zeigt Fenster in seiner aktuellen Größe und Position, ohne es zu aktivieren.
SW_SHOWNORMAL*	Aktiviert das Fenster und zeigt es in seiner Normalgröße.

CompareStr*   SysUtils

```pascal
function CompareStr(const S1, S2: string): Integer;
```

Vergleicht die beiden Strings S1 und S2 unter Berücksichtigung der Groß- und Kleinschreibung. Der Rückgabewert zeigt das Ergebnis des Vergleichs an:

Ergebnis	Bedeutung
negativ	S1 < S2
0	S1 = S2
positiv	S1 > S2

CompareText*   SysUtils

```
function CompareText(const S1, S2: string): Integer;
```

Vergleicht die beiden Strings S1 und S2 ohne Berücksichtigung der Groß- und Kleinschreibung. Der Rückgabewert zeigt das Ergebnis des Vergleichs an (siehe CompareStr).

CompToCurrency   system

```
function CompToCurrency(acomp: Comp): Currency; cdecl;
```

Wandelt einen Comp-Wert in einen Currency-Wert um.

CompToDouble   system

```
function CompToDouble(acomp: Comp): Double; cdecl;
```

Wandelt einen Comp-Wert in einen Double-Wert um.

Concat*   System

```
function Concat (s1 [, s2, ..., sn]: string): string;
```

Verkettet zwei oder mehrere Strings zu einem einzigen großen String.

Continue* **   System

```
procedure Continue;
```

Bewirkt, dass die aktuelle Iteration Schleife abgebrochen und mit der nächsten Iteration fortgefahren wird. (Siehe Object Pascal-Referenz, Ablaufsteuerung, Abbruchbefehle und -prozeduren)

Copy*   System

```
function Copy(S: String; Index, Count: Integer): String;
function Copy(S: array; Index, Count: Integer): array;
```

Liefert einen Teilstring/ein Teilarray von S zurück, der/das an der Position S[Index] beginnt und maximal Count Zeichen/Elemente enthält.

Cos*   System

```
function Cos(X: Extended): Extended;
```

Liefert den Kosinus des Winkels X im Bogenmaß zurück.

Cosh   Math

```
function Cosh(X: Extended): Extended;
```

Kosinus hyperbolicus berechnen. Das Argument ist eine beliebige reelle Zahl (Radiant), der Rückgabewert ist größer oder gleich 1.

Cotan   Math

```
function Cotan(X: Extended): Extended;
```

Kotangens berechnen (= 1/tan(X)). Das Argument ist eine beliebige reelle Zahl, die jedoch kein Vielfaches von PI sein darf; der Rückgabewert ist eine reelle Zahl.

CreateDir*   SysUtils

```
function CreateDir(const Dir: string): Boolean; SysUtils
```

Erstellt ein neues Verzeichnis. Liefert im Erfolgsfall true zurück.

CurrencyDecimals*   SysUtils

```
var CurrencyDecimals: Byte;
```

Anzahl der Ziffern rechts des Dezimal-Separators in Währungsbeträgen.

CurrencyFormat*   SysUtils

```
var CurrencyFormat: Byte;
```

Definiert Platzierung und Separator des Währungssymbols (wird von den Routinen zur Umwandlung und Ausgabe von Währungs- und Zeitangaben verwendet). Mögliche Werte sind:

Wert	Format
0	'$1'
1	'1$'

Wert	Format
2	'$ 1'
3	'1 $'

CurrencyString*   SysUtils

```
var CurrencyString: string;
```

Definiert das zu verwendende Währungssymbol (wird von den Routinen zur Umwandlung und Ausgabe von Währungs- und Zeitangaben verwendet).

CurrencyToComp   system

```
procedure CurrencyToComp(acurrency: Currency; var result: Comp); cdecl;
```

Wandelt einen Currency-Wert in einen Comp-Wert um.

CurrToStr   SysUtils

```
function CurrToStr(Value: Currency): string;
```

Wandelt die Währungsangabe Value in eine String-Darstellung um.

CurrToStrF   SysUtils

```
function CurrToStrF(Value: Currency; Format: TFloatFormat;
                    Digits: Integer): string;
```

Wandelt die Währungsangabe Value in eine String-Darstellung um (entspricht einem Aufruf von FloatToStrF mit einer Präzision von 19 Stellen).

CycleToRad   Math

```
function CycleToRad(Cycles: Extended): Extended;
```

Rechnet Bogenlänge (in Einheiten eines Vollkreises) in Radiant um (Radiant = Bogen*2*pi).

Date*   SysUtils

```
function Date: TDateTime;
```

Liefert das aktuelle Datum zurück.

DateSeparator*   SysUtils

```
var DateSeparator: Char;
```

Separatorzeichen zwischen Jahr, Monat und Tag bei Datumsangaben.

DateTimeToFileDate   SysUtils

```
function DateTimeToFileDate(DateTime: TDateTime): Integer;
```

Konvertiert eine TDateTime-Zeitangabe in das DOS-Datums-/Uhrzeitformat.

DateTimeToStr*   SysUtils

```
function DateTimeToStr(DateTime: TDateTime): string;
```

Konvertiert die Datums- und Zeitangabe aus DateTime in einen String (die Konvertierung richtet sich nach den Werten von ShortDateFormat und LongTimeFormat).

DateTimeToString   SysUtils

```
procedure DateTimeToString(var Result: string; const Format: string;
                   DateTime: TDateTime);
```

Konvertiert die Datums- und Zeitangabe aus DateTime in einen String, der über den Parameter Result zurückgegeben wird (die Konvertierung richtet sich nach dem Formatierungsstring Format (siehe FormatDateTime)).

DateTimeToSystemTime   SysUtils

```
procedure DateTimeToSystemTime(DateTime: TDateTime;
                     var SystemTime: TSystemTime);
```

Konvertiert einen Wert des Typs TDateTime in den Win32-API-Typ TSystemTime.

DateTimeToTimeStamp**   SysUtils

```
function DateTimeToTimeStamp(DateTime: TDateTime): TTimeStamp;
```

Konvertiert eine Datums-/Zeitangabe vomTyp TDateTime in das TimeStamp-Format. (Siehe Praxisteil, Sonstiges, Zufallszahlen)

DateToStr*   SysUtils

```
function DateToStr(Date: TDateTime): string;
```

Konvertiert die Datumsangabe aus Date in einen String (die Konvertierung richtet sich nach dem Wert von ShortDateFormat).

DayOfWeek*   SysUtils

```
function DayOfWeek(Date: TDateTime): Integer;
```

Liefert den Wochentag des Datums als Integer zwischen 1 (Sonntag) und 7 (Samstag) zurück.

Dec*   System

```
procedure Dec(var X[ ; N: Longint]);
```

Dekrementiert die Variable X. Wurde N nicht spezifiziert, wird X um eins vermindert, ansonsten wird X := X – N zurückgeliefert.

DecimalSeparator*   SysUtils

```
var DecimalSeparator: Char;
```

Zeichen zur Trennung des ganzzahligen Anteils vom Bruchteil.

DecodeDate*   SysUtils

```
procedure DecodeDate(Date: TDateTime; var Year, Month, Day: Word);
```

Dekodiert die Datumsangabe aus Date in Year (Jahr), Month (Monat) und Day (Tag).

DecodeTime*   SysUtils

```
procedure DecodeTime(Time: TDateTime Hour, Min, Sec, MSec: Word);
```

Dekodiert die Zeitangabe aus Time in Hour (Stunden), Min (Minuten), Sec (Sekunden) und MSec (Millisekunden).

DegToRad   Math

```
function DegToRad(Degrees: Extended): Extended;
```

Rechnet Winkelgrad in Radiant um (Radiant = Grad*pi/180).

Delete*   System

```
procedure Delete(var S: string; Index, Count:Integer);
```

Löscht ab der Position S[Index] einen Teilstring von maximal Count Zeichen aus dem String S.

DeleteFile* — SysUtils

```
function DeleteFile(const FileName: string): Boolean;
```

Löscht die spezifizierte Datei vom Datenträger. Liefert im Erfolgsfall True zurück.

DiskFree* — SysUtils

```
function DiskFree(Drive: Byte): Int64;
```

Liefert die Anzahl freier Bytes auf dem spezifizierten Datenträger (0 = aktuelles Laufwerk, 1 = A, 2 = B u.s.w.) in Byte zurück.

DiskSize* — SysUtils

```
function DiskSize(Drive: Byte): Int64;
```

Liefert die Größe des spezifizierten Datenträgers (0 = aktuelles Laufwerk, 1 = A, 2 = B u.s.w.) in Byte zurück.

Dispose* ** — System

```
procedure Dispose(var P: Pointer);
```

Gibt den dynamischen Speicherbereich, auf den P verweist, wieder frei. Danach ist P undefiniert. (Siehe Praxisteil, Object Pascal, Dynamischer Speicher und nil)

DisposeStr — SysUtils

```
procedure DisposeStr(P: PString);
```

Gibt einen String-Zeiger frei, der zuvor mit NewStr reserviert wurde. Wird nur noch aus Gründen der Abwärtskompatibilität verwendet.

DLLProc — System

```
var DLLProc: Pointer;
```

Für dynamische Linkbibliotheken. Sie können dieser Variablen einen Zeiger auf eine Prozedur zuweisen, die als Ein- und Austrittspunkt der DLL fungiert. Die Prozedur erhält zu diesem Zweck vom Betriebssystem einen der folgenden Werte:

Wert	Bedeutung
DLL_PROCESS_ATTACH	DLL wird von einem Prozess aufgerufen.
DLL_PROCESS_DETACH	DLL wird von einem Prozess freigegeben.
DLL_THREAD_ATTACH	DLL wird von einem Thread aufgerufen.
DLL_THREAD_DETACH	DLL wird von einem Thread freigegeben.

und muss daher die folgende Signatur haben:

```
procedure DLLHandler(Reason: Integer);
```

DoubleDecliningBalance   Math

```
function DoubleDecliningBalance(Cost, Salvage: Extended;
                        Life, Period: Integer): Extended;
```

Berechnet nach dem Verfahren der degressiven Doppelraten-Abschreibung den tatsächlichen Abschreibungsbetrag eines Aktivpostens für eine bestimmte Periode. Die Berechnung beruht auf dem Anschaffungspreis (Cost), dem Restwert (Salvage), der Nutzungsdauer (Life) und der Abschreibungsperiode (Period).

DoubleToComp   system

```
function DoubleToComp(adouble: Double; var result: Comp); cdecl;
```

Wandelt einen Double-Wert in einen Comp-Wert um.

EAbort = class (Exception);   SysUtils

»Stille« Exception, die den Benutzer nicht über ihre Abarbeitung informiert.

EAbstractError = class (Exception);   SysUtils

Wird bei einem Aufruf einer abstrakten Methode ausgelöst.

EAccessViolation = class (EExternal);   SysUtils

Wird bei einem ungültigen Zugriff auf einen Speicherbereich ausgelöst.

EAssertionFailed = class(Exception);   SysUtils

Wird ausgelöst, wenn an die Prozedur Assert ein Boolescher Ausdruck übergeben wird, der nicht True ist.

EControlC = class (EExternal); SysUtils

Wird bei der Benutzung von Strg+C für eine Anwendung im Bildschirmmodus ausgelöst.

EConvertError = class (Exception); SysUtils

Wird ausgelöst, wenn eine der Funktionen StrToInt oder StrToFloat den angegebenen String nicht in einen gültigen ganzzahligen oder Gleitkommawert konvertieren kann.

EDivByZero = class (EIntError);** SysUtils

Wird ausgelöst, wenn die Anwendung versucht, einen ganzzahligen Typ durch Null zu dividieren. (Siehe Object Pascal-Referenz, Exceptions, Verwandte Routinen)

EExternal = class (Exception); SysUtils

Basisklasse für Exception-Klassen zum Abfangen von Windows-Exceptions.

EExternalException = class (EExternal); SysUtils

Wird ausgelöst, wenn Delphi von Windows einen nicht identifizierbaren Exception-Code erhält.

EHeapException = class(Exception) SysUtils

Basisklasse für Exception-Klassen zum Abfangen von Fehlern im Zusammenhang mit Zeigern und dynamischer Speicheradressierung.

EInOutError = class (Exception);** SysUtils

Wird bei einem E/A-Betriebssystemfehler ausgelöst. (Siehe Praxisteil, Dateien, Dateien sowie Object Pascal-Referenz, Exceptions, Exceptions)

EIntError = class (EExternal); SysUtils

Basisklasse für ganzzahlige mathematische Exceptions.

EIntfCastError = class (EIntError); SysUtils

Wird ausgelöst, wenn der as-Operator auf eine Schnittstelle angewendet wird.

EIntOverflow = class (EIntError); | SysUtils

Wird ausgelöst, wenn ein berechnetes, ganzzahliges Ergebnis zu groß für den reservierten Speicherplatz ist (wird nur ausgelöst, wenn die Bereichsüberprüfung eingeschaltet ist (siehe Projektoptionen)).

EInvalidArgument = class(EMathError); | Math

Wird ausgelöst, wenn einer der Parameter der Routine außerhalb des Gültigkeitsbereichs liegt oder eine Berechnung unmöglich macht.

EInvalidCast = class (Exception); | SysUtils

Wird ausgelöst, wenn eine Typumwandlung mit dem Operator as versucht wird, aber diese nicht erlaubt ist.

EInvalidOp = class (EMathError); | SysUtils

Wird bei undefinierten Befehlen, nicht exakten Ergebnissen, ungültigen Operationen oder bei Stack-Überläufen des Gleitkomma-Prozessors ausgelöst.

EInvalidPointer = class (EHeapException); | SysUtils

Wird bei einer ungültigen Zeigeroperation ausgelöst.

EMathError** = class (EExternal); | SysUtils

Basisklasse für alle spezifischen mathematischen Gleitkomma-Exceptions (EInvalidOp, EZeroDivide, EOverflow, EUnderflow). (Siehe Praxisteil, Object Pascal, Eigene Exception-Klassen definieren)

EmptyString | SysUtils

```
const EmptyString: string = '';
```

Leerer String.

EncodeDate* | SysUtils

```
function EncodeDate(Year, Month, Day: Word): TDateTime;
```

Konvertiert die Parameterwerte Year (Jahr), Month (Monat) und Day (Tag) in eine Datumsangabe vom Typ TDateTime.

EncodeTime*   SysUtils

```
function EncodeTime(Hour, Min, Sec, MSec: Word): TDateTime;
```

Konvertiert die Parameterwerte Hour (Stunden), Min (Minuten), Sec (Sekunden) und MSec (Millisekunden) in eine Zeitangabe vom Typ TDbateTime.

EndThread   System

```
procedure EndThread(ExitCode: Integer);
```

Beendet einen Thread. Wird innerhalb der Thread-Funktion des zu beendenden Threads aufgerufen.

EnumModules   System

```
procedure EnumModules(Func: TEnumModuleFunc; Data: Pointer); overload;
procedure EnumModules(Func: TEnumModuleFuncLW; Data: Pointer); overload;
```

Führt eine Callback-Funktion für alle Module in einer Anwendung aus.

EnumResourceModules   System

```
procedure EnumResourceModules(Func: TEnumModuleFunc; Data: Pointer);
                                                         overload;
procedure EnumResourceModules(Func: TEnumModuleFuncLW; Data: Pointer);
                                                         overload;
```

Führt eine Callback-Funktion für alle Ressourcenmodule in einer Anwendung aus.

Eof* **   System

```
function Eof(var F): Boolean;
function Eof [ (var F: Text) ]: Boolean;
```

Überprüft, ob die aktuelle Dateiposition gleich dem Dateiende ist. (Siehe Praxisteil, Dateien, Textdateien)

Eoln*   System

```
function Eoln [[var F: Text) ]: Boolean;
```

Überprüft, ob die aktuelle Dateiposition gleich dem Zeilenende einer Textdatei ist.

EOutOfMemory = class (Exception);   SysUtils

Wird ausgelöst, wenn die Anwendung versucht, nicht vorhandenen dynamischen Speicher zu reservieren.

EOverflow = class(EMathError);   SysUtils

Wird ausgelöst, wenn ein berechnetes Ergebnis für das reservierte Register zu groß ist.

EPrivilige = class (EExternal);   SysUtils

Wird ausgelöst, wenn ein Benutzerprogramm versucht, einen für die Prozessorprivilegebene ungültigen Prozessorbefehl auszuführen.

EPropReadOnly = class (Exception);   SysUtils

Wird ausgelöst, wenn bei einer OLE-Automatisierung versucht wird, auf eine nur lesbare Eigenschaft zu schreiben.

EPropWriteOnly = class (Exception);   SysUtils

Wird ausgelöst, wenn bei einer OLE-Automatisierung versucht wird, eine nur beschreibbare Eigenschaft zu lesen.

EraNames*   SysUtils

```
var EraNames: array[1..7] of string;
```

EraName steuert die Funktion DateTimeToStr (für ostasiatische Gebietsschemata).

ERangeError = class (EIntError);   SysUtils

Wird ausgelöst, wenn das Ergebnis eines Ausdrucks, das einem Integer-Typ zugewiesen werden soll, dessen Wertebereich überschreitet.

Erase*   System

```
procedure Erase(var F);
```

Löscht die mit F verbundene externe Datei.

EraYearOffsets*   SysUtils

```
var EraYearOffsets: array[1..7] of Integer;
```

EraYearOffsets steuert die Funktion DateTimeToStr (für ostasiatische Gebietsschemata).

ErrorAddr — System

```
var ErrorAddr: Pointer;
```

Bricht die Anwendung mit einem Laufzeitfehler ab, wird dieser Variablen die Adresse derjenigen Anweisung zugewiesen, die den Laufzeitfehler verursacht hat.

ErrorProc* — System

```
var ErrorProc: Pointer;
```

Zeigt auf eine RTL-Behandlungsroutine für Laufzeitfehler.

EStackOverflow = class (EExternal); — SysUtils

Wird ausgelöst, wenn der Stack des aktuellen Threads voll ist.

EUnderflow = class (EMathError); — SysUtils

Kann ausgelöst werden, um auf Gleitkommaberechnungen hinzuweisen, deren Ergebnis zu klein ist, um sie noch darzustellen (üblicherweise wird dann einfach mit Null weitergerechnet).

EVariantError = class (Exception); — SysUtils

Wird bei Unstimmigkeiten im Zusammenhang mit Varianten ausgelöst:

- bei ungültiger Typumwandlung;
- bei ungültigen Operationen;
- wenn Variante kein Array ist;
- wenn Varianten-Array nicht erzeugt werden kann;
- wenn der Index des Arrays außerhalb der Grenzen liegt;
- wenn Variante kein OLE-Objekt Idispatch enthält.

EWin32Error = class(Exception); — SysUtils

Exceptionklasse für Windows-Fehler.

ExceptAddr** — SysUtils

```
function ExceptAddr: Pointer;
```

Liefert die Adresse zurück, bei der die aktuelle Exception ausgelöst wurde. (Siehe Object Pascal-Referenz, Exceptions, Verwandte Routinen)

ExceptClass   SysUtils

```
type  ExceptClass = class of Exception;
```

Klassenreferenztyp für Exception-Klassen.

ExceptClsProc   System

```
var ExceptClsProc: Pointer;
```

Zeiger auf eine Prozedur, die eine Betriebssystem-Exception auf eine Delphi-Klassenreferenz abbildet.

Exception = class (TObject);   SysUtils

Basisklasse aller Exceptions.

ExceptionClass   System

```
var ExceptionClass: TClass;
```

Legt die Exception-Basisklasse fest, deren abgeleitete Exceptions vom Debugger gemeldet werden.

ExceptionErrorMessage   SysUtils

```
function ExceptionErrorMessage(ExceptObject: TObject;
        ExceptAddr: Pointer; Buffer: PChar; Size: Integer): Integer;
```

Hilfsfunktion zur Zusammensetzung von Fehlermeldungen zu abgefangenen Exceptions.

ExceptObject**   SysUtils

```
function ExceptObject: TObject;
```

Liefert eine Referenz auf das aktuell abgefangene Exception-Objekt zurück. (Siehe Object Pascal-Referenz, Exceptions, Verwandte Routinen)

ExceptObjProc   System

```
var ExceptObjProc: Pointer;
```

Zeigt auf eine Prozedur, die eine Betriebssystem-Exception auf eine Delphi-Klassen-instanz abbildet.

ExceptProc	System

```
var ExceptProc: Pointer;
```

Zeigt auf die Behandlungsroutine, die Exceptions bearbeitet, die von keiner anderen Behandlungsfunktion aufgefangen werden.

Liefert einen Verweis auf das aktuelle Exception-Objekt zurück.

Exclude	System

```
procedure Exclude(var S: set of T; I:T);
```

Löscht das Element I aus der Menge S.

ExcludeTrailingBackslash	SysUtils

```
function ExcludeTrailingBackslash(const S: string): string;
```

Entfernt den abschließenden Backslash aus der Pfadangabe in S.

Exit* **	System

```
procedure Exit;
```

Beendet die Routine, in der Exit aufgerufen wird. (Siehe Praxisteil, Text, Texteditor implementieren)

ExitCode	System

```
var ExitCode: Integer;
```

Definiert den Exitcode eines Programms, wird aber nur noch aus Gründen der Abwärtskompatibilität verwendet.

ExitProc	System

```
var ExitProc: Pointer;
```

Ermöglicht die Installation einer Exit-Prozedur. Die Prozedur, auf die der Zeiger weist, wird jeweils beim Beenden des Programms aufgerufen.

Exp* System

```
function Exp(X: Real): Real;
```

Liefert die Potenz von X zurück.

ExpandFileName* SysUtils

```
function ExpandFileName(const FileName: string): string;
```

Liefert den vollständigen Dateinamen (Laufwerk, Pfad, Dateiname) der Datei zurück, die durch Filename spezifiziert wird.

ExpandUNCFileName SysUtils

```
function ExpandUNCFileName(const FileName: string): string;
```

Liefert den vollständigen Dateinamen (Server, Pfad, Dateiname) der Datei zurück, die durch Filename spezifiziert wird. Entspricht der Funktion ExpandFileName für Netzwerke.

ExtractFileDir SysUtils

```
function ExtractFileDir(const FileName: string): string;
```

Extrahiert aus dem übergebenen Dateinamen den Laufwerksbuchstaben und die Verzeichnisangabe. Der zurückgelieferte String kann als Verzeichnisangabe direkt an andere Routinen (CreateDir, RemoveDir etc.) übergeben werden.

ExtractFileDrive SysUtils

```
function ExtractFileDrive(const FileName: string): string;
```

Extrahiert aus dem übergebenen Dateinamen den Laufwerksbuchstaben.

ExtractFileExt SysUtils

```
function ExtractFileExt(const FileName: string): string;
```

Extrahiert aus dem übergebenen Dateinamen die Dateiextension.

ExtractFileName* SysUtils

```
function ExtractFileName(const FileName: string): string;
```

Extrahiert aus dem übergebenen Dateinamen den Dateinamen mit Extension (ohne Pfad).

ExtractFilePath* ** SysUtils

```
function ExtractFilePath(const FileName: string): string;
```

Extrahiert aus dem übergebenen Dateinamen den Laufwerksbuchstaben und die Verzeichnisangabe. (Siehe Praxisteil, Dateien, Dateien kopieren)

ExtractRelativePath SysUtils

```
function ExtractRelativePath(const BaseName, DestName: string): string;
```

Wandelt die Pfadangabe DestName zu einer relativen Pfadangabe zu BaseName um.

ExtractShortPathName SysUtils

```
function ExtractShortPathName(const FileName: string): string;
```

Konvertiert eine Pfadangabe in das MSDOS-8.3-Format.

EZeroDivide = class (EMathError); SysUtils

Wird ausgelöst, wenn die Anwendung versucht, einen Gleitkommawert durch Null zu teilen.

fa-Konstanten (Dateiattribute) SysUtils

```
const faReadOnly = $00000001;
const faHidden = $00000002;
const faSysFile = $0000004;
const faVolumeID = $00000008;
const faDirectory = $00000010;
const faArchive = $00000020;
const faAnyFile = $0000003F;
```

FileAge SysUtils

```
function FileAge(const FileName: string): Integer;
```

Liefert Datum und Uhrzeit der Erstellung der spezifizierten Datei als Integer zurück.

FileClose* SysUtils

```
procedure FileClose(Handle: Integer);
```

Schließt die angegebene Datei.

FileCreate* SysUtils

```
function FileCreate(const FileName: string): Integer;
```

Erzeugt unter dem angegebenen Namen eine neue Datei. Im Erfolgsfall stellt der zurückgelieferte Integer-Wert den Handle der Datei dar, im Fehlerfall ist der zurückgelieferte Wert gleich -1.

FileDateToDateTime SysUtils

```
function FileDateToDateTime(FileDate: Integer): TDateTime;
```

Konvertiert eine von DOS stammende Datums- und Uhrzeitangabe in einen TDateTime-Wert.

FileExists* SysUtils

```
function FileExists(const FileName: string): Boolean;
```

Liefert True zurück, wenn eine Datei dieses Namens bereits existiert.

FileGetAttr SysUtils

```
function FileGetAttr(const FileName: string): Integer;
```

Liefert die Dateiattribute der angegebenen Datei zurück.

FileGetDate SysUtils

```
function FileGetDate(Handle: Integer): Integer;
```

Liefert die Datums-/Uhrzeitangabe der durch Handle spezifizierten Datei im DOS-Format zurück. Ist der Handle nicht gültig, liefert die Funktion den Wert -1 zurück.

FileMode System

```
var FileMode: Byte;
```

Bestimmt den zu verwendenden Zugriffsmodus für Dateien (0 – nur lesen, 1 – nur schreiben, 2 – schreiben und lesen), der beim Aufruf von Reset verwendet werden soll.

FileOpen* SysUtils

```
function FileOpen(const FileName: string; Mode: LongWord): Integer;
```

Öffnet die angegebene Datei unter Verwendung des spezifizierten Zugriffsmodus. Als Modus kann eine OR-Verknüpfung aus einer fmOpen- und einer fmShare-Konstante übergeben werden. Im Erfolgsfall stellt der zurückgelieferte Integer-Wert den Handle der Datei dar, im Fehlerfall ist der zurückgelieferte Wert gleich -1.

FilePos*   System

```
function FilePos(var F):Longint;
```

Liefert die aktuelle Position innerhalb der Datei F zurück.

FileRead*   SysUtils

```
function FileRead(Handle: Integer; var Buffer; Count: Integer): Integer;
```

Liest Count Bytes aus der Datei, die durch ihr Handle spezifiziert ist, in den Puffer Buffer. Im Erfolgsfall gibt der zurückgelieferte Integer-Wert die Anzahl tatsächlich gelesener Bytes an, im Fehlerfall ist der zurückgelieferte Wert gleich -1.

FileSearch*   SysUtils

```
function FileSearch(const Name; DirList: string): string;
```

Durchsucht die Verzeichnisse aus DirList nach der spezifizierten Datei. Die Suche beginnt immer im aktuellen Verzeichnis. Sollen mehrere Verzeichnisse durchsucht werden, sind diese durch Semikolon zu trennen. Zurückgeliefert werden die Verzeichnisse, in denen die Suche erfolgreich war, bzw. ein leerer String.

FileSeek*   SysUtils

```
function FileSeek(Handle, Offset, Origin: Integer): Integer; overload;
function FileSeek(Handle: Integer; const Offset: Int64; Origin: Integer)
                : Int64; overload;
```

Positioniert den aktuellen Dateizeiger der geöffneten Datei, die über ihr Handle spezifiziert ist. Der Dateizeiger wird um Offset Bytes vom gewünschten Ausgangspunkt Origin verrückt.

Origin	Verschiebung
0	Offset Bytes vom Dateianfang aus.
1	Offset Bytes von der aktuellen Position aus.
2	Offset Bytes vom Dateiende aus.

Im Erfolgsfall stellt der zurückgelieferte Integer-Wert die neue Position des Dateizeigers dar, im Fehlerfall ist der zurückgelieferte Wert gleich -1.

FileSetAttr   SysUtils

```
function FileSetAttr(const FileName: string;  Attr: Integer): Integer;
```

Setzt die Dateiattribute der spezifizierten Datei. Dem Parameter Attr kann eine OR-Verknüpfung von fa-Konstanten übergeben werden.

FileSetDate   SysUtils

```
function FileSetDate(Handle: Integer; Age: Integer): Integer;
```

Ersetzt die DOS-Datums-/Uhrzeitangabe der durch ihr Handle spezifizierten Datei durch den in Age gegebenen Wert.

FileSize*   System

```
function FileSize(var F): Integer;
```

Liefert die Größe der Datei F in Bytes zurück.

FileWrite*   SysUtils

```
function FileWrite(Handle: Integer; const Buffer; Count: LongWord)
                 : Integer;
```

Schreibt Count Bytes aus dem Puffer Buffer in die Datei, die durch ihr Handle spezifiziert ist. Im Erfolgsfall gibt der zurückgelieferte Integer-Wert die Anzahl tatsächlich geschriebener Bytes an, im Fehlerfall ist der zurückgelieferte Wert gleich -1.

FillChar* **   System

```
procedure FillChar(var X; Count: Integer; Value: Byte);
```

Füllt ab der Adresse von X Count aufeinander folgender Bytes mit dem Wert von value, das vom Typ Byte oder Char sein darf. (Siehe Praxisteil, Grafik- und Spieleprogrammierung, OpenGL)

Finalize**   System

```
procedure Finalize( var V [; Count: Integer] );
```

Wenn Sie ein dynamisches Objekt, das lange Strings oder Varianten enthält, mit FreeMem statt mit Dispose auflösen wollen, sollten Sie zuvor die Prozedur Finalize aufrufen, um die langen Strings zu leeren und die Varianten auf Unassigned zu setzen.

Da der Compiler den Aufruf automatisch löscht, wenn die übergebene Variable keine langen Strings oder Varianten enthält, sollten Sie es sich zur Gewohnheit machen, `Finalize` aufzurufen.

Sind mehrere Variablen in einem Speicherblock zusammengefasst, können Sie über den Parameter `Count` bestimmen, wie viele Variablen bearbeitet werden sollen. (Siehe Praxisteil, Object Pascal, Größe dynamischer Arrays ändern)

FinalizePackage	SysUtils

```
procedure FinalizePackage(Module: HMODULE);
```

Beendet das spezifizierte Package.

FindClassHInstance	System

```
function FindClassHInstance(ClassType: TClass): LongWord;
```

Liefert den Instanzen-Handle des Moduls zurück, in dem der angegebene Klassentyp deklariert ist.

FindClose*	SysUtils

```
procedure FindClose(var F: TSearchRec);
```

Gibt Speicher frei, der von `FindFirst` allokiert wurde. Wird stets zum Abschluss einer `FindFirst`/`FindNext`-Sequenz aufgerufen.

FindCmdLineSwitch	SysUtils

```
function FindCmdLineSwitch(const Switch: string;
        SwitchChars: TSysCharSet; IgnoreCase: Boolean): Boolean;
```

Prüft, ob der String `Switch` in der Kommandozeile des Programms als Schalter aufgeführt wurde.

FindFirst*	SysUtils

```
function FindFirst(const Path: string; Attr: Integer; var F: TSearchRec)
            : Integer;
```

Durchsucht das spezifizierte Verzeichnis (`Path`) nach dem ersten Eintrag, der mit dem spezifizierten Dateinamen und den Dateiattributen übereinstimmt. Dabei wird Speicher allokiert, der mit `FindClose` wieder freigegeben werden muss.

Dem Parameter Attr kann eine der fa-Konstanten übergeben werden. Im Erfolgsfall liefert die Funktion den Wert 0 zurück. Um den nächsten Eintrag zu finden, rufen Sie die Funktion FindNext auf.

FindHInstance   System

```
function FindHInstance(Address: Pointer): LongWord;
```

Liefert den Instanzen-Handler eines Moduls zurück, das die übergebene Adresse enthält.

FindNext*   SysUtils

```
function FindNext(var F: TSearchRec): Integer;
```

Liefert den nächsten Eintrag zurück, der mit den Angaben der Funktion FindFirst übereinstimmt. Im Erfolgsfall liefert die Funktion den Wert 0 zurück.

FindResourceHInstance   System

```
function FindResourceHInstance(Instance: LongWord): LongWord;
```

Liefert den Instanzen-Handle des Ressourcenmoduls, das zu der EXE-, DLL- oder DPL-Datei gehört, die durch Instance spezifiziert ist.

FloatToDecimal   SysUtils

```
procedure FloatToDecimal(var Result: TFloatRec; const Value;
          ValueType: TFloatValue; Precision, Decimals: Integer);
```

Wandelt zur weiteren Formatierung einen Gleitkommawert in eine dezimale Darstellung um. Der Gleitkommawert Value muss vom Datentyp Extended oder Currency sein und dieser Typ muss dem Parameter ValueType übergeben werden. Precision gibt die Anzahl der Stellen, Decimals die Anzahl der Dezimalstellen an.

FloatToStr**   SysUtils

```
function FloatToStr(Value: Extended): string;
```

Wandelt den angegebenen Gleitkommawert in eine String-Darstellung um. (Siehe Praxisteil, Komponentenentwicklung, Eigenschaftseditor einrichten)

FloatToStrF   SysUtils

```
function FloatToStrF(Value: Extended; Format: TFloatFormat;
          Precision, Digits: Integer): string;
```

Wandelt den angegebenen Gleitkommawert in eine String-Darstellung um.

Für die Genauigkeit (Precision) gelten folgende Empfehlungen:

Datentyp	Genauigkeit
single	bis zu 7 Stellen
double	bis zu 15 Stellen
extended	bis zu 18 Stellen

Für Format und Digits gibt es folgende Möglichkeiten:

Formattyp	Datentyp
ffGeneral	Kürzeste Zahlendarstellung (Dezimal- oder Exponentialschreibweise, wobei Digit entweder die Mindestanzahl der Dezimalstellen oder der Stellen im Exponent angibt)
ffExponent	Exponentialschreibweise; Digit gibt die Mindestanzahl der Stellen im Exponent an (0 – 4)
ffFixed	Dezimalschreibweise; Digit gibt die Mindestanzahl der Dezimalstellen an (0 – 18)
ffNumber	Zahlenformat: -d.ddd.ddd,nnn..
ffCurrency	Währungsformat; Digit gibt die Mindestanzahl der Dezimalstellen an (0 – 18)

FloatToText   SysUtils

```
function FloatToText(Buffer: PChar; const Value; ValueType: TFloatValue;
               Format: TFLoatFormat; Precision, Digits: Integer)
               : Integer;
```

Wandelt den Gleitkommawert Value in eine Dezimaldarstellung um (siehe Float-ToStrF). Der Gleitkommawert muss vom Datentyp Extended oder Currency sein und dieser Typ muss dem Parameter ValueType übergeben werden. Das Ergebnis wird in Buffer geschrieben.

FloatToTextFmt   SysUtils

```
function FloatToTextFmt(Buffer: PChar; const Value;
               ValueType: TFloatValue; Format: PChar): Integer;
```

Wandelt den Gleitkommawert Value in eine Dezimaldarstellung um (siehe Format-Float). Der Gleitkommawert muss vom Datentyp Extended oder Currency sein und dieser Typ muss dem Parameter ValueType übergeben werden. Das Ergebnis wird in Buffer geschrieben.

Floor   Math

```
function Floor(X: Extended): Integer;
```

Rundet auf vorherige Ganzzahl ab.

Flush*   System

```
procedure Flush(var F: Text);
```

Leert den Puffer einer Textdatei, die für die Ausgabe geöffnet ist. Damit wird sichergestellt, dass alle Änderungen, die bisher noch im Arbeitsspeicher zwischengepuffert wurden, in die physikalische Datei geschrieben werden.

fm-Konstanten (Dateimodi)   SysUtils

```
const fmClosed = $D7B0;
const fmInput   = $D7B1;
const fmOutput = $D7B2;
const fmInOut   = $D7B3;
```

fm-Konstanten (Dateiöffnungsmodi)   SysUtils

```
const fmOpenRead = $0000;
const fmOpenWrite = $0001;
const fmOpenReadWrite = $0002;
const fmShareCompat = $0000;
const fmShareExclusive = $0010;
const fmShareDenyWrite = $0020;
const fmShareDenyRead = $0030;
const fmShareDenyNone = $0040;
```

FmtLoadStr   SysUtils

```
function FmtLoadStr(Ident: Integer; const Args: array of const): string;
```

Lädt die durch Ident spezifizierte String-Ressource aus der Ressourcen-String-Tabelle eines Programms und übergibt ihn als Formatierungsstring zusammen mit den in den Formatierungsstring aufzunehmenden Daten (gespeichert in Args) der Funktion Format. Das Ergebnis von Format wird zurückgeliefert.

FmtStr   SysUtils

```
procedure FmtStr(var Result: string; const Format: string; const Args: array of
const);
```

Formatiert und integriert die Serie von Argumenten aus dem offenen Array Args in den Formatierungsstring Format (siehe Funktion Format) und liefert das Ergebnis in Result zurück.

Format* **   SysUtils

```
function Format(const Format: string; const Args: array of const)
              : string;
```

Zur Formatierung von Strings (vgl. C-Funktion printf). Ausgangspunkt ist der String Format, der neben den üblichen Zeichen auch Sonderzeichen, die so genannten Formatspezifizierer, enthält. Ein Formatspezifizierer ist ein Platzhalter für einen Wert aus dem Array Args. Dessen Werte werden der Reihe nach (oder entsprechend ihrer Indizes) den Formatspezifizierern im Format-String zugewiesen und entsprechend der Angaben im Formatspezifizierer in Zeichenketten umgewandelt. (Siehe Praxisteil, Konsolenanwendungen, Formatierte Ausgabe)

Der allgemeine Aufbau eines Formatspezifizierers sieht folgendermaßen aus:

```
% [index: ] [-] [Breite] [.Genauigkeit] Formattyp
```

Formattyp	Datentyp
s	Zeichenkette (Char, PChar oder String).
d	Dezimale Ganzzahl (Integer).
u	Vorzeichenlose Ganzzahl (Integer).
x	Hexadezimale Ganzzahl (Integer).
f	Gleitkommazahl, dezimale Schreibweise: [-]mmm.dddd
e	Gleitkommazahl, Exponential-Schreibweise: [-]m.ddddE±xx
g	Gleitkommazahl, die kürzeste Darstellung wird gewählt (f oder e).
p	Zeiger: XXXX:YYYY.
n	entspricht »f«, jedoch mit Kennzeichnung der Tausenderstellen.
m	Währungsangabe.
%	bewirkt, dass das Zeichen »%« ausgegeben wird

Beispiel

```
str := format('Dies ist der Buchstabe %s und sein Ascii-Code: %d',
              ['T',Ord('T')]);
```

Ausgabe:

```
Dies ist der Buchstabe T und sein Ascii-Code: 84
```

FormatBuf   SysUtils

```
function FormatBuf(var Buffer; BufLen: Cardinal; const Format;
        FmtLen: Cardinal; const Args: array of const): Cardinal;
```

Dient wie Format (s. o.) zur Erstellung eines formatierten Strings, spezifiziert aber zusätzlich die Länge des Formatierungsstrings (FmtLen) und des Puffers Buffer (Buf-Len), in dem das Ergebnis zurückgeliefert wird. Der Rückgabewert der Funktion gibt an, wie viele Zeichen tatsächlich in Buffer geschrieben wurden.

FormatCurr   SysUtils

```
function FormatCurr(const Format: string; Value: Currency): string;
```

Formatiert und konvertiert die Währungsangabe Value gemäß dem Formatierungsstring Format in einen String. Der Formatierungsstring bezeichnet in diesem Fall eine Maske (siehe FormatFloat).

FormatDateTime*   SysUtils

```
function FormatDateTime(const Format: string; DateTime: TDateTime)
              : string;
```

Formatiert die Datums- und Uhrzeitangabe aus DateTime entsprechend dem Formatierungsstring Format, der neben den üblichen Zeichen auch Sonderzeichen, die so genannten Formatspezifizierer, enthält. Ein Formatspezifizierer ist ein Platzhalter für einen Wert aus DateTime.

Spezifizierer	Formatierung
c	Zeigt das Datum an und verwendet dazu das Format, das in der globalen Variablen ShortDateFormat gespeichert ist, gefolgt von der Zeit im Format der globalen Variablen LongTimeFormat.
d	Zeigt den Tag als Zahl ohne führende Null an (1-31).
dd	Zeigt den Tag als Zahl mit führender Null an (01-31).
ddd	Zeigt den Tag als Abkürzung (Son-Sam) an und verwendet dazu die in der globalen Variablen ShortDayNames angegebenen Strings.
dddd	Zeigt den Tag mit seinem vollständigen Namen an (Sonntag – Samstag) und verwendet dazu die Strings, die in der globalen Variablen LongDayNames angegeben sind.
ddddd	Zeigt das Datum in dem Format an, das durch die globale Variable ShortDateFormat festgelegt wird.
dddddd	Zeigt das Datum in dem Format an, das in der globalen Variablen LongDateFormat festgelegt ist.

Spezifizierer	Formatierung
m	Zeigt den Monat als Zahl ohne führende Null an (1-12). Wenn der Bezeichner m unmittelbar auf einen Bezeichner h oder hh folgt, wird die Minute anstelle des Monats angezeigt.
mm	Zeigt den Monat als Zahl mit führender Null an (01-12). Wenn der Bezeichner mm unmittelbar auf einen Bezeichner h oder hh folgt, wird die Minute anstelle des Monats angezeigt.
mmm	Zeigt den Monat als Abkürzung an (Jan – Dez) und verwendet dazu die Strings, die in der globalen Variablen ShortMonthNames festgelegt sind.
mmmm	Zeigt den Monat mit vollem Namen an (Januar – Dezember) und verwendet dazu die Strings aus der globalen Variablen LongMonthNames.
yy	Zeigt das Jahr als zweistellige Zahl an (00-99).
yyyy	Zeigt das Jahr als vierstellige Zahl an (0000-9999).
h	Zeigt die Stunde ohne führende Null an (0-23).
hh	Zeigt die Stunde mit führender Null an (00-23).
n	Zeigt die Minute ohne führende Null an (0-59).
nn	Zeigt die Minute mit führender Null an (00-59).
s	Zeigt die Sekunde ohne führende Null an (0-59).
ss	Zeigt die Sekunde mit einer führenden Null an (00-59).
t	Zeigt die Zeit in dem Format an, das in der globalen Variablen ShortTimeFormat festgelegt ist.
tt	Zeigt die Zeit in dem Format an, das in der globalen Variablen LongTimeFormat angegeben ist.
am/pm	Verwendet das 12-Stunden-Format für den voranstehenden Bezeichner h oder hh und zeigt 'am' für Zeiten vor 12 Uhr mittags und 'pm' für Zeiten nach 12 Uhr mittags an. Der Bezeichner am/pm kann in Kleinschreibung, Großschreibung oder in gemischter Schreibweise eingegeben werden und wird entsprechend angezeigt.
a/p	Verwendet das 12-Stunden-Format für den voranstehenden Bezeichner h oder hh und zeigt 'a' für Zeiten vor 12 Uhr mittags und 'p' für Zeiten nach 12 Uhr mittags an. Der Bezeichner a/p kann in Kleinschreibung, Großschreibung oder in gemischter Schreibweise eingegeben werden und wird entsprechend angezeigt.
ampm	Verwendet das 12-Stunden-Format für den voranstehenden Bezeichner h oder hh und zeigt den Inhalt der globalen Variablen TimeAMString für jede Zeit vor 12 Uhr mittags sowie den Inhalt der globalen Variablen TimePMString für jede Uhrzeit nach 12 Uhr mittags an.
/	Zeigt das Datumstrennzeichen an, das in der globalen Variablen DateSeparator angegeben ist.
:	Zeigt das Zeittrennzeichen an, das in der globalen Variablen TimeSeparator angegeben ist.

Spezifizierer	Formatierung
'xx'/"xx"	Zeichen, die in einfache oder doppelte Anführungszeichen eingeschlossen sind, werden wie eingegeben angezeigt und beeinflussen die Formatierung nicht.

Beispiel

```
str := FormatDateTime('"Treffen uns am" dddd,
        ' + '"den" d mmmm, ' +
        '"um" hh:mm AM/PM',
        StrToDateTime('15.2.95 10:30am'));
```

Ausgabe

```
Treffen uns am Mittwoch, den 15 Februar, um 10:30 AM
```

FormatFloat*   SysUtils

```
function FormatFloat(const Format: string; Value: Extended): string;
```

Formatiert und konvertiert den Gleitkommawert `Value` gemäß dem Formatierungsstring `Format` in einen String. Der Formatierungsstring bezeichnet in diesem Fall eine Maske mit folgenden Elementen:

Platzhalter	für
0	Ziffern. Andere Zeichen werden durch 0 ersetzt.
#	Ziffern. Andere Zeichen werden gelöscht.
.	Trennzeichen für Dezimalstellen
,	Trennzeichen für Tausenderstellen
E+	Exponentialschreibweise
'x' oder "x"	Ausgabe der Originalzeichen ohne Beeinflussung der weiteren Formatierung
;	Trennt Abschnitte für Zahlen größer, kleiner oder gleich Null.

Frac*   System

```
function Frac(X: Extended): Extended;
```

Liefert den Bruchanteil des Arguments X zurück.

FreeAndNil   SysUtils

```
procedure FreeAndNil(var Obj);
```

Gibt den Speicher des Objekts frei, auf das die Refernz `obj` verweist und weist der Referenz den Wert `nil` zu.

FreeMem* **   System

```pascal
procedure FreeMem(var  P: Pointer[; Size: Integer]);
```

Gibt den (hoffentlich mit `GetMem` reservierten) Speicherbereich frei, auf den die Zeigervariable `P` weist. Wird `Size` spezifiziert, muss es der genauen Größe des mit `GetMem` reservierten Speichers entsprechen. (Siehe Praxisteil, Object Pascal, Dynamische Speicherreservierung)

Frexp   Math

```pascal
procedure Frexp(X: Extended; var Mantissa: Extended;
                var Exponent: Integer) register;
```

Teilt eine Gleitkommazahl `X` in Mantisse und Exponent auf, die dann in den Variablenparametern zurückgegeben werden. Beachten Sie, dass der Exponent zur Basis 2 angegeben wird und die Mantisse im Bereich [0,5..1) liegt.

FutureValue   Math

```pascal
function FutureValue(Rate: Extended; NPeriods: Integer;
                Payment, PresentValue:  Extended;
                PaymentTime: TPaymentTime): Extended;
```

Liefert als Ergebnis den zukünftigen Wert einer Investition. Die Höhe der Investition gibt der Wert `PresentValue` an. Der Rechnung liegt eine bestimmte Anzahl (`NPeriods`) regelmäßiger, konstanter Zahlungen (`Payment`) und ein konstanter Zinssatz (`Rate`) zugrunde. Der Parameter `PaymentTime` (siehe `TPaymentTime`) gibt die Fälligkeit der Zahlungen an.

GetAllocMemCount   ShareMem

```pascal
function GetAllocMemCount: Integer;
```

Gibt die Anzahl der allokierten Speicherblöcke an.

GetAllocMemSize   ShareMem

```pascal
function GetAllocMemSize: Integer;
```

Gibt die Gesamtgröße der allokierten Speicherblöcke an.

GetCurrentDir   SysUtils

```pascal
function GetCurrentDir: string;
```

Liefert das aktuelle Verzeichnis zurück.

GetDir* System

```
procedure GetDir(D: Byte; var S: string);
```

Liefert in S das aktuelle Verzeichnis des durch D spezifizierten Laufwerks zurück.

Wert	Laufwerk
0	Standard
1	A
2	B
3	C

GetDiskFreeSpaceEx SysUtils

```
var  GetDiskFreeSpaceEx: function (Directory: PChar; var FreeAvailable,
                 TotalSpace: TLargeInteger; TotalFree: PLargeInteger)
                 : Bool stdcall = nil;
```

Weist auf die Windows-API-Funktion, die man zur Bestimmung des freien Festplattenspeichers aufrufen kann. (Die Version der ersten Windows 95-Versionen unterstützen nicht mehr als 2 GigaByte).

GetFormatSettings SysUtils

```
procedure GetFormatSettings;
```

Setzt Datums- und Zahlenformat-Parameter auf ihre Standardwerte zurück.

GetHeapStatus System, ShareMem

```
function GetHeapStatus: THeapStatus;
```

Liefert den aktuellen Status der Speicherverwaltung in einer THeapStatus-Struktur zurück.

GetLocaleChr SysUtils

```
function GetLocaleChr(Locale, LocaleType: Integer; Default: Char): Char;
```

Wird verwendet, wenn Information aus lokaler Kategorie nur aus einem Buchstaben besteht (siehe GetLocaleStr).

GetLocaleStr   SysUtils

```
function GetLocaleStr(Locale, LocaleType: Integer; const Default: string): string;
```

Zum Abfragen einer lokalen Einstellung. Der Parameter Locale gibt an, welche lokale Einstellung abzufragen ist; der Parameter LocaleType spezifiziert, welche Information aus der lokalen Einstellung abzufragen ist. Konnte keine Information ausgelesen werden, wird der String Default zurückgeliefert, der damit als Fehlermeldung benutzt werden kann.

Lokale Einstellungen können mit Hilfe der Windows-API selbst zusammengestellt und eingerichtet werden. Vordefiniert sind:

Locale

```
LOCALE_SYSTEM_DEFAULT
LOCALE_USER_DEFAULT
```

Lokale Kategorien (LocaleType) sind:

LOCALE_ICALENDARTYPE	LOCALE_SDATE
LOCALE_ICURRDIGITS	LOCALE_SDECIMAL
LOCALE_ICURRENCY	LOCALE_SGROUPING
LOCALE_IDIGITS	LOCALE_SLIST
LOCALE_IFIRSTDAYOFWEEK	LOCALE_SLONGDATE
LOCALE_IFIRSTWEEKOFYEAR	LOCALE_SMONDECIMALSEP
LOCALE_ILZERO	LOCALE_SMONGROUPING
LOCALE_IMEASURE	LOCALE_SMONTHOUSANDSEP
LOCALE_INEGCURR	LOCALE_SNEGATIVESIGN
LOCALE_INEGNUMBER	LOCALE_SPOSITIVESIGN
LOCALE_ITIME	LOCALE_SSHORTDATE
LOCALE_S1159	LOCALE_STHOUSAND
LOCALE_S2359	LOCALE_STIME
LOCALE_SCURRENCY	LOCALE_STIMEFORMAT

GetMem* **   System

```
procedure GetMem(var P: Pointer; Size: Integer);
```

Reserviert einen Speicherbereich der Größe Size und weist ihn der Zeigervariable P zu. (Siehe Praxisteil, Object Pascal, Dynamische Speicherreservierung)

GetMemoryManager*   System

```
procedure GetMemoryManager(var MemMgr: TMemoryManager);
```

Liefert die Einsprungpunkte der aktuell installierten Speicherverwaltung in Form einer TMemoryManager-Struktur zurück.

GetPackageDescription   SysUtils

```
function GetPackageDescription(ModuleName: PChar): string;
```

Wurde in einem Package ein beschreibender Text als Ressource abgespeichert, kann dieser Text mit der Funktion abgefragt werden.

GetPackageInfo   SysUtils

```
procedure GetPackageInfo(Module: HMODULE; Param: Pointer; var Flags: Integer; InfoProc: TPackageInfoProc);
```

Greift auf die Informationstabelle des spezifizierten Package zu und listet die enthaltenen Units und benötigten Packages auf.

GetPackageInfoTable   System

```
type GetPackageInfoTable = function : PackageInfo;
```

Typ einer Hilfsfunktion, die von jedem Package exportiert wird.

GradToRad   Math

```
function GradToRad(Grads: Extended): Extended;
```

Rechnet Winkel in Neugradmaß (rechter Winkel entspricht 100 Grad) in Radiant um (Radiant = Grad*pi/200).

Halt*   System

```
procedure Halt [ ( Exitcode: Integer ) ];
```

Führt zu einer anormalen Beendigung des Programms.

HeapAllocFlags   System

```
const HeapAllocFlags: Word = 2;
```

Flag, das Allokation auf Heap beeinflusst. 2 entspricht der Windows-Konstanten GMEM_MOVEABLE, welche bestimmt, dass der allokierte Speicherbereich von Windows verschoben werden kann.

HexDisplayPrefix	SysUtils

```
var HexDisplayPrefix: string = '$';
```

Zeichen, das zur Kennzeichnung hexadezimaler Zahlen verwendet wird.

Hi*	System

```
function Hi(X): Byte;
```

Liefert das hochwertige Byte von X als vorzeichenlosen Wert zurück. (für Integer-Typen)

High* **	System

```
function High(X);
```

Liefert den höchsten Wert aus dem Definitionsbereich des Arguments zurück. (für Ordinaltypen) (Siehe Praxisteil, Object Pascal, Größe dynamischer Arrays ändern)

HInstance	System

```
var HInstance: Longint;
```

Handle der Instanz; wird dem Programm von Windows zugewiesen.

HPrevInst	System

```
var HPrevInst: LongWord;
```

Handle der vorangehenden Instanz (in 32-Bit-Umgebung obsolet); wird dem Programm von Windows zugewiesen.

HRESULT	System

```
type HRESULT = type Longint;
```

(Siehe Praxisteil, Internet und verteilte Anwendungen, Wie funktioniert COM)

Hypot	Math

```
function Hypot(X, Y: Extended): Extended;
```

Liefert die Länge der Hypothenuse eines rechtwinkligen Dreiecks zurück. X und Y sind die Längenangaben für Ankathete und Gegenkathete (Berechnung nach Satz des Pythagoras).

IDispatch System

```
type IDispatch = interface(IUnknown);
```

Oberste Dispatch-Schnittstelle.

```
IDispatch = interface(IUnknown)
    ['{00020400-0000-0000-C000-000000000046}']
    function GetTypeInfoCount(out Count: Integer):
            HResult; stdcall;
    function GetTypeInfo(Index, LocaleID: Integer;
            out TypeInfo): HResult; stdcall;
    function GetIDsOfNames(const IID: TGUID; Names:
            Pointer; NameCount, LocaleID:
            Integer; DispIDs: Pointer):
            HResult; stdcall;
    function Invoke(DispID: Integer;
            const IID: TGUID;
            LocaleID: Integer;
Flags: Word; var Params; VarResult, ExcepInfo,
            ArgErr: Pointer): HResult; stdcall;
    end;
```

Inc* System

```
procedure Inc(var X  [ ; N: Longint ] );
```

Inkrementiert die Variable X. Wurde N nicht spezifiziert, wird X um eins erhöht, ansonsten wird X := X + N zurückgeliefert. (für Ordinaltypen und Zeiger)

Include System

```
procedure Include(var S: set of T; I:T);
```

Fügt der Menge S das Element I hinzu.

IncludeTrailingBackslash SysUtils

```
function IncludeTrailingBackslash(const S: string): string;
```

Hängt an die Pfadangabe in S einen Backslash (falls nicht schon vorhanden).

IncMonth   SysUtils

```
function IncMonth(const Date: TDateTime; NumberOfMonths: Integer): TDateTime;
```

Berechnet das Datum NumberOfMonths nach dem übergebenen Datum und liefert das neue Datum zurück.

Initialize   System

```
procedure Initialize(var V [; Count: Integer ] );
```

Wenn Sie ein dynamisches Objekt, das lange Strings oder Varianten enthält, mit GetMem oder ReallocMem statt mit New einrichten wollen, sollten Sie zuvor die Prozedur Initialize aufrufen, um die langen Strings und die Varianten korrekt zu initialisieren.

Da der Compiler den Aufruf automatisch löscht, wenn die übergebene Variable keine langen Strings oder Varianten enthält, sollten Sie es sich zur Gewohnheit machen, Initialize aufzurufen.

Sind mehrere Variablen in einem Speicherblock zusammengefasst, können Sie über den Parameter Count bestimmen, wie viele Variablen bearbeitet werden sollen.

InitializePackage   SysUtils

```
procedure InitializePackage(Module: HMODULE);
```

Interne Delphi-Routine, die von LoadPackage aufgerufen wird.

InitProc   System

```
var InitProc: Pointer;
```

Zeiger auf die letzte installierte Initialisierungsprozedur.

Input   System

```
var Input: Text;
```

Dateivariable für reinen Lesezugriff, die in Konsolenanwendungen mit dem Konsolenfenster verbunden und als Standardeingabegerät verwendet wird.

Insert*   System

```
procedure Insert(Source: string; var S: string; Index: Integer);
```

Fügt ab der Position S[Index] den String Source als Teilstring in S ein.

Int   System

```
function Int(X: Real): Real;
```

Liefert den Integerteil des Arguments zurück.

Int64Rec   SysUtils

```
type Int64Rec = packed record;
```

Struktur, in der die hohen und niedrigen Words einer Variablen gespeichert werden können.

```
Int64Rec = packed record
   Lo, Hi: DWORD;
 end;
```

InterestPayment   Math

```
function InterestPayment(Rate: Extended; Period, NPeriods: Integer;
                 PresentValue, FutureValue: Extended;
                 PaymentTime: TPaymentTime): Extended;
```

Liefert als Ergebnis den Zinsanteil einer Darlehensrückzahlung bzw. Sparratenzahlung für eine gegebene Periode (Period). Die Berechnung geht davon aus, dass das Darlehen (PresentValue) bzw. die Zielsparsumme (FutureValue; erhält bei Darlehenstilgung den Wert 0) durch regelmäßige, konstante Zahlungen und bei konstantem Zinssatz (Rate) nach einer Laufzeit von NPeriods getilgt (oder angespart) ist. Der Parameter PaymentTime (siehe TPaymentTime) gibt die Fälligkeit der Zahlungen an.

(siehe Funktion PeriodPayment für den korrespondierenden Tilgungs- bzw. Sparanteil)

InterestRate   Math

```
function InterestRate(NPeriods: Integer;
                Payment, PresentValue, FutureValue: Extended;
                PaymentTime: TPaymentTime): Extended;
```

Liefert als Ergebnis den erforderlichen Zinssatz für eine Investition, deren Anfangswert PresentValue beträgt und deren Endwert nach einer Laufzeit von NPeriods regelmäßigen, konstanten Zahlungen (Payment) eine Höhe von FutureValue annehmen soll. Falls NPeriods eine Anzahl von Jahren bezeichnet, ergibt sich ein Jahreszinssatz, falls NPeriods eine Anzahl von Monaten bezeichnet, ergibt sich ein monatlicher Zinssatz. Der Parameter PaymentTime (siehe TPaymentTime) gibt die Fälligkeit der Zahlungen an.

InternalRateOfReturn   Math

```
function InternalRateOfReturn(Guess: Extended;
                   const CashFlows: array of Double): Extended;
```

Liefert als Ergebnis den internen Zinsfuß einer Investition zurück. Ausgangsbasis für die Berechnung sind der bereitgestellte geschätzte Zinsfuß und das Array Cash-Flows mit den Zahlungsein- und -abgängen. Es wird davon ausgegangen, dass die Zahlungen in regelmäßigen Abständen erfolgen. Die erste Zahlung (der erste Eintrag im Array) gibt die Anfangsinvestition an und ist auf jeden Fall negativ.

IntPower   Math

```
function IntPower(Base: Extended; Exponent: Integer): Extended register;
```

Zur Berechnung von Potenzen, deren Exponenten ganzzahlig sind. Der Rückgabewert ist BaseExponent.

IntToHex*   SysUtils

```
function IntToHex(Value: Integer; Digits: Integer): string; overload
function IntToHex(Value: Int64; Digits: Integer): string; overload;
```

Wandelt eine Zahl in einen String hexadezimaler Schreibweise um; Digits ist die minimale Anzahl an Zeichen im erzeugten String (wird notfalls mit führenden Nullen aufgefüllt).

IntToStr* **   SysUtils

```
function IntToStr(Value: Integer): string; overload;
function IntToStr(Value: Int64): string; overload;
```

Wandelt einen Integer in einen String um. (Siehe Praxisteil, MDI-Anwendungen)

IOResult* **   System

```
function IOResult: Integer;
```

Liefert den Status der zuletzt durchgeführten E/A-Operation zurück. (Siehe Praxisteil, Dateien, Dateien)

IsConsole   system

```
var IsConsole: Boolean;
```

Ist True, wenn das Modul als Konsolenanwendung kompiliert wurde.

IsDelimiter   SysUtils

```
function IsDelimiter(const Delimiters, S: string; Index: Integer): Boolean;
```

Liefert True, wenn das Zeichen zu dem Index-ten Byte von S ein Begrenzungszeichen (delimiter) und kein führendes oder abschließendes Byte ist.

IsLeapYear*   SysUtils

```
function IsLeapYear(Year: Word): Boolean;
```

Liefert True zurück, wenn das übergebene Jahr ein Schaltjahr bezeichnet.

IsLibrary   System

```
var IsLibrary: Boolean;
```

Ist True, wenn es sich bei dem Modul um eine DLL handelt.

IsMemoryManagerSet   System

```
function IsMemoryManagerSet: Boolean;
```

Liefert True, wenn ein Speicher-Manager definiert wurde (siehe SetMemoryManager)

IsMultiThread   System

```
var IsMultiThread: Boolean;
```

Ist True, wenn mehrere Threads existieren.

IsPathDelimiter   SysUtils

```
function IsPathDelimiter(const S: string; Index: Integer): Boolean;
```

Liefert True, wenn das Zeichen zu dem Index-ten Byte von S gleich '\' ist und kein führendes oder abschließendes Byte ist.

IsValidIdent   SysUtils

```
function IsValidIdent(const Ident: string): Boolean;
```

Liefert True, wenn der angegebene String ein gültiger Pascal-Bezeichner ist.

IUnknown**   System

```
type IUnknown = interface;
```

Oberste Schnittstelle. Entspricht TObject für Klassen. (Siehe Praxisteil, Internet und verteilte Anwendungen, Wie funktioniert COM)

```
IUnknown = interface
   ['{00000000-0000-0000-C000-000000000046}']
   function QueryInterface(const IID:
                           TGUID; out Obj): HResult; stdcall;
   function _AddRef: Integer; stdcall;
   function _Release: Integer; stdcall;
 end;
```

Languages	SysUtils

```
function Languages: TLanguages;
```

Liefert eine Liste der unter Windows unterstützten Gebietsschemata zurück. Die Information ist in ein Objekt der Klasse TLanguages verpackt.

LastDelimiter	SysUtils

```
function LastDelimiter(const Delimiters, S: string): Integer;
```

Liefert den Byte-Index des am weitesten rechts gelegenen Begrenzungszeichens.

Ldexp	Math

```
function Ldexp(X: Extended; P: Integer): Extended register;
```

Zur Berechnung von Potenzen zur Basis 2. Liefert den Wert X*2*pi zurück.

LeadBytes	SysUtils

```
var LeadBytes: set of Char = [];
```

Gibt an, welche Zeichen in einem Multibyte-Zeichensatz führende Bytes sind.

Length* **	System

```
function Length(S: string): Integer;
```

Liefert die Zahl der im String S tatsächlich verwendeten Zeichen zurück. (Siehe Praxisteil, Object Pascal, Strings analysieren und zerlegen)

LibModuleList	System

```
var LibModuleList: PLibModule = nil;
```

Liste der Module einer Anwendung.

ListSeparator*   SysUtils

```
var ListSeparator: Char;
```

Gibt das Zeichen vor, mit dem Listeneinträge getrennt werden.

Ln*   System

```
function Ln(X: Real): Real;
```

Liefert den natürlichen Logarithmus des Ausdrucks X zurück.

LnXP1   Math

```
function LnXP1(X: Extended): Extended;
```

Liefert den natürlichen Logarithmus von X+1.

Lo*   System

```
function Lo(X): Byte;
```

Liefert das niederwertige Byte des Arguments X als vorzeichenlosen Wert zurück.

LoadPackage   SysUtils

```
function LoadPackage(const Name: string): HMODULE;
```

Lädt eine gegebene Package-DLL und ruft die Initialisierungsblöcke der darin aufgeführten Units auf.

LoadResourceModule   System

```
function LoadResourceModule(ModuleName: PChar): LongWord;
```

Lädt ein Ressourcenmodul.

LoadResString   System

```
function LoadResString(ResStringRec: PResStringRec): string;
```

Funktion zum Laden von Ressourcenstrings. Verwenden Sie in Ihren Programmen stattdessen LoadStr oder das Schlüsselwort resourcestring.

LoadStr   SysUtils

```pascal
function LoadStr(Ident: Integer): string;
```

Lädt die durch Ident spezifizierte String-Ressource aus der EXE-Datei der Anwendung.

Log2   Math

```pascal
function Log2(X: Extended): Extended;
```

Logarithmus zur Basis 2.

Log10   Math

```pascal
function Log10(X: Extended): Extended;
```

Logarithmus zur Basis 10.

LogN   Math

```pascal
function LogN(Base, X: Extended): Extended;
```

Logarithmus zur Basis Base.

LongDateFormat*   SysUtils

```pascal
var LongDateFormat: string;
```

Formatstring zur Umwandlung einer Datumsangabe in einen langen String (siehe FormatDateTime).

LongDayNames*   SysUtils

```pascal
var LongDayNames: array[1 .. 7] of string;
```

String-Array mit den langen Tagesbezeichnungen.

LongMonthNames*   SysUtils

```pascal
var LongMonthNames: array[1 .. 12] of string;
```

String-Array mit den langen Monatsnamen.

LongRec   SysUtils

```pascal
type LongRec = packed record;
```

Struktur, in der die hohen und niedrigen Words einer Variablen gespeichert werden können.

```
LongRec = packed record
    Lo, Hi: Word;
    end;
```

LongTimeFormat*   SysUtils

```
var LongTimeFormat: string;
```

Formatstring zur Umwandlung einer Zeitangabe in einen langen String (Stunden, Minuten und Sekunden).

Low* **   System

```
function Low(X);
```

Liefert den niedrigsten Wert im Definitionsbereich des Arguments zurück. (Siehe Praxisteil, Object Pascal, In Arrays suchen)

LowerCase*   SysUtils

```
function LowerCase(const S: string): string;
```

Liefert einen String in Kleinbuchstaben zurück, der den gleichen Text enthält wie der in S übergebene String.

MainInstance   System

```
var MainInstance: LongWord;
```

Handle der EXE-Datei einer Anwendung.

MainThreadID   System

```
var MainThreadID: LongWord;
```

Thread-ID des Hauptausführungsthreads (der bei Aufruf des Programms gestartet wird).

Max   Math

```
function Max(A,B: Integer): Integer; overload;
function Max(A,B: Int64): Int64; overload;
function Max(A,B: Single): Single; overload;
```

```
function Max(A,B: Double): Double; overload;
function Max(A,B: Extended): Extended; overload;
```

Liefert den größeren von zwei Werten zurück.

MaxComp	Math

MinComp	Math

```
const MinComp = -9.223372036854775807e+18;
const MaxComp = 9.223372036854775807e+18;
```

Konstanten für Wertebereich des Integer-Datentyps Comp.

MaxDouble	Math

MinDouble	Math

```
const MinDouble = 5.0e-324;
const MaxDouble = 1.7e+308;
```

Konstanten für Wertebereich des Gleitkommadatentyps Double.

MaxExtended	Math

MinExtended	Math

```
const MinExtended = 3.4e-4932;
const MaxExtended = 1.1e+4932;
```

Konstanten für Wertebereich des Gleitkommadatentyps Extended.

MaxIntValue	Math

```
function MaxIntValue(const Data: array of Integer): Integer;
```

Liefert den höchsten Integer-Wert aus dem Array Data.

MaxSingle	Math

MinSingle	Math

```
const MinSingle = 1.5e-45;
const MaxSingle = 3.4e+38;
```

Konstanten für Wertebereich des Gleitkommadatentyps Single.

MaxValue   Math

```
function MaxValue(const Data: array of Double): Double;
```

Liefert den höchsten mit Vorzeichen angegebenen Wert aus dem Array Data.

Mean**   Math

```
function Mean(const Data: array of Double): Extended;
```

Berechnet den Mittelwert aller Werte im Array Data (Summe der Werte dividiert durch Anzahl der Werte). (Siehe Praxisteil, Object Pascal, Debuggen mit Hilfe bedingter Kompilation)

MeanAndStdDev   Math

```
procedure MeanAndStdDev(const Data: array of Double;
                var Mean, StdDev: Extended);
```

Berechnet für die Daten im Array den Mittelwert und die zugehörige Standardabweichung und gibt sie in den entsprechenden Variablenparametern zurück (die Ausführung dieser Funktion ist doppelt so schnell wie die Einzelaufrufe der Funktionen Mean und StdDev).

Min   Math

```
function Min(A,B: Integer): Integer; overload;
function Min(A,B: Int64): Int64; overload;
function Min(A,B: Single): Single; overload;
function Min(A,B: Double): Double; overload;
function Min(A,B: Extended): Extended; overload;
```

Liefert den kleineren von zwei Werten zurück.

MinIntValue   Math

```
function MinIntValue(const Data: array of Integer): Integer;
```

Liefert den kleinsten Integer-Wert aus dem Array Data.

MinValue   Math

```
function MinValue(const Data: array of Double): Double;
```

Liefert den kleinsten mit Vorzeichen angegebenen Wert aus dem Array Data.

MkDir* System

```
procedure MkDir(const S: string);
```

Erzeugt ein neues Unterverzeichnis mit dem Pfad S.

ModuleUnloadList System

```
var  ModuleUnloadList: PModuleUnloadRec = nil;
```

Zeiger auf die Liste der Module, die beim Entladen eines Moduls freizugeben sind.

MomentSkewKurtosis Math

```
procedure MomentSkewKurtosis(const Data: array of Double;
                 var M1, M2, M3, M4, Skew, Kurtosis: Extended);
```

Berechnet die wesentlichen Faktoren einer statistischen Analyse: die ersten vier empirischen Momente und die Koeffizienten für empirische Schiefe (skewness) und empirischen Exzess (kurtosis). M1 enthält den empirischen Mittelwert, M2 die empirische Varianz. Die in Skew zurückgegebene empirische Schiefe ist ein Maß für die Symmetrie der Verteilung. Der in Kurtosis zurückgegebene empirische Exzess reflektiert die Flachheit der Verteilungskurve.

MonthDays SysUtils

```
const MonthDays;
```

Zum Nachschlagen der Anzahl der Tage in einem Monat.

```
const MonthDays: array [Boolean] of TDayTable =
         ((31, 28, 31, 30, 31, 30, 31, 31, 30, 31, 30, 31),
          (31, 29, 31, 30, 31, 30, 31, 31, 30, 31, 30, 31));
```

Move* System

```
procedure Move(const Source; var Dest; Count: Integer);
```

Kopiert Count Bytes aus der Quelle Source nach Dest.

MSecsPerDay SysUtils

```
const MSecsPerDay= SecsPerDay * 1000;
```

Millisekunden pro Tag.

MSecsToTimeStamp SysUtils

```
function MSecsToTimeStamp (MSecs: Comp): TTimeStamp;
```

Konvertiert eine Datums-/Zeitangabe in Millisekunden in das TTimeStamp-Format.

NegCurrFormat* SysUtils

```
var NegCurrFormat: Byte;
```

Definiert das Währungsformat bei der Umwandlung von negativen Gleitkomma- in Dezimalzahlen. Mögliche Werte sind:

Wert	Format	Wert	Format
0	($1)	1	-$1
2	$ -1	3	$1-
4	(1$)	5	-1$
6	1-$	7	1$-
8	-1 $	9	-$ 1
10	1 $-1	1	$ 1-
12	$ -1	13	1- $
14	($ 1)	15	(1 $)

NetPresentValue Math

```
function NetPresentValue(Rate: Extended;
        const CashFlows: array of Double;  PaymentTime: TPaymentTime)
      : Extended;
```

Berechnet aus einer Reihe von Zahlungsein- und ausgängen (Array CashFlows) den aktuellen Nettobarwert . Die Berechnung geht davon aus, dass die Zahlungen mit einem festen Abzinsungssatz (Rate) diskontiert werden. Der Parameter PaymentTime (siehe TPaymentTime) gibt die Fälligkeit der Zahlungen an.

New* ** System

```
procedure New(var P: Pointer);
```

Weist der Zeigervariablen P einen Speicherbereich zu. Die Größe des allokierten Speicherbereichs richtet sich nach dem Datentyp von P. (Siehe Praxisteil, Object Pascal, Dynamischer Speicher und nil)

NewStr	SysUtils

```
function NewStr(const S: string): PString;
```

Allokiert Heap-Speicher für einen String. Wird nur noch aus Gründen der Abwärtskompatibilität verwendet.

Norm	Math

```
function Norm(const Data: array of Double): Extended;
```

Berechnet die Euklidische 'L-2'-Norm (Sqrt(SumOfSquares)).

Now*	SysUtils

```
function Now: TDateTime;
```

Liefert das aktuelle Datum und die augenblickliche Uhrzeit zurück.

Null	System

```
var Null: Variant;
```

Null-Wert des Datentyps Variant.

NullStr	SysUtils

```
const NullStr: PString = @EmptyStr;
```

Null-Wert für Strings.

NumberOfPeriods	Math

```
function NumberOfPeriods(Rate, Payment, PresentValue, FutureValue:
                Extended; PaymentTime: TPaymentTime): Extended;
```

Berechnet die erforderliche Laufzeit (Anzahl der Perioden) für eine Investition, deren Anfangswert PresentValue beträgt und deren Endwert auf der Basis regelmäßiger, konstanter Zahlungen (Payment) und einem auf eine Periode bezogenen Zinssatz (Rate) eine Höhe von FutureValue annehmen soll. Der Parameter PaymentTime (siehe TPaymentTime) gibt die Fälligkeit der Zahlungen an.

Odd*	System

```
function Odd(X: Longint): Boolean;
```

Prüft, ob das Argument eine ungerade Zahl ist. Wenn ja, liefert die Funktion true zurück.

OleStrToString   System

```
function OleStrToString(Source: PWideChar): string;
```

Liefert die von einer COM-Schnittstelle erhaltenen Daten als String zurück.

OleStrToStrVar   System

```
procedure OleStrToStrVar(Source: PWideChar; var Dest: string);
```

Kopiert die von einer COM-Schnittstelle erhaltenen Daten in die übergebene String-Variable.

Ord* **   System

```
function Ord(X): Longint;
```

Liefert den Ordinalwert eines Ausdrucks zurück (üblicherweise der ASCII-Code zu einem Zeichen oder der Index eines Elements aus einem Aufzählungstyp). (Siehe Praxisteil, Konsolenanwendungen, Formatierte Ausgabe)

OutOfMemoryError   SysUtils

```
procedure OutOfMemoryError;
```

Löst die Exception EOutOfMemory aus.

Output   System

```
var Output: Text;
```

Dateivariable für reinen Schreibzugriff, die in Konsolenanwendungen mit dem Konsolenfenster verbunden und als Standardausgabegerät verwendet wird.

Package-Flags   SysUtils

```
pfNeverBuild = $00000001;
pfDesignOnly = $00000002;
pfRunOnly = $00000004;
pfIgnoreDupUnits = $00000008;
pfModuleTypeMask = $C0000000;
pfExeModule = $00000000;
pfPackageModule = $40000000;
pfProducerMask = $0C000000;
```

```
pfV3Produced =   $00000000;
pfProducerUndefined = $04000000;
pfBCB4Produced = $08000000;
pfDelphi4Produced = $0C000000;
pfLibraryModule = $80000000;
```

PackageInfo   System

```
type PackageInfo = ^PackageInfoTable;
```

PackageInfoTable   System

```
type PackageInfoTable = packed record
       UnitCount : Integer;
       UnitInfo : PUnitEntryTable;
     end;
```

Vom Compiler verwendete Struktur mit Informationen zur Initialisierung und Deinitialisierung eines Package.

PackageUnitEntry   System

```
type PackageUnitEntry = packed record
       Init, FInit : procedure;
       end;
```

Hilfsstruktur, die der Compiler zur Initialisierung und Deinitialisierung der Units eines Package verwendet.

PAnsiString   System

```
type PAnsiString = ^AnsiString;
```

ParamCount* **   System

```
function ParamCount: Integer;
```

Liefert die Anzahl der dem Programm in der Kommandozeile übergebenen Parameter zurück. (Siehe Praxisteil, Sonstiges, Kommandozeilenargumente verarbeiten oder Dateien, Dateien kopieren)

ParamStr* **   System

```
function ParamStr(Index: Integer): string;
```

Liefert einen Kommandozeilenparameter zurück. Welcher Parameter zurückgeliefert werden soll, wird durch Angabe seines Index bestimmt. Der Index 0 liefert den

Namen und Pfad des aufgerufenen Programms. (Siehe Praxisteil, Sonstiges, Kommandozeilenargumente verarbeiten oder Dateien, Dateien kopieren)

Payment	**Math**

```
function Payment(Rate: Extended; NPeriods: Integer;
        PresentValue, FutureValue: Extended; PaymentTime: TPaymentTime)
        : Extended;
```

Berechnet die vollständig verzinste Zahlung für ein Darlehen (oder eine Investition) der Höhe PresentValue auf der Basis regelmäßiger, konstanter Zahlungen und eines auf eine Periode bezogenen konstanten Zinssatzes (Rate) bei einer Laufzeit von NPeriods. Bei der Berechnung wird angenommen, dass die Zinsen nachschüssig am Ende einer Periode gezahlt werden. FutureValue bezeichnet den Wert, den die Investition zu einem bestimmten zukünftigen Zeitpunkt darstellen wird. Der Parameter PaymentTime (siehe TPaymentTime) gibt die Fälligkeit der Zahlungen an.

PByteArray	**SysUtils**

```
type PByteArray = ^TByteArray;
```

PCurrency	**System**

```
type PCurrency = ^Currency;
```

PDateTime	**System**

```
type PDateTime = ^TDateTime;
```

PDayTable	**SysUtils**

```
type PDayTable = ^TDayTable;
```

PeriodPayment	**Math**

```
function PeriodPayment(Rate: Extended; Period, NPeriods: Integer;
        PresentValue, FutureValue: Extended; PaymentTime: TPaymentTime)
        : Extended;
```

Liefert für die angegebene Periode (Period) den Tilgungsanteil (oder Sparanteil) einer regelmäßigen Darlehensrückzahlung (oder Ansparrate). Die Berechnung geht davon aus, dass das Darlehen (PresentValue) bzw. die Zielsparsumme (FutureValue; erhält bei Darlehenstilgung den Wert 0) durch regelmäßige, konstante Zahlungen und bei konstantem Zinssatz (Rate) nach einer Laufzeit von NPeriods getilgt (oder angespart) ist. Der Parameter PaymentTime (siehe TPaymentTime) gibt die Fälligkeit der Zahlungen an.

(siehe InterestPayment für den korrespondierenden Zinsanteil)

PExtended	System

```
type PExtended = ^Extended;
```

PGUID	System

```
type PGUID = ^TGUID;
```

Pi	System

```
function Pi: Extended;
```

Liefert den Wert von Pi (3.1415...) zurück.

PInt64	System

```
type PInt64 = ^Int64;
```

PInterfaceEntry	System

```
type PInterfaceEntry = ^TInterfaceEntry;
```

PInterfaceTable	System

```
type PInterfaceTable = ^TInterfaceTable;
```

PLibModule	System

```
type  PLibModule = ^TLibModule;
```

PMemoryManager	System

```
type PMemoryManager = ^TMemoryManager;
```

POleVariant	System

```
type POleVariant = ^OleVariant;
```

Poly   Math

```
function Poly(X: Extended; const Coefficients: array of Double)
           : Extended;
```

Berechnet den Wert eines Polynoms einer Variablen. Der Grad des Polynoms richtet sich nach der Anzahl der Koeffizienten, die im Array `Coefficients` übergeben werden.

PopnStdDev   Math

```
function PopnStdDev(const Data: array of Double): Extended;
```

Berechnet für die Werte im Array `Data` die auf die Grundgesamtheit bezogene Standardabweichung (= `sqrt(PopnVarianc`).

PopnVariance   Math

```
function PopnVariance(const Data: array of Double): Extended;
```

Berechnet für die Werte im Array `Data` die auf die Grundgesamtheit bezogene Varianz (= `TotalVariance/N`)).

Pos*   System

```
function Pos(Substr: string; S: string): Integer;
```

Sucht in dem String `S` nach dem ersten Vorkommen des Teilstrings `Substr`. Zurückgeliefert wird der Index des ersten Zeichens von Substr in S, bzw. Null, wenn kein Vorkommen gefunden wurde.

Power   Math

```
function Power(Base, Exponent: Extended): Extended;
```

Zur Berechnung von Potenzen, deren Exponenten Bruchzahlen sein können. Der Rückgabewert ist Base^Exponent. Ist der Exponent eine Bruchzahl oder ist sein Wert größer als `MaxInt`, muss die Basis größer Null sein.

Pred*   System

```
function Pred(X);
```

Liefert den Vorgänger des Arguments zurück, bei dem es sich um eine Variable eines Ordinaltyps (`Char`, Aufzählungstyp) handeln muss.

PresentValue   Math

```
function PresentValue(Rate: Extended; NPeriods: Integer;
        Payment, FutureValue: Extended; PaymentTime: TPaymentTime)
        : Extended;
```

Berechnet den aktuellen Wert einer Investition auf der Grundlage regelmäßiger, konstanter Zahlungen (Payment), einem festen Zinssatz (Rate) und einer Laufzeit von NPeriods. FutureValue bezeichnet den Wert, den die Investition zu einem bestimmten zukünftigen Zeitpunkt darstellen wird. Der Parameter PaymentTime gibt die Fälligkeit der Zahlungen an.

PResStringRec   System

```
type  PResStringRec = ^TResStringRec;
```

PShortString   System

```
type PShortString = ^ShortString;
```

PString   System

```
type PString = PAnsiString;
```

PTextBuf   SysUtils

```
type PTextBuf = ^TTextBuf;
```

Ptr   System

```
function Ptr(Address: Integer): Pointer;
```

Wandelt die angegebene Adresse in einen Zeiger um.

PUnitEntryTable   System

```
type PUnitEntryTable = ^UnitEntryTable;
```

PVarArray   System

```
type PVarArray = ^TVarArray;
```

Zeigertyp auf Objekte des Typs TVarArray.

PVarData — System

```
type PVarData = ^TVarData;
```

Zeigertyp auf Objekte des Typs TVarData.

PVariant — System

```
type PVariant = ^Variant;
```

PVarRec — System

```
type PVarRec = ^TVarRec;
```

PWideString — System

```
type PWideString = ^WideString;
```

PWordArray — SysUtils

```
type PWordArray = ^TWordArray;
```

QuotedStr — SysUtils

```
function QuotedStr(const S: string): string;
```

Setzt den übergebenen String in Anführungszeichen (Anführungszeichen innerhalb von S wird zur Kennzeichnung ein zweites Anführungszeichen vorangestellt) und liefert den neuen String zurück.

RadToCycle — Math

```
function RadToCycle(Radians: Extended): Extended;
```

Rechnet Radiant in Bogenlänge (in Einheiten eines Vollkreises) um (Bogen = Radiant / (2*pi)).

RadToDeg — Math

```
function RadToDeg(Radians: Extended): Extended;
```

Rechnet Radiant in Winkelgrad um (Grad = Radiant * 180/pi).

RadToGrad — Math

```
function RadToGrad(Radians: Extended): Extended;
```

Rechnet Radiant in Winkel in Neugradmaß (rechter Winkel entspricht 100 Grad) um (Grad = Radiant * 200/pi).

RaiseLastWin32Error()   SysUtils

```
procedure RaiseLastWin32Error();
```

Löst eine Exception zu dem zuletzt aufgetretenen Win32-Fehler aus.

RaiseList   System

```
function RaiseList: Pointer;
```

Liefert Zeiger auf den Stack für die aktuell ausgelöste Exception.

RandG**   Math

```
function RandG(Mean, StdDev: Extended): Extended;
```

Erzeugt Gauß-verteilte Zufallszahlen. (Siehe Praxisteil, Sonstiges, Zufallszahlen)

Random* **   System

```
function Random [ ( Range: Integer) ]: Real;
```

Wurde ein Bereich angegeben, wird eine Zufallszahl zwischen 0<=X<Range zurückgeliefert. Wird kein Bereich spezifiziert, wird eine Bruchzahl im Bereich 0<=X<1 zurückgeliefert. Damit wirklich Zufallszahlen erzeugt werden, muss der Zufallsgenerator zuvor durch einen einmaligen Aufruf von Randomize initialisiert werden (siehe auch RandSeed). (Siehe Praxisteil, Sonstiges, Zufallszahlen)

Randomize* **   System

```
procedure Randomize;
```

Initialisiert den integrierten Zufallszahlengenerator. (Siehe Praxisteil, Sonstiges, Zufallszahlen)

RandSeed**   System

```
var RandSeed: LongInt;
```

Startwert für den integrierten Zufallszahlengenerator. Für gleiche Startwerte liefert der Zufallsgenerator stets die gleiche Folge von Zufallszahlen, was für die Reproduzierbarkeit von Ergebnissen von Bedeutung sein kann. (Siehe Praxisteil, Sonstiges, Zufallszahlen)

Read* ** System

```
procedure Read(F ; V1 [, V2, ..., Vn]);
procedure Read( [var F: Text;]  V1 [, V2, ..., Vn]);
```

Liest eine oder mehrere Komponenten in eine bzw. mehrere Variablen entsprechenden Typs ein. Bei Textdateien (zweite Form) kann auf die Angabe einer Datei verzichtet werden, woraufhin vom Standardeingabegerät (üblicherweise die Tastatur) eingelesen wird.

Einlesen von Strings:

- Es werden alle Zeichen bis zum nächsten Zeilenende bzw. bis zum Dateiende eingelesen;

- bevor die nachfolgende Zeile eingelesen werden kann, muss mittels eines Aufrufs von readln das Zeilenendezeichen ausgelesen werden;

- ist die erweiterte Syntax aktiviert (Compiler-Direktive {$X+}), können nullterminierte Strings in nullbasierte Zeichenarrays eingelesen werden.

Einlesen von Zeichen:

- Der Inhalt der Datei wird Zeichen für Zeichen eingelesen;

- wurde das Dateiende erreicht, wird das Strg-Z-Zeichen (Char(26)) eingelesen.

Einlesen von Integer- oder Gleitkommawerten:

- Leerzeichen, Tabulatorzeichen oder Zeilenendezeichen vor einem nummerischen String werden übersprungen;

- wenn der nummerische String nicht dem erwarteten Einleseformat entspricht, kommt es zu E/A-Fehlern.

(Siehe Praxisteil, Object Pascal, Dynamischer Speicher, Routinen und Exceptions)

Readln* ** System

```
procedure Readln([ var F: Text; ] V1 [, V2, ..., Vn ]);
procedure Readln(F);
```

Zum zeilenweisen Einlesen von Textdateien (i.G. zu Read wird hierbei das Zeilenende mit eingelesen). Werden keine Variablen zum Einlesen angegeben, wird die aktuelle Dateiposition einfach zur nächsten Zeile vorgerückt. (Siehe Praxisteil, Konsolenanwendungen, Ein- und Ausgabe)

ReallocMem System

```
procedure ReallocMem(var P: Pointer; Size: Integer);
```

Erweitert oder verkleinert den für P allokierten Speicherbereich entsprechend der Größenangabe Size. P muss zuvor auf nil gesetzt oder irgendwann mit GetMem initialisiert worden sein. Der Vorteil ist, dass der bisher referenzierte Speicherbereich und sein Inhalt übernommen werden.

RemoveDir	SysUtils

```
function RemoveDir(const Dir: string): Boolean;
```

Löscht das Verzeichnis Dir, sofern es vorhanden und leer ist. Liefert im Erfolgsfall True zurück.

Rename*	System

```
procedure Rename(var F; Newname: PChar);
procedure Rename(var F; Newname:string);
```

Ändert den Namen einer externen Datei.

RenameFile*	SysUtils

```
function RenameFile(const OldName, NewName: string): Boolean;
```

Versucht, den Namen der Datei OldName in NewName zu ändern. Liefert im Erfolgsfall True zurück.

ReplaceTime	SysUtils

```
procedure ReplaceTime(var DateTime: TDateTime; const NewTime: TDateTime);
```

Ersetzt den Datumsanteil eines TDateTime-Wertes mit dem angegebenen Datum.

Reset* **	System

```
procedure Reset(var F [: File; RecSize: Word ] );
```

Öffnet die bereits existierende Datei, die mit F verbunden ist. RecSize wird nur im Zusammenhang mit untypisierten Dateien verwendet und dient dann dazu, die Größe der einzelnen Dateikomponenten anzugeben. (Siehe Praxisteil, Dateien, Textdateien)

Rewrite* **	System

```
procedure Rewrite(var F: File [; RecSize: Word ] );
```

Erzeugt und öffnet eine neue Datei mit dem F zugewiesenen Dateinamen. Existiert bereits eine Datei gleichen Namens, wird sie gelöscht. RecSize wird nur im Zusammenhang mit untypisierten Dateien verwendet und dient dann dazu, die Größe der einzelnen Dateikomponenten anzugeben. (Siehe Praxisteil, Dateien, Textdateien)

RmDir*   System

```
procedure RmDir (const S: string);
```

Löscht das Unterverzeichnis S, sofern dieses leer ist.

Round*   System

```
function Round(X: Extended): Int64;
```

Rundet einen Wert vom Typ Extended zu einem Integer-Wert auf oder ab. Liegt X exakt zwischen zwei Integer-Werten, wird als Ergebnis der Integer-Wert mit dem größten Betrag zurückgeliefert.

RunError*   System

```
procedure RunError [ ( Errorcode: Byte ) ];
```

Hält die Programmausführung an, indem am aktuellen Befehl ein Laufzeitfehler mit der angegebenen Nummer ausgelöst wird.

SafeCallErrorProc   System

```
var SafeCallErrorProc: Pointer;
```

Fehlerbehandlung zur safecall-Aufrufkonvention.

SafeLoadLibrary   SysUtils

```
function SafeLoadLibrary(const Filename: string;
            ErrorMode: UINT = SEM_NOOPENFILEERRORBOX): HMODULE;
```

Ruft LoadLibrary auf, um eine DLL zu laden und unterdrückt die Anzeige von Meldungsfenstern im Fehlerfall.

SameText   SysUtils

```
function SameText(const S1, S2: string): Boolean;
```

Vergleicht zwei Strings ohne Berücksichtigung der Groß- und Kleinschreibung.

Der Rückgabewert zeigt das Ergebnis des Vergleichs an:

Ergebnis	Bedeutung
True	S1 = S2
False	S1<> S2

SecsPerDay | SysUtils

```
const SecsPerDay= 24 * 60 * 60;
```

Sekunden pro Tag.

Seek* | System

```
procedure Seek(var F; N: Longint);
```

Verschiebt die aktuelle Position einer Datei auf die N-te Komponente. Die erste Komponente hat den Index 0. Mittels Seek(F,FileSize(F)) kann man an das Ende der Datei springen, um sie zu erweitern.

SeekEof* | System

```
function SeekEof [ (var F: Text) ]: Boolean;
```

Nur für Textdateien. Liefert True, wenn von der aktuellen Position an bis zum Dateiende nur noch Whitespace-Zeichen (Leerzeichen, Tabulatorzeichen, Zeilenendezeichen) zu finden sind.

SeekEoln* | System

```
function SeekEoln [ (var F: Text) ]: Boolean;
```

Nur für Textdateien. Liefert True, wenn von der aktuellen Position an bis zum Zeilenende nur noch Whitespace-Zeichen (Leerzeichen, Tabulatorzeichen) zu finden sind.

Set8087CW* | System

```
procedure Set8087CW(NewCW: Word);
```

Setzt das Steuerwort der Gleitkommaeinheit der CPU und legt so die Genauigkeit von Gleitkommaberechnungen und den Rundungsmodus fest.

SetCurrentDir | SysUtils

```
function SetCurrentDir(const Dir: string): Boolean;
```

Wechselt das aktuelle Verzeichnis zu Dir. Liefert im Erfolgsfall True zurück.

SetLength** — System

```
procedure SetLength(var S: string; NewLength: Integer);
```

Setzt die dynamische Länge der String-Variablen S. (Siehe Praxisteil, Object Pascal, Größe dynamischer Arrays ändern)

SetMemoryManager* — System

```
procedure SetMemoryManager(const MemMgr: TMemoryManager);
```

Dient zur Anpassung der Speicherverwaltung. Über die Variable MemMgr vom Typ TMemoryManager werden die neuen Funktionen zur Speicherverwaltung übergeben.

SetRaiseList — System

```
function SetRaiseList(NewPtr: Pointer): Pointer;
```

Liefert den vorangehenden Eintrag aus der Liste der Stackrahmen für die aktuell ausgelöste Exception.

SetString — System

```
procedure SetString(var S: string; buffer: PChar; len: Integer);
```

Kopiert len Zeichen aus buffer in den String S, dessen Länge zuvor angepasst wurde.

SetTextBuf* — System

```
procedure SetTextBuf(var F: Text; var Buf [ ; Size: Integer] );
```

Mit dieser Funktion kann einer Textdatei ein Puffer Buf der Größe Size zugewiesen werden, der den Standardpuffer (128 Byte groß) ablöst. Der Puffer muss vor dem Öffnen der Datei zugewiesen werden, da es sonst durch den Puffertausch zu Datenverlusten kommen kann.

Das Puffern der Ein- und Ausgabe ist ein allgemein übliches Verfahren, um die Laufzeit eines Programms zu verbessern. Einzelne Ein- oder Ausgaben werden dabei im Arbeitsspeicher ausgeführt, der jeweils nur blockweise Daten von der Festplatte liest oder auf sie schreibt. Auf diese Weise wird die Zahl der Festplattenzugriffe reduziert, was die Laufzeit natürlich verbessert.

Um eine physikalische Datei mit ihrem Puffer abzugleichen und dadurch zu aktualisieren, können Sie die Prozedur Flush aufrufen.

Sin* System

```
function Sin(X: Extended): Extended;
```

Liefert den Sinus des Arguments im Bogenmaß zurück.

SinCos Math

```
procedure SinCos(Theta: Extended; var Sin, Cos: Extended) register;
```

Berechnet gleichzeitig den Sinus und den Kosinus für den Winkel Theta (in Radiant) und gibt sie in den entsprechenden Variablenparametern zurück (die Ausführung dieser Funktion ist doppelt so schnell wie die Einzelaufrufe der Funktionen Sin und Cos).

Sinh Math

```
function Sinh(X: Extended): Extended;
```

Sinus hyperbolicus berechnen. Argument und Rückgabewert sind beides reelle Zahlen.

SizeOf* ** System

```
function SizeOf(X): Integer;
```

Liefert die Anzahl der Bytes zurück, die von X belegt werden. (Siehe Praxisteil, Object Pascal, Dynamische Speicherverwaltung oder Grafik- und Spieleprogrammierung, Gedrehter Text)

ShortDateFormat* SysUtils

```
var ShortDateFormat: string;
```

Formatstring zur Umwandlung einer Datumsangabe in einen kurzen String (nur Jahr. Monat und Tag).

ShortDayNames* SysUtils

```
var ShortDayNames: array[1 .. 7] of string;
```

String-Array mit den kurzen Tagesbezeichnungen.

ShortMonthNames* SysUtils

```
var ShortMonthNames: array[1 .. 12] of string;
```

String-Array mit den kurzen Monatsnamen.

ShortTimeFormat* — SysUtils

```
var ShortTimeFormat: string;
```

Formatstring zur Umwandlung einer Zeitangabe in einen kurzen String (nur Stunden und Minuten).

ShowException — SysUtils

```
procedure ShowException(ExceptObject: TObject; ExceptAddr: Pointer);
```

Zeigt die Nachricht an, die mit einer Exception verbunden ist. (Siehe Object Pascal-Referenz, Exceptions, Verwandte Routinen)

Slice** — System

```
function Slice(var A: array; Count: Integer): array;
```

Ermöglicht es, die ersten Count Elemente des Arrays A als einen Unterabschnitt auszuwählen, der als offener Array-Parameter übergeben werden kann. (Siehe Praxisteil, Object Pascal, Teilarrays erstellen mit Slice)

SLNDepreciation — Math

```
function SLNDepreciation(Cost, Salvage: Extended; Life: Integer): Extended;
```

Berechnet den Wert der linearen Abschreibung eines Aktivpostens für einen bestimmten Zeitraum (Life). Der Parameter Cost bezeichnet den Anschaffungspreis, der Parameter Salvage den Restwert (siehe SYDDepreciation für degressive Abschreibung).

Sqr* — System

```
function Sqr(X: Extended): Extended;
```

Liefert das Quadrat des Arguments zurück.

Sqrt* ** — System

```
function Sqrt(X: Extended): Extended;
```

Liefert die Quadratwurzel des Arguments zurück. (Siehe Praxisteil, Sonstiges, Komplexe Zahlen)

StdDev — Math

```
function StdDev(const Data: array of Double): Extended;
```

Berechnet die Standardabweichung für die Werte im Array Data (= sqrt(Variance)).

Str* — System

```
procedure Str(X [: Width [: Decimals ]]; var S);
```

Wandelt X entsprechend der Formatierungsparameter in eine String-Darstellung um. Die Prozedur entspricht der Prozedur Write, nur dass in den String S und nicht in eine Datei oder ein Ausgabegerät geschrieben wird.

StrAlloc — SysUtils

```
function StrAlloc(Size: Cardinal):PChar;
```

Weist einen Puffer für einen nullterminierten String mit der max. Länge von Size-1 Byte zu. Die Größe des Strings ist vor dem String gespeichert (siehe Freigeben mit StrDispose).

StrBufSize — SysUtils

```
function StrBufSize(const Str: PChar): Cardinal;
```

Liefert die maximale Anzahl der Zeichen zurück, die in einem mit StrAlloc zuge-wiesenen String-Puffer gespeichert werden können (ohne Header).

StrByteType — SysUtils

```
function StrByteType(Str: PChar; Index: Cardinal): TMbcsByteType;
```

Liefert den Bytetyp des Index-ten Byte im String zurück.

StrCat* — SysUtils

```
function StrCat(Dest: PChar; const Source: PChar): PChar;
```

Hängt eine Kopie von Source an das Ende von Dest an und liefert Dest zurück.

StrComp* ** — SysUtils

```
function StrComp(const Str1, Str2 : PChar): Integer;
```

Vergleicht Str1 mit Str2 unter Berücksichtigung der Groß- und Kleinschreibung. Der Rückgabewert zeigt das Ergebnis des Vergleichs an:

Ergebnis	Bedeutung
negativ	S1 < S2
0	S1 = S2
positiv	S1 > S2

(Siehe Praxisteil, Internationalisierung und Lokalisierung, String-Vergleiche)

StrCopy* ** SysUtils

```
function StrCopy(Dest: PChar; const Source: PChar): PChar;
```

Kopiert Source nach Dest und liefert Dest zurück. (Siehe Praxisteil, Object Pascal, Strings analysieren und zerlegen)

StrDispose SysUtils

```
procedure StrDispose(Str: PChar);
```

Löscht einen Zeiger, der zuvor mit StrAlloc oder StrNew eingerichtet wurde.

StrECopy* SysUtils

```
function StrECopy(Dest:PChar; const Source: PChar): PChar;
```

Kopiert Source nach Dest und liefert das Ende von Dest (StrEnd(Dest)) zurück.

StrEnd* SysUtils

```
function StrEnd(const Str: PChar): PChar;
```

Liefert einen Zeiger auf das Nullzeichen am Ende von Str zurück.

StrFmt SysUtils

```
function StrFmt(Buffer, Format: PChar; const Args: array of const): PChar;
```

Formatiert und integriert die Serie von Argumenten aus dem offenen Array Args in den Formatierungsstring Format (siehe Format) und liefert das Ergebnis in Buffer zurück.

StrIComp* SysUtils

```
function StrIComp(const Str1, Str2:PChar): Integer;
```

Vergleicht Str1 mit Str2 ohne Berücksichtigung der Groß- und Kleinschreibung. Der Rückgabewert zeigt wie bei StrComp das Ergebnis des Vergleichs an.

StringOfChar   System

```
function StringOfChar(Ch: Char; Count: Integer): string;
```

Liefert einen String zurück, der mit Count Zeichen Ch initialisiert ist.

StringReplace   SysUtils

```
function StringReplace(const S, OldPattern, NewPattern: string;
                Flags: TReplaceFlags): string;
```

Kopiert den String S und ersetzt den Substring OldPattern durch NewPattern. Über die Flags (rfReplaceAll, rfIgnoreCase) kann man steuern, ob alle Vorkommen oder nur das erste ersetzt werden sollen und ob die Groß- und Kleinschreibung zu berücksichtigen ist.

StringToOleStr   System

```
function StringToOleStr(const Source: string): PWideChar;
```

Kopiert einen String und konvertiert ihn in ein OLE-kompatibles Format.

StringToWideChar   System

```
function StringToWideChar(const Source: string; Dest: PWideChar;
                DestSize: Integer): PWideChar;
```

Wandelt den in Source angegebenen String von ANSI in Unicode um und speichert ihn in dem durch die Adresse Dest und die Größe DestSize definierten Speicherbereich. Als Ergebnis wird Dest zurückgeliefert.

StrLCat*   SysUtils

```
function StrLCat(Dest: PChar; const Source: PChar; MaxLen: Cardinal)
                                        : PChar;
```

Hängt höchstens MaxLen – StrLen(Dest) Zeichen aus Source an das Ende von Dest an und liefert Dest zurück.

StrLComp*   SysUtils

```
function StrLComp(const Str1, Str2: PChar; MaxLen: Cardinal): Integer;
```

Vergleicht maximal die ersten Maxlen Zeichen von Str1 mit Str2 unter Berücksichtigung der Groß- und Kleinschreibung. Der Rückgabewert zeigt wie bei StrComp das Ergebnis des Vergleichs an.

StrLCopy* — SysUtils

```
function StrLCopy(Dest: PChar; const Source: PChar; MaxLen: Cardinal): PChar;
```

Kopiert bis zu MaxLen Zeichen von Source nach Dest und liefert Dest zurück.

StrLen* — SysUtils

```
function StrLen(const Str: PChar): Cardinal;
```

Liefert die Anzahl der Zeichen in Str zurück (das abschließende Nullzeichen wird nicht mitgezählt).

StrLFmt* — SysUtils

```
function StrLFmt(Buffer: PChar; MaxLen: Cardinal; Format: PChar;
              const Args: array of const): PChar;
```

Formatiert und integriert die Serie von Argumenten aus dem offenen Array Args in den Formatierungsstring Format (siehe Format) und liefert das Ergebnis in Buffer zurück (Buffer wird nicht größer als MaxLen).

StrLIComp* — SysUtils

```
function StrLIComp(Str1, Str2: PChar; MaxLen: Cardinal): Integer;
```

Vergleicht maximal die ersten Maxlen Zeichen von Str1 mit Str2 ohne Berücksichtigung der Groß- und Kleinschreibung. Der Rückgabewert zeigt wie bei StrComp das Ergebnis des Vergleichs an.

StrLower* — SysUtils

```
function StrLower(Str: PChar): PChar;
```

Wandelt Str in Kleinbuchstaben um.

StrMove* — SysUtils

```
function StrMove(Dest: PChar; const Source: PChar; Count: Cardinal)
                                              : PChar;
```

Kopiert genau Count Zeichen aus Source nach Dest (Source und Dest dürfen sich überlappen).

StrNew*   SysUtils

```
function StrNew(const Str: PChar): PChar;
```

Legt mit Hilfe von StrAlloc eine Kopie von Str auf dem Heap an und liefert einen
Zeiger auf die Kopie zurück.

StrPas   SysUtils

```
function StrPas(const Str: PChar): string;
```

Wandelt den nullterminierten String Str in einen Pascal-String um.

StrPCopy*   SysUtils

```
function StrPCopy(Dest: PChar; const Source: string): PChar;
```

Kopiert einen Pascal-String Source in einen nullterminierten String Dest und liefert
Dest zurück.

StrPLCopy   SysUtils

```
function StrPLCopy(Dest: PChar; const Source: string; MaxLen: Cardinal)
                                                     : PChar;
```

Kopiert bis zu MaxLen Zeichen aus einem Pascal-String Source in einen nullterminierten String Dest und liefert Dest zurück.

StrPos*   SysUtils

```
function StrPos(const Str1, Str2: PChar): PChar;
```

Liefert einen Zeiger auf das erste Vorkommen von Str2 in Str1 zurück.

StrRScan*   SysUtils

```
function StrRScan(const Str: PChar; Chr: Char): PChar;
```

Liefert einen Zeiger auf das letzte Vorkommen von Chr in Str zurück.

StrScan* **   SysUtils

```
function StrScan(const Str: PChar; Chr: Char): PChar;
```

Liefert einen Zeiger auf das erste Vorkommen von Chr in Str zurück. (Siehe Praxisteil, Object Pascal, Strings analysieren und zerlegen)

StrToCurr   SysUtils

```
function StrToCurr(const S: string): Currency;
```

Wandelt den übergebenen String in eine Währungsangabe um.

StrToDate*   SysUtils

```
function StrToDate(const S: string): TDateTime;
```

Wandelt den String S in eine Datumsangabe um.

StrToDateTime*   SysUtils

```
function StrToDateTime(const S: string):TDateTime;
```

Wandelt den String S in eine Datums- und Zeitangabe um.

StrToFloat**   SysUtils

```
function StrToFloat(const S: string): Extended;
```

Wandelt den übergebenen String in einen Gleitkommawert um. (Siehe Praxisteil, Komponentenentwicklung, Eigenschaftseditor einrichten)

StrToInt*   SysUtils

StrToInt64   SysUtils

```
function StrToInt(const S: string): Integer;
function StrToInt64(const S: string): Int64;
```

Wandelt einen String (Zahl in dezimaler oder hexadezimaler Schreibweise) in einen Integer-Wert um. Kann der String nicht umgewandelt werden, wird eine EConvert-Error-Exception ausgelöst.

StrToIntDef*   SysUtils

StrToInt64Def   SysUtils

```
function StrToIntDef(const S: string; Default: Integer): Integer;
function StrToInt64Def(const S: string; Default: Int64): Int64;
```

Wandelt den String S (Zahl in dezimaler oder hexadezimaler Schreibweise) in einen Integer-Wert um. Kann der String nicht umgewandelt werden, wird der Wert von Default zurückgeliefert.

StrToTime* SysUtils

```
function StrToTime(const S: string): TDateTime;
```

Wandelt den String S in eine Zeitangabe um.

StrUpper* SysUtils

```
function StrUpper(Str: PChar): PChar;
```

Wandelt Str in Großbuchstaben um.

Succ* System

```
function Succ(X);
```

Liefert den Nachfolger des Arguments zurück, bei dem es sich um eine Variable eines Ordinaltyps (Char, Aufzählungstyp) handeln muss.

Sum Math

SumInt Math

```
function SumInt(const Data: array of Integer): Integer register;
function Sum(const Data: array of Double): Extended register;
```

Berechnet die Summe aller Werte im Array Data.

SumOfSquares Math

```
function SumOfSquares(const Data: array of Double): Extended;
```

Berechnet die Summe über die Quadrate der einzelnen Werte im Array Data.

SumsAndSquares Math

```
procedure SumsAndSquares(const Data: array of Double;
                var Sum, SumOfSquares: Extended) register;
```

Berechnet gleichzeitig die Summe der Werte sowie die Summe der quadrierten Werte aus dem Array Data und gibt die Summen in den entsprechenden Variablen-parametern zurück (die Ausführung dieser Funktion ist doppelt so schnell wie die Einzelaufrufe der Funktionen Sum und SumOfSquares).

Supports · SysUtils

```
function Supports(const Instance: IUnknown; const Intf: TGUID; out Inst)
              : Boolean; overload;
function Supports(Instance: TObject; const Intf: TGUID; out Inst)
              : Boolean; overload;
```

Liefert True zurück, wenn das übergebene Objekt (oder die Schnittstelle) die durch Itf spezifizierte Schnittstelle unterstützt.

Swap · System

```
function Swap(X);
```

Vertauscht die höherwertigen mit den niederwertigen Bytes des Arguments.

SYDDepreciation · Math

```
function SYDDepreciation(Cost, Salvage: Extended; Life, Period: Integer)
              : Extended;
```

Berechnet den Wert der degressiven Abschreibung eines Aktivpostens für einen bestimmten Zeitraum (Life). Der Parameter Cost bezeichnet den Anschaffungspreis, der Parameter Salvage den Restwert. Der Parameter Period gibt die Periode an, für die Sie den Abschreibungswert berechnen wollen (siehe SNDDepreciation für lineare Abschreibung).

SysErrorMessage · SysUtils

```
function SysErrorMessage(ErrorCode: Integer): string;
```

Liefert einen Fehlermeldungs-String zurück, der dem gegebenen Fehlercode des Betriebssystems entspricht.

SysFreeMem · ShareMem, System

```
function SysFreeMem(P: Pointer): Integer;
```

Gibt den Speicherbereich, auf den P weist, frei.

SysGetMem · ShareMem, System

```
function SysGetMem(Size: Integer): Pointer;
```

Gibt Zeiger auf einen Speicherbereich der Größe Size zurück.

SysLocale* SysUtils

```
var SysLocale: TSysLocale;
```

Struktur für lokale Spracheinstellungen.

SysReallocMem ShareMem, System

```
function SysReallocMem(P: Pointer; Size: Integer): Pointer;
```

Zur Veränderung der Größe eines adressierten Speicherbereichs.

SystemTimeToDateTime* SysUtils

```
function SystemTimeToDateTime(const SystemTime: TSystemTime): TDateTime;
```

Konvertiert einen TSystemTime-Wert in einen Wert des Typs TDateTime.

TActiveThreadArray SysUtils

```
type TActiveThreadArray = array of TActiveThreadRecord;
```

Array, in dem die aktiven Threads eingetragen sind.

TActiveThreadRecord SysUtils

```
type TActiveThreadRecord = record;
    ThreadID: Integer;
    RecursionCount: Integer;
  end;
```

Hilfsstruktur zum Abspeichern von Threadinformationen.

Tan Math

```
function Tan(X: Extended): Extended;
```

Berechnet den Tangens. Tan(X) = Sin(X) / Cos(X). Als Argument ist jede relle Zahl erlaubt, mit Ausnahme der ungeraden Vielfachen von pi/2.

Tanh Math

```
function Tanh(X: Extended): Extended;
```

Tangens hyperbolicus berechnen. Das Argument ist eine beliebige reelle Zahl, der Rückgabewert liegt im Bereich (-1..1).

TByteArray SysUtils

```
type TByteArray = array [0..32767] of Byte;
```

TClass** System

```
type TClass = class of TObject;
```

Klassenreferenztyp für alle Object Pascal-Klassen. (Siehe Object Pascal-Referenz, Klassenreferenzen und -methoden, Klassenmethoden)

TDateTime** System

```
type TDateTime: type Double;
```

Typ zur Kodierung von Datums- und Zeitangaben. Eine Gleitkommazahl dieses Typs gibt an, wie viel Zeit seit dem 30.12.1899 0:00 Uhr verstrichen ist: 2.5 steht beispielsweise für zweieinhalb Tage, also den 01.01.1900 12 Uhr mittags. Diese Form eignet sich besonders gut, Differenzen zwischen Datumsangaben zu berechnen. (Siehe Praxisteil, Systemprogrammierung, Systemzeit abfragen)

TDayTable SysUtils

```
type TDayTable = array[1..12] of Word;
```

Zur Unterstützung des Arrays MonthDays.

TEnumModuleFunc System

```
type  TEnumModuleFunc = function (HInstance: Integer; Data: Pointer)
                                                    : Boolean;
type  TEnumModuleFuncLW = function (HInstance: LongWord; Data: Pointer)
                                                    : Boolean;
```

Typen der bei Modulaufzählungen verwendeten Callback-Funktion (siehe EnumModules und EnumResourceModules)

Test8086 System

```
var Test8086: Byte;
```

Ist gleich 2 für Prozessoren ab dem 386er.

Test8087 System

```
var Test8087: Byte;
```

Ist gleich 3 für Co-Prozessoren ab dem 387er.

TestFDIV   System

```
var TestFDIV: Byte;
```

-1	für Pentium-Prozessoren mit fehlerhafter Gleitkommaberechnung (setzen Sie in diesem Fall die Option Pentium-sicheres FDIV auf der Seite Compiler des Dialogfensters Projektoptionen).
0	wenn keine sichere Diagnose möglich ist.
1	wenn Pentium-Prozessor ohne Fehler ist.

TextToFloat   SysUtils

```
function TextToFloat(Buffer: PChar; var Value; ValueType: TFloatValue)
                : Boolean;
```

Wandelt einen nullterminierten, durch Buffer gegebenen String in einen Gleitkommawert um und liefert diesen in Value zurück. Der Parameter Value muss vom Datentyp Extended oder Currency sein und dieser Typ muss dem Parameter ValueType übergeben werden. Im Erfolgsfall liefert die Funktion den Wert true zurück.

TFileName   SysUtils

```
type TFileName = string;
```

Typ der Eigenschaft FileName von Öffnen-und-Speichern-Dialogfenstern.

TFileRec   SysUtils

```
type TFileRec = packed record
    Handle: Integer;
    Mode: Integer;
    RecSize: Cardinal;
    Private: array[1..28] of Byte;
    UserData: array[1..32] of Byte;
    Name: array[0..259] of Char;
    end;
```

Repräsentiert das interne Format für typisierte und nicht typisierte Dateien.

TFloatFormat   SysUtils

```
type TFloatFormat = (ffGeneral, ffExponent, ffFixed, ffNumber,
                ffCurrency);
```

Definiert eine Aufzählung von Formatierungscodes für die FloatToXXX-Funktionen.

TFloatRec	SysUtils

```
type TFloatRec = packed record
    Exponent: Smallint;
    Negative: Boolean;
    Digits: array[0..20] of Char;
    end;
```

Typ des Var-Parameters Result der Prozedur FloatToDecimal.

TFloatValue	SysUtils

```
type TFloatValue = (fvExtended, fvCurrency);
```

Zur Unterscheidung zwischen Gleitkommawerten und Währungsangaben. Wird dem Parameter ValueType der FloatToXXX-Funktionen übergeben.

TGUID	System

```
type TGUID = packed record
    D1: LongWord;
    D2: Word;
    D3: Word;
    D4: array[0..7] of Byte;
  end;
```

Struktur zum Abspeichern von Globally Unique Identifiers (zur Unterstützung von Interfaces).

THeapStatus	System

```
type THeapStatus = record;
```

Rückgabetyp zur Funktion GetHeapStatus.

```
THeapStatus = record
    TotalAddrSpace: Cardinal;
    TotalUncommitted: Cardinal;
    TotalCommitted: Cardinal;
    TotalAllocated: Cardinal;
    TotalFree: Cardinal;
    FreeSmall: Cardinal;
    FreeBig: Cardinal;
    Unused: Cardinal;
    Overhead: Cardinal;
```

```
    HeapErrorCode: Cardinal;
  end;
```

ThousandSeparator*   SysUtils

`var ThousandSeparator: Char;`

Separatorzeichen für Tausender-Stellen.

Time* **   SysUtils

`function Time: TDateTime;`

Liefert die aktuelle Uhrzeit zurück. (Siehe Praxisteil, Systemprogrammierung, Systemzeit abfragen)

TimeAMString*   SysUtils

`var TimeAMString: string;`

Suffix-String für Zeitangaben zwischen 00:00 und 11:59 bei einem Uhrzeitformat mit 12 Stunden.

TimePMString*   SysUtils

`var TimePMString: string;`

Suffix-String für Zeitwerte zwischen 12:00 und 23:59 bei einem Uhrzeitformat mit 12 Stunden.

TimeSeparator*   SysUtils

`var TimeSeparator: Char;`

Separatorzeichen zwischen Stunde, Minute und Sekunde bei Zeitangaben.

TimeStampToDateTime   SysUtils

`function TimeStampToDateTime (const TimeStamp: TTimeStamp): TDateTime;`

Konvertiert eine Datums-/Zeitangabe im TTimeStamp-Format in das TDateTime-Format.

TimeStampToMSecs   SysUtils

`function TimeStampToMSecs (const TimeStamp: TTimeStamp): Comp;`

Konvertiert eine Datums-/Zeitangabe im TTimeStamp-Format in Millisekunden.

TimeToStr* ** SysUtils

```
function TimeToStr(Time: TDateTime): string;
```

Konvertiert die Zeitangabe aus Time in einen String (die Konvertierung richtet sich nach dem Wert von LongTimeFormat). (Siehe Praxisteil, Systemprogrammierung, Systemzeit abfragen)

TInterfacedClass System

```
type TInterfacedClass = class of TInterfacedObject;
```

Klassenreferenztyp für alle Pascal-Klassen, die IUnknwon implementieren.

TInterfacedObject** System

```
type TInterfacedObject = class(TObject, IUnknown)
  protected
    FRefCount: Integer;
    function QueryInterface(const IID: TGUID; out Obj): HResult; stdcall;
    function _AddRef: Integer; stdcall;
    function _Release: Integer; stdcall;
  public
    procedure AfterConstruction; override;
    procedure BeforeDestruction; override;
    class function NewInstance: TObject; override;
    property RefCount: Integer read FRefCount;
  end;
```

Pendant zu TObject, das die oberste Schnittstelle IUnknown implementiert. Wird üblicherweise als Basisklasse für Klassen verwendet, die Schnittstellen implementieren. (Siehe Praxisteil, Internet und verteilte Anwendungen, Wie funktioniert COM)

TInterfaceEntry System

```
type TInterfaceEntry = packed record
    IID: TGUID;
    VTable: Pointer;
    IOffset: Integer;
    ImplGetter: Integer;
  end;
```

Wird zur Verwaltung von Schnittstellen benutzt.

TInterfaceTable   System

```
type TInterfaceTable = packed record
    EntryCount: Integer;
    Entries: array[0..9999] of TInterfaceEntry;
  end;
```

Wird zur Verwaltung von Schnittstellen benutzt.

TLangRec   SysUtils

```
type TLangRec = record;
 TLangRec = packed record
    FName: string;
    FLCID: LCID;
    FExt: string;
  end;
```

Hilfsstruktur für TLanguages.

TLanguages   SysUtils

```
type TLanguages = class;
```

Klasse, in deren Objekten die vom System unterstützten Sprachen (Gebietssche-mata) abgespeichert werden können (siehe Funktion Languages).

TLibModule   System

```
type TLibModule = record
    Next: PLibModule;
    Instance: LongWord;
    CodeInstance: LongWord;
    DataInstance: LongWord;
    ResInstance: LongWord;
    Reserved: Integer;
  end;
```

Datenstruktur zur Registrierung von Packages und Modulen.

TMbcsByteType   SysUtils

```
type  TMbcsByteType = (mbSingleByte, mbLeadByte, mbTrailByte);
```

Byte-Typen für Multibyte-Zeichensätze.

TMemoryManager System

```
type TMemoryManager = record
  GetMem: function(Size: Integer): Pointer;
  FreeMem: function(P: Pointer): Integer;
  ReallocMem: function(P: Pointer;
                  Size: Integer): Pointer;
  end;
```

Struktur-Typ zur Konfiguration der Speicherverwaltung. Über diese Struktur können Sie eigene Funktionen zur dynamischen Speicherverwaltung einrichten (sicherer
ist es, die alten Funktionen in neuen Funktionen mit zusätzlicher Funktionalität zu
kapseln (siehe Beispiel aus Online-Hilfe zu Indexeintrag SetMemoryManager).

TMethod SysUtils

```
type TMethod = record
    Code, Data: Pointer;
    end;
```

Struktur, in der die Code- und Datenanteile eines Methodenzeigers gespeichert
werden können.

TModuleUnloadRec System

```
type TModuleUnloadRec = record
    Next: PModuleUnloadRec;
    Proc: TModuleUnloadProcLW;
  end;
```

Wird zur Verwaltung der Module verwendet.

TNameType SysUtils

```
type TNameType = (ntContainsUnit, ntRequiresPackage);
```

Datentyp zur Unterstützung des Funktionszeigers TPackageInfoProc.

TObject System

```
type TObject = class;
```

Oberste Basisklasse aller Delphi-Objekte. (Siehe Object Pascal-Referenz, Klassen,
Klassen)

TotalVariance   Math

```
function TotalVariance(const Data: array of Double): Extended;
```

Berechnet die Gesamtvarianz für die Werte im Array Data (= Summe der quadrierten Differenzen zwischen den Werten und ihrem Mittelwert).

TPackageInfoProc   SysUtils

```
type TPackageInfoProc = procedure (const Name:
        string; NameType: TNameType;
        Flags: Byte; Param: Pointer);
```

Signatur zur Unterstützung der Prozedur GetPackageInfo.

TPaymentTime   Math

```
type TPaymentTime = (ptEndOfPeriod, ptStartOfPeriod);
```

Dieser Aufzählungstyp wird als Parameter in vielen finanzmathematischen Routinen (InterestRate, Payment etc.) eingesetzt.

TProcedure   SysUtils

```
type TProcedure = procedure;
```

Prozedurtyp für Prozeduren ohne Parameter.

TReplaceFlags   SysUtils

```
type TReplaceFlags = set of (rfReplaceAll, rfIgnoreCase);
```

Flags für die Funktion StringReplace.

TResStringRec   System

```
type TResStringRec = packed record
    Module: ^Longint;
    Identifier: Integer;
  end;
```

Struktur zur Unterstützung der Funktion LoadStr().

Trim   SysUtils

```
function Trim(const S: string): string;
```

Entfernt führende und abschließende Leer- und Steuerzeichen aus dem übergebenen String.

TrimLeft   SysUtils

```
function TrimLeft(const S: string): string;
```

Entfernt führende Leer- und Steuerzeichen aus dem übergebenen String.

TrimRight   SysUtils

```
function TrimRight(const S: string): string;
```

Entfernt abschließende Leer- und Steuerzeichen aus dem übergebenen String.

Trunc* **   System

```
function Trunc(X: Extended): Int64;
```

Rundet einen Gleitkommawert durch Verwerfung des Bruchanteils auf einen Integerwert ab. (Siehe Praxisteil, Fenster und Komponenten, Farbverläufe als Fensterhintergrund)

Truncate*   System

```
procedure Truncate(var F);
```

Löscht alle Daten aus der Datei F, die auf die aktuelle Dateiposition folgen, und legt die aktuelle Position als Dateiende fest.

TSearchRec   SysUtils

```
type TSearchRec = record
    Time: Integer;
    Size: Integer;
    Attr: Integer;
    Name: TFileName;
    ExcludeAttr: Integer;
    FindHandle: THandle;
    FindData: TWin32FindData;
    end;
```

Wird als Parametertyp von den Funktionen FindFirst, FindNext und FindClose benutzt, um Informationen über gefundene Dateien zurückzuliefern.

TSysCharSet   SysUtils

```
type TSysCharSet = set of Char;
```

Typ, der von Funktionen zum Parsen von Strings (beispielsweise FindCmdLineSwitch)
für die Angabe der Trennzeichen verwendet wird.

TSysLocale   SysUtils

```
type TSysLocale = packed record
    DefaultLCID: LCID;
    PriLangID: LANGID;
    SubLangID: LANGID;
    FarEast: Boolean;
    MiddleEast: Boolean;
  end;
```

Struktur für lokale Spracheinstellungen.

TTerminateProc   SysUtils

```
type TTerminateProc = function: Boolean;
```

Signatur für Abbruchfunktion (siehe AddTerminateProc).

TTextBuf   SysUtils

```
type TTextBuf = array[0..127] of Char;
```

Hilfsstruktur zu TTextRec.

TTextRec   SysUtils

```
type TTextRec = record
    Handle: Integer;
    Mode: Integer;
    BufSize: Cardinal;
    BufPos: Cardinal;
    BufEnd: Cardinal;
    BufPtr: PChar;
    OpenFunc: Pointer;
    InOutFunc: Pointer;
    FlushFunc: Pointer;
    CloseFunc: Pointer;
    UserData: array[1..32] of Byte;
    Name: array[0..259] of Char;
```

```
    Buffer: TTextBuf;
    end;
```

Ist das interne Format einer Variablen vom Typ Text.

TThreadFunc   System

```
type TThreadFunc = function(Parameter: Pointer): Integer;
```

Definiert die Signatur für Thread-Funktionen. Die Anweisungen des Threads werden in einer Funktion dieser Signatur implementiert. Zum Starten des Threads wird die Thread-Funktion der Funktion BeginThread als Argument übergeben.

TTimeStamp   SysUtils

```
type TTimeStamp = record
    Time: Integer;
    Date: Integer;
    end;
```

Struktur, in der Zeitangaben gespeichert werden können. Time bezeichnet die Anzahl der Millisekunden, die seit Mitternacht verstrichen sind, und Date die Anzahl der Tage seit dem 01.01.0001 plus einen Tag.

TVarArray   System

```
type TVarArray = packed record
    DimCount: Word;
    Flags: Word;
    ElementSize: Integer;
    LockCount: Integer;
    Data: Pointer;
    Bounds: array[0..255] of TVarArrayBound;
  end;
```

Typ für Array-Varianten.

TVarArrayBound   System

```
type TVarArrayBound = packed record
    ElementCount: Integer;
    LowBound: Integer;
  end;
```

Hilfsstruktur zu TVarArray.

TVarData* System

```
type TVarData = packed record
    VType: Word;
    Reserved1, Reserved2, Reserved3: Word;
    case Integer of
      varSmallint: (VSmallint: Smallint);
      varInteger:  (VInteger: Integer);
      varSingle:   (VSingle: Single);
      varDouble:   (VDouble: Double);
      varCurrency: (VCurrency: Currency);
      varDate:     (VDate: Double);
      varOleStr:   (VOleStr: PWideChar);
      varDispatch: (VDispatch: Pointer);
      varError:    (VError: LongWord);
      varBoolean:  (VBoolean: WordBool);
      varUnknown:  (VUnknown: Pointer);
      varByte:     (VByte: Byte);
      varString:   (VString: Pointer);
      varAny:      (VAny: Pointer);
      varArray:    (VArray: PVarArray);
      varByRef:    (VPointer: Pointer);
  end;
```

Stellt die interne Struktur einer Variablen vom Typ Variant dar (siehe VarType für eine Beschreibung der Typcodes)

TVarRec System

```
type TVarRec = record
    case Byte of
      vtInteger:   (VInteger: Integer; VType: Byte);
      vtBoolean:   (VBoolean: Boolean);
      vtChar:      (VChar: Char);
      vtExtended:  (VExtended: PExtended);
      vtString:    (VString: PShortString);
      vtPointer:   (VPointer: Pointer);
      vtPChar:     (VPChar: PChar);
      vtObject:    (VObject: TObject);
      vtClass:     (VClass: TClass);
      vtWideChar:  (VWideChar: WideChar);
      vtPWideChar: (VPWideChar: PWideChar);
      vtAnsiString: (VAnsiString: Pointer);
      vtCurrency:  (VCurrency: PCurrency);
      vtVariant:   (VVariant: PVariant);
      vtInterface: (VInterface: Pointer);
      vtWideString: (VWideString: Pointer);
```

```
    vtInt64:      (VInt64: PInt64);
  end;
```

Wird innerhalb von Prozeduren mit einem Parameter vom Typ array of const verwendet.

TwoDigitYearCenturyWindow*   SysUtils

```
var TwoDigitYearCenturyWindow: Word = 50;
```

Legt fest, welches Jahrhundert für zweistellige Jahresangaben verwendet wird, wenn String-Daten mit StrToDate oder StrToDateTime in nummerische Datumsangaben konvertiert werden.

TWordArray   SysUtils

```
type TWordArray = array [0..16383] of Word;
```

Interner Typ, der für Typumwandlungen genutzt wird.

TypeInfo**   System

```
function TypeInfo(TypeIdent): Pointer;
```

Liefert einen Zeiger auf eine Typinformation zurück, die vom Compiler zur Laufzeit für den gegebenen Typbezeichner TypeIdent generiert wird. (Siehe Praxisteil, Komponentenentwicklung, Eigenschaftseditor einrichten)

Unassigned*   System

```
const Unassigned: Variant;
```

Wird Variablen vom Typ Variant zugewiesen, um anzuzeigen, dass dieser noch kein Wert zugewiesen wurde.

UniqueString   System

```
procedure UniqueString(var S: string);
```

Sorgt dafür, dass der angegebene String eindeutig ist, sein Referenzzähler also auf Eins steht.

Unit-Flags   SysUtils

```
const ufMainUnit = $01;
const ufPackageUnit = $02;
const ufWeakUnit = $04;
```

```
const ufOrgWeakUnit = $08;
const ufImplicitUnit = $10;
```

UnitEntryTable   System

```
UnitEntryTable = array [0..9999999] of PackageUnitEntry;
```

Vom Compiler generierte Tabelle der zu initialisierenden und deinitialisierenden Units eines Package.

UnloadPackage   SysUtils

```
procedure UnloadPackage(Module: HMODULE);
```

Gibt eine gegebene Package-DLL frei und ruft die Finalization-Blöcke der darin aufgeführten Units auf.

UpCase*   System

```
function UpCase(Ch: Char): Char;
```

Wandelt Ch in Großbuchstaben um.

UpperCase*   SysUtils

```
function UpperCase(const S: string): string;
```

Wandelt den String S in Großbuchstaben um.

Val*   System

```
procedure Val(S; var V; var Code: Integer);
```

Wandelt den String-Wert S in eine Zahl um und legt sie in V ab. Entspricht ein Zeichen aus dem String nicht dem nummerischen Format, wird der Index dieses Zeichens in der Variablen Code zurückgeliefert.

VarArrayCreate*   System

```
function VarArrayCreate(cont Bounds: array of Integer; VarType: Integer): Variant;
```

Erzeugt einen Varianten-Array mit festgelegten Grenzen Bounds. VarType definiert den Typ der Array-Elemente und muss einem der Typcodes varXXXX angehören (varArray und varByRef sind nicht erlaubt).

VarArrayDimCount | System

```
function VarArrayDimCount(const A: Variant):  Integer;
```

Liefert die Zahl der Dimensionen der angegebenen Variante zurück.

VarArrayHighBound | System

```
function VarArrayHighBound(const A: Variant; Dim: Integer): Integer;
```

Liefert die obere Grenze der angegebenen Dimension im angegebenen Varianten-Array zurück.

VarArrayLock* | System

```
function VarArrayLock(const A: Variant): Pointer;
```

Sperrt das angegebene Varianten-Array, sodass die Größe des Arrays nicht mehr verändert werden kann und gibt einen Zeiger auf die im Array gespeicherten Daten zurück.

VarArrayLowBound | System

```
function VarArrayLowBound(const A: Variant; Dim: Integer): Integer;
```

Liefert die untere Grenze der angegebenen Dimension im angegebenen Varianten-Array zurück.

VarArrayOf* | System

```
function VarArrayOf(const Values: array of Variant): Variant;
```

Erzeugt aus den Werten im Parameter-Array Values ein eindimensionales Varianten-Array.

VarArrayRedim | System

```
procedure VarArrayRedim(var A: Variant; HighBound: Integer);
```

Ändert die Größe des angegebenen Varianten-Arrays.

VarArrayRef | System

```
function VarArrayRef(const A: Variant): Variant;
```

Liefert eine Referenz auf das übergebene variante Array zurück, die für API-Aufrufe genutzt werden kann.

VarArrayUnlock* — System

```pascal
procedure VarArrayUnlock(const A: Variant);
```

Hebt die Sperrung eines mit `VarArrayLock` gesperrten Varianten-Arrays auf, sodass seine Größe wieder verändert werden kann.

VarAsType — System

```pascal
function VarAsType(const V: Variant; VarType: Integer): Variant;
```

Wandelt die angegebene Variante in den spezifizierten Typ (`VarType`) um. Bei dem Argument zu `VarType` muss es sich um einen der Typcodes varXXXX handeln (varArray und varByRef sind nicht erlaubt).

VarCast — System

```pascal
procedure VarCast(var Dest: Variant; const Source: Variant; VarType: Integer);
```

Wandelt die durch `Source` angegebene Variante in den spezifizierten Typ um und speichert die neue Variante in `Dest`. Bei dem Argument zu `VarType` muss es sich um einen der Typcodes varXXXX handeln (varArray und varByRef sind nicht erlaubt).

VarClear — System

```pascal
procedure VarClear(var V: Variant);
```

Löscht die angegebene Variante, wonach die Variante den Wert `Unassigned` besitzt.

VarCopy — System

```pascal
procedure VarCopy(var Dest: Variant; const Source: Variant);
```

Kopiert die in `Source` angegebene Variante in die durch `Dest` angegebene Variante.

VarFromDateTime — System

```pascal
function VarFromDateTime(DateTime: TDateTime): Variant;
```

Liefert eine Variante vom Typcode `varDate` zurück, die den angegebenen Datums- und Uhrzeitwert enthält.

Variance — Math

```pascal
function Variance(const Data: array of Double): Extended;
```

Berechnet die Varianz für die Werte im Array `Data` (= TotalVariance/N-1).

VarIsArray — System

```
function VarIsArray(const V: Variant): Boolean;
```

Liefert True zurück, wenn die angegebene Variante ein Array ist.

VarIsEmpty — System

```
function VarIsEmpty(const V: Variant): Boolean;
```

Liefert true zurück, wenn die angegebene Variante den Wert Unassigned besitzt.

VarIsNull — System

```
function VarIsNull(const V: Variant): Boolean;
```

Liefert True zurück, wenn die angegebene Variante den Wert Null besitzt.

VarToDateTime — System

```
function VarToDateTime(const V: Variant): TDateTime);
```

Wandelt die angegebene Variante in einen Datums- und Uhrzeitwert um.

VarToStr — System

```
function VarToStr(const V: Variant): string;
```

Konvertiert den Inhalt einer Variante in einen String.

VarType — System

```
function VarType(const V: Variant): Integer;
```

Liefert den Typcode der übergebenen Variante zurück.

Typcode	Wert	Beschreibung
varEmpty	$0000	Variante ist Unassigned
varNull	$0001	Variante ist Null
varSmallint	$0002	16-Bit-Integer (Typ Smallint)
varInteger	$0003	32-Bit-Integer (Typ Integer)
varSingle	$0004	Gleitkommawert (Typ Single)
varDouble	$0005	Gleitkommawert (Typ Double)
varCurrency	$0006	Währungsangabe (Typ Currency)
varDate	$0007	Datum und Uhrzeit (Typ TDateTime)

Typcode	Wert	Beschreibung
varOleStr	$0008	Referenz auf dynamisch zugewiesenen Unicode-String
varDispatch	$0009	Referenz auf OLE-Automatisierungsobjekt
varError	$000A	Fehlercode des Betriebssystems
varBoolean	$000B	Boolescher Wert (Typ WordBool)
varVariant	$000C	Variante
varUnknown	$000D	Referenz auf unbekanntes OLE-Objekt
varString	$0100	Referenz auf dynamisch zugewiesenen Pascal-String (Typ AnsiString)
varTypeMask	$0FFF	Bitmaske, die den Typ der Variante definiert
varArray	$2000	Variante ist Array
varByRef	$4000	Variante ist Referenz

WideCharLenToString   System

```
function WideCharLenToString(Source: PWideChar; SourceLen: Integer)
                                                      : string;
```

Wandelt SourceLen Unicode-Zeichen aus dem Puffer Source in einen ANSI-String um und liefert diesen zurück.

WideCharLenToStrVar   System

```
procedure WideCharLenToStrVar(Source: PWideChar; SourceLen: Integer;
                        var Dest: string);
```

Wandelt SourceLen Unicode-Zeichen aus dem Puffer Source in einen ANSI-String um und liefert diesen als var-Parameter zurück.

WideCharToString   System

```
function WideCharToString(Source: PWideChar): string;
```

Wandelt den nullterminierten Unicode-String Source in einen ANSI-String um und liefert diesen zurück.

WideCharToStrVar   System

```
procedure WideCharToStrVar(Source: PWideChar; var Dest: string);
```

Wandelt den nullterminierten Unicode-String Source in einen ANSI-String um und liefert diesen als var-Parameter zurück.

Win32BuildNumber · SysUtils

```
var Win32BuildNumber: Integer = 0;
```

Win32Check · SysUtils

```
function Win32Check(RetVal: BOOL): BOOL;
```

Prüft den Rückgabewert einer Win32-API-Funktion mit Booleschem Rückgabewert. Liefert die API-Funktion False zurück, ruft Win32Check die Prozedur RaiseLastWin32Error auf.

Win32CSDVersion · SysUtils

```
var Win32CSDVersion: string = '';
```

Win32MajorVersion · SysUtils

```
var Win32MajorVersion: Integer = 0;
```

Win32MinorVersion · SysUtils

```
var Win32MinorVersion: Integer = 0;
```

Win32Platform · SysUtils

```
var Win32Platform: Integer = 0;
```

WordRec · SysUtils

```
type
WordRec = packed record
    Lo, Hi: Byte;
    end;
```

Struktur, in der die hohen und niedrigen Bytes einer Variablen gespeichert werden können.

WrapText · SysUtils

```
function WrapText(const Line, BreakStr: string; BreakChars: TSysCharSet;
              MaxCol: Integer): string; overload;
function WrapText(const Line: string; MaxCol: Integer = 45)
              : string; overload;
```

Funktion zum Umbrechen von Strings.

Write* ** System

```
procedure Write(F, V1, ..., Vn);
procedure Write( [var F: Text; ] P1 [, P2, ..., Pn] );
```

Schreibt eine oder mehrere Werte in eine Datei.

Bei Textdateien (zweite Form) kann auf die Angabe einer Datei verzichtet werden, woraufhin in das Standardausgabegerät (üblicherweise der Bildschirm) geschrieben wird. Write für Textdateien erlaubt zudem die Angabe von Feldbreiten und Nachkommastellen für die einzelnen auszugebenden Argumente:

Formatierung: Argument [: MinBreite [; DezStellen]]

- Argument ist der eigentliche auszugebende Ausdruck.
- MinBreite gibt die minimale Anzahl Zeichen an, die bei der Ausgabe des Ausdrucks geschrieben werden. Enthält der Ausdruck weniger Zeichen als in MinBreite angegeben, werden ihm Leerzeichen vorangestellt.
- DezStellen legt die Anzahl der auszugebenden Nachkommastellen für Real-Typen fest.

(Siehe Praxisteil, Konsolenanwendungen, Ein- und Ausgabe oder Object Pascal, Größe dynamischer Arrays ändern)

Writeln* ** System

```
procedure Writeln([ var F: Text; ] P1 [, P2, ..., Pn ] );
```

Erweitert die Prozedur Write für Textdateien, indem sie nach jeder Ausgabe noch eine Zeilenende-Marke schreibt. (Siehe Praxisteil, Konsolenanwendungen, Ein- und Ausgabe)

Die VCL

Die vorliegende Referenz soll Ihnen einen Überblick über die wichtigsten VCL-Klassen geben und Sie mit den interessantesten Eigenschaften und Methoden bekannt machen.

Eine vollständige Referenz der VCL liegt Ihnen bereits in Form der Delphi-Hilfe vor.

- Wenn Sie sich genauer über eine Klasse oder deren Elemente informieren wollen, rufen Sie die Delphi-Hilfe auf (Befehl *Hilfe/Delphi-Hilfe*) und tippen Sie auf der Registerseite *Index* den Namen der gesuchten Klasse ein.

- Wenn Sie Informationen zu einer Komponente aus der Komponentenpalette suchen, klicken Sie die Komponente in der Palette an und drücken Sie F1.

- Wenn Sie Informationen zu einer Eigenschaft oder einem Ereignis suchen, das im Objektinspektor aufgeführt wird, klicken Sie das betreffende Feld im Objektinspektor an und drücken Sie F1.

Wichtige Basisklassen

Die Klassenhierarchie

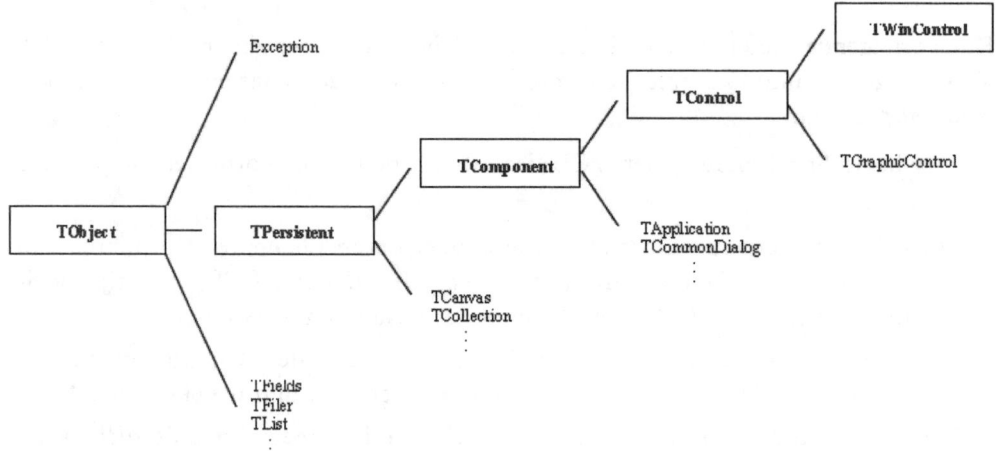

Beschreibung

Die gesamte Klassenhierarchie der VCL (genauer gesagt, aller Klassen von Object Pascal) gründet auf der Basisklasse TObject.

Von TObject gehen drei große Bereiche ab:

- Die Exception-Klassen;
- ein Sammelsurium verschiedenster Klassen (TList, TStream, TInterface etc.);
- die persistenten Klassen.

Zu den persistenten Klassen gehören alle Klassen, deren Objekte unter Umständen in Dateien gespeichert werden könnten. Zu den persistenten Klassen gehören beispielsweise

- TCanvas;
- TCollection sowie
- alle Komponentenklassen.

Die Komponentenklassen gehen alle auf TComponent zurück. Nichtvisuelle Komponenten gehen meist direkt auf TComponent zurück, während visuelle Komponenten meist von TControl abgeleitet sind.

Unter TControl teilt sich die Klassenhierarchie:

- In die TWinControl-Komponenten, die echte Windows-Fenster sind (also unter anderem über einen Fenster-Handle verfügen), und

- die TGraphicControl-Komponenten, die keine echten Fenster, sondern rechteckige Bereiche in der Benutzeroberfläche darstellen, die ganz von der VCL verwaltet werden.

TObject

Beschreibung

TObject ist die oberste Basisklasse aller Object Pascal-Klassen (also auch von Klassen, die Sie – mit oder ohne Angabe einer direkten Basisklasse – selbst definieren.
Aus diesem Grund ist TObject auch in der System.pas-Unit der Pascal-Laufzeitbibliothek definiert.

TObject definiert einige grundlegende Methoden zur Unterstützung

- der Erzeugung und Auflösung von Objekten;
- der Laufzeittypidentifizierung;
- der Botschaftenverarbeitung;
- der Unterstützung von Schnittstellen.

Klassendeklaration

```
TObject = class
    constructor Create;
    procedure Free;
    class function InitInstance(Instance: Pointer): TObject;
    procedure CleanupInstance;
    function ClassType: TClass;
    class function ClassName: ShortString;
    class function ClassNameIs(const Name: string): Boolean;
    class function ClassParent: TClass;
    class function ClassInfo: Pointer;
    class function InstanceSize: Longint;
    class function InheritsFrom(AClass: TClass): Boolean;
    class function MethodAddress(const Name: ShortString): Pointer;
    class function MethodName(Address: Pointer): ShortString;
    function FieldAddress(const Name: ShortString): Pointer;
    function GetInterface(const IID: TGUID; out Obj): Boolean;
    class function GetInterfaceEntry(const IID: TGUID): PInterfaceEntry;
    class function GetInterfaceTable: PInterfaceTable;
    function SafeCallException(ExceptObject: TObject;
      ExceptAddr: Pointer): HResult; virtual;
    procedure AfterConstruction; virtual;
    procedure BeforeDestruction; virtual;
    procedure Dispatch(var Message); virtual;
    procedure DefaultHandler(var Message); virtual;
    class function NewInstance: TObject; virtual;
```

```
  procedure FreeInstance; virtual;
  destructor Destroy; virtual;
end;
```

Verweise

Siehe Object Pascal-Referenz, Kategorie Vererbung und Polymorphie

TPersistent

Beschreibung

Die Klasse TPersistent definiert die grundlegenden Methoden, auf denen die Zuweisung und Persistenz (Speichern von Objekten in Dateien etc.) von Objekten der abgeleiteten Klassen gründen.

Das Problem der Zuweisung wie der Persistenz von Objekten besteht darin, dass Attribute von Objekten (Datenelemente und Eigenschaften) Referenzen auf andere Objekte sein können – sei es in Form echter Zeiger oder eingebetteter Klassenobjekte. Diese führen bei Zuweisung oder Speicherung schnell zu Fehlern:

- ptr1 := ptr2; weist ptr1 die Adresse in ptr2 zu. Danach verweisen ptr1 und pbtr2 auf das gleiche Objekt im Speicher. Bei der Zuweisung von Klassenobjekten (einschließlich der eingebetteten Objekte) will man aber eigentlich Kopien erstellen.

- Wenn man Objekte in Dateien schreibt, so meist mit dem Ziel, die Objekte über die Laufzeit des Programms hinaus zu erhalten und später, bei erneuter Ausführung des Programms wieder zu rekonstruieren. Speichert man für Referenzelemente von Objekten aber lediglich die Adressen, muss man beim Rekonstruieren des Objekts feststellen, dass diese Adressen mit Sicherheit nicht mehr gültig sind. Man muss also für Referenzen die Objekte, auf die die Referenzen verweisen, mit speichern.

Den Grundstock für die Implementierung von Klassen, deren Objekte zugewiesen und persistent gespeichert werden können, bilden die Methoden der Klasse TPersistent. Die virtuellen Methoden werden in den abgeleiteten Klassen überschrieben, um die abgeleiteten Klassen zuweisbar und persistent zu machen.

Zum Zuweisen von Objekten verwendet man die Methode Assign:

```
obj1.Assign(obj2); // macht obj1 zu Kopie von obj2
```

statt

```
obj1 := obj2;      // obj1 und obj2 sind Zeiger auf das gleiche Objekt
```

Klassendeklaration

```
{$M+}
TPersistent = class(TObject)
  private
    procedure AssignError(Source: TPersistent);
  protected
    procedure AssignTo(Dest: TPersistent); virtual;
    procedure DefineProperties(Filer: TFiler); virtual;
    function  GetOwner: TPersistent; dynamic;
  public
    destructor Destroy; override;
    procedure Assign(Source: TPersistent); virtual;
    function  GetNamePath: string; dynamic;
  end;
{$M-}
```

Verweise

Siehe Praxisteil, Kategorie Klassen und Vererbung, Klassenobjekte kopieren

Siehe Praxisteil, Kategorie Klassen und Vererbung, Das Problem der Persistenz

TComponent

Beschreibung

TComponent führt die grundlegende Funktionalität ein, die ein Klassenobjekt zu einer Komponente macht.

- Sie können in der Komponentenpalette angezeigt und im Formular-Designer bearbeitet werden.

- Sie können als Besitzer andere Komponenten verwalten.

Für die Programmierung mit Komponenten sind insbesondere folgende Elemente interessant:

Name	Name, unter dem Instanzen der Komponentenklasse (Komponenten) im Quelltext angesprochen werden.
	Der Name kann im Objektinspektor geändert werden (sollte möglichst direkt nach Aufnahme der Komponente in das Formular geschehen).
Tag	Unspezifiziertes Datenelement, das einen LongInt-Wert speichert. Die Verwendung dieses Datenelements ist nicht vorgegeben, sondern kann vom Programmierer frei bestimmt werden.
Components	Array, in dem alle untergeordneten Komponenten aufgelistet sind, die in der Komponente abgelegt wurden.
ComponentCount	Anzahl der untergeordneten Komponenten, die in der Komponente abgelegt wurden.

ComponentIndex	Indizes der untergeordneten Komponenten, die in der Komponente abgelegt wurden.
Owner	Besitzer der Komponente

Verwenden Sie TComponent als Basisklasse für die Entwicklung eigener, nichtsichtbarer Komponenten.

Klassendeklaration

```
TComponent = class(TPersistent)
  private
    ...
  protected
    FComponentStyle: TComponentStyle;
    procedure ChangeName(const NewName: TComponentName);
    procedure DefineProperties(Filer: TFiler); override;
    procedure GetChildren(Proc: TGetChildProc; Root: TComponent);
                                                        dynamic;
    function GetChildOwner: TComponent; dynamic;
    function GetChildParent: TComponent; dynamic;
    function GetOwner: TPersistent; override;
    procedure Loaded; virtual;
    procedure Notification(AComponent: TComponent;
                         Operation: TOperation); virtual;
    procedure ReadState(Reader: TReader); virtual;
    procedure SetAncestor(Value: Boolean);
    procedure SetDesigning(Value: Boolean; SetChildren: Boolean = True);
    procedure SetInline(Value: Boolean);
    procedure SetDesignInstance(Value: Boolean);
    procedure SetName(const NewName: TComponentName); virtual;
    procedure SetChildOrder(Child: TComponent; Order: Integer); dynamic;
    procedure SetParentComponent(Value: TComponent); dynamic;
    procedure Updating; dynamic;
    procedure Updated; dynamic;
    class procedure UpdateRegistry(Register: Boolean;
                        const ClassID, ProgID: string); virtual;
    procedure ValidateRename(AComponent: TComponent;
                        const CurName, NewName: string); virtual;
    procedure ValidateContainer(AComponent: TComponent); dynamic;
    procedure ValidateInsert(AComponent: TComponent); dynamic;
    procedure WriteState(Writer: TWriter); virtual;
    { IUnknown }
    function QueryInterface(const IID: TGUID; out Obj): HResult; virtual;
                                                        stdcall;
    function _AddRef: Integer; stdcall;
    function _Release: Integer; stdcall;
    { IDispatch }
    function GetTypeInfoCount(out Count: Integer): HResult; stdcall;
```

```
     function GetTypeInfo(Index, LocaleID: Integer; out TypeInfo)
                                          : HResult; stdcall;
     function GetIDsOfNames(const IID: TGUID; Names: Pointer;
                        NameCount, LocaleID: Integer;
                        DispIDs: Pointer): HResult; stdcall;
     function Invoke(DispID: Integer; const IID: TGUID; LocaleID: Integer;
                  Flags: Word; var Params; VarResult, ExcepInfo,
                  ArgErr: Pointer) : HResult; stdcall;
  public
     constructor Create(AOwner: TComponent); virtual;
     destructor Destroy; override;
     procedure BeforeDestruction; override;
     procedure DestroyComponents;
     procedure Destroying;
     function ExecuteAction(Action: TBasicAction): Boolean; dynamic;
     function FindComponent(const AName: string): TComponent;
     procedure FreeNotification(AComponent: TComponent);
     procedure RemoveFreeNotification(AComponent: TComponent);
     procedure FreeOnRelease;
     function GetParentComponent: TComponent; dynamic;
     function GetNamePath: string; override;
     function HasParent: Boolean; dynamic;
     procedure InsertComponent(AComponent: TComponent);
     procedure RemoveComponent(AComponent: TComponent);
     function SafeCallException(ExceptObject: TObject;
                        ExceptAddr: Pointer): HResult; override;
     function UpdateAction(Action: TBasicAction): Boolean; dynamic;
     property ComObject: IUnknown read GetComObject;
     property Components[Index: Integer]: TComponent read GetComponent;
     property ComponentCount: Integer read GetComponentCount;
     property ComponentIndex: Integer read GetComponentIndex
                                  write SetComponentIndex;
     property ComponentState: TComponentState read FComponentState;
     property ComponentStyle: TComponentStyle read FComponentStyle;
     property DesignInfo: Longint read FDesignInfo write FDesignInfo;
     property Owner: TComponent read FOwner;
     property VCLComObject: Pointer read FVCLComObject
                                  write FVCLComObject;
  published
     property Name: TComponentName read FName write SetName stored False;
     property Tag: Longint read FTag write FTag default 0;
  end;
```

Verweise

Siehe Praxisteil, Kategorie Fenster und Komponenten, Alle Komponenten eines Formulars durchlaufen

Siehe Praxisteil, Kategorie Fenster und Komponenten, Komponenten zur Laufzeit erstellen

Siehe Praxisteil, Kategorie Komponentenentwicklung

TControl

Beschreibung

Alle Komponenten, die zum sichtbaren Teil der Benutzeroberfläche gehören, gehen auf die Basisklasse TControl zurück.

In TControl finden Sie die grundlegende Funktionalität, die allen sichtbaren Komponenten (Steuerelementen) gemeinsam ist, beispielsweise

- Position und Positionierung des Steuerelements;

- Cursor, Darstellung und Kurzhinweise für das Steuerelement;

- Unterstützung der Maus.

Viele Eigenschaften und Methoden, die in TControl als protected deklariert sind, werden von den abgeleiteten Klassen veröffentlicht (public- oder published-Deklaration).

Klassendeklaration

```
TControl = class(TComponent)
  private
    ...
  protected
    procedure ActionChange(Sender: TObject; CheckDefaults: Boolean);
                                                      dynamic;
    procedure AdjustSize; dynamic;
    procedure AssignTo(Dest: TPersistent); override;
    procedure BeginAutoDrag; dynamic;
    function CanResize(var NewWidth, NewHeight: Integer)
                                        : Boolean; virtual;
    function CanAutoSize(var NewWidth, NewHeight: Integer)
                                        : Boolean; virtual;
    procedure Changed;
    procedure ChangeScale(M, D: Integer); dynamic;
    procedure Click; dynamic;
    procedure ConstrainedResize(var MinWidth, MinHeight, MaxWidth,
                        MaxHeight: Integer); virtual;
    procedure DblClick; dynamic;
    procedure DefaultDockImage(DragDockObject: TDragDockObject;
```

```
                                    Erase: Boolean); dynamic;
procedure DefineProperties(Filer: TFiler); override;
procedure DockTrackNoTarget(Source: TDragDockObject; X, Y: Integer);
                                                    dynamic;
procedure DoContextPopup(MousePos: TPoint; var Handled: Boolean);
                                                    dynamic;
procedure DoEndDock(Target: TObject; X, Y: Integer); dynamic;
procedure DoDock(NewDockSite: TWinControl; var ARect: TRect);
                                                    dynamic;
procedure DoStartDock(var DragObject: TDragObject); dynamic;
procedure DragCanceled; dynamic;
procedure DragOver(Source: TObject; X, Y: Integer; State: TDragState;
                var Accept: Boolean); dynamic;
procedure DoEndDrag(Target: TObject; X, Y: Integer); dynamic;
procedure DoStartDrag(var DragObject: TDragObject); dynamic;
procedure DrawDragDockImage(DragDockObject: TDragDockObject);
                                                    dynamic;
procedure EraseDragDockImage(DragDockObject: TDragDockObject);
                                                    dynamic;
function GetActionLinkClass: TControlActionLinkClass; dynamic;
function GetClientOrigin: TPoint; virtual;
function GetClientRect: TRect; virtual;
function GetDeviceContext(var WindowHandle: HWnd): HDC; virtual;
function GetDockEdge(MousePos: TPoint): TAlign; dynamic;
function GetDragImages: TDragImageList; virtual;
function GetEnabled: Boolean; virtual;
function GetFloating: Boolean; virtual;
function GetFloatingDockSiteClass: TWinControlClass; virtual;
function GetPalette: HPALETTE; dynamic;
function GetPopupMenu: TPopupMenu; dynamic;
procedure Loaded; override;
procedure MouseDown(Button: TMouseButton; Shift: TShiftState;
                X, Y: Integer); dynamic;
procedure MouseMove(Shift: TShiftState; X, Y: Integer); dynamic;
procedure MouseUp(Button: TMouseButton; Shift: TShiftState;
                X, Y: Integer); dynamic;
procedure Notification(AComponent: TComponent;
                    Operation: TOperation); override;
procedure PositionDockRect(DragDockObject: TDragDockObject); dynamic;
function PaletteChanged(Foreground: Boolean): Boolean; dynamic;
procedure ReadState(Reader: TReader); override;
procedure RequestAlign; dynamic;
procedure Resize; dynamic;
procedure SendCancelMode(Sender: TControl);
procedure SendDockNotification(Msg: Cardinal; WParam,
                            LParam: Integer);
procedure SetDragMode(Value: TDragMode); virtual;
procedure SetEnabled(Value: Boolean); virtual;
```

```
procedure SetName(const Value: TComponentName); override;
procedure SetParent(AParent: TWinControl); virtual;
procedure SetParentComponent(Value: TComponent); override;
procedure SetParentBiDiMode(Value: Boolean); virtual;
procedure SetBiDiMode(Value: TBiDiMode); virtual;
procedure SetZOrder(TopMost: Boolean); dynamic;
procedure UpdateBoundsRect(const R: TRect);
procedure VisibleChanging; dynamic;
procedure WndProc(var Message: TMessage); virtual;
property ActionLink: TControlActionLink read FActionLink
                                        write FActionLink;
property AutoSize: Boolean read FAutoSize write SetAutoSize
                                             default False;
property Caption: TCaption read GetText write SetText
                                  stored IsCaptionStored;
property Color: TColor read FColor write SetColor
                          stored IsColorStored default clWindow;
property DesktopFont: Boolean read FDesktopFont
                       write SetDesktopFont default False;
property DragKind: TDragKind read FDragKind write FDragKind
                                          default dkDrag;
property DragCursor: TCursor read FDragCursor write FDragCursor
                                             default crDrag;
property DragMode: TDragMode read FDragMode write SetDragMode
                                          default dmManual;
property Font: TFont read FFont write SetFont stored IsFontStored;
property IsControl: Boolean read FIsControl write FIsControl;
property MouseCapture: Boolean read GetMouseCapture
                          write SetMouseCapture;
property ParentBiDiMode: Boolean read FParentBiDiMode
                    write SetParentBiDiMode default True;
property ParentColor: Boolean read FParentColor write SetParentColor
                                             default True;
property ParentFont: Boolean read FParentFont
                       write SetParentFont default True;
property ParentShowHint: Boolean read FParentShowHint
                        write SetParentShowHint default True;
property PopupMenu: TPopupMenu read FPopupMenu write SetPopupMenu;
property ScalingFlags: TScalingFlags read FScalingFlags
                              write FScalingFlags;
property Text: TCaption read GetText write SetText;
property WindowText: PChar read FText write FText;
property OnCanResize: TCanResizeEvent read FOnCanResize
                               write FOnCanResize;
property OnClick: TNotifyEvent read FOnClick
                       write FOnClick stored IsOnClickStored;
property OnConstrainedResize: TConstrainedResizeEvent read
          FOnConstrainedResize write FOnConstrainedResize;
```

```
    property OnContextPopup: TContextPopupEvent read FOnContextPopup
                                        write FOnContextPopup;
    property OnDblClick: TNotifyEvent read FOnDblClick write FOnDblClick;
    property OnDragDrop: TDragDropEvent read FOnDragDrop
                                write FOnDragDrop;
    property OnDragOver: TDragOverEvent read FOnDragOver
                                write FOnDragOver;
    property OnEndDock: TEndDragEvent read FOnEndDock write FOnEndDock;
    property OnEndDrag: TEndDragEvent read FOnEndDrag write FOnEndDrag;
    property OnMouseDown: TMouseEvent read FOnMouseDown
                                write FOnMouseDown;
    property OnMouseMove: TMouseMoveEvent read FOnMouseMove
                                write FOnMouseMove;
    property OnMouseUp: TMouseEvent read FOnMouseUp write FOnMouseUp;
    property OnResize: TNotifyEvent read FOnResize write FOnResize;
    property OnStartDock: TStartDockEvent read FOnStartDock
                                write FOnStartDock;
    property OnStartDrag: TStartDragEvent read FOnStartDrag
                                write FOnStartDrag;
  public
    constructor Create(AOwner: TComponent); override;
    destructor Destroy; override;
    procedure BeginDrag(Immediate: Boolean; Threshold: Integer = -1);
    procedure BringToFront;
    function ClientToScreen(const Point: TPoint): TPoint;
    procedure Dock(NewDockSite: TWinControl; ARect: TRect); dynamic;
    procedure DefaultHandler(var Message); override;
    function Dragging: Boolean;
    procedure DragDrop(Source: TObject; X, Y: Integer); dynamic;
    function DrawTextBiDiModeFlags(Flags: Longint): Longint;
    function DrawTextBiDiModeFlagsReadingOnly: Longint;
    property Enabled: Boolean read GetEnabled write SetEnabled
                    stored IsEnabledStored default True;
    procedure EndDrag(Drop: Boolean);
    function GetControlsAlignment: TAlignment; dynamic;
    function GetParentComponent: TComponent; override;
    function GetTextBuf(Buffer: PChar; BufSize: Integer): Integer;
    function GetTextLen: Integer;
    function HasParent: Boolean; override;
    procedure Hide;
    procedure InitiateAction; virtual;
    procedure Invalidate; virtual;
    function IsRightToLeft: Boolean;
    function ManualDock(NewDockSite: TWinControl;
                    DropControl: TControl = nil;
                    ControlSide: TAlign = alNone): Boolean;
    function ManualFloat(ScreenPos: TRect): Boolean;
    function Perform(Msg: Cardinal; WParam, LParam: Longint): Longint;
```

```
procedure Refresh;
procedure Repaint; virtual;
function ReplaceDockedControl(Control: TControl;
                NewDockSite: TWinControl; DropControl: TControl;
                ControlSide: TAlign): Boolean;
function ScreenToClient(const Point: TPoint): TPoint;
procedure SendToBack;
procedure SetBounds(ALeft, ATop, AWidth, AHeight: Integer); virtual;
procedure SetTextBuf(Buffer: PChar);
procedure Show;
procedure Update; virtual;
function UseRightToLeftAlignment: Boolean; dynamic;
function UseRightToLeftReading: Boolean;
function UseRightToLeftScrollBar: Boolean;
property Action: TBasicAction read GetAction write SetAction;
property Align: TAlign read FAlign write SetAlign default alNone;
property Anchors: TAnchors read FAnchors write SetAnchors
                stored IsAnchorsStored default [akLeft, akTop];
property BiDiMode: TBiDiMode read FBiDiMode write SetBiDiMode
                stored IsBiDiModeStored;
property BoundsRect: TRect read GetBoundsRect write SetBoundsRect;
property ClientHeight: Integer read GetClientHeight
                        write SetClientHeight stored False;
property ClientOrigin: TPoint read GetClientOrigin;
property ClientRect: TRect read GetClientRect;
property ClientWidth: Integer read GetClientWidth
                        write SetClientWidth stored False;
property Constraints: TSizeConstraints read FConstraints
                            write FConstraints;
property ControlState: TControlState read FControlState
                            write FControlState;
property ControlStyle: TControlStyle read FControlStyle
                            write FControlStyle;
property DockOrientation: TDockOrientation read FDockOrientation
                                write FDockOrientation;
property Floating: Boolean read GetFloating;
property FloatingDockSiteClass: TWinControlClass
    read GetFloatingDockSiteClass write FFloatingDockSiteClass;
property HostDockSite: TWinControl read FHostDockSite
                                write SetHostDockSite;
property LRDockWidth: Integer read GetLRDockWidth write FLRDockWidth;
property Parent: TWinControl read FParent write SetParent;
property ShowHint: Boolean read FShowHint write SetShowHint
                            stored IsShowHintStored;
property TBDockHeight: Integer read GetTBDockHeight
                        write FTBDockHeight;
property UndockHeight: Integer read GetUndockHeight
                        write FUndockHeight;
```

```
    property UndockWidth: Integer read GetUndockWidth write FUndockWidth;
    property Visible: Boolean read FVisible write SetVisible
                            stored IsVisibleStored default True;
    property WindowProc: TWndMethod read FWindowProc write FWindowProc;
published
    property Left: Integer read FLeft write SetLeft;
    property Top: Integer read FTop write SetTop;
    property Width: Integer read FWidth write SetWidth;
    property Height: Integer read FHeight write SetHeight;
    property Cursor: TCursor read FCursor write SetCursor
                                            default crDefault;
    property Hint: string read FHint write FHint stored IsHintStored;
end;
```

TWinControl

Beschreibung

Steuerelemente, die echte Windows-Fenster darstellen, gehen auf die Basisklasse TWinControl zurück, die etliche Klassenelemente deklariert, die mit der besonderen Fensterfunktionalität zusammenhängen:

- Fenster-Handle, das bei Erzeugung des Fensters von Windows zugewiesen wird.

- Unterstützung der Tastatur (Fenster können den Eingabefokus erhalten).

- Einbettung untergeordneter Steuerelemente.

Klassendeklaration

```
TWinControl = class(TControl)
  private
    ...
  protected
    FDoubleBuffered: Boolean;
    FInImeComposition: Boolean;
    procedure ActionChange(Sender: TObject; CheckDefaults: Boolean);
                                            override;
    procedure AddBiDiModeExStyle(var ExStyle: DWORD);
    procedure AssignTo(Dest: TPersistent); override;
    procedure AdjustClientRect(var Rect: TRect); virtual;
    procedure AdjustSize; override;
    procedure AlignControls(AControl: TControl; var Rect: TRect);
                                            virtual;
    function CanAutoSize(var NewWidth, NewHeight: Integer): Boolean;
                                            override;
    function CanResize(var NewWidth, NewHeight: Integer): Boolean;
                                            override;
```

```
procedure ChangeScale(M, D: Integer); override;
procedure ConstrainedResize(var MinWidth, MinHeight, MaxWidth,
                            MaxHeight: Integer); override;
function CreateDockManager: IDockManager; dynamic;
procedure CreateHandle; virtual;
procedure CreateParams(var Params: TCreateParams); virtual;
procedure CreateSubClass(var Params: TCreateParams;
                         ControlClassName: PChar);
procedure CreateWindowHandle(const Params: TCreateParams); virtual;
procedure CreateWnd; virtual;
procedure DestroyHandle;
procedure DestroyWindowHandle; virtual;
procedure DestroyWnd; virtual;
procedure DoAddDockClient(Client: TControl; const ARect: TRect);
                                                        dynamic;
procedure DockOver(Source: TDragDockObject; X, Y: Integer;
                State: TDragState; var Accept: Boolean); dynamic;
procedure DoDockOver(Source: TDragDockObject; X, Y: Integer;
                State: TDragState; var Accept: Boolean); dynamic;
procedure DoEnter; dynamic;
procedure DoExit; dynamic;
procedure DoFlipChildren; dynamic;
function DoKeyDown(var Message: TWMKey): Boolean;
function DoKeyPress(var Message: TWMKey): Boolean;
function DoKeyUp(var Message: TWMKey): Boolean;
function DoMouseWheel(Shift: TShiftState; WheelDelta: Integer;
  MousePos: TPoint): Boolean; dynamic;
function DoMouseWheelDown(Shift: TShiftState; MousePos: TPoint)
                                            : Boolean; dynamic;
function DoMouseWheelUp(Shift: TShiftState; MousePos: TPoint)
                                            : Boolean; dynamic;
procedure DoRemoveDockClient(Client: TControl); dynamic;
function DoUnDock(NewTarget: TWinControl; Client: TControl)
                                            : Boolean; dynamic;
function FindNextControl(CurControl: TWinControl; GoForward,
                CheckTabStop, CheckParent: Boolean): TWinControl;
procedure FixupTabList;
function GetActionLinkClass: TControlActionLinkClass; override;
procedure GetChildren(Proc: TGetChildProc; Root: TComponent);
                                                        override;
function GetClientOrigin: TPoint; override;
function GetClientRect: TRect; override;
function GetControlExtents: TRect; virtual;
function GetDeviceContext(var WindowHandle: HWnd): HDC; override;
function GetParentHandle: HWnd;
procedure GetSiteInfo(Client: TControl; var InfluenceRect: TRect;
                MousePos: TPoint; var CanDock: Boolean); dynamic;
function GetTopParentHandle: HWnd;
```

```
function IsControlMouseMsg(var Message: TWMMouse): Boolean;
procedure KeyDown(var Key: Word; Shift: TShiftState); dynamic;
procedure KeyUp(var Key: Word; Shift: TShiftState); dynamic;
procedure KeyPress(var Key: Char); dynamic;
procedure MainWndProc(var Message: TMessage);
procedure NotifyControls(Msg: Word);
procedure PaintControls(DC: HDC; First: TControl);
procedure PaintHandler(var Message: TWMPaint);
procedure PaintWindow(DC: HDC); virtual;
function PaletteChanged(Foreground: Boolean): Boolean; override;
procedure ReadState(Reader: TReader); override;
procedure RecreateWnd;
procedure ReloadDockedControl(const AControlName: string;
                             var AControl: TControl); dynamic;
procedure ResetIme;
function ResetImeComposition(Action: DWORD): Boolean;
procedure ScaleControls(M, D: Integer);
procedure SelectFirst;
procedure SelectNext(CurControl: TWinControl;
  GoForward, CheckTabStop: Boolean);
procedure SetChildOrder(Child: TComponent; Order: Integer); override;
procedure SetIme;
function SetImeCompositionWindow(Font: TFont; XPos, YPos: Integer)
                                                    : Boolean;
procedure SetZOrder(TopMost: Boolean); override;
procedure ShowControl(AControl: TControl); virtual;
procedure WndProc(var Message: TMessage); override;
property BevelEdges: TBevelEdges read FBevelEdges write SetBevelEdges
                  default [beLeft, beTop, beRight, beBottom];
property BevelInner: TBevelCut index 0 read FBevelInner
                            write SetBevelCut default bvRaised;
property BevelOuter: TBevelCut index 1 read FBevelOuter
                            write SetBevelCut default bvLowered;
property BevelKind: TBevelKind read FBevelKind
                              write SetBevelKind default bkNone;
property BevelWidth: TBevelWidth read FBevelWidth
                              write SetBevelWidth default 1;
property BorderWidth: TBorderWidth read FBorderWidth
                              write SetBorderWidth default 0;
property Ctl3D: Boolean read FCtl3D write SetCtl3D
                                    stored IsCtl3DStored;
property DefWndProc: Pointer read FDefWndProc write FDefWndProc;
property DockSite: Boolean read FDockSite write SetDockSite
                                          default False;
property DockManager: IDockManager read FDockManager
                            write FDockManager;
property ImeMode: TImeMode read FImeMode
                            write FImeMode default imDontCare;
```

```
     property ImeName: TImeName read FImeName write FImeName;
     property ParentCtl3D: Boolean read FParentCtl3D
                                write SetParentCtl3D default True;
     property UseDockManager: Boolean read FUseDockManager
                                write SetUseDockManager default False;
     property WheelAccumulator: Integer read FWheelAccumulator
                                     write FWheelAccumulator;
     property WindowHandle: HWnd read FHandle write FHandle;
     property OnDockDrop: TDockDropEvent read FOnDockDrop
                                     write FOnDockDrop;
     property OnDockOver: TDockOverEvent read FOnDockOver
                                     write FOnDockOver;
     property OnEnter: TNotifyEvent read FOnEnter write FOnEnter;
     property OnExit: TNotifyEvent read FOnExit write FOnExit;
     property OnGetSiteInfo: TGetSiteInfoEvent read FOnGetSiteInfo
                                           write FOnGetSiteInfo;
     property OnKeyDown: TKeyEvent read FOnKeyDown write FOnKeyDown;
     property OnKeyPress: TKeyPressEvent read FOnKeyPress
                                     write FOnKeyPress;
     property OnKeyUp: TKeyEvent read FOnKeyUp write FOnKeyUp;
     property OnMouseWheel: TMouseWheelEvent read FOnMouseWheel
                                           write FOnMouseWheel;
     property OnMouseWheelDown: TMouseWheelUpDownEvent
                 read FOnMouseWheelDown write FOnMouseWheelDown;
     property OnMouseWheelUp: TMouseWheelUpDownEvent read FOnMouseWheelUp
                                           write FOnMouseWheelUp;
     property OnUnDock: TUnDockEvent read FOnUnDock
                                write FOnUnDock;
  public
     constructor Create(AOwner: TComponent); override;
     constructor CreateParented(ParentWindow: HWnd);
     class function CreateParentedControl(ParentWindow: HWnd)
                                                : TWinControl;
     destructor Destroy; override;
     procedure Broadcast(var Message);
     function CanFocus: Boolean; dynamic;
     function ContainsControl(Control: TControl): Boolean;
     function ControlAtPos(const Pos: TPoint; AllowDisabled: Boolean;
       AllowWinControls: Boolean = False): TControl;
     procedure DefaultHandler(var Message); override;
     procedure DisableAlign;
     property DockClientCount: Integer read GetDockClientCount;
     property DockClients[Index: Integer]: TControl read GetDockClients;
     procedure DockDrop(Source: TDragDockObject; X, Y: Integer); dynamic;
     property DoubleBuffered: Boolean read FDoubleBuffered
                                     write FDoubleBuffered;
     procedure EnableAlign;
     function FindChildControl(const ControlName: string): TControl;
```

```
    procedure FlipChildren(AllLevels: Boolean); dynamic;
    function Focused: Boolean; dynamic;
    procedure GetTabOrderList(List: TList); dynamic;
    function HandleAllocated: Boolean;
    procedure HandleNeeded;
    procedure InsertControl(AControl: TControl);
    procedure Invalidate; override;
    procedure MouseWheelHandler(var Message: TMessage); dynamic;
    procedure PaintTo(DC: HDC; X, Y: Integer);
    procedure RemoveControl(AControl: TControl);
    procedure Realign;
    procedure Repaint; override;
    procedure ScaleBy(M, D: Integer);
    procedure ScrollBy(DeltaX, DeltaY: Integer);
    procedure SetBounds(ALeft, ATop, AWidth, AHeight: Integer); override;
    procedure SetFocus; virtual;
    procedure Update; override;
    procedure UpdateControlState;
    property VisibleDockClientCount: Integer
                                read GetVisibleDockClientCount;
    property Brush: TBrush read FBrush;
    property Controls[Index: Integer]: TControl read GetControl;
    property ControlCount: Integer read GetControlCount;
    property Handle: HWnd read GetHandle;
    property ParentWindow: HWnd read FParentWindow write SetParentWindow;
    property Showing: Boolean read FShowing;
    property TabOrder: TTabOrder read GetTabOrder write SetTabOrder
                                default -1;
    property TabStop: Boolean read FTabStop write SetTabStop
                                default False;
  published
    property HelpContext: THelpContext read FHelpContext
                       write FHelpContext
                       stored IsHelpContextStored default 0;
  end;
```

Standardkomponenten

Seite Standard

TFrames

Frames sind dazu gedacht, die Wiederverwertung von Komponentengruppen zu vereinfachen. Bisher nutzte man zu diesem Zweck Datenmodule und Komponentenvorlagen. Ab Delphi 5 gibt es nun das einheitliche Konzept der Frames.

Beispiel

Frames anlegen

- Sie haben in einem Ihrer Projekte eine Gruppe von Komponenten vorliegen, die Sie in dieser Zusammenstellung und Konfiguration öfters benötigen.
- Rufen Sie den Befehl *Datei/Neuer Frame* auf.
- Markieren Sie die Komponentengruppe (Aufziehen eines Markierungsrahmens mit der Maus) und kopieren Sie die Gruppe über die Zwischenablage in den Frame.
- Speichern Sie den Frame unter einem eindeutigen Namen.

Frame anderen Projekten zur Verfügung stellen

- Öffnen Sie das Kontextmenü des Frames.
- Wählen Sie den Befehl *Zu Palette hinzufügen*, um den Frame in die Komponentenpalette aufzunehmen.
- Wählen Sie den Befehl *Der Objektablage hinzufügen*, um den Frame in die Objektablage aufzunehmen.

Frames verwenden

- Einen Frame, der in der Komponentenpalette abgelegt ist, kann man wie eine normale Komponente in ein Formular einfügen.
- Einen Frame, der in der Objektablage abgelegt ist, kann über die Objektgalerie (*Datei/Neu*) in ein Projekt aufgenommen werden.
- Die Frames des aktuellen Projekts können über die Komponente Frames in die Formulare des Projekts aufgenommen werden.

Frames anpassen

- Änderungen an in Formulare eingebetteten Frames betreffen nur die aktuelle Instanz des Frames.
- Änderungen an dem Frame (Aufruf der Pascal-Datei über den *Datei/Öffnen*-Befehl) wirken sich auf alle Instanzen des Frames aus.

TMainMenu

Zur Einrichtung einer Menüleiste (siehe Praxisteil, Kategorie Menüs und andere Fensterdekorationen).

Zur Bearbeitung der Menüleiste doppelklicken Sie auf die Komponente, woraufhin der Menüeditor geöffnet wird.

TPopupMenu

Zur Einrichtung eines Kontextmenüs, das aufspringt, wenn der Benutzer die Komponente mit der rechten Maustaste anklickt (siehe Praxisteil, Kategorie Menüs und andere Fensterdekorationen).

Zur Bearbeitung des Menüs doppelklicken Sie auf die Komponente, woraufhin der Menüeditor geöffnet wird.

TLabel

Zur Anzeige von statischem Text, d.h., der Text kann vom Programm, aber nicht vom Benutzer geändert werden. Statischer Text wird oft als Beschriftung zu anderen Steuerelementen verwendet.

- Um den Text zur Laufzeit zu ändern, weisen Sie den neuen Text einfach der Eigenschaft `Caption` zu:

```
Label1.Caption := 'Neuer Text';
```

- Standardmäßig passt die Komponente ihre Größe an den enthaltenen Text an (Eigenschaft `AutoSize` = `True`).

- Wenn Sie einen eingegebenen Text mehrspaltig anzeigen lassen wollen, setzen Sie `WordWrap` auf `True`.

TEdit

Editierfeld, in das der Benutzer einzeiligen Text eingeben kann.

- Der Inhalt des Editierfeldes ist in der Eigenschaft `Text` gespeichert, die bequem zur Laufzeit abgefragt oder gesetzt werden kann:

```
var str : string;
begin
  str := Edit1.Text;
```

- Die Komponente verfügt über Methoden zur Unterstützung der Zwischenablage (`CopyToClipboard`, `CutToClipboad` und `PasteToClipboard`) sowie

- Eigenschaften und Methoden zur Arbeit mit markiertem Text: `SelectAll`, `SelStart`, `SelLength`, `ClearSelection` plus die Eigenschaft `SelText`, die den vom Benutzer markierten Text enthält.

- Sollen über das Eingabefeld sensible Daten (Passwörter) eingegeben werden, ist es üblich, die Eingabe durch Ersatzzeichen zu maskieren. Weisen Sie das Ersatzzeichen der Eigenschaft PasswordChar zu.

- Das Ereignis OnChange wird ausgelöst, wenn der Inhalt des Eingabefelds (Eigenschaft Text) geändert wird.

- Das Ereignis OnEnter wird ausgelöst, wenn das Eingabefeld den Tastaturfokus erhält.

- Das Ereignis OnExit wird ausgelöst, wenn das Eingabefeld den Tastaturfokus abgibt (kann zum Beispiel zum Prüfen der Eingabe verwendet werden).

- Möchte man den eingegebenen Text während der Eingabe kontrollieren, um unerlaubte Zeichen direkt abzufangen, muss man dazu das OnKeyPress-Ereignis abfangen (siehe Praxisteil, Kategorie Ereignisbehandlung, Tastaturereignisse überwachen oder Kategorie Fenster und Komponenten, Mit Enter zum nächsten Steuerelement). Will man nur ein bestimmtes Eingabeformat zulassen (beispielsweise für Datumseingaben), verwendet man die TMaskEdit-Komponente der Seite *Zusätzlich*).

TMemo

Editierfeld mit mehreren Zeilen. Die Programmierung ist ähnlich wie für TEdit.

- Über die zusätzliche Eigenschaft Lines (vom Typ TString) kann man wie bei einem Array mittels eines Index auf die einzelnen Zeilen des Textes zugreifen.

- Zur weiteren Unterstützung des mehrzeiligen Textes dienen die Methoden Add, Delete und Insert des Lines-Objekts.

- Um bei der Eingabe Zeilenumbrüche und Tabulatoren zu akzeptieren, setzen Sie die Eigenschaften WantReturns und WantTabs.

TButton

Schalter, über den der Benutzer eine Aktion auslösen kann.

- Um das Drücken des Schalters mit einer Aktion zu verbinden, fangen Sie das OnClick-Ereignis ab.

- In modalen Dialogfenstern können Sie Schalter zum bequemen Schließen des Dialogs benutzen). Sie brauchen dazu nur die Eigenschaft ModalResult der Schalter auf einen Wert größer mrNone setzen, beispielsweise:

Konstante	Wert
mrOk	idOK
mrCancel	idCancel
mrAbort	idAbort
mrRetry	idRetry

Konstante	Wert
mrIgnore	idIgnore
mrYes	idYes
mrNo	idNo
mrAll	mrNo + 1

- Die Funktion ShowModal, die den Dialog erzeugt hat, liefert danach den Wert des Schalters zurück, sodass überprüft werden kann, welchen Schalter der Benutzer zum Verlassen des Dialogs gedrückt hat (siehe Praxisteil, Kategorie Fenster und Komponenten):

```
if Dialog.ShowModal = idOK then
    {lese Einstellungen in Dialog aus}
    else
    {Einstellungen nicht übernehmen}
```

TCheckBox

Markierungsfeld, das gesetzt oder gelöscht werden kann.

Ob das Markierungsfeld vom Benutzer gesetzt oder gelöscht wurde, können Sie am Wert der Eigenschaft Checked ablesen.

```
if CheckBox1.Checked then
    {gesetzt}
    else
    {nicht gesetzt}
```

Die Eigenschaft State erlaubt eine noch detailliertere Unterscheidung: gesetzt (cbChecked), nicht gesetzt (cbUnChecked) oder inaktiviert und grau dargestellt (cbGrayed):

TRadioButton

Optionsfeld, das gesetzt oder gelöscht werden kann (Eigenschaft Checked wie bei TCheckBox).

Optionsfelder schließen sich gegenseitig aus, d.h., aus einer Gruppe von Optionen kann immer nur eine Option ausgewählt sein.

Um innerhalb eines Formulars mehrere Gruppen von Optionsfeldern zu definieren, verwendet man die Komponente TRadioGroup.

TListBox

Listenfeld zur Auswahl eines Eintrags aus einer vorgegebenen Menge (siehe Praxisteil, Kategorie Internet und verteilte Anwendungen, FTP-Verbindung aufbauen)

- Verwaltet werden die Einträge der Liste in dem Eigenschafts-Objekt Items. Bearbeitet werden Sie mit den Items-Methoden Add, Delete, Insert, Exchange, Move.

- Um die Liste mit konstanten Einträgen zu initialisieren, können Sie statt der Methode Add auch den Objektinspektor benutzen.

- Um die Liste zur Laufzeit zu löschen, wird die Methode Clear aufgerufen.

- Sollen die Einträge in mehreren Spalten angezeigt werden, weisen Sie die Spaltenzahl der Eigenschaft Columns zu.

- Über die Eigenschaft ItemIndex können Sie einen Eintrag auswählen oder abfragen, welchen Eintrag der Benutzer ausgewählt hat (der erste Eintrag hat den Index 0).

- Erlaubt das Listenfeld die gleichzeitige Auswahl mehrerer Einträge (Eigenschaft MultiSelect gleich True), verwenden Sie die Eigenschaft Selected, um abzufragen, welcher Eintrag ausgewählt ist.

```
{Zur Laufzeit Zeile in Listenfeld aufnehmen}
Listbox1.Items.Add('dritter Eintrag');

{testen, welche Einträge ausgewählt wurden}
for loop := 0 to Listbox1.Items.Count-1 do
  begin
  if Listbox1.Selected[loop] then
    ShowMessage(Listbox1.Items[loop]);
  end;
```

TComboBox

Kombination aus Listenfeld und Editierfeld.

- Aussehen und Verhalten der Komponente werden vornehmlich über die Eigenschaften DropDownCount (Anzahl der in der Liste angezeigten Einträge) und Style festgesetzt.

Style	Bedeutung
csDropDown	Dropdown-Liste mit einem Eingabefeld für manuell einzugebenden Text.
csSimple	Eingabefeld und Liste, die aufgeklappt unter dem Feld angezeigt wird. Die Länge der Liste wird durch die Eigenschaft Height des Kombinationsfeldes bestimmt.
csDropDownList	Dropdown-Liste ohne Eingabefeld.
csOwnerDrawFixed	Dropdown-Liste mit Eingabefeld. Die Listeneinträge werden vom Programm gezeichnet. Ihre Höhe wird in der Eigenschaft ItemHeight festgelegt.
csOwnerDrawVariable	Dropdown-Liste mit Eingabefeld. Die Listeneinträge werden vom Programm gezeichnet und können unterschiedliche Höhe aufweisen.

TScrollBar

Bildlaufleisten werden eingesetzt, um Fensterinhalte zu scrollen, die nicht auf einmal dargestellt werden können. Viele Komponenten erzeugen bei Bedarf eigene Bildlaufleisten zum Scrollen ihres Inhalts (Verfügen dann über Eigenschaften ScrollBars, HorzScrollBars, VertScrollbars). (Siehe auch TScrollBox der Seite *Zusätzlich*.)

- Zur Programmierung einer eigenen Bildlaufleiste definieren Sie den Anfangs- (Min) und Endwert (Max) für den Balken der Bildlaufleiste sowie SmallChange und LargeChange, deren Integerwerte festlegen, um wie viele Positionen der Balken bewegt wird, wenn der Benutzer auf eine der Pfeiltasten bzw. seitlich vom Balken klickt.

- Die aktuelle Position des Balkens wird in der Eigenschaft Position festgehalten.

- Um Scrollereignisse zu verarbeiten, implementieren Sie die Behandlungsroutine zu dem Ereignis OnScroll, dessen Parameter ScrollCode folgende Werte annehmen kann:

ScrollCode	Benutzer hat
scLineUp	oberen/linken Bildlaufpfeil gedrückt
scLineDown	unteren/rechten Bildlaufpfeil gedrückt
scPageUp	oberhalb/links des Balkens geklickt
scPageDown	unterhalb/rechts des Balkens geklickt
scPosition	Balken aufgenommen und neu positioniert
scTrack	verschiebt gerade den Balken
scTop	den Balken ganz nach oben/links bewegt
scBottom	den Balken ganz nach unten/rechts bewegt
scEndScroll	hat den Balken losgelassen

TGroupBox

Rahmen, durch den eine Gruppe von Steuerelementen visuell gekennzeichnet werden kann.

- Um eine Komponente in das Gruppenfeld aufzunehmen, müssen Sie die Komponenten kopieren (verschieben einer bereits im Formular abgelegten Komponente geht nicht).

TRadioGroup

Dient zur Gruppierung von Optionsfeldern (siehe Praxisteil, Kategorie Fenster und Komponenten).

- Die einzelnen Optionsfelder (TRadioButton-Instanzen) werden über die Eigenschaft Items verwaltet (vergleiche TListBox) und werden am einfachsten eingefügt, indem Sie die Komponente markieren, dann im Objektinspektor den Eintrag Items aktivieren und durch Klick auf das Symbol rechts den String-Editor aufrufen, in dem Sie Zeile für Zeile die Titel der anzulegenden Optionsfelder eingeben.

Von den Optionsfeldern innerhalb einer RadioGroup-Komponente kann jeweils nur eine vom Anwender ausgewählt werden.

TPanel

Übergeordnete Komponente zur Erzeugung von Symbolleisten, Paletten und Statuszeilen.

- Um ein Panel automatisch in den Rahmen des Hauptfensters zu integrieren, wählen Sie einen entsprechenden Wert für die Eigenschaft Align aus.

- Über die Eigenschaften Bevel... können Sie das Erscheinungsbild des Panels detaillierter festlegen.

- Je nach Verwendungszweck werden Sie das Panel mit unterschiedlichen Komponenten füllen, am typischsten für eine Symbolleiste ist allerdings der Symbolschalter (TSpeedButton), dessen Komponente auf der Seite *Zusätzlich* zu finden ist.

TActionList

Mit Hilfe der TActionList-Komponente kann man die Oberflächenelemente, die mit bestimmten Aktionen verbunden sind (meist sind dies Menübefehle aus Hauptmenü und Kontextmenü sowie das zugehörige Symbol in der Symbolleiste) zentral verwalten. (siehe Praxisteil, Kategorie Menüs und andere Fensterdekorationen, Oberflächenelemente zentral verwalten).

- Durch Doppelklick auf die Komponente wird ein Editor geöffnet, in dem Sie neue Aktionen anlegen können.

- Die Verknüpfung zwischen einer Aktion und einem Oberflächenelement (beispielsweise TMenuItem oder TButton) erfolgt über die Action-Eigenschaft des Oberflächenelements.

- Bei Klick-Ereignissen auf die verknüpften Oberflächenelemente wird das TAction-Ereignis OnExecute ausgeführt.

- In inaktiven Phasen wird das TAction-Ereignis OnUpdate ausgeführt.

Seite Zusätzlich

TBitBtn

Schalter, der Text und Bitmap anzeigen kann.

- Um dem Schalter ein Bitmap zuzuordnen, weisen Sie der Eigenschaft `Glyph` eine Bitmap-Datei zu – entweder mit Hilfe des Objektinspektors oder durch Aufruf der Methode `Glyph.LoadFromFile`.

  ```
  BitBtn1.Glyph.LoadFromFile('SCHALTER1.bmp');
  ```

- Zur Anordnung von Bitmap und Titel nutzen Sie die Eigenschaften `Layout`, `Margin` und `Spacing`.

- In der BMP-Datei können mehrere Bitmaps gleicher Abmessung hintereinander gespeichert sein (Anzahl der Bitmaps wird in `NumGlyphs` angegeben). In diesem Fall bestimmt der Schalterzustand, welches Bitmap im Schalter angezeigt wird:

Bitmap	Schalterzustand
Erstes	nicht gedrückt
Zweites	nicht verfügbar
Drittes	angeklickt
Viertes	eingerastet (nur für TspeedButton)

- Über die Eigenschaft `Kind` kann man zwischen verschiedenen Standardschaltflächen auswählen, die Eigenschaft `ModalResult` wird automatisch angepasst.

TSpeedButton

Schalter mit Bitmap statt Titel. Wird in Symbolleisten verwendet (siehe `TButton`, `TBitBtn`).

- Alle SpeedButtons mit dem gleichen `GroupIndex` bilden eine Gruppe, in der jeweils nur ein Schalter gleichzeitig gedrückt sein kann.

TMaskEdit

Editierfeld, das eine Maske für die Eingabe vorgibt, um nur Daten eines bestimmten Formats (beispielsweise Datumsangaben) zuzulassen.

Die Maske wird als String der Eigenschaft `EditMask` zugewiesen. Eine Maske besteht aus drei Abschnitten, die durch Semikolons voneinander getrennt werden.

- Der erste Teil ist die eigentliche Maske, die aus Platzhaltern und echten Zeichen besteht (eine Übersicht der zur Verfügung stehenden Schalter finden Sie in der Online-Hilfe unter dem Index-Eintrag »EditMask«).

- Im zweiten Abschnitt steht eine 1 oder eine 0, je nachdem, ob die konstanten Zeichen der Maske zusammen mit der Benutzereingabe abgespeichert werden sollen oder nicht (bestimmt Inhalt von EditText).

- Der dritte Abschnitt definiert das Zeichen, das im Editierfeld statt der Platzhalterzeichen angezeigt wird. Zur Definition von Masken stellt der Objektinspektor den Masken-Editor zur Verfügung, der über den Schalter des Eigenschaftsfeldes EditMask aufgerufen wird.

TStringGrid

Gitterelement für Tabellen mit Texteinträgen.

- Die einzelnen Texteinträge werden in Zellen abgelegt. Um eine Zelle anzusprechen, benutzen Sie die Eigenschaft Cells, die wie ein zweidimensionales Array indiziert wird.

```
for I := 0 to StringGrid1.ColCount - 1 do
    for J:= 0 to StringGrid1.RowCount - 1 do
        StringGrid1.Cells[I,J] := 'Delphi';
```

TDrawGrid

Gitterelement für Zellen mit beliebigem Inhalt.

- Der Inhalt der Zellen wird nicht in der Komponente abgespeichert. Die Komponente ist daher auch nicht in der Lage, die Inhalte der Zellen darzustellen. Es ist daher Ihre Aufgabe, das OnDrawCell-Ereignis abzufangen und darin für die Darstellung der Zellinhalte zu sorgen.

- Mit Hilfe der Methode CellRect kann die Position einer Zelle auf dem Bildschirm ermittelt werden.

- Mit Hilfe der Methode MouseToCell kann festgestellt werden, in welcher Zelle sich die Maus befindet (bei Aufruf innerhalb eines Maus-Ereignisses).

TImage

Zur Anzeige von Bitmaps und Metadateien (siehe VCL-Referenz, Kategorie Grafikklassen und Praxisteil, Kategorie Grafik und Spieleprogrammierung, In Bilder zeichnen).

- Um der Komponente ein Bild zuzuordnen, weisen Sie der Eigenschaft Picture eine Bild-Datei zu – entweder mit Hilfe des Objektinspektors (die Schaltfläche des Feldes Picture ruft einen Dialog zum Laden einer Datei auf) oder durch Aufruf der Methode Picture.LoadFromFile.

- Um das Bild an die Dimension der Komponente anzupassen, setzen Sie die Eigenschaften Stretch auf True.

- Um die Größe der Komponente an das Bild anzupassen, setzen Sie die Eigenschaft AutoSize auf True.

```
Image1.Stretch := True;
Image1.Picture.LoadFromFile('Calendar.bmp');
```

TShape

Zur Anzeige von geometrischen Figuren.

- Welche Figur gezeichnet werden soll, können Sie im Objektinspektor in der Liste zum Eigenschaftsfeld Shape auswählen.
- Umrisslinie und Füllung können über die Eigenschaften Pen und Brush gesteuert werden.

TBevel

Zur Darstellung reliefartiger, hervorgehobener Linien und Felder.

- Die Form wird über die Eigenschaft Shape ausgewählt.
- Ob die Form erhoben oder vertieft dargestellt wird, können Sie über die Eigenschaft Style steuern.

TScrollBox

Container mit funktionsfähigen Bildlaufleisten, die automatisch eingefügt werden, wenn die Komponenten des Containers nicht auf einmal angezeigt werden können.

- Über die Eigenschaften HorzScrollBar und VertScrollBar können Sie die beiden Bildlaufleisten der Komponente konfigurieren.
- Ist die Eigenschaft AutoScroll gesetzt (Voreinstellung), sind die Scrollbereiche der Bildlaufleisten so eingestellt, dass man alle Elemente in der Komponente anzeigen kann. Wenn Sie die Eigenschaft auf False setzen, müssen Sie die Scrollbereiche selbst festlegen.
- Mit der Methode ScrollInView kann man den Bildausschnitt vom Programm aus so verändern, dass ein bestimmtes Steuerelement in der Komponente angezeigt wird.

TCheckListbox

Ein Listenfeld, dessen einzelne Einträge mit Häkchen dargestellt werden können.

- Über die Array-Eigenschaften Checked[] oder State[] können die Häkchen ein- und ausgeblendet werden.

TSplitter

Zur Laufzeit verschiebbare Trennleiste, mit deren Hilfe der Client-Bereich eines Formulars aufgeteilt werden kann.

- Um die automatische Größenänderung der benachbarten Steuerelemente zu aktivieren, müssen diese und die Trennleiste in gleicher Weise an den Rändern des Formulars ausgerichtet werden (Eigenschaft Align).

- Es bietet sich an, neben die Trennleiste Panel-Komponenten als übergeordnete Container anzuordnen und auf diesen dann die weiteren Steuerelemente zu platzieren.

TStaticText

Entspricht einer TLabel-Komponente mit Fenster-Handle und dem damit einhergehenden Tastaturfokus (Eigenschaften TabOrder, TabStop, Ereignisse OnEnter, OnExit).

TControlBar

Übergeordnete Container-Komponente, in der man Steuerelemente oder Werkzeugleisten (TToolBar-Instanzen) ablegen und arrangieren kann.

- Wenn die Eigenschaft DockSite auf True gesetzt ist, kann man schwebende, andockbare Fenster (üblicherweise TToolBar-Instanzen) in der Komponente andocken.

- Ist die Eigenschaft AutoDock auf True gesetzt, zeigt die Komponente an, wie Fenster, die mit der Maus über die Komponente gezogen werden, beim Loslassen der Maus angedockt werden (i.G. zur TCoolBar-Komponente).

TApplicationEvents

Ereignisse des Application-Objekts mussten bislang ohne RAD-Unterstützung implementiert werden. Ab Delphi 5 kann man einfach ein TApplication-Objekt in ein Formular aufnehmen und die Application-Ereignisse wie gewohnt über den Objektinspektor bearbeiten.

TChart

Komponente zur Darstellung von Diagrammen (siehe Praxisteil, Kategorie Datenbankprogrammierung, Daten grafisch darstellen mit TDBChart).

Um Daten einzugeben,

1. Doppelklicken Sie auf die Komponente oder die Eigenschaft SeriesList.

2. In dem erscheinenden Editor legen Sie eine neue Datenreihe. Klicken Sie auf der Seite *Diagramm/Reihen* auf den Schalter *Hinzufügen* und wählen Sie einen Diagrammtyp aus.

3. Für den ausgewählten Diagrammtyp wird eine unsichtbare Instanz angelegt, die Sie im Objektinspektor bearbeiten können (Unter dem Namen Series1).

4. Fangen Sie das OnCreate-Ereignis des Formulars ab und weisen Sie der Datenreihe mit Hilfe der Add-Methode Werte zu.

```
procedure TForm1.FormCreate(Sender: TObject);
begin
Series1.Clear;
Series1.Add( 25, 'Entenhausen',   clTeeColor );
Series1.Add( 50, 'Rom',           clTeeColor );
Series1.Add( 30, 'San Francisco', clTeeColor );
Series1.Add( 50, 'New York',      clTeeColor );
Series1.Add( 40, 'Los Angeles',   clTeeColor );
Series1.Add( 35, 'London',        clTeeColor );
end;
```

- Neben TChart gibt es noch TDBChart zur Aufbereitung von Daten aus Datenbanken (siehe Praxisteil) und TQRChart zur Erstellung von Berichten.

- Die TChart-Komponente stammt von einem Drittanbieter und ist in einer eigenen Hilfedatei beschrieben. Um sich über die Eigenschaften, Methoden und Ereignisse der Komponenten zu informieren, rufen Sie die Datei *Teechart.hlp* im *Help*-Verzeichnis von Delphi auf.

Seite Win32

Auf dieser Seite sind die Komponenten für die von Microsoft im Zuge der Auslieferung von Win95 neu definierten Standard-Steuerelemente zusammengefasst.

TTabControl

Registersteuerelement mit einer Seite.

- Die einzelnen Reiter werden über die Eigenschaft Tabs eingerichtet. Rufen Sie den String-Editor des Feldes Tabs auf, um die Titel der Reiter Zeile für Zeile einzugeben.

- Im Gegensatz zu TPageControl sind mit den Registern keine eigenen Seiten verbunden. Fangen Sie das OnChange-Ereignis der Komponente ab und legen Sie darin selbst fest, wie sich das Erscheinungsbild des Steuerelements ändert, wenn der Anwender die verschiedenen Reiter anklickt (beispielsweise durch Ein- und Ausblendung von untergeordneten Steuerelementen).

- Welche Seite gerade aktiv ist und angezeigt wird, bestimmt die Eigenschaft TabIndex (der Index beginnt bei 0, ist kein Reiter markiert, ist der Index -1).

TPageControl

Mehrseitiges Registersteuerelement, das üblicherweise zur Einrichtung mehrseitiger Dialoge verwendet wird. Im Aussehen und Gebrauch gleicht das Element der Komponente TTabControl. Allerdings ist jedes Register mit einer eigenen Seite verbunden. Die Seiten sind Instanzen der Komponente TTabSheet.

- Neue Seiten werden über den Befehl *Neue Seite* aus dem Kontextmenü der Komponente eingerichtet.

- Die aktuell ausgewählte Seite kann über die Eigenschaft ActivePage ermittelt oder festgelegt werden.

TImageList

Eine ImageList stellt eine Sammlung gleichgroßer Bitmaps oder Symbole für Menüs, TTreeView-, TListView- oder ähnliche Komponenten oder zur beliebigen Verwendung bereit.

- Durch Doppelklick auf die Komponente können Sie den Editor zum Laden (Schalter *Hinzufügen*) von Bildern öffnen.

- Die Abmaße der Bilder werden durch die Eigenschaften Height und Width vorgegeben (sind anfänglich auf 16, 16 gesetzt wie es für Symbole typisch ist).

- Passt ein von Datei geladenes Bild nicht zu den Abmaßen der Bilderliste, laden Sie es ohne Zerteilen. Danach können Sie über die Optionen des Bildeditors festlegen, wie das Bild an die Abmaße angepasst werden soll.

- Mit den Methoden GetBitmap und GetIcon können Sie sich Bilder aus der Bilderliste holen.

- Mit der Methode Draw kann man ein Bild in einen Grafikkontext (TCanvas-Instanz) zeichnen.

TRichEdit

Erweitertes Memofeld mit zusätzlichen Eigenschaften und Methoden zur Formatierung des Textes (unterstützt RTF). (Siehe Praxisteil, Kategorie Text)

- Neben der Formatierung unterstützt die RTF-Komponente auch das Suchen im Text und das Ausdrucken desselben.

TTrackBar

Schieber zur Einstellung und Anzeige diskreter Werte, dessen Implementierung der Programmierung von Bildlaufleisten (siehe TScrollBar) ähnelt.

- Statt LargeChange definiert TTrackBar die Eigenschaft PageSize, statt SmallChange die Eigenschaft LineSize (deren Schrittweite verwendet wird, wenn der Benutzer eine der Pfeiltasten drückt).

- Der Wert der Eigenschaft `TickMarks` legt fest, ob die möglichen Positionen des Balkens zu beiden Seiten (`tmBoth`) oder nur einseitig (`tmBottomRight`, `tmTopLeft`) angezeigt werden sollen.

- Welche Positionen überhaupt durch Skalenstriche markiert werden, legen Sie durch den Wert von `TickStyle` fest:

Stil	Bedeutung
tsAuto	alle Positionen werden automatisch mit Ticks markiert
tsManual	Programm ist für die Darstellung der Ticks verantwortlich
tsNone	Darstellung ohne Ticks

- Die Eigenschaft `Orientation` bestimmt, ob der Schieber waagerecht (`trhorizontal`) oder senkrecht (`trvertical`) angezeigt wird.

TProgressbar

Fortschrittsanzeige zur Veranschaulichung länger andauernder Operationen (die Implementierung ähnelt der Programmierung von Bildlaufleisten (siehe `TScroll-Bar`)).

- Um den Füllstand vorrücken zu lassen, rufen Sie eine der Methoden `StepIt` oder `Stepby` auf.

TUpDown

Drehregler zur Einstellung diskreter Werte (meist mit Editierfeld gepaart, in dem der Wert angezeigt wird).

- Die Verbindung des Drehreglers mit seinem Anzeigeelement erfolgt über die Eigenschaft `Associate`.

- Der aktuelle Wert des Drehreglers wird in der Eigenschaft Position festgehalten.

- Zur Änderung des Wertes zeigt der Drehregler zwei Pfeile an. Die Eigenschaft `Increment` legt fest, wie sich der Wert von `Position` ändert, wenn einer der Pfeile gedrückt wird.

- Ist `ArrowKeys` gleich `True`, kann der Wert mit den Pfeiltasten der Tastatur geändert werden (vorausgesetzt, das Anzeigeelement hat den Fokus).

THotKey

Zur Festlegung von Tastenkürzeln.

- Die vom Benutzer eingegebene Tastenkombination wird in der Eigenschaft `HotKey` festgehalten.

- Über die Eigenschaft Modifiers kann festgelegt werden, welche Taste (Tasten-paar) dem Tastenkürzel automatisch hinzuzufügen ist:

Konstante	Taste
hkShift	Umschalttaste
hkCtrl	Steuertaste Strg
hkAlt	Alt-Taste
hkExt	Extra-Taste

- Über die Eigenschaft InvalidKeys wird festgelegt, welche Tasten im Tastenkür-zel nicht erlaubt sind:

Konstante	Bedeutung
hcNone	Nur Tastenkombinationen, die Steuertasten enthalten.
hcShift	Umschalttaste ist nicht erlaubt.
hcCtrl	Strg-Taste ist nicht erlaubt.
hcAlt	Alt-Taste ist nicht erlaubt.
hcShiftCtrl	Die Kombination Umschalt+Strg ist nicht erlaubt.
hcShiftAlt	Die Kombination Umschalt+Alt ist nicht erlaubt.
hcCtrlAlt	Die Kombination Strg+Alt ist nicht erlaubt.
hcShiftCtrlAlt	Die Kombination Umschalt+Strg+Alt ist nicht erlaubt.

```
HotKey1.InvalidKeys := [hcNone];
Hotkey1.Modifiers := [hkCtrl];
...
{Zuweisung an Menübefehl}
procedure TForm1.HotKey1Exit(Sender: TObject);
   begin
   Menuebefehl12.ShortCut := HotKey1.HotKey;
   end;
```

TAnimate

Innerhalb dieses Steuerelements können kleine Animationen abgespielt werden.

- Die Animation ist allerdings nicht frei programmierbar, sondern besteht lediglich in dem Abspielen eines AVI-Clips. Dieser kann aus einer AVI-Datei (Eigenschaft FileName), einer Ressource (Eigenschaft ResID etc.) oder aus der Windows-DLL *Shell32.dll* (Eigenschaft CommonAVI) geladen werden.

- Zum Abspielen stehen die üblichen Methoden zur Verfügung (Play, Stop, Seek, Reset).

TDateTimePicker

Listenfeld zur Auswahl von Datums- und Zeitangaben. (Voraussetzung dafür ist die Windows-DLL *COMCTL32.DLL* in der Version 4.70 oder höher).

- Über die Eigenschaft Kind wird festgelegt, ob die Komponente zur Auswahl einer Uhrzeit oder eines Datums verwendet wird.

- Die Eigenschaften Date, DateTime bzw. Time enthalten den Datums- oder Uhrzeitwert.

TMonthCalendar

Listenfeld zur Auswahl von Datumsangaben. (Voraussetzung dafür ist die Windows-DLL *COMCTL32.DLL* in der Version 4.70 oder höher).

- Die Eigenschaft Date enthält den Datumswert.

TTreeView

Zur Anzeige von Daten in einer hierarchischen Baumstruktur. Die Komponente definiert eine ganze Reihe von Eigenschaften, Methoden und Ereignissen, um die Funktionalität einer Baumansicht bereitzustellen, wie Sie sie vom linken Feld des Windows-Explorers her kennen.

- Die Daten werden in der Eigenschaft Items gespeichert. Durch Doppelklick auf die Komponente öffnen Sie den zugehörigen Editor.

- Mit den Methoden SaveToFile bzw. SaveToStream können Sie die Baumstruktur auf Festplatte speichern.

- Mit den Methoden LoadFromFile bzw. LoadFromStream können Sie eine Baumstruktur von der Festplatte laden.

- In der Eigenschaft Selected wird festgehalten, welcher Eintrag gerade ausgewählt ist.

- Den Knoten können verschiedene Symbole zugeordnet werden (beispielsweise um übergeordnete Knoten von »Blättern« (Endknoten) zu unterscheiden). Die Bilder können in der Eigenschaft Images gespeichert und in der Ereignisbehandlungsroutine zu dem OnGetImageIndex-Ereignis zugewiesen werden.

TListView

Zur Anzeige von Informationen in Listen. Die Komponente definiert eine ganze Reihe von Eigenschaften, Methoden und Ereignissen, um die Funktionalität einer Listenansicht bereitzustellen, wie Sie sie vom rechten Feld des Windows-Explorers her kennen.

- Die Daten werden in der Eigenschaft Items gespeichert.

- Die Daten können auf die vom Windows Explorer her bekannten Arten angezeigt werden. Über die Eigenschaft ViewStyle können Sie die Anzeige steuern.

- Die Spalten für die Detail-Ansicht (vsReport) werden über die Eigenschaft Columns oder per Doppelklick auf die Komponente definiert.

- In der Eigenschaft Selected wird festgehalten, welcher Eintrag gerade ausgewählt ist.

THeaderControl

Element für Spaltenüberschriften.

Die Spalten werden über die Eigenschaft Sections und deren Methoden verwaltet. Den zugehörigen Editor können Sie auch durch Doppelkick auf die Komponente aufrufen.

- Ist die Eigenschaft AllowResize gleich True, kann der Benutzer die Spaltenbreite mit seiner Maus ändern.

- Um auch die Darstellung des zur Spaltenüberschrift gehörenden Steuerelements anzupassen, sollten Sie das Ereignis OnSectionResize bearbeiten.

TStatusBar

Zur Implementierung einer Statusleiste (siehe Praxisteil, Kategorie Menüs und andere Fensterdekorationen, Statusleiste mit Zeitanzeige).

- Eine Statusleiste kann nur aus einem einzigen Textfeld (Eigenschaft SimplePanel = True) oder aus einer Zusammenstellung verschiedener Felder bestehen (Eigenschaft SimplePanel = False).

- Ist SimplePanel gleich True, gibt es nur ein Feld, in dem der Text aus SimpleText angezeigt wird.

- Ist SimplePanel gleich False, werden die Felder aus Panels angezeigt (für Panels gibt es einen eigenen Editor).

- Ist die Eigenschaft AutoHint auf True gesetzt, werden die Kurzhinweise der Komponenten (Eigenschaft Hint) im ersten Feld der Statusleiste angezeigt (heute eher nicht mehr üblich).

TToolBar

Zur Implementierung von Werkzeugleisten. In Werkzeugleisten können nicht nur Schalter, sondern auch beliebige andere Steuerelemente aufgenommen werden (siehe Praxisteil, Kategorie Menüs und andere Fensterdekorationen, Symbolleiste einrichten).

TCoolBar

Zur Implementierung von Werkzeugleisten. Im Gegensatz zu TToolBar erlaubt TCoolBar zur Laufzeit die Größenanpassung der aufgenommenen Elemente.

- Zu diesem Zweck legt TCoolBar für jede Komponente, die Sie in der Werkzeugleiste ablegen, ein eigenes TCoolBand-Objekt an, das die entsprechende Funktionalität zur Verfügung stellt.

TPageScroller

Zur Implementierung von Werkzeugleisten, die nicht vollständig angezeigt, aber mit Hilfe von Pfeilsymbolen gescrollt werden können.

- TPageScroller entspricht im Wesentlichen einer ScrollBox, deren Inhalt aus einer einzigen Komponente (meist einer TToolBar-Instanz, Sie können aber auch Text (TEdit-Feld) scrollen) besteht und die nur in einer Richtung gescrollt werden kann.

- Das zu scrollende Element wird der Eigenschaft Control zugewiesen. Platzieren Sie TPageScroller an der gewünschten Position. Nehmen Sie die zu kontrollierende Komponente in das Formular auf. Wählen Sie im Listenfeld der Eigenschaft Control die Komponente aus, die daraufhin automatisch in die Komponente eingebettet wird.

- Die Ausrichtung der Komponente wird über die Eigenschaft Orientation festgelegt.

Seite System

TTimer

Zur Installation eines Zeitgebers (siehe Praxisteil, Kategorie Menüs und andere Fensterdekorationen, Statusleiste mit Zeitanzeige).

- Mit Hilfe dieser Komponente kann man das Betriebssystem veranlassen, in regelmäßigen Zeitabständen (Eigenschaft Interval) Botschaften an die Anwendung zu schicken. Die Zeitabstände werden in Millisekunden angegeben.

- Die Botschaften können in der Ereignisbehandlungsroutine zu dem Ereignis OnTimer bearbeitet werden.

- Über die Eigenschaft Enabled kann ein Zeitgeber ein- und ausgeschaltet werden.

TPaintBox

Mit Hilfe dieser Komponente kann für einen Teilbereich des Formulars ein eigenes TCanvas-Objekt erzeugt werden.

Zum Zeichnen steht Ihnen grundsätzlich der ganze Hintergrund Ihrer Formulare zur Verfügung. Falls Sie eine Zeichenausgabe aber auf einen definierten, rechteckigen Bereich eines Fensters begrenzen wollen, verwenden Sie eine PaintBox als Zeichenfläche (zum Anzeigen von Bildern verwenden Sie TImage).

- Der Gerätekontext für die Zeichenausgabe ist in der Canvas-Eigenschaft gekapselt.

- Die Zeichnung wird in der Ereignisbehandlungsroutine zu dem OnPaint-Ereignis implementiert (damit die Zeichnung bei Bedarf korrekt rekonstruiert wird, siehe Praxisteil, Kategorie Grafik- und Spieleprogrammierung, Grundlagen).

TMediaPlayer

Schaltpult zum Aufzeichnen und Abspielen von Video- und Musikaufnahmen (siehe Praxisteil Kategorie Multimedia).

- Welche Art von Medium abgespielt werden soll, kann über die Eigenschaft DeviceType eingestellt werden.

- Der Name der abzuspielenden Multimedia-Datei wird der Eigenschaft FileName zugewiesen.

- Mit der Methode Open wird das Ausgabegerät aktiviert, mit Close wieder geschlossen.

- Mit der Methode Play wird die Mediendatei abgespielt.

- Die Komponente verfügt über folgende Schaltflächen:

Konstante	Schalter zum
btPlay	Abspielen des Mediums
btPause	Unterbrechen des Abspielvorgangs
btStop	Abbrechen des Abspielvorgangs
btNext	Springen zur nächsten Spur
btPrev	Springen zur vorhergehenden Spur
btStep	Vorspulen
btBack	Rückwärtsspulen
btRecord	Aufzeichnen
btEject	Auswerfen des Mediums

- Welche Schalter angezeigt werden sollen, wird über die Eigenschaft VisibleButtons festgelegt.

- Welche Schalter aktuell verfügbar sind, wird über die Eigenschaft EnabledButtons bestimmt.

- Das Drücken der Schalter ist bereits mit dem Aufruf der entsprechenden Methoden der Komponente verbunden.

- Wenn Sie in die Funktionsweise der Komponente eingreifen wollen, bearbeiten Sie das Ereignis OnClick und vergleichen Sie den Parameter Button mit den Konstanten für die Schalter. Greifen Sie in der Implementierung der Aktionen zu den Schaltern auf die Methoden der Komponente zurück.

TOLEContainer

OLE-fähiger Clientbereich, der zum Einbetten und Verknüpfen von Objekten dient.

- Um den Container zur Entwurfszeit mit einem OLE-Objekt zu verbinden, doppelklicken Sie auf die Komponente und wählen Sie in dem erscheinenden Dialogfenster ein Objekt aus. Sie können ein Objekt einbetten oder verknüpfen (Optionen *Aus Datei erstellen* und *Link*).

- Um den Container zur Entwurfszeit mit dem Inhalt der Zwischenablage zu verbinden, öffnen Sie das Kontextmenü der Komponente und rufen Sie den Befehl *Inhalte einfügen* auf.

- Um den Container zur Laufzeit mit einem OLE-Objekt zu verbinden, verwenden Sie eine der folgenden Methoden: CreateLinkToFile, CreateObject, CreateObjectFromFile, Paste, LoadFromFile, LoadFromStream). Ist bereits ein Objekt im Container enthalten, wird es beim Aufnehmen eines anderen Objekts automatisch gelöscht, da der Container jeweils nur ein Objekt beherbergen kann.

- Um dem Benutzer die Auswahl des aufzunehmenden Objekts zu überlassen, rufen Sie zuvor mit Hilfe der Methoden InsertObjectDialog oder PasteSpecialDialog eines der entsprechenden Dialogfenster auf.

- Über die Eigenschaft SizeMode kann die Dimension des Objekts an die Größe des Containers angepasst werden:

Wert	Bedeutung
smClip(Voreinstellung)	Zeigt das OLE-Objekt in Normalgröße an, wobei Teile, die nicht in den Container passen, abgeschnitten werden.
SmCenter	Zeigt das OLE-Objekt in Normalgröße und zentriert an.
SmScale	Skaliert das OLE-Objekts so, dass es vollständig in den Container passt (Seitenverhältnis bleibt erhalten).
SmStretch	Skaliert das OLE-Objekts so, dass es den Container vollständig ausfüllt.
SmAutoSize	Wie smClip. Zusätzlich wird der Container automatisch in der Größe verändert, wenn sich die Größe des OLE-Objekts ändert.

- Über die Eigenschaft AutoActive legen Sie fest, wie das Objekt aktiviert wird.

aaDoubleClick	Aktivierung durch Doppelklick auf das Objekt.
aaGetFocus	Das Objekt wird automatisch aktiviert, wenn es den Fokus erhält.
aaManual	Das Objekt wird vom Programm durch Aufruf der Methode DoVerb(ovShow) aktiviert werden.

DDE

DDE (bzw. DDML) ist gegenüber OLE das ältere Protokoll zum dynamischen Datenaustausch zwischen Anwendungen, wird aber trotz gewisser Anfälligkeiten immer noch benutzt. Im Vergleich zu OLE und COM/+COM ist es jedoch nur noch von untergeordneter Bedeutung.

TDdeClientConv	Zur Einrichtung einer Verbindung zwischen DDE-Client und -Server.
TDdeClientItem	Client-Daten für DDE-Datenaustausch.
TDdeServerConv	Zur Einrichtung eines DDE-Servers.
TDdeServerItem	Server-Daten für DDE-Datenaustausch.

Seite Datenzugriff

Nichtsichtbare Komponenten, die in Datenbank-Anwendungen für die Verbindung zur Datenbank sorgen (siehe Praxisteil, Kategorie Datenbankprogrammierung, Datenbankverbindung aufbauen).

TDataSource

Verbindungsglied zwischen Datenmenge (TTable, TQuery oder TStoredProc) und den datensensitiven Komponenten (siehe Seite *Datensteuerung*).

- Die Verbindung zur Datenquelle wird über die Eigenschaft DataSet hergestellt. Nehmen Sie eine Datenmengenkomponente in das Formular auf und wählen Sie die Datenmengenkomponente im Listenfeld der Eigenschaft DataSet aus.

- Über die Eigenschaft Enabled bzw. die Methoden EnableControls/DisableControls können Sie steuern, ob Änderungen in der Datenbank (Wechsel des aktuellen Datensatzes, Ändern von Feldinhalten) in den datensensitiven Steuerelementen angezeigt werden sollen oder nicht.

- OnDataChange. Dieses Ereignis wird nicht nur beim Ändern von Feldinhalten, sondern auch beim Wechsel des aktuellen Datensatzes ausgelöst.

- Über die Nur-Lesen-Eigenschaft State können Sie sich über den Zustand der Datenbank informieren.

Wert	Bedeutung
dsInactive	Die Datenmenge ist geschlossen, d.h., ihre Daten sind nicht verfügbar.
dsBrowse	Die Daten können zwar angezeigt, aber nicht geändert werden. Dies ist der Standardstatus einer geöffneten Datenmenge.
dsEdit	Der aktive Datensatz kann geändert werden.
dsInsert	Der aktive Datensatz ist ein neu eingefügter Puffer, der noch nicht eingetragen wurde. Dieser Datensatz kann geändert und anschließend eingetragen oder verworfen werden.

Wert	Bedeutung
dsSetKey	Nur für TTable- und TClientDataSet-Komponenten. Die Datensatzsuche ist aktiviert oder es wird gerade eine SetRange-Operation ausgeführt. Eine eingeschränkte Menge der Daten kann angezeigt werden. Das Ändern und Einfügen von Daten ist nicht möglich.
dsCalcFields	Ein OnCalcFields-Ereignis wird verarbeitet. Das Ändern von Feldern, die keine berechneten Felder sind, ist nicht möglich.
dsFilter	Ein OnFilterRecord-Ereignis wird verarbeitet. Eine eingeschränkte Menge der Daten kann angezeigt werden.
dsNewValue	Temporärer Status zur internen Verwendung.
dsOldValue	Temporärer Status zur internen Verwendung.
dsCurValue	Temporärer Status zur internen Verwendung.
dsBlockRead	Bei einer Bewegung des Mauszeigers werden datensensitive Steuerelemente nicht aktualisiert und es werden keine Ereignisse ausgelöst (Next wird aufgerufen).
dsInternalCalc	Temporärer Status zur internen Verwendung.
dsOpening	Die Datenmenge wird gerade geöffnet. Dieses Stadium tritt auf, wenn die Datenmenge für asynchrones Abrufen geöffnet wird.

TTable

Datenquelle-Komponente, die eine ganze Datenbank-Tabelle repräsentiert (i.G. zu einer TQuery-Datenmenge, die nur das Ergebnis einer Suchabfrage repräsentiert).

- Über die Eigenschaft DatabaseName stellen Sie die Verbindung zu einer zuvor eingerichteten TDatabase-Komponente oder einem Datenbank-Alias ein. (Wählen Sie die Datenbank aus der angebotenen Liste aus.)

- Über die Eigenschaft TableName stellen Sie die Verbindung zwischen der Komponente und einer Tabelle aus der zugrunde liegenden Datenbank her (die Tabelle, die von der Komponente repräsentiert wird). Wählen Sie den Tabellennamen aus dem Listenfeld der Eigenschaft aus (zuvor muss DatabaseName gesetzt worden sein).

Des Weiteren enthält die Komponente Methoden und Eigenschaften

- zur dynamischen Erzeugung und Auflösung von Tabellen;
- zur Indizierung der Felder;
- zum Suchen in den Datensätzen;
- zur Begrenzung der Daten auf Unterbereiche der zugrunde liegenden Tabelle;
- zum Bewegen und Bearbeiten von Datensätzen (gehen auf die Basisklasse TDataSet zurück).

TQuery

Datenquelle-Komponente, die das Ergebnis einer SQL-SELECT-Abfrage repräsentiert. TQuery nutzt für die Kommunikation mit der Datenbank SQL-Anweisungen. TQuery ist schneller beim Abfragen von Daten aus der Datenbank, erlaubt den gleichzeitigen Zugriff auf mehrere Tabellen und erleichtert die Skalierung.

- Die Verknüpfung zur Datenbank geschieht über die Eigenschaft DatabaseName.

- Die aktuelle SQL-Anweisung wird in der Eigenschaft SQL gespeichert. Zur Entwurfszeit können Sie die auszuführenden SQL-Anweisungen im zugehörigen String-Editor aufsetzen.

- Mit der Methode SQL.Clear kann der Inhalt von SQL (die SQL-Anweisungen) zur Laufzeit gelöscht werden.

- Mit der Methode SQL.Add können neue SQL-Anweisungen zur Laufzeit hinzugefügt werden.

- SELECT-Anweisungen werden durch Aufruf der Methode Open abgesendet.

- Datenmanipulierende-Anweisungen werden durch Aufruf der Methode ExecuteSQL abgesendet.

- Mit Hilfe der Elemente Params, ParamByName und DataSource können Sie Parameter für SQL-Anweisungen definieren, die zur Laufzeit mit Argumenten aus Benutzereingaben oder Feldinhalten von speziellen Tabellen initialisiert werden.

TStoredProc

Komponente zur Ausführung von Stored Procedures. Stored Procedures sind Anweisungsblöcke, die von SQL-Server-Datenbanken definiert und auf Seiten des Servers ausgeführt werden können. Das Ergebnis der Stored Procedure wird an den Client (die Komponente) zurückgeliefert.

- Über die Eigenschaft DatabaseName wird die Verbindung zur Datenbank hergestellt.

- Über die Eigenschaft StoredProcName wählen Sie eine verfügbare Stored Procedure aus.

- Über die Eigenschaft Params werden die Ein- und Ausgabeparameter für den Aufruf der Stored Procedure definiert.

TDatabase

Komponente zum Aufbau und zur Verwaltung einer Datenbankverbindung. Wenn Sie auf die Einrichtung der Datenbankverbindung keinen Einfluss nehmen wollen, brauchen Sie keine TDatabase-Komponente in Ihre Anwendung aufzunehmen (Delphi erzeugt intern automatisch ein temporäres TDatabase-Objekt).

- Mit Hilfe eines TDatabase-Objekts können Sie eine Datenbankverbindung einrichten.

- Mit Hilfe der Ereignisse in Aufbau und Auflösung der Datenbankverbindung eingreifen.
- Die Login-Prozedur gestalten.
- Die Datenbankverbindung auch bei geschlossenen Datenmengenkomponenten (TDataSet.Active = False) geöffnet halten.

TSession

Für jede Datenbankanwendung erzeugt Delphi automatisch eine globale TSession-Instanz namens Session, über die die Datenbankverbindung verwaltet wird. Wenn Sie Multithread-Anwendungen schreiben, in denen mehrere Threads gleichzeitig auf Datenbanken zugreifen, benötigen Sie für jeden dieser Threads ein eigenes TSession-Objekt. Die einzelnen Sessions können Sie in der TSessionList-**Instanz** Sessions verwalten.

TBatchMove

Mit TBatchMove können Datensatzgruppen in Tabellen eingefügt oder aus diesen gelöscht werden. Stimmen die Feldstrukturen der Quell- und der Zieldatei nicht überein, kann man eine geeignete Zuordnung festlegen. Stimmen die Feldtypen nicht ganz überein, versucht TBatchMove die Daten zu konvertieren.

- Source. Datenmengenkomponente, die die Daten liefert.
- Destination. Datenmengenkomponente, die die Daten aufnimmt.
- Die Art der auszuführenden Operation wird über die Eigenschaft Mode festgelegt.

Wert	Bedeutung
batAppend	Die Datensätze der Quelltabelle werden in die Zieltabelle eingefügt. Die Zieltabelle muss bereits existieren und die beiden Tabellen dürfen keine Datensätze mit doppelten Schlüsseln enthalten. Dies ist der Standardmodus.
batUpdate	Die Datensätze der Zieltabelle werden durch die übereinstimmenden Datensätze der Quelltabelle ersetzt. Die Zieltabelle muss existieren und mit einem geeigneten Index versehen sein.
batAppendUpdate	Falls in der Zieltabelle ein übereinstimmender Datensatz enthalten ist, wird er ersetzt. Andernfalls werden die Datensätze in die Zieltabelle eingefügt. Die Zieltabelle muss existieren und mit einem geeigneten Index versehen sein.
batCopy	Die Zieltabelle wird mit der Struktur der Quelltabelle erstellt. Falls die Zieltabelle bereits existiert, wird sie bei der Operation gelöscht und durch die neue Kopie der Quelltabelle ersetzt.
batDelete	Es werden die Datensätze der Zieltabelle gelöscht, die mit Datensätzen der Quelltabelle übereinstimmen. Die Zieltabelle muss bereits existieren und mit einem Index versehen sein.

- Stimmen die Feldstrukturen nicht überein, kann man mit Hilfe der Eigenschaft Mappings eine Zuordnungstabelle erstellen (String-Editor oder Add-Methode der Eigenschaft). Ein Eintrag in dieser Tabelle hat die Form Zielfeld=Quellfeld.

- Gestartet wird die Batchoperation mit der Methode Execute.

TUpdateSQL

Komponente zur Aktualisierung von Nur-Lesen-Datensätzen. Werden SQL-Abfragen über mehrere Tabellen ausgeführt, liefern diese üblicherweise Nur-Lesen-Datensätze zurück. Mit Hilfe einer TUpdateSQL-Komponente kann man diese Datensätze dennoch bearbeiten.

- Die Verbindung zwischen einer TUpdateSQL-Komponente und einer TQuery- oder TStoredProcedure-Komponente erfolgt über die UpdateObject-Eigenschaft der Datenmengenkomponente. Setzen Sie zudem die Eigenschaft CachedUpdates auf True.

- Durch Doppelklick auf die Komponente öffnen Sie einen Editor, in dem Sie SQL-Strings zum *Ändern*, *Einfügen* und *Löschen* von Datensätzen aufsetzen können.

- Zum Ausführen der Aktualisierungen rufen Sie in der Datenmengenkomponente die Methode ApplyUpdates auf.

TNestedTable

Datenmengenkomponente, die eine Tabelle repräsentiert, die als Feld in eine andere Tabelle eingebettet ist.

- Die Verbindung zu der verschachtelten Datenmenge wird über die Eigenschaft DataSetField hergestellt.

Seite Datensteuerung

Sichtbare Komponenten, zur Anzeige von Daten aus Datenbanken.

TDBGrid

Datengitter zur Repräsentation einer Tabelle.

- Die Verbindung zwischen der Komponente und der Datenbank wird über die Eigenschaft DataSource hergestellt.

TDBNavigator

Gruppe von Schaltflächen zum Bewegen in Datenbanken und Bearbeiten von Datensätzen (siehe Praxisteil, Kategorie Datenbankverbindung, In Datenbanken bewegen).

- Die Verbindung zwischen der Komponente und der Datenbank wird über die Eigenschaft DataSource hergestellt.

- Über die Eigenschaft VisibleButtons kann man festlegen, welche Schaltflächen in der Komponente angezeigt werden.

nbFirst	Wechselt zum ersten Datensatz.
nbPrior	Wechselt zum vorangehenden Datensatz.
nbNext	Wechselt zum nächsten Datensatz.
nbLast	Wechselt zum letzten Datensatz.
nbInsert	Fügt einen leeren Datensatz ein.
nbDelete	Löscht den aktuellen Datensatz.
nbEdit	Ermöglicht das Editieren des aktuellen Datensatzes.
nbPost	Trägt den aktuellen Datensatz in die Datenbank ein.
nbCancel	Verwirft die Änderungen im aktuellen Datensatz.
nbRefresh	Aktualisiert die Anzeige mit den ursprünglichen Daten aus der Datenbank.

- Wenn Sie in die Aktionen eingreifen wollen, die von den Schaltern ausgeführt werden, fangen Sie die Ereignisse BeforeAction und OnClick ab.

Datensensitive Komponenten

Alle nachfolgenden Komponenten werden über die Eigenschaften DataSource und DataField mit einem Feld der Datenbank verbunden (siehe Praxisteil, Kategorie Datenbankprogrammierung, Datenbankverbindung aufbauen).

TDBText	Textfeld, das den Inhalt eines Feldes repräsentiert.
TDBEdit	Editierfeld für Feldwerte.
TDBMemo	Memo-Steuerelement für BLOB-Textdaten.
TDBImage	Steuerelement für BLOB-Gafikdaten.
TDBListBox	Listenfeld für Feldwerte.
TDBComboBox	Kombinationsfeld für Feldwerte.
TDBCheckBox	Markierungsfeld für Feldwerte.
TDBRadioGroup	Gruppe von Optionsfeldern für Feldwerte.
TDBLookupListBox	Listenfeldartiges Element mit zusätzlichen Werten aus zweiter Tabelle.
TDBLookupComboBox	Kombinationsfeldartiges Element mit zusätzlichen Werten aus zweiter Tabelle.
TDBRichEdit	RTF-Editierfeld für Feldwerte.
TDBCtrlGrid	Datengitter zur Repräsentation von Tabellen, wobei jede Zelle mehrere Felder eines Datensatzes enthält.

TDBChart

Chart-Komponente zur grafischen Visualisierung der Feldwerte (siehe Praxisteil, Kategorie Datenbankprogrammierung, Daten grafisch darstellen mit TDBChart).

Seiten Internet und FastNet

Komponenten für die Entwicklung von Anwendungen, die über Intranet oder Internet Daten austauschen.

Internet

TClientSocket	Durch Einfügen von ClientSocket in ein Formular oder Datenmodul können Sie eine Anwendung zu einem TCP/IP-Client machen und über eine TCP/IP-Verbindung Kontakt zu einem Server aufnehmen.
TServerSocket	Durch Einfügen von ServerSocket in ein Formular oder Datenmodul können Sie eine Anwendung zu einem TCP/IP-Server machen und Anfragen von Clients entgegennehmen.
TWebDispatcher	Konvertiert ein normales Datenmodul in ein Web-Modul und ermöglicht es der Web-Server-Anwendung, auf HTTP-Botschaften zu antworten.
TPageProducer	Konvertiert eine HTML-Vorlage in einen String mit HTML-Codes, die von einer Client-Anwendung (z.B. einem Web-Browser) interpretiert werden können.
TQueryTableProducer	Stellt eine Folge von HTML-Codes zusammen, mit denen die Datensätze eines TQuery-Objekts in Tabellenform angezeigt werden. Das TQuery-Objekt erhält seine Parameter aus einer HTTP-Anforderungsbotschaft.
TDataSetTableProducer	Stellt eine Folge von HTML-Codes zusammen, mit denen die Datensätze eines TDataSet-Objekts in Tabellenform angezeigt werden. Eine Anwendung ist damit in der Lage, aus einer Datenmenge Bilder für eine HTTP-Anforderungsbotschaft zu erstellen.
TDataSetPageProducer	Konvertiert eine HTML-Schablone, die Feldreferenzen enthält, in einen String von HTML-Befehlen, die von einer Client-Anwendung, wie z.B. einem WWW-Browser, interpretiert werden können.
TWebBrowser	Mit dieser Komponente können HTML-Seiten in einer Browser-ähnlichen Ansicht angezeigt werden. Sie kann nur verwendet werden, wenn IE4 oder eine neuere Browser-Version im System installiert ist.
	(siehe Praxisteil, Kategorie Internet und verteilte Anwendungen, Eigenen Webbrowser implementieren)

Fastnet

TNMDayTime	Liest von einem Datums-/Uhrzeit-Server das Datum und die Uhrzeit ein.
TNMMsg	Sendet unter Verwendung des TCP/IP-Protokolls eine einfache ASCII-Text-Nachricht über das Internet oder Intranet.
TNMMsgServ	Empfängt Nachrichten, die mit der Komponente TNMMsg gesendet wurden.
TNMEcho	Sendet Text an einen Internet-Echo-Server. Dieser Text wird sofort wieder zurückgesendet (Echoing).
TNMFTP	Stellt den Zugriff auf das Internet File Transfer Protocol (FTP) zum Übertragen von Dateien und Daten zwischen einem Remote- und einem lokalen Rechner bereit. (siehe Praxisteil, Kategorie Internet und verteilte Anwendungen, FTP-Verbindung aufbauen)
TNMHTTP	Komponente zum Abrufen HTTP-kompatibler Dokumente.
TNMNNTP	Komponente zur Verbindung mit NNTP-News-Servern.
TNMStrm	Sendet Daten-Streams an einen Streaming-Server im Internet oder Intranet.
TNMStrmServ	Empfängt Streams, die mit der Komponente TNMStrm gesendet wurden.
TNMPOP3	Komponente zum Empfangen von POP3-E-Mail. (siehe Praxisteil, Kategorie Internet und verteilte Anwendungen, E-Mails senden und empfangen)
TNMSMTP	Komponente zur Verbindung mit SMTP-Mail-Servern. (siehe Praxisteil, Kategorie Internet und verteilte Anwendungen, E-Mails senden und empfangen)
TNMTime	Ruft das Datum und die Uhrzeit von Datums-/Uhrzeit-Internet-Servern ab.
TNMUDP	Komponente zur Verbindung mit UDP-Netzwerkdiensten.
TNMURL	Dekodiert URL-Daten in eine lesbare Zeichenkette und kodiert Standard-Zeichenketten in das URL-Datenformat.
TNMUUProcessor	Kodiert Dateien nach den Methoden MIME oder UUEncoding und dekodiert Dateien nach den Methoden MIME oder UUDecoding.
TPowerSock	Dient als Grundlage zum Erstellen von Steuerelementen, die zum Arbeiten mit anderen Protokollen oder zum Erstellen benutzerdefinierter Protokolle verwendet werden sollen.
TNMGeneralServer	Dient als Basisklasse zum Entwickeln von Multi-Thread-Internet-Servern, wie benutzerdefinierten Servern oder Servern, welche die RFC-Standards unterstützen.
TNMFinger	Ruft über einen Finger-Server Informationen über einen Benutzer ab. Hierzu wird das in RFC 1288 beschriebene Finger-Protokoll verwendet.

Seite QReport

QuickReport ist ein Add-On zu Delphi, das zusammen mit diesem ausgeliefert wird und zur Erstellung von Berichten dient (siehe Praxisteil, Kategorie Datenbankprogrammierung, Berichte erstellen mit QuickReport).

TQuickRep	Das eigentliche Berichtsformular. Auf dieser Komponente werden die anderen QR-Komponenten so arrangiert, dass der gewünschte Bericht entsteht. Eine Vorschau des Berichts können Sie sich über den Befehl Druckbild im Kontextmenü der Komponente anzeigen lassen.
TQRSubDetail	Mit dieser Komponente können Haupt-Detail-Beziehungen zwischen Datenbanktabellen im Bericht nachgebildet werden. Über die Eigenschaft Master verbinden Sie den Abschnitt mit dem Hauptabschnitt. Über die Eigenschaft DataSet verknüpfen Sie die Komponente mit den anzuzeigenden Daten.
TQRStringsBand	Zur Anzeige von Daten, die nicht aus einer Datenbank, sondern aus einem TStrings-Objekt kommen.
TQRBand.	Berichte werden in Abschnitten (Bands) aufgebaut. Diese Abschnitte erstrecken sich immer über die ganze Seitenbreite des Berichts und nehmen weitere Komponenten zur Anzeige der Daten auf. TQRBand präsentiert solche Abschnitte.
TQRChildBand	Zum Einrichten untergeordneter Abschnitte. Wird für Komponenten verwendet, die bei Bedarf nach unten verschoben werden sollen.
TQRGroup	Zur Erstellung gruppierter Berichte.
TQRLabel	Komponente für statischen Text.
TQRDBText	Zur Ausgabe des Inhalts von Textfeldern (einschließlich Memo-Feldern).
TQRExpr	Komponente zur Ausgabe von Datenbankfeldern, Berechnungen und statischem Text.
TQRSysData	Dient zur Ausgabe bestimmter interner Daten (Seitennummer, Titel des Berichts etc.).
TQRMemo	Zur Ausgabe mehrzeiligen Textes.
TQRExprMemo	Mischung aus den Komponenten TQRExpr und TQRMemo.
TQRRichText	Zur Ausgabe formatierten statischen Textes.
TQRDBRichText	Zur Ausgabe formatierten Textes aus Textfeldern.
TQRShape	Zur Ausgabe verschiedener Figuren zur visuellen Aufbereitung eines Berichts (Trennlinien, Rahmen etc.).
TQRImage	Zur Ausgabe von Bitmaps.
TQRDBImage	Zur Ausgabe von Bildern aus binären BLOB-Feldern.
TQRCompositeReport	Zur Erstellung zusammengesetzter Berichte.
TQRPreview	Wird zur Erstellung eigener Vorschaumasken verwendet.

TQRTextFilter	Zur Exportierung von Berichten in Textdateien.
TQRCSVFilter	Zur Exportierung von Berichten in Dateien, mit durch Kommata getrennten Daten (»comma separated values«).
TQRHTMLFilter	Zur Exportierung von Berichten in HTML-Dateien.
TQRChart	Zur Ausgabe von grafischen Veranschaulichungen von Daten (bietet auf der Grundlage der TChart-Komponente die Aufbereitung der Daten in verschiedenen Diagrammtypen an).

Seite Dialoge

Eine Reihe von Standarddialogen, deren Aussehen von Win95 definiert ist, sind ebenfalls als Komponenten implementiert.

- Alle Dialoge definieren Eigenschaften, über die sie vor dem Anzeigen initialisiert werden können, sowie Eigenschaften, in denen Sie die vom Anwender getroffenen Optionen zurückliefern.

- Aufgerufen und angezeigt werden die Dialoge mit Hilfe der Execute-Methode.

- Die Dialoge TFindDialog und TReplaceDialog definieren zudem die Ereignisse On-Find bzw. OnReplace, die beim Fortsetzen der Suche ausgelöst werden.

TOpenDialog	Dialog zum Öffnen von Dateien. Feldwerte (siehe Praxisteil, Kategorie Dateien, Dateidialoge).
TSaveDialog	Dialog zum Speichern von Dateien (siehe Praxisteil, Kategorie Dateien, Dateidialoge).
TOpenPictureDialog	Entspricht dem Dialogfeld TOpenDialog, bietet aber zudem die Möglichkeit der Vorschau auf Grafikdateien.
TSavePictureDialog	Entspricht dem Dialogfeld TSaveDialog, bietet aber zudem die Möglichkeit der Vorschau auf Grafikdateien.
TFontDialog	Dialog zum Auswählen einer Schriftart.
TColorDialog	Dialog zum Auswählen einer Farbe.
TPrintDialog	Dialog zum Drucken von Dateien.
TPrinterSetupDialog	Dialog zum Einrichten des Druckers.
TFindDialog	Dialog zum Suchen nach einem Text.
TReplaceDialog	Dialog zum Ersetzen von Text.

Seite Win 3.1

Ein Großteil der Komponenten auf dieser Seite ist bereits obsolet und dient nur noch der Abwärtskompatibität zu Windows 3.x. In neuen Anwendungen für Windows 95, NT, 2000 sollten Sie die neuen 32-Bit-Komponenten verwenden:

Win 3.1-Element	Ersetzen durch
TTabSet	TabControl (Seite Win32)
TOutline	TreeView (Seite Win32)
TTabbedNoteBook	PageControl (Seite Win32)
TNoteBook	PageControl (Seite Win32)
THeader	HeaderControl (Seite Win32)
TDBLookupList	DBLookupListBox (Seite Datensteuerung)
TDBLookupCombo	DBLookupComboBox (Seite Datensteuerung)

Weiterhin interessant sind die Komponenten zum Auswählen und Anzeigen von Verzeichnissen und Dateien (siehe Praxisteil, Kategorie Ereignisbehandlung, Drag&Drop innerhalb einer Anwendung)

TFileListBox	Eine bildlauffähige Liste der Dateien im aktuellen Verzeichnis.
TDirectoryListBox	Die Verzeichnisstruktur des aktuellen Laufwerks kann mit diesem Element dargestellt werden. Der Benutzer kann in ein anderes Verzeichnis wechseln.
TDriveComboBox	Eine bildlauffähige Liste der verfügbaren Verzeichnisse.
TFilterComboBox	Ein Filter bzw. eine Maske, mit der die Anzeige auf eine bestimmte Gruppe von Dateien eingeschränkt werden kann.

Seite ActiveX

Auf dieser Seite sind die per Voreinstellung mitinstallierten ActiveX- (vormals OCX-) Steuerelemente aufgeführt.

TChartFX	Zur Erstellung von Diagrammen und Tabellen.
TVSSpell	Zur Rechtschreibprüfung der Daten.
TF1Book	Zur Datenanalyse via Tabellenkalkulationen.
TVtChart	Zur Erstellung von 24-Punkt-Diagrammen und Tabellen.

Um sich detaillierter über die zur Verfügung stehenden ActiveX-Steuerelemente zu informieren, nehmen Sie die Komponente in ein Formular auf und drücken Sie die F1-Taste.

Grafikklassen

TCanvas

`TObject` - `TPersistent` - `TCanvas`

Beschreibung

Wenn Sie Text oder Grafiken ausgeben wollen, sprechen Sie das Ausgabegerät (sei es ein Drucker oder einfach ein Fenster der Anwendung) nicht direkt, sondern über einen **Gerätekontext** an. Der Umweg über den Gerätekontext hat für den Programmierer den Vorteil, dass er von der jeweils installierten Hardware weitgehend unabhängig ist. Statt abfragen zu müssen, wie die angeschlossenen Geräte ausgestattet sind, schreibt er in den Gerätekontext und überlässt Windows die Übergabe an die Hardware. Delphi vereinfacht die Ausgabe noch weiter, indem es Ihnen die Einrichtung von Gerätekontexten weitgehend abnimmt und dafür Instanzen der Klasse `TCanvas` bereitstellt. Die Klasse `TCanvas` übernimmt die Kommunikation mit dem Gerätekontext, kapselt die verschiedenen GDI-Objekte (Pen, Brush, Font), stellt alle wichtigen Zeichenfunktionen zur Verfügung und kontrolliert noch die Freigabe seiner Ressourcen. Über `TCanvas`-Instanzen verfügen:

- Alle Formulare, wobei das `Canvas`-Element dabei den ganzen Client-Bereich ausfüllt. Für kleinere Zeichenbereiche können eigene `Canvas`-Instanzen erstellt werden (siehe `TPaintBox`).

- Die Komponente `TPaintBox` zum Zeichnen in einen Teil eines Formulars.

- Die Komponente `TPrinter` für Ausgaben auf einen Drucker.

- Die Komponente `TBitmap`.

- Verschiedene Komponenten, die sich üblicherweise selbst zeichnen, deren Darstellung jedoch auch von Ihnen unter Verwendung des `TCanvas`-Elements übernommen werden kann (`TImage`, `TListBox`, `TComboBox` etc.).

- Selbstdefinierte Komponenten, die von `TGraphicControl` oder `TCustomControl` abgeleitet sind.

Anwendung

Zum Zeichnen verwendet man die Methoden des `Canvas`-Objekts (siehe Praxisteil, Grafik- und Spieleprogrammierung, In Fenster zeichnen).

Methode	Beschreibung
Arc	procedure Arc(X1, Y1, X2, Y2, X3, Y3, X4, Y4: Integer); Zeichnet einen Bogen entlang einer Ellipse.

Methode	Beschreibung
BrushCopy	procedure BrushCopy(const Dest: TRect; Bitmap: TBitmap; const Source: TRect; Color: TColor); Kopiert ein Bitmap in einen Ausschnitt des Gerätekontextes, wobei eine Farbe des Bitmaps durch die Pinselfarbe ersetzt werden kann.
Chord	procedure Chord(X1, Y1, X2, Y2, X3, Y3, X4, Y4: Integer); Zeichnet eine Bogenfläche.
CopyRect	procedure CopyRect(Dest: TRect; Canvas: TCanvas; Source: TRect); Kopiert einen Teil aus einem anderen Gerätekontext in den aktuellen Gerätekontext. Der Zeichenmodus kann über die Eigenschaft CopyMode festgelegt werden.
Draw	procedure Draw(X, Y: Integer; Graphic: TGraphic); Kopiert eine Grafik (ein Bitmap, ein Symbol oder eine Metafile-Datei) in den Gerätekontext. Für Bitmaps kann man den Zeichenmodus über die Eigenschaft CopyMode festlegen.
DrawFocusRect	procedure DrawFocusRect(const Rect: TRect); Zeichnet ein Rechteck, das beim Übermalen wieder verschwindet.

Ellipse	procedure Ellipse(X1, Y1, X2, Y2: Integer); overload;
	procedure Ellipse(const Rect: TRect); overload;
	Zeichnet eine Ellipse (auch für Kreise geeignet).

FillRect	procedure FillRect(const Rect: TRect); Füllt ein Rechteck.

FloodFill	type TFillStyle = (fsSurface, fsBorder);
	procedure FloodFill(X, Y: Integer; Color: TColor; FillStyle: TFillStyle);
	Füllt einen beliebigen Bereich (Grenzlinie ist jegliche Farbänderung; vgl. Farbeimer des Bildeditors)

FrameRect	procedure FrameRect(const Rect: TRect); Zeichnet ein Rechteck und verwendet den Pinsel zum Zeichnen des Rahmens.
LineTo	procedure LineTo(X, Y: Integer); Zeichnet eine Linie, deren Anfangspunkt die aktuelle Stiftposition ist.
MoveTo	procedure MoveTo(X, Y: Integer); Setzt die aktuelle Stiftposition.
PenPos	property PenPos: TPoint; Zum Abfragen oder Setzen der Stiftposition.
Pie	procedure Pie(X1, Y1, X2, Y2, X3, Y3, X4, Y4: Longint); Zeichnet einen Ellipsenabschnitt.

Methode	Beschreibung
PolyBezier	`procedure PolyBezier(const Points: array of TPoint);` Zeichnet eine Folge von Bezier-Segmenten. Die einzelnen Segmente werden als Folge von vier Punkten definiert: dem Anfangspunkt, dem Steuerpunkt des Anfangspunktes, dem Steuerpunkt des Endpunktes, dem Endpunkt. Werden mehrere Segmente spezifiziert, wird der Endpunkt des vorangehenden Segments als Anfangspunkt des nächsten verwendet. Die gezeichnete Linie wird durch alle Anfangs- und Endpunkte gezogen. Jeder Punkt definiert zusammen mit seinem Steuerpunkt eine imaginäre Gerade, der sich die gezeichnete Linie asymptotisch nähert. Liegen die beiden Steuerpunkte und der zugehörige Punkt (Anfangs- und Endpunkt zweier benachbarter Segmente) auf einer Linie, ergibt sich eine glatte Kurve.
PolyBezierTo	`procedure PolyBezier(const Points: array of TPoint);` Zeichnet eine Folge von Bezier-Segmenten, die mit der aktuellen Stiftposition beginnt.
Polygon	`procedure Polygon(Points: array of TPoint);` Zeichnet ein Polygon aus einzelnen Liniensegmenten. Der Anfangspunkt der ersten Linie und der Endpunkt der letzten Linie werden automatisch verbunden.
Polyline	`procedure Polyline(Points: array of TPoint);` Zeichnet einen Linienzug.

Rectangle	`procedure Rectangle(X1, Y1, X2, Y2: Integer); overload;`
	`procedure Rectangle(const Rect: TRect); overload;`
	Zeichnet ein Rechteck.

Refresh	`procedure Refresh;` Dient zum Zurücksetzen oder Umkonfigurieren eines Gerätekontextes unter Beibehaltung der aktuellen GDI-Objekte Pen, Brush und Font.
RoundRect	`procedure RoundRect(X1, Y1, X2, Y2, X3, Y3: Integer);` Zeichnet ein Rechteck mit abgerundeten Ecken.

StretchDraw	`procedure StretchDraw(const Rect: TRect;`
	`                      Graphic: TGraphic );`
	Kopiert ein Bild (Bitmap, Icon, Metafile) in einen vorgegebenen Ausschnitt des Gerätekontextes, wobei das Bitmap je nach Größe des Ausschnitts gestreckt oder gestaucht wird. Für Bitmaps kann man den Zeichenmodus über die Eigenschaft `CopyMode` festlegen.

TextExtent	`function TextExtent(const Text: string): TSize;`
	Ermittelt den Platzbedarf eines auszugebenden strings.
	
	`type TSize = record`
	`   cx: Longint;`
	`   cy: Longint;`
	`end;`

TextHeight	`function TextHeight(const Text: string): Integer;` Liefert die Höhe eines Strings in Pixeln.

Methode	Beschreibung
TextOut	procedure TextOut(X, Y: Integer; const Text: string); Zum Ausgeben von Texten.
TextRect	procedure TextRect(Rect: TRect; X, Y: Integer; const Text: string); Beschränkt die Textausgabe auf ein umgrenzendes Rechteck.
TextWidth	function TextWidth(const Text: string): Integer; Liefert die Breite eines Strings in Pixeln.

property Fenster.OnPaint: TNotifyEvent;

Zeichenausgaben können prinzipiell an jeder Stelle des Programms erfolgen. Möchte man aber, dass die Ausgaben automatisch rekonstruiert werden, wenn Windows das Neuzeichnen des Fensters fordert, muss man die Zeichenausgaben in der Ereignisbehandlungsroutine zu OnPaint vornehmen.

property Pixels[X, Y: Integer]: TColor;

Um einzelne Pixel einzufärben, verwendet man die Eigenschaft Pixels.

property CopyMode: TCopyMode default cmSrcCopy;

Das Kopieren von Bitmaps (oder allgemeiner ausgedrückt: Gerätekontextausschnitten) in ein Canvas-Objekt (Methoden CopyRect, Draw, StretchDraw) unterliegt dem für CopyMode eingestellten Kopiermodus.

Wert	Bedeutung
cmBlackness	Füllt das Zielrechteck auf der Zeichenfläche mit schwarzer Farbe.
cmDstInvert	Invertiert das Bild auf der Zeichenfläche und ignoriert die Quelle.
cmMergeCopy	Kombiniert das Bild auf der Zeichenfläche und das Quell-Bitmap unter Verwendung des booleschen Operators AND.
cmMergePaint	Kombiniert das invertierte Quell-Bitmap unter Verwendung des booleschen Operators OR mit dem Bild auf der Zeichenfläche.
cmNotSrcCopy	Kopiert das invertierte Quell-Bitmap auf die Zeichenfläche.
cmNotSrcErase	Kombiniert das Muster auf der Zeichenfläche und das Quell-Bitmap unter Verwendung des booleschen Operators OR und invertiert das Ergebnis.
cmPatCopy	Kopiert das Quellmuster auf die Zeichenfläche.
cmPatInvert	Kombiniert das Quellmuster unter Verwendung des booleschen Operators XOR mit dem Bild auf der Zeichenfläche.
cmPatPaint	Kombiniert das invertierte Quell-Bitmap unter Verwendung des booleschen Operators OR mit dem Quellmuster. Das Ergebnis dieses Vorgangs wird unter Verwendung des booleschen Operators OR mit dem Bild auf der Zeichenfläche kombiniert.

Wert	Bedeutung
cmSrcAnd	Kombiniert unter Verwendung des booleschen Operators AND das Bild auf der Zeichenfläche und das Quell-Bitmap.
cmSrcCopy	Kopiert das Quell-Bitmap auf die Zeichenfläche.
cmSrcErase	Invertiert das Bild auf der Zeichenfläche und kombiniert das Ergebnis unter Verwendung des booleschen Operators OR mit dem Quell-Bitmap.
cmSrcInvert	Kombiniert unter Verwendung des booleschen Operators XOR das Bild auf der Zeichenfläche und das Quell-Bitmap.
cmSrcPaint	Kombiniert unter Verwendung des booleschen Operators OR das Bild auf der Zeichenfläche und das Quell-Bitmap.
cmWhiteness	Füllt das Zielrechteck auf der Zeichenfläche mit weißer Farbe.

property Handle: HDC;

Jeder Gerätekontext wird unter Windows durch einen eindeutigen Handle identifiziert. Dieser Handle, der von Windows zugewiesen wird, ist in der Handle-Eigenschaft des Canvas-Objekts abgespeichert und wird zum Aufruf von API-Funktionen zur Manipulation von Gerätekontexten benötigt.

Zeichenwerkzeuge

TCanvas nutzt für seine Zeichenausgaben verschiedene Zeichenwerkzeuge, die die Ausführung der Zeichenmethoden beeinflussen:

- Stift (Pen). Wird zum Zeichnen von Linien (auch Umrisslinien) verwendet.
- Pinsel (Brush). Wird zum Füllen geschlossener Figuren verwendet.
- Schriftart (Font). Wird zur Textausgabe verwendet.

Die Zeichenwerkzeuge werden auch GDI-Objekte genannt. In TCanvas sind die GDI-Objekte als eingebettete Instanzen der Klassen TPen, TBrush und TFont realisiert. Der Zugriff erfolgt über die Eigenschaften Pen, Brush und Font.

Konfiguration der GDI-Objekte

Durch Konfiguration der Zeichenwerkzeuge können Sie Farbgebung, Strichstärke, Schrift und andere Charakteristika der Zeichenausgabe festlegen. Sie können die Zeichenobjekte des Gerätekontextes (Ihrer Canvas-Instanz) durch Bearbeitung der Eigenschaften konfigurieren oder ganz durch eigene Zeichenobjekte austauschen.

Konfiguration des Stiftes:

Pen.Color	Bestimmt die Farbe des Stiftes. Farbwerte müssen vom Typ TColor sein (siehe unten).
Pen.Width	Breite des Stiftes (Strichstärke)

Pen.Style	Strichart. Wert des Typs TPenStyle = (psSolid, psDash, psDot, psDashDot, psDashDotDot, psClear, psInsideFrame);
	Vorgabe ist psSolid für durchgezogene Linien.
Pen.Mode	Zeichenmodus. Wert des Typs TPenMode = (pmBlack, pmWhite, pmNop, pmNot, pmCopy, pmNotCopy, pmMergePenNot, pmMaskPenNot, pmMergeNotPen, pmMaskNotPen, pmMerge, pmNotMerge, pmMask, pmNotMask, pmXor, pmNotXor);
	Vorgabe ist pmCopy: die Linie wird in der Farbe von Color gezeichnet.

Konfiguration des Pinsels:

Brush.Color	Bestimmt die Farbe des Pinsels. Farbwerte müssen vom Typ TColor sein (siehe unten).
Brush.Style	Füllmuster. Wert des Typs TBrushStyle = (bsSolid, bsClear, bsHorizontal, bsVertical, bsFDiagonal, bsBDiagonal, bsCross, bsDiagCross);
	Vorgabe ist bsSolid für Füllen ohne Muster in der Farbe von Color.
Brush.Bitmap	Eigene Füllmuster können als Bitmaps (8x8 Bit) erstellt und der Eigenschaft Bitmap zugewiesen werden. Nach Gebrauch muss das Bitmap explizit freigegeben werden.

Konfiguration der Schriftart:

Font.Name	Name der Schriftart.
Font.Charset	Eine Schrift kann mehrere Zeichensätze unterstützen. Der Typ TFontCharset definiert eine Reihe von Konstanten, die für verschiedene Zeichensätze stehen. Voreinstellung ist DEFAULT_CHARSET – dem unter Windows eingestellten Zeichensatz.
Font.Color	Farbe der Schrift. Farbwerte müssen vom Typ TColor sein (siehe unten).
Font.Height Font.Size	Die Schriftgröße kann in Pixeln (Eigenschaft Height) oder typografischen Punkten (Eigenschaft Size) angegeben werden.
	Font.Size = -Font.Height * 72 / Font.PixelsPerInch
Font.Style	Schriftstil. Wert des Typs TFontStyles = set of (fsBold, fsItalic, fsUnderline, fsStrikeOut);
	Mittels Font.Style := [] löschen Sie alle aktuell zugewiesenen Stilattribute.
Font.Pitch	Porportionale oder nichtproportionale Schrift. Wert des Typs TFontPitch = (fpDefault, fpVariable, fpFixed);
	Vorgabe ist fpDefault: die Schriftbreite richtet sich nach dem Schriftnamen.

Wenn unter Windows keine Schrift installiert ist, die mit Ihren Spezifikationen übereinstimmt, verwendet Windows eine andere Schrift, die möglichst weit mit den Spezifikationen übereinstimmt.

Beispiel

```
procedure TForm1.FormPaint(Sender: TObject);
begin
  // Fensterhintergrund in vordefinierter Farbe einfärben
  Color := clPurple;

  // Malstift mit selbst definierter RGB-Farbe (Grünton)
  Canvas.Pen.Color := $020FF00;

  // Diagonale durch Client-Bereich des Fensters
  Canvas.MoveTo(0,0);
  Canvas.LineTo(ClientWidth, ClientHeight);

  // Bezier-Kurve
  Canvas.PolyBezier( [Point(20,20), Point(10,30), Point(100,0),
                Point(50,50), Point(100,100), Point(200,10),
                Point(139,30)] );
  // glatte Bezier-Kurve
  Canvas.PolyBezier( [Point(20,120), Point(10,130), Point(100,100),
                Point(100,150),Point(100,200), Point(200,100),
                Point(139,130)] );
end;
```

Verweise

Siehe Praxisteil, Kategorie Grafik- und Spieleprogammierung

TGraphic

```
TObject - TPersistent - TGraphic
```

Beschreibung

TGraphic ist die abstrakte Basisklasse, von der die Klassen TBitmap, TIcon und TMeta-File abgeleitet sind. Wenn Sie eigene Grafikklassen definieren, sollten Sie diese ebenfalls von TGraphic (oder einer abgeleiteten Klasse) ableiten. TGraphic-Objekte verfügen nicht nur über eine einheitliche Schnittstelle und die Grundfunktionalität für das Laden und Speichern der Grafikobjekte, sondern können auch von TPicture-Instanzen verwaltet und somit über TImage-Komponenten angezeigt werden.

Wenn Sie also Bilder eines Grafikformats verarbeiten und in einer TImage-Komponente anzeigen wollen, die nicht von der VCL unterstützt wird, müssen Sie

- für das Grafikformat eine eigene Grafikklasse von TGraphic ableiten;
- in der Klasse die Methoden zum Laden und Speichern aus Dateien, Streams und der Zwischenablage überschreiben;
- in der Klasse TPicture das neue Grafikformat registrieren (Register-Methoden).

```
TGraphic = class(TPersistent)
  private
    ...
  protected
    constructor Create; virtual;
    procedure Changed(Sender: TObject); virtual;
    procedure DefineProperties(Filer: TFiler); override;
    procedure Draw(ACanvas: TCanvas; const Rect: TRect);
                                           virtual; abstract;
    function Equals(Graphic: TGraphic): Boolean; virtual;
    function GetEmpty: Boolean; virtual; abstract;
    function GetHeight: Integer; virtual; abstract;
    function GetPalette: HPALETTE; virtual;
    function GetTransparent: Boolean; virtual;
    function GetWidth: Integer; virtual; abstract;
    procedure Progress(Sender: TObject; Stage: TProgressStage;
                       PercentDone: Byte;  RedrawNow: Boolean;
                       const R: TRect; const Msg: string); dynamic;
    procedure ReadData(Stream: TStream); virtual;
    procedure SetHeight(Value: Integer); virtual; abstract;
    procedure SetPalette(Value: HPALETTE); virtual;
    procedure SetTransparent(Value: Boolean); virtual;
    procedure SetWidth(Value: Integer); virtual; abstract;
    procedure WriteData(Stream: TStream); virtual;
  public
    procedure LoadFromFile(const Filename: string); virtual;
    procedure SaveToFile(const Filename: string); virtual;
    procedure LoadFromStream(Stream: TStream); virtual; abstract;
    procedure SaveToStream(Stream: TStream); virtual; abstract;
    procedure LoadFromClipboardFormat(AFormat: Word; AData: THandle;
                       APalette: HPALETTE); virtual; abstract;
    procedure SaveToClipboardFormat(var AFormat: Word;
                       var AData: THandle; var APalette: HPALETTE);
                       virtual; abstract;
    property Empty: Boolean read GetEmpty;
    property Height: Integer read GetHeight write SetHeight;
    property Modified: Boolean read FModified write SetModified;
    property Palette: HPALETTE read GetPalette write SetPalette;
    property PaletteModified: Boolean read FPaletteModified
                                      write FPaletteModified;
    property Transparent: Boolean read GetTransparent
                                  write SetTransparent;
    property Width: Integer read GetWidth write SetWidth;
    property OnChange: TNotifyEvent read FOnChange write FOnChange;
    property OnProgress: TProgressEvent read FOnProgress
                                        write FOnProgress;
  end;
```

TBitmap

```
TObject - TPersistent - TGraphic - TBitmap
```

Beschreibung

Grafikklasse zur Kapselung von Bitmap-Grafiken. Bitmaps bestehen aus zwei Teilen:

- einer BITMAPINFO-Struktur mit Informationen über die Abmaße der Bitmap und der verwendeten Farbpalette;
- einem Array mit der Farbinformation für die einzelnen Pixel der Bitmap.

Das Konzept der Farbpaletten wurde entwickelt, um die Größe von Bitmap-Dateien auf ein erträgliches Maß zu reduzieren. Für eine realistische Kodierung von Farben benötigt man 32 Bit pro Farbe. Würde man in einem Array von 400 x 600 Pixeln zu jedem Pixel einen 32-Bit-Farbwert abspeichern, ergäbe dies einen Speicherbedarf von 937 KByte.

Der Trick ist nun, das Bild auf 256 Farben zu beschränken und diese in einer Palette abzuspeichern (Speicherbedarf 256 * 32 Bit = 1KByte). In dem Array der Pixeldaten werden dann nicht mehr die Farbwerte selbst, sondern die Indizes der Farben aus der Palette abgespeichert. Da diese Indizes auf Werte zwischen 0 und 255 beschränkt sind, kann man Sie durch 1 Byte (= 8 Bit) kodieren. Der Speicherbedarf wird also fast auf ein Viertel reduziert.

Das Konzept der Paletten reduziert aber nicht nur den Speicherbedarf der Bilddateien. Fast noch wichtiger war die Speicherersparnis im RAM der CPU und auf der Grafikkarte. Aus diesem Grund arbeitete und arbeitet auch Windows intern mit Paletten. Heute, da die meisten Systeme und Grafikkarten selbst bei hohen Auflösungen High (16 Bit)- und True-Colors (32 Bit) unterstützen, ist die Speicherersparnis durch Paletten bei weitem nicht mehr so wichtig. Das Bitmap-Format unterstützt daher auch die direkte Abspeicherung der Farbwerte im Pixel-Array.

Anwendung

```
procedure LoadFromStream(Stream: TStream); override;
procedure LoadFromResourceID(Instance: THandle; ResID: Integer);
procedure LoadFromResourceName(Instance: THandle; const ResName: string);
procedure LoadFromClipboardFormat(AFormat: Word; AData: THandle;
                                  APalette: HPALETTE); override;
```
Methoden zum Laden von Bitmaps.

```
property Handle: HBitmap;
```
Die Eigenschaft Handle liefert das Windows-Handle für das Bitmap.

```
property HandleType: TBitmapHandleType;
```

Die Eigenschaft HandleType gibt an, um welchen Typ von Bitmap es sich handelt. bmDIB steht für ein geräteunabhängiges Bitmap (Bitmap mit Palette oder mit direkter Abspeicherung hochauflösender Farbwerte), bmDDB für ein geräteabhängiges Bitmap (Bitmap ohne eigene Palette, dessen Darstellung auf verschiedenen Ausgabegeräten unterschiedlich sein kann). DDBs dienen lediglich der Abwärtskompatibilität. Beide Grafikformate verwenden die Dateiextension .bmp.

```
property PixelFormat: TPixelFormat;
```

Das interne Speicherformat für die Pixel kann über PixelFormat abgefragt oder geändert werden. (TPixelFormat = (pfDevice, pf1bit, pf4bit, pf8bit, pf15bit, pf16bit, pf24bit, pf32bit, pfCustom);)

```
property Monochrome: Boolean
```

Mittels der Eigenschaft Monochrome kann man Bilder einfarbig darstellen lassen.

```
property Transparent: Boolean;
property TransparentColor: TColor;
property Transparent: TTransparentMode;
```

Um den Hintergrund eines Bitmaps transparent werden zu lassen, müssen Sie die von TGraphic geerbte Eigenschaft Transparent auf True setzen. Danach wird die Farbe in der Eigenschaft TransparentColor durchsichtig. Ist TransparentMode gleich tmAuto, so erhält TransparentColor automatisch den Wert aus dem ersten Pixel des Bitmaps (in der Darstellung ist das meist das Pixel links unten). Sie können der Eigenschaft aber auch einen eigenen Farbwert zuweisen (woraufhin TransparentMode auf tmFixed gesetzt wird).

```
property IgnorePalette: Boolean;
procedure Dormant;
procedure FreeImage;
```

Hilfsfunktionen, mit denen die Verarbeitung von Bitmaps beschleunigt und ressourcenschonender ausgeführt werden kann.

Wenn Sie das Bitmap anzeigen wollen,

- laden Sie es direkt in eine TImage-Instanz oder

- laden Sie das Bitmap im Verborgenen in eine TBitmap-Instanz und weisen Sie diese später einer TImage-Instanz zu (mit Assign) oder zeichnen Sie sie mit TCanvas.Draw oder TCanvas.StretchDraw in einen Gerätekontext.

- Wenn Sie ein Bitmap direkt in eine TBitmap-Instanz (statt in eine TImage-Instanz) laden, müssen Sie das Bitmap-Objekt zuerst durch Aufruf von Create im Speicher erzeugen, bevor Sie eine der Methoden zum Laden aufrufen dürfen.

Verweise

Siehe TColor
Siehe TPicture
Siehe VCL-Referenz, Seite Zusätzlich, TImage
Siehe Praxisteil, Kategorie Grafik- und Spieleprogrammierung

TIcon

TObject - TPersistent - TGraphic - TIcon

Beschreibung

Grafikklasse zur Kapselung von Symbolen.

Symbole sind Bitmaps, die üblicherweise in zwei Abmaßen vorliegen: 32 x 32 und 16 x 16. Windows verwendet die beiden Versionen zur Anzeige des Symbols in unterschiedlichen Kontexten. Meist reicht es aber, wenn das Symbol in den Abmaßen 32 x 32 vorliegt. Windows erzeugt daraus bei Bedarf selbst eine 16 x 16-Version.

Symbole verwenden 2 oder maximal 16 Farben.

Anwendung

```
procedure LoadFromStream(Stream: TStream);
procedure LoadFromClipboardFormat(AFormat: Word; AData: THandle;
                                  APalette: HPALETTE); override;
```

Symbole werden selten zur Laufzeit geladen (Methoden LoadFromStream, LoadFromClipboardFormat). Meist werden die Symbole bereits zur Entwurfszeit mit ihren Komponenten verbunden:

- Das Symbol für die Anwendung laden Sie über die *Projektoptionen*, Seite *Anwendung*, Schalter *Symbol laden*.

- Symbole für Schaltflächen laden Sie über die Eigenschaft Glyph der Schaltflächen.

- Symbole, die zur Laufzeit benötigt werden, verwaltet man üblicherweise in ImageList-Objekten.

Verweise

Siehe TPicture
Siehe VCL-Referenz, Seite Zusätzlich, TImage
Siehe Delphi-Programmierumgebung, Projektverwaltung, Projekte konfigurieren

TMetaFile

TObject - TPersistent - TGraphic - TMetaFile

Beschreibung

Grafikklasse zur Kapselung von Metadateien. Metadateien sind Grafikdateien, in denen Grafiken nicht als eine Sammlung von Farbwerten für Pixel, sondern als eine Folge von Zeichenoperationen abgespeichert sind.

Metadateien (Extensionen WMF und EMF) haben den Vorteil, dass sie im Vergleich zu Bitmaps äußerst speicherschonend sind und in vektororientierten Grafikprogrammen die Manipulation von Zeichenobjekten (Linien, Rechtecke etc.) ermöglichen. Nachteilig ist, dass man eingescannte Bilder nicht in Metadateien umwandeln kann.

Anwendung

```
procedure LoadFromStream(Stream: TStream); override;
procedure LoadFromClipboardFormat(AFormat: Word; AData: THandle;
                                  APalette: HPALETTE); override;
```

Um eine Metadatei zu laden, verwenden Sie eine der Methoden LoadFromStream oder LoadFromClipboardFormat. Metadateien haben die Extensionen EMF (Enhanced Metafile Format) oder WMF (veraltetes Win 3.x-Format).

Wenn Sie die Metadatei anzeigen wollen,

- laden Sie sie in eine TImage-Instanz oder
- laden Sie das Bitmap im Verborgenen in eine TMetaFile-Instanz und weisen Sie diese später einer TImage-Instanz zu (mit Assign) oder zeichnen Sie sie mit TCanvas.Draw oder TCanvas.StretchDraw in einen Gerätekontext.
- Wenn Sie eine Metadatei direkt in eine TMetaFile-Instanz (statt in eine TImage-Instanz laden), müssen Sie das MetaFile-Objekt zuerst durch Aufruf von Create im Speicher erzeugen, bevor Sie eine der Methoden zum Laden aufrufen dürfen.

Um eine Metadatei zu erstellen,

1. erzeugen Sie im Speicher ein TMetaFile-Objekt.

2. Erstellen Sie einen Gerätekontext für die Metadatei (Instanz der Klasse TMetaFile-Canvas)

3. Führen Sie alle aufzuzeichnenden Zeichenoperationen auf dem Gerätekontext der Metadatei aus.

4. Speichern Sie die Metadatei mit SaveToFile oder SaveToStream.

Die Eigenschaft Enhanced legt fest, in welchem Format eine Metadatei gespeichert wird. Standard ist das EMF-Format.

Verweise

Siehe TPicture

Siehe Praxisteil, Kategorie Grafik- und Spieleprogrammierung, Metadateien

TJPEGImage

```
TObject - TPersistent - TGraphic - TJEGImage
```

Beschreibung

Grafikklasse zur Kapselung von JPEG-Grafiken. JPEG ist kein eigenes Grafikformat, sondern vielmehr ein Algorithmus zur Komprimierung von Bilddaten. Die Klasse TJPEGImage unterstützt die Komprimierung und Dekomprimierung nach JPEG. Intern verwaltet die Klasse ein JPEG-Objekt (mit allen Informationen zur Komprimierung) und ein internes Abbild der Bilddaten (als Bitmap).

Anwendung

```
procedure LoadFromStream(Stream: TStream); override;
procedure LoadFromClipboardFormat(AFormat: Word; AData: THandle;
                             APalette: HPALETTE); override;
```

Methoden zum Laden von Bildern aus JPEG-Dateien oder der Zwischenablage.

```
procedure SaveToStream(Stream: TStream); override;
```

Speichert ein Bild als JPEG-Datei.

```
procedure SaveToClipboardFormat(var AFormat: Word; var AData: THandle;
                             var APalette: HPALETTE); override;
```

Kopiert ein JPEG-Objekt in die Zwischenablage.

```
property CompressionQuality: TJPEGQualityRange;
```

Um das im TJPEGImage verwaltete Bild beim Speichern zu komprimieren, weisen Sie der Eigenschaft CompressionQuality einen Wert zwischen 1 und 100 (100 = maximale Bildqualität) zu.

Verweise

Siehe TGraphic, TPicture

TPicture

```
TObject - TPersistent - TPicture
```

Beschreibung

TPicture ist ein Container für TGraphics-Objekte, d.h., in einer TPicture-Instanz kann man jedes beliebige TGraphics-Objekt (also auch Objekte abgeleiteter Klassen wie TBitmap oder TIcon) abspeichern. Dies ist von großem Vorteil, wenn man nicht genau weiß, von welchem Typ ein Grafikobjekt ist. Die VCL nutzt dies zum Beispiel für ihre TImage-Komponente, die zum Anzeigen von Bildern verwendet wird, und das anzuzeigende Grafikobjekt über eine TPicture-Instanz verwaltet.

Anwendung

```
property Graphic: TGraphic;
property Bitmap: TBitmap;
property Icon: TIcon;
property Metafile: TMetafile;
```

Beachten Sie,

- dass TPicture immer nur ein Grafikobjekt aufnehmen kann, das in der Eigenschaft Graphic abgespeichert wird;

- dass die Eigenschaften Bitmap, Icon, Metafile auf das Grafikobjekt in der Eigenschaft Graphic zurückgreifen.

Das Ergebnis eines solchen Zugriffs über die Eigenschaften Bitmap, Icon, Metafile hängt davon ab, ob die für den Zugriff verwendete Eigenschaft zum Typ des Grafikobjektes passt. Ist in der TPicture-Instanz beispielsweise ein Symbol gespeichert, können Sie über die Eigenschaft Icon direkt darauf zugreifen. Wenn Sie allerdings über die Eigenschaft Bitmap darauf zugreifen, wird das Symbol aufgelöst und die TPicture-Instanz erzeugt ein neues leeres Bitmap, das in Graphics abgelegt wird und auf das Sie zugreifen.

```
procedure LoadFromFile(const FileName: string);
```

Mit der Methode LoadFromFile können Sie beliebige Grafikobjekte laden. Der Typ des Grafikobjekts wird dabei an der Dateiextension erkannt. Bei einer unbekannten Dateiextension wird eine EInvalidGraphic-Exception ausgelöst.

```
class procedure RegisterFileFormat(const AExtension,
              ADescription: string; AGraphicClass: TGraphicClass);
```

Mit Hilfe der Methode RegisterFileFormat können Sie die Methode LoadFromFile für die Verarbeitung weiterer Dateiformate aufrüsten. RegisterFileFormat erwartet als Parameter die Dateiextension (drei Buchstaben) und die auf TGraphics zurückgehende Grafikklasse, die Objekte dieses Grafiktyps verarbeiten kann.

```
procedure SaveToFile(const FileName: string);
```
Zum Speichern des Grafikobjekts.

```
class procedure RegisterClipboardFormat(AFormat: Word;
                             AGraphicClass: TGraphicClass);
procedure LoadFromClipboardFormat(AFormat: Word;
                      AData: THandle; APalette: HPALETTE);
class function SupportsClipboardFormat(AFormat: Word): Boolean;
procedure SaveToClipboardFormat(var AFormat: Word; var AData: THandle;
                      var APalette: HPALETTE);
```
Methoden für den Datenaustausch über die Zwischenablage.

```
procedure Assign(Source: TPersistent);
```
Für das Kopieren von Grafikobjekten aus TPicture-Instanzen steht die Methode Assign zur Verfügung.

Verweise

Siehe TGraphic
Siehe VCL-Referenz, Seite Zusätzlich, TImage

TColor

```
type TColor = -(COLOR_ENDCOLORS + 1)..$02FFFFFF;
```

Beschreibung

Farbwerte sind in Delphi Werte des Typs TColor. Jeder Farbwert ist ein 32-Bit-Wert, der in vier 1-Byte-Bereiche zerfällt. Die unteren drei Byte spezifizieren die gewünschte Farbe, das oberste Byte gibt an, wo die Farbe zu finden ist. Das oberste Byte kann nur drei Werte annehmen:

00	Die gewünschte Farbe wird in der Windows-Systempalette gesucht. Wenn Windows für 256-Farben eingerichtet ist (über Systemsteuerung) und die gewünschte Farbe ist nicht in der Windows-Systempalette vorhanden, versucht Windows die Farbe durch Dithering nachzuempfinden. Da beim Dithering zwei Farben durch Verwendung eines bestimmten Füllmusters übereinander gelegt werden, führt dies meist zu einer etwas entstellten, gerasterten Darstellung. Wenn Windows für 16-oder 32-Bit-Farben eingestellt ist, kommt es nicht zum Dithering.

Die Farbe selbst wird als RGB-Wert in den nachfolgenden drei Bytes kodiert:
$00bbggrr

01	In diesem Fall werden die nachfolgenden drei Bytes als Index in der Palette des aktuellen Gerätekontextes verwendet. Unter Umständen (falls die Anwendung keine eigene Palette für den Gerätekontext realisiert) stehen in dieser Palette allerdings nur die 20 Windows-Standardfarben.

| 02 | Unterstützt ein Ausgabegerät logische Paletten, sucht Windows in der logischen Palette nach einer Farbe, die der angegebenen Farbe am nächsten kommt. Es wird kein Dithering durchgeführt, aber unter Umständen kann die realisierte Farbe von der gewünschten Farbe stark abweichen. |

Unterstützt das Ausgabegerät keine logischen Paletten (beispielsweise wenn für den Bildschirm unter Windows 16-oder 32-Bit-Farben eingestellt sind), wird die Farbe (wie für das Suffix 00) korrekt dargestellt.

Die Farbe selbst wird als RGB-Wert in den nachfolgenden drei Bytes kodiert:

$00bbggrr

Diese Option bringt beste Ergebnisse, wenn eine Anwendung sowohl in Umgebungen mit Paletten als auch ohne ausgeführt wird.

RGB-Kodierung

Die Kodierung in Rot-, Grün- und Blauanteile bezeichnet man auch als RGB-Kodierung.

Die RGB-Kodierung beruht auf dem Effekt, dass man durch Variation der Farbintensitäten für die drei Lichtfarben Rot, Grün und Blau sämtliche Farben mischen kann. Werden beispielsweise rotes, grünes und blaues Licht in voller Intensität ausgestrahlt, erhält man Weiß. Ist die Intensität aller drei Farben gleich Null (d.h., es wird kein Licht ausgestrahlt), erhält man Schwarz.

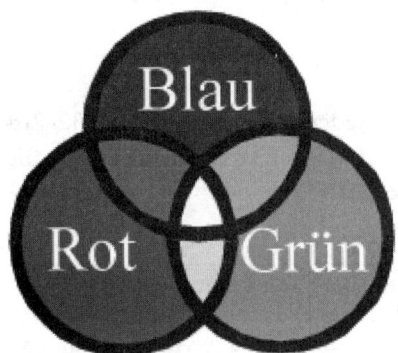

Anwendung

Sie haben drei Möglichkeiten, eine Farbe zuzuweisen:

- Als **Hexadezimalwert**. Dabei kodieren Sie die Intensitäten für die drei Farben in Hexadezimalcode: Ein Wert von 0 (hexadezimal 00) entspricht einer Intensität von Null. Ein Wert von 255 (hexadezimal FF) entspricht maximaler Intensität. Für Schwarz, Weiß, Rot und Rosa ergeben sich damit folgende Bit-Werte:

| $00000000 | Schwarz |
| $00FFFFFF | Weiß |

$000000FF	Rot
$00FF60FF	Rosa

```
Canvas.Pen.Color   := $00FF0000;   // Blau
Canvas.Brush.Color := $00FF60FF;   // Rosa
```

- Mit Hilfe spezieller **Windows-Funktionen**. Diese erlauben Ihnen, die RGB-Werte in Dezimalzahlen anzugeben. Verwenden Sie die Funktion RGB für Farben aus der Systempalette (Suffix 00), PALETTEINDEX für Farben, die über einen Index ausgewählt werden (Suffix 01), und PALETTERGB für Farben der logischen Palette (Suffix 02).

- Durch Zuweisung **vordefinierter Farbkonstanten**.

```
Canvas.Pen.Color := clBlue;
```

Wert	Farbe	Wert	Farbe
clAqua	Aqua	clBackground	Aktuelle Hintergrundfarbe des Windows-Desktop
clBlack	Schwarz	clActiveCaption	Aktuelle Farbe der Titelleiste des aktiven Fensters
clBlue	Blau	clInactiveCaption	Aktuelle Farbe der Titelleiste von inaktiven Fenstern
clDkGray	Dunkelgrün	clMenu	Aktuelle Hintergrundfarbe von Menüs
clFuchsia	Fuchsia	clWindow	Aktuelle Hintergrundfarbe von Fenstern
clGray	Grau	clWindowFrame	Aktuelle Farbe von Fensterrahmen
clGreen	Grün	clMenuText	Aktuelle Farbe von Menütext
clLime	Lime	clWindowText	Aktuelle Farbe von Fenstertext
clLtGray	Hellgrün	clCaptionText	Aktuelle Farbe von Text in der Titelleiste von aktiven Fenstern
clMaroon	Maroon	clActiveBorder	Aktuelle Rahmenfarbe von aktiven Fenstern
clNavy	Marineblau	clInactiveBorder	Aktuelle Rahmenfarbe von inaktiven Fenstern
clOlive	Olivgrün	clAppWorkSpace	Aktuelle Farbe der Arbeitsumgebung von Anwendungen
clPurple	Purpur	clHighlight	Aktuelle Hintergrundfarbe von markiertem Text
clRed	Rot	clHightlightText	Aktuelle Farbe von markiertem Text
clSilver	Silber	clBtnFace	Aktuelle Farbe von Schaltflächen
clTeal	Teal	clBtnShadow	Aktuelle Farbe des Schattens einer Schaltfläche

Wert	Farbe	Wert	Farbe
clWhite	Weiß	clGrayText	Aktuelle Farbe von abgedunkeltem Text
clYellow	Gelb	clBtnText	Aktuelle Farbe von Text auf einer Schaltfläche
		clInactive-CaptionText	Aktuelle Farbe von Text in der Titelleiste von inaktiven Fenstern
		clBtnHighlight	Aktuelle Farbe von hervorgehobenem Text auf einer Schaltfläche
		cl3DDkShadow	Nur Windows 95 oder NT 4.0: Dunkler Schatten von dreidimensional angezeigten Elementen
		cl3DLight	Nur Windows 95 oder NT 4.0: Helle Farbe für dreidimensional angezeigte Elemente (für Ränder)
		clInfoText	Nur Windows 95 oder NT 4.0: Textfarbe für Kurzhinweise
		clInfoBk	Nur Windows 95 oder NT 4.0: Hintergrundfarbe für Kurzhinweise

Verweise

Siehe TBitmap

Streamklassen

TStream

```
TObject - TStream
```

Beschreibung

Streams sind die objektorientierte Umsetzung des Ladens und Speicherns von Daten. Stellen Sie sich einen Stream einfach als Quelle oder Ziel für Ihre Daten vor. Wo Sie früher eine Datei öffneten, um aus dieser Daten in Ihr Programm einzulesen, erzeugen Sie nunmehr einen Stream, der mit der Datei verbunden ist, und lesen die Daten aus dem Stream ein. Wo Sie früher Arrays verwendeten, um Daten im RAM zwischenzuspeichern, können Sie jetzt einen Speicherstream erzeugen und die Daten in den Speicherstream schreiben.

Streams haben den Vorzug, dass sie objektorientiert realisiert sind und alle Streams in gleicher Weise verwendet werden können – die gemeinsame Schnittstelle und Funktionalität wird von der abstrakten Basisklasse TStream vorgegeben.

Als zusätzliche Unterstützung und zur einfacheren Handhabung von Streams sind in der VCL die Klasse TFiler und deren abgeleitete Klassen definiert.

Schließlich enthält die Klasse noch verschiedene Methoden, die vornehmlich von Delphi zum Laden und Speichern von Formularen verwendet werden.

Anwendung

```
TStream = class(TObject)
  private
    function GetPosition: Longint;
    procedure SetPosition(Pos: Longint);
    function GetSize: Longint;
  protected
    procedure SetSize(NewSize: Longint); virtual;
  public
    function Read(var Buffer; Count: Longint): Longint;
                                        virtual; abstract;
    function Write(const Buffer; Count: Longint): Longint;
                                        virtual; abstract;
    function Seek(Offset: Longint; Origin: Word): Longint;
                                        virtual; abstract;
    procedure ReadBuffer(var Buffer; Count: Longint);
    procedure WriteBuffer(const Buffer; Count: Longint);
    function CopyFrom(Source: TStream; Count: Longint): Longint;
    function ReadComponent(Instance: TComponent): TComponent;
    function ReadComponentRes(Instance: TComponent): TComponent;
    procedure WriteComponent(Instance: TComponent);
    procedure WriteComponentRes(const ResName: string;
                        Instance: TComponent);
    procedure WriteDescendent(Instance, Ancestor: TComponent);
    procedure WriteDescendentRes(const ResName: string;
                        Instance, Ancestor: TComponent);
    procedure WriteResourceHeader(const ResName: string;
                        out FixupInfo: Integer);
    procedure FixupResourceHeader(FixupInfo: Integer);
    procedure ReadResHeader;
    property Position: Longint read GetPosition write SetPosition;
    property Size: Longint read GetSize write SetSize;
  end;
```

Verweise

Siehe TReader, TWriter
Siehe Praxisteil, Kategorie Dateien, Streams öffnen

TFileStream

```
TObject - TStream - THandleStream - TFileStream
```

Beschreibung

TFileStream-Objekte sind Streams, die mit Dateien verbunden sind. Über einen Dateistream können Sie Objekte unterschiedlicher Typen in eine Datei schreiben oder aus einer Datei lesen. Des Weiteren können Sie sich frei in der Datei bewegen und auf bestimmte Positionen zugreifen.

Anwendung

```
constructor Create(const FileName: string; Mode: Word);
```

Zum Erzeugen eines Dateistreams rufen Sie die Methode Create auf. Als ersten Parameter übergeben Sie den Namen der Datei, mit der der Stream verbunden werden soll. Der zweite Parameter gibt an, in welchem Modus die Datei zu öffnen ist.

Wert	Bedeutung
fmCreate	Es wird eine Datei mit dem angegebenen Namen angelegt. Ist eine Datei mit diesem Namen bereits vorhanden, wird die Datei zum Schreiben geöffnet.
fmOpenRead	Die Datei wird ausschließlich zum Lesen geöffnet.
fmOpenWrite	Die Datei wird ausschließlich zum Schreiben geöffnet. Beim Schreiben in die Datei wird der aktuelle Inhalt vollständig ersetzt.
fmOpenReadWrite	Die Datei wird so geöffnet, dass der aktuelle Inhalt geändert werden kann, ohne dass er ersetzt wird.

Der Konstanten zum Öffnungsmodus können Sie per OR-Verknüpfung eine Konstante für den Zugriffsmodus anhängen.

Wert	Bedeutung
fmShareCompat	Der Zugriffsmodus ist kompatibel zu dem Verfahren, mit dem Dateisteuerblöcke (FCBs) geöffnet werden.
fmShareExclusive	Andere Anwendungen können die Datei nicht öffnen.
fmShareDenyWrite	Andere Anwendungen können die Datei ausschließlich zum Lesen öffnen.
fmShareDenyRead	Andere Anwendungen können die Datei ausschließlich zum Schreiben öffnen.
fmShareDenyNone	Andere Anwendungen können die Datei ohne Einschränkungen zum Lesen oder Schreiben öffnen.

Kann die Datei nicht korrekt geöffnet werden, erzeugt Create eine Exception.

```
function Read (var Buffer; Count: Longint): Longint; override;
function Write (const Buffer; Count: Longint): Longint; override;
```

Zum Lesen und Schreiben definiert TFileStream die Methoden Read und Write. Die Methode Read liest maximal Count Bytes aus dem Stream in den Parameter Buffer ein, Write schreibt entsprechend maximal Count Bytes aus dem Parameter Buffer in den Stream. Als Ergebnis liefern die Methoden die Anzahl der tatsächlich verarbeiteten Bytes zurück.

```
procedure ReadBuffer(var Buffer; Count: Longint);
procedure WriteBuffer(const Buffer; Count: Longint);
```

Wenn Sie sicherstellen möchten, dass eine bestimmte Zahl von Bytes gelesen oder geschrieben wird, verwenden Sie die Methoden ReadBuffer und WriteBuffer, die intern die Methoden Read und Write aufrufen und anhand deren Rückgabewert überprüfen, ob die gewünschte Anzahl von Bytes verarbeitet wurde. Falls nicht, wird eine Exception ausgelöst (EReadError bzw. EWriteError).

```
function Seek(Offset: Longint; Origin: Word): Longint; override;
```

Mit Seek kann der Positionszeiger des Streams, der die aktuelle Lese- und/oder Schreibposition anzeigt, verschoben werden. Verschoben wird um Offset Bytes. Ausgangspunkt und Richtung der Verschiebung werden von Origin festgelegt.

Werte	Bedeutung
soFromBeginning	Offset bezieht sich auf den Anfang der Datei. Seek verschiebt zur Position Offset. Offset muss größer oder gleich Null sein.
soFromCurrent	Offset bezieht sich auf den aktuellen Wert der Eigenschaft Position. Seek verschiebt zu <aktuelle Position> + Offset.
soFromEnd	Offset bezieht sich auf das Ende der Datei. Offset muss kleiner oder gleich Null sein und bezeichnet die Anzahl von Bytes vor dem Dateiende.

```
property Position: Longint;
```

Die aktuelle Position des Streamzeigers wird in der Eigenschaft Position festgehalten.

Verweise

Siehe TReader, TWriter
Siehe Praxisteil, Kategorie Dateien, Streams öffnen

TStringStream

```
TObject - TStream - TStringStream
```

Beschreibung

TStringStream-Objekte sind Streams, in denen man Daten in Form eines Strings ablegen kann. TStringStream-Objekte kann man beispielsweise verwenden, um binär abgespeicherte Objekte mit Hilfe der globalen Funktion ObjectBinaryToText in eine Textdarstellung umzuwandeln.

Anwendung

```
constructor Create(AString: string);
```

Zum Erzeugen eines Stringstreams rufen Sie die Methode Create auf. Als Parameter übergeben Sie einen String, dessen Inhalt in das TStringStream-Datenelement DataString kopiert wird.

```
property DataString: string;
```

Der im Stringstream abgelegte String wird in einem eigenen Datenelement aufbewahrt. Über die Nur-Lesen-Eigenschaft DataString kann der Inhalt des Strings abgefragt werden.

Neben den auf TStream zurückgehenden Elementen Position, Size, Read, Seek und Write definiert TStringStream noch die Methoden:

```
function ReadString(Count: Longint): string;
```

```
procedure WriteString(const AString: string);
```

ReadString liest – ab der aktuellen Streamposition – maximal Count Bytes aus und liefert diese zurück. WriteString beginnt ab der aktuellen Streamposition damit, den internen DataString mit dem Parameter zu überschreiben.

TMemoryStream

```
TObject - TStream - TCustomMemoryStream - TMemoryStream
```

Beschreibung

TMemoryStream-Objekte sind Streams, die mit Speicherbereichen verbunden sind. Sie stellen dynamischen Speicher bereit, der wie ein Stream angesprochen werden kann.

Anwendung

constructor Create;

Zum Erzeugen eines Speicherstreams rufen Sie die Methode Create auf.

property Memory: Pointer;

Über die Nur-Lesen-Eigenschaft Memory kann der Inhalt des mit dem Stream assoziierten Speichers abgefragt werden.

procedure SetSize(NewSize: Longint); override;

Mit SetSize können Sie Speicher für den Stream reservieren. Rufen Sie SetSize auf, bevor Sie Daten mit Read einlesen.

```
procedure LoadFromFile(const FileName: string);
procedure LoadFromStream(Stream: TStream);
procedure SaveToFile(const FileName: string);
procedure SaveToStream(Stream: TStream);
```

Um Daten in einen Speicherstream zu schreiben oder aus diesem zu lesen, gibt es mehrere Möglichkeiten:

- Sie verwenden die Methoden Read und Write, um byteweise zu lesen oder zu schreiben.

- Sie verwenden die Methoden LoadFromFile, LoadFromStream und SaveFromFile, SaveToStream.

- Sie verwenden die LoadFromStream-, SaveToStream-Methoden der VCL-Objekte, die Sie lesen oder schreiben möchten.

TFiler

TObject - TFiler

Beschreibung

TFiler ist die Basisklasse von TReader und TWriter. Delphi verwendet diese Klassen für das Laden und Speichern von Formularen und Komponenten. Für den Programmierer sind vor allem die Methoden für das Lesen und Schreiben formatierter Daten interessant, die in den abgeleiteten Klassen TReader und TWriter implementiert sind.

Anwendung

```
TFiler = class(TObject)
  private
    FStream: TStream;
    FBuffer: Pointer;
    FBufSize: Integer;
```

```
  FBufPos: Integer;
  FBufEnd: Integer;
  FRoot: TComponent;
  FLookupRoot: TComponent;
  FAncestor: TPersistent;
  FIgnoreChildren: Boolean;
protected
  procedure SetRoot(Value: TComponent); virtual;
public
  constructor Create(Stream: TStream; BufSize: Integer);
  destructor Destroy; override;
  procedure DefineProperty(const Name: string;
    ReadData: TReaderProc; WriteData: TWriterProc;
    HasData: Boolean); virtual; abstract;
  procedure DefineBinaryProperty(const Name: string;
    ReadData, WriteData: TStreamProc;
    HasData: Boolean); virtual; abstract;
  procedure FlushBuffer; virtual; abstract;
  property Root: TComponent read FRoot write SetRoot;
  property LookupRoot: TComponent read FLookupRoot;
  property Ancestor: TPersistent read FAncestor write FAncestor;
  property IgnoreChildren: Boolean read FIgnoreChildren
                                write FIgnoreChildren;
end;
```

Verweise

Siehe TReader, TWriter

TReader

```
TObject - TFiler - TReader
```

Beschreibung

In der VCL wird TReader vornehmlich dazu verwendet, die Daten von persistent abgespeicherten Komponenten über einen Stream einzulesen und die Komponenten wiederherzustellen.

TReader definiert aber auch Methoden zum Einlesen formatierter Daten, die mit TWriter geschrieben wurden. Der Programmierer kann für einen Stream ein eigenes TReader-Objekt erzeugen und diese Methoden für sich nutzen.

Anwendung

```
constructor Create(Stream: TStream; BufSize: Integer);
```
Erzeugt ein neues TReader-Objekt und verbindet es mit dem übergebenen Stream. BufSize gibt die Größe des internen Puffers des TReader-Objekts an.

```
function ReadBoolean: Boolean;
function ReadChar: Char;
function ReadCurrency: Currency;
function ReadDate: TDateTime;
function ReadFloat: Extended;
function ReadInt64: Int64;
function ReadInteger: Longint;
function ReadSingle: Single;
function ReadString: string;
function ReadWideString: WideString;
```

Funktionen, mit denen man formatierte Daten aus einem Stream lesen kann. Voraussetzung ist natürlich, dass man den Datentyp der Elemente im Stream kennt.

```
function NextValue: TValueType;
```

Liefert den Datentyp des nächsten Elements im String zurück, ohne dabei den Positionszeiger des Streams zu verändern.

```
procedure ReadListBegin;
function EndOfList: Boolean;
procedure ReadListEnd;
```

Mit ReadListBegin kann eine Listenanfangsmarkierung ausgelesen werden. Danach kann man die Listenelemente auslesen, bis EndOfList True liefert. Danach wird mit ReadListEnd die Listenendemarkierung ausgelesen.

Verweise

Siehe TFileStream
Siehe Praxisteil, Kategorie Dateien, TReader und TWriter
Siehe Praxisteil, Kategorie Klassen und Vererbung, Das Problem der Persistenz

TWriter

TObject - TFiler - TWriter

Beschreibung

In der VCL wird TWriter vornehmlich dazu verwendet, die Daten von Komponenten persistent in einen Stream zu schreiben.

TWriter definiert aber auch Methoden zum Schreiben formatierter Daten, die mit TReader geschrieben wurden. Der Programmierer kann für einen Stream ein eigenes TWriter-Objekt erzeugen und diese Methoden für sich nutzen.

Anwendung

```
constructor Create (Stream: TStream; BufSize: Integer);
```

Erzeugt ein neues TWriter-Objekt und verbindet es mit dem übergebenen Stream. BufSize gibt die Größe des internen Puffers des TWriter-Objekts an.

```
procedure WriteBoolean(Value: Boolean);
procedure WriteChar(Value: Char);
procedure WriteCurrency(const Value: Currency);
procedure WriteDate(const Value: TDateTime);
procedure WriteFloat (const Value: Extended);
procedure WriteInteger (Value: Longint); overload;
procedure WriteInteger(Value: Int64); overload;
procedure WriteSingle(const Value: Single);
procedure WriteString (const Value: string);
procedure WriteWideString(const Value: WideString);
```

Funktionen, mit denen man formatierte Daten in einen Stream schreiben kann.

```
procedure WriteListBegin;
procedure WriteListEnd;
```

Mit WriteListBegin kann eine Listenanfangsmarkierung geschrieben werden. Danach schreibt man in einer Schleife die einzelnen Listenelemente. Schließlich wird mit WriteListEnd die Listenendemarkierung in den Stream geschrieben.

Warnung

Beachten Sie, dass die TWriter-Methoden für die formatierte Ausgabe zu jedem Element auch den zugehörigen Typ abspeichern. Lesen Sie die Daten daher nur mit den zugehörigen TReader-Methoden aus.

Verweise

Siehe TFileStream
Siehe Praxisteil, Kategorie Dateien, TReader und TWriter
Siehe Praxisteil, Kategorie Klassen und Vererbung, Das Problem der Persistenz

Containerklassen

TStrings

TObject - TPersistent - TStrings

Beschreibung

TStrings ist eine abstrakte Klasse, die selbst nicht instantiiert werden kann. Wenn Sie also bei der VCL-Programmierung auf Klassenelemente treffen, die vom Typ TStrings sind, wissen Sie, dass sich dahinter in Wirklichkeit ein abgeleiteter Typ verbirgt, der die grundlegenden Methoden zur Verwaltung und Bearbeitung von Strings von TStrings geerbt und, falls notwendig, implementiert oder überschrieben hat. Als Beispiel sei hier die Listbox-Eigenschaft Items genannt:

property Items: TStrings;

der vom Konstruktor in Realität ein TListBoxStrings-Objekt zugewiesen wird.

Insgesamt definiert TStrings Routinen

- für die Stringbearbeitung;
- für die Stringverwaltung;
- für die Verknüpfung von Strings mit Objekten;
- für die Verknüpfung von Strings mit Werten.

Tipp

Wenn Sie selbst mehrere Strings in einer Liste verwalten wollen, nutzen Sie die abgeleitete Klasse TStringList.

Anwendung

property Strings[Index: Integer]: string;
Eigenschaft, die den indizierten Zugriff auf die Strings erlaubt. Der erste String hat dabei den Index 0. Da Strings die default-Eigenschaft von TStrings ist, kann der Bezeichner Items beim Zugriff weggelassen werden.

Memo1.Lines.Items[12] := 'Hallo' //entspricht
Memo1.Lines[12] := 'Hallo'

property Count: Integer;
Anzahl der abgespeicherten Strings. (Nur Lesen)

```
property Text: string;
```

Eigenschaft, die alle Strings der String-Sammlung als einen großen String interpretiert, dessen Teilstrings durch CR/LF-Paare getrennt sind.

```
property CommaText: string;
```

Eigenschaft, die alle Strings der Stringsammlung als eine durch Kommata getrennte Sammlung von Teilstrings interpretiert. Strings, die Leerzeichen, Kommata oder Anführungszeichen enthalten, werden in doppelte Anführungszeichen gesetzt. Doppelte Anführungszeichen, die Teil eines Teilstrings sind, werden verdoppelt.

```
property Objects[Index: Integer]: TObject;
```

Mit Hilfe der Methode AddObject können Sie Strings aus der Stringsammlung mit Objekten (Komponenten, Formularen etc.) verknüpfen. Über die Eigenschaft Objects[index] können Sie dann auf das Objekt zugreifen, das mit dem index-1-ten String in der Stringsammlung verbunden ist. Letztendlich funktioniert dies also so, als hätten Sie ein Array von Objekten, die über Strings statt Integer-Werte indiziert werden. (siehe AddObject, InsertObject, IndexOfObject)

```
property Values[const Name: string]: string;
```

Wenn Sie in der Stringsammlung Strings der Form 'Stringname=Wert' abspeichern, so liefert Ihnen die Eigenschaft Values den »Wert« zu dem String zurück, dessen Name Sie als Index übergeben. (siehe Names, IndexOfName)

```
property Names[Index: Integer]: string;
```

Wenn Sie in der Stringsammlung Strings der Form 'Stringname=Wert' abspeichern, so liefert Ihnen die Eigenschaft Namens den »Namen« zu dem index-1-ten String zurück. (Nur Lesen) (siehe Values, IndexOfName)

TStrings definiert die folgenden Methoden zur Manipulation und Verwaltung von Strings.

Methode	Beschreibung
Add	function Add(const S: string): Integer; virtual; String hinzufügen
AddObject	function AddObject(const S: string; AObject: TObject) : Integer; Objektreferenz hinzufügen und mit String verknüpfen
AddStrings	procedure AddStrings(Strings: TStrings); virtual; Stringsammlung hinzufügen
Append	procedure Append(const S: string); String anhängen

Methode	Beschreibung
Assign	procedure Assign(Source: TPersistent); override; Eine Stringsammlung zuweisen
BeginUpdate	procedure BeginUpdate; Unterbindet Aktualisierung der Komponente, die die TStrings-Instanz eingebettet haben (etwa eine Listbox-Komponente), bis zum Aufruf von EndUpdate.
Clear	procedure Clear; virtual; abstract; Alle Strings löschen.
Delete	procedure Delete(Index: Integer); virtual; abstract; String löschen.
EndUpdate	procedure EndUpdate; Effekt von BeginUpdate aufheben.
Equals	function Equals(Strings: TStrings): Boolean; Prüft, ob die beiden Stringsammlungen die gleichen Elemente enthalten.
Exchange	procedure Exchange(Index1, Index2: Integer); virtual; Strings tauschen.
GetText	function GetText: PChar; virtual; Liefert alle Strings als einen Null-terminierten String zurück.
IndexOf	function IndexOf(const S: string): Integer; virtual; Liefert Index des ersten Strings, der mit S übereinstimmt.
IndexOfName	function IndexOfName(const Name: string): Integer; Liefert erstes Stringpaar ('Name=Wert'), dessen Name-Teil gleich Name ist.
IndexOfObject	function IndexOfObject(AObject: TObject): Integer; Liefert Index des ersten Objekts, das mit AObject übereinstimmt.
Insert	procedure Insert(Index: Integer; const S: string); virtual; abstract; String an bestimmter Position einfügen.
InsertObject	procedure InsertObject(Index: Integer; const S: string; AObject: TObject); Objekt an bestimmter Position einfügen.
LoadFromFile	procedure LoadFromFile(const FileName: string); virtual; Lädt den Inhalt einer Datei in die Stringsammlung.
LoadFromStream	procedure LoadFromStream(Stream: TStream); virtual; Lädt den Inhalt eines Streams in die Stringsammlung.
Move	procedure Move(CurIndex, NewIndex: Integer); virtual; Verschiebt einen String.
SaveToFile	procedure SaveToFile(const FileName: string); Speichert die Stringsammlung in einer Datei.
SaveToStream	procedure SaveToStream(Stream: TStream); virtual; Speichert die Stringsammlung in einem Stream.

Methode	Beschreibung
SetText	procedure SetText(Text: PChar); virtual; Baut eine Stringsammlung aus einem nullterminierten String auf.

TStringList

TObject - TPersistent - TStrings - TStringList

Beschreibung

TStringList ist eine Ableitung von TStrings. TStringList implementiert nicht nur die abstrakten Methoden von TStrings (und stellt somit eine Klasse dar, die Sie zur Verwaltung von Strings direkt verwenden können), sondern erweitert die geerbte Funktionalität gleichzeitig um die Möglichkeit des Sortierens – wozu einige geerbte Routinen überschrieben (beispielsweise Add und Insert, die nun auch das sortierte Einfügen unterstützen) und einige neue Elemente deklariert wurden.

Anwendung

property Sorted: Boolean;

> Wird Sorted auf True gesetzt, wird die Liste automatisch sortiert. Für eine sortierte Liste sollte man nicht die Methode Insert aufrufen, sondern nur Add. Zur Sortierung wird die Routine AddCompareStr verwendet, die die lokalen Systemeinstellungen berücksichtigt (sodass für das Gebietsschema Deutschland beispielsweise Umlaute korrekt einsortiert werden).

procedure Sort; virtual;

> Zum Sortieren von Listen, deren Sorted-Eigenschaft auf False steht. Zum Sortieren wird die Routine AddCompareStr verwendet, die die lokalen Systemeinstellungen berücksichtigt.

procedure CustomSort(Compare: TStringListSortCompare); virtual;

> Mit CustomSort können Sie eine Liste, deren Sorted-Eigenschaft auf False steht, in eine selbst definierte Reihenfolge bringen. Zu diesem Zweck müssen Sie eine Routine des Prozedurtyps:

```
TStringListSortCompare =
    function(List: TStringList; Index1, Index2: Integer): Integer;
```

aufsetzen, die zwei Elemente der Liste vergleicht und folgende Werte zurückliefert:

< 0	String an Index1 ist kleiner als String an Index2
= 0	String an Index1 ist gleich dem String an Index2
> 0	String an Index1 ist größer als String an Index2

Diese Funktion wird an CustomSort übergeben und von dieser Routine zum Sortieren der Strings verwendet.

property Duplicates: TDuplicates;

Gibt an, ob in die Liste doppelte Einträge eingefügt werden dürfen.

Wert	Bedeutung
dupIgnore	Der Versuch, der sortierten Liste ein String-Duplikat hinzuzufügen, wird ignoriert.
dupError	Der Versuch, der sortierten Liste ein String-Duplikat hinzuzufügen, führt zu einer EStringListError-Exception.
dupAccept	Doppelte Strings in der sortierten Liste sind erlaubt.

property Capacity: Integer;

Liefert die Anzahl der Strings, die noch in die Stringliste aufgenommen werden, ohne dass neuer Speicher reserviert werden muss (was im Übrigen automatisch geschieht, aber immer mit zusätzlichem Zeitaufwand verbunden ist). Zuweisungen sind ohne Effekt.

TList

TObject - TList

Beschreibung

Container-Klasse, in der untypisierte Zeiger auf beliebige Objekte abgespeichert werden können. Die Zeiger werden nicht in einer echten Liste, sondern in einem Array verwaltet.

Anwendung

property List: PPointerList; // = ^(array[0..MaxListSize-1] of Pointer)

Zeiger auf das Array, in dem die Pointer-Zeiger des Containers abgespeichert sind (Nur Lesen).

property Items[Index: Integer]: Pointer;

Eigenschaft für den indizierten Zugriff auf die Pointer-Zeiger im Container.

property Capacity: Integer;

Liefert die Anzahl der Elemente, die noch in die Liste aufgenommen werden können, ohne dass neuer Speicher reserviert werden muss (was im Übrigen automatisch geschieht, aber immer mit zusätzlichem Zeitaufwand verbunden ist).

Um die Speicherverwaltung effizienter zu gestalten, kann man gegebenenfalls den Wert von Capacity heraufsetzen, um in einem Zuge einen größeren Speicherblock zu reservieren (statt vieler kleiner Blöcke). Ist nicht genügend Speicher für die Erweiterung vorhanden, wird eine EOutOfMemory-Exception ausgelöst.

```
procedure Delete(Index: Integer);
function Extract(Item: Pointer): Pointer;
```

Beide Routinen löschen das Objekt, auf das der betreffende Zeiger verweist und entfernen den Zeiger aus der Liste. Wenn Sie nur den Zeiger aus der Liste entfernen wollen, setzen Sie den betreffenden Items-Eintrag auf nil.

Viele Eigenschaften und Methoden sind mit den Elementen von TStrings und TStringList vergleichbar: Count, Add, Clear, Delete, Exchange, IndexOf, Insert, Move, Sort.

Tipp

Integer-Werte können Sie direkt in einem TList-Container speichern, indem Sie den Integer-Wert einfach in den Typ Pointer umwandeln. (Vorsicht! Dereferenzieren darf man einen derart verkleideten Integer natürlich nicht.)

Verweise

Siehe Praxisteil, Kategorie Grafik- und Spieleprogrammierung, In Fenster zeichnen

TObjectList

```
TObject - TList - TObjectList
```

Beschreibung

Container-Klasse, in der beliebige Klassenobjekte (als Objekte der Klasse TObject) abgespeichert werden können.

Anwendung

Die meisten Elemente entsprechen den gleichnamigen Elementen aus TList – mit dem einzigen Unterschied, dass nicht auf Pointer-Elementen, sondern TObject-Elementen operiert wird.

Neu hinzugekommen sind:

```
property OwnsObjects: Boolean;
```

Wenn OwnsObjects auf True gesetzt ist (Voreinstellung), wird beim Löschen eines Elements nicht nur der Eintrag in der Liste, sondern auch das Objekt selbst gelöscht. Dies geschieht beispielsweise bei Aufrufen von Delete, Remove, Clear oder beim Aufruf des Destruktors von TObjectList. Wenn Sie ausnahmsweise nur den Listeneintrag, nicht aber das Objekt löschen wollen, verwenden Sie die Methode `Extract`. Wenn Sie insgesamt verhindern wollen, dass die Objekte automatisch gelöscht werden, setzen Sie `OwnsObjects` auf `False`.

```
function FindInstanceOf(AClass: TClass; AExact: Boolean = True;
                        AStartAt: Integer = 0): Integer;
```

Liefert den Index der ersten Instanz von `AClass` zurück, die sich nach `AStartAt` im `Items`-Array befindet. Falls `AExact` auf True gesetzt ist, gibt `FindInstanceOf` nur Instanzen von `AClass` selbst zurück, und keine Instanzen untergeordneter Klassen. `FindInstanceOf` gibt den Wert -1 zurück, wenn keine Instanz der angegebenen Klasse gefunden wurde.

Verweise

Siehe TList

TOrderedList

`TObject - TOrderedList`

Beschreibung

`TOrderedList` ist eine abstrakte Klasse, die eine Hülle um einen `TList`-Container implementiert. `TOrderedList` kapselt das eingebettete `TList`-Element und stellt eigene Methoden zur Verfügung, die festlegen, wie auf die Elemente in dem `TList`-Container zugegriffen werden kann.

Push	Legt ein neues Element in der Datenstruktur ab. Intern ruft die Methode die abstrakte Routine `PushItem` auf.
Pop	Löscht das letzte Element aus dem `TList`-Container.
Peek	Liefert das letzte Elemente aus dem `TList`-Container zurück, ohne es zu löschen.

Richtig einsatzfähig wird die Datenstruktur erst dadurch, dass eine abgeleitete Klasse die Routine `PushItem` implementiert und festlegt, wo neue Elemente in die Datenstruktur eingefügt werden. Dafür gibt es zwei Möglichkeiten, die in `TStack` und `TQueue` realisiert sind.

Anwendung

```
TOrderedList = class(TObject)
  private
    FList: TList;
  protected
    procedure PushItem(AItem: Pointer); virtual; abstract;
    function PopItem: Pointer; virtual;
    function PeekItem: Pointer; virtual;
```

```
    property List: TList read FList;
  public
    constructor Create;
    destructor Destroy; override;

    function Count: Integer;
    function AtLeast(ACount: Integer): Boolean;
    procedure Push(AItem: Pointer);
    function Pop: Pointer;
    function Peek: Pointer;
  end;
```

Die meisten Elemente entsprechen den gleichnamigen Elementen aus TList – mit dem einzigen Unterschied, dass nicht auf Pointer-Elementen, sondern TObject-Elementen operiert wird.

Verweise

Siehe TStack, TQueue

TStack und TObjectStack

TObject - TOrderedList - TStack - TObjectStack

Beschreibung

Als Stack (Stapel) bezeichnet man in der Informatik eine Datenstruktur, die nach dem LIFO-Prinzip arbeitet, d.h., das zuletzt eingefügte Element (Last in) ist das erste Element, das wieder ausgelesen wird (First Out).

Um dieses Verhalten zu erreichen, implementiert TStack die Methode PushItem so, dass diese neue Elemente am Ende der zugrunde liegenden Array-Struktur anhängt:

```
procedure TStack.PushItem(AItem: Pointer);
begin
  Stack.Add(AItem);
end;
```

Da die Methoden zum Auslesen (Pop und Peek) ebenfalls auf das letzte Element im zugrunde liegenden Array zugreifen, ergibt sich bei Verwendung von Push, Peek und Pop eine LIFO-Struktur.

TObjectStack

TObjectStack implementiert einen Stack für TObject-Instanzen. Da TObjectStack auf das von TStack geerbte TList-Element zugreift, das mit Pointer-Zeigern operiert, überschreibt TObjectStack die Methoden Push, Peek und Pop und passt sie an die Arbeit mit Objekten an.

TQueue und TObjectQueue

```
TObject - TOrderedList - TQueue - TObjectQueue
```

Beschreibung

Als Queue (Warteschlange) bezeichnet man in der Informatik eine Datenstruktur, die nach dem FIFO-Prinzip arbeitet, d.h., das zuerst eingefügte Element (First in) ist das erste Element, das wieder ausgelesen wird (First Out).

Um dieses Verhalten zu erreichen, implementiert TQueue die Methode PushItem so, dass diese neue Elemente am Anfang der zugrunde liegenden Array-Struktur anhängt:

```
procedure TQueue.PushItem(AItem: Pointer);
begin
  Queue.Insert(0, AItem);
end;
```

Da die Methoden zum Auslesen (Pop und Peek) ebenfalls auf das letzte Element im zugrunde liegenden Array zugreifen, ergibt sich bei Verwendung von Push, Peek und Pop eine FIFO-Struktur.

TObjectQueue

TObjectQueue implementiert einen Stack für TObject-Instanzen. Da TObjectQueue auf das von TQueue geerbte TList-Element zugreift, das mit Pointer-Zeigern operiert, überschreibt TObjectQueue die Methoden Push, Peek und Pop und passt sie an die Arbeit mit Objekten an.

TCollection

```
TObject - TPersistent - TCollection
```

Beschreibung

TCollection ist eine Container-Klasse, die vor allem für die Implementierung von Komponenten-Eigenschaften genutzt wird, die mit einem Kollektionseditor bearbeitet werden sollen.

Anwendung

```
function Add: TCollectionItem;
function Insert(Index: Integer): TCollectionItem;
```

```
procedure Clear;
procedure Delete(Index: Integer);
```

Die TCollection-Methoden zum Einfügen und Löschen von Einträgen aus der Kollektion übernehmen auch gleichzeitig das Erzeugen und Freigeben der Objekte, die eingefügt und gelöscht werden. Aus diesem Grund muss der Container den Typ seiner Elemente kennen:

```
property ItemClass: TCollectionItemClass; // = class of TCollectionItem;
```

Gibt den Basistyp der Elemente im Container an. (Nur Lesen)

```
property Count: Integer;
```

Anzahl der Elemente im Container. (Nur Lesen)

```
property Items[Index: Integer]: TCollectionItem;
function FindItemID(ID: Integer): TCollectionItem;
```

Für den Zugriff auf einzelne Einträge im Container.

Die Basisklasse TCollectionItem definiert wenig mehr als eine Referenz auf den TCollection-Container, in dem die TCollectionItem-Objekte verwaltet werden und den drei Eigenschaften:

- **Index.** Spezifiziert Position des Elements in Container
- **ID.** Eindeutige ID des Elements. Stimmt anfangs mit dem Index überein, was sich aber ändert, sowie Elemente gelöscht und danach neue Elemente hinzugefügt werden (die IDs der gelöschten Elemente werden nämlich nicht neu vergeben).
- **DisplayName.** Bezeichner, der im Kollektionseditor angezeigt wird.

Um Kollektionen für eigene Zwecke zu nutzen,

- leiten Sie zuerst für die Objekte, die in der Kollektion verwaltet werden sollen, eine Klasse von TCollectionItem ab.
- Dann leiten Sie von TCollection eine eigene Klasse ab, die für die Verwaltung der Objekte eingerichtet ist.

Tipp

In der VCL gibt es etliche Beispiele für Kollektionen, beispielsweise TParams (aus *DB.pas*), dem Typ der Eigenschaft TQuery.Params oder TStatusPanels (aus *comctrls.pas*), dem Typ der Eigenschaft TStatusBar.Panels.

Sonstige Klassen

TApplication

`TObject` - `TPersistent` - `TComponent` - `TApplication`

Beschreibung

`TApplication` ist zwar eine Komponente, doch wird diese Klasse nicht in der Komponentenpalette angezeigt (dort findet sich lediglich die Komponente `TApplicationEvents`, Seite *Zusätzlich*, die die Bearbeitung der Anwendungsereignisse erleichtert).

Instanzen von `TApplication` dienen dazu, eine Windows-Anwendung zu repräsentieren. Für jede Windows-Anwendung erzeugt Delphi daher automatisch ein `TApplication`-Objekt, das in der globalen Variable `Application` angelegt wird.

Über die Eigenschaften, Methoden und Ereignisse von `TApplication` kann die Anwendung verwaltet und gesteuert werden. Einstellungen, die mit dem Erscheinungsbild der Anwendung zu tun haben, sind dagegen in der globalen Variable Screen (vom Typ `TScreen`) definiert.

Die wichtigsten Aufgabengebiete von `TApplication` sind:

- Einrichtung und Verwaltung der Anwendung
- Hilfesystem
- Globale Botschaftsverarbeitung
- Globale Exception-Behandlung

Einrichtung und Verwaltung der Anwendung

`property Active: Boolean;`

Ist `True`, wenn die Anwendung aktiv ist, d.h., wenn ein Fenster der Anwendung den Eingabefokus hat.

`property DialogHandle: HWnd;`

Indem Sie Handles nichtmodaler Dialogfenster, die nicht mit Hilfe der VCL implementiert wurden, an `DialogHandle` zuweisen, sorgen Sie dafür, dass das Dialogfenster Botschaften empfangen kann, die über die Warteschlange der Anwendung laufen.

`property ExeName: string;`

Name und Pfad der EXE-Datei der Anwendung (Nur Lesen).

property Handle: HWND;

Handle des Hauptfensters der Anwendung. Kann direkt oder über die Seite *Formulare* der Projektoptionen zugewiesen werden.

property Icon: TIcon;

Symbol der Anwendung. Kann direkt oder über die Seite *Anwendung* der Projektoptionen zugewiesen werden.

property MainForm: TForm;

Referenz auf das Hauptfenster der Anwendung. Kann direkt oder über die Seite *Formulare* der Projektoptionen zugewiesen werden.

property ShowMainForm: Boolean;

Ist diese Eigenschaft True, wird das Hauptfenster direkt beim Start der Anwendung angezeigt.

property Terminated: Boolean;

Liefert True, wenn die Anwendung beendet werden soll. Ist dazu gedacht, während der Ausführung rechenintensiver Operationen abzufragen, ob der Anwender die Geduld verloren hat und die Anwendung beenden will.

property Title: string;

Titel der Anwendung. Wird in der Task-Leiste angezeigt. Kann direkt oder über die Seite *Anwendung* der Projektoptionen zugewiesen werden.

property UpdateFormatSettings: Boolean;

Ist diese Eigenschaft True, wirken sich Änderungen in den länderspezifischen Windows-Einstellungen (Gebietsschemata) auf die Formatierungsroutinen der Anwendung aus. Ist die Eigenschaft False, werden die lokalen Einstellungen beibehalten, die beim Start der Anwendung gültig waren.

property UpdateMetricSettings: Boolean;

Ist diese Eigenschaft True, wirken sich Änderungen in den Windows-Bildschirmeinstellungen (große oder kleine Schriften) auf die Beschriftung der Hinweistexte und Symbolschalter aus.

procedure BringToFront;

Bringt das zuletzt aktive Fenster in den Vordergrund.

```
procedure CreateForm(FormClass: TFormClass; var Reference);
```
Erzeugt ein neues Fenster. Das Fenster, das mit dem ersten Aufruf von `Create-`
`Form` erzeugt wird, wird zum Hauptfenster der Anwendung und beim Programmstart automatisch angezeigt.

```
procedure HookMainWindow(Hook: TWindowHook);
```
Ermöglicht es Dialogfenstern, die nicht mit Hilfe der VCL implementiert wurden, Botschaften zu empfangen, die über die Warteschlange der Anwendung
laufen.

```
procedure Initalize;
```
Bietet die Möglichkeit, Subsysteme zu initialisieren.

```
function MessageBox(const Text, Caption: PChar; Flags: Longint): Integer;
```
Zur Anzeige eines Meldungsfensters.

```
procedure Minimize;
```
Minimiert die Anwendung (Anzeige in Task-leiste).

```
procedure NormalizeAllTopMosts;
```
Topmost-Fenster sind Fenster, die stets über Nicht-Topmost-Fenstern, die keine
Kindfenster sind, angezeigt werden (von diesen also nicht überlappt werden
können). Mit dieser Methode können Sie dieses Verhalten (auch für das Hauptfenster der Anwendung) abschalten.

```
procedure NormalizeTopMosts;
```
Wie `NormalizeAllTopMost`, betrifft aber nicht das Hauptfenster.

```
procedure Restore;
```
Bringt ein minimiertes Hauptfenster wieder auf Normalgröße.

```
procedure RestoreTopMosts;
```
Hebt den Effekt von `NormalizeTopMost` und `NormalizeAllTopMost` auf.

```
procedure Run;
```
Sorgt für den Eintritt in die Message Loop der Anwendung.

```
procedure Terminate;
```
Beendet eine Anwendung.

```
procedure UnhookMainWindow(Hook: TWindowHook);
```
Hebt den Effekt von `HookMainWindow` auf.

property OnActionExecute: TActionEvent;

Ereignis, das ausgelöst wird, wenn die Methode Execute einer Aktion aufgerufen wird und deren Aktionsliste das Ereignis nicht bereits behandelt hat.

property OnActionUpdate: TActionEvent;

Ereignis, das ausgelöst wird, wenn die Methode Update einer Aktion aufgerufen wird und deren Aktionsliste das Ereignis nicht bereits behandelt hat.

property OnActivate: TNotifyEvent;

Ereignis, das ausgelöst wird, wenn die Anwendung gestartet wird oder wieder den Fokus erhält (nachdem der Anwender zuvor mit einer anderen Anwendung gearbeitet hat).

property OnDeactivate: TNotifyEvent;

Ereignis, das ausgelöst wird, wenn die Anwendung deaktiviert wird, weil der Anwender zu einer anderen Anwendung wechselt.

property OnMinimize: TNotifyEvent;

Ereignis, das ausgelöst wird, wenn die Anwendung minimiert wird.

property OnRestore: TNotifyEvent;

Ereignis, das ausgelöst wird, wenn eine minimierte Anwendung auf Normalgröße gebracht wird.

property OnShortCut: TShortCutEvent;

Ereignis, das ausgelöst wird, wenn eine Taste gedrückt wird. Die Ereignisbehandlungsroutine setzt vor der Behandlung durch die entsprechenden Ereignisse des Formulars oder der Steuerelemente ein.

Hilfesystem

property CurrentHelpFile: string;

Liefert den Namen der aktuellen Hilfedatei zurück (Nur Lesen).

property HelpFile: string;

Hilfedatei der Anwendung. Kann direkt oder über die Seite *Anwendung* der Projektoptionen zugewiesen werden.

property Hint: string;

Bekommt während der Ausführung der Anwendung fortlaufend den Kurzhinweistext des Steuerelements zugewiesen, über dem sich gerade der Mauszeiger befindet. Wird üblicherweise in der Ereignisbehandlungsroutine zu OnHint verwendet.

property HintColor: TColor;

Farbe der Hinweisfelder.

property HintHidePause: Integer;

Gibt an, wie lange Kurzhinweise angezeigt werden (in Millisekunden, Standard 2500).

property HintPause: Integer;

Gibt an, wie lange es dauert, bis ein Kurzhinweis angezeigt wird (in Millisekunden, Standard 2500).

property HintShortCuts: Boolean;

Legt fest, ob in Kurzhinweisen Tastaturkürzel angezeigt werden sollen.

property HintShortPause: Integer;

Gibt an, wie lange es dauert, bis ein Kurzhinweis eingeblendet wird, wenn noch ein anderer Hinweis angezeigt wird (in Millisekunden, Standard 50).

property ShowHint: Boolean;

Aktiviert (True) oder deaktiviert (False) die Anzeige von Kurzhinweisen für die gesamte Anwendung.

procedure ActivateHint(CursorPos: TPoint);

Zeigt den Hinweistext zu dem Steuerelement an, das sich unter der angegebenen Cursor-Position befindet.

function HelpCommand(Command: Word; Data: Longint): Boolean;

Zum Abschicken von Winhelp-Hilfebefehlen an OnHelp oder das Windows-Hilfesystem.

function HelpContext(Context: THelpContext): Boolean;

Zum Anzeigen eines konkreten Hilfethemas.

function HelpJump(const JumpID: string): Boolean;

Zum Anzeigen eines konkreten Hilfethemas.

```
property OnHelp: THelpEvent;
```

Ereignis, das ausgelöst wird, wenn die Hilfe aufgerufen wird.

```
(THelpEvent = function (Command: Word; Data: Longint;
                        var CallHelp: Boolean): Boolean of object;)
```

```
property OnHint: TNotifyEvent;
```

Ereignis, das ausgelöst wird, wenn ein Kurzhinweis zu einem Steuerelement angezeigt werden soll.

```
property OnShowHint: TShowHintEvent;
```

Ereignis, das ausgelöst wird, bevor ein Kurzhinweis angezeigt wird.

```
(TShowHintEvent = procedure (var HintStr: string;
                        var CanShow: Boolean;
                        var HintInfo: THintInfo) of object;)
```

Globale Botschaftsverarbeitung

```
procedure HandleMessage;
```

Unterbricht die Ausführung einer Anwendung und gibt Windows die Gelegenheit, eine Botschaft aus der Windows-Botschaften-Warteschlange zu verarbeiten. Liegt keine Botschaft vor, wird `OnIdle` aufgerufen. Zur Unterbrechung rechenintensiver Operationen verwendet man besser `ProccessMessage`.

```
procedure ProcessMessages;
```

Unterbricht die Ausführung einer Operation und erlaubt Windows das Verarbeiten von Botschaften aus der Botschaftenwarteschlange. In rechenintensiven Code-Abchnitten sollten Sie diese Methode regelmäßig aufrufen, damit die Anwendung weiter auf Benutzereingaben reagieren kann.

```
property OnIdle: TIdleEvent;
```

Ereignis, das ausgelöst wird, wenn keine abzuarbeitenden Botschaften für die Anwendung vorliegen (die Anwendung also nichts anderes zu tun hat).

```
(TIdleEvent = procedure (Sender: TObject; var Done: Boolean)
                        of object;)
```

```
property OnMessage: TMessageEvent;
```

Ereignis, das ausgelöst wird, wenn die Anwendung eine Windows-Botschaft empfängt.

```
(TMessageEvent = procedure (var Msg: TMsg; var Handled: Boolean)
                        of object;)
```

Globale Exception-Behandlung

`procedure HandleException(Sender: TObject);`

Wird automatisch aufgerufen, wenn eine nicht-behandelte Exception aufgetreten ist. Standardmäßig (außer für EAbort) ruft die Methode die Ereignisbehandlungsroutine zu `OnException` auf. Ist eine solche nicht vorhanden, wird ShowException aufgerufen. Sie können diese Methode überschreiben, um die Behandlung nichtbehandelter Exceptions anzupassen.

`procedure ShowException(E: Exception);`

Zeigt ein Meldungsfenster zu einer Exception an. Wird automatisch von `Handle-Exception` aufgerufen, wenn keine Ereignisbehandlungsroutine zu `OnException` vorgesehen ist.

`property OnException: TExceptionEvent;`

Ereignis, das ausgelöst wird, wenn eine unbehandelte Exception auftritt.

```
(TExceptionEvent = procedure (Sender: TObject; E: Exception)
                             of object)
```

Tipp

Nutzen Sie zur Konfiguration der Anwendung auch die Seiten *Anwendung* und *Formulare* der Projektoptionen.

Die Einrichtung von Ereignisbehandlungsroutinen für `TApplication`-Ereignisse vereinfacht sich, wenn Sie die Komponente `ApplicationsEvent` der Seite *Zusätzlich* in Ihr Hauptformular aufnehmen.

Verweise

Siehe Delphi-Programmierumgebung, Konzeption der RAD-Umgebung, Projektquelltext
Siehe Praxisteil, Kategorie Ereignisbehandlung, Ereignisse des Anwendungsobjekts
Siehe Praxisteil, Kategorie Hilfeprogrammierung

TScreen

`TObject - TPersistent - TComponent - TScreen`

Beschreibung

TScreen ist zwar eine Komponente, doch wird diese Klasse nicht in der Komponentenpalette angezeigt, da es unsinnig ist, eine TScreen-Instanz in ein Formular einzubetten. Stattdessen erzeugt Delphi für jede Anwendung eine globales TScreen-Objekt und weist dieses der globalen Variablen Screen zu.

Über die Variable Screen kann das Erscheinungsbild der Anwendung gesteuert und verwaltet werden. Dies betrifft

- den Bildschirm,
- die Formulare,
- den Cursor,
- die Schriften.

Bildschirm

```
property DesktopHeight: Integer;
property DesktopLeft: Integer;
property DesktopTop: Integer;
property DesktopWidth: Integer;
```
Koordinaten des Desktops im Vergleich zu den Ecken des Bildschirms (für Systeme mit einem Bildschirm sind die Werte für Desktop und Bildschirm identisch). (Nur Lesen)

```
property Height: Integer;
```
Höhe des Bildschirms in Pixeln.

```
property MonitorCount: Integer;
```
Anzahl der verwendeten Bildschirme. (Nur Lesen)

```
property Monitors[Index: Integer]: TMonitor;
```
Liste der eingerichteten Monitore. (Nur Lesen)

```
property PixelsPerInch: Integer;
```
Gibt an, wie viele Pixel in einem vertikalen Zoll des Bildschirms liegen.

```
property Width: Integer;
```
Breite des Bildschirms in Pixeln.

Formulare

```
property ActiveControl: TWinControl;
```
Verweis auf das Steuerelement, das gerade den Eingabefokus hat. (Nur Lesen)

```
property ActiveCustomForm: TCustomForm;
```
Verweis auf das Formular (oder eine Eigenschaftsseite), das gerade den Eingabefokus hat. (Nur Lesen)

```
property ActiveForm: TForm;
```
Verweis auf das Formular, das gerade den Eingabefokus hat. (Nur Lesen)

```
property CustomFormCount: Integer;
```
Zahl der angezeigten Fenster und Eigenschaftsseiten. (Nur Lesen)

```
property CustomForms[Index: Integer]: TCustomForm;
```
Liste der zur Anwendung gehörenden Fenster und Eigenschaftsseiten. (Nur Lesen)

```
property DataModuleCount: Integer;
```
Zahl der angelegten Datenmodule (Nur Lesen).

```
property DataModules[Index: Integer]: TDataModule;
```
Liste der zur Anwendung gehörenden Datenmodule. (Nur Lesen)

```
property FormCount: Integer;
```
Anzahl der angezeigten Formulare. (Nur Lesen)

```
property Forms[Index: Integer]: TForm;
```
Liste der angezeigten Formulare. (Nur Lesen)

```
procedure DisableAlign;
```
Unterbindet die Ausrichtung der Fenster auf dem Bildschirm.

```
procedure EnableAlign;
```
Hebt DisableAlign-Befehl auf.

```
procedure Realign;
```
Richtet Formulare gemäß ihrer Align-Eigenschaft auf dem Bildschirm aus.

```
property OnActiveFormChange: TNotifyEvent;
```
Ereignis, das ausgelöst wird, nachdem in einer Anwendung mit mehreren Fenstern der Eingabefokus von einem Fenster der Anwendung an ein anderes weitergereicht wurde.

```
property OnActiveControlChange: TNotifyEvent;
```
Ereignis, das ausgelöst wird, nachdem der Eingabefokus von einem Steuerelement an ein anderes weitergereicht wurde.

Cursor

property Cursor: TCursor;
> Darstellung des Mauszeigers.

property Cursors[Index: Integer]: HCursor;
> Liste der für die Anwendung verfügbaren Mauszeiger.

Schriften

property Fonts: TStrings;
> Liste der installierten und verfügbaren Schriften. (Nur Lesen)

property HintFont: TFont;
> Schriftart für Kurzhinweise.

property IconFont: TFont;
> Schriftart für Symbolbeschriftungen.

property MenuFont: TFont;
> Schriftart für Menübefehle.

procedure ResetFonts;
> Aktualisiert die Eigenschaft Fonts.

Sonstiges

property DefaultIme: string;
> IME (Input Method Editor), der bei Erstellung des TScreen-Objekts aktiv war. Ein IME ist ein Eingabe-Tool für asiatische Sprachzeichen, das alle Tastatureingaben in einem Konvertierungsfenster in asiatische Zeichen umwandelt. (Nur Lesen)

property DefaultKbLayout: HKL;
> Tastaturlayout, das beim Start der Anwendung aktiv war. (Nur Lesen)

property Imes: TStrings;
> Liste der auf dem System installierten IMEs. (Nur Lesen)

Verweise

Siehe Delphi-Programmierumgebung, Kategorie Programmerstellung, Ressourcen

TForm

```
TObject - TPersistent - TComponent - TControl - TWinControl - TScrollingWin-
Control - TCustomForm
```

Beschreibung

Anwendungsfenster und Dialoge werden von TForm abgeleitet und können wie normale Komponenten über den Objektinspektor bearbeitet werden.

TForm enthält unter anderem Eigenschaften und Methoden

- zur Abfrage von Statusinformationen;
- zur Darstellung des Fensters;
- zur Verwaltung eingebetteter Komponenten;
- zur Unterstützung von MDI-Anwendungen
- etc.

Statusinformationen

```
property Active: Boolean;
```
> True, wenn das Fenster den Fokus hat. (Nur Lesen)

```
property DropTarget: Boolean;
```
> True, wenn das Formular Ziel einer Drag&Drop-Operation ist.

```
property Floating: Boolean;
```
> True, wenn es sich um ein frei schwebendes Fenster handelt, False, wenn das Fenster angedockt ist. (Nur Lesen)

```
property FormState: TFormState;
```
> Status des Fensters. (Nur Lesen)

Wert	Bedeutung
fsCreating	Der Konstruktor des Formulars wird gerade ausgeführt.
fsVisible	Das Fenster des Formulars ist sichtbar. Dieser Status wird zur Aktualisierung der Eigenschaft Visible verwendet.
fsShowing	Die Eigenschaft WindowState des Formulars ändert sich. Mit diesem Status kann verhindert werden, dass eine Änderung von WindowState zu Konflikten mit Operationen führt, die gerade ausgeführt werden.
fsModal	Das Formular wurde als modales Fenster erstellt.
fsCreatedMDIChild	Das Formular ist ein übergeordnetes MDI-Fenster. Dieser Status wird nur einmal gesetzt, und zwar nachdem das MDI-Client-Fenster erzeugt wurde.

Wert	Bedeutung
fsActivated	Das Formular hat eine CM_ACTIVATE-Botschaft empfangen (weil es den Fokus erhielt oder die Anwendung aktiv wurde), hat aber noch nicht die Methode Activate zum Generieren eines OnActivate-Ereignisses aufgerufen.

property FormStyle: TFormStyle;

Stil des Fensters.

Wert	Bedeutung
fsNormal	Das Formular ist weder ein übergeordnetes noch ein untergeordnetes MDI-Fenster.
fsMDIChild	Das Formular ist ein untergeordnetes MDI-Fenster.
fsMDIForm	Das Formular ist ein übergeordnetes MDI-Fenster.
fsStayOnTop	Das Formular bleibt immer im Vordergrund, es sei denn, bei anderen Fenstern ist FormStyle auch auf fsStayOnTop gesetzt. Wenn ein fsStayOnTop-Formular ein anderes fsStayOnTop-Formular aufruft, bleibt keines der beiden dauerhaft im Vordergrund.

property Parent: TWinControl;

Referenz auf das übergeordnete Fenster.

Darstellung des Fensters

property BorderIcons:TBorderIcons;

Symbole in der Titelleiste des Fensters.

Wert	Bedeutung
biSystemMenu	Steuerungsmenü (Systemmenü)
biMinimize	Minimieren-Schaltfläche (Symbol)
biMaximize	Maximieren-Schaltfläche (Vollbild)
biHelp	Hilfetexte werden im Formular in einem Popup-Fenster angezeigt und nicht im Hilfe-Hauptfenster. Werden die Konstanten biMinimize und biMaximize nicht angegeben, erscheint in der Titelleiste ein Fragezeichen. Ansonsten wird kein Fragezeichen angezeigt.

property BorderStyle: TFormBorderStyle;

Aussehen und Funktionalität des Fensterrahmens.

Wert	Bedeutung
bsDialog	Standardrahmen ohne Größenänderung.
bsSingle	Einfacher Rahmen ohne Größenänderung.

Wert	Bedeutung
bsNone	Kein sichtbarer Rahmen, keine Größenänderung.
bsSizeable	Standardrahmen mit Größenänderung.
bsToolWindow	Wie bsSingle, jedoch mit kleinerer Titelleiste.
bsSizeToolWin	Wie bsSizeable, jedoch mit kleinerer Titelleiste.

```
property Canvas: TCanvas;
```
Zeichenfläche des Fensters. (Nur Lesen)

```
property ClientHeight: Integer;
```
Höhe des Clientbereichs (freie Fläche innerhalb des Formularrahmens) des Fensters (in Pixel).

```
property ClientRect: TRect;
```
Rechteck des Clientbereichs des Fensters. (Nur Lesen)

```
property ClientWidth: Integer;
```
Höhe des Clientbereichs des Fensters (in Pixel).

```
property Icon: TIcon;
```
Symbol, das für das minimierte Fenster verwendet werden soll.

```
property Menu: TMainMenu;
```
Referenz auf das Hauptmenü des Formulars.

```
property PixelsPerInch: Integer;
```
Gibt an, wie viel Pixel pro Inch für die Darstellung des Fensters verwendet werden sollen (wird verwendet, wenn Scaled auf True gesetzt ist).

```
property Position: TPosition;
```
Bestimmt Größe und Positionierung des Fensters.

Wert	Bedeutung
poDesigned	Das Formular wird mit der während des Entwurfs festgelegten Größe und Position angezeigt.
poDefault	Größe und Position des Formulars werden von Windows festgelegt.
poDefaultPosOnly	Das Formular wird mit der während des Entwurfs festgelegten Größe angezeigt, jedoch wird seine Position von Windows bestimmt.
poDefaultSizeOnly	Das Formular wird an der während des Entwurfs festgelegten Position angezeigt, jedoch wird seine Größe von Windows bestimmt.

Wert	Bedeutung
poScreenCenter	Das Formular wird mit der während des Entwurfs festgelegten Größe in der Mitte des Bildschirms angezeigt.
poDesktopCenter	Das Formular behält die Größe bei, die es während des Entwurfs hatte, wird aber in der Mitte des Bildschirms angezeigt.
poMainFormCenter	Das Formular behält die Größe bei, die es während des Entwurfs hatte, wird aber in der Mitte des Hauptformulars der Anwendung angezeigt.
poOwnerFormCenter	Das Formular behält die Größe bei, die es während des Entwurfs hatte, wird aber in der Mitte des in der Eigenschaft Owner angegebenen Formulars angezeigt.

`property PrintScale: TPrintScale;`

Bestimmt die Abmessungen des gedruckten Formulars.

Wert	Bedeutung
poNone	Es werden keine Skalierungen durchgeführt. Der Ausdruck kann daher im Vergleich zur Bildschirmanzeige gestaucht oder gedehnt erscheinen.
poProportional	Das Formular wird so gedruckt, dass Ausdruck und Bildschirmanzeige annähernd identisch sind (WYSIWYG). Dabei wird das Formular so skaliert, dass es in etwa die gleiche Größe wie auf dem Bildschirm hat.
poPrintToFit	Das Formular wird mit den gleichen Proportionen wie auf dem Bildschirm gedruckt. Seine Größe wird jedoch so geändert, dass es genau auf die gedruckte Seite passt.

`property Scaled: Boolean;`

Ist diese Eigenschaft auf `True` gesetzt, wird das Formular gemäß dem Wert in `PixelPerInch` skaliert. (Voreinstellung ist `False`).

`property Visible: Boolean;`

Ist die Eigenschaft gleich `True`, wird das Fenster angezeigt. Wenn Sie `Visible` auf `False` setzen, wird das Fenster verborgen.

`property WindowState: TWindowState;`

Gibt an, in welcher Form das Fenster auf dem Bildschirm erscheinen soll.

Wert	Bedeutung
wsNormal	Das Formular besitzt seinen normalen Status (weder minimiert noch maximiert).
wsMinimized	Das Formular ist minimiert.
wsMaximized	Das Formular ist maximiert.

```
procedure Close;
```
Schließt ein Fenster. Wird das Hauptfenster geschlossen, wird die Anwendung beendet.

```
function GetFormImage: TBitmap;
```
Liefert ein Abbild des Formulars als Bitmap zurück.

```
procedure Hide;
```
Verbirgt das Formular (das Gleiche wie `Visible := False`).

```
procedure Print; virtual;
```
Druckt das Formular.

```
procedure Show;
```
Zeigt das Formular an (das Gleiche wie `Visible := True`).

```
function ShowModal: Integer; virtual;
```
Zeigt ein modales Dialogfeld an.

Eingebettete Komponenten

```
property ActiveControl: TWinControl;
```
Referenz auf das Steuerelement im Fenster, das den Eingabefokus hat.

```
procedure FocusControl(Control: TWinControl);
```
Übergibt dem spezifizierten Steuerelement den Fokus.

```
property ComponentCount: Integer;
```
Anzahl der untergeordneten Komponenten. (Nur Lesen, abgeleitet von `TCompo-nent`)

```
property Components[Index: Integer]: TComponent;
```
Liste der im Formular eingebetteten Komponenten. (Abgeleitet von `TComponent`)

Unterstützung für MDI-Anwendungen

```
property ActiveMDIChild: TForm;
```
Referenz auf das untergeordnete MDI-Fenster, das den Fokus hat. (Nur Lesen)

```
property ClientHandle: HWND;
```
Handle des internen MDI-Client-Fensters des Formulars. (Nur Lesen)

`property MDIChildCount: Integer;`

Anzahl der untergeordneten MDI-Kindfenster. (Nur Lesen)

`property MDIChildren[I: Integer]: TForm;`

Liste der untergeordneten MDI-Kindfenster. (Nur Lesen)

`property TileMode: TTileMode;`

Legt fest, wie MDI-Kindfenster bei Aufruf der Methode `Tile` arrangiert werden.

Wert	Bedeutung
tbHorizontal	Jedes untergeordnete Formular erhält die Breite des übergeordneten Fensters.
tbVertical	Jedes untergeordnete Formular erhält die Höhe des übergeordneten Fensters.

`property WindowMenu: TMenuItem;`

Referenz auf das Fenster-Menü des übergeordneten MDI-Formulars.

`procedure ArrangeIcons;`

Ordnet zu Symbolen verkleinerte MDI-Kindfenster.

`procedure Cascade;`

Ordnet MDI-Kindfenster überlappend an.

`procedure Next;`

Aktiviert das nächste MDI-Kindfenster.

`procedure Previous;`

Aktiviert das vorangehende MDI-Kindfenster.

`procedure Tile;`

Ordnet MDI-Kindfenster nebeneinander an.

Ereignisbehandlung

`property KeyPreview: Boolean;`

Ist diese Eigenschaft auf `True` gesetzt, werden Tastaturereignisse, die an Steuerelemente gerichtet sind (`ActiveControl`) zuerst vom Formular abgefangen.

`property ModalResult: TModalResult;`

Rückgabewert von modalen Dialogfenstern.

Konstante	Wert	Bedeutung
mrNone	0	Kein Wert. Wird als Vorgabewert verwendet, bevor der Benutzer das Dialogfeld verlässt.
mrOk	idOK	Der Benutzer verlässt das Dialogfeld mit der Schaltfläche OK.
mrCancel	idCancel	Der Benutzer verlässt das Dialogfeld mit der Schaltfläche Abbrechen.
mrAbort	idAbort	Der Benutzer verlässt das Dialogfeld mit der Schaltfläche Abbrechen.
mrRetry	idRetry	Der Benutzer verlässt das Dialogfeld mit der Schaltfläche Wiederholen.
mrIgnore	idIgnore	Der Benutzer verlässt das Dialogfeld mit der Schaltfläche Ignorieren.
mrYes	idYes	Der Benutzer verlässt das Dialogfeld mit der Schaltfläche Ja.
mrNo	idNo	Der Benutzer verlässt das Dialogfeld mit der Schaltfläche Nein.
mrAll	mrNo + 1	Wird zur Festlegung der letzten vordefinierten Konstante verwendet.

property OldCreateOrder: Boolean;

Wenn OldCreateOrder den Wert False hat (Voreinstellung), tritt das Ereignis OnCreate nach der Ausführung aller Konstruktoren (Konstruktor des Formulars, Basisklassenkonstruktoren, Konstruktoren der eingebetteten Elemente) ein (d.h., alle Komponenten des Formulars sind erzeugt und können angesprochen werden). Das Ereignis OnDestroy tritt ein, bevor ein Destruktor aufgerufen wird. Vor Delphi 4 war dies nicht der Fall. Setzen Sie bei Verwendung älterer Formulare die Eigenschaft auf True.

Die Eigenschaft ist nicht published, kann also nicht über den Objektinspektor gesetzt werden. Um Sie trotzdem noch zur Entwurfszeit auf True setzen zu können (falls Sie dies wünschen), bearbeiten Sie die Eigenschaft in der DFM-Datei des Formulars (Befehl *Ansicht als Text* im Kontextmenü des Formulars).

Die folgende Tabelle gibt Ihnen eine Übersicht darüber, in welcher Reihenfolge die Formular-Ereignisse bei der Erzeugung und Auflösung eines Formulars ausgelöst werden:

OldCreateOrder = False	OldCreateOrder = True
Das Fenster wird erzeugt	
DFM-Datei	DFM-Datei
Konstruktor	Konstuktor
Basisklassenkonstruktoren	Basisklassenkonstruktoren
Konstruktor	OnCreate
OnCreate	Basisklassenkonstruktoren

OldCreateOrder = False	OldCreateOrder = True
	Konstruktoren
OnShow	OnShow
OnPaint	OnPaint
On Activate	OnActivate
Das Fenster wird geschlossen	
OnCloseQuery	OnCloseQuery
OnClose	OnClose
OnHide	OnHide
	Destruktor
OnDestroy	Basisklassendestruktor
Destruktor	OnDestroy
Basisklassendestruktoren	Basisklassendestruktor
Destruktor	Destruktor

```
property OnActivate: TNotifyEvent;
```
Wird ausgelöst, wenn das Formular den Fokus erhält.

```
property OnClose: TCloseEvent;
```
Wird beim Schließen des Fensters ausgelöst.

```
(TCloseEvent = procedure(Sender: TObject; var Action: TCloseAction)
                      of object;
 TCloseAction = (caNone, caHide, caFree, caMinimize);)
```

```
property OnCloseQuery: TCloseQueryEvent;
```
Wird vor dem Schließen des Fensters ausgelöst. Ermöglicht Abfragen, ob Fenster wirklich geschlossen werden sollen.

```
property OnCreate: TNotifyEvent;
```
Wird beim Erzeugen des Formulars ausgelöst.

```
property OnDeactivate: TNotifyEvent;
```
Wird bei Deaktivierung des Formulars ausgelöst. (Wenn ein anderes Formular der gleichen Anwendung den Fokus erhält.)

```
property OnHelp: THelpEvent;
```
Wird ausgelöst, wenn das Formular eine Hilfe-Anforderung erhält.

```
(THelpEvent = function (Command: Word; Data: Longint;
                   var CallHelp: Boolean): Boolean of object;)
```

property OnHide: TNotifyEvent;

Wird ausgelöst, wenn das Formular verborgen wird.

property OnPaint: TNotifyEvent;

Wird ausgelöst, wenn das Formular eine Aufforderung zum Neuzeichnen erhält. Windows kann Fenster eigenständig verschieben, aber es kann nicht den Fensterinhalt (Client-Bereich) rekonstruieren. Sollte dies erforderlich sein, schickt Windows eine WM_PAINT-Botschaft an das Fenster. Dies löst das OnPaint-Ereignis aus. Setzen Sie in der Ereignisbehandlungsroutine zu diesem Ereignis den Code zum Zeichnen des Client-Bereichs auf.

property OnShortCut: TShortCutEvent;

Wird ausgelöst, wenn der Anwender eine Taste drückt. Setzen Sie den Handled-Parameter auf True, wenn das Ereignis nicht mehr weitergereicht werden soll.

```
(TShortCutEvent = procedure (var Msg: TWMKey; var Handled: Boolean)
                           of object;)
```

property OnShow: TNotifyEvent;

Wird ausgelöst, wenn das Formular angezeigt wird.

Verweise

Siehe Die Delphi-Programmierumgebung, Konzeption der RAD-Umgebung, Fenster und Formulare
Siehe Praxisteil, Kategorien Fenster, Ereignisbehandlung und MDI-Anwendungen

TPrinter

TObject - TPrinter

Beschreibung

Klasse zur Kapselung von Druckvorgängen.

Anwendung

Wenn Sie einen Druck starten wollen, müssen Sie zuerst eine Instanz von TPrinter erzeugen.

1. Nehmen Sie die Unit Printers in die uses-Klausel Ihrer Unit auf.

2. Rufen Sie nicht die Create-Methode von TPrinter auf, sondern die globale Funktion Printer.

function Printer: TPrinter;

Diese Funktion erzeugt beim ersten Aufruf eine passende `TPrinter`-Instanz und liefert diese zurück. Alle nachfolgenden Aufrufe liefern eine Referenz auf die bestehende Instanz.

3. Konfigurieren Sie den Druck. Bearbeiten Sie dazu die Eigenschaften des `Printers`-Objekts (`Copies`, `Orientation`, `PageHeight`, `PageWidth`, `Title`). Gegebenenfalls fragen Sie die Einstellungen mit Hilfe der Drukker-Dialoge vom Anwender ab.

4. Führen Sie den Druck durch. Für die Auswahl der Seiten verwenden Sie die Methoden `BeginDoc`, `Newpage` und `EndDoc`. Die Druckausgabe erfolgt auf `Printer.Canvas`.

Weitere Eigenschaften von `TPrinter` informieren Sie über die Ressourcen, die auf dem aktuellen System verfügbar sind:

`property Printers: TStrings;`

Liste der Drucker, die installiert sind.

`property Fonts: TStrings;`

Liste der Schriftarten, die von dem aktuellen Drucker unterstützt werden.

`property PrinterIndex: Integer;`

Index des aktuellen Druckers.

`property Capabilities: TPrinterCapabilities;`

Liefert die aktuell eingestellten Werte zu Anzahl Kopien, Ausrichtung und Sortierung des aktuell verwendeten Druckertreibers.

```
(TPrinterCapabilities = set of (pcCopies, pcOrientation,
                                pcCollation);)
```

`property Printing: Boolean;`

`True`, wenn gerade ein Druckauftrag ausgeführt wird.

Verweise

Siehe TCanvas
Siehe Praxisteil, Kategorie Fenster und Komponenten, Fenster drucken
Siehe Praxisteil, Kategorie Grafik- und Spieleprogrammierung, Bilder drucken
Siehe Praxisteil, Kategorie Text, Datei drucken

TMouse

```
TObject - TMouse
```

Beschreibung

Delphi erzeugt beim Start der Anwendung ein Objekt von TMouse, in der Informationen über die installierte Maus abgelegt werden. Dieses Objekt wird der globalen Instanz Mouse zugewiesen.

Anwendung

```
property Capture: HWND;
```
Handle des Fensters, das gegenwärtig die Mausereignisse empfängt.

```
property CursorPos: TPoint;
```
Aktuelle Position des Mauszeigers.

```
property DragImmediate: Boolean;
```
True, wenn das Drücken der linken Maustaste sofort ein Drag-Ereignis auslöst wird. Geschieht ansonsten erst, nachdem die Maus mit gedrückter Maustaste um eine bestimmte Pixelzahl verschoben wurde (siehe DragThreshold). (Nur Lesen)

```
property DragThreshold: Integer;
```
Gibt an, um wie viele Pixel die Maus mit gedrückter linker Maustaste bewegt werden muss, damit ein Drag-Ereignis ausgelöst wird. (Nur Lesen)

```
property MousePresent: Boolean;
```
Zeigt an, ob eine Maus installiert ist. (Nur Lesen)

```
property RegWheelMessage: UINT;
```
Gibt an, welche Windows-Botschaft beim Drehen des Mausrades gesendet wird. (Nur Lesen)

```
property WheelPresent: Boolean;
```
Gibt an, ob die installierte Maus über ein Rad (MouseWheel) verfügt. (Nur Lesen)

```
property WheelScrollLines: Integer;
```
Gibt an, um wie viele Zeilen der Bildschirminhalt verschoben wird, wenn das Mausrad um eine Rasterung gedreht wird. (Nur Lesen)

Praxisteil

Kategorie: Object Pascal

Größe dynamischer Arrays ändern

array of Typ

Anwendung

Die dynamischen Arrays wurden Ihnen bereits in der Object Pascal-Referenz vorgestellt. Ihr großer Vorteil besteht darin, dass die Größe des Arrays erst zur Laufzeit des Programms mit Hilfe der Prozedur SetLength festgelegt werden muss (siehe Object Pascal-Referenz, Datentypen, Array-Typ).

Darüber hinaus ist es aber auch möglich, die Größe eines Arrays im Laufe des Programms anzupassen.

Umsetzung

Um die Größe eines dynamischen Arrays zu verändern, verwenden wir wiederum SetLength und geben als zweiten Parameter die neue Größe des Arrays an.

- Wird der Speicherbereich verkleinert, ruft SetLength intern die Routine ReallocMem auf, um den Speicher neu zu organisieren – die führenden Elemente im Array bleiben daher erhalten, die überflüssigen Elemente werden hinten abgeschnitten.
- Wird der Speicherbereich vergrößert, ruft SetLength intern die Routine GetMem auf, um den Speicher gänzlich neu zu allokieren und die alten Elemente in den Speicherbereich des neuen Arrays zu kopieren.

Es ist also in jedem Fall sichergestellt, dass alte Werte erhalten bleiben und der Speicher des Arrays aus einem zusammenhängenden Block besteht (wichtig für den indizierten Zugriff auf die Elemente im Array).

Tipp

Wenn Sie häufig Elemente hinzufügen oder löschen, sollten Sie dies nicht stets mit einer Speicherallokation verbinden. Allokieren Sie Speicher auf Vorrat und geben Sie überflüssigen Speicher erst frei, wenn die Anzahl der Elemente signifikant geschrumpft ist.

Als Alternative zu den dynamischen Arrays bieten sich die Container-Klassen an: TList, TStack etc.

Beispiel

```
var  anzahlWerte, aenderung : Integer;
     alte_anzahlWerte       : Integer;
     werte                  : array of Double;
     mittelwert             : Double;
     loop                   : Integer;

begin
  anzahlWerte := 0;

  while True do begin
    writeln('Das Array enthaelt ',anzahlWerte,' Werte');
    write('Werte hinzufuegen ( < 0 zum loeschen, 0 zum Beenden) : ');
    readln(aenderung);

    // Programm beenden
    if aenderung = 0 then
      break;

    if anzahlWerte + aenderung < 0 then  begin
      writeln('Sie haben versucht, zu viele Werte zu loeschen!'#13#10);
      continue;
      end;

    alte_anzahlWerte := anzahlWerte;
    anzahlWerte := anzahlWerte + aenderung;

    // Speicher für Array reservieren
    SetLength(werte,anzahlWerte);

    // Werte einlesen
    if aenderung > 0 then
    for loop := 0 to aenderung-1 do  begin
      write(loop+1,'-ter Wert : ');
      readln(werte[alte_anzahlWerte + loop]);
      end;

    // Ausgabe
    for loop := 0 to High(werte) do
      writeln(loop+1,'-ter Wert : ',werte[loop]);

    readln;
    alte_anzahlWerte := anzahlWerte;
    end;

  Finalize(werte);
end.
```

Verweise

Siehe Object Pascal-Referenz, Datentypen, Array-Typ
Siehe VCL-Referenz, Container-Klassen, TList

Arrays sortieren

QuickSort

Anwendung

Einer der großen Vorteile von Arrays (oder allgemein von Datenstrukturen, deren Elemente nacheinander im Speicher abgelegt sind) liegt darin, dass man in sortierten Arrays oder Feldern effizient suchen kann.

Voraussetzung ist aber, dass die Elemente in dem Array sortiert sind. Hierfür gibt es eine Reihe von Algorithmen, die sich in Effizienz, Einsatzgebiet und Komplexität unterscheiden. Einer der gebräuchlichsten und effizientesten Sortieralgorithmen ist QuickSort.

Umsetzung

QuickSort ist eine rekursive Prozedur mit ineinander verschachtelten Schleifen, bei deren Implementierung man schnell Fehler einbauen kann. Glücklicherweise gibt es in den Tiefen der VCL eine fertig implementierte Version, die Sie verwenden können.

1. Laden Sie dazu die Unit *Classes.pas* (aus dem Delphi-Verzeichnis *Source/VCL*). Wenn bei Ihrer Compiler-Version keine Quelltexte dabei sind, müssen Sie die Routine notgedrungen aus dem unten nachfolgenden Beispiel abtippen.

```
procedure QuickSort(SortList: PPointerList; L, R: Integer;
                    SCompare: TListSortCompare);
```

Die Prozedur ist generisch implementiert, sodass man sie zur Sortierung beliebiger Daten verwenden kann. Der erste Parameter, der als Argument das zu sortierende Array erwartet, ist daher vom Typ eines Zeigers auf ein Array von Pointern. L und R geben die Indizes des ersten und letzten Elements des zu sortierenden Bereichs an und SCompare ist eine Funktion, die zwei Elemente aus dem übergebenen Array vergleicht. Da QuickSort keine Annahmen bezüglich des Typs der Elemente macht (die Routine arbeitet ja nur mit Pointer-Referenzen auf die Elemente), kann sie auch nicht wissen, wie man die Elemente vergleicht. Darum überlässt sie diese Aufgabe einer externen Routine, die ihr beim Aufruf übergeben wird.

2. Deklarieren Sie das zu sortierende Array als ein Array von Zeigern. Deklarieren Sie dazu einen eigenen Typ, den Sie auch für den ersten Parameter Ihrer QuickSort-Version verwenden.

3. Setzen Sie eine Vergleichsfunktion auf, die zwei Elemente aus dem Array vergleicht und durch Rückgabewerte kleiner, gleich und größer Null das Ergebnis des Vergleichs anzeigt. Die Signatur der Funktion ist von Quicksort vorgegeben:

```
type
    TListSortCompare = function (Item1, Item2: Pointer): Integer;
```

Tipp

Wenn Sie Integer-Werte sortieren wollen, nutzen Sie die Typumwandlung von Integer in Pointer und zurück, um die Werte direkt im Pointer-Array abzulegen (siehe Beispiel).

Beispiel

```
type TFeld10 = array[1..10] of Pointer;
     PTFeld10 = ^TFeld10;
     TListSortCompare = function (Item1, Item2: Pointer): Integer;

function Vergleiche(Item1, Item2: Pointer): Integer;
begin
  if Integer(Item1) < Integer(Item2) then
    Result := -1
    else if Integer(Item1) > Integer(Item2) then
      Result := 1
      else
      Result := 0;
end;

procedure QuickSort(SortList: PTFeld10; L, R: Integer;
  SCompare: TListSortCompare);
var
  I, J: Integer;
  P, T: Pointer;
begin
  repeat
    I := L;
    J := R;
    P := SortList^[(L + R) shr 1];
    repeat
      while SCompare(SortList^[I], P) < 0 do
        Inc(I);
      while SCompare(SortList^[J], P) > 0 do
        Dec(J);
      if I <= J then begin
        T := SortList^[I];
```

```
      SortList^[I] := SortList^[J];
      SortList^[J] := T;
      Inc(I);
      Dec(J);
    end;
  until I > J;
  if L < J then
    QuickSort(SortList, L, J, SCompare);
  L := I;
  until I >= R;
end;

var  feld : TFeld10;
     i : Integer;

begin
  randomize;  // zum Debuggen auskommentieren

  for i:= 1 to High(feld) do
    feld[i] := Pointer(Random(20));

  QuickSort(Addr(feld), 1, 10, Vergleiche);

  writeln(#13#10,'Sortiertes Array:');
  for i:= 1 to High(feld) do
    writeln(i,'-tes Element:'#09, Integer(feld[i]));

  readln;
end.
```

Verweise

Siehe Object Pascal-Referenz, Kategorie Ablaufsteuerung, Vergleichsoperatoren (BubbleSort-Beispiel)

In Arrays suchen

Anwendung

Für Daten, die in Arrays abgelegt sind, gibt es drei typische Operationen:

- Man bearbeitet der Reihe nach alle Elemente im Array.
- Man greift über einen Index auf ein bestimmtes Element zu.
- Man sucht nach einem Element, das einen bestimmten Wert hat.

Letzteres implementiert man im einfachsten Fall durch eine simple lineare Suche:

```
for i:= Low(feld) to High(feld) do
   if feld[i] = suchWert then  begin
      writeln('Element mit Index ',i,' hat den gesuchten Wert.');
      break;
      end;
```

Effizienter ist die binäre Suche.

Umsetzung

Die binäre Suche ist eines der effizientesten Suchverfahren überhaupt – setzt aber voraus, dass die Daten sortiert vorliegen.

Die binäre Suche

- zerteilt den Suchraum (den Bereich des Arrays, in dem gesucht wird) in jedem Schritt in zwei Hälften (daher das Adjektiv »binär«);

```
i := Low(feld);
j := High(feld);
gefunden := False;
repeat
  k := (i+j) shr 1;
```

- entscheidet dann, in welcher Hälfte das gesuchte Element liegen muss (dieser Schritt setzt voraus, dass das Array sortiert ist);

```
if suchWert > Integer(feld[k]) then
   i := k+1
   else
   j := k-1;
```

- prüft, ob das Element schon gefunden wurde;

```
if (Integer(feld[k]) = suchWert) then begin
   gefunden := True;
   break;
   end;
```

- setzt die Suche in der betreffenden Hälfte fort.

```
until (i > j);
```

Tipp

Kapseln Sie die Binäre Suche nach dem Muster der QuickSort-Routine (s.o.) in eine eigene Funktion.

Beispiel

```
type TFeld10 = array[1..10] of Pointer;
var feld :  TFeld10;
    i,j,k : Integer;
    suchWert : Integer;
    gefunden : Boolean;

begin
  // Feld initialisieren und sortieren

  writeln('Zu suchenden Wert eingeben : ');
  readln(suchWert);

  // Binäre Suche
  i := Low(feld);
  j := High(feld);
  gefunden := False;
  repeat
    k := (i+j) shr 1;
    if suchWert > Integer(feld[k]) then
      i := k+1
      else
      j := k-1;
    if (Integer(feld[k]) = suchWert) then  begin
      gefunden := True;
      break;
      end;
  until (i > j);

  if gefunden then
    writeln('Element mit Index ',k,' hat den gesuchten Wert.')
    else
    writeln('Kein Element mit diesem Wert in Array vorhanden.');

  readln;
end.
```

Verweise

Siehe Arrays sortieren

Teilarrays erstellen mit Slice

Slice

Anwendung

Gelegentlich kommt es vor, dass man eine passende Routine zur Bearbeitung von Arrays zur Verfügung hat, aber nicht das ganze Array, sondern nur ein Teilarray zur Bearbeitung an die Routine weiterreichen möchte.

Wie kann man dies bewerkstelligen?

Umsetzung

Im günstigsten Fall übernimmt die Routine neben dem Array-Argument noch zwei Indizes für den zu bearbeitenden Bereich. Dann ist die Übergabe kein Problem.

Wollen Sie nur die ersten Elemente im Array weiterreichen, kommen Sie auch ohne Extra-Parameter für die Indizes aus. Verwenden Sie die Methode Slice (aus der Unit System), um ein Teilarray aus den ersten N Elementen zu übergeben.

```
function Slice(var A: array; Count: Integer): array;
```

Warnung

Slice liefert keine Kopie, sondern tatsächlich die ersten Elemente des ursprünglichen Arrays als Teilarray zurück.

Beispiel

```
type TFeld10 = array[1..10] of Integer;

// Routine, die Array als Arugment übernimmt
procedure Array_Ausgeben(var feld : array of Integer);
var i : Integer;
begin
  for i:= Low(feld) to High(feld) do
    writeln(i+1,'-tes Element:'#09, feld[i]);
end;

var feld : TFeld10;

begin
  // Feld initialisieren
  ...
  // Routine mit Teilarray aufrufen
  Array_Ausgeben(Slice(feld,7));
```

```
   readln;
end.
```

Verweise

Siehe Object Pascal-Referenz, Kategorie Datentypen, Array-Typ

Dynamische Speicherverwaltung

new/dispose GetMem/FreeMem

Anwendung

Die dynamische Speicherverwaltung ist ein wichtiges Einsatzgebiet von Zeigern. Mittels der Funktionen new/dispose bzw. GetMem/FreeMem kann man Speicherplatz je nach Bedarf anfordern und wieder freigeben.

New/Dispose

Mit der Prozedur New kann man Speicher für einen Zeiger reservieren:

```
procedure New(var P: Pointer);      // aus System
```
Dabei übergibt man P einen zuvor deklarierten Zeiger beliebigen Typs. Die Prozedur erzeugt im Speicher ein Objekt dieses Typs und weist die Adresse des Objekts dem übergebenen Zeiger zu. Kann die Prozedur den angeforderten Speicher nicht reservieren, löst sie eine EOutOfMemory-Exception aus.

```
procedure Dispose(var P: Pointer);  // aus System
```
Dynamischen Speicher, den Sie selbst reservieren, müssen Sie auch selbst wieder freigeben. Speicher, der mit New reserviert wurde, gibt man mit Dispose frei.

GetMem/FreeMem

Verwenden Sie, wenn möglich, New und Dispose zur dynamischen Speicherreservierung. Wenn Sie aber statt einzelner Variablen ganze Speicherbereiche reservieren wollen, greifen Sie auf GetMem (aus System) zurück. Meist nutzt man diese Möglichkeit in Verbindung mit Zeichenzeigern, da diese mit den Zeigeroperatoren + und – manipuliert werden können.

```
procedure GetMem(var P: Pointer; Size: Integer);
```
Wie bei New übergeben Sie als Erstes einen Zeiger vom Typ der Objekte, für die Speicher reserviert werden soll. Als zweites Argument übergeben Sie die Größe des zu reservierenden Speicherbereichs. Um beispielsweise einen Zeiger feld : PChar mit einem Feld von 10 Zeichen zu verbinden, schreibt man:

```
GetMem(feld,10*Sizeof(Char));
```

Wenn der übergebene Zeiger einem strukturierten Typ angehört, der ANSI-Strings, Varianten oder Schnittstellen enthält, sollten Sie unbedingt nach `GetMem` die Prozedur `Initialize` aufrufen.

`procedure FreeMem(var P: Pointer[; Size: Integer]);`
> Speicher, der mit `GetMem` reserviert wurde, muss mit `FreeMem` wieder freigegeben werden. Die Größenangabe ist optional. Wenn Sie eine Größe angeben, sollte diese mit der Größenangabe aus dem `GetMem`-Aufruf übereinstimmen.

Wenn der übergebene Zeiger einem strukturierten Typ angehört, der Ansi-Strings, Varianten oder Schnittstellen enthält, sollten Sie unbedingt vor `FreeMem` die Prozedur `Finalize` aufrufen.

Warnung

Zeiger, die nicht auf Objekte im Speicher verweisen, sollten nicht dereferenziert werden.

Beispiel

```
var feld : PChar;
    i : Integer;
begin
    GetMem(feld,10*Sizeof(Char));

    for i := 0 to 10 do
      (feld+i)^ := Char(i+65);

    for i := 0 to 10 do
      writeln(feld[i]);

    FreeMem(feld);
    readln;
end.
```

Verweise

Siehe Object Pascal-Referenz, Datentypen, Zeigertypen
Siehe Object Pascal-Referenz, Ausdrücke und Operatoren, Zeigeroperatoren

Dynamischer Speicher und nil

nil

Anwendung

Bei der Programmierung mit Zeigern ist stets darauf zu achten, dass man keine Zeiger dereferenziert, die auf nichtreservierten Speicher verweisen. Dies kann besonders bei der dynamischen Speicherreservierung schnell passieren:

- Ein Zeiger wurde deklariert, aber noch nicht mit Speicher verbunden.

```
var  ptr : ^Integer;
begin
  ptr^ := 3;   // Fehler
```

- Der mit einem Zeiger verbundene dynamisch reservierte Speicher wurde mittlerweile durch einen Aufruf von Dispose oder FreeMem freigegeben.

```
New(ptr);
ptr^ := 3;
Dispose(ptr);
ptr^ := 4;      // Fehler
```

- Ein Zeiger weist auf ein dynamisch reserviertes Objekt, das an anderer Stelle über einen zweiten Zeiger freigegeben wird.

```
New(ptr1);
ptr1^ := 3;
New(ptr2);
ptr2 := ptr1;
Dispose(ptr2);
ptr1^ := 4;      // Fehler
```

Umsetzung

Um zu verhindern, dass ein Zeiger, der nicht mit reserviertem Speicher verbunden ist, dereferenziert wird, sollte man dem Zeiger den Wert nil (Null-Adresse) zuweisen. Vor jeder Dereferenzierung, bei der man sich nicht sicher ist, ob der Zeiger mit Speicher verbunden ist, kann man dann prüfen, ob der Zeiger den Wert nil hat.

Warnung

Nicht immer führt die Dereferenzierung eines ungültigen Zeigers zu einem gleich sichtbaren Fehler oder gar zu einer Exception wegen Speicherverletzung. In den beiden letzten der oben aufgeführten Beispielen steht nach der Auflösung der Speicherbereiche in den Zeigern ptr und ptr1 immer noch die alte Speicheradresse. Zugriffe auf diese Speicherbereiche führen nicht zu einem Programmabbruch oder einer Exception, aber fast immer zu einem Fehler in der Programmlogik (meist weil der Speicherbereich mittlerweile für ein anderes Objekt reserviert wurde, dessen Daten über den ungültigen Zeiger korrumpiert werden).

Tipp

Für Objektinstanzen, bei denen es sich ja letztendlich um Zeiger auf Klassenobjekte handelt, gibt es die Prozedur FreeAndNil, die den Speicher des Klassenobjekts freigibt und die Instanz auf nil setzt.

Wer möchte, kann zur Überprüfung eines Zeigers auch die Funktion Assigned(var P) aufrufen, die einen Vergleich P <> nil durchführt.

Beispiel

```
type TAdresse = record
       name, vorname : string;
       alter       : Integer;
       end;
     PTAdresse = ^TAdresse;

var i : Integer;
    feld : array[1..100] of PTAdresse; // erzeugt 100 nicht
                                       // initialisierte Zeiger
begin
   // Adressen werden von Datei oder über Tastatur eingelesen
   // Wie viel Adressen eingelesen wurden, steht nicht fest.

   // Adressen ausgeben
   for i := Low(feld) to High(feld) do  begin
     if feld[i] <> nil then          // testen, ob Zeiger mit
       begin                         // Adresse verbunden
       writeln(i,'-tes Element : ');
       writeln(#09,feld[i].name);
       writeln(#09,feld[i].alter);
       end;
     end;
...
```

Dynamischer Speicher, Routinen und Exceptions

try ... finally

Eine stete potentielle Fehlerquelle bei der dynamischen Speicherbelegung ist die Verbindung eines dynamisch reservierten Speicherbereichs mit einer lokalen Zeigervariablen.

Wird die Routine, in der die Zeigervariable definiert ist, verlassen, wird die Zeigervariable aufgelöst, nicht aber der dynamisch reservierte Speicherbereich, auf den der Zeiger verwiesen hat. Ein so genanntes Speicherleck ist entstanden.

Man kann dies auf einfache Weise verhindern, indem man den reservierten Speicherbereich vor Verlassen der Routine mit Dispose oder FreeMem freigibt (oder einen globalen Zeiger auf den Speicherbereich richtet, falls der Speicherbereich noch weiter benötigt wird).

Noch komplizierter wird es, wenn innerhalb der Routine Exceptions auftreten können. Je nach Implementierung kann dies nämlich dazu führen, dass die Routine als Antwort auf eine Exception direkt verlassen wird. In solchen Fällen muss man auch noch innerhalb der Exception-Behandlung für die Freigabe des Speichers sorgen.

Umsetzung

Um auch im Falle einer aufgetretenen Exception sicherzustellen, dass der dynamische Speicher freigegeben wird, kann man so vorgehen, dass man den Anweisungsteil der Routine in einen try-finally-Block (wird stets ausgeführt, eventuell aufgetretene Exceptions werden weitergereicht) oder einen try-except-Block (wird nur zur Behandlung einer Exception aufgerufen) kapselt.

Werden mehrere Ressourcen (dynam. Speicher, Datei-Handles etc.) an unterschiedlichen Stellen im Quelltext reserviert, muss man gegebenenfalls verschachtelte try-finally-Blöcke oder spezialisierte except on-Blöcke verwenden, um stets nur die Ressourcen freizugeben, die auch schon reserviert waren.

Beispiel

```
program Exception1;
{$APPTYPE CONSOLE}
uses sysutils;
type IArray = array of Integer;
var  Datei: file of Integer;
     messwerte : IArray;
```

```
// Prozedur zum Einlesen von Messwerten aus einer Datei
procedure WerteEinlesen(dateiname : string; var messwerte : IArray);
var  i : Integer;
     anz_messwerte : Integer;
begin
  messwerte := nil;
  AssignFile(Datei, dateiname);
  Reset(Datei);
  try
    anz_messwerte := FileSize(Datei);
    try
      SetLength(messwerte, anz_messwerte);
      for i := 0 to anz_messwerte-1 do  begin
        read(Datei,messwerte[i]);
        writeln(messwerte[i]);
        end;
    except
      // nur im Falle einer Exception ausführen
      messwerte := nil;
    end;
  finally
    // immer ausführen, wenn Datei geöffnet
    CloseFile(Datei);
  end;
end;

// Hauptprogramm
begin
WerteEinlesen('Neu_Typisiert.txt',messwerte);
if messwerte <> nil then
  ...
```

Verweise

Siehe Object Pascal-Referenz, Kategorie Exceptions
Siehe Kategorie Dateien

Eigene Exception-Klassen definieren

```
type
  ESingulaer = class;
```

Anwendung

Eine gut durchdachte Fehlerbehandlung mit Exceptions gründet darauf, dass es für jeden Fehlertyp einen zugehörigen Exception-Typ gibt. Falls in Ihrem Code Fehler auftreten können, die zu keiner der in Delphi vordefinierten Exceptiontypen passen, sollten Sie eine eigene Exception-Klasse für diese Art von Fehler deklarieren.

Umsetzung

1. Leiten Sie Ihre Exception-Klasse von einer bestehenden Exception-Klasse ab. Prinzipiell können Sie Ihre Exception-Klasse zwar von jeder beliebigen Klasse ableiten (sogar von TObject), doch die Ableitung von einer bestehenden Exception-Klasse hat zwei Vorteile:

   - Sie erben die auf die Behandlung von Exceptions abgestimmten Elemente der obersten Basisklasse Exception (die Eigenschaft Message und verschiedene Konstruktoren, siehe Delphi-Hilfe).

   - Sie unterstützen das selektive Abfangen von Exceptions. (Denken Sie daran, dass ein except on ClassA-Block alle Exceptions des betreffenden oder eines abgeleiteten Typs abfängt und dass man durch Staffelung von except on-Blöcken von einer speziellen zu einer immer allgemeineren Exception-Behandlung abstufen kann.)

2. Wenn ein Fehler auftritt, erzeugen Sie ein Objekt der Exception-Klasse und lösen die Exception mit raise aus.

3. Fangen Sie die Exception gegebenenfalls ab.

Beispiel

```
// 1. Exception deklarieren
type  ESingulaer = class(EMathError)
        end;

procedure MatrixInvertieren(var matrix : TMatrix);
var  singulaer : Boolean;
begin
  singulaer := True;

// 2. Exception auslösen
  if singulaer then
    raise ESingulaer.Create('Singulaere Matrix');
```

```
...
end;

begin
// 3. Exception abfangen
try
  m := TMatrix.Create;
  MatrixInvertieren(m);
except
  on ESingulaer do HandleSingulaer;
  on EMathError do HandleAllgMathError;
  else HandleAllgFehler;
end;
readln;
end.
```

Verweise

Siehe Object Pascal-Referenz, Kategorie Exceptions

Arrays von Routinen

```
var
  Ampel : array of TProcedure;
```

Anwendung

Routinen selbst kann man nicht in Arrays ablegen oder verwalten, wohl aber Zeiger auf Routinen. Dies hat beispielsweise den Vorteil, dass man die Routinen durch Iteration über das Array ausführen kann.

Umsetzung

Alle Routinen, die Sie in dem Array verwalten, sollten dem gleichen Prozedurtyp angehören, den Sie vorab deklarieren.

```
type        // für Prozeduren ohne Parameter
  TProc1 = procedure;
            // für Funktion mit Integer-Parameter und -Rückgabewert
  TProc2 = function(param : Integer) : Integer;
```

Danach deklarieren Sie ein Array für die Prozedurzeiger.

Nachdem Sie auch die Prozeduren deklariert haben, können Sie das Array initialisieren und die Prozeduren über das Array aufrufen.

Beispiel

```pascal
// Prozedurtyp deklarieren
type TProcedure = procedure;

// Array deklarieren
var Ampel : array[1..4] of TProcedure;
    loop : Integer;

// Prozeduren deklarieren
procedure AmpelRot;
begin
  writeln('Rot');
end;
procedure AmpelRotGelb;
begin
  writeln('Rot  Gelb');
end;
procedure AmpelGruen;
begin
 writeln('          Gruen');
end;
procedure AmpelGelb;
begin
  writeln('     Gelb');
end;

begin
  // Array initialisieren
  Ampel[1] := AmpelRot;
  Ampel[2] := AmpelRotGelb;
  Ampel[3] := AmpelGruen;
  Ampel[4] := AmpelGelb;

  // Routinen aufrufen
  for loop := Low(Ampel) to High(Ampel) do
    Ampel[loop];

  readln;
end.
```

Verweise

Siehe Routinen als Parameter
Siehe Object Pascal-Referenz, Datentypen, Prozedur-Typen

Routinen als Parameter

procedure Proc(Routine: TProctyp);

Anwendung

Die Deklaration von Prozedurtypen gestattet es uns, Routinen als Parameter an andere Routinen zu übergeben. Auf diese Weise kann man zu leistungsfähigen generischen Implementierungen kommen – insbesondere dann, wenn eine Routine A ein Hilfsroutine B benötigt, deren Implementierung an den Einsatz der Routine A angepasst werden muss.

Umsetzung

Ein gutes Beispiel hierfür ist die Routine QuickSort aus *Classes.pas* (siehe Abschnitt »Arrays sortieren«).

QuickSort sortiert ein Array von Pointer-Zeigern. Da das Array aber nicht nach den Adressen der Zeiger, sondern nach dem Inhalt der Objekte, auf die die Zeiger verweisen, sortiert werden soll, stellt sich die Frage, wie man die QuickSort-Routine so allgemein implementieren kann, dass Sie Zeiger auf Objekte beliebigen Typs sortieren kann. Sortierung bedeutet Vergleichen und Vertauschen von Elementen. Dabei ist lediglich das Vergleichen eine typabhängige Operation.

Da der Typ der Objekte, auf die die Zeiger im Feld verweisen, vom Aufrufer bestimmt wird, ist klar, dass auch nur der Aufrufer festlegen kann, wie die Objekte (genauer gesagt, die Zeiger auf die Objekte) zu vergleichen sind.

Die Implementierung von QuickSort sieht daher im Endeffekt so aus, dass die Routine neben dem Pointer-Array einen Prozedurzeiger auf eine Vergleichsfunktion übernimmt. Diese Vergleichsfunktion zu implementieren ist Aufgabe des Programmierers, der QuickSort für seine Zwecke nutzen will.

Verweise

Siehe Arrays sortieren

Strings analysieren und zerlegen

StrScan

Anwendung

Die Analyse von Strings ist ein weites Feld. Ein ganz typisches Problem, mit dem sowohl Anwendungsprogrammierer als auch Compiler-Bauer zu tun haben, ist das Zerlegen eines Strings in seine Bestandteile (Tokens). Im Folgenden wird beschrieben, wie man einen Textstring in Wörter zerlegt.

Umsetzung

Um einen String in seine Bestandteile zerlegen zu können, muss man definieren, woran man das Ende eines Bestandteils erkennt. Für die Zerlegung eines Strings in Wörter ist dies nicht schwer: die Wörter sind im String durch Leerzeichen getrennt (andere Whitespace-Zeichen wie Tabulatoren oder Zeilenendezeichen werden in diesem Beispiel nicht berücksichtigt).

Die Leerzeichen eines Strings kann man mit Hilfe der StrScan-Funktion aufspüren:

```
function StrScan(const Str: PChar; Chr: Char): PChar;
```

StrScan erwartet als erstes Argument den zu durchsuchenden String und als zweites Argument das zu suchende Zeichen. Als Ergebnis liefert StrScan die Adresse des gefundenen Zeichens im String.

Ruft man StrScan in einer Schleife immer wieder auf und übergibt dabei jeweils den zuvor zurückgelieferten Zeichenzeiger als neuen ersten Parameter, kann man den String vom Anfang bis zum Ende durchsuchen.

Beispiel

```
program StringsParsen4;
var text : PChar = 'Zerlege mich in Woerter';
    wort, blank : PChar;

begin
  // Nullterminierte Strings verfügen über keine automat.
  // Speicherverwaltung
  GetMem(wort, Length(text)+1);
  // Nullterminierte Strings können nicht mit := kopiert werden
  StrCopy(wort,text);

  blank := StrScan(text, ' ');
  while blank <> nil do begin
    (wort + (blank - text))^ := #0;  // Wortende markieren
    writeln(wort);                   // Wort ausgeben
```

```
    blank := blank + 1;            // Leerzeichen übespringen
    text := blank;                 // neuen Scan vorbereiten
    StrCopy(wort, blank);
    blank := StrScan(text, ' ');
    end;
  writeln(wort);                   // letztes Wort ausgeben

  readln;
end.
```

Verweise

Siehe Object Pascal-Referenz, Datentypen, String-Typen
Siehe Pascal-Laufzeitbibliothek, Str...-Funktionen

Compiler-Schalter setzen

{$define Name}

Anwendung

Mit Compiler-Schaltern kann man auf die Arbeit des Compilers Einfluss nehmen.

Neben den von Delphi vordefinierten Compiler-Schaltern, die man mit {$NAME+} oder {$NAME-} an- und ausschalten kann, erlaubt Delphi dabei auch die Definition eigener Compiler-Schalter, die für die »bedingte Kompilation« von Bedeutung sind (der so genannten »bedingten Symbole«).

Umsetzung

Um einen eigenen Compiler-Schalter zu definieren,

- verwenden Sie die #define-Direktive ({$define Name}). Der eingeführte Schalter gilt dann ab dem Ort seiner Definition.
- Rufen Sie den Befehl *Projekt/Optionen* auf und geben Sie den Namen des Schalters auf der Seite *Verzeichnisse/Bedingungen* im Feld *Bedingungen* ein (mehrere Schalter müssen durch Semikolons getrennt sein). Der eingeführte Schalter gilt dann global im ganzen Projekt.

Um einen Compiler-Schalter auszuschalten,

- rufen Sie die #undef-Direktive auf. (Mit #define kann der Schalter an anderer Stelle wieder eingeschaltet werden.)

Tipp

Vergessen Sie nicht, den Quelltext nach Definition eines Compiler-Schalters im Dialogfenster der Projektoptionen neu zu übersetzen (Strg + F9).

Verweise

Siehe Object Pascal-Referenz, Kategorie Compiler-Direktiven

Debuggen mit Hilfe bedingter Kompilation

{$ifdef DEBUG}

Anwendung

Mit Hilfe der Compiler-Direktiven zur Bedingten Kompilation kann man steuern, welcher Code vom Compiler übersetzt werden soll und welcher nicht.

Man kann dies nutzen, um Debug-Code in den Quelltext einzubauen und per Compiler-Schalter ein- und auszuschalten.

Umsetzung

Die Steuerung des Kompilationsprozesses beginnt damit, dass man prüft, ob ein bestimmter Compiler-Schalter gesetzt oder nicht gesetzt ist. Hierzu verwendet man eine der Compiler-Direktiven $ifdef, $ifndef oder $ifopt (zum Abfragen des Status einer Delphi-Direktive wie z.B. $R : {$ifopt R+}). Darauf folgt der Anweisungsblock, der ausgeführt wird, wenn der Schalter gesetzt ist, eventuell ein mit $else eingeleiteter Alternativblock und die Abschlussmarke $endif).

```
{$ifdef Name}
    // Anweisungen
{$else}
    // Anweisungen
{$endif Name}
```

Welcher Code-Block danach bei der Kompilation übersetzt wird, hängt nun davon ab, ob der Compiler-Schalter Name zuvor definiert wurde oder nicht (mit #define oder über Projektoptionen).

Beispiel

```
program BedKompilation;
{$APPTYPE CONSOLE}

//{$define DEBUG}
uses math;
var daten : array[0..999] of Double;
    i : Integer;

begin
{$ifdef DEBUG}            // zum Debuggen Werte verwenden,
  for i:= 0 to 999 do    // die ein leichtes Nachrechnen
    daten[i] := i+1;     // erlauben
{$else}
  randomize;
  for i:= 0 to 999 do
    daten[i]:=random(100);
{$endif DEBUG}
writeln(mean(daten):5:3);
readln;
end.
```

Verweise

Siehe Object Pascal-Referenz, Compiler-Direktiven

Portabilität mit Hilfe bedingter Kompilation

{$ifdef Win32}

Anwendung

Mit Hilfe der bedingten Kompilation kann man ein Programm auch an unterschiedliche Plattformen oder Compiler-Versionen anpassen.

Umsetzung

Wenn Sie in einem Programm plattformspezifische Routinen verwenden, ist das Programm nicht mehr portabel.

- Beispielsweise werden Sie in einer Konsolenanwendung Fehlermeldungen mit Writeln als Text auf die Konsole ausgeben, während Sie in einer Windows-Anwendung stattdessen Application.MessageBox aufrufen, um ein Meldungsfenster anzuzeigen.

Ebenso kritisch kann compilerspezifischer Code sein.

- Beispielsweise waren in der 16-Bit-Version von Delphi (Version 1) Integer noch 16 Bit groß, ab Delphi 2 sind sie 32 Bit groß.

Wenn Sie Routinen, Klassen oder Units aufsetzen, die Sie in Programmen verwenden wollen, die für unterschiedliche Plattformen oder mit unterschiedlichen Compiler-Versionen kompiliert werden sollen, müssen Sie nicht unbedingt für jede Plattform eine eigene Version erzeugen. In manchen Fällen ist es einfacher, die plattform- oder compilerspezifischen Anweisungen in Direktiven zur bedingten Kompilation einzukapseln.

Delphi nutzt selbst die bedingte Kompilation und verwendet hierzu die folgenden vordefinierten Compiler-Symbole:

VER120	Dieses Symbol ist immer definiert. Es zeigt an, dass die Version 12.0 des Object Pascal-Compilers verwendet wird. Jede Version verfügt über entsprechende vordefinierte Symbole. Beispielsweise ist in der Version 10.0 das Symbol VER100 definiert, in Version 12.5 das Symbol VER125 usw.
WIN32	Zeigt an, dass die Win32-API als Betriebssystemumgebung verwendet wird.
CPU386	Zeigt an, dass ein Intel 386 (oder höher) als CPU verwendet wird.
CONSOLE	Dieses Symbol ist definiert, wenn eine Anwendung als Konsolenanwendung kompiliert wird.

Beispiel

```
{$IFDEF Win32}
  Const MaxInt : Integer = $7FFFFFFF;
{$ELSE}
  Const MaxInt : Integer = $7FFF;
{$ENDIF}
```

Kategorie: Klassen und Vererbung

Klassen-Design

class

Anwendung

Durch die Definition von Klassen kann der Programmierer neue Datentypen einführen. Klassen haben dazu den Vorteil, dass man in ihnen Datenelemente und Methoden zusammennehmen kann, dass man durch Zugriffsspezifizierer steuern kann, welche Klassenelemente von außen verfügbar sind, und dass man durch Vererbung Klassen auf der Grundlage bestehender Klassen erstellen und komplexe Klassenhierarchien aufbauen kann. Wie aber sollte eine einzelne Klasse aufgebaut sein?

Umsetzung

Das Wichtigste an der Konzeption einer Klasse ist, dass die Klasse in sich abgeschlossen ist. Dies bedeutet, dass

- eine Klasse alle Elemente (Datenelemente und Methoden) definieren soll, die für ein sinnvolles Arbeiten mit der Klasse erforderlich sind,

- eine Klasse keine unnötigen Elemente enthalten soll.

So wichtig die beiden oben genannten Richtlinien sind, so schwammig sind sie. Wesentlich konkreter sind die folgenden technischen Richtlinien, die hier kurz aufgeführt und auf den nachfolgenden Seiten einzeln besprochen werden:

- Deklarieren Sie Klassen in eigenen Units (und nicht in der gleichen Unit, in der Sie die Klasse verwenden). Nur so greifen die Schutzmechanismen der Zugriffsmodifizierer.

- Deklarieren Sie Datenelemente grundsätzlich als private und erlauben Sie deren Manipulation nur über public Methoden und Eigenschaften. Dies trägt zur inneren Sicherheit der Klasse bei.

- Wenn Sie einen Konstruktor vorsehen, rufen Sie in diesem als Erstes den Konstruktor der Basisklasse auf (inherited).

- Wenn Sie einen Destruktor vorsehen, rufen Sie in diesem als Letztes den Destruktor der Basisklasse auf (inherited).

- Klassen mit eingebetteten Klassenobjekten müssen auf jeden Fall eigene Konstruktoren und Destruktoren deklarieren, in denen die Klassenobjekte erzeugt (Create) und aufgelöst (Free) werden.

- Sollen externe Routinen Zugriff auf die privaten Elemente einer Klasse haben, deklarieren Sie diese Routinen in der Unit der Klasse.

- Möchten Sie Instanzen der Klasse einander zuweisen, leiten Sie die Klasse von einer TPersistent-Klasse ab und überschreiben Sie die Methode Assign (siehe nächster Abschnitt).

Beispiel

```
type TDemo = class
    private
      fDaten : Integer;
      Obj    : TAndereKlasse;
    public
      constructor Create;
      destructor Destroy; override;
      procedure setDaten(p : Integer);
      property Daten : Integer read fDaten write setDaten;
      ...
    end;

implementation
constructor TDemo.Create;
begin
  inherited;
  fDaten := 1;
  Obj := TAndereKlasse.Create;
end;

destructor TDemo.Destroy;
begin
  Obj.Free;
  inherited;
end;
...
```

Verweise

Siehe Object Pascal-Referenz, Kategorie Klassen

Klassenobjekte kopieren

TPersistent.Assign

Anwendung

Das Kopieren von Klasseninstanzen ist ein Problem! Wenn Sie eine Integer-Variable kopieren wollen, weisen Sie die Variable einfach einer anderen Integervariable zu:

```
i2 := i1;     // i1, i2 : Integer
```

Für Klassenobjekte geht dies aber nicht so einfach:

```
o2 := o1;     // o1, o2 : TKlasse
```

Instanzen sind nämlich intern Zeiger und die Zuweisung kopiert die Zeiger, und nicht etwa die Klassenobjekte, auf die die Zeiger verweisen. Wer dies vergisst, macht schnell Fehler:

```
var o1, o2 : TDemo;
begin
  o1 := TDemo.Create;
  o2 := TDemo.Create;
  o2 := o1;           // kopiert Zeiger, nicht Objekte
```

Nach dieser Zuweisung weist die Instanz o2 auf die gleiche Instanz wie o1.

- Es gibt jetzt keinen Zeiger mehr auf das Objekt, das für o2 erzeugt wurde.
- Eine Zuweisung über die Instanz o2 (beispielsweise o2.i := 3;) schreibt in das gemeinsame Objekt, sodass danach auch o1.i gleich 3 ist.

Wie kann man nun erreichen, dass die Objekte und nicht die Zeiger kopiert werden?

Umsetzung

Will man Objekte und nicht Instanzenzeiger kopieren, muss man die TPersistent-Methode Assign überschreiben.

```
procedure Assign(Source: TPersistent);
```

1. Leiten Sie die Klasse, deren Objekte kopiert werden sollen, von TPersistent (oder einer abgeleiteten Klasse) ab.
2. Überschreiben Sie die virtuelle Methode Assign.
3. In der Implementierung von Assign weisen Sie den Datenelementen der Klasse Kopien der korrespondierenden Elemente des Source-Objekts zu.

- Für einfache Datenelemente können Sie den Zuweisungsoperator verwenden.

- Für Pascal-Strings können Sie ebenfalls den Zuweisungsoperator verwenden. (Zwar wird für Pascal-Strings zuerst auch nur ein Zeiger auf den String kopiert, doch wird beim Schreiben in den String eine echte Kopie erzeugt.)

- Bei Zeigern sind Sie selbst für das korrekte Kopieren des Objekts, auf das der Zeiger verweist, verantwortlich.

- Für eingebettete Objekte rufen Sie – wenn möglich – die Assign-Methode des Objekts auf.

- Ist ihre Klasse nicht direkt von TPersistent abgeleitet, rufen Sie mit inherited die überschriebene Assign-Methode der Basisklasse auf.

Warnung

Wenn Sie einer Instanz eine zweite Instanz zuweisen, kopieren Sie Zeiger. Dies bedeutet, dass für die Instanzen (insbesondere die Instanz, der zugewiesen wird) prinzipiell zuvor kein Speicher allokiert werden muss:

```
o1 := TDemo.Create;
o2 := o1;          // korrekt
```

Bei einer Zuweisung mit Assign müssen allerdings beide beteiligten Instanzen mit gültigen Klassenobjekten verbunden sein, da Assign keine Speicherreservierung für die anzulegende Kopie vornimmt!

```
o1 := TDemo.Create;
o2 := TDemo.Create;
o2.Assign(o1);
```

Beispiel

```
type TDemo = class (TPersistent)
    public
      i : Integer;
      str : String;
      obj   : TAndereKlasse;
      procedure Assign(Source: TPersistent); override;
      ...
    end;
...
procedure TDemo.Assign(Source: TPersistent);
begin
  i := (Source as TDemo).i;
  str := (Source as TDemo).str;
  obj.Assign((Source as TDemo).obj);
end;
```

Verweise

Siehe VCL-Referenz, Die wichtigsten Basisklassen, TPersistent

Das Problem der Persistenz

TPersistent

Anwendung

Gelegentlich kommt man in die Verlegenheit, Objekte von Klassen in eine Datei (sei es eine einfache Textdatei oder auch eine Datenbank) abzuspeichern und bei Bedarf (eventuell auch erst bei einem neuerlichen Aufruf des Programms) wieder zu rekonstruieren.

Umsetzung

Probleme entstehen beim persistenten Abspeichern und Rekonstruieren von Klassen wiederum dann, wenn die Klassen Zeiger, speziell Zeiger auf Klassenobjekte, enthalten.

Die erste Regel zum persistenten Abspeichern von Objekten lautet daher, dass man wie beim Kopieren von Objekten darauf zu achten hat, dass für Zeiger die Objekte, auf die verwiesen wird, abgespeichert werden (»tiefes Kopieren«).

Darüber hinaus tauchen aber noch weitere Probleme auf:

- **Mehrere Zeiger können auf ein und dasselbe Objekt verweisen.** In solchen Fällen wäre es günstig, das Objekt, auf das verwiesen wird, nur einmal abzuspeichern. Auf jeden Fall aber muss man beim Rekonstruieren der Objekte die alte Verweisstruktur wiederherstellen. Man kann dies erreichen, indem man sicherstellt, dass die Klassen der Objekte alle auf eine Basisklasse zurückgehen, die ein Datenelement definiert, in dem eine Objekt-Kennung gespeichert werden kann. Ist ein Verweis auf ein neues Objekt in die Datei zu schreiben, wird das Objekt mit Kennung abgespeichert und zusätzlich in eine Tabelle eingetragen. Anhand dieser Tabelle kann festgestellt werden, wenn ein weiterer Verweis auf dieses Objekt abzuspeichern ist. In diesem Fall wird dann nur die Objekt-ID gespeichert.

- **Sollen Objekte verschachtelt oder sequentiell abgespeichert werden?** Bei der verschachtelten Abspeicherung werden Objekte, auf die verwiesen wird, an der Stelle des Verweises (also innerhalb des Objekts, das einen Zeiger oder eine Referenz auf das Objekt enthält) abgespeichert. Bei der sequentiellen Abspeicherung wird für Verweise immer nur die Objekt-Kennung abgespeichert und das Objekt selbst wird unter seiner Kennung in eine Tabelle eingetragen.

- **Welchem Typ gehört ein Objekt an?** Bei der Rekonstruktion eines Objekts muss dessen Datentyp bekannt sein. Werden in einer Datei Objekte verschiedener Datentypen gespeichert, kann dies bedeuten, dass die Information über den Datentyp zusammen mit dem Objekt abgespeichert werden muss – beispielsweise durch Speichern des Klassennamens.

- **In welcher Reihenfolge wird rekonstruiert?** Beim Rekonstruieren mehrerer Objekte, die Verweise auf andere Objekte enthalten, ist darauf zu achten, dass ein Verweis erst dann korrekt eingerichtet werden kann, wenn das Objekt, auf das verwiesen werden soll, vorab korrekt erzeugt wurde.

In der VCL ist der Grundstein zum Abspeichern von Objekten in den Klassen TObject und TPersistent gelegt. Für das Abspeichern von Komponenten sind in der VCL zudem die Klassen TReader und TWriter definiert, die von der RAD-Umgebung selbst zum Abspeichern von Komponenten verwendet werden (siehe Delphi-Hilfe zu »ObjectTextToBinary«).

Verweise

Siehe Klassenobjekte kopieren
Siehe VCL-Referenz, Die wichtigsten Basisklassen, TObject und TPersistent
Siehe VCL-Referenz, Die Streamklassen, TReader und TWriter
Siehe Delphi-Hilfe, Hilfeeintrag zur »ObjectTextToBinary«

Richtlinien für die Vererbung

class (Basisklasse)

Anwendung

Vererbung wird üblicherweise aus zwei Gründen genutzt:

- Man möchte eine bereits implementierte Klasse erweitern und an spezielle Bedürfnisse anpassen. Allgemeiner formuliert steht dahinter der Wunsch, in einer neu zu definierenden Klasse die Funktionalität einer bestehenden Klasse zu nutzen.

- Man möchte eine Klassenhierarchie aufbauen und die Vorteile der Polymorphie nutzen.

Umsetzung

Bezüglich der Vererbung gibt es einige Grundregeln, deren Beherzigung Design-Fehler vermeiden kann, die aber nicht als Dogmen anzusehen sind.

- Objekte der abgeleiteten Klasse sollten auch als Objekte ihrer Basisklasse angesehen werden können (»Ist ein«-Beziehung).

- Elemente, die auch über Instanzen der abgeleiteten Klassen verfügbar sein sollen (Schnittstelle), werden als public deklariert; Elemente, die nur für die Implementierung der abgeleiteten Klassen bedeutsam sind (also in deren Methoden verwendet werden), werden als protected deklariert; Elemente, die nur für die Implementierung der Klasse bedeutsam sind, werden als private deklariert.

- In der Basisklasse sollten alle Elemente vereinigt sein, die den abgeleiteten Klassen gemeinsam sind.

- Methoden, die in den abgeleiteten Klassen überschrieben werden können oder sollen, werden als virtual deklariert.

- Methoden, die in den abgeleiteten Klassen überschrieben werden müssen, werden als abstrakte Methoden deklariert.

- Der Konstruktor sollte zur Initialisierung der geerbten Elemente stets den Basisklassenkonstruktor aufrufen.

- Der Destruktor sollte nie verdeckt, sondern nur überschrieben werden.

Verweise

Siehe Object Pascal-Referenz, Kategorie Vererbung und Polymorphie

Argumente an Konstruktoren weiterreichen

inherited Create()

Anwendung

Innerhalb der Implementierung eines Konstruktors ist es meist erforderlich, den Basisklassenkonstruktor und den Konstruktor für die eingebetteten Elemente aufzurufen.

Dabei kann es vorkommen, dass diese Konstruktoren spezielle Argumente erfordern. Wenn Sie diese nicht im Konstruktor Ihrer Klasse hard-kodieren wollen, sondern dem Nutzer Ihrer Klasse erlauben möchten, diese Argumente beim Erzeugen der Klasseninstanzen zu übergeben, müssen Sie die Argumente mit Ihrem Konstruktor entgegennehmen und an die untergeordneten Konstruktoren weiterreichen.

```
type
  // Klasse des eingebetteten Objekts
  TIntern = class
  public
    InternWert : Integer;
    constructor Create(param : Integer);
  end;

  // Klasse mit eingebettetem Objekt
  TDemo = class
  public
    DemoWert : Integer;
    eingebettet : TIntern;
    constructor Create(param1 : Integer; param2: Integer);
    destructor Destroy; override;
  end;

implementation
constructor TIntern.Create(param : Integer);
begin
  InternWert := param;
end;

// Konstruktor übernimmt Argumente für eigene Datenelemente
// und Datenelemente des eingebetteten Objekts
constructor TDemo.Create(param1 : Integer; param2: Integer);
begin
  inherited Create;
  DemoWert := param1;                    // Datenelement initialisieren
  eingebettet := TIntern.Create(param2); // eingebettetes Objekt
end;                                     // erzeugen
...
```

Verweise

Siehe Object Pascal-Referenz, Kategorie Klassen, Konstruktor

Virtuelle Konstruktoren

constructor Name; virtual;

Anwendung

Im Gegensatz zum Destruktor, der bereits in TObject als virtuell deklariert ist, ist der Konstruktor häufig nichtvirtuell. Dies macht auch Sinn, denn der Destruktor kann stets über eine Basisklasseninstanz aufgerufen werden, die auf ein abgeleitetes Klassenobjekt verweist (Polymorphie), während der Konstruktor ja nicht über eine Instanz, sondern über einen Klassennamen aufgerufen wird.

Dennoch gibt es Situationen, in denen ein virtueller Konstruktor erforderlich wird – wenn der Konstruktor über eine Klassenreferenz aufgerufen wird.

Umsetzung

Alles, was Sie tun müssen, ist den Konstruktor in der Basisklasse als virtual zu deklarieren und in den abgeleiteten Klassen zu überschreiben. Wenn Sie den Konstruktor danach über eine Klassenreferenz aufrufen, deren Klassenreferenztyp auf die betreffende Basisklasse zurückgeht, ist sichergestellt, dass stets der zu der Klassenreferenz passende Konstruktor (und nicht der Konstruktor der Basisklasse des Klassenreferenztyps) aufgerufen wird.

Beispiel

```
type TBasis = class (TObject)
     strBasis : string;
     constructor Create; virtual;
     end;

     TAbg = class (TBasis)
       strAbg : string;
       constructor Create; override;
     end;

type TKlassenRef = class of TBasis;

var obj : TBasis;
    Ref : TKlassenRef;

begin
  Ref := TBasis;
  obj := Ref.Create;   // erzeugt TBasis-Objekt

  Ref := TAbg;
  obj := Ref.Create;   // erzeugt TAbg-Objekt
                       // wäre Konstruktor nicht virtual, würde
                       // ein TBasis-Objekt erzeugt
```

Verweise

Siehe Object Pascal-Referenz, Kategorie Klassen, Konstruktor

Basisklassenobjekte und Arrays

array of TBasis

Anwendung

In einem Array kann man nur Elemente eines gemeinsamen Typs ablegen. Um dennoch unterschiedliche Objekte in Arrays verwalten zu können, deklariert man entweder Pointer-Arrays oder Arrays von Basisklasseninstanzen. Da abgeleitete Objekte zu ihren Basisklassen zuweisungskompatibel sind, kann man in einem Basisklassen-Array auch Objekte aller abgeleiteten Klassen ablegen.

Umsetzung

1. Deklarieren Sie das Array für Instanzen der Basisklasse:

```
type  TBasis = class …
      TAbgeleitet = class …
var   feld : array[1..5] of TBasis;
```

2. Erzeugen Sie Objekte und legen Sie diese im Array ab:

```
feld[1] := TBasis.Create;
feld[2] := TAbgeleitet.Create;
```

3. Klassenelemente, die bereits in der Basisklasse deklariert sind, können direkt für die Objekte im Array aufgerufen werden:

```
feld[i].BasisElemente;
```

- Werden virtuelle Methoden aufgerufen, die in den abgeleiteten Klassen überschrieben sind, sorgt der Compiler dafür, dass für jedes Objekt im Array die passende Implementierung der Methode aufgerufen wird.

- Elemente, die in den abgeleiteten Klassen deklariert sind, kann man nicht über den indizierten Array-Bezeichner (feld[index]) aufrufen, da das Array nominell ja nur für Basisklassenobjekte deklariert ist (der Compiler quittiert dies mit einer Fehlermeldung). Man kann aber das Basisklassenobjekt explizit in den Typ seiner abgeleiteten Klasse zurückverwandeln und dann auf die Elemente aus der abgeleiteten Klasse zugreifen.

Beispiel

```
type TPoint = record
        X: Longint;
        Y: Longint;
     end;
```

```
    TZeichenobjekt = class
    protected
      referenzpunkt : TPoint;
    public
      procedure zeichnen(p : TPoint); virtual;
    end;

    TRechteck = class(TZeichenobjekt)
    protected
      ecken : array[1..4] of TPoint;
    public
      procedure zeichnen(p : TPoint); override;
    end;

    TKreis = class(TZeichenobjekt)
    protected
      raduis : Double;
    public
      procedure zeichnen(p : TPoint); override;
    end;
...
var figuren : array[1..5] of TZeichenobjekt;
    p : TPoint;
    i : Integer;

begin
  randomize;
  for i:=Low(figuren) to High(figuren) do begin
    case Random(2) of
      0 : figuren[i] := TRechteck.Create;
      1 : figuren[i] := TKreis.Create;
      end;
    figuren[i].zeichnen(p);
    end;
  readln;
end.
```

Verweise

Siehe Object Pascal-Referenz, Kategorie Vererbung und Polymorphie, Polymorphie

Basisklassenobjekte und Routinen

procedure Name(param : TBasis);

Anwendung

Routinen können nur mit Argumenten aufgerufen werden, die zum Typ ihrer Parameter passen. Um dennoch unterschiedliche Objekte an Routinen übergeben zu können, deklariert man entweder Pointer-Parameter oder Basisklassenparameter. Da abgeleitete Objekte zu ihren Basisklassen zuweisungskompatibel sind, kann man einem Basisklassenparameter auch Objekte der abgeleiteten Klasse übergeben.

Umsetzung

Delphi nutzt dieses Konzept insbesondere für die Deklaration der Ereignisbehandlungsroutinen. Diese deklarieren als ersten Parameter eine Referenz auf die Komponente, für die das Ereignis ausgelöst wurde (Parameter Sender). Da es sich bei den Komponenten aber um ganz unterschiedliche Klassenobjekte handelt, ist der Parameter Sender als Typ von TObject deklariert.

So kann die gleiche Routine für die unterschiedlichsten Komponenten genutzt werden. Aufgabe des Programmierers ist es, in der Ereignisbehandlungsroutine gegebenenfalls festzustellen, von welchem Typ das Sender-Objekt ist.

Beispiel

Die folgende Routine könnte als Ereignisbehandlungsroutine für alle Steuerelemente in einem Formular eingerichtet werden. Klickt der Anwender im Fenster der laufenden Anwendung auf ein Steuerelement, wird dieses breiter. Handelt es sich zusätzlich um ein TImage-Steuerelement, wird die Anpassung des angezeigten Bildes an die Größe des TImage-Steuerelements umgeschaltet.

```
procedure TForm1.Image1Click(Sender: TObject);
begin
  if Sender is TControl then
    begin
    TControl(Sender).Width := TControl(Sender).Width + 10;
    end;
  if Sender is TImage then
    TImage(Sender).Stretch := Not TImage(Sender).Stretch;
end;
```

Verweise

Siehe Object Pascal-Referenz, Kategorie Vererbung und Polymorphie, Polymorphie

Kategorie: Konsolenanwendungen

Ein- und Ausgabe

write/read

Anwendung

In Konsolenanwendungen erfolgt der Austausch von Daten zwischen Programm und Anwender ausschließlich über die Konsole. Zum Einlesen und Anzeigen von Daten über die Konsole verwendet man die Routinen read/readln bzw. write/writeln.

Daten einlesen

Mit Hilfe der Routinen read und readln können Sie Daten von der Konsole einlesen.

```
procedure Read(P1 [, P2,...,Pn ] );
procedure Readln(P1 [, P2, ...,Pn ]);
```

Sie können den Routinen Integer-, Gleitkomma-, Zeichen- oder String-Variablen als Argumente übergeben. Die Routinen versuchen dann, Werte zu den übergebenen Argumenten einzulesen und kehren erst wieder zurück, wenn sie damit Erfolg hatten.

- Wenn Sie mehrere Zahlen oder Zeichen gleichzeitig einlesen wollen, müssen diese bei der Eingabe durch Whitespace (Leerzeichen, Tabulator etc.) getrennt werden.

- Readln erwartet zum Abschluss ein Zeilenende-Zeichen (Drücken der Eingabetaste).

Daten ausgeben

Mit Hilfe der Routinen write und writeln können Sie Daten auf die Konsole ausgeben.

```
procedure Write( P1 [ , P2,..., Pn] );
procedure Writeln( P1 [, P2, ...,Pn ] );
```

Mit write und writeln geben Sie die übergebenen Argumente (Konstanten oder Werte von Variablen) aus.

- Writeln gibt zum Abschluss ein Zeilenende-Zeichen (CR/LF) aus.

Beispiel

```
var i : Integer;
    d : Double;

begin
  writeln('Geben Sie eine ganze Zahl und');
  write('eine Bruchzahl ein : ');

  readln(i, d);
  writeln('Ganze Zahl : ',i);
  writeln('Bruchzahl : ',d);
  readln;
end.
```

Verweise

Siehe Kategorie Internationalisierung und Lokalisierung, Umlaute im MSDOS-Fenster

Siehe Object Pascal-Referenz, Elemente der Sprache, Zeichensatz

Formatierte Ausgabe

write, strfmt

Anwendung

Ausgaben auf Konsole können Sie auf verschiedene Arten formatieren:

- Whitespace-Zeichen
- Formatspezifizierer zu write/writeln
- Formatstrings

Whitespace

Die einfachste Formatierung besteht darin, die Ausgabe mit Hilfe von Leerzeichen ' ', Tabulatoren (#09) oder Zeilenumbrüchen (#13#10 oder writeln) zu gestalten.

```
Write/Writeln
```

Wenn Sie die Routinen write und writeln zur Ausgabe von Integer- und Gleitkommazahlen verwenden, können Sie hinter dem auszugebenden Argument die Feldbreite der Ausgabe angeben. Ist die angegebene Feldbreite zu klein, wird sie automatisch angepasst. Ist die Feldbreite größer als benötigt, wird die Zahl rechtsbündig ausgegeben.

```
write(IntVar:12);
write(DoubleVar:12);
```

Wenn Sie die Routinen zur Ausgabe von Gleitkommazahlen verwenden, können Sie zudem die Anzahl der Nachkommastellen angeben. Das Ausgabeformat wechselt dann automatisch von der wissenschaftlichen E-Notation in die normale Darstellung um.

Formatstrings

Die weitreichendsten Optionen zur Formatierung der Ausgabe bieten die Formatstrings. Ein Formatstring ist ein nach festen Regeln aufgebauter String, der aus

- einfachen Zeichen und
- Platzhaltern für Variablenwerte sowie
- Formatspezifizierern

besteht.

Formatstrings werden von den Routinen Format, FormatBuf, FmtStr, StrFmt, StrLFmt verwendet. Diese übernehmen einen Formatstring und ein Array, dessen Elemente nacheinander für die Platzhalter im Formatstring eingesetzt werden. Das Ergebnis (eine Kopie des Formatstrings, in dem statt der Platzhalter die formatierten Elemente des Arrays enthalten sind) wird als Rückgabewert oder var-Parameter zurückgeliefert.

Der allgemeine Aufbau eines Formatspezifizierers sieht folgendermaßen aus:

```
% [index: ] [-] [Breite] [.Genauigkeit] Formattyp
```

Formattyp	Datentyp
s	Zeichenkette (Char, PChar oder String).
d	Dezimale Ganzzahl (Integer).
x	Hexadezimale Ganzzahl (Integer).
f	Gleitkommazahl, dezimale Schreibweise: [-]mmm.dddd
e	Gleitkommazahl, Exponential-Schreibweise: [-]m.ddddE±xx
g	Gleitkommazahl, die kürzeste Darstellung wird gewählt (f oder e).
p	Zeiger: XXXX:YYYY.

565

n	entspricht »f«, jedoch mit Kennzeichnung der Tausenderstellen.
m	Währungsangabe.
%	bewirkt, dass das Zeichen »%« ausgegeben wird.

Beispiel

```
var  i : Integer = 1234567890;
     d : Double  = 12345.6789;
     str : string;

begin
  writeln('Integer-Ausgabe : ');
  writeln(#09, i);
  writeln(#09, i:15);
  writeln;
  writeln('Gleitkomma-Ausgabe : ');
  writeln(#09, d);
  writeln(#09, d:15);
  writeln(#09, d:15:3);

  str := format('Dies ist der Buchstabe %s und sein Ascii-Code: %d',
             ['T',Ord('T')]);

  writeln(str);
  readln;
end.
```

Menüs für Konsolenanwendungen

Anwendung

Umfangreichere Programme stellen ihre Befehle meist in Form von Menüs zur Auswahl bereit. Dies gilt für Windows-Programme wie für Konsolenanwendungen ohne grafische Oberfläche.

Umsetzung

Konsolenanwendungen kann man auf einfache Weise mit einem (nichtgrafischen) Menü ausstatten, indem man die Liste der Menübefehle auf dem Bildschirm ausgibt und zur Auswahl der Befehle verschiedene Tasten (Ziffern oder Buchstaben) vorgibt. Drückt der Anwender dann eine der vorgeschlagenen Tasten, wird der Wert der Taste eingelesen, ausgewertet und mit dem Aufruf einer passenden Funktion beantwortet. Die Zuordnung der Tasten zu den aufzurufenden Funktionen erfolgt in einer case-Anweisung.

Beispiel

Das Menü:

```
procedure menu;
begin
  writeln(#13#10'Menue '#13#10);
  writeln('Neue Adressen eingeben      <1>');
  writeln('Nach Adresse suchen         <2>');
  writeln('Adressenliste ausgeben      <3>');
  writeln('Programm beenden            <4>');
  writeln;
end;
```

Aufruf des Menüs und Auswertung:

```
var  befehl : Integer;

begin
  repeat
    menu;                           // Menü anzeigen
    befehl := 0;                    // Eingabe von Anwender abfragen
    while (befehl<1) OR (befehl>4) do begin
      write('Ihre Eingabe : ');
      readln(befehl);

      case befehl of                // Befehl bearbeiten
        1:      writeln('Eingabe gewuenscht');
        2:      writeln('Suchen gewuenscht');
        3:      writeln('Ausgabe gewuenscht');
      end;
    end;
  until befehl = 4;      // nicht abbrechen

readln;
end.
```

Kategorie: Windows-Programme starten und beenden

Meldungsfenster vor Programmstart

Application.MessageBox

Anwendung

Vielleicht vertreiben Sie Shareware und wollen Anwender, die noch nicht registrierte Software verwenden, diskret auf diesen Missstand hinweisen. Mit Hilfe der Anzeige eines Meldungsfensters vor dem eigentlichen Programmstart ist dies kein Problem.

Umsetzung

Zum Anzeigen eines Meldungsfensters können Sie die TApplication-Methode MessageBox aufrufen. Um das Meldungsfenster vor Erscheinen des Hauptfensters der Anwendung anzuzeigen, müssen Sie den Aufruf in den Projektquelltext einfügen (Befehl *Projekt/Quelltext anzeigen*).

Um die MB-Spezifizierer für die Angabe der Schalter im Meldungsfenster verwenden zu können, müssen Sie die Unit Windows einbinden.

Beispiel

```
program Project1;
uses Forms, Windows,  Unit1 in 'Unit1.pas' {Form1};

{$R *.RES}
begin
  Application.MessageBox('Diese Programm wurde leider noch nicht
                          registriert','Bitte beachten', MB_OK);
  Application.Initialize;
  Application.CreateForm(TForm1, Form1);
  Application.Run;
end.
```

Verweise
Siehe Kategorie Fenster, Meldungsfenster anzeigen

Mehrfachstart unterbinden

Anwendung
Bei vielen Programmen ist es nicht sinnvoll, sie mehrfach zu starten.

Wenn aber der Benutzer gar nicht mehr weiß, dass das Programm noch aktiv ist – beispielsweise, weil es zum Icon verkleinert ist – sollten Sie nicht nur den Mehrfachstart unterbinden, sondern auch die schlummernde Anwendung aktivieren und in den Vordergrund bringen.

Umsetzung
1. Binden Sie im Projektquelltext die Units WinProcs und WinTypes ein.

   ```
   uses  Forms,  WinProcs,  WinTypes, …
   ```

2. Deklarieren Sie eine Variable, die die Nummer der Instanz aufnehmen wird, die FindWindow ermittelt.

   ```
   var PrevInstance: hWnd;
   ```

3. Zusätzlich benötigen Sie noch einen Titel für Ihre Anwendung, an dem diese eindeutig erkannt wird:

   ```
   Const AppName =    'Meine Applikation';
   ```

4. Im eigentlichen Programmabschnitt ermitteln Sie zunächst die Instanz:

   ```
   begin
    PrevInstance := FindWindow('TApplication', AppName);
   ```

5. Ist diese ungleich Null, wurde die Anwendung bereits gestartet. In diesem Fall bringen Sie das Fenster mit Hilfe von ShowWindow, respektive BringWindowToTop wieder zum Vorschein. Anderenfalls erzeugen Sie die Formulare wie gewohnt und starten die Applikation über die Methode Run:

   ```
   if PrevInstance <> 0 then
     if IsIconic(PrevInstance) then
       ShowWindow(PrevInstance, sw_Restore)
     else
       BringWindowToTop(PrevInstance)
   else
     begin
   ```

```
    Application.Title := AppName;

    Application.CreateForm(TForm1, Form1);
    Application.Run;
    end;
  end.
```

Programme beenden

Application.Terminate

Anwendung

Gelegentlich ist man genötigt, das eigene Programm vorzeitig zu beenden. Rufen Sie dann einfach die Methode Application.Terminate auf oder schließen Sie das Hauptfenster (TForm.Close-Methode).

Kategorie: Fenster und Komponenten

Hauptfenster festlegen

CreateForm

Anwendung

Das erste Formular, das in der Projektquelltextdatei mit CreateForm erzeugt wird,
wird automatisch von Delphi zum Hauptfenster erkoren. Wenn eine Anwendung
über mehrere Formulare verfügt, kann man auf der Seite *Formulare* der Projektoptionen auswählen, welches Formular das Hauptfenster sein soll.

Das Hauptfenster

- wird automatisch beim Programmstart erzeugt und angezeigt;
- beendet automatisch das Programm, wenn es geschlossen wird.

Verweise

Siehe Delphi-Programmierumgebung, Konzeption der RAD-Umgebung, Projektquelltext

Fenster konfigurieren

Anwendung

Nutzen Sie die verschiedenen Möglichkeiten, auf Erscheinungsbild und Funktionsweise der Formulare Einfluss zu nehmen:

- Bearbeiten der Eigenschaften und Ereignisse im Objektinspektor.
- Bearbeiten des OnCreate-Ereignisses (wird nach Abarbeitung des Konstruktors
  ausgeführt, siehe VCL-Referenz, Kategorie Sonstige Klassen, TForm, Tabelle
  zur Eigenschaft OldCreateOrder).

- Aufsetzen eines Konstruktors.
- Bearbeiten von nicht published-Eigenschaften in der DFM-Datei.

Fenster zentrieren

TForm.Position

Anwendung

Um Formulare auf dem Bildschirm zentriert anzuzeigen, setzen Sie die Eigenschaft Position des Formulars auf poDesktopCenter.

Um Dialoge über dem Hauptfenster zu zentrieren, setzen Sie die Eigenschaft Position des Dialog-Formulars auf poMainFormCenter.

Ein Fenster über allen anderen Fenstern anzeigen

FormStyle

Anwendung

Sie möchten, dass Ihr Fenster in penetranter Weise stets über allen anderen Fenstern angezeigt wird? Dann setzen Sie die Eigenschaft FormStyle auf fsStayOnTop.

Tipp

Dahinter verbirgt sich die API-Funktion SetWindowPos, mit der auch MDI-Fenster über allen anderen Fenstern angezeigt werden können (obwohl dies nicht zu empfehlen ist).

Verweise

Siehe Fensterstil ändern

Bilder als Fensterhintergrund

Canvas.StretchDraw

Anwendung

Um den Hintergrund eines Fensters interessanter zu machen, kann man den Fensterhintergrund mit einem dezenten Hintergrundbitmap füllen.

Umsetzung

1. Nehmen Sie eine Image-Komponente in das Formular auf. Laden Sie das Hintergrundbild über die Eigenschaft Picture und setzen Sie die Eigenschaft Visible auf False, damit von der Image-Komponente in der laufenden Anwendung nichts zu sehen ist.

2. Bearbeiten Sie das OnPaint-Ereignis des Fensters. Speichern Sie die Client-Koordinaten des Fensters (den Bereich, den das Hintergrundbitmap ausfüllen soll) in einer TRect-Struktur und übergeben Sie die TRect-Struktur zusammen mit dem Bitmap an die Canvas-Methode StretchDraw.

3. Rufen Sie bei Größenänderungen des Fensters (OnResize-Ereignis) die Methode Invalidate auf, damit Größenänderungen das Neuzeichnen des Fensters anstoßen.

Beispiel

```
procedure TForm1.FormPaint(Sender: TObject);
var clientRect : TRect;
begin
  clientRect.Left   := 0;
  clientRect.Right  := ClientWidth;
  clientRect.Top    := 0;
  clientRect.Bottom := ClientHeight;
  Canvas.StretchDraw(clientRect, Image1.Picture.Bitmap);
end;

procedure TForm1.FormResize(Sender: TObject);
begin
Invalidate;
end;
```

Tipp

Wenn Sie möchten, können Sie den Fensterhintergrund auch mit dem Bitmap kacheln:

```
procedure TForm1.FormPaint(Sender: TObject);
var X, Y, XAnz, YAnz: Integer;
```

```
begin
  XAnz := Form1.ClientWidth Div Image1.Picture.Bitmap.Width;
  YAnz := Form1.ClientHeight Div Image1.Picture.Bitmap.Height;
  for X := 0 To XAnz do
    for Y := 0 To YAnz do
      Canvas.Draw(X*Image1.Picture.Bitmap.Width,
                  Y*Image1.Picture.Bitmap.Height,
                  Image1.Picture.Bitmap);
end;
```

Farbverläufe als Fensterhintergrund

Anwendung

Interessante Fensterhintergründe kann man auch durch Farbverläufe schaffen (die im Übrigen natürlich auch für Bitmaps, Grafiken, Textausgaben etc. verwendet werden können).

Umsetzung

Der nachfolgende Code legt die Start- und Endfarben als RGB-Konstanten am Anfang der OnPaint-Routine fest. Mit Hilfe der Höhe des Clientbereichs wird berechnet, um wie viel die einzelnen RGB-Werte pro Iteration zu ändern sind. In einer Schleife wird dann der Fensterhintergrund zeilenweise eingefärbt.

Beispiel

```
procedure TForm1.FormPaint(Sender: TObject);
const r1 : Integer = $55;
      g1 : Integer = $00;
      b1 : Integer = $99;
      r2 : Integer = $99;
      g2 : Integer = $00;
      b2 : Integer = $FF;
var i          : Integer;
    rd, gd, bd : Real;
    r, g, b    : Integer;
begin
  rd := (r2 - r1) / ClientHeight;
  gd := (g2 - g1) / ClientHeight;
  bd := (b2 - b1) / ClientHeight;
  r := r1;
  g := g1;
  b := b1;
```

```
for i := 0 To ClientHeight do begin
  Canvas.Pen.Color:=RGB(r,g,b);
  Canvas.MoveTo(0,i);
  Canvas.LineTo(ClientWidth,i);

  r := Trunc(r1 + i*rd);
  g := Trunc(g1 + i*gd);
  b := Trunc(b1 + i*bd);
  end;
end;
```

Fensterstil ändern

SetWindowLong

Anwendung

Bestimmte Attribute eines Fensters sind nicht über die Delphi-Komponente TForm erreichbar. Wenn Sie beispielsweise den Fensterstil ändern oder das Fenster mit einer anderen Fensterfunktion verbinden wollen, müssen Sie dazu die API-Funktion SetWindowLong aufrufen.

```
LONG SetWindowLong( HWND hWnd, int nIndex, LONG dwNewLong);
```

Umsetzung

Um den Fensterstil zu ändern, rufen Sie in der OnCreate-Ereignisbehandlungsroutine SetWindowLong mit dem Handle des Fensters, der Konstanten GWL_STYLE (zeigt SetWindowLong an, das der Fensterstil geändert werden soll; verwenden Sie GWL_EXSTYLE für erweiterte Fensterstile) und dem neuen Fensterstil auf.

```
procedure TForm1.FormCreate(Sender: TObject);
begin
  // Normales Hauptfenster ohne Schalter zum Minimieren/Maximieren
  SetWindowLong(Form1.Handle, GWL_STYLE,
            WS_OVERLAPPED OR WS_CAPTION OR
            WS_THICKFRAME OR WS_SYSMENU);
end;
```

Alternativ können Sie auch die alten Einstellungen mit GetWindowLong abfragen und dann einzelne Attribute an- oder ausschalten.

```
procedure TForm1.FormCreate(Sender: TObject);
var
```

```
  CurrentStyle : LongInt;
begin
  CurrentStyle := GetWindowLong(Form1.Handle, GWL_STYLE);
  SetWindowLong(Form1.Handle, GWL_STYLE, CurrentStyle
             AND NOT WS_MINIMIZEBOX AND NOT WS_MAXIMIZEBOX);
end;
```

Tipp

Eine vollständige Referenz der möglichen Fensterstile (WS_ und WS_EX_) finden Sie in der MS-Hilfe, SDK-Referenz unter *CreateWindow* und *CreateWindowEx*.

Fenster drucken

TForm.Print

Anwendung

Um den Clientbereich eines Fensters auszudrucken, brauchen Sie nur die TForm-Methode Print aufzurufen.

Umsetzung

Print erzeugt ein Abbild des Fensters, das den Clientbereich mit den darin enthaltenen Komponenten und die Zeichenoperationen aus OnPaint umfasst, und schickt dieses an den Drucker. Wenn Sie nur an dem Abbild des Fensters interessiert sind, verwenden Sie statt Print die TForm-Methode GetFormImage. (In der Delphi-Hilfe gibt es zu dieser Methode ein interessantes Beispiel.)

Beispiel

```
procedure TForm1.Drucken1Click(Sender: TObject);
begin
  Print;
end;
```

Verweise

Siehe Kategorie Text, Datei drucken
Siehe Kategorie Grafik- und Spieleprogrammierung, Bilder drucken
Siehe VCL-Referenz, Kategorie Sonstige Klassen, TPrinter

Alle Komponenten eines Formulars durchlaufen

TForm.Components

Anwendung

Jede Komponente (also auch Formulare) erbt von TComponent die Array-Eigenschaft Components, in der alle untergeordneten Komponenten eingetragen sind. Mit Hilfe dieser Eigenschaft können Sie alle untergeordneten Komponenten eines Formulars in einer Schleife durchgehen und bearbeiten.

Umsetzung

Zusätzlich zur Eigenschaft Components stehen Ihnen die Eigenschaften ComponentCount und ComponentIndex sowie die Methoden FindComponent, InsertComponent und RemoveComponent zur Verfügung.

Beispiel

Das folgende Beispiel stammt aus einem Dialogfenster mit zahlreichen CheckBox-Optionen. Über einen Button-Schalter kann der Anwender alle Checkbox-Optionen gleichzeitig markieren. Die Ereignisbehandlungsroutine zu dem Schalter sieht wie folgt aus:

```
procedure TForm1.AlleMarkierenClick(Sender: TObject);
var i : Integer;
begin
  for i := ComponentCount - 1 downto 0 do begin
    if Components[i] is TCheckBox then
      TCheckBox(Components[i]).Checked := true;
  end;
end;
```

Verweise

Siehe Komponenten zur Laufzeit erstellen und löschen

Komponenten zur Laufzeit erstellen und löschen

TComponent.Create

Anwendung

Die manuelle Erstellung von Komponenten zur Laufzeit ist in einer RAD-Umgebung wie Delphi eher ungewöhnlich. Statt Komponenten dynamisch zu erzeugen und zu löschen, wird man es meist vorziehen, alle benötigten Komponenten zur Entwurfszeit zu erstellen und dann die Komponenten zur Laufzeit einfach ein- und auszublenden (Eigenschaft Visible).

Falls Sie aber doch einmal eine Komponente dynamisch erstellen wollen, ist dies auch nicht schwer.

Umsetzung

1. Zur Erzeugung der Komponente wird eine Variable benötigt. Sie können diese als Element der Formular-Klasse oder auch als temporäre Variable deklarieren (Zugriff kann später über TForm.Components oder TForm.FindComponent erfolgen).

```
procedure TForm1.FormCreate(Sender: TObject);
var box : TCheckBox;
begin
```

2. Erzeugen Sie die Komponente durch Aufruf des Konstruktors und vergessen Sie keinesfalls, als Besitzer die übergeordnete Komponente (bzw. das Formular) anzugeben, damit die Komponente von der übergeordneten Komponente verwaltet wird (Eintrag in Components, automatische Auflösung).

```
box := TCheckBox.Create(Self);
```

3. Geben Sie die übergeordnete Komponente an, damit die Komponente im Formular angezeigt wird.

```
box.Parent := Self;
```

4. Konfigurieren Sie die Komponente.

```
box.Caption := 'Neue Option';
box.Left := 10;
box.Width := 75;
box.Top := 200;
box.Height := 50;
```

5. Verbinden Sie die Komponente mit einer Ereignisbehandlungsroutine.

```
   box.OnClick := CheckBoxClick;
end;
```

Verweise

Alle Komponenten eines Formulars durchlaufen

Mit Enter zum nächsten Steuerelement

KeyPreview

Anwendung

Manche Anwender wollen in Dialogfenstern mit der Eingabetaste statt mit der Tabulatortaste von Steuerelement zu Steuerelement springen.

Umsetzung

1. Setzen Sie zunächst die Eigenschaft KeyPreview des Formulars auf True. Dadurch wird jeder Tastendruck zunächst an das Fensterereignis OnKeyPress geleitet (statt direkt an das Steuerelement zu gehen).

2. Fangen Sie in OnKeyPress das Drücken der Eingabetaste (#13) ab.

Beispiel

```
procedure TForm1.FormKeyPress(Sender: TObject; var Key: Char);
begin
  if Key = #13 then begin
    Key := #0;
    PostMessage(Handle,WM_NEXTDLGCTL,0,0);
  end;
end;
```

Tipp

Wenn Sie dem Anwender die Möglichkeit geben wollen, selbst zu bestimmen, ob die Eingabetaste im Dialog wie die Tab-Taste funktionieren soll, so richten Sie ein passendes Markierungskästchen (TCheckBox) ein und prüfen Sie in OnKeyPress, ob der Anwender dieses gesetzt hat.

Verweise

Siehe Kategorie Ereignisbehandlung, Tastatureingaben überwachen

Fenster dynamisch erzeugen

TForm.Create

Anwendung

Wenn Sie ein neues Formular anlegen (Befehl *Datei/Neues Formular*), sorgt Delphi dafür, dass dieses Formular beim Programmstart automatisch erzeugt (aber nicht angezeigt) wird. Sie können Formulare aber auch dynamisch zur Laufzeit erzeugen.

Umsetzung

1. Legen Sie ein neues Formular an (Befehl *Datei/Neues Formular*) und bearbeiten Sie es.

2. Schließen Sie das Formular von der automatischen Erstellung aus (Seite *Formulare* der Projektoptionen).

3. Erzeugen Sie das Formular als Antwort auf ein passendes Ereignis.

```
procedure TForm1.FormClick(Sender: TObject);
var
  Form : TForm2;
begin
  Form := TForm2.Create(Self);
  Form.Show;
end; // Instanz Form wird aufgelöst, Fenster existiert weiter
```

Warnung

Um das Formular in einer anderen Unit erzeugen zu können, müssen Sie die Unit des Formulars einbinden (Befehl *Datei/Unit verwenden*).

Des Weiteren gilt es zu entscheiden, ob Sie von außerhalb auf das erzeugte Fenster zugreifen wollen (beispielsweise um Eingaben in Steuerelemente des Fensters abzufragen). Wenn ja, richten Sie eine TForm-Instanz ein, die während der ganzen Zeit, in der das Fenster existent ist, gültig ist und auf das Fenster verweist – beispielsweise als globale Instanz oder als Klassenelement des Hauptfensters).

Brauchen Sie die Instanz nur für die Erzeugung des Fensters, können Sie die Instanz als lokale Variable deklarieren (siehe Beispiel).

Verweise

Siehe Modale Dialogfenster

Meldungsfenster anzeigen

Application.MessageBox

Anwendung

Sie wollen den Anwender schnell über irgendetwas informieren? Dann erzeugen Sie dazu am besten ein Meldungsfenster.

Umsetzung

Zum Anzeigen eines Meldungsfensters, das einen statischen Text anzeigt, brauchen Sie kein eigenes Dialogfenster aufzusetzen. Rufen Sie einfach die Methode Application.MessageBox auf.

```
Application.MessageBox('Text','Titel',MB_OK);
```

- Als Erstes übergeben Sie den anzuzeigenden Text, dann den Titel des Meldungsfensters. Da beides PChar-Parameter sind, müssen Sie für zu übergebende Strings eine Typumwandlung vornehmen (PChar(str)).

- Bei dem letzten Parameter handelt es sich zwar um einen Integer-Typ, doch wird dieser intern als eine Zusammenstellung von Flags interpretiert. Diese Flags sind in Gruppen organisiert, wobei aus jeder Gruppe nur ein Flag spezifiziert werden kann. Mehrere Flags verschiedener Gruppen werden mit dem OR-Operator verbunden.

```
Application.MessageBox('Text','Titel',MB_OK OR MB_ICONQUESTION);
```

Eine vollständige Liste der Flag-Konstanten sowie der Rückgabewert der Funktion finden Sie in der Windows- und der Delphi-Hilfe jeweils unter dem Eintrag *MessageBox*.

Warnung

Um die Windows-Konstanten für die Flags angeben zu können, muss die Unit Windows eingebunden sein.

Tipp

Alternativ können Sie auch die Prozedur ShowMessage aus der Unit Dialogs aufrufen, der Sie nur den anzuzeigenden Text übergeben müssen.

Verweise

Siehe Eingaben abfragen

Eingaben abfragen

InputQuery

Anwendung

Für die Abfrage einzelner Werte gibt es bereits eine vordefinierte Routine – die in Dialogs definierte Funktion InputQuery:

```
function InputQuery(const ACaption, APrompt: string;
                    var Value: string): Boolean;
```

Umsetzung

Wenn Sie Dialogs eingebunden haben, können Sie InputQuery von überall in ihrer Unit aufrufen. Übergeben Sie der Funktion

- einen Titel für Dialogfenster;
- eine Beschriftung für das Eingabefeld;
- einen Stringpuffer, in dem die Eingabe gespeichert wird.

Wenn der Anwender den Dialog mit OK beendet, liefert die Funktion True zurück.

Beispiel

```
if InputQuery('Verzeichnis wechseln',
              'Verzeichnisname: ', DirName) then
   begin
   ...
```

Verweise

Siehe Kategorie Internet und verteilte Anwendungen, FTP-Verzeichnisse wechseln

Modale Dialogfenster

Dialog.ShowModal

Anwendung

Dialogfenster sind mit die wichtigsten Kommunikationselemente zwischen der Anwendung und dem Benutzer. Durch die große Zahl vordefinierter Steuerelemente gestaltet sich die Erstellung von Dialogen recht einfach. Etwas aufwändiger

ist es, Eingaben, die der Benutzer in einem Dialogfenster vorgenommen hat, auszuwerten, oder umgekehrt die Anzeige von Informationen in einem Dialogfenster von
der Anwendung aus zu steuern. Zu jedem Steuerelement gibt es zu diesem Zweck
Methoden, mit denen sich das Element setzen und abfragen lässt.

Umsetzung

1. Nehmen Sie für das Dialogfenster ein neues Formular in das Projekt auf (Befehl *Da-
   tei/Neues Formular*).

2. Setzen Sie die Eigenschaft BorderStyle auf bsDialog.

3. Richten Sie den Dialog ein, wobei Sie nicht die Standardschaltflächen zum Beenden
   des Dialogs (*OK*, *Abbrechen*) vergessen sollten.

4. Setzen Sie die ModalResult-Eigenschaft des *OK*-Schalters auf mrOk (mrCancel für den
   Abbrechen-Schalter), damit die Methode ShowModal beim Beenden des Dialogs die
   entsprechenden Rückgabewerte liefert.

Kommen wir nun zum Aufruf des Dialogs:

5. Nehmen Sie die Unit des Dialogs in die uses-Klausel des Hauptformulars auf.

6. Deklarieren Sie in der Formularklasse des Hauptfensters Datenelemente zum Abspeichern der Werte aus den Dialogsteuerelementen. Wenn Sie beispielsweise zwei
   Optionsgruppen (TRadioGroup) und ein Eingabefeld im Dialog platziert haben, deklarieren Sie ein TCaption-Element für den String und zwei Integer-Elemente für die
   Indizes der in den Optionsgruppen ausgewählten Optionen.

```
TForm1 = class(TForm)
...
private
  option1 : Integer;
  option2 : Integer;
  edittext : TCaption;
end;
```

7. Legen Sie fest, mit welchen Einstellungen der Dialog beim ersten Aufruf angezeigt
   werden soll. Weisen Sie den Klassenelementen für die Dialogsteuerelemente im On-
   Create-Ereignis des Formulars entsprechende Werte zu.

```
procedure TForm1.FormCreate(Sender: TObject);
begin
  option1 := 0;      // erste Option in Gruppe ausgewählt
  option2 := -1;     // keine Option in Gruppe ausgewählt
  edittext:= 'Hier Text eingeben';
end;
```

8. Erzeugen Sie den Dialog. Wenn Sie das Dialogfenster nicht automatisch beim Programmstart erzeugen lassen (Seite *Formulare* der *Projektoptionen*), müssen Sie zuerst Create aufrufen. Danach initialisieren Sie die Steuerelemente des Dialogs mit
   den Werten aus den zugehörigen Klassenelementen.

```
procedure TForm1.Optionen1Click(Sender: TObject);
  begin
  // Form2 := TForm2.Create(self);
  Form2.RadioGroup1.ItemIndex := option1;
  Form2.RadioGroup2.ItemIndex := option2;
  Form2.Edit1.Text := edittext;
```

9. Lassen Sie den Dialog nun anzeigen, indem Sie ShowModal aufrufen. Diese Funktion kehrt erst zurück, nachdem der Dialog beendet wurde. Prüfen Sie dann den Rückgabewert. Hat der Anwender den Dialog durch Drücken des *OK*-Schalters verlassen, speichern Sie die Einstellungen aus den Steuerelementen des Dialogs in den zugehörigen Klassenelementen (sodass diese Einstellungen beim nächsten Aufruf des Dialogs zur Initialisierung verwendet werden).

```
if Form2.ShowModal <> idCancel then
  begin
  option1 := Form2.RadioGroup1.ItemIndex;
  option2 := Form2.RadioGroup2.ItemIndex;
  edittext:= Form2.Edit1.Text;
  end;
end;
```

Tipp

Wenn Sie möchten, dass das Dialogfenster auch durch Drücken der Esc-Taste verlassen werden kann, setzen Sie für den *Abbrechen*-Schalter die Eigenschaft Cancel auf true.

Starten Sie in der Praxis mit dem Dialogexperten oder einer Vorlage aus der Objektablage.

Nichtmodale Dialogfenster

Dialog.Show

Anwendung

Nicht-modale Dialoge können während der Arbeit mit dem Hauptprogramm geöffnet bleiben, da sie den Fokus bereitwillig an andere Fenster der Anwendung abgeben.

Für die Programmierung von nicht-modalen Dialogen ergeben sich damit einige Besonderheiten:

- Ein Dialogfenster wird nicht-modal ausgeführt, wenn Sie zur Anzeige des Dialogs die Methode Show aufrufen.

- Im Gegensatz zur Methode ShowModal kehrt Show augenblicklich zurück. Es ist also nicht möglich, wie bei einem modalen Dialogfenster nach dem Aufruf der Methode die Einstellungen im Dialog auszuwerten (ganz abgesehen davon, dass die Methode Show auch keinen Rückgabewert liefert, der über den zum Verlassen des Dialogfensters gedrückten Schalter Auskunft gibt).

- Beachten Sie auch, dass die Instanz des Dialogfensters nicht im Gefolge der Ausführung des Dialogs (Aufruf von Show) gelöscht wird, da Sie sonst den Zugriff auf den Dialog verlieren.

- Sie müssen also die OnClick-Ereignisse der einzelnen Schalter bearbeiten und in diesen Ereignisbehandlungsfunktionen für die Auswertung der Einstellungen und die Auflösung des Dialogs sorgen.

- Neben den Schaltern *OK* und *ABBRECHEN* verfügen nicht-modale Dialogfenster meist auch über einen Schalter *ÜBERNEHMEN*, bei dessen Betätigung alle Einstellungen aus dem Dialog gültig werden, das Dialogfenster aber nicht (wie beim Drücken des Schalters *OK*) geschlossen wird.

Mehrseitige Dialoge

Anwendung

Zur Einrichtung mehrseitiger Dialoge verwenden Sie die Komponente *TPageControl* von der Seite *Win32*.

Am schnellsten geht es aber, wenn Sie den Dialog-Experten (Seite *Dialoge* der Objektgalerie) zum Erzeugen des Dialogfensters aufrufen.

Verweise

Siehe VCL-Referenz, Seite Win32, TPageControl

Kategorie: Ereignisbehandlung

Tastaturereignisse überwachen

OnKeyDown, OnKeyPress, OnKeyUp

Anwendung

Zum Abfangen von Tastatureingaben stehen Ihnen drei Ereignisse zur Verfügung.

- **OnKeyPress** reagiert nur auf das Drücken von Tasten, die einem ASCII-Zeichen entsprechen. Werden Tastenkombinationen wie Strg+B abgefangen, liefert die Ereignisbehandlungsroutine in ihrem key-Parameter nur das ASCII-Zeichen.

- **OnKeyDown** fängt alle Tastatureingaben ab. Um auf Funktionstasten zu reagieren, vergleicht man den Parameter Key mit den virtuellen VK-Tastencodes (VK_RETURN, VK_F1 etc., siehe Delphi-Hilfe zu *OnKeyDown*). Um auf Tastenkombinationen zu reagieren, prüft man den Shift-Parameter.

- **OnKeyUp** ist das Pendant zu OnKeyDown.

Beachten Sie, dass Tastaturereignisse direkt an die betreffenden Steuerelemente gerichtet sind. Wenn Sie möchten, dass zuerst das Formular die Tastaturereignisse abfängt, setzen Sie die TForm-Eigenschaft KeyPreview auf True.

Bestimmte Tastatureingaben werden direkt von Windows verarbeitet, ohne dass die Eingabe ein Ereignis auslöst (Drücken der Eingabetaste, während ein Schalter den Fokus hat, Drücken der Tabulator-Taste, wenn der Fokus an ein Steuerelement weitergereicht werden kann).

Verweise

Siehe Kategorie Fenster und Komponenten, Mit Enter zum nächsten Steuerelement

Ereignisse des Anwendungsobjekts

ApplicationEvents

Anwendung

In früheren Versionen war das Abfangen von Ereignissen der Anwendung recht mühselig, da die Ereignisbehandlung von Hand eingerichtet werden musste. Jetzt können Sie dazu die ApplicationEvents-Komponente auf der Seite *Zusätzlich* verwenden.

Verweise

Siehe Drag&Drop für Dateien
Siehe Windows-Botschaften abfangen

Windows-Botschaften abfangen

OnMessage

Anwendung

Um in Ihren Anwendungen Windows-Botschaften zu empfangen, die über die Anwendung (MessageLoop) laufen und für die es keine Komponenten-Ereignisse gibt, nehmen Sie die ApplicationEvents-Komponente in das Hauptformular Ihrer Anwendung auf und bearbeiten Sie das OnMessage-Ereignis.

Tipp

Wenn Sie sich über die verschiedenen WM_-Botschaften informieren wollen, rufen Sie die Microsoft-Hilfe, SDK-Referenz auf und schlagen Sie im Index unter WM_ nach.

Beispiel

```
procedure TForm1.ApplicationEvents1Message(var Msg: tagMSG;
                                 var Handled: Boolean);
begin
if Msg.message = WM_DROPFILES then
    begin
    end;
if Msg.message = WM_MOVE then
```

```
      begin
      end;
 ...
 end;
```

Verweise

Siehe Drag&Drop für Dateien

Drag&Drop innerhalb einer Anwendung

Anwendung

Innerhalb einer Anwendung können Sie die Inhalte von Komponenten leicht per Drag&Drop verschieben. Wie dies geht, wollen wir an einem Dateibetrachter-Programm demonstrieren.

Umsetzung

Das Hauptfenster des Programms enthält

- eine DriveComboBox,
- eine DirectoryListBox und
- eine FileListBox

über die der Anwender eine Datei auswählen kann. Die Komponenten finden Sie auf der Seite *Win 3.1*.

1. Verbinden Sie die TDriveComboBox-**Eigenschaft** DirList mit der DirectoryListBox und die TDirectoryListBox-**Eigenschaft** FileList mit der FileListBox.

   Zur Anzeige des Dateiinhalts nehmen wir ein Memo-Feld und eine Image-Komponente in das Formular auf. Per Drag&Drop kann der Anwender dann eine Datei aus der FileListBox in eine der Anzeigekomponenten ziehen und dort ablegen.

2. **Legen Sie die Drag&Drop-Quelle fest**. Setzen Sie die DragMode-Eigenschaft der FileListBox auf dmAutomatic.

3. **Legen Sie die Drag&Drop-Ziele fest**. Bearbeiten Sie die OnDragOver-Ereignisse der Memo- und der Image-Komponente. Wenn es sich bei der Quelle, aus der das gezogene Objekt stammt, um ein Element der FileListBox handelt (Source-Parameter), akzeptieren Sie das Objekt (Accept := True). Die VCL sorgt dann automatisch dafür, dass die Cursor-Form gewechselt wird.

```
procedure TForm1. DragOver(Sender, Source: TObject; X, Y: Integer;
                            State: TDragState; var Accept: Boolean);
begin
if source = FileListBox1 then
  Accept := True
  else
  Accept := False;
end;
```

4. **Nehmen Sie die gedroppten Objekte auf.** Bearbeiten Sie dazu die OnDragDrop-Ereignisse der Memo- und der Image-Komponente. Rufen Sie in den Routinen die jeweiligen LoadFromFile-Methoden der Komponenten auf, um die Datei des Objekts zu laden und den Inhalt anzuzeigen.

```
procedure TForm1.Memo1DragDrop(Sender, Source: TObject; X, Y: Integer);
begin
   Memo1.Lines.LoadFromFile( TFileListBox(Source).Filename);
end;

procedure TForm1.Image1DragDrop(Sender, Source: TObject; X, Y: Integer);
begin
   Image1.Picture.LoadFromFile( TFileListBox(Source).Filename);
end;
```

Drag&Drop für Dateien

WM_DROPFILES

Anwendung

Wenn es darum geht, Dateien vom Explorer zu empfangen, lässt Sie Borlands RAD-Umgebung ein wenig im Regen stehen. Wir müssen schon auf die API zurückgreifen.

Umsetzung

Zuerst müssen Sie die Anwendung als mögliches Drag&Drop-Ziel unter Windows registrieren.

1. Binden Sie die ShellAPI-Bibliothek ein.

```
uses  ShellAPI, ...
```

2. Im OnCreate-Ereignis des Hauptfensters rufen Sie die API-Funktion DragAcceptFiles auf, um dem System mitzuteilen, welches Ihrer TWinControl-Steuerelemente oder Fenster (Handle erforderlich!) bereit ist, Daten per Drag&Drop zu empfangen.

```
procedure TForm1.FormCreate(Sender: TObject);
begin
  DragAcceptFiles(Memo1.Handle, True);
end;
```

Nach der Registrierung schickt Windows WM_DROPFILES-Botschaften an die Anwendung, die Sie abfangen und bearbeiten.

3. Nehmen Sie eine ApplicationEvents-Komponente in das Formular auf und richten Sie eine Ereignisbehandlungsroutine für das OnMessage-Ereignis ein. In dieser prüfen Sie zuerst, ob eine WM_DROPFILES-Botschaft empfangen wurde:

```
procedure TForm1.ApplicationEvents1Message(var Msg: tagMSG;
                                      var Handled: Boolean);
var N: Word;
    dateiname : array[0..255] of Char;
begin
if Msg.message = WM_DROPFILES then
    begin
```

4. Implementieren Sie dann den Code zum Aufnehmen der Objekte. Im folgenden Beispiel wird zuerst die API-Funktion DragQueryFile mit $FFFFFFFF als zweiten Parameter aufgerufen, um die Anzahl der Drag&Drop-Objekte zu ermitteln. Dann werden die Dateinamen der einzelnen Objekte abgefragt und in das registrierte TMemo-Feld eingefügt.

```
    for N := 0 to DragQueryFile(msg.wParam, $FFFFFFFF,
                             dateiname, 255) -1 do
      begin
      DragQueryFile(msg.wParam, N, dateiname, 80);
      Memo1.Lines.Add(dateiname);
      end;
    DragFinish(msg.wParam);
    end;
end;
```

Selbst Botschaften verschicken

SendMessage, PostMessage

Anwendung

Mit Hilfe der API-Funktionen SendMessage und PostMessage können Sie selbst Botschaften verschicken.

Umsetzung

Beide Funktionen erwarten als Argumente:

- den Handle des Fensters, an das die Botschaft geschickt werden soll;
- die ID der Botschaft;
- den 1. Parameter der Botschaft (wParam);
- den 2. Parameter der Botschaft (lParam).

Während SendMessage die Botschaft direkt an das spezifizierte Fenster schickt, geht PostMessage den Weg über die MessageLoop der Anwendung.

Beispiel

```
procedure TForm1.FormClick(Sender: TObject);
begin
  // Verschickt eine WM_TIMER-Botschaft, die in der MessageLoop
  // der Anwendung des Zielfensters abgefangen werden kann
  PostMessage(Handle, WM_TIMER, 0, 0);
end;
procedure TForm1.ApplicationEvents1Message(var Msg: tagMSG;
                                           var Handled: Boolean);
begin
if Msg.message = WM_TIMER then
  Application.MessageBox('WM_TIMER empfangen','',MB_OK);
end;
```

Verweise

Siehe Ereignisse des Anwendungsobjekts
Siehe Delphi-Programmierumgebung, Kategorie Konzeption der RAD-Umgebung, Windows und Windows-Programmierung

WndProc überschreiben

WndProc

Anwendung

Wer die vollständige Kontrolle über die Ereignisbehandlung eines Formulars haben möchte, der kann die Fensterfunktion des Formulars überschreiben.

Umsetzung

Wenn Sie die Fensterfunktion WndProc überschreiben, können Sie Botschaften abfangen, bevor diese durch die VCL weitergereicht werden. Auf diese Weise können Sie früh in die Botschaftsverarbeitung eingreifen oder einzelne Botschaften von der Bearbeitung ausschließen.

Warnung

Führen Sie keine langwierigen Operationen in dieser häufig aufgerufenen Prozedur auf!

Setzen Sie nicht die Botschaftenverarbeitung der VCL außer Kraft! Rufen Sie zum Abschluss die geerbte WndProc-Methode auf.

Beispiel

```
type TForm1 = class(TForm)
     Memo1: TMemo;
   private
     procedure WndProc(var Message: TMessage); override;
     ...
   end;

implementation

procedure TForm1.WndProc(var Message: TMessage);
begin
  case Message.Msg of
    WM_PAINT         : Memo1.Lines.Add('WM_PAINT');
    WM_LBUTTONDOWN   : Memo1.Lines.Add('WM_LBUTTONDOWN');
    WM_LBUTTONUP     : Memo1.Lines.Add('WM_LBUTTONUP');
    WM_NCLBUTTONDOWN : Memo1.Lines.Add('WM_NCLBUTTONDOWN');
    WM_MOVE          : Memo1.Lines.Add('WM_MOVE');
    end;
  inherited;
end;
```

Mit Hooks in die Botschaftenverarbeitung

SetWindowsHookEx

Anwendung

Wenn Sie noch früher als mit WndProc in die Botschaftsverarbeitung unter Windows eingreifen wollen, dann verwenden Sie dazu die so genannten Hooks. Aber Achtung: Mit einem Hook erweitern Sie Ihr Betriebssystem. Sie setzen Code auf, der direkt von Windows aufgerufen und ausgeführt wird. Im Folgenden wird beispielsweise eine Hook-Funktion zur Überwachung von Mausereignissen aufgesetzt. Diese Hook-Funktion wird mit Hilfe von SetWindowsHookEx in die interne Botschaftsverarbeitung von Windows eingeklinkt (hooked). Fortan wird bei jedem Mausereignis, das Windows verarbeitet, die Hook-Funktion ausgeführt.

Umsetzung

1. **Deklarieren Sie eine globale Variable**, in der Sie den Handle der Hook-Funktion (wird von Windows vergeben) abspeichern können.

```
implementation
...
var
    hDemoMouseHook : HHOOK;        // Typ ist von Windows vorgegeben
```

2. **Registrieren Sie die Hook-Funktion**. Hook-Funktionen können in Anwendungen oder in DLLs deklariert werden. Bei Deklaration in einer Anwendung registrieren Sie die Routine beispielsweise im OnCreate-Ereignis des Hauptfensters.

```
procedure TForm1.FormCreate(Sender: TObject);
begin
  hDemoMouseHook := SetWindowsHookEx(
    WH_MOUSE,              // Hook-Typ
    DemoMouseHookProc,     // Name der Hook-Funktion
    0,                     // implementiert in Anwendung
    0);                    // für alle Threads
end;
```

- Es gibt 12 verschiedene Typen von Hook-Funktionen mit unterschiedlichen Signaturen. Zum Einklinken in die Verarbeitung von Mausbotschaften übergeben Sie als erstes Argument die Windows-Konstante WH_MOUSE (die Konstanten für die anderen Typen finden Sie in der Windows-SDK-Hilfe).

- Als zweites Argument übergeben Sie den Namen der zu registrierenden Hook-Funktion (die wir gleich aufsetzen werden).

- Als drittes Argument übergeben Sie den Handle der DLL, in der die Hook-Funktion implementiert ist. Wenn Sie die Hook-Funktion in der aktuellen Anwendung implementieren, übergeben Sie 0.

- Als viertes Argument übergeben Sie 0 (für DLL-Implementierungen oder wenn die Hook-Funktion für alle laufenden Threads gelten soll) oder die ID des Threads, mit dem die Hook-Funktion verbunden werden soll.

3. **Speichern Sie den Rückgabewert der Funktion** (dies ist der Handle auf die registrierte Hook-Funktion, der zum Aushaken der Hook-Funktion benötigt wird).

4. Spätestens bei Auflösung des Fensters sollten Sie die **Hook-Funktion auflösen**:

```
procedure TForm1.FormDestroy(Sender: TObject);
begin
  UnhookWindowsHookEx(hDemoMouseHook);
end;
```

5. **Implementieren Sie die Hook-Funktion**.

```
function DemoMouseHookProc(nCode : Integer;
              wparam : WPARAM; lParam : LPARAM) : Integer; stdcall;
begin
if (wParam = WM_LBUTTONDOWN) then
  MessageBeep(1);

Result := CallNextHookEx(hDemoMouseHook, nCode, wParam, lParam);
end;
```

Tipp

Die Signaturen für die verschiedenen Typen von Hook-Funktionen kann man der Windows-SDK-Hilfe entnehmen.

Vergessen Sie nicht, die Funktionen als stdcall zu deklarieren, da sie von Windows aufgerufen werden.

Geben Sie als Ergebnis den Rückgabewert von CallNextHookEx zurück, damit auch andere registrierte Hook-Funktionen eine Chance haben, ausgeführt zu werden. (Windows verwaltet alle Hook-Funktionen eines Typs in einer Liste, die sukzessive abgearbeitet wird. Wenn eine Hook-Funktion 0 zurückliefert, wird die Abarbeitung der Liste abgebrochen.)

Warnung

Führen Sie in Hook-Funktionen keine langwierigen Operationen aus!

Liefern Sie immer 0 oder einen Index auf die nächste Hook-Funktion zurück.

Kategorie: Menüs und andere Fensterdekorationen

Menüs einrichten und konfigurieren

TMainMenu

Anwendung

Menüs gehören heute fast schon wie selbstverständlich zur Benutzeroberfläche jedes komplexeren Programms.

Menüs aufbauen

Um ein Formular mit einem Menü auszustatten, nehmen Sie eine TMainMenu-Komponente in das Formular auf und doppelklicken Sie im Formular auf die Komponente, um den Menü-Editor zu öffnen.

Der Menü-Editor arbeitet mit leeren Schablonen. Markieren Sie die Schablone und geben Sie dann im Objektinspektor in das Feld der Caption-Eigenschaft einen Titel für das Menüelement ein. Nach dem Abschicken erzeugt Delphi eine TMenuItem-Instanz für das Menüelement.

Über die Eigenschaften im Objektinspektor können Sie die einzelnen Menüelemente konfigurieren:

- Bitmaps einblenden (Eigenschaft Bitmap);
- Häkchen einblenden (Eigenschaft Checked);
- Kurzhinweise einblenden (Eigenschaft Hint);
- Tastaturkürzel einrichten (Eigenschaft ShortCut);
- Alt-Buchstabe-Kombination definieren (Setzen Sie dem gewünschten Buchstaben im Titel (Caption) ein & voran).

Um ein Menüelement zu verschieben, ziehen Sie es einfach mit der Maus.

Um ein Menüelement zu löschen, markieren Sie es und drücken Sie die Entf-Taste.

Tipp

Über die Befehle im Kontextmenü des Menüeditors können Sie Menüs aus Ressourcendateien und Vorlagen aufbauen.

Verweise

Siehe Kategorie Konsolenanwendungen, Menüs für Konsolenanwendungen

Kontextmenüs

TPopupMenu

Anwendung

Kontextmenüs sind Popup-Menüs, die durch Klick mit der rechten Maustaste in den Fensterhintergrund oder auf eine Komponente geöffnet werden.

Umsetzung

Nehmen Sie eine PopupMenü-Komponente in das Formular auf.

Weisen Sie der PopupMenu-Eigenschaft des Formulars und/oder der entsprechenden Komponenten die Instanz der PopupMenü-Komponente zu.

Menüs verschmelzen

AutoMerge

Anwendung

Enthalten untergeordnete Fenster ebenfalls Menüs, können Sie diese mit dem Menü des Hauptfensters verschmelzen.

Umsetzung

Um die Menüs untergeordneter Formulare mit dem Menü des Hauptfensters zu verschmelzen, müssen Sie den GroupIndex-Eigenschaften der einzelnen Popup-Menüs entsprechende Werte zuweisen.

Um den Gruppenindex eines Popup-Menüs zu definieren, weisen Sie der Eigenschaft Groupindex einen Wert zu.

- Gruppenindizes werden in aufsteigender Reihenfolge vergeben, d.h., der Index eines Popup-Menüs ist immer größer oder gleich dem rechts liegenden Popup-Menü.
- Negative Indizes sind nicht erlaubt.
- Popup-Menüs mit gleichem Index innerhalb einer Menüleiste bilden eine Gruppe.
- Bei der Verschmelzung werden alle Popup-Menüs des Kindfensters übernommen, wobei Popup-Menüs des Kindfensters, die den gleichen Index haben wie eine Gruppe von Popup-Menüs des Hauptfensters, diese ersetzen. Popup-Menüs des Kindfensters, für die es keinen entsprechenden Index in der Menüleiste des Hauptfensters gibt, werden entsprechend ihres Index eingefügt.

Im Falle von MDI-Fenstern und der In-Place-Aktivierung von OLE-Servern werden die Menüs automatisch verschmolzen. Um das Menü eines einfachen untergeordneten Menüs mit dem Menü des Hauptfensters zu verschmelzen, müssen Sie die Eigenschaft AutoMerge des untergeordneten Fensters auf True setzen.

Tipp

Die Gruppenindizes der einzelnen Menübefehle in den Popup-Menüs beziehen sich nicht auf die Menüverschmelzung. Alle Menüelemente eines Popup-Menüs mit gleichem Gruppenindex, für die die Eigenschaft RadioItem auf True gesetzt ist, bilden eine Gruppe, in der immer nur ein Element markiert sein kann (Eigenschaft Chekked).

Menübefehle aktivieren und deaktivieren

Enabled

Anwendung

Im Vergleich zu anderen Programmierumgebungen ist die Aktivierung und Deaktivierung von Menüelementen in Delphi recht unproblematisch. Sie müssen nur die Eigenschaft Enabled auf True oder False setzen:

```
procedure TForm1.SchalterClick(Sender: TObject);
begin
  Menuebefehl.Enabled := Not Menuebefehl.Enabled;
end;
```

Verweise

Siehe Oberflächenelemente zentral verwalten

Oberflächenelemente zentral verwalten

TActionList

Anwendung

Wichtige Menübefehle können üblicherweise nicht nur über die Menüleiste, sondern auch über Symbolleisten und Kontextmenüs ausgelöst werden. Eine Aktion ist in diesem Fall also mit mehreren Oberflächenelementen verbunden. Ab Version 5 sieht Delphi einen Weg vor, wie man diese Oberflächenelemente zentral verwalten kann: mit Hilfe der TActionList-Komponente.

Umsetzung

1. Nehmen Sie eine TActionList-Komponente in Ihr Formular auf.

2. Doppelklicken Sie auf die Komponente, um den Editor zu öffnen.

3. **Legen Sie eine neue Aktion an**. Klicken Sie auf den Schalter zum Hinzufügen von Aktionen.

4. **Konfigurieren Sie die Aktion**. Benennen Sie die Aktion (Eigenschaft Caption), weisen Sie der Aktion ein Tastaturkürzel zu (ShortCut) etc. und verbinden Sie die Aktion vor allem mit einer Ereignisbehandlungsroutine zu dem OnExecute-Ereignis. In der Ereignisbehandlungsroutine setzen Sie den Code auf, der ausgeführt werden soll, wenn die mit der Aktion verbundenen Oberflächenelemente (Menübefehl, Symbolschalter etc.) angeklickt werden.

```
procedure TForm1.ActionSpeichernExecute(Sender: TObject);
begin
  Speichern(Memo1);
  ActionSpeichern.Enabled := False;
end;
```

5. **Verbinden Sie die Aktion mit den Oberflächenelementen**. Markieren Sie die Oberflächenelemente und weisen Sie deren Action-Eigenschaft die Action-Komponente zu. Alle Einstellungen der Action-Komponente werden nun von den Oberflächenelementen übernommen (das OnExecute-Ereignis wird zum OnClick-Ereignis der Oberflächenelemente). Zudem wirken alle Änderungen an den Eigenschaften der Action-Komponente (zur Entwurfszeit wie zur Laufzeit) auf die Oberflächenelemente zurück.

Tipp

Für bestimmte Befehle sind bereits Standardaktionen definiert. Diese sparen Ihnen nicht nur Zeit, sondern bringen auch bereits Standardimplementierungen für das OnExecute-Ereignis mit. Standardaktionen gibt es unter anderem

- für die Befehle der Zwischenablage;
- für die Befehle zur Verwaltung von MDI-Kindfenstern;
- für die Bearbeitung von Datensätzen.

Um eine Standardaktion auszuwählen, klicken Sie auf den Pfeil neben dem Schalter zum Hinzufügen von Aktionen.

Menüs zur Laufzeit erzeugen

TMenuItem.Create

Umsetzung

Die Erzeugung eines Menüelements zur Laufzeit läuft in gleicher Weise wie die dynamische Erzeugung einer beliebigen Komponente ab.

1. Es wird eine lokale Instanz deklariert.
2. Das Menüelement wird durch Aufruf des Konstruktors erzeugt, dann konfiguriert und schließlich in die übergeordnete Container-Komponente (in diesem Fall das Popup-Menüelement) eingefügt.

Wichtig ist, dass zuvor (zur Entwurfszeit) eine Ereignisbehandlungsroutine aufgesetzt wurde, die mit dem OnClick-Ereignis des neuen Menüelements verbunden werden kann.

Tipp

Die Erzeugung und Konfiguration eines Menüelements kann durch Verwendung der globalen Routine NewItem (aus der Unit Menus) vereinfacht werden.

```
function NewItem(const ACaption: string; AShortCut: TShortCut;
                AChecked, AEnabled: Boolean; AOnClick: TNotifyEvent;
                hCtx: Word; const AName: string): TMenuItem;
```

Beispiel

```
procedure TForm1.Button1Click(Sender: TObject);
begin
PopUpMenu1.Items.Add(NewItem(
```

```
  '&Neuer Befehl', TextToShortCut('Ctrl+N'), True,
  True, Action1Execute, 0,
  'MenuItem1'));
end;
```

Verweise

Siehe Fenster und Komponenten, Komponenten zur Laufzeit erstellen und löschen

Liste der zuletzt bearbeiteten Dateien

Umsetzung

Um im Datei-Menü eine Liste der zuletzt bearbeiteten Dateien anzuzeigen, müssen Sie

- eine Stringliste für die geöffneten Dateien einrichten.
- Beim Öffnen einer neuen Datei tragen Sie den Namen in die Stringliste ein.
- Wird eine Datei geschlossen, erweitern Sie das Dateimenü um ein neues Menüelement zum Wiederöffnen der Datei.
- Beim Beenden der Anwendung speichern Sie die Stringliste mit den Dateinamen auf Festplatte (Datei oder Windows-Registrierung).
- Beim Öffnen der Anwendung laden Sie die Dateiliste von der Festplatte und erzeugen dynamisch Menübefehle zum Öffnen der Dateien.

Symbolleiste einrichten

TToolBar

Umsetzung

1. Nehmen Sie aus der Seite *Win32* eine TToolBar-Komponente in das Formular auf. Die Komponente ist standardmäßig so konfiguriert, dass sie sich am oberen Rand des Clientbereichs ausrichtet (Align = alTop).

2. Rufen Sie im Kontextmenü der Symbolleiste den Befehl *Neuer Schalter* auf, um einen neuen Symbolschalter in die Symbolleiste aufzunehmen.

3. Leerräume fügen Sie über den Befehl *Neuer Trenner* ein oder indem Sie der Style-Eigenschaft der ToolButton-Instanz den Wert tbsSeparator zuweisen.

Tipp

Wenn Sie möchten, können Sie neben den ToolBar-Schaltern auch andere Steuerelemente in die Symbolleiste aufnehmen.

Verweise

Siehe Docking

Docking

DockSite, DragKind

Anwendung

Docking bedeutet, dass Komponenten aus ihrem ursprünglichen Standardort herausgelöst und entweder frei schwebend im Fenster platziert oder an anderer Stelle angedockt werden können.

Umsetzung

Jede von `TWinControl` abgeleitete Komponente (Fenster im weitesten Sinne des Wortes) kann als Ziel einer Docking-Operation fungieren.

- Sie müssen lediglich die Eigenschaft `DockSite` auf `True` setzen.
- Wenn Sie das Andocken bestimmter Komponenten verhindern wollen, bearbeiten Sie das `OnDockOver`-Ereignis und setzen Sie für die betreffenden Komponenten den Parameter `Accept` auf `False`.

Jede von `TControl` abgeleitete Komponente (Steuerelement) kann losgelöst und angedockt werden.

- Sie müssen lediglich die Eigenschaft `DragKind` auf `dkDock` setzen und `DragMode` auf `dmAutomatic` setzen.

Beispiel

Wenn Sie Symbolleisten einrichten möchten, die frei platziert oder an den linken, oberen und rechten Rand des Formulars angedockt werden können, können Sie beispielsweise wie folgt vorgehen:

1. Richten Sie die Symbolleisten als Instanzen von `TToolBar` ein und setzen Sie die Eigenschaften `DragKind` und `DragMode`.

2. Fügen Sie CoolBar-Instanzen (Seite *Win32*) in die drei Rahmenseiten des Formulars ein (`Align` = `alTop`, `alLeft`, `alRight`). Setzen Sie die Eigenschaften `DockSite` und

AutoSize der CoolBar-Instanzen auf True. Dies bewirkt, dass die CoolBars kaum zu sehen sind, wenn keine Komponenten angedockt sind.

Statusleiste mit Zeitanzeige

TStatusBar

Anwendung

Statusleisten können mit einem oder mit mehreren Feldern eingerichtet werden. Wenn Sie mehrere Felder einrichten, haben Sie die Möglichkeit, dem Anwender verschiedene nützliche Informationen in der Statusleiste anzuzeigen, beispielsweise die aktuelle Uhrzeit.

Umsetzung

1. Nehmen Sie eine TStatusBar-Komponente in das Formular auf (diese wird automatisch in den unteren Rand integriert, Align = alBottom).

2. Doppelklicken Sie auf die Komponente, um die Panels zu definieren. Legen Sie zwei Panels an.

3. Legen Sie die Größe der beiden Panels fest. Das zweite Panel soll für die Uhrzeit und von fester Breite sein. Um dies zu erreichen, weisen Sie im OnResize-Ereignis dem ersten Panel die Clientbreite minus der Breite des zweiten Panels zu.

```
procedure TForm1.FormResize(Sender: TObject);
begin
  StatusBar1.Panels[0].Width := ClientWidth-75;
end;
```

4. Nehmen Sie eine Timer-Komponente in das Formular auf und bearbeiten Sie das OnTimer-Ereignis der Komponente. Das OnTimer-Ereignis wird gemäß Voreinstellung der Timer-Komponente (Eigenschaft Interval) jede Sekunde ausgelöst. Nutzen Sie das Ereignis, um die aktuelle Zeit in das zweite Panel der Statusleiste einzublenden.

```
procedure TForm1.Timer1Timer(Sender: TObject);
var
  zeit : TDateTime;
  str_zeit : string;
begin
  zeit := Time;
  str_zeit := TimeToStr(zeit);
  StatusBar1.Panels[1].Text := str_zeit;
end;
```

Kategorie: Text

Texteditor implementieren

TRichEdit

Anwendung

Mit Hilfe des SDI-Experten und der TRichEdit-Komponente kann man in wenigen Schritten einen kompletten Texteditor erstellen.

Umsetzung

1. Lassen Sie vom SDI-Experten ein neues Projekt anlegen (*Datei/Neu*, Seite *Projekte*, *SDI-Anwendung*).

2. Nehmen Sie eine RichEdit-Komponente in das Formular auf (Seite *Win32*) und setzen Sie deren Align-Eigenschaft auf alClient.

3. Richten Sie die Dialoge zum Öffnen und Speichern ein, sodass diese Textdateien (*.txt) und RTF-Dateien (*.rtf) unterstützen (siehe Dateien, Dateidialoge).

Die größte »Schwierigkeit« besteht darin, die richtige Logik für das Laden und Abspeichern der Dateien zu finden.

- Um sicherzustellen, dass ungespeicherte Änderungen nicht versehentlich beim Öffnen neuer Dateien verloren gehen, kann man die RichEdit-Eigenschaft modified nutzen.

- Um zwischen dem Speichern einer neuen Datei und dem Speichern einer bereits gesicherten Datei zu unterscheiden, legen Sie in der Formularklasse eine string-Variable Dateiname an.

4. Deklarieren Sie das Datenelement dateiname und die drei Prozeduren Speichern, SpeichernUnter und NeueDatei.

```
private
    Dateiname : string;
    procedure NeueDatei;
    procedure Speichern;
    procedure SpeichernUnter;
```

5. Implementieren Sie die Prozeduren.

```
procedure TSDIAppForm.NeueDatei;
begin
```

```
  // ungespeicherte Änderungen sichern
  if RichEdit1.Modified = True then
    case Application.MessageBox('Änderungen speichern?',
                                'Achtung',MB_YESNOCANCEL)
        of IDYES   : Speichern;
           IDCANCEL : exit;
        end;

  RichEdit1.Text := '';
  RichEdit1.Modified := False;
  Dateiname := '';
  Caption := 'Neue Datei';
end;

procedure TSDIAppForm.Speichern;
begin
  // Noch nicht gespeicherte Datei?
  if Dateiname = '' then SpeichernUnter
                    else RichEdit1.Lines.SaveToFile(Dateiname);
  RichEdit1.Modified := False;
end;

procedure TSDIAppForm.SpeichernUnter;
var datei : string;
begin
  if SaveDialog.Execute then  begin
    Dateiname := SaveDialog.Filename;

    // Textformat prüfen
    datei := AnsiUpperCaseFileName(Dateiname);
    datei := AnsiStrRScan(PChar(datei),'.');
    if datei = '.RTF' then
      RichEdit1.PlainText := False
      else
      RichEdit1.PlainText := True;

    Speichern;
    end;
end;
```

6. Rufen Sie die Prozeduren in den Ereignisbehandlungsroutinen zu den Menübefehlen auf (genauer gesagt, zu den Aktionen, mit denen die Menübefehle verbunden sind).

```
procedure TSDIAppForm.FileNew1Execute(Sender: TObject);
begin
  NeueDatei;
end;
```

```
procedure TSDIAppForm.FileOpen1Execute(Sender: TObject);
var datei : string;
begin
  // ungespeicherte Änderungen sichern
  if RichEdit1.Modified = True then
    case Application.MessageBox('Änderungen speichern?',
                                'Achtung',MB_YESNOCANCEL)
        of IDYES    : Speichern;
           IDCANCEL : exit;
        end;
  if OpenDialog.Execute then begin
    datei := AnsiUpperCaseFileName(OpenDialog.Filename);
    datei := AnsiStrRScan(PChar(datei),'.');
    if datei = '.RTF' then
      RichEdit1.PlainText := False
      else
      RichEdit1.PlainText := True;

    RichEdit1.Lines.LoadFromFile(OpenDialog.Filename);
    RichEdit1.Modified := False;
    Dateiname := OpenDialog.Filename;
    Caption := Dateiname;
    end;
end;

procedure TSDIAppForm.FileSave1Execute(Sender: TObject);
begin
  Speichern;
end;
```

7. Richten Sie für den *SpeichernUnter*-Befehl aus dem Datei-Menü eine eigene Ereignisbehandlungsroutine ein (Standardmäßig ist der Befehl mit der Speichern-Aktion FileSave1Execute verbunden).

```
procedure TSDIAppForm.FileSaveAsItemClick(Sender: TObject);
begin
  SpeichernUnter;
end;
```

8. Bearbeiten Sie das OnCreate-Ereignis des Formulars.

```
procedure TSDIAppForm.FormCreate(Sender: TObject);
begin
  NeueDatei;
end;
```

Tipp

Die Unterstützung der Zwischenablage ist bereits durch Verwendung der Standardaktionen von TActionList implementiert.

Verweise

Siehe Kategorie Menüs und andere Fensterdekorationen, Oberflächenelemente zentral verwalten

Datei drucken

TRichEdit.Print

Anwendung

Bei Verwendung der TRichEdit-Komponente ist das Ausdrucken von Dateien kein Problem.

Umsetzung

1. Richten Sie im Datei-Menü einen Befehl zum Drucken ein.

2. Nehmen Sie eine TPrinterDialog-Komponente in das Formular auf.

3. Bearbeiten Sie das OnClick-Ereignis des Befehls.

```
procedure TSDIAppForm.Drucken1Click(Sender: TObject);
begin
  if PrintDialog1.Execute then
    RichEdit1.Print(dateiname);
end;
```

Verweise

Siehe Texteditor implementieren

In Text suchen

TFindDialog, TRichEdit.FindText

Umsetzung

1. Richten Sie im Bearbeiten-Menü einen Befehl zum Suchen ein.

2. Nehmen Sie eine TFindDialog-Komponente in das Formular auf. Setzen Sie die Optionen frHideUpDown und frHideWholeWord auf True.

3. Binden Sie die Unit Messages ein.

4. Bearbeiten Sie das OnClick-Ereignis des Befehls.

```
procedure TSDIAppForm.Suchen1Click(Sender: TObject);
begin
  FindDialog1.Execute;
end;
```

5. Wurde eine Übereinstimmung gefunden, wird das OnFind-Ereignis des Dialogs aus-gelöst. Bearbeiten Sie dieses Ereignis.

```
procedure TSDIAppForm.FindDialog1Find(Sender: TObject);
var suchoptionen : TSearchTypes;
    pos          : Integer;
begin
  pos := RichEdit1.SelStart + RichEdit1.SelLength;
  if frMatchCase in FindDialog1.Options then
    suchoptionen := suchoptionen - [stMatchCase];

  // Suche starten
  pos := RichEdit1.FindText(FindDialog1.FindText, pos,
                            Length(RichEdit1.Text), suchoptionen);

  if pos >= 0 then begin
    RichEdit1.SelStart := pos;
    RichEdit1.SelLength := Length(FindDialog1.FindText);
    RichEdit1.SetFocus;
    // Wichtig: Textcursor setzen!
    SendMessage(RichEdit1.Handle, EM_SCROLLCARET,0,0);
    end
  else begin
    ShowMessage('Text nicht gefunden');
    end;
end;
```

Verweise

Siehe Texteditor implementieren

Text ersetzen

TReplaceDialog, TRichEdit.FindText

Umsetzung

Die Textersetzung verläuft grundsätzlich wie die einfache Suche nach einer Textstelle, nur mit dem Unterschied, dass man einen TReplaceDialog verwendet und zum Schluss den gefundenen Text durch TReplaceDialog.ReplaceText ersetzt.

Verweise

Siehe Text suchen

Schriftarten unterstützen

ScreenFonts, EnumFontsProc

Umsetzung

Um eine Liste der beim Programmstart installierten Fonts anzuzeigen,

1. Nehmen Sie eine ComboBox-Komponente in das Formular auf.

2. Kopieren Sie die Fonts aus dem globalen Screen-Objekt in das Kombinationsfeld.

```
ComboBox1.Items := Screen.Fonts;
ComboBox1.Text := ComboBox1.items[0];
```

Tipp

Wenn Sie die Liste der Fonts zur Laufzeit aktualisieren wollen, können Sie nicht das globale Screen-Objekt verwenden, da dessen Fontliste nach dem Programmstart nicht mehr aktualisiert wird. Um eine aktuelle Liste zu erstellen, müssen Sie

1. eine Callback-Funktion aufsetzen, die Windows zum Kopieren der installierten Fonts verwendet:

```
function EnumFontsProc(var logFont : TLogFont;
                var metric : TextMetric;
                fontTyp : Integer; ziel : Pointer) : Integer; stdcall;
begin
  TStrings(ziel).Add(logFont.lfFacename);
  Result := 1;
end;
```

2. Die Callback-Funktion an die API-Funktion EnumFonts übergeben.

```
procedure TSDIAppForm.FontAktualisieren(Sender: TObject);
var dc : HDC;
begin
  dc := GetDC(Handle);
  // Fonts direkt in ComboBox1 einlesen
  EnumFonts(dc,0,@EnumFontsProc,Pointer(ComboBox1.Items));
  ReleaseDC(0,dc);
end;
```

Verweise

Siehe Textpassagen formatieren

Textpassagen formatieren

RichEdit1.SelAttributes

Anwendung

Die TRichEdit-Komponente definiert zwei Eigenschaften zur Textformatierung:

- Mit SelAttributes können Sie Textpassagen formatieren (Schrift, Farbe, Stil).
- Mit Paragraph können Sie Textabsätze formatieren. (Einzug, Aufzählung, Tabulatoren).

Die Einstellungen gelten jeweils für den aktuell markierten Text oder neu eingegebenen Text.

Beispiel

```
procedure TForm1.Button1Click(Sender: TObject);
begin
  with RichEdit1.SelAttributes do begin
    Color  := clRed;
    Height := Height + 5;
    Name   := SchriftenComboBox.items[2];
  end;
  RichEdit1.Lines.Add('Diese Textzeile wird rot.');
end;
```

Verweise

Siehe Schriftarten unterstützen

Versteckte RichEdit-Funktionen

SendMessage

Anwendung

Das Windows-RichEdit-Steuerelement bietet dem Programmierer weit mehr Unterstützung als die Kapselung des Steuerelements in der TRichEdit-Klasse.

Umsetzung

Um die versteckte Funktionalität des Steuerelements zu nutzen, schickt man mit SendMessage EM-Botschaften an das Steuerelement. Ein Beispiel hierfür haben Sie bereits im Abschnitt zur Textsuche gesehen:

```
SendMessage(RichEdit1.Handle, EM_SCROLLCARET,0,0);
```

Ein weiteres Beispiel wäre das Rückgängigmachen einer Operation:

```
SendMessage(RichEdit1.Handle, EM_UNDO,0,0);
```

Eine vollständige Liste der EM-Botschaften finden Sie in der Microsoft-Hilfe, SDK-Referenz unter *EM_*.

Kategorie: Grafik- und Spieleprogrammierung

Grundlagen

TCanvas, OnPaint

Gerätekontext und TCanvas

In Windows erfolgen Grafikausgaben stets auf so genannte Gerätekontexte. Der Vorteil dieses Konzepts ist, dass der Programmierer bei der Ausgabe sich nicht direkt mit der Hardware und den verfügbaren Treibern herumschlagen muss.

Delphi vereinfacht die grafische Ausgabe (Text kann auch als Grafik bezeichnet werden) zusätzlich, indem es dem Programmierer für die wichtigsten Zeichenflächen TCanvas-Instanzen zur Verfügung stellt, die den Gerätekontext für die Zeichenfläche kapseln.

TForm.Canvas	Zum Zeichnen in den Client-Bereich eines Fensters.
TPaintBox.Canvas	Zum Zeichnen in einen Teilbereich eines Fensters.
TBitmap.Canvas und TImage.Canvas	Zum Zeichnen in ein Bitmap.

Für eine vollständige Liste schlagen Sie bitte in der Delphi-Hilfe unter dem Stichwort *Canvas* nach.

Zeichenmethoden und GDI-Objekte

Die Klasse TCanvas verfügt über eine Vielzahl von Methoden zum Zeichnen. Sämtliche Zeichenausgaben erfolgen durch Aufruf dieser Methoden (siehe VCL-Referenz, Grafikklassen, TCanvas).

Des Weiteren kapselt TCanvas die so genannten GDI-Objekte. GDI-Objekte sind Zeichenwerkzeuge, die vom Gerätekontext zum Zeichnen verwendet werden. Man unterscheidet

Stift (Pen)	Zeichnen von Linien und Umrissen.
Pinsel (Brush)	Füllen von Flächen.
Schrift (Font)	Textausgabe

Durch Konfiguration dieser Zeichenwerkzeuge kann man Farbe, Strichstärke, Füllmuster etc. der Ausgabe festlegen (siehe VCL-Referenz, Grafikklassen, TCanvas).

Dauerhafte Grafiken mit OnPaint und TImage

Wenn Sie in die Canvas-Instanz eines Fensters zeichnen (beispielsweise in der OnMouseDown-Routine an der Stelle des aktuellen Mausklicks einen Kreis einzeichnen), zeigt Windows das Ergebnis direkt auf dem Bildschirm an.

Wenn Sie das Fenster allerdings minimieren und wieder auf Normalgröße bringen, geht Ihre Zeichnung verloren. Der Grund dafür ist, dass Windows den Inhalt des Gerätekontextes an die Ausgabeeinheit schickt, aber nicht abspeichert. Wenn Windows das Fenster zu einem späteren Zeitpunkt rekonstruieren, also neu zeichnen muss, sind alle Informationen über die Grafikausgabe hinfällig.

Damit eine Zeichenausgabe erhalten bleibt, müssen Sie Ihre Anwendung dazu bringen, die Zeichnung bei jedem Neuzeichnen des Fensters zu rekonstruieren. Windows verschickt zu diesem Zweck bei jedem Neuzeichnen eine WM_PAINT-Botschaft an das betreffende Fenster. Mit dieser Botschaft ist das OnPaint-Ereignis verbunden. Wenn Sie Ihre Zeichenausgaben in der Ereignisbehandlungsroutine zu OnPaint implementieren, wird die Zeichenausgabe stets korrekt rekonstruiert.

Wenn Sie in den Teilbereich eines Fensters zeichnen wollen, stehen Ihnen zwei Alternativen zur Verfügung:

- Sie können in eine TPaintBox-Komponente zeichnen (wobei persistente Grafikausgaben wiederum in der Ereignisbehandlungsroutine zu OnPaint erfolgen sollten).

- Sie können eine Image-Komponente mit einem Bitmap anlegen und in das Bitmap zeichnen (das Neuzeichnen erfolgt dann automatisch).

Beispiel

```
procedure TForm1.FormPaint(Sender: TObject);
begin
  // Stift in purpurne Farbe tauchen
  Canvas.Pen.Color := clPurple;

  // Diagonale durch Client-Bereich des Fensters
  Canvas.MoveTo (0,0);
  Canvas.LineTo(ClientWidth, ClientHeight);
end;
```

Verweise

Siehe VCL-Referenz, Grafikklassen, TCanvas

In Fenster zeichnen

Canvas.Ellipse

Anwendung

Das folgende Programm zeichnet an jede Stelle, die der Anwender mit der Maus anklickt, einen kleinen Kreis.

Umsetzung

1. Legen Sie eine neue Anwendung an.

2. Bearbeiten Sie das OnMouseDown-Ereignis des Formulars. Um einen Kreis zu zeichnen, rufen Sie die TCanvas-Methode Ellipse auf. Diese zeichnet eine Ellipse in das Rechteck, dessen Koordinaten für die linke obere und die rechte untere Ecke übergeben werden. Übergibt man die Koordinaten eines Quadrats, wird die Ellipse zum Kreis.

```
procedure TForm1.FormMouseDown(Sender: TObject; Button: TMouseButton;
                               Shift: TShiftState; X, Y: Integer);
begin
  Canvas.Ellipse(X-5,Y-5,X+5,Y+5);
end;
```

Zeichnung rekonstruieren

Bei obiger Version gehen die Kreise verloren, wenn das Fenster neu gezeichnet wird. Um dies zu verhindern, muss die Zeichnung in der OnPaint-Ereignisbehandlungsroutine rekonstruiert werden. Um die Zeichnung rekonstruieren zu können, müssen wir die Koordinaten der Mausklicke speichern.

3. Deklarieren Sie in der Formularklasse eine Liste für die Koordinaten der Mausklicke.

```
private
   Punkte : TList;
end;
```

4. Sorgen Sie für die korrekte Erzeugung und Auflösung der Liste.

```
procedure TForm1.FormCreate(Sender: TObject);
begin
  Punkte := TList.Create;
end;

procedure TForm1.FormDestroy(Sender: TObject);
begin
  Punkte.Free;
end;
```

5. Speichern Sie in der OnMouseDown-Ereignisbehandlungsroutine die Mauskoordinaten.

```
procedure TForm1.FormMouseDown(Sender: TObject; Button: TMouseButton;
                               Shift: TShiftState; X, Y: Integer);
var p : ^TPoint;
begin
  Canvas.Ellipse(X-5,Y-5,X+5,Y+5);
  new(p);
  p^.X := X;
  p^.Y := Y;
  Punkte.Add(p);
end;
```

6. Rekonstruieren Sie die Zeichnung in der OnPaint-Ereignisbehandlungsroutine.

```
procedure TForm1.FormPaint(Sender: TObject);
var i : Integer;
    p : ^TPoint;
begin
  for i:=0 to Punkte.Count-1 do
    begin
    p := Punkte.Items[i];
    Canvas.Ellipse(p^.X-5,p^.Y-5,p^.X+5,p^.Y+5);
    end;
end;
```

Verweise

Siehe Grundlagen

In den Nicht-Client-Bereich eines Fensters zeichnen

GetWindowDC

Anwendung

Wenn Sie einmal nicht in den Client-Bereich, sondern in den Rahmen oder die Titelleiste des Fensters zeichnen wollen, hilft Ihnen die Canvas-Instanz des Formulars nicht weiter, da der Gerätekontext dieses Canvas-Objekts nur den Client-Bereich abdeckt.

Sie müssen sich also einen eigenen, passenden Gerätekontext erzeugen.

Umsetzung

Zum Erzeugen von Gerätekontexten gibt es verschiedene API-Funktionen:

GetWindowDC	Gerätekontext für das gesamte Fenster.
GetDC	Gerätekontext für beliebiges Fenster.
CreateCompatibleDC	Speicherkontext

Um in den Nicht-Clientbereich eines Formulars zeichnen zu können,

1. übergeben Sie GetWindowDC den Handle des Fensters.

2. Weisen Sie den zurückgelieferten Gerätekontext-Handle der Handle-Eigenschaft einer Canvas-Instanz zu.

Beispiel

```
procedure TForm1.FormResize(Sender: TObject);
var dc     : HDC;
    canvas : TCanvas;
begin
   canvas := TCanvas.Create;
   dc := GetWindowDC(Handle);
   canvas.handle := dc;

   canvas.MoveTo(0,0);
   canvas.LineTo(Width, Height);

   ReleaseDC(0,dc);
end;
```

Zeichenfläche leeren

Invalidate, Update, FillRect

Anwendung

Um die Zeichenfläche eines Formulars oder einer Komponente zu löschen, gibt es mehrere Möglichkeiten. Dabei ist zwischen dem aktuellen Stand einer Zeichnung und der Rekonstruktion in OnPaint zu unterscheiden.

Umsetzung

Wenn Sie eine Zeichenfläche ganz löschen wollen, rufen Sie die Methode FillRect auf.

```
Canvas.Fillrect(Rect(0,0,ClientWidth,ClientHeight));
```

Danach ist die Zeichenfläche erst einmal wieder weiß. Wie die Zeichenfläche aber nach dem Neuzeichnen durch Windows aussieht, hängt von dem Code in der OnPaint-Methode ab.

Wenn Sie letzte, nicht gespeicherte Arbeitsschritte rückgängig machen wollen, rufen Sie einfach Invalidate (TForm-Eigenschaft) auf.

```
Invalidate;
```

Auf diese Weise verschicken Sie selbst eine WM_PAINT-Botschaft an Ihr Fenster, sodass dieses neu gezeichnet wird. Auf dem Bildschirm wird der Fensterinhalt gemäß dem Code in der OnPaint-Methode rekonstruiert.

Die Bearbeitung von Invalidate kann etwas verzögert sein, da die WM_PAINT-Botschaft über die Warteschlange der Anwendung läuft. Schneller geht es mit

```
Repaint;
```

Gedrehter Text

CreateFontIndirect

Anwendung

Mit Hilfe der Methoden von TCanvas oder den Eigenschaften von TCanvas.Font können Sie keinen gedrehten Text ausgeben, wohl aber mit Hilfe der API.

Umsetzung

In der API-Programmierung werden alle Attribute einer Schrift in einem Record namens TLogFont verwaltet. Dessen Feld lfEscapement bestimmt die Drehung der Schrift (angegeben in 1/10-tel Grad).

Um nun einen Text gedreht auszugeben, müssen Sie

1. darauf achten, dass Sie eine TrueType-Schriftart verwenden, die das Drehen von Text erlaubt.

2. Eine TLogFont-Struktur mit den Einstellungen der aktuellen Schriftart füllen.

3. Den Wert von lfEscapement ändern (in 1/10 Grad).

4. Mit Hilfe von CreateFontIndirect aus der TLogFont-Struktur eine neue Schrift erzeugen.

Beispiel

```
procedure TForm1.FormPaint(Sender: TObject);
var LogRec : TLogFont;
begin
  Canvas.Font.Name := 'Arial';
  GetObject(Canvas.Font.Handle, SizeOf(LogRec),Addr(LogRec));
  LogRec.lfEscapement := 30*10;
  Canvas.Font.Handle := CreateFontIndirect(LogRec);
  Canvas.TextOut(100,50,str);
end;
```

Freihandlinien

OnMouseMove

Anwendung

Freihandlinien sind Linien, die der Anwender durch freies Bewegen der Maus zeichnet.

Umsetzung

1. Damit Sie während einer Mausbewegung unterscheiden können, ob der Anwender zeichnen oder nur die Maus verschieben will, deklarieren Sie global eine Boolesche Variable.

    ```
    private
       freihand : Boolean;
    end;
    ```

2. Dann bearbeiten Sie die Ereignisse OnMouseDown, OnMouseMove, OnMouseUp, in denen Sie den Zeichenmodus für Freihandlinien einschalten, Liniensegmente zeichnen, den Zeichenmodus ausschalten.

```
procedure TForm1.FormMouseDown(Sender: TObject; Button: TMouseButton;
                          Shift: TShiftState; X, Y: Integer);
begin
  if Button = mbLeft then begin
    Canvas.MoveTo(x,y);
    freihand := True;
    end;
end;


procedure TForm1.FormMouseMove(Sender: TObject; Shift: TShiftState;
                          X, Y: Integer);
```

```
begin
  if freihand then
    Canvas.LineTo(x,y);
end;

procedure TForm1.FormMouseUp(Sender: TObject; Button: TMouseButton;
                             Shift: TShiftState; X, Y: Integer);
begin
  if (Button = mbLeft) AND freihand then  begin
    Canvas.LineTo(x,y);
    freihand := False;
    end;
end;
```

Bilder über die Zwischenablage austauschen

Clipboard

Anwendung

Wollen Sie Bitmaps, Icons oder WMF-Grafiken via Zwischenablage austauschen, so verwenden Sie die Methode Assign und das globale ClipBoard-Objekt (aus der Unit Clipbrd).

Umsetzung

Folgende Anweisung kopiert ein Bild in die Zwischenablage:

```
ClipBoard.Assign(Image1.Picture);
```

Um ein Bild aus der Zwischenablage zu kopieren, schreiben Sie:

```
If ClipBoard.HasFormat(CF_BITMAP) Then
    Image1.Picture.Assign(Clipboard);
```

Bitmaps in Gerätekontexte kopieren

Draw, StretchDraw, CopyRect

Anwendung

Um ein Bitmap aus einer Image-Komponente, einer TBitmap-Instanz oder einem kompatiblen Gerätekontext in den Gerätekontext eines Formulars zu zeichnen, benutzt man eine der Methoden Draw, StretchDraw oder CopyRect.

Das Kopieren von Bitmaps von einem Gerätekontext in einen anderen wird häufig im Zusammenhang mit Sprite-Animationen verwendet, wo Bitmaps im Hintergrund (im RAM) vorbereitet und dann auf den Bildschirm ausgegeben werden.

Umsetzung

Draw	`procedure Draw(X, Y: Integer; Graphic: TGraphic);` Kopiert den Inhalt der übergebenen Grafik in den aktuellen Gerätekontext (TCanvas-Instanz). Die linke obere Ecke der Grafik wird an die Koordinaten (X,Y) kopiert.
Stretch-Draw	`procedure StretchDraw(const Rect: TRect; Graphic: TGraphic );` Kopiert den Inhalt der übergebenen Grafik in den angegebenen Ausschnitt des aktuellen Gerätekontextes. Die Grafik wird der Größe des Ausschnitts angepasst.
CopyRect	`procedure CopyRect(Dest: TRect; Canvas: TCanvas;` `                    Source: TRect);` Kopiert einen Teil (Source) des Gerätekontextes Canvas in einen Ausschnitt (Dest) des aktuellen Gerätekontextes. Die Grafik wird der Größe des Ausschnitts angepasst.

Alle drei oben aufgeführten Kopierroutinen unterliegen der Steuerung durch die TCanvas-Eigenschaft CopyMode. Diese akzeptiert als Werte eine Reihe von vordefinierten Konstanten, die festlegen, wie die Pixel des zu kopierenden Bitmaps mit den Pixeln des Zielgerätekontextes zu verrechnen sind. Voreinstellung ist cmSrcCopy – die Pixel des Bitmaps ersetzen die Pixel des Gerätekontextes. Eine Liste der möglichen Kopiermodi finden Sie in der Online-Hilfe zu der Eigenschaft.

Beispiel

```
var bmp : TBitmap;
begin
    bmp := TBitmap.create;
    bmp.LoadFromFile('satellit.bmp');

    Canvas.Draw(0,0,bmp);
    Canvas.StretchDraw(Rect(0,100,200,150),bmp);
```

```
    Canvas.CopyRect(Rect(0,200,200,250),bmp.canvas,Rect(0,0,80,40));
    bmp.free;
end;
```

In Bilder zeichnen

Umsetzung

Laden Sie das Bitmap in eine `TImage` oder eine `TBitmap`-Instanz und zeichnen Sie einfach über die `Canvas`-Eigenschaft.

Tipp

Sie können auf diese Weise Delphi wie einen Grafikeditor verwenden.

1. Laden Sie das Bitmap in zwei `TImage`-Instanzen (`Image1` für das Original, `Image2` für die Kopie, die bearbeitet wird).

2. Bearbeiten Sie die Kopie mit Hilfe der `TCanvas`-Methoden (statt wie in einem Bildeditor mit der Maus zu malen). Sie können dazu beliebig viele Schalter oder Menübefehle einrichten, die verschiedene vordefinierte Manipulationen am Bitmap vornehmen.

3. Speichern Sie die Kopie.

Beispiel

```
procedure TForm1.BitmapInvertierenClick(Sender: TObject);
begin
  // cmNotSrcCopy invertiert nicht die Farbe, sondern das Bitmuster
  // das den Farbwert des Pixels kodiert
  Image2.Picture.Bitmap.Canvas.CopyMode := cmNotSrcCopy;
  Image2.Picture.Bitmap.Canvas.Draw(0,0,Image1.Picture.Bitmap);
end;
```

Verweise

Siehe Bitmaps in Graustufen umwandeln

Bilder drucken

Anwendung

Am einfachsten druckt man ein Bild natürlich, indem man es in ein eigenes Formular mit einer Image-Komponente lädt, die den Clientbereich füllt und dann die Methode TForm.Print aufruft.

Es geht aber auch professioneller:

1. Als Erstes laden Sie das Bild in eine temporäre Variable vom Typ TPicture. Dann ermitteln Sie die Höhe und die Breite des Bildes und berechnen Sie das Verhältnis Höhe zu Breite. Mit diesem Faktor können Sie die Abmaße des gedruckten Bildes festlegen. Wollen Sie die Grafik beispielsweise über die gesamte Breite Ihres Druckers ausgeben, errechnen Sie die neue Höhe, indem Sie die Breite des Druckers mit dem Faktor multiplizieren.

2. Die neuen Dimensionen geben Sie als Parameter an die Methode StretchDraw, die Sie auf die Zeichenfläche von Formularen und dem Drucker anwenden können.

3. Bevor Sie auf den Drucker zugreifen, müssen Sie ihn mit Printer.BeginDoc initialisieren. Am Ende des Ausdrucks senden Sie noch Printer.EndDoc. Das bewirkt einen zusätzlichen Seitenvorschub.

Beispiel

```
var Breite, Hoehe: Integer;
    Faktor: Single;
    Bereich: TRect;
    Picture : TPicture;
begin
  Picture := TPicture.Create;
  Picture.LoadFromFile('c:\konti.wmf');
  Faktor  := Picture.Height / Picture.Width;
  Printer.BeginDoc;
  Breite  := Printer.Canvas.ClipRect.Right;
  Hoehe   := Trunc(Breite * Faktor);
  Bereich := Rect(0,0,Breite,Hoehe);
  Printer.Canvas.StretchDraw(Bereich, Picture.Graphic);
  Printer.EndDoc;
  Picture.Free;
end;
```

Verweise

Siehe Kategorie Fenster und Komponenten, Fenster drucken
Siehe Kategorie Text, Datei drucken
Siehe VCL-Referenz, Kategorie Sonstige Klassen, TPrinter

Bitmaps in Graustufen umwandeln

Anwendung

Für die Umwandlung von farbigen Bildern in Grauwerte muss man wissen, dass jede dargestellte Farbe aus einer Kombination aus Rot, Grün und Blau zusammengesetzt ist. Jede dieser Grundfarben hat eine gewisse Leuchtkraft. Grün leuchtet am stärksten, danach kommt Rot und am dunkelsten erscheint Blau. Haben Sie bereits die Farbwerte eines Pixels in den Variablen R, B und G abgelegt, so erhalten Sie den Grauwert über

```
GR := Trunc(B*0.11+G*0.59+R*0.3);
```

Beispiel

```
procedure TForm1.GraustufenClick(Sender: TObject);
var X, Y: Integer;
    Color: LongInt;
    R, G, B,Gr: Byte;
begin
  with Image.Canvas Do
    for X := Cliprect.Left To ClipRect.Right do
    for Y := Cliprect.Top To ClipRect.Bottom do begin
      Color := ColorToRGB(Pixels[X,Y]);
      B:=(Color And $FF0000) Shr 16;
      G:=(Color And $FF00) Shr 8;
      R:=(Color And $FF);
      Gr:= HiByte(R*77 + G*151 + B*28);
      Pixels[X,Y]:=RGB(Gr,Gr,Gr);
    end;
end;
```

Verweise

Siehe In Bilder zeichnen

Bitmaps mit transparentem Hintergrund

Transparent

Anwendung

Früher war die Anzeige von transparenten Bitmaps nur mit Tricks (beispielsweise Verwendung von BrushCopy) möglich. Mittlerweile geht dies durch Setzen der Eigenschaft Transparent.

Umsetzung

Um ein Bitmap (TBitmap-Instanz) transparent anzuzeigen, setzen Sie die Eigenschaft TBitmap.Transparent auf True. Danach können Sie das Bitmap wie gewohnt mit Draw oder einer anderen Methode in einen Gerätekontext kopieren.

Für ein Bitmap in einer Image-Komponente setzen Sie die Transparent-Eigenschaft der Komponente auf True.

Bilder speichern

Anwendung

Bitmaps, Icons oder Metadateien können Sie einfach mit Hilfe der entsprechenden Methoden der zugehörigen Klassen speichern.

Wenn Sie ein Grafikprogramm schreiben, haben Sie mehrere Möglichkeiten, die vom Anwender erstellten Grafiken zu speichern:

- Sie speichern alle nötigen Informationen zum Wiederherstellen der Grafik in einer Datei – Sie definieren letztendlich also ein eigenes Grafikformat. (Ähnlich wie wir im Abschnitt »In Fenster zeichnen« die Grafik als Folge von Koordinaten im RAM gespeichert haben.)
- Sie kopieren die Grafik in ein Bitmap und speichern dieses (gut geeignet für pixelorientierte Editoren).
- Sie führen die Zeichenoperationen identisch auf einer MetaFile-Instanz aus und speichern die Metadatei (gut geeignet für vektororientierte Editoren).

Verweise

Siehe Metadateien

Bitmaps in Ressourcendatei speichern

Bildeditor

Anwendung

Bitmaps, die Sie in Ihrer Anwendung verwenden, können Sie auf drei verschiedene Arten speichern.

- Wenn Sie das Bitmap in eine Image-Komponente laden, wird es zusammen mit dem Formular gespeichert (DFM-Datei).
- Sie können das Bitmap in einer eigenen BMP abspeichern.
- Sie können es in einer Ressourcendatei (*.res) abspeichern.

Die Abspeicherung in einer Ressourcendatei hat den Vorteil, dass man das Bitmap leichter austauschen kann (durch Ersetzen der Ressourcendatei) – beispielsweise wenn man die Anwendung lokalisieren möchte.

Umsetzung

So speichern Sie ein Bitmap in einer Ressourcendatei:

1. Rufen Sie den Bildeditor auf (Befehl *Tools/Bildeditor*).

2. Laden Sie die Ressourcendatei des Projekts (Befehl *Öffnen* im Bildeditor).

3. Legen Sie eine neue Bitmap-Ressource an. (Befehl *Neu/Bitmap* Im Kontextmenü des Knotens *Inhalte*)

4. Kopieren Sie Ihr Bitmap über die Zwischenablage in die Bitmap-Ressource.

5. Speichern Sie die Ressourcendatei.

So laden Sie ein Bitmap aus einer Ressourcendatei:

1. Achten Sie darauf, dass die Ressource mit der Anwendung verbunden ist (Compiler-Direktive {$R *.RES} oder {$R Name.RES} im Projektquelltext).

2. Laden Sie das Bitmap mit Hilfe der Methode LoadFromResourceName, der Sie den Instanz-Handle der Anwendung und den Namen der Bitmap in der Ressourcendatei übergeben.

```
procedure TForm1.FormPaint(Sender: TObject);
var bmp : TBitmap;
begin
  bmp    := TBitmap.Create;
  bmp.LoadFromResourceName(HInstance,'BITMAP1');
  Canvas.Draw(12,12,bmp);
end;
```

HotSpots in Bildern einrichten

OnMouseDown

Anwendung

Statt Menüs oder Schalter zur Programmsteuerung anzubieten, können Sie auch – wie auf Webseiten häufiger zu sehen – Bilder anzeigen, in denen einzelne Bereiche (Hotspots) wie Schalter wirken.

Umsetzung

Nehmen Sie eine TImage-Komponente zum Anzeigen des Bildes auf und bearbeiten Sie das OnMouseDown-Ereignis der Komponente. Fragen Sie in der Ereignisbehandlungsroutine die Koordinaten ab. Befinden sich diese innerhalb eines HotSpots, lösen Sie eine entsprechende Aktion aus.

Beispiel

```
procedure TForm1.Image1MouseDown(Sender: TObject; Button: TMouseButton;
                               Shift: TShiftState; X, Y: Integer);
begin
  if ((X > 5) AND (X < 25)) AND ((Y > 5) AND (Y < 25)) then
    MessageBeep(1);
end;
```

Tipp

Wenn Sie auch das OnMouseMove-Ereignis abfangen, können Sie den Mauszeiger verändern, wenn der Anwender die Maus über einen HotSpot bewegt.

Verweise

Siehe Delphi-Programmierumgebung, Kategorie Programmerstellung, Ressourcen, Stichwort »Cursor wechseln«

Metadateien

TMetaFile

Anwendung

Metadateien sind Dateien, in denen Grafiken nicht als Pixelsammlung, sondern als Folge von Zeichenbefehlen abgespeichert sind (vektororientierte Grafiken). Es gibt zwei Metadatei-Formate, die beide von TMetaFile unterstützt werden:

- .WMF, das alte Windows Metafile-Format.
- .EMF das neue Enhanced-Metafile-Format.

Metadateien anzeigen

1. Geladen und angezeigt werden Metadateien genau wie Bitmaps.

```
procedure TForm1.Button1Click(Sender: TObject);
var emf : TMetaFile;
begin
  if OpenDialog1.Execute then begin
    emf := TMetaFile.Create;
    emf.LoadFromFile(OpenDialog1.Filename);
    Canvas.Draw(10,10,emf);
    emf.Free;
    end;
end;
```

Metadateien erstellen

1. Um eine neue Metadatei zu erstellen, lädt man am besten zuerst eine bestehende Metadatei als Ausgangspunkt (erspart die Erstellung einer Palette).

2. TMetaFile verfügt über keine eigene Canvas-Eigenschaft. Um sich einen Gerätekontext für die Metadatei zu beschaffen, muss man sich für die Metadatei eine TMetaFileCanvas-Instanz erzeugen.

3. Danach kann man wie gewohnt in den Gerätekontext der Metadatei zeichnen.

```
procedure TForm1.Button2Click(Sender: TObject);
var emf : TMetaFile;
    emfCanvas : TMetaFileCanvas;
begin
  // Neue Metadatei erzeugen
  emf := TMetaFile.Create;
  emf.LoadFromFile('MS.emf');
  emf.Width := 200;
  emf.Height := 100;
```

```
// Gerätekontext zu Metadatei beschaffen
emfCanvas := TMetaFileCanvas.Create(emf,0);

// in Metadatei-Gerätekontext zeichnen
emfCanvas.FillRect(Rect(0,0,emf.Width,emf.Height));
emfCanvas.Brush.Color := clPurple;
emfCanvas.Rectangle(5,5,emf.Width-5,emf.Height-5);
emfCanvas.Free;

// anzeigen und speichern
Canvas.Draw(10,10,emf);
if SaveDialog1.Execute then begin
  emf.SaveToFile(SaveDialog1.Filename)
  end;
emf.Free;
end;
```

Verweise

Siehe VCL-Referenz, Kategorie Grafikklassen, TMetaFile

Sprite-Animationen

BitBlt

Anwendung

Sprite-Animationen sind Animationen, in denen Figuren (Sprites) über einen Hintergrund bewegt werden. Der Sprite besteht dabei aus einem rechteckigen Bitmap, das aus einem transparenten Hintergrund und der eigentlichen Figur besteht.

Mit Hilfe der Eigenschaft Transparent der Delphi-Klassen TImage und TBitmap können Sie einfache Sprite-Animationen schnell und bequem erzeugen.

An dieser Stelle möchte ich Ihnen aber zeigen, welche Techniken dahinterstecken und wie man schnelle und (relativ) flackerfreie Animationen durch »Double Buffering« (Bitmaps werden im Hintergrund, d.h. im Speicher, vorbereitet, bevor Sie auf den Gerätekontext ausgegeben werden) erzeugen kann.

Umsetzung

Um einigermaßen flackerfreie Animationen zu programmieren, benötigen Sie die API-Funktion BitBlt:

```
BOOL BitBlt( HDC  hdcDest,  // Handle des Zielkontextes
    int  nXDest,   // x-Koord. links oben
    int  nYDest,   // y-Koord. links oben
    int  nWidth,   // Breite des Zielkontextes
    int  nHeight,  // Höhe des Zielkontextes
    HDC  hdcSrc,   // Handle des Quellkontextes
    int  nXSrc,    // x-Koord. links oben
    int  nYSrc,    // y-Koord. links oben
    DWORD dwRop    // Kopiermodus
    );
```

Des Weiteren benötigen Sie ein Hintergrundbitmap und das zu bewegende Objekt (den Sprite). Letzteres muss in zwei Formen vorliegen, die Sie aber in einem Bitmap abspeichern können:

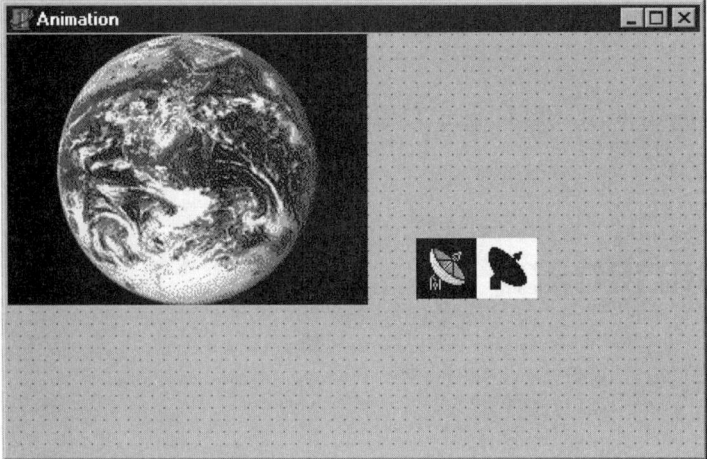

- einmal als farbiges Bitmap vor schwarzem Hintergrund;
- einmal als Schatten vor weißem Hintergrund.

Um das Bitmap zur Laufzeit mit dem Mauszeiger vor dem Fensterhintergrund zu bewegen, wird das OnMouseMove-Ereignis abgefangen. In der zugehörigen Ereignisbehandlungsroutine gehen Sie wie folgt vor:

1. Wurde die Maus bereits bewegt und das Sprite eingezeichnet, **wird zuerst der alte Hintergrund restauriert**. Beim ersten Schritt der Animation darf diese Aktion nicht erfolgen (da noch kein Hintergrund gespeichert wurde).

2. **Speichern Sie die Daten, die für die spätere Restaurierung des gleich zu übermalenden Hintergrundes benötigt werden.** Dies sind

   - die aktuelle Position des Mauszeigers (obere linke Ecke des zu übermalenden Rechtecks) und

   - der Hintergrund im zu übermalenden Rechteck.

3. Bereiten Sie das auszugebende Bitmap in einer unsichtbaren Leinwand vor:

- Kopieren Sie den aktuellen Hintergrund in das temporäre Bitmap.

- Stanzen Sie mit der Schatten-Version des Sprites die Umrisse des Sprites aus dem temporären Bitmap heraus.

- Kopieren Sie das Sprite in das temporäre Bitmap.

4. **Kopieren Sie das temporäre Bitmap in das anzuzeigende Bild.**

Sprite erstellen

1. Laden Sie das Delphi-Icon *Images\Icons\Technlgy.ico* in den Bildeditor.

2. Legen Sie ein neues 40x40-Bitmap im Bildeditor an.

3. Kopieren Sie das Icon über die Zwischenablage in das Bitmap und zentrieren Sie es. Färben Sie den Hintergrund des Bitmaps mit dem Farbeimer schwarz ein.

4. Legen Sie eine Kopie des Bitmaps an. Färben Sie den Sprite in der Kopie schwarz, dann färben Sie den Hintergrund der Kopie weiß ein.

5. Vergrößern Sie das Original-Bitmap auf 80x40.

6. Kopieren Sie das S/W-Bitmap über die Zwischenablage in das Original-Bitmap und verschieben Sie es in die zweite Hälfte.

7. Speichern Sie die 80x40-Bitmap ab.

Die Animation

In dieser Animation soll der Sprite dem Mauszeiger folgen.

1. Nehmen Sie eine Image-Komponente für das Hintergrund-Bitmap in Ihr Formular auf. Weisen Sie der Eigenschaft AutoSize den Wert True zu und setzen Sie Visible auf False. Laden Sie als Bitmap für den Hintergrund *Earth.bmp* aus dem Verzeichnis *Images\Splash\16color*).

2. Nehmen Sie eine Image-Komponente für den Sprite in Ihr Formular auf. Setzen Sie die Eigenschaft AutoSize auf True, setzen Sie Visible auf False. Laden Sie das Sprite-Bitmap.

3. Deklarieren Sie die benötigten globalen Variablen:

```
var
  first : boolean;    // Neue Animation, keine Hintergrundrestauration
  alt_X, alt_Y : Integer;  // Letzte Position (zum restaurieren)
  save : TBitmap;          // für Kopie des Hintergrund
```

4. Initialisieren Sie die globalen Variablen in der OnCreate-Ereignisbehandlungsroutine des Formulars.

```
procedure TForm1.FormCreate(Sender: TObject);
begin
    save := TBitmap.create;
    save.width := 40;
    save.height:= 40;

    alt_X := 0;
    alt_Y := 0;

    first := true;
end;
```

5. Kopieren Sie in der OnPaint-Routine das Hintergrund-Bitmap aus Image1 in das Formular.

```
procedure TForm1.FormPaint(Sender: TObject);
begin
    StretchBlt(Canvas.Handle, 0, 0, ClientWidth, ClientHeight,
               image1.picture.bitmap.canvas.handle, 0,0,
               image1.width,image1.height, SRCCOPY);
    first := true;
end;
```

6. Lassen Sie das Fenster bei einer Größenänderung neu zeichnen und starten Sie eine neue Animation.

```
procedure TForm1.FormResize(Sender: TObject);
begin
 Invalidate;
end;
```

7. Implementieren Sie die Animation. Bearbeiten Sie dazu das OnMouseMove-Ereignis des Formulars.

```
procedure TForm1.FormMouseMove(Sender: TObject; Shift: TShiftState;
                               X,Y: Integer);
var z: TBitmap;
begin    //erzeuge temporaeres Bitmap
    z := TBitmap.create;
    z.width := 40;
    z.height:= 40;

    //wenn Maus bereits bewegt wurde
    //Hintergrund restaurieren
    if(first = false) then
      BitBlt(canvas.handle, alt_X, alt_Y, 40, 40,
             save.canvas.handle, 0, 0, SRCCOPY)
```

```
   else
     first := false;
  //aktuelle Position für spätere Restauration abspeichern
  alt_X := X;
  alt_Y := Y;

  //Hintergrund für spätere Restauration abspeichern
  BitBlt(save.canvas.handle, 0, 0, 40, 40,
         canvas.handle, X, Y, SRCCOPY);

  //Hintergrund in temporaere Bitmap kopieren
  BitBlt(z.canvas.handle, 0, 0, 40, 40,
         canvas.handle, X, Y, SRCCOPY);
  //Mit Schatten den Sprite aus temporaerer Bitmap ausstanzen
  BitBlt(z.canvas.handle, 0, 0, 40, 40,
         image2.picture.Bitmap.canvas.handle, 40, 0, SRCAND);
  //Sprite in temporaere Bitmap kopieren
  BitBlt(z.canvas.handle, 0, 0, 40, 40,
         image2.picture.Bitmap.canvas.handle, 0, 0, SRCPAINT);
  //temporaere Bitmap in anzuzeigendes Bild kopieren
  BitBlt(canvas.handle,X,Y,40,40,z.canvas.handle,0,0,SRCCOPY);
  z.free;
end;
```

Tipp

In der obigen Implementierung der OnMouseMove-Ereignisbehandlungsroutine wird unnötigerweise zweimal in das Fenster gezeichnet, was zu einem Flackern führt. Sie können dies vermeiden, indem Sie die Hülle um die alte und neue Position berechnen und in einem Schritt aufbauen und ausgeben.

Die API-Funktion BitBlt ist hardwareunabhängig implementiert. Dies bedeutet aber auch, dass spezielle Hardware- und Treiber-Features, mit denen man Grafikausgaben beschleunigen könnte, nicht genutzt werden. Für professionelle Spieleprogramme oder gar 3D-Grafiken sollten Sie daher unbedingt mit OpenGL oder DirectX/Direct3D arbeiten.

Verweise

Siehe OpenGL und DirectX

Abbildungsmodi

SetMapMode

Anwendung

Standardmäßig arbeiten Sie bei der Grafikausgabe mit einer Zeichenfläche, deren Einheit Pixel sind und deren Ursprung (0,0) in der oberen linken Ecke der Zeichenfläche liegt. In vielen Fällen ist dies äußerst unhandlich, da Sie laufend gezwungen sind, Koordinaten zwischen dem Koordinatensystem der Zeichenfläche und dem Koordinatensystem, das Sie in der Ausgabe erzeugen wollen, umzurechnen. (Versuchen Sie nur einmal, ein Koordinatenkreuz mit Ursprung in der Fenstermitte auszugeben.)

Abhilfe können Sie durch Veränderung des Abbildunsgmodus schaffen.

Umsetzung

Windows definiert verschiedene Abbildungsmodi, die festlegen, wie die Koordinaten, die Sie in den Zeichenfunktionen angeben, auf die Pixel des Gerätekontextes abgebildet werden.

Um den Abbildungsmodus umzuschalten, müssen Sie die API-Funktion SetMapMode aufrufen, der Sie den Handle Ihres Canvas und eine Konstante für den Abbildungsmodus übergeben.

```
int SetMapMode (HDC hdc, int fnMapMode);
```

Eine Liste der möglichen Abbildungsmodi finden Sie in der Microsoft-Hilfe, SDK-Referenz unter *SetMapMode*. Wir konzentrieren uns hier auf den Abbildungsmodus MM_ANISOTROPIC, der die weitreichendsten Möglichkeiten bietet.

Mit MM_ANISOTROPIC können Sie selbst definieren, wie Ihre Wunsch-Zeichenfläche auf die tatsächliche Zeichenfläche abgebildet werden soll.

Mit Hilfe der API-Funktionen SetWindowExtEx und SetWindowOrgEx definieren Sie die Abmaße und den Ursprung ihrer Wunsch-Zeichenfläche. Mit SetViewportExtEx und SetViewportOrgEx definieren Sie, wie die Abmaße und der Ursprung Ihrer Wunsch-Zeichenfläche auf die Pixel des Gerätekontextes abgebildet werden.

Danach sind alle Koordinatenangaben in Ihren Zeichenausgaben Koordinaten aus dem Koordinatensystem Ihrer Wunsch-Zeichenfläche.

Beispiel

```
procedure TForm1.FormPaint(Sender: TObject);
var zfBreite, zfHoehe : Integer;    // gewünschte Zeichenfläche
    u  : TPoint;                     // gewünschter Ursprung
```

```
begin
  u.x        := 0;
  u.y        := 0;
  zfBreite   := 200;  // -10 bis +10 für Ursprung (0,0)
  zfHoehe    := 200;  // +10 bis -10 für Ursprung (0,0)

  SetMapMode(Canvas.Handle, MM_ANISOTROPIC);
  SetWindowExtEx(Canvas.Handle,zfBreite,zfHoehe,0);
  SetViewportExtEx(Canvas.Handle,ClientWidth, -ClientHeight,0);
  SetWindowOrgEx(Canvas.Handle,u.x,u.y,0);
  SetViewportOrgEx(Canvas.Handle,ClientWidth div 2,ClientHeight div 2,0);

  Canvas.MoveTo(-100,0);    // Koordinatenlinien einzeichnen
  Canvas.LineTo(100,0);
  Canvas.MoveTo(0,100);
  Canvas.LineTo(0,-100);
end;
```

Tipp

Wenn Sie SetViewportExtEx eine negative Höhe angeben, erreichen Sie, dass die y-Koordinaten nach oben größer werden (und nicht kleiner wie im Standardmodus).

Warnung

Die Änderung des Abbildungsmodus wirkt sich auch auf die GDI-Objekte aus. Wenn Ihre Wunschzeichenfläche im Vergleich zum Gerätekontext sehr klein ist (beispielsweise 1 : 20), bedeutet dies, dass eine Linie, die mit Strichstärke 1 gemalt wird, auf dem Bildschirm 20 Pixel breit ist.

Clipping und Regionen

CreateEllipticRgn

Anwendung

Wenn Sie eine Zeichenausgabe auf einen bestimmten Bereich begrenzen wollen, ist es manchmal sehr umständlich, wenn man Bereichsüberschreitungen selbst abfangen muss. Einfacher ist es, einen Clipping-Bereich zu definieren und Windows dann dafür Sorge tragen zu lassen, dass Ihre Zeichenausgabe nur den Clipping-Bereich betrifft.

Umsetzung

Windows stellt verschiedene Funktionen zur Erzeugung von Clipping-Bereichen zur Verfügung:

`CreateRectRgn`, `CreateEllipticRgn`, `CreatePolygonRgn` etc.

sowie eine Funktion zum Kombinieren von Regionen.

`CombineRgn`

Mit `SelectObject` können Sie eine Region als Clipping-Bereich in einen Gerätekontext laden.

Beispiel

Das folgende Beispiel nutzt eine Clipping-Region, um einen kreisrunden Ausschnitt aus einem Bitmap anzuzeigen.

```
procedure TForm1.FormPaint(Sender: TObject);
var hR : HRGN;
    u  : TPoint;
begin
  u.x := ClientWidth div 2;
  u.y := ClientHeight div 2;
  hR := CreateEllipticRgn(u.x-100,u.y-100, u.x+100,u.y+100);
  SelectObject(Canvas.Handle,hR);
  Canvas.StretchDraw(Rect(0,0,ClientWidth, ClientHeight),
                     Image1.Picture.Bitmap);
  DeleteObject(hR);
end;
```

Warnung

Auf API-Niveau müssen alle Objekte, die in einen Gerätekontext geladen werden, explizit freigegeben werden. Vergessen Sie daher nicht, eine geladene Clipping-Region zum Schluss wieder mit `DeleteObject` freizugeben.

Gerätekontexteigenschaften abfragen

GetDeviceCaps

Anwendung

Wenn Sie sich detailliert über einen Windows-Gerätekontext informieren wollen (Treiber, Abmaße, Farbpalette etc.), rufen Sie die API-Funktion `GetDeviceCaps` auf.

```
int GetDeviceCaps(
    HDC hdc,        // Handle des Gerätekontextes
    int nIndex // Index der abzufragenden Eigenschaft
);
```

Verweise

Siehe Microsoft-Hilfe, SDK-Referenz

Fadenkreuz

pmNotXor

Anwendung

Mit Hilfe des Stiftmodus pmNotXor kann man Linien einzeichnen und durch noch-maliges Überzeichnen wieder den Hintergrund restaurieren.

Umsetzung

Das folgende Beispiel zeigt, wie man über einem Bild ein Fadenkreuz einblendet, das der Anwender mit der Maus bewegen kann.

Beispiel

```
procedure TForm1.Image1MouseMove(Sender: TObject; Shift: TShiftState;
                                 X, Y: Integer);
begin
  with Image1.Canvas do begin
    Pen.Mode := pmNotXor;
    MoveTo(oldX,0);
    LineTo(oldX,Image1.Height);
    MoveTo(0,oldY);
    LineTo(Image1.Width, oldY);
    MoveTo(X,0);
    LineTo(X,Image1.Height);
    MoveTo(0,Y);
    LineTo(Image1.Width, Y);
    oldX := X; oldY := Y;
    end;
end;
```

Fraktale

Anwendung

Das folgende Beispiel stellt Ihnen einen Algorithmus vor, der Pixel für Pixel ein Fraktal (eine Julia-Menge) berechnet und damit den Clientbereich des Fensters füllt. Bezüglich des Algorithmus sind zwei Dinge zu beachten:

- Der Algorithmus arbeitet mit komplexen Zahlen (siehe Kategorie Sonstiges, Komplexe Zahlen)

- Der Algorithmus ist recht zeitaufwändig, weswegen in der inneren for-Schleife Application.ProcessMessages aufgerufen wird, sodass die Anwendung eine Chance erhält, während der Berechnung Botschaften entgegenzunehmen und zu bearbeiten.

Beispiel

```
procedure TForm1.Fraktal1Click(Sender: TObject);
var ckonst, c : TComplex; // Deklaration und Implementation von TComplex
    b, h, loop : Integer; // finden Sie in der Kategorie Sonstiges,
begin                     // Abschnitt Komplexe Zahlen
  ckonst := TComplex.Create(-0.012, 0.74);
  Repaint;

  for b:=0 to ClientWidth do
    for h:=0 to clientHeight do begin
      Application.ProcessMessages;
      c := TComplex.Create(0.0001*b, 0.0001*h);
      for loop:=0 to 99 do begin
        if c.betrag > 100 then
          break;
        c.multiplizieren(c);
        c.addieren(ckonst);
        end;
      if c.betrag < 1 then
        Canvas.Pixels[b,h] := RGB(0,0,255)
        else
        Canvas.Pixels[b,h] := RGB(Trunc(2*c.betrag),255,255);
      c.Free;
      end;
    ckonst.Free;
end;
```

Tipp

Im obigen Beispiel wird der Algorithmus über einen Menübefehl (MenuItem Fraktal1) gestartet. Wenn Sie möchten, dass der Algorithmus bei einer Größenänderung des Fensters neu gestartet wird, bearbeiten Sie das OnResize-Ereignis und senden Sie eine WM_COMMAND-Botschaft, die den Befehl neu aufruft.

```
procedure TForm1.FormResize(Sender: TObject);
begin
  Repaint;
  SendMessage(Handle,WM_COMMAND,Fraktal1.Command,0);
end;
```

Verweise

Siehe Kategorie Sonstiges, Komplexe Zahlen

Bildschirmschoner

Anwendung

Vom Prinzip her unterscheiden sich Screensaver und EXE-Dateien nur in der Dateiendung. Beides sind ausführbare Programme. Lediglich in der Praxis müssen Sie einige Punkte beachten, wenn Sie selbst Bildschirmschoner programmieren wollen:

- Bildschirmschoner müssen sich im Windows Hauptverzeichnis befinden und die Endung .SCR haben, damit Windows sie auch findet.

- Über den Eintrag {$D SCRNSAVE: Beschreibung} in der Projektdatei direkt nach der Klausel Program vergeben Sie den Namen des Bildschirmschoners (Hinweis: Windows 95 ignoriert diesen Namen und zeigt stattdessen den Dateinamen in der Auswahl an).

- Hat der Anwender in der Systemsteuerung oder in Eigenschaften von Anzeige den Bildschirmschoner ausgewählt und klickt auf die Schaltfläche *Einstellungen*, so wird das Programm mit dem Parameter /c aufgerufen.

- Wird das Programm hingegen im Screensaver-Modus ausgeführt, erhält es als Parameter /s.

Umsetzung

Die Vorgehensweise ist also recht simpel. Erstellen Sie ein neues Projekt und fügen Sie über die Compiler-Direktive $D den Namen Ihres Bildschirmschoners ein.

Doppelklicken Sie auf das Formular und geben Sie als Code für das OnCreate-Ereignis ein:

```
If ParamCount > 0 Then
  If ParamStr(1) = '/c' Then
    {Konfigurationsformular starten}
  Else If ParamStr(1) = '/s' Then
    {Starten des Screensaver-Modus}
  Else {falscher Parameter}
    Application.Terminate
Else {fehlender Parameter}
  Application.Terminate
```

Den Saver-Modus beenden Sie am besten in den Ereignissen OnKeydown und OnMouse-Down, indem Sie mit Application.Terminate die Anwendung beenden.

DirectX

Anwendung

DirectX ist eine auf COM basierende Technologie, die es Ihnen erlaubt, leistungs-fähige Grafik- und Spieleanwendungen für Windows zu schreiben.

DirectX wird derzeit nicht direkt von Delphi unterstützt. Um mit DirectX zu pro-grammieren, müssen Sie daher:

- Sicherstellen, dass DirectX auf Ihrem PC installiert ist. Schauen Sie in der *Systemsteuerung/Software* nach, ob »DirectX Treiber« installiert ist oder su-chen Sie auf der Festplatte nach den DLLs (beispielsweise DDraw.dll). Falls nicht, können Sie sich DirectX von der Microsoft-Website herunterladen.

- Eine Dokumentation beschaffen. Entweder als Buch oder als Teil der MSDN von der Microsoft-Website.

- Eine Pascal-Unit zu den in C implementierten DirectX-Funktionen schreiben (oder versuchen, sich eine solche aus dem Internet zu beschaffen).

- Hoffen, dass Ihre Grafikkarte DirectX unterstützt und ihre DirectX-Version zu der Dokumentation passt.

- Sich gegen Frustrationen wappnen, denn bei der DirectX-Programmierung müssen Sie sich gleich zu Anfang mit vielen Techniken und Formalitäten her-umschlagen, bevor Sie nur ein einfaches Programm zum Laufen bringen.

Verweise

Siehe OpenGL

OpenGL

Unit OpenGL

Anwendung

OpenGL ist eine von Silicon Graphics entwickelte, plattformunabhängige Bibliothek für dreidimensionale Grafiken und Rendering. OpenGL wird von Delphi unterstützt (Unit OpenGL), wird aber nicht zusammen mit Delphi ausgeliefert. Dies sollte nicht weiter tragisch sein, da OpenGL vermutlich bereits auf Ihrem Rechner installiert ist (OpenGL wird seit Windows 95b mit dem Windows-Betriebssystem ausgeliefert).

OpenGL beruht auf dem Zusammenspiel dreier elementarer Komponenten.

- **Primitiven**. Primitiven sind einfach Figuren, die aus einer Folge von Vertixes (Punkten im Raum) aufgebaut werden. Um eine Primitive, beispielsweise eine rechteckige Fläche, zu definieren, rufen Sie glBegin mit dem Typ der Primitive auf (GL_POINTS, GL_LINES, GL_POLYGON etc.), erzeugen dann die zugehörigen Vertices und schließen die Definition mit glEnd ab.

```
glBegin(GL_POLYGON);  // Quadrat
  glVertex3d(1.0, 1.0, 1.0);
  glVertex3d(-1.0, 1.0, 1.0);
  glVertex3d(-1.0, -1.0, 1.0);
  glVertex3d(1.0, -1.0, 1.0);
glEnd;
```

- **Raumelemente**. OpenGL ist dreidimensional orientiert. Wenn Sie mit OpenGL zeichnen, erzeugen Sie einen Raum, eine Szene, in der Sie Objekte manipulieren, die aus Primitiven zusammengebaut sind. Diesen Objekten, genauer gesagt, den Flächen der Primitiven, können Sie Materialeigenschaften wie Farbe und Reflexion zuordnen. Durch Definition von Lampen können Sie die Szene ausleuchten und durch Definition einer Kamera können Sie sogar den Blickwinkel bestimmen, unter dem Sie die Szene betrachten. (Für die Abbildung dieser dreidimensionalen Szene auf die zweidimensionale Bildfläche sorgt OpenGL.)

```
// Beleuchtung einschalten
glEnable(GL_LIGHTING);
glEnable(GL_LIGHT0);
glLightfv(GL_LIGHT0, GL_POSITION, @lightPos);
```

- **Transformationen**. Mit einer Reihe von Routinen können Sie die Objekte in Ihrer Szene manipulieren.

```
// drehe 30 Grad um X-Achse
glRotated(30, 1.0, 0.0, 0.0);
```

Umsetzung

1. Binden Sie die Unit OpenGL ein.

```
uses  Windows, ..., OpenGL;
```

2. Richten Sie in der Formularklasse einen Zeiger auf den OpenGL-Gerätekontext ein. Da wir das Objekt, das wir erstellen wollen, auch drehen werden, deklarieren Sie des Weiteren zwei Datenelemente für die Drehwinkel in X- und Y-Richtung.

```
private
  hrc : HGLRC;
  RotX, RotY : Double;
```

3. Bearbeiten Sie das OnCreate-Ereignis des Formulars. Hier werden alle notwendigen Initialisierungen vorgenommen und der OpenGL-Gerätekontext erzeugt (der Code für die Initialisierungen ist mehr oder wenig festgeschrieben). Der OpenGL-Gerätekontext wird auf der Grundlage eines Fenster-Gerätekontextes erzeugt, wodurch das Fenster zur Ausgabeeinheit der OpenGL-Grafik wird. Beachten Sie, dass ein Fenster, das OpenGL als Ausgabe dient, mit den Fensterstilen WS_CLIPCHILDREN und WS_CLIPSIBLINGS definiert sein muss (ist für das Hauptfenster der Fall).

```
procedure TForm1.FormCreate(Sender: TObject);
var pfd : TPixelFormatDescriptor;
    iPixelFormat : Integer;
begin
  FillChar(pfd, Sizeof(pfd),0);
  with pfd do
    begin
    nSize := sizeof(pfd);
    nVersion := 1;
    dwFlags := PFD_DRAW_TO_WINDOW OR PFD_SUPPORT_OPENGL;
    iPixelType := PFD_TYPE_RGBA;
    iLayerType := PFD_MAIN_PLANE;
    cDepthBits := 32;
    cColorBits := 24;
    end;
  iPixelFormat := ChoosePixelFormat(Canvas.handle, @pfd);
  SetPixelFormat(Canvas.Handle, iPixelFormat, @pfd);
  hrc := wglCreateContext(Canvas.Handle);

  // Drehwinkel initialisieren
  RotX := 30;
  RotY := 30;
end;
```

4. Geben Sie den OpenGL-Gerätekontext am Ende der Anwendung frei.

```
procedure TForm1.FormDestroy(Sender: TObject);
begin
  wglDeleteContext(hrc);
end;
```

5. Zeichnen Sie das Objekt.

```
procedure TForm1.FormPaint(Sender: TObject);
begin
  // Gerätekontext und Abmaße angeben
  wglMakeCurrent(Canvas.Handle, hrc);
  glViewport(0, 0, ClientWidth, ClientHeight);
  glLoadIdentity();
  glClear(GL_COLOR_BUFFER_BIT OR GL_DEPTH_BUFFER_BIT);
  glcolor4d(1.7,0.3,0.3,0.1);

  // Objekt um RotX-Grad in X-Richtung und
  //          um RotY-Grad in Y-Richtung drehen
  // muss vor Objektdefinition erfolgen
  glRotated(RotX, 1.0, 0.0, 0.0);
  glRotated(RotY, 0.0, 1.0, 0.0);

  // Objekt definieren
  glBegin(GL_QUADS);

  glNormal3d(0.0, -1.0, 0.0);
  glVertex3d(0.5, -0.5, 0.5);
  glVertex3d(-0.5, -0.5, 0.5);
  glVertex3d(-0.5, -0.5, -0.5);
  glVertex3d(0.5, -0.5, -0.5);

  glNormal3d(0.0, 0.0, -1.0);
  glVertex3d(-0.5, -0.5, -0.5);
  glVertex3d(-0.5, 0.5, -0.5);
  glVertex3d(0.5, 0.5, -0.5);
  glVertex3d(0.5, -0.5, -0.5);

  glNormal3d(1.0, 0.0, 0.0);
  glVertex3d(0.5, -0.5, -0.5);
  glVertex3d(0.5, 0.5, -0.5);
  glVertex3d(0.5, 0.5, 0.5);
  glVertex3d(0.5, -0.5, 0.5);

  glNormal3d(0.0, 0.0, 1.0);
  glVertex3d(-0.5, -0.5, 0.5);
  glVertex3d(-0.5, 0.5, 0.5);
  glVertex3d(0.5, 0.5, 0.5);
  glVertex3d(0.5, -0.5, 0.5);

  glNormal3d(-1.0, 0.0, 0.0);
  glVertex3d(-0.5, -0.5, 0.5);
  glVertex3d(-0.5, 0.5, 0.5);
  glVertex3d(-0.5, 0.5, -0.5);
  glVertex3d(-0.5, -0.5, -0.5);
```

```
glNormal3d(0.0, 1.0, 0.0);
glVertex3d(-0.5, 0.5, 0.5);
glVertex3d(0.5, 0.5, 0.5);
glVertex3d(0.5, 0.5, -0.5);
glVertex3d(-0.5, 0.5, -0.5);
glEnd();

// Objekt ausgeben
glFlush();
wglMakeCurrent(0, 0);
end;
```

6. Lassen Sie die Szene bei Änderungen der Fenstergröße neu aufbauen.

```
procedure TForm1.FormResize(Sender: TObject);
begin
  Invalidate;
end;
```

Warnung

Führen Sie OpenGL-Programme nicht im Debugger aus.

OpenGL: Licht einsetzen

Umsetzung

1. Deklarieren Sie ein GLFloat-Array mit den Daten für die Positionierung eines Lichts. Definieren Sie ein zweites Array für die Materialfarbe Ihres Objekts. Dies ist erforderlich, da bei Einsatz eines Lichts die Farbgebung mit glColor4d nicht funktioniert.

```
procedure TForm1.FormPaint(Sender: TObject);
const lightPos : array[0..3] of GLFloat = (-1.0, 2.0, 0.6, 0.0);
     materialfarbe : array[0..3] of GLfloat = (1.7,0.3,0.3,0.1);
```

2. Schalten Sie weiter unten das Licht an und aktivieren Sie die Materialeigenschaften für die nachfolgende Objektdefinition.

```
glRotated(RotY, 0.0, 1.0, 0.0);

// Licht
glEnable(GL_LIGHTING);
glEnable(GL_LIGHT0);
glLightfv(GL_LIGHT0, GL_POSITION, @lightPos);
glMaterialfv(GL_FRONT_AND_BACK,
            GL_AMBIENT_AND_DIFFUSE,
```

```
                @materialfarbe);

// Objekt definieren
glBegin(GL_QUADS);
...
```

OpenGL: Objekte animieren

Umsetzung

1. Nehmen Sie eine Timer-Komponente in das Formular auf (Seite *System*).

2. In der *OnTimer*-Routine erhöhen Sie die Drehwinkel.

```
procedure TForm1.Timer1Timer(Sender: TObject);
const dX : Integer = 10;
      dY : Integer = 1;
begin
  RotX := RotX + dx;
  RotY := RotY + dy;
  Repaint;
end;
```

(Die entsprechenden Rotationsbefehle wurden bereits im Abschnitt »OpenGL« aufgesetzt.)

Kategorie: Multimedia

Ist ein Soundtreiber installiert?

WaveOutGetNumDevs

Anwendung

Heute verfügt fast jeder Computer über eine Soundkarte. Allerdings nur fast jeder. Wenn Sie feststellen wollen, ob oder wie viele Soundkarten installiert sind, rufen Sie die API-Funktionen waveOutGetNumDevs auf.

Beispiel

```
if (waveOutGetNumDevs > 0) then begin
  MessageBeep(MB_OK);
  ShowMessage('Kein WAVE-Ausgabegerät installiert');
  end;
```

Tipp

Die Funktion waveOutGetNumDevs prüft nicht direkt auf das Vorhandensein einer Soundkarte, sondern sucht nach einem Ausgabegerät für WAVE-Dateien. Diese Ausgabeeinheiten sind aber auf der Soundkarte installiert, sodass man mit der Funktion auch prüfen kann, ob eine Soundkarte existiert. Meist bietet diese dann auch MIDI-Unterstützung, sodass man sich den Aufruf der Schwesterfunktion midiOutGetNumDevs sparen kann.

Wenn Sie eine Soundkarte detektiert haben (genauer gesagt, ein Ausgabegerät für WAVE oder MIDI-Dateien), können Sie mit den API-Funktionen

waveOutGetDevCaps	midiOutGetDevCaps
waveInGetDevCaps	midiInGetDevCaps

die Eigenschaften der Geräte abfragen.

Sound- und Videodateien abspielen

TMediaPlayer

Anwendung

Multimedia-Programme mit Delphi zu erstellen ist nicht schwer – solange Sie mit den Möglichkeiten der MediaPlayer-Komponente auskommen. Diese kapselt die wichtigsten Routinen der von Windows definierten Multimedia-Schnittstelle: MCI (Media Control Interface). Die Wiedergabe von Klangdateien im WAV-Format, von Videos im AVI-Format oder von Musik-CDs ist mit der MediaPlayer-Komponente kein Problem.

Umsetzung

Der grundlegende Ablauf zum Abspielen einer Multimedia-Datei sieht dabei immer gleich aus:

1. Nehmen Sie die MediaPlayer-Komponente (Seite *System*) in Ihr Formular auf.

2. Weisen Sie der Eigenschaft FileName die abzuspielende Datei zu.

3. Definieren Sie den Typ der abzuspielenden Datei (Eigenschaft DeviceType).

4. Öffnen Sie den MediaPlayer (Methode Open).

5. Spielen Sie die Datei ab (Methode Play).

6. Schließen Sie den MediaPlayer (Methode Close).

Beispiel

```
procedure TForm1.Oeffnen1Click(Sender: TObject);
begin
if OpenDialog1.Execute then
  try
  MediaPlayer1.Filename := OpenDialog1.Filename;
  MediaPlayer1.DeviceType := dtAutoSelect;
  MediaPlayer1.Open;
  MediaPlayer1.Play;
  except
  ShowMessage(MediaPlayer1.ErrorMessage);
  end;
end;
```

Videos abspielen

Zum Abspielen öffnet der MediaPlayer standardmäßig ein eigenes Fenster. Wenn Sie die Ausgabe in einen Teil Ihres Hauptfensters umleiten wollen, gehen Sie wie folgt vor:

1. Richten Sie gegebenenfalls ein eigenes Panel für die Videoausgabe ein.

2. Weisen Sie der MediaPlayer-Eigenschaft Display die Panel-Instanz zu.

3. Rufen Sie die MediaPlayer-Methode DisplayRect auf, wenn Sie die Videoausgabe an die Abmaße des Panels anpassen wollen.

```
MediaPlayer1.DisplayRect := Rect(0,0,Panel1.Width, Panel1.Height);
```

Tipp

Testen Sie mit dem Windows MediaPlayer (Ordner *Zubehör/Unterhaltungsmedien*), ob Ihr System Sound- und Videodateien verarbeiten kann.

Als sichtbare Schnittstelle zeigt die MediaPlayer-Komponente eine Reihe von Schaltern an. Soll die Multimedia-Unterstützung Ihrer Programme im Hintergrund ablaufen, machen Sie die Schalter einfach unsichtbar (Eigenschaften Visible und VisibleButtons) und rufen Sie die entsprechenden Methoden des MediaPlayers in den Ereignisbehandlungsroutinen Ihres Programms auf.

Kategorie: Dateien

Dateien

Anwendung

Ein häufiges Problem ist das Lesen und Schreiben von Textdateien. Dies kann beispielsweise geschehen, um den Inhalt der Dateien direkt zu bearbeiten (Texteditor), es kann um das Einlesen oder Abspeichern von Messdaten gehen (Programm zur Auswertung von Messdaten), es kann sein, dass das Programm Konfigurationsdaten in einer externen Datei speichert.

Umsetzung

Die Programmierung mit Dateien läuft grundsätzlich in immer den gleichen fünf Schritten ab:

1. **Deklaration einer Dateivariable**. Die genaue Deklaration hängt von dem Dateityp ab, der bearbeitet werden soll.

Textdatei	`var MeineDatei : Text;`
Typisierte Datei	`var MeineDatei : File of MeinTyp;`
Untypisierte Datei	`var MeineDatei : File;`

2. **Verbindung der Dateivariable mit einer Datei**. Hierzu verwendet man die Routine `AssignFile`, der man die Dateivariable und den Namen der zu öffnenden Datei übergibt.

   `procedure AssignFile(var F; FileName: string);`

3. **Öffnen der Datei**. Welche Routine Sie hierfür verwenden, hängt davon ab, zu welchem Zweck Sie die Datei öffnen wollen.

Reset	`procedure Reset(var F [: File; RecSize: Word ] );` Öffnet eine bereits vorhandene Datei. Textdateien können auf diese Weise nur zum Lesen geöffnet werden. Für untypisierte Dateien kann man eine Blockgröße zum Lesen und Schreiben angeben.
Rewrite	`procedure Rewrite(var F: File [; Recsize: Word ] );` Erstellt eine neue Datei und öffnet sie. Existiert bereits eine gleichnamige Datei, wird diese überschrieben. Für untypisierte Dateien kann man eine Blockgröße zum Lesen und Schreiben angeben.
Append	`procedure Append(var F: Text);` Öffnet eine Textdatei zum Anhängen neuen Textes.

4. **Lesen oder Schreiben der Daten.** Die wichtigsten Routinen zum Lesen und Schreiben sind Read und Write:

```
procedure Read(F , V1 [, V2,...,Vn ] );
procedure Write(F, V1,...,Vn);
```

5. **Schließen der Datei.** Hierzu wird die Routine CloseFile aufgerufen.

```
procedure CloseFile(var F);
```

Fehlerbehandlung

Am fehlerträchtigsten bei der Programmierung mit Dateien ist das Öffnen der Dateien. Per Voreinstellung lösen die Routinen zum Öffnen von Dateien im Fehlerfall Exceptions aus, die Sie abfangen können:

```
AssignFile(Datei,'Neu_Untypisiert.txt');
try
  Reset(Datei);
except on EInOutError do
  // Fehlerbehandlung
end;
```

Das Problem hierbei ist, dass man zwischen Fehlern, die beim Öffnen der Datei auftreten, und Fehlern, die beim Arbeiten mit der Datei auftreten, unterscheiden muss. Im letzteren Fall muss man in der Fehlerbehandlung CloseFile rufen, im ersten Fall darf man dies nicht. In den meisten Fällen erfordert dies eine verschachtelte Exception-Behandlung. Häufig sieht man daher Quellcode, der auf die Exceptions verzichtet und den alten IOResult-Mechanismus verwendet.

```
AssignFile(Datei,'Neu_Untypisiert.txt');
{$I-}
Reset(Datei);
{$I+}
if IOResult = 0 then begin
  // Datei bearbeiten
  ...
  CloseFile(Datei);
  end;
```

Verweise

Siehe Textdateien, Typisierte Dateien, Untypisierte Dateien
Siehe Streams
Siehe Die Datei-Dialoge
Siehe Object Pascal, Dynamischer Speicher, Routinen und Exceptions

Textdateien

var Datei : Text;

Anwendung

Textdateien sind Dateien, die ausschließlich aus Zeichen bestehen. Durch das Auftreten der Zeichenkombination CR/LF (#13#10) werden die Zeichen in Zeilen organisiert. Für Textdateien kann man daher neben den Routinen Read und Write auch Readln und Writeln verwenden.

Beispiel

```
program Text_Schreiben;
{$APPTYPE CONSOLE}
uses sysutils;
var Datei : Text;

begin
AssignFile(Datei,'Neu.txt');
{$I-}
Rewrite(Datei);
{$I+}
if IOResult = 0 then begin
  writeln(Datei,'Hallo');
  CloseFile(Datei);
  end;
end.
```

```
program Text_Lesen;
{$APPTYPE CONSOLE}
uses sysutils;
var Datei : Text;
    zeile : string;

begin
AssignFile(Datei,'Neu.txt');
{$I-}
Reset(Datei);
{$I+}
if IOResult = 0 then begin
  while not Eof(Datei) do begin
    readln(Datei,zeile);
    writeln(zeile)
    end;
```

```
      CloseFile(Datei);
   end;

readln;
end.
```

Tipp

Etliche Delphi-Komponenten, insbesondere TMemo und TRichEdit, verfügen über TStrings-Eigenschaften (TMemo.Lines, TRichEdit.Lines), hinter denen TStringList-Objekte stehen. Um in diese Komponenten den Inhalt einer Textdatei zu laden bzw. den Inhalt der Komponente in eine Datei zu speichern, brauchen Sie nur die Methoden TStrings.LoadFromFile bzw. TStrings.SaveToFile aufzurufen.

Verweise

Siehe Streams
Siehe Die Datei-Dialoge

Typisierte Dateien

var Datei : File of Elementtyp;

Anwendung

In typisierten Dateien kann man Elemente eines beliebigen Dateityps ablegen. Alle Elemente müssen aber dem gleichen Elementtyp angehören.

Umsetzung

Typisierte Dateien sind Binärdateien, die aus immer gleich großen Elementen aufgebaut sind. Typisierte Dateien erlauben das gezielte Ansteuern einzelner Elemente durch Setzen des Dateizeigers. Hierfür gibt es spezielle Routinen:

```
procedure Seek(var F; N: Longint);
```
Mit Seek können Sie direkt das N-te Element in der Datei ansteuern. Das erste Element hat dabei den Index N.

```
function FilePos(var F): Longint;
```
Liefert die aktuelle Position des Dateizeigers zurück. Die Position wird als Byte-Verschiebung vom Anfang der Datei angegeben (oder in Record-Elementen für typisierte Dateien).

```
function FileSize(var F): Integer;
```
Liefert die Größe der Datei in Bytes (oder in Record-Elementen für typisierte Dateien).

Beispiel

```
program Typisiert_Schreiben;
{$APPTYPE CONSOLE}
uses sysutils, math;
var  Datei : File of Integer;
     messwert : Integer;
     loop, tmp : Integer;

begin
AssignFile(Datei,'Neu_Typisiert.txt');
{$I-}
Rewrite(Datei);
{$I+}
if IOResult = 0 then begin
  for loop := 1 to 10 do begin
    tmp := Random(100);
    write(Datei, tmp);
    end;
  CloseFile(Datei);
  end;
end.
```

```
program Typisiert_Lesen;
{$APPTYPE CONSOLE}
uses sysutils;
var  Datei : File of Integer;
     messwert : Integer;

begin
AssignFile(Datei,'Neu_Typisiert.txt');
{$I-}
Reset(Datei);
{$I+}
if IOResult = 0 then begin
  while not Eof(Datei) do begin
    read(Datei,messwert);
    writeln(messwert)
    end;
  CloseFile(Datei);
  end;

readln;
end.
```

Verweise

Siehe Streams
Siehe Die Datei-Dialoge

Untypisierte Dateien

var Datei : File;

Anwendung

In untypisierten Dateien kann man Elemente verschiedener Dateitypen ablegen. Untypisierte Dateien sind Binärdateien und erlauben wie die typisierten Dateien das direkte Verrücken des Dateizeigers (allerdings nicht in Element-Einheiten, sondern in Bytes).

Umsetzung

Wenn Sie in einer untypisierten Datei Elemente unterschiedlicher Datentypen abspeichern, müssen Sie sich entweder an ein ganz spezielles Dateiformat halten, das angibt, in welcher Reihenfolge die verschiedenen Elemente abgelegt sind, oder Sie müssen Marker verwenden, die angeben, von welchem Typ das nachfolgende Element ist. Anhand dieser Marker lassen sich die Elemente beim Einlesen korrekt rekonstruieren. Das folgende Beispiel erlaubt das Abspeichern von Integer- (4 byte) und Double-Werten (8 Byte). Als Marker werden die Zeichen »I« und »D« verwendet.

Daneben erlauben untypisierte Dateien auch die byteweise Verarbeitung des Inhalts mit den Routinen BlockRead und BlockWrite (siehe Dateien kopieren).

```
procedure BlockRead(var F: File; var Buf;
                    Count: Integer [; var AmtTransferred: Integer]);
procedure BlockWrite(var f: File; var Buf;
                    Count: Integer [; var AmtTransferred: Integer]);
```

Beispiel

```
program Untypisiert_Schreiben;
{$APPTYPE CONSOLE}
uses sysutils, math;
var Datei : File;
    i : Integer;
    d : Double;
    c : Char;

begin
```

```
AssignFile(Datei,'Neu_Untypisiert.txt');
{$I-}
Rewrite(Datei);
{$I+}
if IOResult = 0 then begin
  c := 'I';
  BlockWrite(Datei,c,sizeof(Char));
  i := 1333;
  BlockWrite(Datei,i,sizeof(Integer));
  c := 'D';
  BlockWrite(Datei,c,sizeof(Char));
  d := 3.1415;
  BlockWrite(Datei,d,sizeof(Double));

  CloseFile(Datei);
  end;
end.


program Untypisiert_Lesen;
{$APPTYPE CONSOLE}
uses sysutils, math;
var  Datei : File;
     i : Integer;
     d : Double;
     c : Char;

begin
AssignFile(Datei,'Neu_Untypisiert.txt');
{$I-}
Reset(Datei);
{$I+}
if IOResult = 0 then begin
  while not EOF(Datei) do begin
    BlockRead(Datei,c,sizeof(Char));
    writeln(c);
    if c = 'I' then begin
      BlockRead(Datei,i,sizeof(Integer));
      writeln(i);
      end
    else
      begin
      BlockRead(Datei,d,sizeof(Double));
      writeln(d);
      end;
    end;
  CloseFile(Datei);
  end;
readln;
end.
```

Verweise

Siehe Streams

Siehe Die Datei-Dialoge

Die Dateidialoge

TOpenDialog, TSaveDialog

Anwendung

Zur Einrichtung eines Dateidialogs werden meist die folgenden Eigenschaften bearbeitet (die Codebeispiele demonstrieren die Konfiguration zur Laufzeit).

- **DefaultExt**. Geben Sie eine Standardextension an, die automatisch an Dateinamen angehängt wird, die über keine registrierte Dateiextension verfügen.

  ```
  OpenDialog1.DefaultExt := '*.txt';
  ```

- **Filter**. Die Filter werden im Feld *Dateityp* des Dialogs angezeigt. Mit ihrer Hilfe kann der Anwender die angezeigte Dateiliste filtern. Jeder Filter besteht aus einem Filternamen (meist mit Angabe des Filters) und des eigentlichen Dateifilters (in der Form *.xxx – mehrere *.xxx-Filter werden durch Semikolons getrennt).

  ```
  OpenDialog1.Filter := 'Textdateien (*.txt)|*.txt|Alle Dateien (*.*)|*.*';
  ```

- **FilterIndex**. Index des Filters, der beim Öffnen des Dialogs angezeigt wird (Indizierung beginnt bei 1).

  ```
  OpenDialog1.FilterIndex := 1;
  ```

- **InitialDir**. Verzeichnis, dessen Inhalt beim Öffnen des Dialogs eingelesen wird.

  ```
  OpenDialog1.InitialDir := 'C:\Windows';
  ```

- **Options**. Optionen, die das Verhalten des Dialogfeldes steuern.

  ```
  OpenDialog1.Options := [ofFileMustExist, ofHideReadOnly];
  ```

Umsetzung

Aufgerufen werden die Dialoge über die Methode `Execute`, die `True` zurückliefert, wenn der Anwender eine Datei ausgewählt und OK gedrückt hat.

Den Namen der ausgewählten Datei kann man von der Eigenschaft `FileName` abfragen.

Beispiel

```
if OpenDialog1.Execute then
  Memo1.Lines.LoadFromFile(OpenDialog1.Filename);
```

Streams öffnen

TFileStream

Anwendung

Grundsätzlich werden Streams wie untypisierte Dateien behandelt (siehe Beispiel).
Streams haben allerdings den Vorteil, dass sie nicht auf Dateien beschränkt sind.
Mit den von TStream abgeleiteten Klassen kann man auch in Speicherbereiche,
Strings oder über Socket-Verbindungen und OLE-Schnittstellen schreiben und
lesen, wobei man stets mit den gleichen, auf TStream zurückgehenden Methoden
arbeitet.

Beispiel

```
program Streams_Schreiben;
{$APPTYPE CONSOLE}
uses  sysutils, classes, math;
var  Datei : TFileStream;
     loop, messwert : Integer;

begin
try
  Datei := TFileStream.Create ('Neu_Stream.txt', fmCreate);
  try
    for loop := 1 to 10 do begin
      messwert := Random(100);
      Datei.write(messwert, Sizeof(Integer));
      end;
  except begin
    writeln('Exception abgefangen');
    Datei.Free;
    end;
  end;
except
  Writeln('Datei konnte nicht geoeffnet werden');
end;
readln;
end.
```

```
program Streams_Lesen;
{$APPTYPE CONSOLE}
uses sysutils, classes, math;
var  Datei : TFileStream;
     loop, messwert : Integer;

begin
try
  Datei := TFileStream.Create('Neu_Stream.txt', fmOpenRead);
  try
    for loop := 1 to 10 do begin
      Datei.Read(messwert, Sizeof(Integer));
      Writeln(messwert);
      end;
  except begin
    writeln('Exception abgefangen');
    Datei.Free;
    end;
  end;
except
  Writeln('Datei konnte nicht geoeffnet werden');
end;

readln;
end.
```

Verweise

Siehe TReader und TWriter
Siehe VCL-Referenz, Kategorie Streamklassen

TReader und TWriter

Anwendung

TReader und TWriter sind Klassen, die intern von der VCL zur Speicherung und Wiederherstellung von Komponenten verwendet werden (siehe Delphi-Hilfe zur Prozedur ObjectTextToBinary).

Sie können TReader und TWriter aber auch selbst nutzen, um beispielsweise das Abspeichern von Objekten unterschiedlicher elementarer Datentypen in einem Stream zu vereinfachen.

Umsetzung

Wenn Sie mit einem TReader- oder TWriter-Objekt arbeiten wollen, verbinden Sie es bei der Instanziierung mit dem Stream, in den geschrieben oder gelesen werden soll.

```
Dateistream := TFileStream.Create('Neu_Stream.txt', fmCreate);
W            := TWriter.Create(Dateistream, 1000);
```

Danach können Sie zur Ausgabe in den Stream die TWriter-Methoden WriteXXX verwenden, die neben dem auszugebenden Wert auch eine Typinformation in den Stream schreiben.

```
W.WriteInteger(iVar);
```

Beim Lesen der Werte mit TReader können Sie den Typ des nächsten Objekts im Stream mit NextValue abfragen und danach die passende ReadXXX-Methode zum Einlesen verwenden.

```
case R.NextValue of
  vaInt8    :  begin iVar := R.ReadInteger;
```

Beispiel

```
program Streams_Lesen;
{$APPTYPE CONSOLE}
uses sysutils, classes, math;
var  Dateistream : TStream;
     W : TWriter;
     R : TReader;
     loop : Integer;
     iVar : Integer = 311;
     dVar : Extended  = 0.995;
     sVar : string   = 'Dies ist ein Text';

begin
 Dateistream := TFileStream.Create('Neu_Stream.txt', fmCreate);
 W           := TWriter.Create(Dateistream, 1000);
 ivar := 311;
 for loop := 1 to 10 do begin
   case Random(3) of
     0 : W.WriteInteger(iVar);
     1 : W.WriteFloat(dVar);
     2 : W.WriteString(sVar);
     end;
   end;
 W.Free;
 Dateistream.Free;

 Dateistream := TFileStream.Create('Neu_Stream.txt', fmOpenRead);
```

```
R               := TReader.Create(Dateistream, 1000);
for loop := 1 to 10 do begin
  case R.NextValue of
  vaInt8     : begin iVar := R.ReadInteger;
                 Writeln(iVar); end;
  vaInt16    : begin iVar := R.ReadInteger;
                 Writeln(iVar); end;
  vaInt32    : begin iVar := R.ReadInteger;
                 Writeln(iVar); end;
  vaExtended : begin dVar := R.ReadFloat;
                 Writeln(dVar); end;
  vaSingle   : begin dVar := R.ReadSingle;
                 Writeln(dVar); end;
  vaLString  : begin sVar := R.ReadString;
                 Writeln(sVar); end;
  vaString   : begin sVar := R.ReadString;
                 Writeln(sVar); end;
  else         writeln('Typ nicht identifiziert');
  end;
end;
R.Free;
Dateistream.Free;

readln;
end.
```

Verweise

Siehe Kategorie Klassen und Vererbung, Das Problem der Persistenz

Dateien drucken

TRichEdit.Print

Anwendung

Am einfachsten gestaltet sich das Ausdrucken, wenn Sie den Text in einer TRich-Edit-Komponente vorliegen haben. Dann brauchen Sie nämlich nur noch die Methode Print aufzurufen.

Verweise

Siehe Kategorie Fenster und Komponenten, Fenster drucken
Siehe Kategorie Grafik- und Spieleprogrammierung, Bilder drucken
Siehe VCL-Referenz, Kategorie Sonstige Klassen, TPrinter

Dateien kopieren

TStream.CopyFrom

Anwendung

Es gibt mehrere Möglichkeiten, eine Datei zu kopieren.

- Textdateien können Sie beispielsweise mit Readln zeilenweise einlesen und mit Writeln in die Kopie schreiben.

- Untypisierte Dateien (Typ File) können Sie mit BlockRead und BlockWrite kopieren.

- Oder kopieren Sie mit Hilfe der TStream-Methode CopyFrom (siehe Beispiel).

Beispiel

```
program cp;
{$APPTYPE CONSOLE}
uses SysUtils, Classes, FileCtrl;
var  S, T: TFileStream;
     quelldatei, zieldatei  : String;
     verzeichnis : string;
begin
  if ParamCount <> 2 then
    Writeln('Aufruf : cp quelldatei zieldatei')
  else begin
    quelldatei := ParamStr(1);
    zieldatei := ParamStr(2);
    verzeichnis := ExtractFilePath(zieldatei);
    If (verzeichnis <> '') AND (Not DirectoryExists(verzeichnis)) Then
      ForceDirectories(verzeichnis);
    S := TFileStream.Create(quelldatei, fmOpenRead );
    T := TFileStream.Create(zieldatei,
                        fmOpenWrite or fmCreate );
    T.CopyFrom(S, S.Size ) ;
    T.Free;
    S.Free;
end;
end.
```

Temporäre Dateien

GetTempFileName

Anwendung

Oft benötigt man eine temporäre Datei, beispielsweise beim Sortieren oder beim Kopieren und Mischen großer Datenmengen. Wie aber soll die Datei heißen?

Die Windows-API verfügt über zwei Funktionen, die Ihnen bei der Erstellung temporärer Dateien helfen:

- GetTempPath, um den Pfad zum Windows-TMP-Verzeichnis zu ermitteln und
- GetTempFileName, um eine Dateibezeichnung zu kreieren und eine Datei der Länge 0 zu erstellen.

Beispiel

Die folgende Routine erzeugt im TMP-Verzeichnis Dateien mit der Bezeichnung »Xyz1234.tmp«, wobei die Ziffern vom System gemäß der Uhrzeit vergeben werden.

```
procedure Temporaer;
var Prefix, TempPath: Array[0..255] of Char;
begin
 StrPCopy(Prefix, 'XYZ');
 GetTempPath(255, TempPath);
 GetTempFileName(TempPath,Prefix,0,TempPath);
 ...
end;
```

Warnung

Die Temporärdateien werden nicht automatisch gelöscht. Um Stil zu zeigen, sollten Sie das in jedem Fall tun, bevor Ihr Programm endet. Es gibt schon zu viele digitale Schmierfinken unter den großen Softwareherstellern.

Kategorie: Dynamische Linkbibliotheken

DLLs aufsetzen

Library

Anwendung

Dynamische Linkbibliotheken sind vermutlich die herausragendsten Mittel zur Speichereinsparung unter Windows. DLLs werden nur bei Bedarf in den Speicher geladen, insgesamt aber nur einmal, auch wenn sie gleichzeitig von mehreren Anwendungen ausgeführt werden.

Unter Win32, wo jede Anwendung ihren eigenen Adressraum hat, bedeutet dies, dass alle Anwendungen, die die DLL benutzen, sie in ihren speziellen Adressraum laden, die DLL aber jeweils auf den gleichen Ort im physikalischen Speicher abgebildet wird.

Umsetzung

Um eine DLL aufzusetzen, gehen Sie wie folgt vor:

1. Lassen Sie Delphi eine neue DLL anlegen. Rufen Sie dazu den Befehl Datei/Neu auf und wählen Sie den Eintrag DLL.

2. Definieren Sie die Routinen der DLL. Die Routinen, die exportiert werden sollen, werden als export deklariert (optional). Außer den zu exportierenden Routinen können Sie in der DLL beliebige weitere Routinen, Klassen, Variablen etc. für die interne Verwendung deklarieren.

3. Vermerken Sie die zu exportierenden Funktionen im EXPORTS-Bereich der DLL.

4. Im Anweisungsteil der Projektdatei der DLL (begin ... end.) können Sie Anweisungen einfügen, die beim Laden der DLL au.sgeführt werden sollen (siehe auch Abschnitt Eintritt und Austritt kontrollieren).

Tipp

Um eine DLL zu debuggen, müssen Sie zuerst eine EXE-Anwendung aufsetzen, die die DLL verwendet und deren exportierte Routinen aufruft (siehe nachfolgender

Abschnitt). Diese geben Sie dann als *Host-Anwendung* im Dialogfeld *Startparameter* (Befehl *Start/Parameter*) an.

Beispiel

```
library DLL;
uses  SysUtils, Classes, Graphics, Windows;
{$R *.RES}

procedure respond_to_rechterMaus(canvas : TCanvas;
                                 x,y : Integer);export;
  begin
  canvas.TextOut(x,y,'rechte Maustaste');
  end;

procedure respond_to_linkerMaus(canvas : TCanvas;
                                x,y : Integer);export;
  begin
  canvas.TextOut(x,y,'linke Maustaste');
  end;

exports respond_to_rechterMaus, respond_to_linkerMaus;

begin
end.
```

DLLs verwenden

Anwendung

Um die Routinen einer DLL verwenden zu können,

- muss die DLL im Verzeichnis der Anwendung oder im Systempfad (beispielsweise *Windows/System*) liegen;

- müssen Sie Compiler und Linker informieren, wie die Routinen heißen und wo sie zu finden sind.

Umsetzung

1. Deklarieren Sie die zu verwendenden DLL-Routinen. Dies geschieht, um die Namen der Routinen dem Compiler bekannt zu machen und ihm anzuzeigen, in welcher Datei die Definitionen der Routinen stehen. Dazu folgen hinter der Routine das Schlüsselwort external und der Dateiname der DLL.

2. Rufen Sie die Routinen ganz normal auf.

Beispiel

```
type
  TForm1 = class(TForm)
  private
    procedure WMLButtonUp(var Param : TWMLButtonUp);
                            message WM_LButtonUp;
    procedure WMRButtonUp(var Param : TWMRButtonUp);
                            message WM_RButtonUp;

    ...
  end;
...

implementation
{$R *.DFM}
procedure respond_to_rechterMaus(canvas : TCanvas;
                                  x,y : Integer); external 'Dll';
procedure respond_to_linkerMaus(canvas : TCanvas;
                                  x,y : Integer); external 'Dll';

procedure TForm1.WMRButtonUp(var Param : TWMMouse);
begin
  respond_to_rechterMaus(canvas,Param.XPos,Param.YPos);
  inherited;
end;

procedure TForm1.WMLButtonUp(var Param : TWMMouse);
begin
  respond_to_linkerMaus(canvas,Param.XPos,Param.YPos);
  inherited;
end;
end.
```

DLLs dynamisch laden

LoadLibrary, GetProcAddress

Anwendung

Im obigen Beispiel wurde die DLL statisch, d.h. zusammen mit dem Programm gestartet. Es ist aber auch möglich, DLLs nur bei Bedarf zu laden und auch wieder aus dem Adressraum der laufenden Anwendung zu entfernen. Man nutzt dies beispielsweise, wenn die Funktionalität, die die DLL bereitstellt, nicht unbedingt bei jeder Ausführung des Programms genutzt wird. Dadurch, dass man die DLL nur bei Bedarf lädt, beschleunigt man das Laden der Anwendung und reduziert den Speicherbedarf zur Laufzeit.

Umsetzung

Um eine DLL dynamisch zu laden, rufen Sie die beiden API-Funktionen LoadLibrary und GetProcAddress auf.

- LoadLibrary liefert Ihnen einen Handle auf die DLL zurück (Im Fehlerfall wird ein Wert < 32 zurückgeliefert).
- GetProcAdress liefert einen Zeiger auf die angeforderte DLL-Funktion zurück.

Wenn die DLL nicht mehr benötigt wird, gibt man sie mit FreeLibrary wieder frei.

Warnung

Das folgende Beispiel wurde gewählt, um den direkten Vergleich zum statischen Laden zu gestatten. In der Praxis sollten Sie darauf achten, dass in Ihrer Anwendung nicht fortlaufend DLLs geladen und freigegeben werden, da dies die Laufzeit Ihres Programms verschlechtert. Überlegen Sie sich beispielsweise, ob es nicht sinnvoll ist, eine einmal geladene DLL bis zum Ende des Programms im Speicher zu belassen.

Beispiel

```
// Typ der DLL-Funktion
type TRechteMausFunc = procedure(canvas : TCanvas;x,y : Integer);
var  DLLHandle : THandle;     // DLL-Handle
     rM : TRechteMausFunc;    // Zeiger, der die Adresse der
                              // DLL-Funktion entgegennimmt

procedure TForm1.WMRButtonUp(var Param : TWMMouse);
begin
  // DLL laden
  DLLHandle := LoadLibrary('DLL.dll');
  if DLLHandle >= 32 then
    begin
    // Zeiger auf DLL-Funktion anfordern
    @rM := GetProcAddress(DLLHandle, 'respond_to_rechterMaus');
    if Assigned(rM) then
      // DLL-Funktion aufrufen
      rM(canvas,Param.XPos,Param.YPos);
    end;
  FreeLibrary(DLLHandle);
end;
```

Eintritt und Austritt kontrollieren

DLLEntryPoint

Anwendung

Jedes Mal, wenn eine DLL von einer Anwendung geladen wird, wird der begin..end-Abschnitt der DLL ausgeführt. Man kann dies beispielsweise nutzen, um Speicher oder sonstige Ressourcen für die DLL zu reservieren – doch wo gibt man die Ressourcen dann wieder frei.

Was man benötigt, ist im Grunde eine Routine, die sowohl beim Eintritt in wie beim Austritt aus einer DLL ausgeführt wird.

Umsetzung

Delphi definiert zu diesem Zweck die globale Variable DLLProc. Sie können dieser Variablen eine Prozedur vom Typ procedure(Integer) zuweisen und Delphi und Windows sorgen dann dafür, dass diese Prozedur bei jedem Eintritt und Austritt ausgeführt wird.

Damit Sie in der Prozedur erkennen können, welches Ereignis den Aufruf der Prozedur ausgelöst hat, wird dem Integer-Parameter eine der folgenden Konstanten übergeben:

DLL_PROCESS_DETACH	Die DLL wird von einem Prozess freigegeben.
DLL_PROCESS_ATTACH	Die DLL wird von einem Prozess geladen.
DLL_THREAD_ATTACH	Der Prozess, in der die DLL geladen wurde, hat einen neuen Thread erzeugt.
DLL_THREAD_DETACH	In dem Prozess, in den die DLL geladen wurde, wurde ein Thread beendet.

Im begin..end-Abschnitt der DLL können Sie Ihre Eintrittsfunktion (die per Konvention und in Analogie zur Windows-API-Programmierung üblicherweise DLLEntryPoint genannt wird) an DLLProc zuweisen.

Warnung

Um das DLL_PROCESS_ATTACH in Ihrer Eintrittsfunktion zu empfangen, müssen Sie die Funktion mit der Konstanten DLL_PROCESS_ATTACH selbst aufrufen.

Beispiel

```
procedure DLLEntryPoint(reason : Integer);
begin
  case reason of
```

```
        DLL_PROCESS_DETACH : MessageBox(0,'PROCESS_DETACH','DLL',MB_OK);
        DLL_PROCESS_ATTACH : MessageBox(0,'PROCESS_ATTACH','DLL',MB_OK);
        DLL_THREAD_ATTACH  : MessageBox(0,'THREAD_ATTACH','DLL',MB_OK);
        DLL_THREAD_DETACH  : MessageBox(0,'THREAD_DETACH','DLL',MB_OK);
    end;
end;
begin
  DLLProc := @DLLEntryPoint;
  DLLEntryPoint(DLL_PROCESS_ATTACH);
end.
```

Klassen und Formulare in DLLs

Anwendung

In Object Pascal können Sie nur Routinen aus Dynamischen Linkbibliotheken exportieren. Dies bedeutet aber nicht, dass Sie nicht auch Klassen, beispielsweise auch Klassen von Formularen, über DLLs zur Verfügung stellen können.

Umsetzung

Da Klassen nicht exportiert werden können, muss man aus Routinen eine passende Schnittstelle zur Klasse aufbauen und diese exportieren.

Dies kann so aussehen, dass Sie für jede public-Methode der Klasse eine eigene Routine aufsetzen und exportieren. Konstruktor und Destruktor kann man durch die Eintritts/Austrittsprozedur der DLL ersetzen.

Für Formulare reicht unter Umständen eine Routine, die das Formular erzeugt (siehe Beispiel).

Beispiel

Programmquelltext der DLL:

```
uses  SysUtils, Classes, Windows,
      DialogUnit in 'DialogUnit.pas' {Form1}; // Hier ist das Formular
                                              // zur Abfrage eines
{$R *.RES}                                    // Passworts deklariert

function PasswortAbfragen(AOwner : TComponent) : PChar;
begin
  Form1 := TForm1.Create(AOwner);
  GetMem(Result,100);
  StrCopy(Result,'');
```

```
  if Form1.ShowModal <> idCancel then
    StrCopy(Result,PChar(Form1.MaskEdit1.Text)); // Form1.MaskEdit
                                                 // ist das Eingabe-
end;                                             // für das Paßwort


exports PasswortAbfragen;


begin
end.
```

Programmquelltext einer Anwendung, die den Paßwort-Dialog der DLL verwendet:

```
program Project1;
uses Forms, Classes,SysUtils,
     Unit1 in 'Unit1.pas' {Form1};  // Hauptfenster der Anwendung
{$R *.RES}


const PAßWORT = 'DirkLouis';
function PasswortAbfragen(AOwner : TComponent) : PChar;
                                        external 'Paßwort.dll';
begin
  GetMem(Benutzereingabe,255);
  Application.Initialize;
  Application.CreateForm(TForm1, Form1);
  if StrComp(PAßWORT, PasswortAbfragen(Form1)) = 0 then
    Application.Run;
end.
```

Kategorie: MDI-Anwendungen

MDI-Anwendungen

Datei/Neu/Projekte/MDI-Anwendung

Anwendung

Die einfachste Art, eine MDI-Anwendung zu schreiben, ist, den Anwendungs-Experten oder die Vorlage *MDI-Anwendung* zu benutzen. Trotzdem ist es ganz nützlich, die wichtigsten Punkte, die bei der Programmierung von MDI-Anwendungen zu beachten sind, zu kennen.

MDI-Hauptfenster

- Für MDI-Hauptfenster muss die Eigenschaft FormStyle auf den Wert fsMDIForm gesetzt werden.

- MDI-Hauptfenster verfügen üblicherweise über ein Menü mit Befehlen zum Öffnen und Anordnen der MDI-Kindfenster. Am einfachsten richten Sie ein solches Menü ein, indem Sie über den Befehl *Aus Vorlage einfügen* aus dem Kontextmenü des Menüeditors das MDI-Basismenü auswählen.

- Die Methoden aus dem Popup-Menü Fenster brauchen Sie nicht selbst zu implementieren. Rufen Sie in den Ereignisbehandlungsroutinen zu den Menübefehlen die entsprechenden TForm-Methoden auf oder nehmen Sie eine TActionList-Komponente auf und nutzen Sie die Standardaktionen.

MDI-Kindfenster aufsetzen

- Für MDI-Hauptfenster muss die Eigenschaft FormStyle auf den Wert fsMDIChild gesetzt werden.

- Bearbeiten Sie das OnClose-Ereignis des MDI-Kindfensters, um es beim Anklikken des Schließen-Feldes in der Titelleiste direkt schließen zu lassen. Fangen Sie dazu den Parameter Action ab und setzen Sie ihn auf caFree, bevor er weitergereicht wird.

MDI-Kindfenster erzeugen

- Implementieren Sie die Ereignisbehandlungsroutinen zu den Befehlen *Datei/ Neu* und *Datei/Öffnen*. Die Instanzen der Kindfenster werden dabei dynamisch erzeugt, explizit angezeigt und erst mit dem Hauptfenster aufgelöst.

```
procedure TMainForm.CreateMDIChild(const Name: string);
var Child: TMDIChild;
begin
  Child := TMDIChild.Create(Application);
  Child.Caption := Name;
  if FileExists(Name) then Child.Memo1.Lines.LoadFromFile(Name);
end;

procedure TMainForm.FileNew1Execute(Sender: TObject);
begin
  CreateMDIChild('NONAME' + IntToStr(MDIChildCount + 1));
end;

procedure TMainForm.FileOpen1Execute(Sender: TObject);
begin
  if OpenDialog.Execute then
    CreateMDIChild(OpenDialog.FileName);
end;
```

- Implementieren Sie die Ereignisbehandlungsroutine zu dem Befehl *Datei/Speichern*. Zum Speichern brauchen Sie zuerst den Zugriff auf das zu speichernde Fenster. Glücklicherweise wird in der ActiveMDIChild-Eigenschaft des Hauptfensters festgehalten, welches das gerade aktive MDI-Fenster ist.

```
procedure TForm1.SaveAs2Click(Sender: TObject);
begin
  if ActiveMDIChild <> nil then begin
    if(SaveDialog1.Execute) then begin
     (ActiveMDIChild as TMDIChild)...
     end;
    end;
end;
```

Warnung

Wenn Sie mit der Vorlage *MDI-Anwendung* starten, wundern Sie sich nicht, dass die Menübefehle zum Speichern deaktiviert sind. Die Vorlage verwendet »Actions« zur Bearbeitung der Menübefehle. Und da für die TAction-Objekte FileSave1 und FileSaveAs1, die mit den Speicherbefehlen verbunden sind, keine Ereignisbehandlungsroutinen definiert sind, bleiben die Befehle deaktiviert, bis Sie eine passende Routine aufsetzen.

Verweise

Siehe Kategorie Menüs und andere Fensterdekorationen, Oberflächenelemente zentral verwalten

Kategorie: Hilfeprogrammierung

Um eine Anwendung mit einem kompletten Hilfesystem auszustatten, müssen Sie

- eine Hilfedatei (.hlp) erstellen und mit der Anwendung verbinden;
- Kurzinformationen einrichten (siehe Abschnitt »Kurzhinweise«);
- gegebenenfalls Hilfetexte in die Statusleiste einblenden (siehe Abschnitt »Kurzhinweise«).

Hilfedatei aufsetzen

Anwendung

Grundlage für die Kontexthilfe (F1-Taste) und das Hilfe-Menü ist die Erstellung einer Hilfedatei (*.hlp).

Ausgangspunkt für die Hilfedatei ist der Quelltext: eine RTF-Datei, in der die einzelnen Bildschirmseiten der Online-Hilfe aufgeführt sind (üblicherweise entspricht dabei jede Seite einem Hilfeeintrag (Topic)).

Umsetzung

So setzen Sie einen Hilfetext auf:

1. Rufen Sie Word oder einen anderen Texteditor auf, der RTF unterstützt, und legen Sie eine neue Datei an.

Setzen Sie die Seiten für die einzelnen Hilfeeinträge auf. Die einzelnen Einträge folgen dem immer gleichen Muster:

2. Erzeugen Sie Fußnoten mit der ID und dem Titel des Eintrags.

   - Legen Sie eine Fußnote mit dem Fußnotenzeichen »#« an und spezifizieren Sie in der Fußnote einen ID-String zur eindeutigen Kennzeichnung. (Notieren Sie sich die IDs; sie werden beim Aufsetzen des Inhaltsverzeichnisses und des Map-Abschnitts gebraucht.)

   - Legen Sie eine Fußnote mit dem Fußnotenzeichen »$« an und spezifizieren Sie in der Fußnote einen Titel für den Eintrag.

     --------- Fußnoten -----------

```
# HELPID_DATEI_MENU
$ DATEI_MENU
```

3. Setzen Sie Überschrift und Text des Eintrags auf.

```
Die Befehle im Menü Datei
```

```
Im Menü Datei stehen Ihnen folgende Befehle zur Verfügung
    Neu
    Öffnen
```

4. Richten Sie Hotspots und Links zu anderen Hilfethemen ein. Der sichtbare Teil des Hotspot, den der Anwender anklicken soll, wird doppelt unterstrichen. Auf den Hotspot folgt direkt (ohne dazwischenliegende Leerzeichen) die ID des Hilfeeintrags, zu dem bei Klick auf den Hotspot gewechselt werden soll. Die ID wird als verborgener (in Word »ausgeblendeter«) Text formatiert.

```
NeuHELPID_BEFEHL_NEU
ÖffnenHELPID_BEFEHL_OEFFNEN
```

5. Beenden Sie den Eintrag mit einem manuellen Seitenumbruch.

```
....................Seitenwechsel....................
```

6. Speichern Sie die Datei als Word- und als RTF-Datei ab.

Beispiel

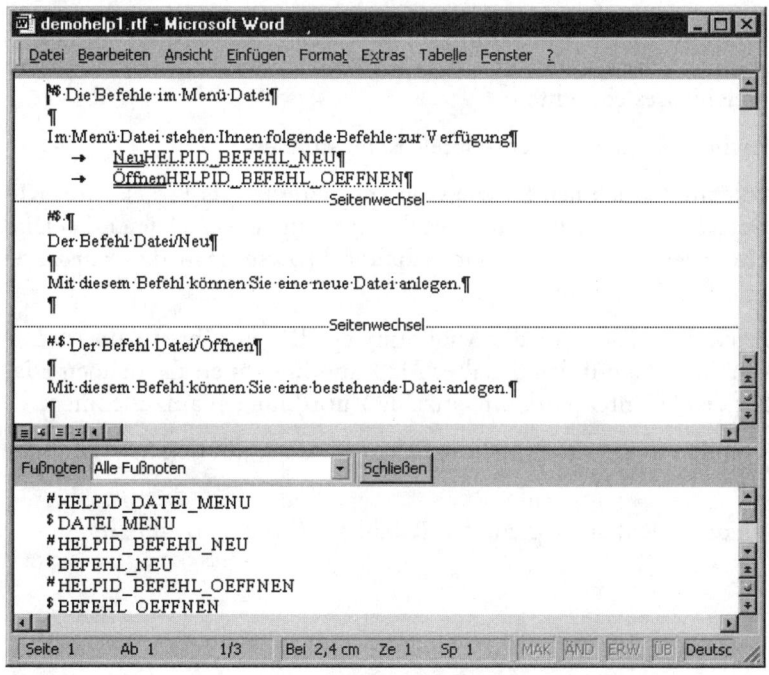

Hilfeprojekt aufsetzen

hcw

Anwendung

Mit Hilfe des Microsoft-Hilfe-Compilers (hcw.exe im Verzeichnis *Delphi\Help\Tools*) können Sie auf der Grundlage der RTF-Datei ein Hilfeprojekt erstellen. Weiterhin benötigen Sie eine Content-Datei für das Inhaltsverzeichnis und einen Map-Abschnitt, der die IDs der einzelnen Hilfeeinträge mit den HelpContext-Werten Ihrer Anwendung verknüpft.

Umsetzung

1. Rufen Sie den Hilfe-Compiler auf (*Delphi\Help\Tools\hcw.exe*).

2. Legen Sie mit Hilfe des Befehls *File/New* eine neue Projektdatei an.

3. Nehmen Sie die RTF-Hilfedatei in das Projekt auf. Klicken Sie dazu auf den Schalter *Files*.

4. Legen Sie mit Hilfe des Befehls *File/New* eine Content-Datei für das Inhaltsverzeichnis an. Geben Sie in dem Feld *Default filename* den Namen der noch zu erstellenden Hilfedatei (.hlp) an. Mit Hilfe der Schalter *AddAbove* und *AddBelow* können Sie das Inhaltsverzeichnis aufbauen. Es erscheint dann das Dialogfenster *Edit Contents Tab Entry*, in dem Sie für jeden Eintrag (*Topic*) die ID und den Titel spezifizieren, unter dem der Eintrag im Inhaltsverzeichnis aufgeführt wird.

   - Über die Option *Heading* können Sie Überschriften zum hierarchischen Aufbau des Inhaltsverzeichnisses einrichten.

5. Schließen und speichern Sie die Content-Datei (Extension .cnt).

6. Zurück in der Projektdatei nehmen Sie die Content-Datei in das Projekt auf. Klicken Sie dazu auf den Schalter *Options* und wechseln Sie in dem erscheinenden Dialogfenster zur Seite *Files*, wo Sie mit dem Schalter *Browse* nach der .cnt-Datei suchen können.

7. Zurück in der Projektdatei legen Sie die Abbildung der IDs mit Ihren HelpContext-Werten an. Klicken Sie dazu auf den Schalter *Map* und in dem erscheinenden Dialogfenster *Map* auf den Schalter *Add*, um einzelne Zuordnungen aufzunehmen.

8. Speichern und kompilieren Sie das Projekt. Klicken Sie dazu auf den Schalter *Save and Compile*.

9. Testen Sie die Hilfedatei. Rufen Sie dazu den Befehl *File/Run WinHelp* auf.

Beispiel

Inhalt der Projektdatei *.hpj:

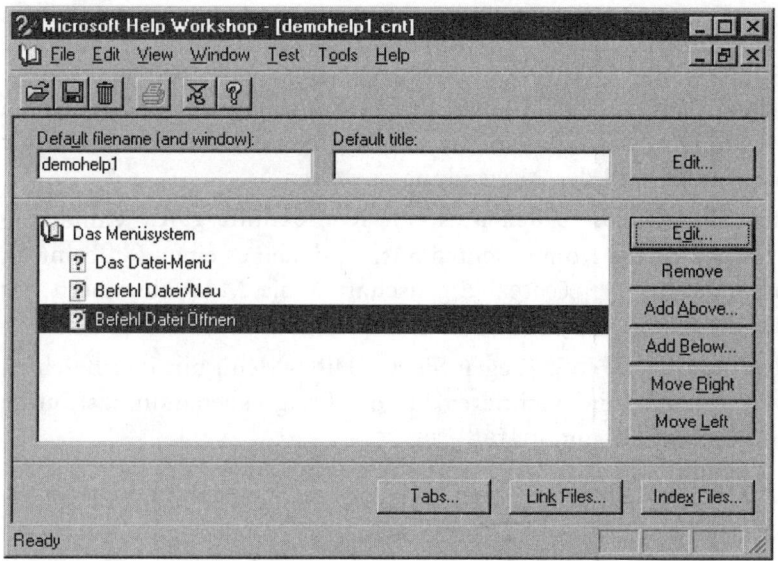

```
[OPTIONS]
LCID=0x407 0x0 0x0 ; Deutsch (Standard)
REPORT=Yes
CNT=demohelp1.cnt
HLP=demohelp1.hlp

[FILES]
demohelp1.rtf

[MAP]
HELPID_BEFEHL_NEU=2
HELPID_BEFEHL_OEFFNEN=3
HELPID_DATEI_MENU=1
```

Tipp

Weitere Informationen zur Erstellung von Hilfedateien (Einfügen von Bitmaps, Anlegen von Tabellen, RTF-Formate) finden Sie in der Online-Hilfe zu *hcw.exe*.

Hilfedatei mit Anwendung verbinden

Anwendung

Nachdem Sie die Hilfedatei für die Anwendung aufgesetzt haben, verbinden Sie die Hilfedatei mit der Anwendung.

Umsetzung

Im Einzelnen verbinden Sie die Hilfedatei

- **mit der Anwendung.** Rufen Sie den Befehl *Projekt/Optionen* auf und gehen Sie zur Seite *Anwendung*. Dort können Sie die Hilfedatei über den Schalter *Durchsuchen* auswählen und der Anwendung zuweisen.

- **mit den einzelnen Elementen, zu denen es eine Kontexthilfe gibt.** Wählen Sie dazu im Objektinspektor die Komponenten aus, zu denen es einen Hilfeeintrag gibt, und weisen Sie den HelpContext-Eigenschaften die MAP-Nummern der Hilfeeinträge zu, die beim Drücken der F1-Taste aufgerufen werden sollen.

- **mit den Befehlen im Hilfe-Menü.** Legen Sie ein Hilfe-Menü mit den Befehlen Inhalt und Menüsystem an. Implementieren Sie die Ereignisbehandlungsroutine zu den Befehlen Hilfe/Inhalt und Hilfe/Menüsystem.

```
procedure TForm1.Inhalt1Click(Sender: TObject);
   begin
   Application.HelpCommand(HELP_FINDER, 0);
   end;
procedure TForm1.Mensystem1Click(Sender: TObject);
   begin
   Application.HelpCommand(HELP_CONTEXT, 1);
   end;
end.
```

Kurzhinweise

OnHint, ShowHint

Anwendung

Um eine Komponente mit Kurzinformation und/oder Hilfetext für die Statusleiste auszurüsten:

- Geben Sie die Texte durch einen senkrechten Strich getrennt in das Eingabe-feld der Hint-Eigenschaft ein. Der erste Teil ist der Hilfetext für die Kurzinfor-mation, die unter dem Mauszeiger aufklappt, der zweite Teil ist für die Verarbeitung im OnHint-Ereignis der Anwendung.

- Setzen Sie entweder die ShowHint-Eigenschaft oder die ParentShowHint-Eigen-schaft der Komponente auf True. Im letzteren Fall richtet sich die Anzeige der Hilfetexte zu der Komponente nicht mehr nach der ShowHint-Eigenschaft der Komponente, sondern der ShowHint-Eigenschaft der übergeordneten Kompo-nente.

- Fangen Sie das OnHint-Ereignis der Anwendung ab, um den zweiten Hilfetext in die Statusleiste einzublenden.

```
procedure TForm1.ApplicationEvents1Hint(Sender: TObject);
begin
  //StatusBar.SimplePanel wurde im Objektinspektor auf True gesetzt
  StatusBar1.SimpleText := Application.Hint;
end;
```

Verweise

Siehe Kategorie Menüs und andere Fensterdekorationen, Statusleiste mit Zeitanzeige

WWW-Seiten aufrufen

ShellExecute

Anwendung

In vielen neueren Anwendungen finden Sie im Hilfemenü einen Befehl zur Anzeige einer Webseite für aktuelle Informationen, Online-Support und so weiter. Wollen Sie auch in eigenen Anwendungen diese Funktionalität einbauen, dann nutzen Sie die API-Funktion ShellExecute. Dieser Funktion wird beim Aufruf das Handle auf Ihr Formular, der Befehlsstring (hier: Open) und die zu öffnende URL übergeben. Der vierte und fünfte Parameter werden nicht benötigt und daher auf ' ' gesetzt.

Kategorie: Multithread-Programmierung

Unter Win16 bezeichnete man in Ausführung befindlichen Code als Task. Da man unter Windows 3.x ein Programm mehrfach aufrufen kann, sind die Bezeichnungen Programm und Task nicht identisch. Stattdessen spricht man von Instanzen eines Programms und jeder solchen Instanz würde dann eine Task entsprechen.

In Win32 spricht man dagegen von Prozessen und Threads. Jede Instanz eines Programms entspricht nun einem Prozess und jeder Prozess verfügt automatisch über einen Thread, der den eigentlichen auszuführenden Handlungsfaden bezeichnet. Unter Win32 werden Botschaften an Threads gesendet und Threads sind es, die sich die Kontrolle über die CPU teilen.

Bis dahin gibt es noch keinen wesentlichen Unterschied zwischen Threads und Tasks, aber Threads haben den Vorzug, dass sie selbst neue Threads erzeugen können (wobei erzeugter und erzeugender Thread dem gleichen Prozess angehören). Da alle erzeugten Threads am Multitasking teilnehmen, hat eine Anwendung damit die Möglichkeit, zeitaufwändige Routinen (beispielsweise das Ausdrucken eines Textes) als Thread abzuspalten, sodass die Anwendung, genauer gesagt, ihr Hauptthread, während des Druckens weiter ausgeführt werden kann.

Zusätzlich kann man einem Thread bei seiner Erzeugung eine Priorität zuordnen, um so die CPU-Zeit sinnvoller zu verwalten.

Threads mit Threadfunktionen

BeginThread, CreateThread

Anwendung

Die einfachste Vorstellung von einem Thread ist eine Funktion, die nach ihrem Aufruf parallel zum Hauptprogramm abläuft. Wenn Sie also ein Programm schreiben, das zwei Unterfunktionen aufruft, eine zum Laden eines großen Bitmaps und eine zweite zum Zeichnen einer Freihand-Linie mit der Maus, so müssten Sie zuerst warten, bis das Bitmap geladen ist, bevor Sie mit der Maus eine Linie einzeichnen können. Wenn Sie die Ladefunktion als Thread definieren, können Sie mit dem

Zeichnen schon während des Ladevorgangs beginnen und das Beste daran ist, dass die Ausführung des Threads den Ablauf der Zeichenfunktion nicht merklich verzögert (was daran liegt, dass die einzelnen Threads unter Win32 sehr kurze Zeitscheiben zugeteilt bekommen und sich schnell abwechseln).

Das folgende Beispiel hält am Konzept der »Thread-Funktion« fest, d.h., es verwendet die Object Pascal-Routine BeginThread zum Erzeugen der Threads. Begin-Thread ruft intern die API-Funktion CreateThread auf. Beide Routinen werden zwar mit den gleichen Parametern aufgerufen, doch der Aufruf von BeginThread hat einige Vorteile, denn BeginThread

- macht den Heap durch Setzen der globalen Variablen IsMultiThread thread-sicher;
- übernimmt normale Pascalfunktionen (kein Problem mit Aufrufkonventionen);
- sorgt dafür, dass nichtbehandelte Exceptions, die in der Thread-Funktion ausgelöst werden, abgefangen werden.

Als Alternative könnten Sie auch die VCL-Klasse TThread verwenden (siehe »Threads mit TThread«).

Umsetzung

1. **Thread-Funktion definieren**. Eine Thread-Funktion ist eine ganz normale Pascal-Routine, die maximal einen Pointer-Parameter deklariert und bestenfalls einen Integer-Wert zurückliefert.

```
function ThreadFunc(Parameter: Pointer): Integer;
```

2. **Threads aufrufen**. Um einen Thread zu erzeugen und aufzurufen, verwenden Sie die Funktion BeginThread, die folgende Parameter übernimmt:

```
function BeginThread(
    SecurityAttributes: Pointer;
    StackSize: LongWord;
    ThreadFunc: TThreadFunc;
    Parameter: Pointer;
    CreationFlags: LongWord;
    var ThreadId: LongWord): Integer;
```

Parameter	Bedeutung
SecurityAttributes	Weist auf Struktur mit Sicherheitsattributen. Wird NULL übergeben, werden Standardvorgaben übernommen.
StackSize	Maximale Größe des Stacks. 0 steht für gleiche Größe wie Hauptthread des Programms.
ThreadFunc	Adresse der Thread-Funktion.

Parameter	Parameter, der an Thread übergeben werden kann.
CreationFlags	Verschiedene Flags, beispielsweise um den Thread direkt anzuhalten.
var ThreadId	In diesem Parameter wird die Kennung des Threads zurückgeliefert.

3. **Thread beenden.** Alle Threads werden spätestens zusammen mit ihrem Prozess beendet. Ansonsten hat man die Möglichkeit, den Thread von einem anderen Thread direkt stoppen zu lassen (API-Funktion TerminateThread, die jedoch wegen der schlechten Speicherverwaltung vermieden werden sollte), oder man ruft innerhalb des Threads die Funktion ExitThread auf, woraufhin der Thread sich selbst beendet.

Beispiel

Siehe Synchronisierung mit Ereignissen

Threads mit TThread

TThread

Anwendung

Der Kern der Windows-API-Threadunterstützung, genauer gesagt, der Teil, mit dem Threads erzeugt und gesteuert werden können, ist in der VCL-Klasse TThread gekapselt.

Umsetzung

Um mit Hilfe von TThread einen Thread zu erzeugen, gehen Sie wie folgt vor:

1. Legen Sie zuerst eine neue Anwendung an.

2. Leiten Sie dann eine Thread-Klasse von *TThread* ab. Rufen Sie dazu den Befehl *Datei/Neu* auf und doppelklicken Sie auf der Seite *Neu* auf das Symbol *Thread-Objekt*.

In dem erscheinenden Dialogfenster geben Sie einen beliebigen Namen für die anzulegende Thread-Klasse ein. Der C++Builder richtet dann eine eigene Unit für das Thread-Objekt ein, in der die Thread-Klasse definiert ist.

Zudem wurde die Execute-Methode überschrieben, die die eigentliche Threadfunktion darstellt.

3. Scrollen Sie zur Execute-Methode und geben Sie den Code für den Thread ein.

```
procedure IhreThreadKlasse.Execute;
begin
  // Ihr Code
```

```
end;
```

4. Bereiten Sie die Unit des Hauptformulars für die Erzeugung des Threads vor.

- Binden Sie die Unit der Threadklasse in die uses-Klausel ein.

- Deklarieren Sie in der Formularklasse (oder global) eine Instanz der Threadklasse.

```
private
  thread : DemoThread;
```

5. Erzeugen und starten Sie den Thread. Der Create-Konstruktor der Threadklasse übernimmt ein Boolesches Argument. Wenn Sie hier False übergeben, wird das Thread-Objekt erzeugt und der Thread durch Aufruf der Execute-Methode direkt gestartet. Wenn Sie True übergeben, wird der Thread gestartet und direkt angehalten. Sie können ihn dann zu einem anderen Zeitpunkt mit Resume fortsetzen.

```
procedure TForm1.Click(Sender: TObject);
begin
  thread := DemoThread.Create(false);
end;
```

Verweise

Siehe Synchronisierung mit TThread.WaitFor

In Fenster anderer Threads zeichnen

GetDC

Anwendung

Das klassische Aufgabenfeld für Threads ist die Durchführung langwieriger Berechnungen und Operationen, die im Hintergrund ablaufen. Ab und an kommt es aber auch vor, dass der Thread Daten direkt in das Hauptfenster oder in ein Steuerelement ausgeben soll.

Umsetzung

Damit eine Thread-Funktion in den Client-Bereich eines Fensters eines anderen Threads, beispielsweise des Hauptfensters, zeichnen kann, ist es nötig, den Gerätekontext zum Zeichnen in der Thread-Funktion zu erzeugen (der Austausch über eine globale TCanvas-Instanz ist etwas unsauber).

Zu diesem Zweck wird auf der Grundlage des Fenster-Handles (Form1.Handle) ein Gerätekontext erzeugt (dc). Über diesen Handle können Sie mit den Windows-API-

Funktionen direkt in den Gerätekontext des Fensters zeichnen oder Sie erzeugen sich auf der Grundlage des Handles ein eigenes Canvas-Objekt. Wird der Windows-Gerätekontext nicht mehr benötigt, gibt man ihn mit `ReleaseDC` frei.

```
var dc : HDC;
    extCanvas : TCanvas;
begin
  dc := GetDC(Form1.Handle);
  extCanvas := TCanvas.Create;
  extCanvas.Handle := dc;
  ...
  ReleaseDC(Form1.Handle,dc);
```

Warnung

Vergessen Sie nicht, die Unit des Formulars und die Unit `Graphics` (für `TCanvas`) in die uses-Klausel des Implementation-Teils der Unit des Threads einzubinden.

Codeblöcke, in denen auf VCL-Methoden und -Eigenschaften zugegriffen wird, sollten in eigene Methoden gepackt und auf dem Umweg über `TThread.Synchronize` aufgerufen werden – siehe Einleitungstext der Thread-Unit und Delphi-Hilfe zu *Synchronize*).

Threads beenden

TerminateThread, ExitThread, TThread.Terminate

Anwendung

Ein Thread ist automatisch beendet, wenn seine Threadfunktion beendet wurde. Soll die Threadfunktion einmal vorzeitig enden, kann man in der Threadfunktion beispielsweise die API-Funktion `ExitThread(exitcode)` aufrufen.

Schwieriger wird es, wenn ein Thread einen anderen laufenden Thread beenden will. Zwar kann man einen beliebigen Thread mit Hilfe der API-Funktion `TerminateThread` von außen abschießen, doch kann dies zu Laufzeitfehlern führen, wenn sich der abgeschossene Thread in einem Kritischen Bereich befindet (der dann nicht mehr freigegeben wird) oder gerade bestimmte Win32-Kernel-Funktionen ausführt.

Sicherer ist es, den Thread über ein Ereignis (im einfachsten Fall das Setzen einer globalen Variable) darüber zu informieren, dass er sich selbst beenden soll. Voraussetzung ist natürlich, dass der Thread fortlaufend prüft, ob dieses Ereignis eingetreten ist und sich gegebenenfalls selbst beendet. Bei Verwendung von `TThread` sieht das so aus, dass Sie im Thread (Execute-Methode) prüfen, ob `Terminated` auf `True` gesetzt ist. Der übergeordnete Thread kann dann den Thread abschießen, indem er über die Thread-Instanz die Methode Terminate aufruft, die Terminated auf True setzt.

Beispiel

```
// Threadfunktion
procedure DemoThread.Execute;
var i : Integer;
begin
  for i:=0 to 10 do begin
    if Terminated = True then ExitThread(0);
    // eigentlicher Code
    end;
end;
// In zweitem Thread
procedure TForm1.ThreadBeenden(Sender: TObject);
begin
  thread.Terminate;
end;
```

Verweise

Siehe Synchronisierung mit Ereignissen

Synchronisierung mit Ereignissen

SetEvent, WaitForSingleObject

Anwendung

Im einfachsten Fall laufen die verschiedenen Threads eines Prozesses unabhängig voneinander nebeneinander ab. Oftmals entstehen Abhängigkeiten dadurch, dass ein Thread auf das Ergebnis einer Berechnung wartet, die ein zweiter Thread übernommen hat, oder dass zwei oder mehrere Threads auf gemeinsame globale Variablen zugreifen.

In solchen Fällen ist es wichtig, die Threads zu synchronisieren.

Umsetzung

Um Threads mittels Ereignissen zu synchronisieren,

- erzeugen Sie in Thread A das Ereignis;

- prüfen Sie in Thread B mit Hilfe der API-Funktion WaitForSingleObject, ob das Ereignis eingetreten ist.

1. **Ereignis für die Synchronisierung definieren**. Deklarieren Sie einen globalen Handle für das Ereignis und

```
var
  hEvent : THANDLE;
```

erzeugen Sie das Ereignis mit Hilfe der API-Funktion CreateEvent.

```
procedure TForm1.FormCreate(Sender: TObject);
begin
  hEvent := CreateEvent(nil,FALSE,TRUE,'Mausereignis');
end;
```

Die Funktion CreateEvent übernimmt folgende Parameter:

Parameter	Bedeutung
LPSECURITY_ATTRIBUTES lpsa	Weist auf Struktur mit Sicherheitsattributen. Wird nil übergeben, werden Standardvorgaben übernommen.
BOOL bManualReset	FALSE: Ereignis wird automatisch in Nonsignalled-Zustand zurückgesetzt, wenn es einmal von einer der Funktionen WaitForSingleObject oder WaitForMultipleObject empfangen wurde.
	TRUE: Ereignis wird nicht automatisch zurückgesetzt.
BOOL bInitialState	Zustand des Ereignisses nach seiner Erzeugung.
	TRUE : Signalled
	FALSE: Nonsignalled
LPCTSTR lpName	Name zur Beschreibung des Ereignisses.

2. **Synchronisieren Sie den Thread mit dem Ereignis**. Verwenden Sie eine der API-Funktionen WaitForSingleObject oder WaitForMultipleObjects, damit der Thread mit seiner weiteren Ausführung wartet, bis das als Parameter übergebene Ereignis aufgefangen wurde. Der zweite Parameter für diese Funktionen bestimmt, wie viel Millisekunden der Thread auf das Ereignis wartet (INFINITE bedeutet, dass er unbegrenzt wartet, wenn es sein muss).

```
procedure ThreadFunc;
begin
  ...
    WaitForSingleObject(hEvent,INFINITE);
```

3. **Lösen Sie das Ereignis gegebenenfalls neu aus**. Durch Aufruf der Funktion SetEvent wird das Ereignis ausgelöst, d.h. in den signalled-Zustand gesetzt.

```
procedure TForm1.FormClick(Sender: TObject);
begin
```

```
   ...
   SetEvent(hEvent);
   ...
end;
```

Tipp

Mit der Funktion `WaitForSingleObject` können Sie nicht nur auf Ereignisse, sondern auch auf Threads, Mutexe, Kritische Bereiche und Semaphore warten.

Mit der Funktion `WaitForMultipleObjects` können Sie warten, bis mehrere Synchronisationsobjekte in den signalled-Zustand übergegangen sind (siehe »Synchronisierung mit Kritischen Bereichen«).

```
procedure TForm1.FormClick(Sender: TObject);
var tHandles : array[0..1] of THANDLE;
    i : Integer;
begin
  thr1 := Thread1.Create(false);
  thr2 := Thread2.Create(false);
  tHandles[0] := thr1.Handle;
  tHandles[1] := thr2.Handle;
  ...
  WaitForMultipleObjects(2, @tHandles, True, INFINITE);
```

Beispiel

Das Beispielprogramm erzeugt einen eigenen Thread zum Einfärben des Fensterhintergrunds. Gestartet wird der Thread durch Klick in das Hauptfenster. Jeder weitere Klick löst dann ein »Mausereignis« aus und veranlasst, dass eine weitere Schleife des Threads ausgeführt wird.

Der Hauptthread steuert also über das Ereignis die Ausführung der Threadfunktion `ThreadFunc`.

```
type
  TForm1 = class(TForm)
  ...
  protected
    hThread : THANDLE;
  end;

var
  Form1: TForm1;
  hEvent : THANDLE;

implementation
...
procedure ThreadFunc;
```

```
var i : integer;
    dc : HDC;
    extCanvas : TCanvas;
begin
  dc := GetDC(Form1.Handle);      // Gerätekontext für das
  extCanvas := TCanvas.Create;    // Hauptfenster beschaffen
  extCanvas.Handle := dc;
  for i:=0 to 19 do
    begin                                     // auf Ereignis
    WaitForSingleObject(hEvent,INFINITE);     // warten
    extCanvas.Brush.Color := PALETTEINDEX(i);
    extCanvas.FillRect(extCanvas.ClipRect);
    end;
  ReleaseDC(Form1.Handle,dc);
  extCanvas.Destroy;
end;

procedure TForm1.FormCreate(Sender: TObject);
begin
  hThread := 0;
  // Ereignis erzeugen
  hEvent := CreateEvent(nil,FALSE,TRUE,'Mausereignis');
end;

procedure TForm1.FormClick(Sender: TObject);
var ThreadId : DWORD;
begin
  if hThread = 0 then
    begin
    hthread := BeginThread(nil,0,@ThreadFunc,
                           nil,0,ThreadId);
    end
  else
    begin
    SetEvent(hEvent);        // Ereignis auslösen
    end;
end;
...
end.
```

Verweise

Siehe Synchronisierung mit kritischen Bereichen

Synchronisierung mit TThread

TThread.WaitFor

Anwendung

Mit die einfachste Art der Synchronisierung zweier Threads besteht darin, dass Thread A darauf wartet, dass Thread B zurückkehrt (beendet wird).

Umsetzung

In der Klasse TThread ist hierfür die Methode WaitFor vorgesehen.

```
function WaitFor: LongWord;
```

Diese Methode kehrt erst zurück, wenn der Thread, über dessen Instanz die Methode aufgerufen wird, beendet wurde. Als Rückgabewert liefert die Methode den Wert von TThread.ReturnValue.

Tipp

Wenn Sie Ihre Threads ohne TThread implementiert haben, können Sie für die gleiche Aufgabe die API-Funktionen WaitForSingleObject und WaitForMultipleObjects erledigen.

Beispiel

Der folgende Codeauszug verdeutlicht den Einsatz von WaitFor, stellt aber kein sehr praxisnahes Beispiel dar. Tatsächlich hätte man das nachfolgende Beispiel genauso gut ohne Threads implementieren können. Sinnvoll ist das Warten auf die Rückkehr eines Threads aber beispielsweise, wenn mehrere untergeordnete Threads gleichzeitig ausgeführt werden und die Threads sich dann am Ende ihrer Threadfunktionen synchronisieren.

```
unit Threadunit;
interface
uses  Classes, Graphics;

type  DemoThread = class(TThread)
        ...
        protected
          procedure Execute; override;
      end;

implementation
uses Windows;
```

```
procedure DemoThread.Execute;
begin
  SleepEx(1000*10,False);
  ReturnValue := 12;
end;
end.

unit Hauptformular;
interface
uses  Windows, Messages, SysUtils, Classes, Graphics, Controls, Forms,
      Dialogs,  Menus, Unit2;

type
  TForm1 = class(TForm)
    ...
    procedure BerechnenClick(Sender: TObject);
  private
    thread : DemoThread;
  end;

var  Form1: TForm1;

implementation
...
procedure TForm1.BerechnenClick(Sender: TObject);
var ergebnis : Integer;
begin
  thread := DemoThread.Create(false);
  ergebnis := thread.WaitFor;
  ShowMessage('Ergebnis : ' + IntToStr(ergebnis));
end;
end.
```

Synchronisierung mit kritischen Bereichen

TRTLCriticalSection

Anwendung

Im vorangehenden Abschnitt wurde der Rückgabewert der Threadfunktion (bzw. die TThread-Eigenschaft ReturnValue) für den Datenaustausch zwischen zwei Threads benutzt. Diese Verfahrensweise ist nicht nur sehr eingeschränkt (man kann nur einen Integer-Wert zurückliefern), sondern missbraucht auch den Rückgabewert, der eigentlich für Fehlercodes gedacht ist.

Sinnvoller ist der Austausch über globale Variablen. Diese bergen jedoch die Gefahr, dass mehrere Threads gleichzeitig auf die globalen Variablen zugreifen und deren Integrität dadurch zerstören.

Nehmen Sie an Sie hätten ein globales Array deklariert:

```
var
  globArray : array[1..10] of Integer;
```

sowie zwei Threads, die dieses Array aufsteigend bzw. absteigend mit Werten von 1 bis 10 füllen.

Thread1	Thread2
```procedure Thread1.Execute;` `var i : Integer;` `begin` ` for i:= 1 to 10 do` ` begin` ` globArray[i] := i;` ` Sleep(100);` ` end;` `end;```	```procedure Thread2.Execute;` `var i : Integer;` `begin` ` for i:= 1 to 10 do` ` begin` ` globArray[i] := 11 - i;` ` Sleep(100);` ` end;` `end;```

Wenn Sie die Threads nacheinander aufrufen, und das Array danach ausgeben:

```
procedure TForm1.FormClick(Sender: TObject);
var tHandles : array[0..1] of THANDLE;
    i : Integer;
begin
  thr1 := Thread1.Create(false);
  thr2 := Thread2.Create(false);
  tHandles[0] := thr1.Handle;
  tHandles[1] := thr2.Handle;
  ListBox1.Clear;
  WaitForMultipleObjects(2, @tHandles, True, INFINITE);
  for i:= 1 to 10 do
    ListBox1.Items.Add(IntToStr(globArray[i]));
end;
```

werden die Zahlenwerte heillos durchmischt sein.

Um dies zu verhindern, definiert man so genannte »Kritische Bereiche«.

Umsetzung

Das Prinzip der kritischen Bereiche beruht darauf, dass man das Betriebssystem anweist aufzupassen, dass bestimmte Codeabschnitte nicht gleichzeitig ausgeführt werden. Ihre Aufgabe ist es dabei, dem Betriebssystem mitzuteilen, wenn ein

Thread dabei ist, einen solchen Codebereich zu betreten oder zu verlassen. Das Betriebssystem realisiert eine interne Struktur, in der es festhält, wenn ein Thread einen geschützten Bereich ausführt. Versucht dann ein zweiter Thread, einen ebenfalls geschützten Bereich auszuführen, wird dieser Thread angehalten und in eine Warteliste eingetragen. Hat der erste Thread seinen geschützten Bereich verlassen, wird der zweite Thread reaktiviert. Beachten Sie, dass es sich hierbei durchaus um verschiedene Code-Abschnitte handeln kann; entscheidend ist, dass diese mit der gleichen Kontrollstruktur verbunden sind.

1. **Deklarieren Sie eine globale Variable für die Kontrollstruktur.** Diese muss vom Typ TRTLCriticalSection sein.

```
var
   criticalSection : TRTLCriticalSection;
```

2. **Rufen Sie die API-Funktion InitializeCriticalSection auf**, um die Kontrollvariable beim Start des Programms von Windows einrichten zu lassen.

```
procedure TForm1.FormCreate(Sender: TObject);
begin
...
   InitializeCriticalSection(criticalSection);
end;
```

3. **Rufen Sie die API-Funktion DeleteCriticalSection auf**, um die Kontrollvariable am Ende des Programms von Windows einrichten zu lassen.

```
procedure TForm1.FormCreate(Sender: TObject);
begin
...
   DeleteCriticalSection (criticalSection);
end;
```

4. **Wenn ein Thread in einen der Bereiche eintritt**, die nie gleichzeitig von mehreren Threads ausgeführt werden sollen, rufen Sie die API-Funktion EnterCriticalSection mit der Kontrollvariablen auf. Wenn der Thread den zu schützenden Bereich verlässt, rufen Sie LeaveCriticalSection auf.

Thread1	Thread2
```procedure Thread1.Execute;var i : Integer;beginEnterCriticalSection(criticalSection); for i:= 1 to 10 do begin globArray[i] := i; Sleep(100); end;LeaveCriticalSection(criticalSection);end;```	```procedure Thread2.Execute;var i : Integer;beginEnterCriticalSection(criticalSection); for i:= 1 to 10 do begin globArray[i] := 10 - i; Sleep(100); end;LeaveCriticalSection(criticalSection);end;```

Tipp

- **Kritische Bereiche**. Mit kritischen Bereichen können Sie nur die Threads eines Prozesses synchronisieren.

- **Mutexe**. Um in gleicher Weise Threads verschiedener Prozesse zu koordinieren, müssen Sie Mutexe verwenden (siehe API-Funktion `CreateMutex`).

- **Semaphore**. Schließlich gibt es noch die Semaphoren, die man so einrichten kann, dass Sie n Threads den gleichzeitigen Zugriff auf geschützte Bereiche erlauben.

Kategorie: Internationalisierung und Lokalisierung

Wenn Sie Anwendungen für den internationalen Markt schreiben, sollten Sie darauf achten, dass diese möglichst problemlos zu lokalisieren sind (an nationale Eigenheiten angepasst werden können). Hierzu gehört, dass Sie

- die verschiedenen Zeichensätze Ihrer Zielgruppen unterstützen und Strings in Ihrem Programm korrekt verarbeiten (siehe Abschnitt String-Vergleiche);
- die Benutzeroberfläche ohne übermäßigen Aufwand lokalisiert werden kann (siehe Lokale berücksichtigen, Ressourcen).

Umlaute im MSDOS-Fenster

#ANSI-Code

Anwendung

Windows-Anwendungen verwenden derzeit üblicherweise den Windows-typischen ANSI-Code zur Kodierung von Zeichen (meist ANSI Latin-1 (1252)-Zeichensatz). Dies gilt auch für Ihren Delphi-Compiler.

Dies kann zu Problemen führen, wenn man Zeichenketten für die Ausgabe auf die Windows-Konsole (die MSDOS-Eingabeaufforderung) aufsetzt. Denn die Windows-Konsole verwendet den ASCII/OEM-Zeichensatz. Dieser ist zwar für die Zeichen mit den Kodierungen 32 bis 127 zum ANSI-Zeichensatz identisch, doch ab der Position 128 divergieren die Zeichensätze.

Wenn Sie also in einem ANSI-Editor ein Programm aufsetzen, das ein »ä« ausgibt

```
Writeln('ä');
```

kodiert der Editor das Zeichen in der Quelltextdatei gemäß ANSI mit dem Dezimalcode 228 (Hexadezimal E4).

Wird das Programm dann auf der Konsole ausgeführt, wird treulich ein Zeichen mit dem Hexadezimalcode E4 ausgegeben, allerdings kodiert nach der OEM-Zeichentabelle. Welches Zeichen jetzt genau ausgegeben wird, ist schwer vorauszusagen, da für die ASCII-Zeichen von 128 bis 255 verschiedene Zeichensatzseiten (code pages) verwendet werden können (deutsche Windows-Versionen verwenden üblicherweise Seiten, die weniger Grafikzeichen, dafür mehr akzentuierte Buchstaben enthalten). Auf jeden Fall ist es unwahrscheinlich, dass das gewünschte Zeichen in ANSI und ASCII den gleichen Code hat und im Editor wie auf der Konsole korrekt dargestellt wird (nur für die Zeichen unterhalb 128 sind ANSI und ASCII identisch).

Umsetzung

Um Umlaute oder andere Zeichen aus dem OEM-Zeichensatz oberhalb 127 auf der Konsole korrekt darstellen zu können, müssen Sie beim Aufsetzen des Quelltextes die ANSI-Kodierung umgehen.

Was Sie tun müssen, ist statt des Zeichens seinen OEM-Code einzugeben.

Statt

```
Writeln('Wählen Sie eine Option: ');
```

würde man also schreiben

```
Writeln('W'#132'hlen Sie eine Option: ');
```

Beispiel

```
begin
  Writeln('Umlaute und Sonderzeichen:');

        // ä        ö        ü
  Writeln(#132+' '+#148+' '+#129);

        // à        á        â        è        é
  Writeln(#133+' '+#160+' '+#131+' '+#138+' '+#130);

        // å        æ        ç
  Writeln(#134+' '+#145+' '+#135);

  Readln;
end.
```

Tipps

Zeichen, die sich nicht auf der Tastatur finden, kann man mit Hilfe der ALT-Taste über die nummerische Tastatur eingeben. Voraussetzung ist, dass der NUM-Block aktiviert ist (NUM-Taste drücken).

Um in einem ANSI-Editor ein Sonderzeichen einzutippen, dessen ANSI-Code Sie kennen, drücken Sie die ALT-Taste und tippen Sie dann den ANSI-Code über die nummerische Tastatur ein (mit führender 0).

Um auszuprobieren, wie einzelne Zeichen auf der Konsole (MSDOS-Eingabeaufforderungsfenster) kodiert sind, drücken Sie die ALT-Taste und tippen Sie dann den ASCII-Code über die nummerische Tastatur ein.

Verweise

Siehe ASCII- und ANSI-Tabellen im Anhang

Lokale (Gebietsschema) berücksichtigen

GetLocaleInfo

Anwendung

Jede Sprache verfügt über gewisse nationale Eigenheiten. Dazu gehören zum Beispiel:

- Das Format für Datums- und Zeitangaben

Deutschland	USA
TT.MM.JJ	M/T/JJ

- Das Währungssymbol

Deutschland	USA
DM	$

- Die Dezimal- und Tausendertrennzeichen.

Deutschland	USA
1.000.000,999	1,000,000.999

- etc.

Das Betriebssystem speichert diese Einstellungen in einer so genannten Lokale. Lokale stimmen weitgehend, aber nicht ganz mit den verschiedenen Ländern überein. Dies liegt daran, dass manche Länder gleiche Landessprachen haben, in anderen Ländern gibt es unterschiedliche regionale Eigenheiten. Man klassifiziert die nationalen Eigenheiten daher in so genannte Gebietsschemata, denen die Lokale entsprechen.

Unter Windows stehen Ihnen zwei wichtige Lokale zur Verfügung.

- Die System-Lokale, die bei der Installation des Betriebssystems ausgewählt wurde (LOCALE_SYSTEM_DEFAULT).

- Die Benutzer-Lokale, die die Einstellungen speichert, die der gerade eingeloggte Benutzer eingerichtet hat (LOCALE_USER_DEFAULT).

Umsetzung

Um Anwendungen für den internationalen Markt zu schreiben, sollten Sie darauf achten, dass Sie für die Darstellung von Zahlen, Währungsangaben, Datums- und Zeitangaben stets die Formate der Lokale des Betriebssystems bzw. des Anwenders verwenden:

- Entweder indem Sie nur Routinen aufrufen, die die lokalen Ländereinstellungen berücksichtigen (Object Pascal-Routinen wie DateToStr verwenden zur Formatierung globale Pascal-Variablen (CurrencyString, ThousandSeparator etc.), die beim Programmstart mit Hilfe der Funktion GetLocaleInfo (siehe unten) initialisiert werden (und berücksichtigen daher die lokalen Einstellungen).

- Oder indem Sie für eigene Ein- und Ausgaben (beispielsweise wenn Sie Datumsangaben über ein TMaskEdit-Feld einlesen) die lokalen Ländereinstellungen abfragen und berücksichtigen.

Um eine Lokale abzufragen, rufen Sie die API-Funktion GetLocaleInfo auf:

```
function GetLocaleInfo(
    Locale: LCID;
    LCType: LCTYPE;
    lpLCData: PAnsiChar;
    cchData: Integer): Integer; stdcall;
```

- Die LCID für die Lokale lassen Sie sich von einer der API-Funktionen GetUserDefaultLCID oder GetSystemDefaultLCID zurückliefern.

- Dann müssen Sie angeben, welche Information Sie aus der Lokale auslesen wollen. Hierzu verwenden Sie die vordefinierten LCTYPE-Konstanten, beispielsweise:

LOCALE_SDECIMAL	Dezimalzeichen
LOCALE_STHOUSAND	Zeichen zur Trennung von Zifferngruppen
LOCALE_SGROUPING	Anzahl der Ziffern in einer Gruppe
LOCALE_SCURRENCY	Währungssymbol
LOCALE_SDATE	Datumstrennzeichen
LOCALE_STIME	Zeittrennzeichen
LOCALE_SSHORTDATE	Format für abgekürzte Datumsangaben
LOCALE_SLONGDATE	Format für ungekürzte Datumsangaben
etc.	

- Der dritte Parameter ist ein Zeiger auf den Speicherbereich, in den die Information abgelegt werden soll. Den Speicherbedarf können Sie mit Hilfe des vierten Parameters ermitteln.

- Der letzte Parameter gibt die Anzahl Bytes an, die in den dritten Parameter eingelesen werden sollen. Wenn Sie diesem Parameter 0 übergeben, liefert die API-Funktion die Anzahl der benötigten Bytes zurück.

Beispiel

```
procedure TForm1.Button1Click(Sender: TObject);
var loc : LCID;
    lang : LANGID;
    puffer : PAnsiChar;
    groesse: Integer;

begin
 loc := GetUserDefaultLCID;
 lang:= GetUserDefaultLangID;

 // Dezimaltrennzeichen ermitteln
 groesse := GetLocaleInfo(loc, LOCALE_SCOUNTRY, puffer, 0);
 GetMem(puffer,groesse);
 GetLocaleInfo(loc, LOCALE_SDECIMAL, puffer, groesse);
 ListBox1.Items.Add('Dezimaltrennzeichen : '+puffer);
 Freemem(puffer);
end;
```

Tipp

Windows weist jedem Thread die Lokale des Anwenders zu, der den zugehörigen Prozess aufgerufen hat. Mit Hilfe der API-Funktion SetThreadLocale können Sie die aktuelle Lokale eines Threads ändern.

Um die Einstellungen in Ihrer Lokale zu überprüfen oder zum Testen zu ändern, doppelklicken Sie in der Systemsteuerung auf das Symbol *Ländereinstellungen*.

Wenn Sie sich die Standardeinstellungen zu einem Gebietsschema anschauen wollen, wählen Sie das Gebietsschema auf der Seite *Ländereinstellungen* aus und drücken Sie auf den *Übernehmen*-Schalter. Wechseln Sie dann ohne Neustart Ihres Rechners zu den anderen Seiten des Dialogfelds.

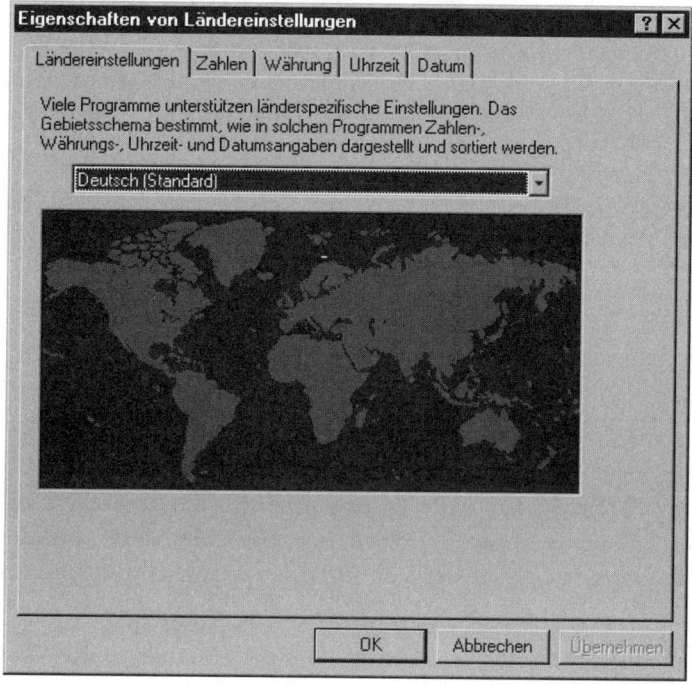

String-Vergleiche

AnsiCompareStr

Anwendung

Wenn Sie Strings vergleichen (oder Strings sortieren/suchen), möchten Sie, dass bei den Vergleichen die lexikographische Reihenfolge (Alphabet) berücksichtigt wird. Ob dies der Fall ist, hängt aber von der verwendeten Codetabelle ab.

Umsetzung

Wenn Sie möchten, dass String-Vergleiche gemäß der Benutzer-Lokale durchgeführt werden, verwenden Sie die ANSI-Stringfunktionen.

Beispiel

Betrachten Sie die beiden folgenden Vergleiche:

StrComp:

```
if StrComp(PChar(Edit1.Text), PChar(Edit2.Text)) < 0 then
  Edit3.Text := Edit1.Text
  else
  Edit3.Text := Edit2.Text;
```

AnsiCompareStr:

```
if AnsiCompareStr(Edit1.Text, Edit2.Text) < 0 then
  Edit3.Text := Edit1.Text
  else
  Edit3.Text := Edit2.Text;
```

Wenn ein Norweger sich auf Ihrem System einloggt und über die Windows-Systemsteuerung, Symbol Tastatur, als neue Sprache Norwegisch einrichtet und dann die beiden Wörter ånde und ære vergleicht, wird er sich über das Ergebnis der StrComp-Funktion wundern.

Denn während AnsiCompareStr korrekterweise erkennt, dass das Zeichen æ im Norwegischen Alphabet vor å kommt (also kleiner ist), vergleicht StrComp nach der Deutschen ANSI-Tabelle und in der kommt å vor æ.

Ressourcen

Anwendung

Damit eine Anwendung ohne größere Probleme zu lokalisieren ist, ist es ganz wichtig, dass der eigentliche Quellcode für die Lokalisation nicht bearbeitet werden muss. Man erreicht dies, indem man

- im Quelltext keinen landesspezifischen Code verwendet (siehe vorangehende Abschnitte);
- Strings, Menüs, Formulare, Bitmaps und Tastaturkürzel als Ressourcen in spezielle Dateien (DFM, RES) auslagert.

Die Auslagerung der Ressourcen vereinfacht die Lokalisierung auf ganz entscheidende Weise, da die Ressourcen auf diese Weise unabhängig vom Quellcode lokalisiert werden können (beispielsweise auch von Übersetzern, die nicht über Programmierkenntnisse verfügen).

Ressourcen-DLLs

Delphi unterstützt das Ressourcenkonzept sogar noch weiter, indem es die Erstellung von Ressourcen-DLLs erlaubt. Mit dem Ressourcen-DLL-Experten erstellen Sie dabei für jede Sprache, in die Sie die Anwendung lokalisieren wollen, ein eigenes DLL-Projekt. Aus diesen Projekten können Sie DLLs erstellen, in denen die lokalisierten Ressourcen für ein bestimmtes Gebietsschema enthalten sind.

Wenn Sie die DLLs mit Ihren Anwendungen weitergeben, prüft die Anwendung beim Programmstart, ob es eine DLL gibt, die für das Gebietsschema auf dem aktuellen Rechner erstellt wurde. (Der Ressourcen-DLL-Experte speichert die DLLs zu diesem Zweck unter dem Namen der Anwendung und mit der Extension des Gebietsschema-Kürzels.) Wenn ja, werden die Ressourcen aus dieser DLL verwendet.

Um eine Ressourcen-DLL zu erstellen, gehen Sie wie folgt vor:

1. Legen Sie die Anwendung an.

2. Definieren Sie für alle Strings, die Sie verwenden wollen, als Ressourcenstrings:

```
unit Unit1;
interface
uses  Windows, ... ;
resourcestring meldung1 = 'Datei konnte nicht geöffnet werden';
               meldung2 = 'Bitte warten...');
...

implementation
...
procedure TForm1.Button2Click(Sender: TObject);
begin
  ...
  ShowMessage(meldung1);
end;
```

3. Speichern und kompilieren Sie das Projekt der Anwendung.

4. Starten Sie den Ressourcen-DLL-Experten (*Datei/Neu*, Seite *Neu*).

5. Wählen Sie zuerst das Projekt der Anwendung und dann die Sprachen aus, für die Sie Ressourcen-DLLs erstellen möchten.

6. Wenn es außer den üblichen Projektdateien noch weitere Dateien gibt, die Ressourcen enthalten und die mit lokalisiert werden sollen, können Sie diese den Ressourcen-DLL-Projekten explizit hinzufügen.

Der Ressourcen-DLL-Experte erstellt jetzt eine Programmgruppe für Ihr Projekt und die zugehörigen Ressourcen-DLLs. Danach wird automatisch der Translation-Manager gespeichert, in dem Sie die in den Ressourcen-DLLs enthaltenen Ressourcen lokalisieren können.

Tipp

- Sie können den Translation-Manager jederzeit über den Menübefehl *Projekt/ Sprachen/Ressourcen-DLLs aktualisieren* starten.

- Wenn Ihnen die Arbeit im Translation-Manager nicht zusagt, können Sie die Ressourcen der Ressourcen-DLLs über das Projektverwaltungsfenster in den Editor bzw. den Formulardesigner laden.

- Wenn sich Ihr Projekt nach der Erstellung der Ressourcen-DLLs noch geändert hat, speichern und kompilieren Sie das Projekt und rufen Sie dann den Befehl *Projekt/Sprachen/Ressourcen-DLLs aktualisieren* auf, um auch die Ressourcen-DLLs auf den neuen Stand zu bringen.

- Um die Ressourcen der Anwendung für weitere Sprachen zu lokalisieren, rufen Sie den Ressourcen-DLL-Experten einfach erneut über *Datei/Neu* auf.

Verweise

Siehe Delphi-Programmierumgebung, Kategorie Programmerstellung, Ressourcen

Kategorie: Datenbankprogrammierung

Datenbankprogrammierung mit Delphi ist ein weites Feld und man hätte sicherlich ohne Probleme den gesamten Praxisteil dieses Buches mit Tipps zur Datenbankprogrammierung füllen können. Andererseits gibt es eine Vielzahl ausgezeichneter Bücher, die sich genau auf dieses Thema spezialisiert haben. Statt zu versuchen, das Thema auch nur halbwegs vollständig abzudecken, werde ich mich daher darauf beschränken, Delphi-Programmierern, die in der Datenbankprogrammierung noch nicht so versiert sind, einen möglichst guten Start zu verschaffen.

Paradox-Tabelle mit dem Datenbank-Explorer einrichten

Datenbank/Explorer

Anwendung

Der erste Schritt zur Erstellung einer datenbankgestützten Anwendung besteht meist darin, die Datenbank aufzubauen. Danach müssen Sie die Datenbank in der BDE registrieren, denn die Datenbankkomponenten, die Delphi Ihnen zur Verfügung stellt, nutzen die BDE als Mittler zwischen Ihrem Programm und der Datenbank.

- Für den Aufbau der Datenbank können Sie entweder das zugehörige Datenbankprogramm oder die Datenbankoberfläche von Delphi (Aufruf über Programmgruppe oder das Menü *Tools*) verwenden.

- Für die Registrierung der Datenbank unter der BDE können Sie das BDE-Verwaltungs-Programm nutzen (Aufruf über die Delphi-Programmgruppe).

Sie können aber auch gut beide Aufgaben im Datenbank-Explorer verrichten. Der Datenbank-Explorer (in der Enterprise-Edition heißt er SQL-Explorer) ist zwar etwas gewöhnungsbedürftig, insbesondere da etliche Befehle nur mittels SQL (Local SQL für Paradoc und dBase) ausgeführt werden können, hat aber den entscheidenden Vorteil, dass in ihm alle datenbankrelevanten Informationen und Operationen zusammengefasst sind (außer der Funktionalität der Datenbankoberfläche und der BDE-Verwaltung ersetzt er auch noch den Interactive SQL-Editor für Interbase und andere SQL-Server-Datenbanken).

Umsetzung

1. **Rufen Sie den Datenbank-Explorer auf** (Befehl *Datenbank/Explorer*).

2. **Richten Sie einen neuen BDE-Alias ein.** Achten Sie darauf, dass die Seite *Datenbanken* angezeigt wird und rufen Sie den Befehl *Objekt/Neu* auf. Wählen Sie als Datenbank-Treibername STANDARD aus (steht für den Paradoxtreiber). Geben Sie dem Alias einen neuen Namen und geben Sie im Feld PATH ein übergeordnetes Verzeichnis an, unter dem Sie eine neue Tabelle anlegen werden. Rufen Sie dann den Befehl *Objekt/Übernehmen* auf, um die Änderungen in der BDE abzuspeichern.

3. **Öffnen Sie die Datenbank**, indem Sie den Knoten der Datenbank expandieren.

4. **Erstellen Sie eine Tabelle.** Wechseln Sie im rechten Feld zur Seite SQL. Mit Hilfe des Local SQL-Befehls CREATE TABLE können Sie eine neue Tabelle mit den Feldern Jahr, Aktie1 und Aktie2 anlegen. Klicken Sie auf das Blitz-Symbol, um den Befehl an die Datenbank zu schicken. Lassen Sie die *Ansicht aktualisieren*.

```
CREATE TABLE "DEMODB.dbf" (Jahr INTEGER,
                           Aktie1 MONEY, Aktie2 MONEY,
                           PRIMARY KEY(Jahr))
```

5. **Geben Sie Datensätze ein.** Wechseln Sie im rechten Feld zur Seite Daten. Mit dem Plus-Schalter aus der Navigationsleiste können Sie neue Datensätze einfügen und zwischen den Datensätzen wechseln. Alternativ können Sie Datensätze auch per Local SQL einfügen:

```
INSERT INTO "DEMODB.dbf" (Jahr, Aktie1, Aktie2)
                         VALUES (1991, 24.43, 28.32);
```

6. **Testen Sie die Datenbank.** Legen Sie in Delphi eine neue Anwendung an und rufen Sie den Formular-Experten auf (Befehl im Menü *Datenbank*). Auf der zweiten Seite wählen Sie im Laufwerks-Feld den Alias der neuen Datenbank und danach die Tabelle aus. Im nachfolgenden Feld wählen Sie alle Felder aus. Ansonsten können Sie einfach die Vorgaben übernehmen. Erstellen Sie das Programm und navigieren Sie in der Datenbank.

Tipp

An einem geöffneten Datenbankalias können keine Änderungen vorgenommen werden. Wenn Sie also beispielsweise ein Alias mit einem anderen Datenbankverzeichnis (Feld *PATH*) verbinden wollen, und der Explorer verweigert den Zugriff, schließen Sie das Alias (Befehl *Objekt/Schließen*).

Hilfe zu den Local SQL-Befehlen finden Sie in der Delphi-Hilfe (Aufruf über die *Programmgruppe/Hilfe/Borland Database Engine/Handbuch zu Local SQL*).

Verweise

Siehe Datenbankverbindung aufbauen

Zugriff auf Access-Datenbanken

Anwendung

Access ist eine unter Windows-Anwendern recht weit verbreitete und beliebte Datenbank. Der Zugriff auf Access-Datenbanken erfolgt nicht direkt über die BDE, sondern auf dem Umweg über eine ODBC-Treiber.

ODBC ist wie die BDE eine allgemeine Schnittstelle, über die man verschiedene Datenbanken (beispielsweise MSAccess) ansprechen kann. Um auch den Zugriff auf ODBC-Datenbanken zu gestatten, kapselt die BDE einfach ODBC. Vorraussetzung für den BDE-ODBC-Zugriff ist allerdings, dass sowohl ein ODBC-Treiber als auch ein BDE-Alias installiert sind.

Umsetzung

Jahr	Aktie1	Aktie2
1995	23,75 DM	25,00 DM
1996	24,43 DM	28,32 DM
1997	27,34 DM	26,96 DM
1998	35,91 DM	30,21 DM
1999	50,21 DM	29,43 DM
2000	98,45 DM	32,55 DM
0	0,00 DM	0,00 DM

1. **Erstellen Sie mit Microsoft Access eine neue Datenbank.**

2. **Rufen Sie den Datenbankexplorer auf** (Befehl *Datenbank/Explorer*).

3. **Öffnen Sie die ODBC-Verwaltung** (Befehl *Objekt/ODBC-Verwaltung*, das gleiche Fenster ist übrigens auch über die Systemsteuerung erreichbar).

4. **Richten Sie einen ODBC-Treiber für die Datenbank ein.** Klicken Sie auf der Seite *Benutzer-DSN* auf den Schalter *Hinzufügen*, wählen Sie in dem erscheinenden Dialogfenster Ihren Access-Treiber aus (*Microsoft Access-Treiber (*.mdb)*) und schikken Sie das Dialogfenster ab (Schalter *Fertig stellen*). (Die Seite *Benutzer-DSN* ist nur für lokale Datenbanken.)

5. **Verbinden Sie den Treiber mit der Datenbank.** In dem nachfolgenden Dialogfenster wird die Verbindung konfiguriert. Geben Sie einen beliebigen Namen für Ihre

Datenquelle an (beispielsweise MSACCESS_DEMO. Mit dem Schalter *Auswählen* im Feld *Datenbank* stellen Sie die Verbindung zu Ihrer Datenbank her. Über den Schalter *Erweitert* können Sie die Datenbank durch ein Paßwort schützen.

Die neue Datenbank-Verbindung wird nun auf der Seite *Benutzer-DSN* angezeigt. Verlassen Sie die ODBC-Verwaltung und aktualisieren Sie die Anzeige im Datenbank-Explorer (Strg+R), damit die Datenbank-Verbindung in der Liste der Datenbanken aufgeführt wird.

6. **Testen Sie die Datenbank**. Legen Sie in Delphi eine neue Anwendung an und rufen Sie den Formular-Experten auf (Befehl im Menü *Datenbank*). Auf der zweiten Seite wählen Sie im Laufwerks-Feld den Alias der neuen Datenbank und danach die Tabelle aus. Im nachfolgenden Feld wählen Sie alle Felder aus. Ansonsten können Sie einfach die Vorgaben übernehmen. Erstellen Sie das Programm und navigieren Sie in der Datenbank.

Tipp

Im Datenbank-Explorer können Sie die Datenbank gegebenenfalls weiter bearbeiten (siehe vorangehender Abschnitt zu Paradox). Wenn Sie mittels SQL neue Tabellen erstellen, beispielsweise:

```
CREATE TABLE "Tabelle2" (Feld1 INTEGER, Feld2 INTEGER,
                CONSTRAINT index1 PRIMARY KEY (Feld1))
```

müssen Sie die Datenbank schließen und wieder öffnen, bevor die neue Tabelle im Explorer angezeigt wird.

Verweise

Siehe Datenbankverbindung aufbauen

Zugriff auf Interbase-Datenbanken

Anwendung

Ab der Professional-Version wird Delphi mit einer 1-Benutzerlizenz für Local Interbase ausgeliefert. Die Enterprise-Version verfügt sogar über eine Mehrplatzlizenz (Interbase.Server), mit der man Mehrbenutzer-SQL-Anwendungen entwickeln und testen kann.

Ansonsten spielt es keine Rolle, mit welcher Lizenz Sie arbeiten, da

- Local Interbase Server (LIBS) im Grunde ein vollständiger Interbase Server ist, der auf einem lokalen Rechner ausgeführt wird (also quasi ein Interbase Server ohne Remote-Zugriff und ohne Mehrbenutzerzugriff).

- Sie für den Zugriff auf die Interbase-Datenbanken Client-Software verwenden, für deren Bedienung es keinen Unterschied macht, ob auf einen LIBS oder einen Interbase Server zugegriffen wird.

- für das Upsizing von Local Interbase auf ein Mehrplatzsystem (theoretisch) keine Codeänderungen erforderlich sind.

Interbase Server testen

Nehmen Sie sich kurz Zeit um sicherzustellen, dass Interbase ordnungsgemäß auf Ihrem Rechner ausgeführt wird.

1. Prüfen Sie, ob in der Taskleiste das Symbol des Interbase-Servers bzw. des Interbase Guardians angezeigt wird.

2. Rufen Sie den Interbase Server Manager auf (Programmgruppe *Interbase*, Eintrag *Server Manager*)

3. Wählen Sie im Server Manager den Befehl *File/Server Login* auf.

4. Geben Sie für den *User* SYSDBA als *Password* »masterkey« ein.

Danach wird Ihnen angezeigt, welche Interbase Server-Version auf Ihrem System ausgeführt wird.

5. Rufen Sie den Befehl *File/Database connect* auf und wählen Sie im erscheinenden Dialogfeld über den Schalter *Browse* die Beispieldatenbank *employee.gdb* aus. (Sofern Sie bei der Interbase-Installation keine anderen Pfade gesetzt haben, finden Sie die Datenbank unter *C:\Program Files\InterBase Corp\InterBase\examples\database\Employee.gdb*.)

6. Hat alles geklappt, können Sie die Verbindung wieder beenden und sich ausloggen. Wenn nicht, sollten Sie zuerst kontrollieren, ob der Server läuft. Starten Sie den Server gegebenenfalls explizit über die Interbase-Programmgruppe.

Tipp

Ihr Interbase Server ist standardmäßig so konfiguriert, dass Sie sich als Benutzer SYSBDA mit dem Paßwort »masterkey« einloggen können. Wenn Sie das Paßwort ändern wollen (empfehlenswert, wenn auch andere Leute Zugang zu Ihrem Computer oder Ihrem Datenbank-Server haben), loggen Sie sich mit dem alten Paßwort über den Server Manager ein und rufen Sie den Befehl *Tasks/User Security* auf.

Warnung

Die Datei *GDS32.dll* darf nur einmal im Systempfad auftauchen. Prüfen Sie dies, wenn Sie sowohl LIBS als auch Interbase Server installiert haben oder neben Delphi auch den C++Builder verwenden.

Interbase-Treiber testen

Um den Zugriff auf Interbase-Datenbanken über die BDE zu testen,

1. rufen Sie den Datenbankexplorer auf (Befehl *Datenbank/Explorer*).

2. Richten Sie einen neuen BDE-Alias ein. Achten Sie darauf, dass die Seite *Datenbanken* angezeigt wird und rufen Sie den Befehl *Objekt/Neu* auf. Wählen Sie als Datenbank-Treibername INTRBASE aus. Geben Sie dem Alias einen neuen Namen.

3. Geben Sie im Feld SERVER NAME den Pfad zu der Beispieldatenbank *employee.gdb* ein (wenn Sie in das Feld klicken, erscheint ein Schalter, über den Sie den Pfad auswählen können).

4. Setzen Sie das Feld USER NAME auf SYSBDA.

5. Rufen Sie schließlich den Befehl *Objekt/Übernehmen* auf, um die Änderungen in der BDE abzuspeichern.

6. Öffnen Sie die Datenbank (Befehl *Öffnen* im Kontextmenü).

Interbase-Datenbank erstellen

1. Rufen Sie WISQL auf (Programmgruppe *Interbase*, Eintrag *Interbase Windows SQL*). WISQL ist ein Front-End-Programm zu Ihrer Interbase-Datenbank, mit dessen Hilfe Sie Interbase Datenbanken erstellen, bearbeiten und betrachten können. WISQL arbeitet fast ausschließlich mit SQL.

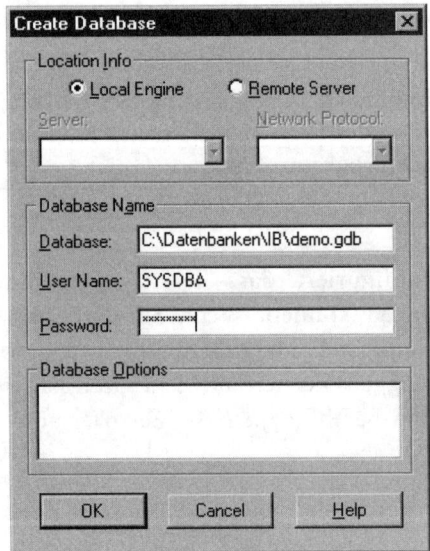

2. Rufen Sie den Befehl *File/Create Database* auf. Geben Sie den Namen und Pfad der einzurichtenden Datenbank ein. Den Pfad sollten Sie vorab im Windows Explorer angelegt haben. Der Name der Datenbank wie auch die Extension sind beliebig, üblich ist allerdings *.gdb. Als Benutzer und Paßwort verwendet man in der Anfangsphase meist SYSDBA und masterkey. Später können Sie das Paßwort im Interbase Server Manager (siehe oben) ändern.

3. Legen Sie eine Tabelle an. Zum Anlegen einer Tabelle wird der SQL-Befehl CREATE TABLE verwendet. In WISQL werden SQL-Befehle in das obere Fenster eingegeben und mit *Query/Execute* abgeschickt.

```
CREATE TABLE Tabelle1 (Jahr INTEGER NOT NULL, Aktie1 NUMERIC(9,2),
                Aktie2 NUMERIC(9,2), PRIMARY KEY(Jahr))
```

Der abgeschickte Befehl wird in das untere Feld übertragen. Erscheint kein Meldungsfenster, wurde der Befehl korrekt verarbeitet.

Hilfe zu SQL finden Sie in der Dokumentation zu Interbase (Programmgruppe *Interbase/Documentation/Language Reference*).

4. Daten eingeben. Mit dem SQL-Befehl INSERT INTO können Sie Datensätze in Ihre Datenbank einfügen.

```
INSERT INTO Tabelle1 (Jahr, Aktie1, Aktie2)
                VALUES (2000, 98.45, 32.55)
```

5. Mit Hilfe eines SELECT-Befehls können Sie Eingaben überprüfen:

```
SELECT * FROM Tabelle1
```

6. Speichern Sie die eingegebenen Datensätze, indem Sie den Befehl *File/Commit work* aufrufen.

7. Schließen Sie die Datenbankverbindung (Befehl *File/Disconnect from Database*) und rufen Sie den Datenbankexplorer auf (Befehl *Datenbank/Explorer*).

8. Richten Sie im Datenbankexplorer ein BDE-Alias zu der Datenbank ein. Verfahren Sie dazu wie im Abschnitt »Interbase-Treiber testen« beschrieben, nur dass Sie für das Feld SERVER NAME den Pfad zu Ihrer Datenbank auswählen.

Tipp

• Wenn Sie öfters Datenbanken erstellen, lohnt sich unter Umständen auch die Erstellung eines ISQL-Skriptes, dass Sie bei Bedarf nur noch anpassen und über den Befehl *File/Run* abschicken müssen:

```
CREATE DATABASE "c:\temp\test1.gdb"
USER "SYSDBA" PASSWORD "masterkey"
PAGE_SIZE 4096 DEFAULT CHARACTER SET WIN1252;
CREATE TABLE Tabelle1 (Jahr INTEGER NOT NULL, Aktie1 NUMERIC(15,2),
                Aktie2 NUMERIC(15,2), PRIMARY KEY(Jahr));
```

```
INSERT INTO Tabelle1 (Jahr, Aktie1, Aktie2)  VALUES (2000,  98.45,  32.55);
COMMIT WORK;
```

- WISQL bietet den Vorteil, dass das Programm direkt – und nicht über die BDE – mit der Datenbank kommuniziert. Wenn Sie in einem Ihrer Datenbankprogramme Probleme mit einer Interbase-Datenbankverbindung haben, können Sie mit WISQL testen, ob die Probleme mit der Datenbank oder mit der Konfiguration der BDE zu tun haben.

- Um sich über die Metadaten Ihrer Interbase-Datenbanken zu informieren (Tabellen, Daten, Indizes etc.), empfiehlt es sich, den Datenbank-Explorer zu verwenden, da die entsprechenden Informationen im Explorer übersichtlicher präsentiert werden als im WISQL-Programm (Befehl *Metadata/Show*).

Verweise

Siehe Datenbankverbindung aufbauen
Siehe Datenbankverbindung mit den Interbase-Komponenten

Datenbankverbindung aufbauen

TDataSource, TTable, TQuery

Anwendung

Die erste Aufgabe bei der Erstellung einer Datenbank-Anwendung besteht zumeist darin, ein Formular zur Betrachtung und Bearbeitung der Daten aus der Datenbank einzurichten und die Verbindung zur Datenbank herzustellen. Dies geschieht auf drei Ebenen und erfordert drei unterschiedliche Typen von Datenbank-Komponenten:

- Datensteuerungskomponenten zur Anzeige der Daten. Im einfachsten Fall wird für jedes Feld (Spalte) der Datenbank eine Anzeige-Komponente eingerichtet und mit dem Feld verbunden, wobei die Anzeige-Komponente nach dem Datentyp des Feldes ausgewählt wird.

- Datenzugriffskomponenten zur Repräsentation von Datenmengen. Hierzu stehen Ihnen die von TDataSet abgeleiteten Komponenten TTable und TQuery zur Verfügung.

- Eine TDataSource-Komponente, die die Verbindung zwischen den Anzeige- und den Zugriffskomponenten herstellt.

Die Einrichtung dieser grundlegenden Komponenten können Sie praktisch vollständig dem Datenbank-Experten (Befehl *Datenbank/Formular-Experte*) überlassen, Sie können Sie aber auch selbst vornehmen.

Umsetzung

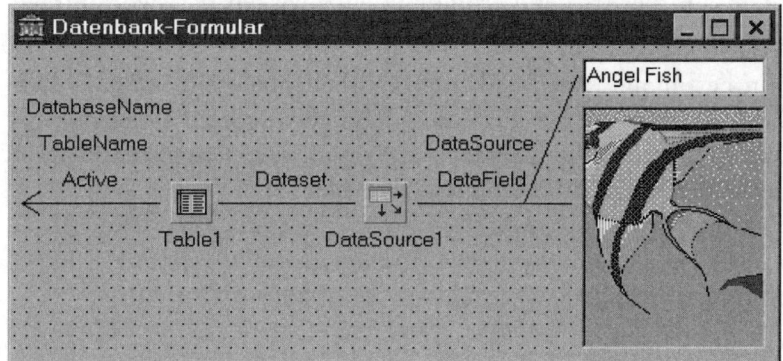

1. Legen Sie ein neues Projekt an (Befehl *Neue Anwendung*).

2. Wählen Sie für die Felder ihrer Datenbank passende Steuerelemente aus (Seite *Datensteuerung*) und ordnen Sie diese in Ihrem Formular an. Zusätzlich können Sie auch noch ein DBNavigator-Element vorsehen.

3. Nehmen Sie als Datenquelle eine TTable-Komponente auf (Seite *Datenzugriff*).

4. Nehmen Sie eine TDataSource-Komponente auf.

5. Verbinden Sie TTable mit einer Datenbank-Tabelle. Setzen Sie dazu im Objektinspektor folgende Eigenschaften:

   Setzen Sie die Eigenschaft DatabaseName auf den BDE-Alias der Datenbank.

   Wählen Sie für die Eigenschaft TableName eine Tabelle aus.

   Setzen Sie die Eigenschaft Active auf true.

6. Verbinden Sie TDataSource mit Ihrer Tabelle. Klicken Sie dazu das TDataSource-Steuerelement an und wählen Sie im Objektinspektor für die Eigenschaft Dataset den Namen der TTable-Komponente aus.

7. Verbinden Sie die datensensitiven Elemente mit TDataSource. Klicken Sie dazu die datensensitiven Steuerelemente an und

   wählen Sie im Objektinspektor für die Eigenschaft DataSource den Namen der TDataSource-Komponente aus.

   Wählen Sie für die Eigenschaft DataField aus, mit welchem Datenbankfeld das Steuerelement verbunden werden soll.

Tipp

Wenn Sie TQuery statt TTable verwenden, gibt es keine TableName-Eigenschaft. Dafür müssen Sie für die Eigenschaft SQL einen SQL-SELECT-Befehl zum Abfragen der Daten aufsetzen, beispielsweise: SELECT * FROM Tabellenname.

Durch Einsatz der Komponenten TDatabase und TSession erhalten Sie weiterreichende Möglichkeiten, auf die Art der Verbindung einzuwirken (Passwortabfrage, Verwaltung mehrerer Verbindungen etc.).

Wenn man öfters auf bestimmte Datenbanken und Tabellen zugreift, lohnt es sich, die Datenbankverbindung (d.h. die für die Verbindung verwendeten Datenzugriffskomponenten) in einem Datenmodul (*Datei/Neu*, Symbol *Datenmodul*) abzulegen und dieses über die Objektablage zur Verfügung zu stellen.

Verweise

Siehe Persistente Feldkomponenten einrichten

Datenbankverbindung mit den Interbase-Komponenten

TIBDatabase, TIBTransaction, TIBTable, TDataSource

Anwendung

Wenn Sie auf eine Interbase-Datenbank zugreifen wollen (und auch nicht vorhaben, in nächster Zeit auf eine andere Datenbank (Paradox, Oracle etc.) umzustellen), sollten Sie statt der normalen Datenzugriffskomponenten die spezialisierten Interbase-Komponenten (Palettenseite *InterBase*, ab Professional-Version) verwenden, da Sie mit diesen Komponenten direkt, d.h. ohne den Umweg über die BDE, auf die zugrunde liegende Interbase-Datenbank zugreifen können.

Umsetzung

1. Legen Sie ein neues Projekt an (Befehl *Neue Anwendung*).

2. Wählen Sie für die Felder ihrer Datenbank passende Steuerelemente aus (Seite *Datensteuerung*) und ordnen Sie diese in Ihrem Formular an. Zusätzlich können Sie auch noch ein DBNavigator-Element vorsehen.

Stellen Sie nun die Verbindung zur Datenbank her (beispielsweise die Datenbank, die Sie im Abschnitt »Zugriff auf Interbase-Datenbanken« erstellt haben).

3. Wechseln Sie zur Seite *Interbase* und nehmen Sie eine TIBDatabase-Komponente in Ihr Formular auf. Bearbeiten Sie die Eigenschaft DatabaseName und wählen Sie im erscheinenden Öffnen-Dialog die gewünschte Interbase-Datenbank (üblicherweise Datei mit Extension .gdb) aus. Setzen Sie die Eigenschaft Connected auf True und loggen Sie sich ein – wenn Sie das Paßwort nicht geändert haben, loggen Sie sich als SYSDBA mit dem Paßwort masterkey ein.

4. Nehmen Sie eine TIBTransaction-Komponente auf und setzen Sie die Eigenschaft DefaultDatabase auf Ihre TIBDatabase-Instanz.

5. Nehmen Sie als Datenquelle eine TIBTable-Komponente auf. Setzen Sie die Eigenschaft DefaultDatabase auf Ihre TIBDatabase-Instanz. Wählen Sie für die Eigenschaft TableName die gewünschte Tabelle aus. Setzen Sie die Eigenschaft Active auf True.

6. Nehmen Sie eine TDataSource-Komponente auf und setzen Sie deren Dataset-Eigenschaft auf die TIBTable-Instanz.

7. Verbinden Sie die datensensitiven Elemente mit TDataSource. Klicken Sie dazu die datensensitiven Steuerelemente an und

- wählen Sie im Objektinspektor für die Eigenschaft DataSource den Namen der TDataSource-Komponente aus.

- Wählen Sie für die Eigenschaft DataField aus, mit welchem Feld der Datenstruktur das Steuerelement verbunden werden soll.

8. Speichern und kompilieren Sie das Programm.

Tabellen dynamisch anlegen und öffnen

Tabelle mit TTable anlegen

1. Weisen Sie der TTable-Eigenschaft DatabaseName das Verzeichnis zu, unter dem die Tabelle zu finden ist.

2. Weisen Sie der TTable-Eigenschaft TableName den Namen der Tabelle zu.

3. Legen Sie den Typ der Tabelle fest. Mögliche Werte sind ttDefault, ttParadox, ttDBase oder ttASCII.

4. Definieren Sie die Felder der Tabelle, die in der Eigenschaft FieldDefs.Items gespeichert und mit Hilfe der Methode FieldDefs.Add eingerichtet werden:

```
procedure Add(const Name: string; DataType: TFieldType; Size: Word;
              Required: Boolean);
```

5. Erzeugen Sie die neue Tabelle, wozu Sie die Methode CreateTable aufrufen.

6. Öffnen Sie die Tabelle, indem Sie die Methode Open aufrufen oder die Eigenschaft Active auf True setzen.

```
Table1.DatabaseName := 'C:\Datenbank';
Table1.TableName := 'Tabelle1.dbf';
Table1.TableType := ttDBase;
Table1.FieldDefs.Add('ENGLISCH',ftString,40,True);
Table1.FieldDefs.Add('DEUTSCH',ftString,40,True);
Table1.CreateTable;
Table1.Open;
```

Tabelle mit TQuery anlegen

TQuery bietet weniger Methoden zur Bearbeitung von Datenbanken als TTable, erlaubt dafür aber die Ausführung von SQL-Befehlen. So erfolgt auch die Definition neuer oder das Öffnen bestehender Tabellen über SQL-Anweisungen. Diese werden in der TQuery-Eigenschaft SQL abgelegt und mittels ExecSQL (Datendefinition und -manipulation) oder Open (Datenabfrage) ausgeführt.

1. Stellen Sie sicher, dass die Eigenschaft SQL keine Einträge enthält. Rufen Sie hierzu die Methode SQL.Clear auf.

2. Fügen Sie mit Hilfe der Methode SQL.Add eine CREATE TABLE-Anweisung zur Definition und Erzeugung der Tabelle ein:

```
CREATE TABLE Tabellenname ( Feldname1 Typ,  Feldname2 Typ,...)
```

3. Führen Sie die SQL-Anweisung mittels ExecSQL aus.

```
Query1.SQL.Clear;
Query1.SQL.Add('CREATE TABLE "Tabelle1.dbf"
            (ENGLISCH character(40),
             DEUTSCH  character(40))');
Query1.ExecSQL;
```

4. Mit TQuery öffnet man keine ganze Tabelle, sondern fragt mit Hilfe des SQL-Befehls SELECT Daten aus Tabellen ab, die dann von der TQuery-Komponente repräsentiert werden.

Tipp

Wenn Sie zur Laufzeit neue Aliase einrichten wollen, müssen Sie eine TSession-Komponente in Ihr Formular aufnehmen und die Methode AddAlias aufrufen.

In Datenbanken bewegen

Anwendung

Der Datenbank-Navigator (TDBNavigator) ist eine sehr praktische Komponente, mit deren Hilfe Sie ohne große Mühe die Funktionalität zum Bewegen in einer Datenbank sowie zum Hinzufügen und Entfernen von Datensätzen bereitstellen können. Dabei stellt der Navigator genau genommen nur die Schnittstelle zum Benutzer her – die eigentlichen Routinen gehen auf TDataSet-Methoden zurück.

Umsetzung

1. Nehmen Sie eine TDBNavigator-Komponente in Ihr Formular auf.

2. Setzen Sie die Eigenschaft Datasource auf Ihre TDataSource-Komponente.

3. Konfigurieren Sie das Erscheinungsbild des Navigators. Zusätzlich zu den üblichen Eigenschaften steht Ihnen die Eigenschaft VisibleButtons zur Verfügung, über die Sie festlegen können, welche Schaltflächen im Navigator sichtbar sein sollen.

nbFirst	Wechselt zum ersten Datensatz.
nbPrior	Wechselt zum vorangehenden Datensatz.
nbNext	Wechselt zum nächsten Datensatz.
nbLast	Wechselt zum letzten Datensatz.
nbInsert	Fügt einen leeren Datensatz ein.
nbDelete	Löscht den aktuellen Datensatz.
nbEdit	Ermöglicht das Editieren des aktuellen Datensatzes.
nbPost	Trägt den aktuellen Datensatz in die Datenbank ein.
nbCancel	Verwirft die Änderungen im aktuellen Datensatz.
nbRefresh	Aktualisiert die Daten in der Datenmenge.

4. Wenn Sie auf die Funktionalität der einzelnen Schalter des Navigators Einfluss nehmen wollen, richten Sie eine Antwortroutine für das Ereignis OnClick ein und fragen Sie ab, welcher Schalter gedrückt wurde.

Beispiel

```
procedure TForm1.DBNavigatorClick(Sender: TObject; Button:
                              TNavigateBtn);
var max : Longint;
    datensatz : Integer;
begin
  if (Button = nbPrior) or (Button = nbNext) then    begin
      max := Table1.RecordCount;  // Datensatzzeiger auf
      datensatz := random(max);   // zufällige Position
      Table1.First();             // setzen
```

```
        Table1.MoveBy(datensatz);
      end;
    end;
end;
```

Indizes erstellen

Anwendung

Einen Index zu erstellen, bedeutet im Prinzip, dass auf der Grundlage der Einträge in einem Feld (oder einer Kombination von Feldern) die Datensätze der Datenbank-Tabelle sortiert werden. Entweder werden die Datensätze dann direkt in der sortierten Reihenfolge abgespeichert (Primärindex für Paradox-Tabellen) oder es wird eine Extra-Tabelle mit einer sortierten Kopie der Indexfelder angelegt, die Verweise auf die Tabelle mit den vollständigen Datensätzen enthalten (wenn z. B. mehrere Indizes für eine Tabelle angelegt werden).

Die Indizes beschleunigen das Suchen nach Daten in einer Datenbank, für die meisten Suchmethoden der Datenbank-Komponenten sind sie sogar zwingend erforderlich (während man mit Hilfe von SQL-Anweisungen auch in nichtindizierten Datenmengen suchen kann).

Indizes mit TTable erstellen

Wenn Sie mit einer TTable-Komponente arbeiten, stehen Ihnen verschiedene Möglichkeiten zur Arbeit mit Indizes zur Verfügung:

- IndexFields, ein Array, das, beginnend mit dem Index 0 für jedes Feld, das zum aktuellen Index gehört, ein TField-Objekt enthält (die Gesamtzahl der TField-Objekte ist in der Eigenschaft IndexFieldCount festgehalten).

- IndexDefs, ein TIndexDefs-Objekt mit eigenen Methoden zur Festlegung der Indizes für neue Tabellen. Wenn Sie sich auf dem Weg über die Eigenschaft IndexDefs über die vorhandenen Indizes informieren wollen (siehe Beispiel), rufen Sie zuerst die Methode Update auf, um sicherzustellen, dass die zurückgelieferte Information dem aktuellen Stand entspricht.

- IndexName (für lokale Datenbanken) oder IndexFieldNames (für SQL-Server), die dazu dienen, einen anderen als den Primärindex auszuwählen.

- Die Methode GetIndexNames, die in ihrem Parameter eine Liste der für die Tabelle verfügbaren Indizes zurückliefert.

- AddIndex, um einen neuen Index einzurichten.

- DeleteIndex, um einen Index zu löschen. Die Tabelle muss dazu im exklusiven Zugriffsmodus geöffnet sein (Exclusive gleich True).

Beispiel

```
Table1.Active := true;
Table1.IndexDefs.Update();
Table1.Active := false;
for loop := 0 to Table1.IndexDefs.Count-1 do
  begin
  if Table1.IndexDefs.Items[loop].Name = 'IENGLISCH' then
     engl := True;
  if Table1.IndexDefs.Items[loop].Name = 'IDEUTSCH' then
     deut := true;
  end;
if not engl then  Table1.AddIndex('IENGLISCH','ENGLISCH',[]);
if not deut then  Table1.AddIndex('IDEUTSCH','DEUTSCH',[]);
Table1.Active := True;
```

Indizes mit TQuery erstellen

Sie können den Index direkt bei Erstellung der Tabelle einrichten (Attribute CONS-TRAINT und PRIMARY KEY).

```
Query1.SQL.Add('CREATE TABLE "Tabelle1.dbf"
               (ENGLISCH character(40),
                DEUTSCH  character(40),
                PRIMARY KEY (ENGLISCH))');
```

Sie können den Index nachträglich mit dem SQL-Befehl CREATE INDEX erstellen.

```
CREATE INDEX Indexname ON Tabellenname ( Feld1, Feld2..)
```

Warnung

Indizes beschleunigen die Suche nach Daten, bremsen aber gleichzeitig das Einfügen neuer Datensätze.

Verweise

Nach Daten suchen

Nach Daten suchen

Anwendung

Auch in der Suche nach Daten unterscheiden sich TTable- und TQuery-Anwendungen. Gemeinsam ist beiden die Methode Locate, mit der man in nichtindizierten Feldern suchen kann.

```
Locate('FeldA;FeldB', VarArrayOf(['WertA', 'WertB']), [loPartialKey]);
```

Ansonsten stellt TTable verschiedene eigene Methoden zur Suche bereit, die darauf angewiesen sind, dass die Felder, in denen gesucht wird, indiziert sind, während TQuery für Datenabfragen den SQL-Befehl SELECT verwendet.

Auch die Suche selbst läuft unterschiedlich ab. Wenn Sie mit einer TTable-Komponente arbeiten, weisen Sie den oder die Suchbegriffe den TField-Komponenten zu. Damit dies jedoch nicht zu einer Änderung des aktuellen Datensatzes führt, müssen Sie zuvor vom Editier- in den Suchmodus wechseln. Danach starten Sie die Suche und wenn ein Datensatz gefunden wird, der den Suchbegriffen genügt, wird dieser zum aktuellen Datensatz.

Anders bei der Verwendung von TQuery. TQuery präsentiert einen Teil einer Tabelle (genauer gesagt, das Ergebnis einer Datenabfrage). Dies macht die Suche nach Daten oder die Auswahl bestimmter Datensätze recht einfach. Die Suchkriterien werden einfach in einer SELECT-Anweisung zusammengefasst und ausgeführt. Danach repäsentiert TQuery das Ergebnis der Suchaktion.

Suchen mit TTable

Wenn Sie mit einer TTable-Komponente arbeiten, stehen Ihnen verschiedene Methoden zur Verfügung:

- SetKey und IndexKey, die beide vom Editiermodus in den Suchmodus wechseln. SetKey löscht alle bisherigen Suchbegriffe, während EditKey deren Bearbeitung ermöglicht. Das Zurückspringen in den Editiermodus erfolgt automatisch durch den Aufruf bestimmter Methoden, beispielsweise GotoKey.

- GotoKey startet die Suche und liefert im Erfolgsfall True zurück.

- GotoNearest sucht im Gegensatz zu GotoKey nicht nur nach exakter Übereinstimmung, sondern auch nach Einträgen, die »größer« als der Suchbegriff sind.

- FindKey und FindNearest vereinfachen die Suche, indem Sie die Suchbegriffe als Parameter übernehmen und den Wechsel in den Suchmodus und das Starten der Suche automatisch ausführen.

- Wenn Sie einen Bereich von Datensätzen auswählen wollen, verwenden Sie die Methoden: SetRangeStart, SetRangeEnd, ApplyRange, SetRange, EditRangeStart, EditRangeEdit.

Beispiel

1. Aktivieren Sie den Index, der für die Felder definiert ist, in denen gesucht wird. Weisen Sie den Namen des Index der Eigenschaft IndexName des TTable-Objekts zu.

2. Wechseln Sie vom Editier- in den Suchmodus (Aufruf von SetKey oder EditKey).

3. Weisen Sie den entsprechenden Feldern die Suchbegriffe zu.

4. Starten Sie die Suche (Aufruf von GotoKey oder GotoNearest).

```
if Abfragesprache = Englisch then begin
   table1.IndexName := 'IENGLISCH';
   table1.SetKey();
   table1.FieldbyName('ENGLISCH').AsString := Edit1.text;
   end
   else if Abfragesprache = Deutsch then begin
   table1.Indexname := 'IDEUTSCH';
   table1.Setkey();
   table1.FieldbyName('DEUTSCH').AsString :=  Edit1.Text;
   end;
table1.GotoKey;
```

Suchen mit TQuery

Wenn Sie mit einer TQuery-Komponente arbeiten, stehen Ihnen – abgesehen von Locate (siehe oben) – keine speziellen Methoden zur Suche zur Verfügung. Stattdessen greifen Sie auf die SQL-Anweisung SELECT zurück:

`SELECT Felderliste FROM Tabellenliste WHERE  bedingung`

Parameter	Beschreibung
Felderliste	Felder, die ausgewählt werden sollen. Mit einem Stern (»*«) können alle Felder ausgewählt werden.
Tabellenliste	Name der Tabellen, aus denen die Felder stammen.
Bedingung	Logische Bedingung, die erfüllt sein muss, damit ein Datensatz ausgewählt wird.

Beispiel

```
Query1.SQL.Clear;
Query1.SQL.Add('SELECT * FROM Table1
          WHERE Table1.ENGLISCH = "Suchbegriff"');
Query1.Open;
```

Parameter an SQL-Anweisungen übergeben

Anwendung

Die SQL-Anweisungen, die TQuery ausführen soll, übergibt man als String der TSrings-Eigenschaft SQL. Dabei tritt häufig das Problem auf, dass man die Werte von Variablen in den SQL-String einbauen möchte.

Umsetzung

Stellen Sie sich vor, Sie wollen die Werte aus Eingabefeldern, die der Anwender bearbeitet hat, in die Datenbank einfügen.

- Eine Möglichkeit ist, die Werte der Eingabefelder mit Hilfe einer String-Routine wie z.B. FmtStr in einen String einzubauen und diesen der Eigenschaft SQL.Text zuzuweisen.

- Die andere Möglichkeit ist, im SQL-String mit Hilfe des Doppelpunktes Platzhalter zu definieren und die Werte für diese Platzhalter in der Reihenfolge ihres Auftretens an die Array-Eigenschaft Params zuzuweisen.

Beispiel

```
Query1.SQL.Clear;

Query1.SQL.Add('INSERT INTO Tabelle1 (Jahr, Aktie1, Aktie2)');
Query1.SQL.Add('VALUES (:Param1, :Param2, :Param3)');

Query1.Params[0].AsInteger := StrToInt(Edit1.Text);
Query1.Params[1].AsFloat := StrToFloat(Edit2.Text);
Query1.Params[2].AsFloat := StrToFloat(Edit3.Text);
Query1.ExecSQL;
```

Persistente Feldkomponenten einrichten

Anwendung

Bei der Bearbeitung der Felder muss man zwischen den Datensteuerungskomponenten zur Anzeige der Feldinhalte und den von TField abgeleiteten Komponenten zur Repräsentation der Felder einer Tabelle unterscheiden. Erstere sind die Komponenten, aus denen Sie die Formulare zum Betrachten und Bearbeiten der Daten aufbauen und die Sie auf der Seite *Datensteuerung* der Komponentenpalette vorfinden. Die unsichtbaren TField-Komponenten hingegen stellen die eigentliche Verbindung zu den Feldern der Tabelle her, müssen aber nicht unbedingt von Ihnen erzeugt werden, da Delphi dies automatisch für Sie übernimmt, wenn die Eigenschaft Active der Tabelle auf True gesetzt wird. Man spricht in diesem Fall von dynamischen Feld-Komponenten.

Wenn Sie selbst auf die Inhalte der Datenbankfelder zugreifen wollen (beispielsweise, um die Daten grafisch aufzubereiten) empfiehlt es sich dafür zu sorgen, dass die TField-Komponenten persistent angelegt werden, damit Sie in Ihrem Programm auf die Komponenten zugreifen können.

Umsetzung

Doppelklicken Sie auf Ihre TTable- oder TQuery-Komponente, um den Feldereditor aufzurufen und öffnen Sie das Kontextmenü des Feldereditors.

- Über den Befehl *Felder hinzufügen* können Sie Felder der Datenbank auswählen und vom Feldereditor automatisch passende TField-Komponenten erstellen lassen. Über den Objektinspektor können Sie die TField-Komponente gegebenenfalls nach eigenen Bedürfnissen konfigurieren.

- Über den Befehl *Neues Feld* können Sie selbst den Datentyp Ihrer TField-Komponenten bestimmen. Wählen Sie zuerst das Feld der Datenbank aus, mit dem die Komponente verbunden werden soll (Eingabefeld *Name*) und bearbeiten Sie dann den *Typ* und die anderen Optionen.

Tipp

Da die Konfiguration der TField-Objekte hauptsächlich von dem zugrunde liegenden Feldtyp abhängt, hat man es mit immer wiederkehrenden Grundkonfigurationen zu tun, die als Attributsätze im Datenbankexplorer definiert und im Felder-Editor den TField-Objekten zugewiesen werden können.

Verweise

Siehe Daten grafisch aufbereiten

Daten grafisch aufbereiten

Anwendung

In vielen Fällen ist die Anzeige der Daten in Datensätzen unübersichtlich und nur schwer zu interpretieren. Gerade wenn es darum geht, Zahlen oder nummerische Datenreihen darzustellen, spielt die grafische Aufbereitung der Daten eine wichtige Rolle.

Umsetzung

Um die Werte aus den Feldern der Datenbank im Programm auswerten zu können, müssen Sie persistente Feldkomponenten einrichten.

Mit Hilfe der TDataSet-Methoden zum Bewegen des Datensatzzeigers können Sie die Feldwerte Datensatz für Datensatz durchgehen.

Beispiel

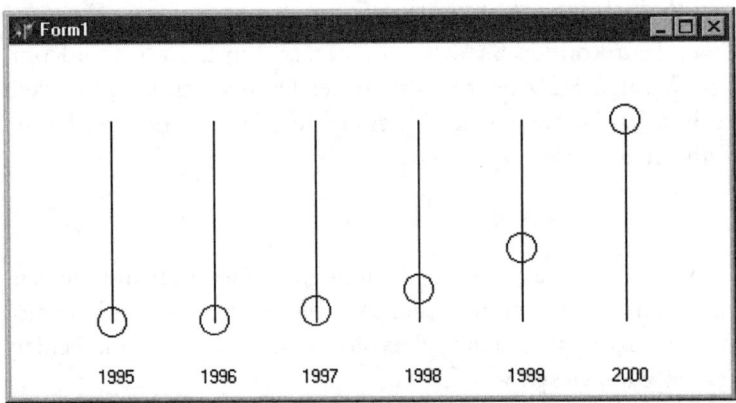

Das folgende Beispiel basiert auf der Datenbank mit den Aktienwerten. Die Datenbankfelder *Jahr*, *Aktie1* und *Aktie2* werden im Programm durch die TField-Komponenten Table1Jahr, Table1Aktie1 und TableAktie2 repräsentiert (TableAktie2 wird im Beispiel nicht verwendet).

```
type
  TForm1 = class(TForm)
    Table1JAHR: TIntegerField;
    Table1AKTIE1: TIntegerField;
    Table1AKTIE2: TIntegerField;
    DataSource1: TDataSource;
    Table1: TTable;
...
```

Das Programm nutzt das OnPaint-Ereignis, um die Datenbank Datensatz für Datensatz durchzugehen und den Verlauf des Aktienkurses über die Jahre als Kurve darzustellen.

```
procedure TForm1.PaintBox1Paint(Sender: TObject);
var max, min, count : LongInt;
    xSchritt : Integer;
    yFaktor : Double;
    i : Integer;
    x, y : Integer;
begin
  Table1.First;
  max := Table1Aktie1.AsInteger;
  min := Table1Aktie1.AsInteger;
  count := 1;

  // Maximale und minimale Werte für Skalierung berechnen
  while not Table1.Eof do
     begin
     Table1.Next;
     count := count + 1;
     if Table1Aktie1.AsInteger > max then
        max := Table1Aktie1.AsInteger;
     if Table1Aktie1.AsInteger < min then
        min := Table1Aktie1.AsInteger;
     end;

  xSchritt := ClientWidth div (count);
  yFaktor := (ClientHeight - 100) / (max - min);

  SetMapMode(Canvas.Handle, MM_ISOTROPIC);
  SetWindowExtEx(Canvas.Handle,ClientWidth,ClientHeight,0);
  SetViewportExtEx(Canvas.Handle,ClientWidth, -ClientHeight,0);
  SetViewportOrgEx(Canvas.Handle,0,ClientHeight,0);

  // Datensätze durchgehen und Kurswerte einzeichnen
  Table1.First;
  for i := 1 to count-1 do
     begin
     x := i * xSchritt;
     y := Trunc((Table1Aktie1.AsInteger - min)*yFaktor);
     Canvas.Ellipse(x - 10, 40 + y,
                    x + 10, 60 + y);
     Canvas.MoveTo(x, 50);
     Canvas.LineTo(x, ClientHeight - 50);
     Canvas.TextOut(x-10, 20, Table1Jahr.AsString);
     Table1.Next;
     end;

end;
```

Warnung

Wenn Sie das Beispiel nachprogrammieren, bearbeiten Sie auch das `OnResize`-Ereignis und rufen Sie in der Ereignisbehandlungsroutine die Methode `Repaint` auf, damit das Fenster bei Größenänderungen neu gezeichnet wird.

Daten grafisch darstellen mit TDBChart

Anwendung

Neben der Möglichkeit, die Daten selbst einzulesen, aufzubereiten und anzuzeigen, bietet Ihnen Delphi auch verschiedene Komponenten, die die Visualisierung von Daten in Diagrammen und Kurven vereinfachen. Für Datenbankanwendungen am interessantesten ist zweifelsohne die Komponente `TDBChart`.

Umsetzung

Ausgangspunkt ist wiederum die Aktiendatenbank aus den ersten Abschnitten dieses Kapitels.

1. Legen Sie eine neue Anwendung an.

2. Nehmen Sie eine `TTable`- und eine `TDBChart`-Komponente in das Formular der Anwendung auf.

3. Verbinden Sie die `TTable`-Komponente mit Ihrer Datenbank. Setzen Sie hierzu im Objektinspektor die Eigenschaften `DatabaseName` und `TableName`. Setzen Sie `Active` auf `True`.

Richten Sie die TDBChart-Komponente zur Darstellung zweier Datenreihen als Balkendiagramm ein.

4. Setzen Sie die `Align`-Eigenschaft der Komponente auf `alClient`.

5. Doppelklicken Sie im Objektinspektor auf das Eingabefeld der Eigenschaft `SeriesList`, um den Chart-Editor zu öffnen:

   - Auf der Seite *Diagramm/Reihen* drücken Sie den Schalter *Hinzufügen*, um ein Balkendiagramm aufzunehmen. Der Editor legt für das Balkendiagramm ein `Series1`-Objekt an, das Sie im Objektinspektor bearbeiten können. Wiederholen Sie den Schritt, um ein weiteres `Series1`-Objekt für die zweite Datenreihe anzulegen.

   - Auf der Seite *Diagramm/Titel* geben Sie in dem unteren Memofeld einen Titel für das Diagramm ein.

Verbinden Sie das Balkendiagramm mit den Werten der Datenbank.

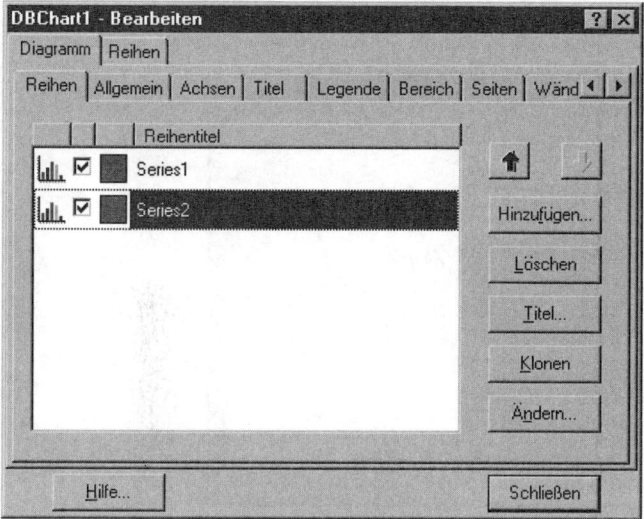

6. Wählen Sie in der Komponentenliste des Objektinspektors das Series1-Objekt aus.

   - Setzen Sie die DataSource-Eigenschaft auf Table1.

   - Setzen Sie XLabelsSource auf das Datenfeld für die Beschriftung der X-Achse (in der Aktiendatenbank wäre dies das Feld Jahr).

   - Setzen Sie YValues.ValueSource auf das Datenfeld mit den Werten für das Balken-diagramm (in der Aktiendatenbank wäre dies das Feld Aktie).

7. Gehen Sie analog für das Series2-Objekt vor.

8. Speichern Sie das Programm und führen Sie es aus.

Tipp

Statt die Einrichtung der anzuzeigenden Wertereihen und der Datenbank-Verbindung selbst vorzunehmen, können Sie auch den TeeChart-Experten auf der Seite *Geschäftlich* der Objektablage verwenden.

Berichte erstellen mit QuickReport

Anwendung

Der letzte Schritt bei der Erstellung von Datenbank-Anwendungen besteht üblicher-weise darin, die Daten in übersichtlicher Darstellung für den Ausdruck vorzuberei-ten. Delphi stellt Ihnen dazu die QuickReport-Komponenten zur Verfügung.

Umsetzung

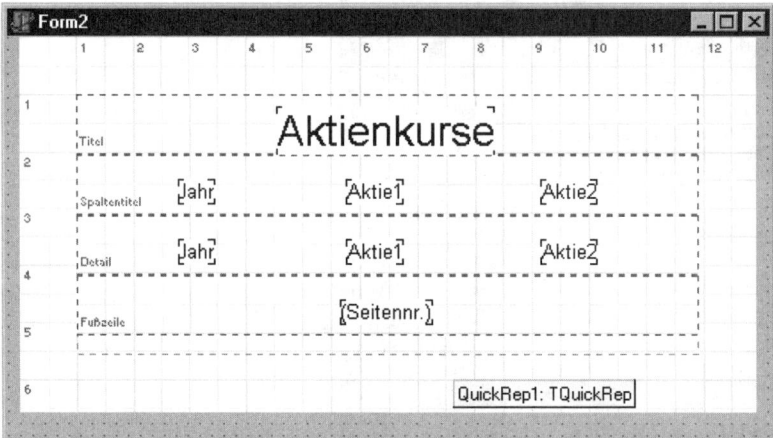

Wenn Sie QuickReport verwenden, bauen Sie Ihre Berichte ähnlich wie ein Anzeigeformular auf, nur dass Sie für die Präsentation der Feldinhalte nicht die Komponenten der Seite *Datensteuerung*, sondern die entsprechenden *QReport*-Komponenten verwenden.

Richten Sie ein eigenes Formular für den Bericht ein.

1. Öffnen Sie eine Anwendung mit Datenbankverbindung zu der Aktiendatenbank (siehe beispielsweise Abschnitt »Zugriff auf Access-Datenbank«).

2. Legen Sie ein neues Formular an (Befehl *Datei/Neues Formular*).

3. Stellen Sie eine Datenbank-Verbindung her (nehmen Sie die Unit der Datenbankverbindung in die uses-Klausel des neuen Formulars auf oder legen Sie eine neue Datenbankverbindung an).

Richten Sie das Berichtformular ein.

4. Nehmen Sie eine QuickRep-Komponente für den Hintergrund in Ihr Formular auf. Die TQuickRep-Komponente befindet sich auf der Seite *QuickReport* der Komponentenpalette. Setzen Sie die Eigenschaft DataSet der TQuickRep-Komponente auf die TDataset-Komponente der Datenbankverbindung (diese sollte bei korrekter Verbindung im Listenfeld der Eigenschaft aufgeführt sein).

5. Passen Sie die Größe der Komponente soweit an Ihr Formular an, dass Sie mit der Komponente arbeiten können.

   Als Nächstes wird der Bericht in vier Bändern aufgebaut:

   • Ein Band für den Titel.

   • Ein Band für die Spaltenüberschriften.

- Ein Band für die Aufnahme der Datensätze. Dieses Band wird zur Laufzeit expandiert, um alle Datensätze anzeigen zu können. Zur Entwurfszeit platzieren Sie hier einfach die datensensitiven QR-Komponenten, die die entsprechenden Felder der Datenbank repräsentieren.

- Ein Band für die Fußzeile.

6. Nehmen Sie für jedes dieser Bänder eine TQRBand-Komponente in Ihr Formular auf und setzen Sie die BandType-Eigenschaften der Bänder auf rbTitle, rbColumnHeader, rbDetail und rbPageFooter (Weisen Sie den Bändern die BandType-Eigenschaften von unten nach oben zu).

7. Legen Sie den Titel des Berichts fest. Nehmen Sie dazu eine TQRLabel-Komponente in das Titel-Band auf. Setzen Sie die Eigenschaft Alignment auf taCenter, die Eigenschaften AlignToBand und AutoSize auf True und die Eigenschaft Font.Size auf 20. Geben Sie unter Caption den Titel des Berichts ein (»Aktienkurse«).

8. Richten Sie die Spaltenüberschriften ein. Nehmen Sie dazu drei TQRLabel-Komponenten in das ColumnHeader-Band auf. Arrangieren Sie die Komponenten nebeneinander in dem Band und geben Sie für die Caption-Eigenschaften die gewünschten Spaltenüberschriften ein (im Beispiel »Jahr« und »Aktie1« und »Aktie2«).

9. Nehmen Sie die Komponenten für die Anzeige der Felderinhalte auf. Nehmen Sie dazu drei TQRDBText-Komponenten in das Detail-Band auf und arrangieren Sie die Komponenten unter den Spaltenüberschriften. Setzen Sie die DataSet-Eigenschaften der Komponenten auf die TTable-Komponente der Datenbankverbindung. Danach können Sie die DataField-Eigenschaften der Komponenten auf die jeweiligen Felder der Datenbank setzen.

10. Richten Sie die Fußzeile ein. Nehmen Sie dazu eine TQRSysData-Komponente in das PageFooter-Band auf. Setzen Sie die Eigenschaft Data auf qrsPageNumber, um die aktuelle Seitenzahl anzuzeigen (interessant vor allem für Berichte, bei denen sich das Detail-Band über mehrere Seiten erstrecken wird). Nach Bedarf können Sie die TQRSysData-Komponente auch im Band zentrieren.

11. Richten Sie eine Vorschau ein. Um eine Vorschau auf den Bericht zu implementieren, brauchen Sie nur eine Button-Komponente in das Hauptformular der Anwendung aufzunehmen, die Unit des Berichts per *Datei/Unit verwenden* in die Unit des Hauptformulars aufzunehmen und in der Ereignisbehandlungsroutine zu dem OnClick-Ereignis des Schalters die Preview-Methode der QuickRep-Komponente aufzurufen.

```
procedure TForm1.Button1Click(Sender: TObject);
begin
  Form2.QuickRep1.Preview;
end;
```

Tipp

Schneller als das eigenhändige Aufnehmen der QRBand-Komponente ist es, die Bands-Eigenschaft der QuickRep-Komponente zu expandieren (Doppelklick auf das Plus-Zeichen) und die gewünschten Bänder auf True zu setzen.

Statt die einzelnen Komponenten des Berichts selbst einzurichten, können Sie auch mit einer der QuickReport-Vorlagen oder dem QuickReport-Experten aus der Objektablage beginnen (Seiten *Formulare* und *Geschäftlich*) und diese dann an Ihre Bedürfnisse anpassen.

MIDAS: Server aufsetzen

Anwendung

MIDAS ist eine Technologie zur Implementierung verteilter Datenbank-Anwendungen. Wie im Falle von COM-, DCOM- oder CORBA-Anwendungen steht auf der einen Seite ein Server, der einen Teil seiner Funktionalität zur Verfügung stellt, und auf der anderen Seite der Client, der diese Funktionalität nutzt. Das Neue dabei ist, dass MIDAS-Server und Client über die Parameter ihrer RPC-Aufrufe gepackte Datensätze austauschen können.

Auf Anwendungsebene sieht dies so aus, dass die Datensätze von einem TTable oder TQuery-Objekt auf Seiten des MIDAS-Servers an ein TClientDataSet-Objekt auf Seiten des Clients geschickt werden.

Umsetzung

1. Legen Sie eine neue Anwendung an (Befehl *Datei/Neue Anwendung*).

2. Nehmen Sie ein »Externes Datenmodul« in die Anwendung auf (Befehl *Datei/Neu*, Seite *Multi-Tier*).

3. Bestücken Sie die Registerseite *Komponenten* mit einer TTable-Komponente (Seite *Datenzugriff*) und einer TDataSetProvider-Komponente (Seite *Midas*).

4. Verbinden Sie die TTable-Komponente mit Ihrer Datenbank (beispielsweise der Paradox-Datenbank aus dem Abschnitt »Paradox-Tabelle mit dem Datenbank-Explorer einrichten«). Setzen Sie dazu die Eigenschaften DatabaseName und TableName.

5. Verbinden Sie die TDataSetProvider-Komponente mit der TTable-Komponente. Wählen Sie die TTable-Instanz dazu im Listenfeld der Eigenschaft DataSet aus. Achten Sie auch darauf, dass die Eigenschaft Exported auf True gesetzt ist.

6. Speichern und erstellen Sie den Server.

7. Führen Sie den Server einmal aus, um ihn zu registrieren.

MIDAS: Client aufsetzen

Umsetzung

1. Legen Sie eine neue Anwendung an (Befehl *Datei/Neue Anwendung*).

2. Nehmen Sie eine TDCOMConnection-Komponente (Seite *Midas*) in das Formular des Clients auf. Wählen Sie für die Eigenschaft ComputerName den Netzwerkrechner aus, auf dem sich das Server-Programm befindet. Wählen Sie für die Eigenschaft Server-Name den zugehörigen Midas-Server aus. Taucht dieser nicht in der Liste auf, ist er entweder nicht korrekt registriert (wurde nicht ausgeführt) oder Sie haben den falschen Computernamen ausgewählt.

3. Setzen Sie die TDCOMConnection-Eigenschaft Connected auf True. Der Server sollte daraufhin automatisch gestartet werden.

4. Nehmen Sie eine TClientDataSet-Komponente in das Formular auf. Wählen Sie für die Eigenschaft RemoteServer Ihre TDCOMConnection-Instanz und für die Eigenschaft ProviderName die TDataSetProvider-Instanz des Servers aus. (Bei korrekt eingerichteter Verbindung muss die TDataSetProvider-Instanz zur Auswahl in der Liste anzeigt werden.) Setzen Sie die Eigenschaft Active auf True.

5. Nehmen Sie zur Anzeige der Datensätze eine TDataSource-Komponente und passende datensensitive Komponenten auf und verbinden Sie diese wie im Abschnitt »Datenbankverbindung aufbauen« beschrieben. Für die TDataSource-Eigenschaft DataSet wählen Sie die ClientDataSet-Instanz aus.

6. Speichern und erstellen Sie die Anwendung.

Kategorie: Internet und verteilte Anwendungen

Eigenen Webbrowser implementieren

TWebBrowser

Anwendung

Die Implementierung eines eigenen Webbrowsers kann sehr kompliziert oder sehr einfach sein. Kompliziert wird es, wenn Sie Aufbau der HTTP-Verbindung, Abschicken der URL-Anforderungen, Interpretation des HTML-Codes und Anzeigen der Webseiten etc. selbst programmieren wollen. Einfach wird es, wenn Sie sich die vollständige Implementierung eines WebBrowsers als ActiveX-Control in Ihre Anwendung einbetten und in Ihrem Programm lediglich eine Schnittstelle zu dem ActiveX-Control implementieren.

Umsetzung

Auf der Seite *Internet* finden Sie die Komponente TWebBrowser, hinter der sich das ActiveX-Control des Microsoft Internet Explorers verbirgt. Mit Hilfe dieses Steuerelements ist das Erstellen eigener WebBrowser nicht schwierig.

1. Legen Sie ein neues Projekt an.

2. Nehmen Sie eine Panel-Komponente in das Formular auf. Setzen Sie die Eigenschaft Align auf alTop, löschen Sie den Titel (Caption-Eigenschaft) und nehmen Sie eine Edit- und eine Button-Komponente in das Panel auf.

3. Über die Edit-Komponente kann der Anwender einen URL eingeben. Geben Sie »http://www.borland.com« als ersten URL in die Text-Eigenschaft der Edit-Komponente ein.

4. Über die Button-Schaltfläche kann der im Eingabefeld eingegebene URL angefordert werden. Setzen Sie den Titel des Schalters auf »Abschicken«.

5. Nehmen Sie eine TStatusBar-Komponente in das Formular auf. In der Statusleiste soll angezeigt werden, wenn ein Dokument geladen wird. Setzen Sie die Eigenschaft SimplePanel auf True, um zur Laufzeit Texte über die Eigenschaft SimpleText ausgeben zu können.

6. Nehmen Sie eine WebBrowser-Komponente in das Formular auf. Setzen Sie die Eigenschaft `Align` auf `alClient`.

7. Implementieren Sie die Ereignisbehandlungsroutine zu dem `OnClick`-Ereignis der Button-Komponente. Lesen Sie mit Hilfe der Methode `Navigate` das gewünschte HTML-Dokument ein.

8. Implementieren Sie die Ereignisbehandlungsroutine zu dem `OnBeginRetrieval`-Ereignis der Browser-Komponente. Doppelklicken Sie im Objektinspektor in das Eingabefeld zu dem `OnDownloadBegin`-Ereignis. Geben Sie eine Meldung in die Statuszeile aus, die dem Benutzer anzeigt, dass der Ladevorgang noch andauert.

9. Implementieren Sie die Ereignisbehandlungsroutine zu dem `OnDownloadComplete`-Ereignis der Browser-Komponente. Geben Sie eine Meldung in die Statuszeile aus, die dem Benutzer anzeigt, dass der Ladevorgang beendet ist.

```
unit Unit1;
interface
uses Windows, Messages, SysUtils, Classes, Graphics, Controls, Forms,
    Dialogs, ComCtrls, StdCtrls, ExtCtrls, OleCtrls, SHDocVw;
type
  TForm1 = class(TForm)
    WebBrowser1: TWebBrowser;
    Panel1: TPanel;
    Edit1: TEdit;
    Button1: TButton;
    StatusBar1: TStatusBar;
```

```
      procedure Button1Click(Sender: TObject);
      procedure WebBrowser1DownloadBegin(Sender: TObject);
      procedure WebBrowser1DownloadComplete(Sender: TObject);
    end;

var  Form1: TForm1;

implementation
{$R *.DFM}

procedure TForm1.Button1Click(Sender: TObject);
var A, B, C, D : OleVariant;
begin
  WebBrowser1.Navigate(Edit1.Text, A, B, C, D);
end;

procedure TForm1.WebBrowser1DownloadBegin(Sender: TObject);
begin
  StatusBar1.SimpleText := 'Dokument ' + Edit1.Text + ' wird geladen';
end;

procedure TForm1.WebBrowser1DownloadComplete(Sender: TObject);
begin
  StatusBar1.SimpleText := 'Fertig';
end;
end.
```

Tipp

Besitzer der Standard-Version werden auf der Seite *Internet* keine TWebBrowser-Komponente finden. Wenn Sie aber den IE auf Ihrem Rechner installiert haben, können Sie das ActiveX-Control (Microsoft Internet Controls) über den Befehl *Komponente/ActiveX importieren* in die Komponentenbibliothek aufnehmen.

Dokumentiert ist das ActiveX-Control in dem »Internet Client SDK« von Microsoft (verfügbar über die MSDN oder die Microsoft-Website).

Verweise

Siehe CGI-Programme erstellen

FTP-Verbindung aufbauen

TNMFTP

Anwendung

FTP ist ein Netzwerkprotokoll zur Übertragung von Dateien über TCP/IP-Verbindungen. Bevor Sie eigene FTP-Anwendungen schreiben, sollten Sie prüfen, ob Sie eine TCP/IP-Verbindung aufbauen können, über die Ihre Anwendung Dateien übertragen kann.

FTP-Verbindung testen

Stellen Sie eine TCP/IP-Verbindung zu einem Server her (loggen Sie sich beispielsweise über ein DFÜ-Netzwerk ins Internet ein).

Rufen Sie die MSDOS-Eingabeaufforderung auf und loggen Sie sich mit folgender Befehlszeileneingabe auf dem FTP-Server von Inprise ein:

```
c:> ftp ftp.inprise.com
```

Als Benutzername geben Sie anonymous und als Paßwort Ihre E-Mail-Adresse ein. Mit quit beenden Sie FTP. Hat alles geklappt, können Sie die TCP/IP-Verbindung auch für Ihre Delphi-Programme nutzen.

Umsetzung

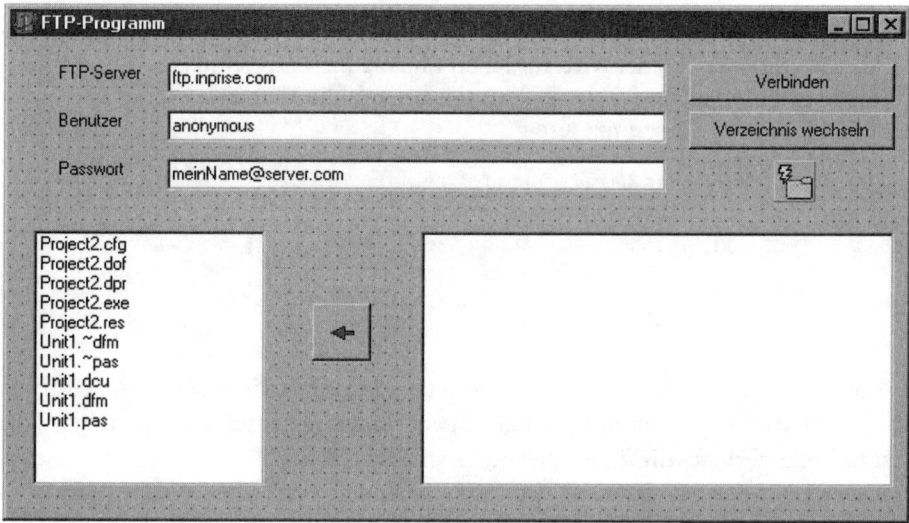

1. Nehmen Sie Komponenten zur Eingabe der Verbindungsdaten und ein Listenfeld zur Anzeige des FTP-Verzeichnisses in Ihr Formular auf. Wenn Sie wollen, können Sie von der Seite *Win 3.1* noch eine `FileListBox` aufnehmen, die den Inhalt des aktuellen Verzeichnisses auf dem lokalen Rechner anzeigt.

2. Nehmen Sie von der Seite *FastNet* die Komponente `NMFTP` in das Formular auf.

3. Richten Sie einen Schalter zum Herstellen der Verbindung ein. In der Ereignisbehandlungsroutine zu diesem Schalter stellen Sie die FTP-Verbindung her und lesen die Einträge im aktuellen Verzeichnis des FTP-Servers ein.

```
procedure TForm1.VerbindenClick(Sender: TObject);
begin
  // Etwaige bestehende Verbindung trennen
  NMFTP1.Disconnect;
  // Daten zum Einloggen aus Eingabefeldern entnehmen
  NMFTP1.Host     := Edit1.Text;
  NMFTP1.UserID   := Edit2.Text;
  NMFTP1.Password := Edit3.Text;
  // Verbindung aufbauen
  try
    Screen.Cursor := crHourGlass;
    NMFTP1.Connect;
    ListBox1.Clear;
    NMFTP1.List;
  finally
    Screen.Cursor := crDefault;
  end;
end;
```

4. Der Aufruf von `NMFTP1.List` sorgt dafür, dass das aktuelle Verzeichnis auf dem FTP-Server aufgelistet wird. Dabei wird für jeden Eintrag im Verzeichnis das Ereignis `OnListItem` ausgelöst. Fangen Sie dieses Ereignis ab, um die Verzeichniseinträge in das Listenfeld der Anwendung einzulesen.

```
procedure TForm1.NMFTP1ListItem(Listing: String);
begin
  ListBox1.Items.Add(Listing);
end;
```

Tipp

Wenn Sie die Eigenschaft `ParseList` auf `True` setzen, werden die Verzeichniseinträge in die Eigenschaft `FTPDirectoryList` eingetragen. Jeder Verzeichniseintrag wird in seine Bestandteile zerlegt, die über die Eigenschaften des `FTPDirectoryList`-Objekts abgefragt werden können. So sind die Informationen über den ersten Verzeichniseintrag in

```
FTPDirectoryList.Attribute[0]
FTPDirectoryList.ModifDate[0]
```

```
FTPDirectoryList.Name[0]
FTPDirectoryList.Size[0]
```

abgespeichert.

FTP-Verzeichnis wechseln

NMFTP.ChangeDir

Anwendung

Mit dem Einloggen auf einem FTP-Server ist es nicht getan. Um zu den gewünschten Dateien zu gelangen, müssen Sie sich durch den Verzeichnisbaum des FTP-Servers arbeiten.

Umsetzung

1. Nehmen Sie einen Schalter zum Wechseln des Verzeichnisses auf.

2. In der OnClick-Ereignisbehandlungsroutine rufen Sie die NMFTP-Methode Change-Dir auf, der Sie den Namen des Zielverzeichnisses übergeben.

3. Nach dem Verzeichniswechsel aktualisieren Sie den Inhalt des Listenfelds.

Beispiel

```
procedure TForm1.VerzeichnisClick(Sender: TObject);
var DirName : string;
begin
  if InputQuery('Verzeichnis wechseln',
                'Verzeichnisname: ', DirName) then
    NMFTP1.ChangeDir(DirName);

  ListBox1.Clear;
  NMFTP1.ParseList := False;
  NMFTP1.List;
end;
```

Tipp

Im obigen Beispiel wird der Name des Verzeichnisses, zu dem gewechselt wird, über einen InputQuery-Eingabedialog abgefragt. Professioneller ist es, den Verzeichniswechsel automatisch durchzuführen, wenn der Anwender auf einen Verzeichniseintrag im Listenfeld doppelklickt. Mit Hilfe der Eigenschaft FTPDirectoryList (siehe FTP-Verbindung aufbauen) lässt sich dies realisieren.

Verweise

Siehe FTP-Verbindung aufbauen

FTP-Dateiübertragung

NMFTP.Download, NMFTP.Upload

Anwendung

Zum Herunterladen einer Datei rufen Sie die NMFTP-Methode Download auf, zum Hochladen verwenden Sie entsprechend Upload (beachten Sie die Schreib- und Leserechte).

Umsetzung

1. Nehmen Sie einen Schalter zum Herunterladen einer Datei auf.

2. In der OnClick-Ereignisbehandlungsroutine rufen Sie die NMFTP-Methode Download auf, der Sie den Namen der herunterzuladenden Datei und den Namen, unter dem die Datei auf dem lokalen Rechner abgespeichert werden soll, übergeben.

3. Nach der Dateiübertragung aktualisieren Sie den Inhalt des Listenfelds für das lokale Verzeichnis.

Beispiel

```
procedure TForm1.DownloadClick(Sender: TObject);
var DateiName : string;
begin
  if InputQuery('Datei herunterladen',
              'Dateiname: ', DateiName) then
     NMFTP1.Download(Dateiname, Dateiname);
     ListBox1.items.Add(Dateiname);
end;
```

Tipp

Im obigen Beispiel wird der Name der Datei, die heruntergeladen werden soll, über einen InputQuery-Eingabedialog abgefragt. Professioneller ist es, die Dateiübertragung automatisch durchzuführen, wenn der Anwender auf eine Datei im Listenfeld doppelklickt. Mit Hilfe der Eigenschaft FTPDirectoryList (siehe FTP-Verbindung aufbauen) lässt sich dies realisieren.

Verweise

Siehe FTP-Dateiübertragung

E-Mails senden und empfangen

TNMSMTP, TNMPOP3

Umsetzung

Zum Versenden von E-Mails verwendet man die Komponente TNMSMTP von der Seite *Fastnet*:

```
NMSMTP1.Host := 'smtp.site1.csi.com';
NMSMTP1.Port := 25;
NMSMTP1.UserID := Edit1.Text;   //Angabe eines Users ist für manche
NMSMTP1.Connect;                //Mail-Server obligatorisch

NMSMTP1.Port := 25;
NMSMTP1.Connect;
NMSMTP1.PostMessage.FromAddress := 'scasey@server.com';
NMSMTP1.PostMessage.FromName    := 'Sean Casey';
NMSMTP1.PostMessage.ToAddress.Add('wilde@server.com');
NMSMTP1.PostMessage.Body.Assign(Memo1.Lines);
NMSMTP1.PostMessage.Subject := 'Hallo';
NMSMTP1.SendMail;
NMSMTP1.Disconnect;
```

Zum Empfangen von E-Mails verwendet man die Komponente TNMPOP3 von der Seite *Fastnet*:

```
NMPOP31.DeleteOnRead := False;
NMPOP31.AttachFilePath := '.';
NMPOP31.TimeOut := 5000;
NMPOP31.Host := 'pop.site1.csi.com';
NMPOP31.Port := 110;
NMPOP31.UserID := Edit1.Text;
NMPOP31.Password := Edit2.Text;
NMPOP31.Connect;

if NMPOP31.MailCount > 0 then begin
  ShowMessage(IntToStr(NMPOP31.MailCount) +
            ' Meldungen in Mailbox');
  NMPOP31.GetMailMessage(1);
  Memo1.Lines.Clear;
```

```
  Edit1.Text := NMPOP31.MailMessage.From;
  Edit2.Text := NMPOP31.MailMessage.Subject;
  Memo1.Lines.Assign(NMPOP31.MailMessage.Body);
  end
else
  ShowMessage('Keine EMails');
NMPOP31.Disconnect;
```

Tipp

Zur Kontrolle der Verbindung zum Mail-Server können Sie die betreffenden Ereignisse bearbeiten (beispielsweise TNMSMTP.OnFailure oder TNMSMTP.OnSuccess).

COM

Was ist COM?

COM (Component Object Model) ist eine von Microsoft entwickelte Spezifikation, deren Aufgabe es ist, die Kommunikation zwischen Anwendungen zu ermöglichen. COM besteht aus zwei Teilen:

- Einem binären Standard, der lediglich die Regeln definiert, nach denen Anwendungen miteinander kommunizieren können (im wesentlichen besteht dieser Standard aus einer Reihe von Schnittstellen, die COM-Anwendungen implementieren müssen). Dieser Standard ist an keine Programmiersprache gebunden (die Sprache muss lediglich den Aufruf von Funktionen über Zeiger und die Implementierung von Referenzzählern gestatten). Damit zwei Anwendungen miteinander kommunizieren können, muss ihr binärer Code COM-kompatibel sein. In welcher Sprache der Quelltext der Anwendung aufgesetzt wurde, ist unerheblich.

- Der Implementierung einer Reihe von Diensten, die in das Windows-Betriebssystem integriert sind (*OLE32.dll* und *OLEAuto32.dll*) und COM ermöglichen.

Was leistet COM?

1993 führte Microsoft COM als grundlegenden Mechanismus für die Interprozess-Kommunikation unter Windows ein.

Die erste auf COM aufbauende Technologie zur Interprozess-Kommunikation war OLE 2.0 (Die vorangehenden Mechanismen zur Interprozess-Kommunikation (DDE, OLE 1.0) basierten noch nicht auf COM). OLE 2.0 erlaubte

- Drag&Drop
- Direkten Datentransfer zwischen Anwendungen
- Verknüpfen und Einbetten von Objekten (**Object Linking and Embedding**).
- Automatisierung

Verknüpfen und Einbetten. Über diesen Mechanismus können Anwendungen, die Dateien verarbeiten, Objekte anderer Anwendungen in ihre Dateien einbinden (entweder indem Sie die Daten des Objekts aufnehmen und speichern (Einbettung) oder indem Sie einen Link auf die Datei des Objekts speichern (Verknüpfung)). Typisches Beispiel sind Textanwendungen, die es dem Anwender gestatten möchten, in seinen Dokumenten neben reinem Text auch andere Objekte (Grafiken, Videos etc.) abzuspeichern. Statt selbst die Funktionalität zum Erzeugen und Bearbeiten dieser Objekte bereitzustellen, ruft die Textanwendung über COM andere Anwendungen auf, die auf die Bearbeitung dieser Objekte spezialisiert sind. Voraussetzung ist, dass diese Anwendungen unter Windows als OLE-Server registriert sind und dass die Textanwendung als Container für OLE-Serverobjekte fungieren kann.

Wordpad ist ein Beispiel für einen OLE-Container. Über den Befehl *Einfügen/Objekt* können Sie Objekte aller auf Ihrem System registrierten OLE-Server einbinden. Versuchen Sie es einmal mit einem *Bitmap*-Objekt (das von dem OLE-Server *MSPaint* erzeugt und bearbeitet wird).

Dokumente, in denen neben nativen Daten auch eingebettete oder Links zu verknüpften Objekten abgespeichert werden können, bezeichnet man als **Verbunddokumente**.

Um ein eingebettetes (oder verknüpftes) Objekt zu bearbeiten, ruft der OLE-Container den zugehörigen OLE-Server auf. Dieser wird entweder als eigenständige Anwendung gestartet oder wird direkt im OLE-Container ausgeführt (In-Place-Activation), wobei er sein Menü und seine Werkzeugleisten in den Rahmen des OLE-Containers integriert. (Die In-Place-Activation steht nur für eingebettete Objekte zur Verfügung.)

Automatisierung. Von Automatisierung spricht man, wenn eine Anwendung einen Teil ihrer Funktionalität in Form von COM-Objekten anderen Anwendungen zur Verfügung stellt. Anwendungen, die einen Teil ihrer Funktionalität auf diese Weise exportieren, nennt man Automatisierungs-Server; Anwendungen, die diese Funktionalität nutzen (also Methoden der COM-Objekte aufrufen), nennt man Automatisierungs-Controller oder -Clients.

COM, DCOM, ActiveX, COM+

Die Entwicklung von COM ist mit den Jahren immer weiter fortgeschritten. Gleichzeitig wurden von Microsoft immer neue Schlagworte zur Vermarktung seiner COM-Technologien geprägt.

OCX und ActiveX. Automatisierung ist eine wunderbare Möglichkeit, den Code anderer Anwendungen auf legale Weise »anzuzapfen«. Nachteilig ist aber, dass der Client immer auf das Vorhandensein eines Servers angewiesen ist, der von einem Drittanbieter stammt und in den seltensten Fällen zusammen mit Ihrer Anwendung ausgeliefert werden kann. Attraktiver wäre es, wenn man den Automatisierungs-Server als binären Baustein in die Anwendung integrieren könnte. Dieser Wunsch führte zu den OCX-Steuerelementen.

OCX-Steuerelemente sind COM-Server, die nicht selbstständig ausgeführt werden können, sondern in Client-Anwendungen integriert werden. OCX-Steuerelemente sind durchaus den Windows-Steuerelementen vergleichbar: nach ihrer Registrierung erweitern sie die Funktionalität des Betriebssystems und können von beliebigen Anwendungen instantiiert und genutzt werden. Programme, die OCX-Steuerelemente verwenden, werden üblicherweise zusammen mit dem binären Code des OCX-Steuerelements ausgeliefert. Für die Registrierung des OCX-Steuerelements sorgt üblicherweise die Installationsroutine des Programms.

Nachdem Microsoft die Entwicklung des Internets anfangs verschlafen hatte, dehnte es seine COM-Technologie in den letzten Jahren unter dem Schlagwort ActiveX auf das Internet aus. Die Spezifikation für OCX-Steuerelemente wurde um zusätzliche Typinformationen erweitert, die die Verteilung der Steuerelemente über das Internet ermöglichen (beispielsweise als integraler Teil von Webseiten). Seither spricht man von ActiveX-Steuerelementen statt von OCX-Steuerelementen.

DCOM. Dank COM kann eine Anwendung den Code eines auf dem lokalen Rechner registrierten COM-Servers ausführen. DCOM (Distributed COM) ist die Erweiterung von COM für Netzwerke. Dank DCOM kann eine Anwendung den Code eines DCOM-Servers ausführen, der auf einem beliebigen Rechner im Netzwerk installiert ist.

COM+. COM+ ist die neueste, verbesserte COM-Spezifikation, die erstmals zusammen mit Windows 2000 ausgeliefert werden wird. COM+ verfügt über eine integrierte Version des Microsoft Transaction Servers (MTS), stellt zusätzliche Dienste bereit und befreit den Programmierer von vielen grundlegenden Standardaufgaben, die mit der COM-Programmierung einhergehen (und die uns Delphi schon seit Version 3 abgenommen hat).

Wie funktioniert COM?

Das Client-Server-Modell

COM beruht auf einem einfachen Client-Server-Modell.

- Auf der einen Seite dieses Modells steht der Server, der binären Code in Form von einem oder mehreren COM-Objekten zur Verfügung stellt. (Der Begriff »Objekt« ist hier sowohl allgemeinsprachlich als auch wörtlich zu verstehen, da COM-Objekte in Delphi echte Objekte von Klassen darstellen.)
- Auf der anderen Seite steht der Client, der die Methoden der COM-Objekte aufruft.

Für die Kommunikation zwischen Client und Server sorgt COM, wobei je nach Lokation des Servers zwischen drei Modellen zu unterscheiden ist.

In-Process-Server

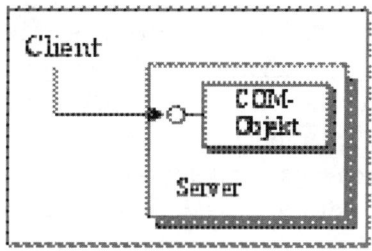

Out-of-Process-Server

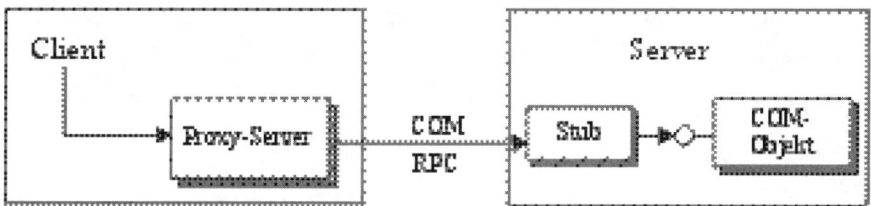

- **In-Process-Server.** Befindet sich der Server im gleichen Prozess wie der Client, kann der Client das COM-Objekt über seine COM-Schnittstelle direkt aufrufen. (In-Process-Server sind DLLs, beispielsweise ActiveX-Steuerelemente.)
- **Out-of-Process-Server.** Befindet sich der Server in einem eigenen Prozessraum, aber noch auf dem gleichen Rechner wie der Client, schaltet COM einen Stub und einen Proxy-Server in die Kommunikation ein. Der Stub wird im Prozess des Servers ausgeführt und repräsentiert dort den Client. Der Proxy-Server wird im Prozess des Clients ausgeführt und repräsentiert dort das COM-Objekt. Dem Client wird also vorgespiegelt, dass sich das aufgerufene COM-Objekt in seinem eigenen Prozess befindet, und dem Server, bzw. dem COM-Objekt, wird vorgespiegelt, dass der Aufruf aus dem eigenen Prozess stammt. Die eigentliche Inter-Process-Kommunikation, auch als Marshalling bezeichnet, erledigt COM.

- **Remote-Server.** Befindet sich der Server auf einem anderen Rechner als der Client, läuft die Kommunikation ebenfalls über Proxy-Server und Stub, wird aber durch DCOM vermittelt.

Damit COM die Kommunikation vermitteln kann, müssen die COM-Objekte bestimmte Anforderungen erfüllen, d. h., sie müssen dem von COM spezifizierten, binären Standard entsprechen. Wie aber kann man einen Standard für Objekte spezifizieren?

Schnittstellen

Wenn Sie die Implementierung einer größeren Anzahl von Klassen einer Klassenhierarchie auf mehrere Programmierer verteilen und dabei sicherstellen wollen, dass alle Klassen über eine bestimmte grundlegende Funktionalität verfügen, definieren Sie eine gemeinsame Basisklasse, die Sie an die Programmierer weitergeben. Wenn Sie nur sicherstellen wollen, dass die abgeleiteten Klassen in gleicher Weise verwendet werden können, deklarieren Sie die Methoden der Basisklasse als abstrakt und überlassen die Implementierung den abgeleiteten Klassen. In der objektorientierten Programmierung bezeichnet man dies als »Vererbung der Schnittstelle«.

Genau dieses Prinzip der Schnittstellenvorgabe nutzt COM zur Spezifikation seines binären Standards. COM definiert mehrere Schnittstellen, die COM-Objekte implementieren müssen, um zu COM kompatibel zu sein.

IUnknown. Die wichtigste COM-Schnittstelle ist IUnknown. Alle COM-Objekte müssen die IUnknown-Schnittstelle implementieren, die drei Methoden definiert:

- QueryInterface,
- AddRef und
- Release.

QueryInterface vermittelt den Zugriff auf die weiteren Schnittstellen eines COM-Objekts. Der Methode wird der eindeutige Bezeichner (GUID) der zu ermittelnden Schnittstelle übergeben. Die Methode gibt entweder einen indirekten Zeiger auf die Schnittstelle oder einen Fehler zurück, wenn die Schnittstelle nicht von dem Objekt unterstützt wird.

AddRef und Release verwalten die Lebensdauer eines COM-Objekts. Sie werden gewöhnlich als Funktionen implementiert, die einen Referenzzähler inkrementieren oder dekrementieren. Erreicht der Referenzzähler in Release den Wert Null, wird das Objekt aufgelöst.

Weitere wichtige COM-Schnittstellen sind:

IDispatch	für die Automatisierung
IClassFactory	zur Instanziierung von COM-Objekten
IStorage und IStream	für das strukturierte Speichern

Neben den von COM definierten Schnittstellen kann ein COM-Objekt eigene Schnittstellen definieren. In diesen deklariert es die Methoden, die es implementiert und die es den COM-Clients zur Verfügung stellt. (COM-Schnittstellen dürfen nicht überarbeitet und geändert werden! Sie können lediglich neue Schnittstellen definieren und von bestehenden Schnittstellen ableiten.)

COM-Objekte verwenden Schnittstellen also sowohl zur Sicherstellung der Kompatibilität zur COM-Spezifikation als auch zur Bereitstellung ihrer Methoden.

GUIDs

Alle unter Windows registrierten COM-Schnittstellen und COM-Objekte werden in der Windows-Registrierung verwaltet. Dabei ist es sowohl für Windows als auch für COM von essentieller Bedeutung, dass die COM-Schnittstellen und -Objekte über eindeutige Kennungen (IDs) identifiziert werden können. COM benötigt die IDs beispielsweise zur Instantiierung von COM-Objekten auf der Client-Seite oder zum Zugriff auf die Schnittstellen eines COM-Objekts.

Da COM-Objekte und -Schnittstellen über ihre COM-Server (ActiveX-Steuerelemente in Webseiten, COM-Server-Programme wie Microsoft Word) weltweit ausgetauscht werden, müssen die IDs ebenfalls weltweit eindeutig sein, um zu verhindern, dass je auf einem Computer zwei COM-Objekte oder -Schnittstellen mit der gleichen ID zusammentreffen (Verwenden Sie für COM-Objekte, die Sie an andere weitergeben, also niemals GUIDs, die Sie in irgendwelchem Code oder in Büchern gefunden haben).

Als ID wird daher eine 128-Bit-Zahl verwendet, die durch ihre schiere Länge sicherstellt, dass sie eindeutig ist. Diese IDs bezeichnet man als GUIDs.

- Schnittstellen-GUIDs werden auch als IIDs (Interface Identifiers) und
- Objekt-GUIDs als CLSIDs (Class Identifier) bezeichnet.

Typbibliotheken

In einer Typbibliothek sind alle Informationen über die Schnittstellen eines COM-Objekts sowie dessen Erzeugung und Registrierung vereinigt. Für bestimmte COM-Dienste (ActiveX-Steuerelemente, Automatisierungsobjekte) ist eine Typbibliothek unbedingt erforderlich. Für fast alle COM-Dienste ist das Vorhandensein einer Typbibliothek von Vorteil, da dann alle Typinformationen über die Schnittstellen zur Entwurfszeit verfügbar sind.

Da COM unabhängig von der verwendeten Programmiersprache ist, gibt es zum Aufsetzen von Typbibliotheken eine eigene Sprache: IDL. Und natürlich spezielle Compiler, die IDL-Dateien in binäre Typbibliotheken übersetzen (beispielsweise der MIDL von Microsoft). Delphi stellt Ihnen zum Aufsetzen und Bearbeiten von Typbibliotheken den Typbibliothekseditor zur Seite, den Sie über *Ansicht/Typbibliothek* aufrufen können.

Die Arbeit mit dem Typbibliothekseditor verbirgt viel von der an sich mühsamen Erstellung von Typbibliotheken und Schnittstellen.

- Sie können im Typbibliothekseditor dialoggesteuert Schnittstellen definieren. Dabei können Sie im Dialogfenster des Typbibliothekseditors mit IDL oder mit Pascal-Code arbeiten: Sie müssen nur den Befehl *Umgebungsoptionen* aufrufen und auf der Seite *Typbibliothek* als Sprache *Pascal* statt *IDL* auswählen.

- Der Typbibliothekseditor generiert für Sie nicht nur die IDL-Datei der Typbibliothek, sondern gleich auch eine zugehörige Pascal-Datei, die das Bindeglied zwischen Ihrem Pascal-Code und den IDL-Schnittstellendefinitionen darstellt.

Lebenslauf eines COM-Objekts

Wenn ein Client einen Dienst von einem COM-Objekt anfordert, übergibt er den Klassenbezeichner (CLSID) des Objekts an COM. COM ermittelt anhand des CLSIDs den zugehörigen Server, lädt diesen in den Speicher und veranlasst den Server, eine Objektinstanz für den Client zu instantiieren. (Der COM-Server muss zu diesem Zweck ein Klassengeneratorobjekt (Implementierung der `IClassFactory`-Schnittstelle) zur Verfügung stellen, das auf Anforderung Instanzen von Objekten erzeugt.)

- Wenn der Server eine Instanz des Objekts erzeugt, wird der Referenzzähler des Objekts auf 1 gesetzt.

- Jedes Mal, wenn ein Zeiger auf eine Schnittstelle des Objekts zurückgeliefert wird, wird der Referenzzähler erhöht. Jedes Mal, wenn ein solcher Zeiger freigegeben wird, wird der Referenzzähler um eins erniedrigt.

- Ist der Referenzzähler bei Null angelangt, wird das COM-Objekt aufgelöst.

Für die korrekte Verwaltung des Referenzzählers sind die Implementierungen zu den `IUnknown`-Methoden verantwortlich.

COM-Unterstützung in Delphi

Zur Implementierung von Schnittstellen wurde in Object Pascal der Datentyp `interface` eingeführt. Da in Object Pascal alle Schnittstellen von der Schnittstelle `IUnkown` abgeleitet werden, sind alle Object Pascal-Schnittstellen automatisch vollwertige COM-Schnittstellen. Die Ableitung von `IUnknown` bedeutet aber auch, dass jede Klasse, die eine Schnittstelle verwendet, die `IUnknown`-Methoden implementieren muss. Delphi nimmt Ihnen dies ab, wenn Sie Ihre Schnittstellen von der Klasse TInterfacedObject ableiten.

```
TInterfacedObject = class(TObject, IUnknown)
  protected
    FRefCount: Integer;
    function QueryInterface(const IID: TGUID; out Obj): HResult; stdcall;
    function _AddRef: Integer; stdcall;
    function _Release: Integer; stdcall;
  public
    procedure AfterConstruction; override;
    procedure BeforeDestruction; override;
    class function NewInstance: TObject; override;
    property RefCount: Integer read FRefCount;
  end;

...
class function TInterfacedObject.NewInstance: TObject;
begin
  Result := inherited NewInstance;
  TInterfacedObject(Result).FRefCount := 1;
end;

function TInterfacedObject.QueryInterface(const IID: TGUID; out Obj)
                                          : HResult;
const E_NOINTERFACE = HResult($80004002);
begin
  if GetInterface(IID, Obj) then
        Result := 0                         // ruft intern AddRef auf
     else Result := E_NOINTERFACE;
end;

function TInterfacedObject._AddRef: Integer;
begin
  Result := InterlockedIncrement(FRefCount);
end;

function TInterfacedObject._Release: Integer;
begin
  Result := InterlockedDecrement(FRefCount);
  if Result = 0 then Destroy;
end;
```

Für die Entwicklung von COM-Anwendungen müssen Sie aber nicht notwendigerweise bis auf die Ebene der direkten Schnittstellendefinition und -implementierung abtauchen:

- Für die Entwicklung von OLE-Containern, die das Einbetten und Verknüpfen von Objekten unterstützen, stellt Delphi die Komponente TOleContainer auf der Seite *System* der Komponentenpalette zur Verfügung.

- Für die Entwicklung von Automatisierungs- und ActiveX-Objekten stehen verschiedene Expertenprogramme zur Verfügung (Seite *ActiveX* der Objektgalerie). Diese setzen für Sie die Deklarationen der COM-Objekte auf, implementieren die benötigten COM-Schnittstellen (IUnknown, IDispatch etc.), erzeugen die GUIDs, legen gegebenenfalls Typenbibliotheken an. (Welche Arbeiten die Experten im Detail durchführen, ist in der Delphi-Hilfe auf der letzten Seite unter *Inhalt/COM-basierte Anwendungen entwickeln/COM-Grundlagen* beschrieben.)

- Zur Bearbeitung der Typbibliotheken stellt Delphi den Typbibliothekseditor zur Verfügung, mit dem Sie Ihre Schnittstellen verwalten und bearbeiten können. In den Quelltexteditor müssen Sie dann nur noch zur Implementierung der Methoden wechseln.

Verweise

Siehe Object Pascal-Referenz, Kategorie Schnittstellen

OLE – Objekte einbetten und verknüpfen

TOLEContainer

Anwendung

In der Komponente TOleContainer können Sie ein eingebettetes oder verknüpftes Objekt verwalten. Die Komponente stellt Ihnen Methoden zum Einfügen, Laden und Speichern des Objekts zur Verfügung. Über die Eigenschaften der Komponente können Sie festlegen, wie das in der Komponente befindliche OLE-Objekt aktiviert, bearbeitet und deaktiviert wird.

Bis hierher ist die Arbeit mit TOleContainer und OLE-Objekten ganz einfach. Die Realisierung echter OLE-Container zur Bearbeitung von Verbunddokumenten ist mit TOleContainer allerdings nicht so ohne weiteres möglich.

Verweise

Siehe VCL-Referenz, Standardkomponenten, Seite System

COM: Automatisierungsserver

Anwendung

Ein Automatisierungs-Server ist ein Programm (oder eine DLL), das einen Teil seiner Funktionalität anderen Programmen zur Verfügung stellt.

Umsetzung

1. **Legen Sie für den Automatisierungsserver ein neues Projekt an** (Befehl *Datei/Neue Anwendung*). (Wenn der Server nicht als eigenständige Anwendung ausgeführt wird, sondern in einer DLL implementiert werden soll, beginnen Sie stattdessen mit *Datei/Neu*, Seite *ActiveX*, *ActiveX-Bibliothek*.)

2. **Speichern Sie das Projekt**.

3. **Fügen Sie dem Projekt ein Automatisierungsobjekt hinzu**. Rufen Sie hierzu den Automatisierungsexperten auf (*Datei/Neu*, Symbol *Automatisierungsobjekt* auf der Seite *ActiveX*). In dem erscheinenden Dialogfenster geben Sie einen Namen für die zu automatisierende Klasse an (im Beispiel dieses Abschnitts heißt die Klasse `MeldungsObjekt`). Für die restlichen Felder können Sie die Voreinstellungen beibehalten.

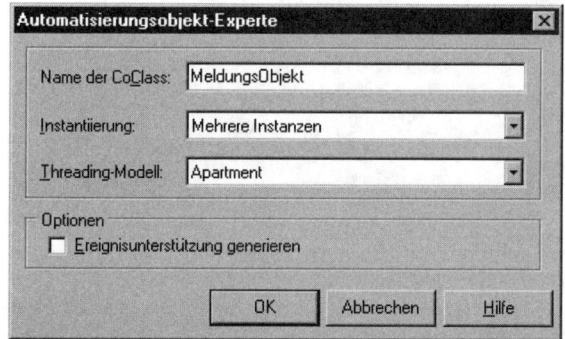

Der Experte legt daraufhin zwei neue Dateien an:

Projektname_TLB.pas	**Quelltext für die Typbibliothek**. In dieser Datei sind die Schnittstellen und zugehörigen Klassen deklariert.
	Bearbeiten Sie diese Datei möglichst nur über den Typbibliothekseditor (Aufruf über *Ansicht/Typbibliothek*).
	(In unserem Beispiel *AutoServer_TLB.pas*)
Unit.pas	**Implementierungsdatei**. In dieser Datei werden die Methoden der Schnittstellen implementiert. Wenn Sie diese Datei unter `Projektname_IMPL.pas` speichern, haben Sie keine Probleme, den Quelltext der Typbibliothek und die Implementierungsdatei zuzuordnen.
	(In unserem Beispiel *AutoServer_IMPL.pas*)

Zur Bearbeitung der Schnittstelle des automatisierten Objekts wird automatisch der Typbibliothekseditor geöffnet.

Sollten Sie den Typbibliothekseditor noch nicht auf die Sprache Pascal umgestellt haben, sollten Sie jetzt den Befehl *Tools/Umgebungsoptionen* aufrufen und auf der Seite *Typbibliothek* die Option *Pascal* aktivieren. Wenn Sie IDL bevorzugen, finden Sie in der Delphi-Hilfe unter »*IDL, unterstützte Typen*« eine Tabelle mit den Pascal-Typen und den korrespondierenden IDL-Typen.

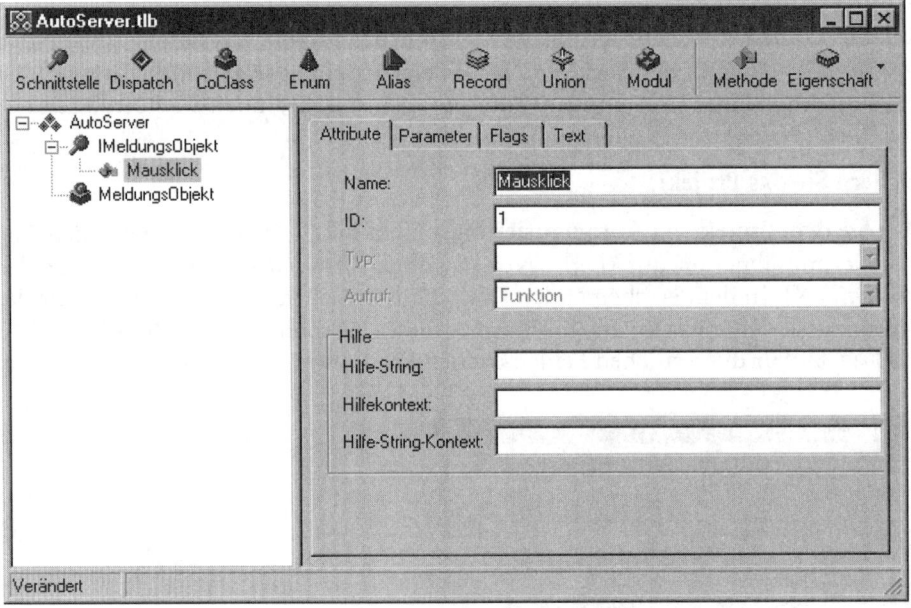

4. **Definieren Sie die Eigenschaften und Methoden,** die dem Server zur Verfügung stehen sollen.

   - Klicken Sie im linken Feld des Typbibliothekseditors auf die Schnittstelle *IMeldungsObjekt* und dann auf die Schaltfläche *Methode,* um eine neu zu exportierende Methode einzurichten.

   - Geben Sie auf der Seite *Attribute* einen Namen für die Methode ein (beispielsweise Mausklick).

   - Wechseln Sie zur Seite *Parameter.* Wählen Sie als *Rückgabetyp* WideString aus (wir wollen einen String zurückliefern) und fügen Sie zwei Integer-Parameter X und Y hinzu (wir wollen die Koordinaten des Mausklicks an den Server senden).

   - Kontrollieren Sie auf der Seite *Text* die Deklaration der Methode.

   - Klicken Sie auf den Schalter *Aktual,* um die Änderungen zu speichern. (Wenn die Schaltfläche nicht zu sehen ist, vergrößern Sie das Fenster des Typbibliothekseditors.)

5. **Implementieren Sie die Methoden**. Verlassen Sie den Typbibliothekseditor und laden Sie die Implementierungs-Unit des COM-Objekts.

```
function TMeldungsObjekt.Mausklick(X, Y: Integer): WideString;
begin
  Result := 'Server meldet: Mausklick bei ' + IntToStr(X) +
            ', ' + IntToStr(Y);
end;
```

6. **Speichern und kompilieren** Sie die Anwendung.

7. Führen Sie die Anwendung einmal aus, um den Server unter Windows **registrieren** zu lassen. (Wenn Sie den Server nur registrieren und nicht ausführen wollen, übergeben Sie ihm den Kommandozeilenparameter /regserver – beispielsweise über *Start/Parameter*).

Tipp

Wenn Sie das COM-Objekt in der Server-Anwendung selbst nutzen wollen, binden Sie die Implementierungs-Unit des COM-Objekts in die uses-Klausel der Unit ein, in der Sie das Objekt instantiieren wollen. Erzeugen und verwenden Sie die in der Implementierungs-Unit für das COM-Objekt deklarierte Klasse wie jede andere Klasse.

Verweise

Siehe COM: Automatisierungsclient
Siehe Server-Registrierung aufheben

COM: Automatisierungsclient

Anwendung

Um auf die von Automatisierungsservern exportierten Methoden und Eigenschaften zuzugreifen, gibt es mehrere Möglichkeiten.

- **Zugriff über IDispatch**. Dies ist der allgemeinste, aber auch der unbequemste Weg.

- **Zugriff über Virtuelle Methodentabelle**. Hierbei wird auf der Clientseite eine Instanz des COM-Objekts erzeugt, dessen Methoden dann direkt aufgerufen werden können. Dieser Weg ist optimal für Programmierumgebungen, die wie Delphi objektorientiert sind und virtuelle Methodentabellen unterstützen. Voraussetzung ist das Vorhandensein einer Typbibliothek (...TBL.pas-Datei in uses-Klausel aufnehmen).

- **Zugriff über Varianten**. Dieser Weg führt ebenfalls über die Instantiierung des COM-Objekts auf der Client-Seite, ist aber nicht auf das Vorhandensein einer Typbibliothek-Quelldatei angewiesen.

Zugriff über Virtuelle Methodentabelle

1. Erstellen Sie ein neues Projekt.

2. Fügen Sie dem Projekt die Typbibliothek des Servers hinzu (Befehl *Projekt/Typbibliothek importieren*, Schalter *Unit anlegen* nach Auswahl der Typbibliothek).

3. Nehmen Sie die Unit der Typbibliothek des Servers in die uses-Klausel des Formulars auf (bzw. in der Unit, in der das COM-Objekt verwendet wird).

```
uses
    Windows, Messages, ..., AutoServer_TLB;
```

4. Erzeugen Sie (wo gewünscht) eine Instanz der automatisierten Klasse. Rufen Sie hierzu die Create-Funktion der Co-Klasse zu dem automatisierten Objekt auf (ist in Typbibliothek definiert).

5. Rufen Sie die Methode der automatisierten Klasse auf.

```
procedure TForm1.FormMouseDown(Sender: TObject; Button: TMouseButton;
                               Shift: TShiftState; X, Y: Integer);
var  I : IMeldungsObjekt;
begin
  I := CoMeldungsObjekt.Create;
  ShowMessage( I.Mausklick(X,Y) );
end;
```

Zugriff über Varianten

1. Erstellen Sie ein neues Projekt.

2. Binden Sie im Implementation-Abschnitt die Unit ComObj ein, von der die Funktion CreateOleObject zur Verfügung gestellt wird.

```
implementation
    uses ComObj;
```

3. Erzeugen Sie (wo gewünscht) eine Instanz der automatisierten Klasse. Rufen Sie hierzu die Funktion CreateOleObject auf, der Sie als Argument den OLE-Namen der automatisierten Klasse übergeben. Die Funktion liefert eine Instanz der Klasse zurück, die Sie einer Variablen vom Typ Variant zuordnen können.

4. Rufen Sie die Methode der automatisierten Klasse auf. Der Zugriff auf die Methode erfolgt wie gewohnt über den Namen der Instanz.

```
procedure TForm1.FormMouseDown(Sender: TObject; Button: TMouseButton;
                               Shift: TShiftState; X, Y: Integer);
var V : Variant;
```

```
begin
  V := CreateOleObject('AutoServer.MeldungsObjekt');
  ShowMessage( V.Mausklick(X,Y) );
end;
```

Verweise

Siehe COM

Siehe COM: Automatisierungsserver

COM-Objekte auflösen

Obj := nil

Anwendung

Nach Gebrauch eines COM-Objekts müssen Sie dieses wieder auflösen. Genauer gesagt, muss der Server das COM-Objekt auflösen, aber der Client muss das Signal dazu geben.

Umsetzung

Wenn Sie, wie in den obigen Abschnitten beschrieben, lokale Objekte erstellen, die in der Client-Anwendung das COM-Objekt repräsentieren, geben Sie das COM-Objekt frei, indem Sie

- entweder den Instanzzeiger für das lokale COM-Objekt lokal deklarieren. Das echte COM-Objekt wird dann freigegeben, wenn der Gültigkeitsbereich des Instanzzeigers verlassen wird.

- Oder einen globalen Instanzzeiger deklarieren und diesen nach Gebrauch auf nil setzen.

Warnung

Versuchen Sie nie, ein COM-Objekt direkt durch Aufruf von Free oder des Destruktors aufzulösen.

Verweise

Siehe COM: Automatisierungs-Client

Server-Registrierung aufheben

/unregserver

Anwendung

Führen Sie den Server mit dem Kommandozeilenparameter /unregserver aus.

Sie können den Parameter beispielsweise über den IDE-Debugger übergeben (Eingabe über *Start/Parameter* in das Feld Parameter und Ausführung über *Start/Start*).

Verweise

Siehe COM: Automatisierungsserver

Automatisierungsserver im Hintergrund starten

ComServer.StartMode

Anwendung

Wenn ein COM-Objekt in einer normalen Anwendung implementiert ist, hat dies den Nachteil, dass bei Zugriff auf das COM-Objekt das Hauptfenster der Anwendung erscheint (es muss ja das Server-Programm zur Erzeugung des COM-Objekts ausgeführt werden). Dies lässt sich aber verhindern.

Umsetzung

1. Laden Sie den Quelltext der Projektdatei (Befehl *Projekt/Quelltext anzeigen*).

2. Binden Sie die Unit ComServ mit ein, die die Instanz ComServer zur Verfügung stellt.

   ```
   uses  Forms, ComServ, ...
   ```

3. Blenden Sie das Hauptfenster standardmäßig aus (Eigenschaft ShowMainForm).

   ```
   begin
     Application.Initialize;
     Application.CreateForm(TForm1, Form1);
     Application.ShowMainForm := false;
   ```

4. Überprüfen Sie, ob der Server als eigenständige Anwendung oder zur Unterstützung eines seiner Objekte aufgerufen wurde. Das Betriebssystem übergibt der Anwendung dazu ein spezielles Argument, dessen Wert in der Eigenschaft StartMode festgehalten ist. Läuft der Server als eigenständige Anwendung (= smStandAlone), wird das Hauptfenster wieder sichtbar gemacht.

```
if ComServer.StartMode = smStandalone then
  begin
  Form1.Visible := True;
  end;
Application.Run;
end.
```

5. Speichern und kompilieren Sie das Projekt. Führen Sie das Programm aus, um den Server zu registrieren.

Verweise

Siehe COM: Automatisierungsserver

Excel automatisieren

CreateOleObject('Excel.Application');

Anwendung

Office-Anwendungen zu automatisieren, ist nicht sonderlich schwer, setzt aber voraus, dass man sich mit den Automatisierungsobjekten der Office-Anwendung auskennt.

Umsetzung

Wenn Sie Excel oder eine andere Office-Anwendung automatisieren wollen, gehen Sie in zwei Schritten vor:

1. Sie erzeugen ein Variant-Objekt der Anwendung.

   Zur Erzeugung des Variant-Objekts gehen Sie wie beim Aufsetzen eines Automatisierungsclients vor (siehe Beispiel und Abschnitt »COM: Automatisierungsclient«). Die einzige Schwierigkeit dürfte darin bestehen, den Namen des obersten Excel-Automatisierungsobjekts in Erfahrung zu bringen. Mit ein bisschen Geduld kann man diesen der Windows-Registrierung entnehmen (*regedit.exe*).

2. Sie verwenden die Methoden und Eigenschaften dieses Objekts, um die Anwendung »fernzusteuern«.

Wenn Sie Excel nicht nur aufrufen, sondern auch von Ihrer Anwendung aus manipulieren wollen, sollten Sie sich eine ausführliche Dokumentation zur Excel-Automatisierung beschaffen. Wenn Sie bereits über Grundkenntnisse der Objekthierarchie von Excel verfügen, dürfte Ihnen auch die Typbibliothek von Excel von Nutzen sein. (Für Excel2000 wäre dies die Datei *Excel9.olb*, für die Sie sich über den Befehl *Projekt/Typbibliothek importieren*, Schalter *Hinzufügen*, *Unit anlegen*, eine PAS-Datei anlegen lassen können.)

Beispiel

```
type
  TForm1 = class(TForm)
  ...
  public
    ExcelObj : Variant;
  end;
...
implementation
uses ComObj;
...
procedure TForm1.ExcelRufenClick(Sender: TObject);
begin
  ExcelObj := CreateOleObject('Excel.Application');
  ExcelObj.Visible := True;
end;

procedure TForm1.FormDestroy(Sender: TObject);
begin
  if not VarIsEmpty(ExcelObj) then
    ExcelObj.Quit;
end;
end.
```

Verweise

COM: Automatisierungsclient

DCOM: Automatisierungsserver

Anwendung

Um aus einem COM-Automatisierungsserver einen DCOM-Automatisierungsserver zu machen, der von entfernten Computern aus aufgerufen werden kann, brauchen Sie den Code des Servers nicht zu ändern.

Sie müssen den Server nur mit Hilfe des Windows-Tools `dcomcnfg` als DCOM-Server einrichten. Das Programm `dcomcnfg` können Sie direkt über das Eingabefeld *Start/ Ausführen* aufrufen.

Warnung

Wenn auf dem Computer, auf dem der Server registriert ist, Windows 98 als Betriebssystem läuft, müssen Sie die Zugriffssteuerung für das Netzwerk auf Benutzerebene setzen (erfordert die Angabe eines Servers für die Spezifikation der Benutzer, üblicherweise ein Windows NT-Domänenserver).

In Windows 95 war DCOM noch nicht installiert. Win95-Anwender können DCOM von der Microsoft-Website (*http://www.microsoft.com/com/dcom/*) herunterladen.

Verweise

Siehe DCOM: Automatisierungsclient

DCOM: Automatisierungsclient

Anwendung

Um auf einen Automatisierungsserver zuzugreifen, der auf einem Remote-Server installiert ist, müssen Sie spezielle Funktionen zur Erzeugung des lokalen Objekts verwenden.

Umsetzung

DCOM-Clients werden genauso aufgesetzt wie COM-Clients. Für den Zugriff auf das COM-Objekt nutzt man möglichst virtuelle Tabellen (Unit der Typbibliothek einbinden!). Im Unterschied zur COM-Implementierung verwendet man allerdings zur Erzeugung des lokalen Objekts die Routine `CreateRemote` (statt `Create`), der man als Argument den Namen des Server-Computers übergibt, auf dem der COM-Server ausgeführt wird.

Tipp

Wenn Ihnen die Typbibliothek des COM-Objekts nicht zur Verfügung steht, können Sie als Alternative `CreateRemoteCOMObject` verwenden, das allerdings nur ein `IUnknown`-Objekt zurückliefert (während das COM-Pendant `CreateOleVariant` ein `IDispatch`-Objekt zur Verfügung stellt).

Beispiel

```
procedure TForm1.FormMouseDown(Sender: TObject; Button: TMouseButton;
                               Shift: TShiftState; X, Y: Integer);
var I : IMeldungsObjekt;
begin
  I := CoMeldungsObjekt.CreateRemote('TIENAN');
  ShowMessage( I.Mausklick(X,Y) );
end;
```

Verweise

Siehe DCOM: Automatisierungsserver

CORBA

Von COM zu CORBA

COM ermöglicht die Kommunikation zwischen Anwendungen, die auf einem Windows-Rechner ausgeführt werden.

DCOM ermöglicht die Kommunikation zwischen Anwendungen, die auf verschiedenen Windows-Rechner ausgeführt werden (und einigen wenigen anderen Plattformen, die über eine COM/DCOM-Emulation verfügen).

CORBA schließlich ist die plattformunabhängige Version von DCOM, d.h., mit CORBA kann man verteilte Anwendungen schreiben, die auf beliebigen Rechnern ausgeführt werden können. CORBA ist im Gegensatz zu COM und DCOM keine Microsoft-Technologie. Tatsächlich ist CORBA im Grunde das Konkurrenzprodukt zu DCOM, das von Firmen wie Sun, Netscape und IBM gefördert wird (wer hätte es gedacht).

CORBA-Kommunikationsmodell

Das CORBA-Kommunikationsmodell ähnelt stark dem COM/DCOM-Kommunikationsmodell:

Wie beim DCOM-Modell verwendet auch das CORBA-Modell Proxies, die dem Server wie dem Client vorgaukeln, dass der Client bzw. der Server Teil ihres eigenen Prozesses seien. Den Proxy des Clients bezeichnet man als Stub, den Proxy des Servers als Skeleton.

Der eigentliche anwendungs- und computerübergreifende Datenaustausch wird über den ORB (Object Request Broker) vermittelt. Dieser tritt in CORBA an die Stelle von COM/DCOM. Während COM/DCOM im Windows-Betriebssystem ver-

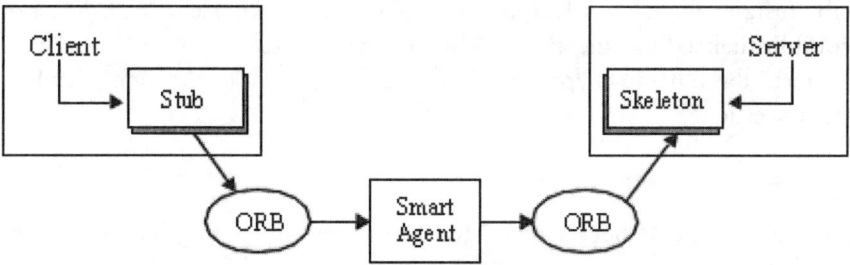

ankert sind, muss der ORB extra installiert werden. Wenn Sie über die Enterprise-Edition von Delphi verfügen und VisiBroker installiert haben, wurde für Sie bereits der ORB von Visigenic installiert (Beachten Sie, dass CORBA nur eine Spezifikation ist. Der Visigenic ORB ist eine mögliche Implementierung dieser Spezifikation.)

Der Visigenic ORB für Windows besteht aus einer Reihe von DLLs, die auf jedem Rechner installiert werden müssen, die an der CORBA-Kommunikation teilnehmen sollen.

Der ORB regelt die Kommunikation zwischen den verteilten Anwendungen. Um aber einen passenden Server zu einer Client-Anfrage zu finden, nutzt er ein spezielles Hilfsprogramm: den Smart Agent.

Der Smart Agent muss auf einem Rechner im lokalen Netzwerk ausgeführt werden. Unter Windows NT starten Sie den Smart Agent über die *Systemsteuerung*/Symbol *Dienste*, Eintrag *VisiBroker Smart Agent*. Unter Windows 98 starten Sie die EXE-Datei *OSAgent.exe* aus dem VisiBroker/*BIN*-Verzeichnis.

Verweise

Siehe COM

CORBA-Server

Anwendung

Die Entwicklung von CORBA-Objekten gründet – ebenso wie die Entwicklung von COM-Objekten – auf der Deklaration und Implementierung von Schnittstellen. Statt diese von Hand in IDL aufzusetzen, nutzen Sie in Delphi dazu den Typbibliothekseditor. Die Standardfunktionalität für die Entwicklung von CORBA-Servern und -Clients lassen Sie sich von den jeweiligen Delphi-Experten und den in der VCL implementierten CORBA-Basisklassen zur Verfügung stellen – wiederum ganz so, wie Sie es von der COM-Programmierung her kennen.

Als Fazit bleibt festzustellen, dass Delphi mit Hilfe seiner Experten, VCL-Klassen und dem Typbibliothekseditor die Entwicklung von CORBA- und COM-Servern soweit abstrahiert, dass beide Typen von Anwendungen in exakt den gleichen Abläufen erstellt werden.

Umsetzung

Wenn Sie über einen COM-Server verfügen, den Sie in einen CORBA-Server umwandeln wollen:

1. Laden Sie das Projekt des COM-Servers.

2. Laden Sie die Implementierungsdatei des COM-Objekts in den Editor.

3. Rufen Sie im Kontextmenü des Editors den Befehl *Als CORBA-Objekt darstellen* auf.

Wenn Sie einen neuen CORBA-Server implementieren wollen, folgen Sie den Anweisungen aus dem Abschnitt »COM: Automatisierungsserver«.

Der einzige Unterschied ist, dass Sie in Schritt 3 der Anwendung ein *CORBA-Objekt*, Seite *Multi-Tier* statt eines Automatisierungsobjekts hinzufügen.

Verweise

Siehe COM: Automatisierungsserver

CORBA-Client

Umsetzung

1. Erstellen Sie ein neues Projekt.

2. Fügen Sie dem Projekt die Quelltextdatei der Typbibliothek des Servers hinzu.

3. Nehmen Sie die Unit der Typbibliothek des Servers in die uses-Klausel des Formulars auf (bzw. in der Unit, in der das COM-Objekt verwendet wird).

```
uses
    Windows, Messages, ..., CorbaServer_TLB;
```

4. Binden Sie im Implementierungsteil die Unit CorbInit ein.

```
uses CorbInit;
```

5. Erzeugen Sie (wo gewünscht) eine Instanz des CORBA-Objekts. Rufen Sie hierzu die CreateInstance-Funktion der Factory-Klasse zu dem CORBA-Objekt auf (ist in der Quelltextdatei der Typbibliothek kurz vor dem Implementations-Teil definiert).

6. Rufen Sie die Methode des CORBA-Objekts auf.

```
procedure TForm1.FormMouseDown(Sender: TObject; Button: TMouseButton;
                              Shift: TShiftState; X, Y: Integer);
var Obj : IMeldungsObjekt;
begin
  Obj := TMeldungsObjektCorbaFactory.CreateInstance('MeldungsObjekt');
  ShowMessage( Obj.Mausklick(X,Y) );
end;
```

Testen

Starten Sie den Smart Agent.

Starten Sie den Server. (Obige Version des Clients kann den Server nicht selbst starten.)

Starten Sie den Client.

CORBA: Server dynamisch starten

Anwendung

CORBA-Server werden meist manuell gestartet. Es ist aber auch möglich, CORBA-Server automatisch starten zu lassen, wenn ein Client versucht, auf den Server zuzugreifen.

Um einen CORBA-Server dynamisch starten zu können, müssen Sie

- CORBA auf das dynamische Starten des Servers vorbereiten;
- den Client-Code abändern.

CORBA auf der Server-Seite vorbereiten

1. Starten Sie den Smart Agent (*osagent*).

2. Laden Sie die Typbibliothek des Servers in den Typbibliothekseditor. Exportieren Sie die Datei über den Schalter *Export* als Corba-IDL-Datei.

3. Registrieren Sie die IDL mit den Schnittstellenspezifikationen in der Corba-Schnittstellenablage. Rufen Sie dazu über die MSDOS-Eingabeaufforderung (oder *Start/Ausführen*) »irep CorbaAblage« auf. (Der Name der Ablage ist dabei vollkommen unerheblich.)

4. Laden Sie über den Befehl *File/Load* die IDL-Datei des Servers in die Ablage.

5. Starten Sie den Object Activation Daemon. Rufen Sie dazu über die MSDOS-Eingabeaufforderung (oder *Start/Ausführen*) »oad« auf.

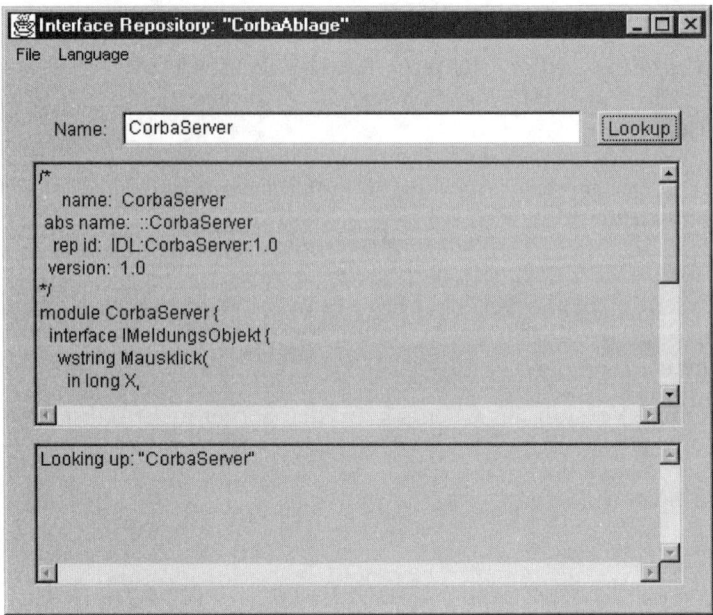

6. Registrieren Sie die Server-Schnittstelle beim Object Activation Daemon. Rufen Sie dazu über die MSDOS-Eingabeaufforderung (oder *Start/Ausführen*) das Programm oadutil auf. Übergeben Sie für die Option -r die Ablagen-ID Ihrer Schnittstelle, die Sie dem Initialization-Abschnitt der Implementierungs-Unit des CORBA-Objekts entnehmen können (drittes Argument zu TCorbaFactory.Create). Übergeben Sie für die Option -o den Namen Ihres CORBA-Objekts und für die Option -cpp den Namen und Pfad zu der EXE-Datei des CORBA-Servers:

```
oadutil reg -r IDL:CorbaServer/MeldungsObjektFactory:1.0
            -o MeldungsObjekt -cpp c:\CorbaServer.exe -p shared.
```

Warnung

Für das dynamische Starten des Servers müssen folgende Programme auf der Server-Seite ausgeführt werden:

- der Smart Agent (*osagent*);
- die Schnittstellenablage (*irep*) mit den geladenen IDL-Informationen;
- der Object Activation Daemon (*oad*) mit der registrierten Schnittstelle.

Tipp

Sie können den Inhalt der Schnittstellenablage unter einem beliebigen Namen im *adm/irep_dir*-Verzeichnis von VisiBroker abspeichern. Dies empfiehlt sich insbesonders, wenn Sie mehrere Schnittstellen für verschiedene dynamisch zu startende Server laden müssen. Statt bei jedem Aufruf von *irep* die einzelnen Schnittstellen laden zu müssen, brauchen Sie dann nur die gespeicherte Schnittstellenablage zu laden.

Den Inhalt des Object Activation Daemons können Sie sich von dem Hilfsprogramm osfind anzeigen lassen.

Um die OAD-Registrierung einer Schnittstelle zu löschen, verwenden Sie den gleichen Aufruf wie bei der Registrierung mit der Option *unreg* statt *reg*.

Zugriff aus Client

Im Client müssen Sie zuerst den Server ansprechen und dann das CORBA-Objekt erzeugen.

1. Binden Sie die Unit CorbaObj ein.

```
implementation
uses CorbaObj;
```

2. Deklarieren Sie für den Server und das Objekt TAny-Variablen.

3. Stellen Sie über ORB.Bind eine Verbindung zum CORBA-Server her. Den IDL-Aufruf können Sie der Implementierungsdatei des CORBA-Objekts entnehmen (siehe Initialization-Abschnitt).

4. Erzeugen Sie das CORBA-Objekt.

```
procedure TForm1.FormMouseDown(Sender: TObject; Button: TMouseButton;
                               Shift: TShiftState; X, Y: Integer);
var Factory : TAny;
    Obj : TAny;
begin
  Factory := Orb.Bind('IDL:CorbaServer/MeldungsObjektFactory:1.0');
  Obj := Factory.CreateInstance('MeldungsObjekt');
  ShowMessage( Obj.Mausklick(X,Y) );
end;
```

ActiveX-Steuerelemente erstellen

Befehl Datei/Neu, Seite ActiveX, Symbol ActiveX-Element

Anwendung

ActiveX ist nichts grundsätzlich Neues. Im Wesentlichen bezeichnet man heute als ActiveX, was früher unter OLE, OCX und COM zusammengefasst wurde – Microsofts Realisierung eines binären Standards zur Kommunikation zwischen Software-

Komponenten. Wirklich neu ist nur die Erweiterung und Anpassung dieses Standards an die Erfordernisse des Internets.

Ein ActiveX-Steuerelement ist also nichts anderes als ein OLE-Steuerelement (auch OCX genannt), das über das Web ausgetauscht werden kann. ActiveX-Steuerelemente können also beispielsweise auch in Webseiten eingebaut werden, obwohl dies natürlich mit gewissen Sicherheitsrisiken für den Leser der Webseite verbunden ist, da das ActiveX-Steuerelement ja als Erweiterung seines Betriebssystems auf seinem Computer ausgeführt wird.

ActiveX-Steuerelemente sind unter Programmierern sehr populär, da sie binäre Software-Bausteine darstellen, die in vielen verschiedenen Entwicklungsumgebungen (beispielsweise Delphi, C++Builder, Visual Basic oder wie gesagt auch in der Umgebung einer Webseite) verwendet werden können.

Umsetzung

In Delphi erstellt man ActiveX-Steuerelemente mit Hilfe der VCL-Klassen zur COM-Programmierung oder mit Hilfe des ActiveX-Element-Experten (Befehl *Datei/Neu*, Seite *ActiveX*, Symbol *ActiveX-Element*), der den Code für das neue ActiveX-Steuerelement auf der Grundlage einer Delphi-Komponente anlegt.

- Die ursprüngliche Delphi-Komponente ist dabei als Datenelement in der Klassendefinition des ActiveX-Steuerelements enthalten (Datenelement TDelphiControl).

- Soweit es dem ActiveX-Element-Experten möglich ist, richtet er für alle public- und published-Elemente der Delphi-Komponente Schnittstellenmethoden (Get_..., Set_...) ein.

- Datenelemente, die Nicht-OLE-Typen verwenden sowie datensensitive Eigenschaften, werden nicht umgewandelt.

Beispiel

Das folgende Beispiel beschreibt anhand der Komponente TYeCheckBox, die in den Abschnitten aus dem Kapitel zur Komponentenprogrammierung erstellt wurde, die Umwandlung einer Delphi-Komponente in ein ActiveX-Steuerelement.

1. Rufen Sie den ActiveX-Element-Experten auf. Öffnen Sie dazu die Objektablage (*Datei/Neu*) und wechseln Sie zur Seite *ActiveX*. Doppelklicken Sie auf das Symbol *ActiveX-Element*.

2. Wählen Sie im Listenfeld *VCL-Klassenname* als Basis für das neue ActiveX-Steuerelement eine Komponente aus (in unserem Beispiel TYeCheckbox) und bearbeiten Sie die restlichen Optionen nach Gutdünken.

3. Speichern Sie das Projekt jetzt, um Delphi die Typbibliothek für das Bibliotheksprojekt erstellen und als .tlb-Datei abspeichern zu lassen.

Sie können das ActiveX-Steuerelement jetzt noch weiter bearbeiten (beispiels-weise um Eigenschaften und Ereignisse, die nicht bei der Umwandlung über-nommen wurden, einzurichten). Bedienen Sie sich zu diesem Zweck

- der Typbibliothek (siehe COM: Automatisierungsserver) oder

- des Befehls *Zur Schnittstelle hinzufügen*.

4. Lassen Sie im Quelltexteditor die Unit (im Beispiel *YeCheckBoxImpl1.pas*) des Steuerelements (TYeCheckBoxX = class(TActiveXControl, IYeCheckBoxX) anzeigen.

5. Rufen Sie im Menü *Bearbeiten* den Befehl *Zur Schnittstelle hinzufügen* auf.

6. Geben Sie im oberen Listenfeld an, ob Sie eine Eigenschaft/Methode oder ein Ereig-nis einrichten wollen, und geben Sie im unteren Eingabefeld die Deklaration des neuen Klassenelements ein. Schicken Sie dann das Dialogfenster ab.

7. Implementieren Sie gegebenenfalls die zugehörigen Methoden.

```
procedure TYeCheckboxX.SetColorBack;
begin
    Set_Color(clBtnFace);
end;
```

Das anfängliche Erscheinungsbild Ihres ActiveX-Steuerelements können Sie über die Methode InitializeControl anpassen.

8. Scrollen Sie in der Implementierungsdatei des ActiveX-Steuerelements zur Methode InitializeControl und weisen Sie den Eigenschaften der zugrunde liegenden Kom-ponente Werte zu:

```
procedure TYeCheckboxX.InitializeControl;
begin
  FDelphiControl := Control as TYeCheckbox;
  FDelphiControl.OnClick := ClickEvent;
  FDelphiControl.Caption := 'Hier klicken';
end;
```

9. Kompilieren Sie das Projekt. Delphi erzeugt als Zieldatei des Bibliothek-Projekts die OCX-Datei des ActiveX-Steuerelements.

Tipp

Außerhalb des ActiveX-Steuerelements können Sie über die von dem Steuerelement zur Verfügung gestellten Schnittstellen-Methoden auf die Eigenschaften der zugrunde liegenden Delphi-Komponente zugreifen. Innerhalb des Steuerelements können Sie auch über das Datenelement FDelphiControl auf die Delphikomponente zugreifen.

Um eine Eigenschaftsseite für das ActiveX-Steuerelement vorzusehen, gehen Sie zur Implementierung der Methode DefinePropertyPages und fügen Sie einen Aufruf von DefinePropertyPage ein. Um die Eigenschaftsseite selbst einzurichten, doppelklicken

Sie auf der Seite *ActiveX* der Objektablage auf das Symbol *Eigenschaftsseite*. Bei Einrichtung der Vorlage wird dann auch die Kennung (TGUID) der Eigenschaftsseite für Sie angelegt, die Sie als Parameter an die Prozedur `DefinePropertyPage` von oben übergeben. (Die Einrichtung von Eigenschaftsseiten ist optional. Ihre Funktion entspricht den Eigenschaftseditoren des Objektinspektors.)

Warnung

Alle Methoden des ActiveX-Steuerelements (auch die Zugriffsmethoden für die Eigenschaften) werden automatisch als `safecall` deklariert. Behalten Sie diese Deklaration unbedingt bei, da Sie ansonsten die von Delphi generierte COM-Exception-Behandlung zerstören.

Verweise

Kategorie Komponentenentwicklung

ActiveX-Steuerelemente in Delphi-Programmen verwenden

Anwendung

Um das neue ActiveX-Steuerelement in Delphi verwenden zu können, muss es zuerst unter Windows registriert und dann in die Komponentenbibliothek aufgenommen werden.

ActiveX-Steuerelement registrieren

1. Rufen Sie bei geöffnetem ActiveX-Projekt den Befehl *Start/ActiveX-Server eintragen* auf.

ActiveX-Steuerelement in die Komponentenpalette aufnehmen

2. Rufen Sie den Befehl *ActiveX importieren* im Menü *Komponente* auf. Wurde das Steuerelement erfolgreich unter Windows angemeldet, wird es im Listenfeld *Registrierte Steuerelemente* des Dialogfensters *ActiveX-Element importieren* unter dem Namen des Bibliothekprojekts aufgeführt.

3. Wählen Sie das zu installierende ActiveX-Steuerelement im Listenfeld Registrierte Steuerelemente aus. Entscheiden Sie sich für eine Palettenseite, auf der das Steuerelement angezeigt werden soll und klicken Sie auf den Schalter *Installieren*.

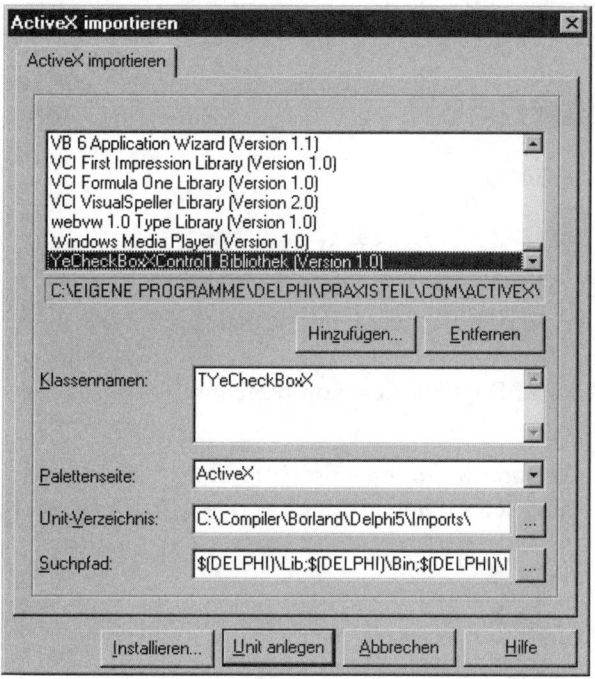

Öffnen Sie nach der Installation ein neues Projekt und testen Sie das ActiveX-Steuerelement aus.

Tipp

Um die Registrierung eines ActiveX-Servers unter Windows wieder aufzuheben, können Sie diesen im Listenfeld *Registrierte Steuerelemente* des Dialogfensters *ActiveX-Element importieren* auswählen und dann den Schalter *Entfernen* drücken.

Wenn Sie später die Implementierung des ActiveX-Steuerelements überarbeiten, brauchen Sie das zugehörige Bibliotheksprojekt nach der Bearbeitung nur neu zu kompilieren (solange der Pfad zur OCX-Datei sich nicht geändert hat, ist keine erneute Registrierung erforderlich).

Mit Hilfe des Windows-Programms *Regsvr32.exe* können Sie ActiveX-Steuerelemente auf den Rechnern Ihrer Kunden registrieren.

Wenn Sie ActiveX-Steuerelemente über das Internet anbieten wollen, rufen Sie den Befehl *Projekt/Optionen für Web-Distribution* auf, bearbeiten Sie die angezeigten Optionen und aktivieren Sie dann den Befehl *Projekt/Distribution über das Web* (beide Befehle sind nur verfügbar, wenn ein ActiveX-Bibliotheksprojekt (*Datei/Neu*, Seite *ActiveX*) geöffnet ist).

ActiveX-Steuerelemente in HTML-Dokumenten verwenden

Anwendung

Um ein ActiveX-Steuerelement im Rahmen eines HTML-Dokuments auszuführen, benutzen Sie das OBJECT-Tag. Diesem muss als Argument die CLSID des ActiveX-Steuerelements (genauer gesagt der Klasse (!), nicht des Projekts oder einer der Schnittstellen) übergeben werden. Die Kennummer kann in der Typbibliothek (Extension .tlb) oder in der *_TLB.pas-Datei (unter Komponentenklasse) nachgeschlagen werden.

Innerhalb des HTML-Dokuments können Sie dann mit Hilfe einer vom Browser unterstützten Scriptsprache auf die Schnittstellen des ActiveX-Steuerelements zugreifen.

Beispiel

```
<HTML>
<TITLE>ActiveX in HTML-Dokument </TITLE>
<BODY>
<H1>Klick mich</H1>
<P>
<OBJECT
   CLASSID="clsid:E159104A-D45A-11D0-B549-D47501C10E27"
   CODEBASE="http://www..../YECheckBox.ocx"
   ID=MeinActiveX
   HEIGHT=50
   WIDTH=200
   > </OBJECT>
<SCRIPT LANGUAGE=VBScript>
  Sub MeinActiveX_OnClick()
    document.bgColor = "Black"
  End Sub
  </SCRIPT>

</BODY>
</HTML>
```

Tipp

Das Argument CODEBASE wird nur verwendet, wenn der Code des ActiveX-Steuerelements nicht auf der lokalen Maschine zu finden ist. Sollte dies der Fall sein, wird das Steuerelement heruntergeladen.

ActiveX-Formulare

Befehl Datei/Neu, Seite ActiveX, Symbol ActiveForm

Anwendung

ActiveX-Formulare sind Delphi-Formulare, die nach außen wie ein ActiveX-Steuerelement auftreten. Ihre Erstellung und Einbindung in Client-Anwendungen läuft daher ganz analog zu den »normalen« ActiveX-Steuerelementen ab; lediglich statt der Vorlage *ActiveX-Element* wählt man die Vorlage *ActiveForm* (auf der Seite *ActiveX* der Objektablage).

CGI-Programme erstellen

Anwendung

CGI steht für Common Gateway Interface – eine Schnittstellenspezifikation, die festlegt, wie der Server CGI-Programme aufruft, Eingaben vom Browser an das CGI-Programm weiterleitet und die Ausgabe des CGI-Programms an den Browser zurückliefert.

Im einfachsten Fall läuft die CGI-Kommunikation wie folgt ab:

1. Der Browser schickt statt der Anforderung einer Webseite die URL eines CGI-Programms.

   ```
   http://webserver/scripts/cgidemo1.exe
   ```

2. Der Webserver nimmt die Anforderung entgegen, sucht auf seiner Festplatte das CGI-Programm *cgidemo1.exe* und ruft es auf.

3. Das CGI-Programm liefert eine HTML-Datei zurück. Dazu gibt das CGI-Programm einfach den HTML-Code der Datei Zeile für Zeile auf die Konsole aus.

4. Der Webserver schickt die Ausgabe des Programms an den Browser.

Umsetzung

Um ein CGI-Programm zu schreiben, brauchen Sie nicht notwendigerweise die Unterstützung eines Experten (siehe nachfolgender Abschnitt).

1. Legen Sie eine neue Konsolenanwendung an.

2. Geben Sie den HTML-Code auf die Konsole aus. Problematisch ist dabei höchstens der Header. Ein gültiger Header muss zumindest den Content-Type (Format der

zurückgelieferten Datei) enthalten und mit Wagenrückläufen und Zeilenumbrüchen vom restlichen HTML-Code abgetrennt werden (siehe Beispiel).

3. Speichern und kompilieren Sie die Anwendung.

4. Kopieren Sie das Programm in das CGI-Verzeichnis des Servers und testen Sie es (siehe »CGI-Programme testen«).

Beispiel

```
program CGIDemo1;
{$APPTYPE CONSOLE}
uses sysutils;

begin
  Writeln('Content-Type: text/html'#13#10#13#10);
  Writeln('<HTML>');
  Writeln('<HEAD></HEAD>');
  Writeln('<TITLE>Hallo</TITLE>');
  Writeln('<BODY>');
  Writeln('<H1>Hallo aus CGI-Programm</H1>');
  Writeln('</BODY>');
  Writeln('</HTML>');
end.
```

Verweise

Siehe CGI-Programme testen

CGI zur Verarbeitung von Browser-Daten

Datei/Neu, Seite Neu, Web Server Anwendung

Anwendung

Um einem CGI-Programm von einer Webseite aus Daten zu übergeben, gibt es prinzipiell zwei Möglichkeiten:

Die GET-Methode

Der Browser hängt die Zeichenkette einfach an den URL des CGI-Programms an. Der Server trennt die Zeichenkette mit den Eingaben wieder von dem URL und speichert sie in der Umgebungsvariablen QUERY_STRING ab. Danach ruft der Server das CGI-Programm ab. Dieses muss so programmiert sein, dass es die Eingabe aus der Umgebungsvariablen QUERY_STRING einliest und auswertet.

Dieses Verfahren ist an sich recht unkompliziert, hat aber den Nachteil, dass die Länge der übergebenen Zeichenkette beschnitten wird, wenn der Speicherplatz für die Umgebungsvariable nicht ausreicht (üblicherweise 1 KByte = 1024 Zeichen).

Die POST-Methode

Bei dieser Methode speichert der Server die Eingabe-Zeichenkette nicht in einer Umgebungsvariablen, sondern übergibt sie über die Standardeingabe an das CGI-Programm. Lediglich die Länge der kodierten Eingabe-Zeichenkette wird in einer Umgebungsvariablen (CONTENT_LENGHT) abgelegt.

Das größte Problem bei der Übergabe von Daten vom Browser an das CGI-Programm besteht darin, dass die Daten für die Übergabe vom Browser kodiert werden müssen (Leerzeichen und Sonderzeichen werden durch einfache Zeichenfolgen kodiert, Eingaben aus Formularfeldern werden als Name=Wert-Paare kodiert).

Angenommen, der Besucher einer Webseite tippt in ein Eingabefeld seinen Namen ein:

```
Ihr Name :  Dirk Louis
```

Wenn das Eingabefeld im HTML-Code die Name-ID Feld1 hat und das Formular so konfiguriert ist, dass es seine Eingaben zur Auswertung per GET an ein CGI-Programm namens *CGIPrg.exe* schickt, so würde der fertige URL, der vom Browser an den Server gesendet wird, wie folgt aussehen:

```
http://server/cgi-bin/CGIPrg.exe?Feld1=Dirk+Louis
```

Für das CGI-Programm besteht nun das Problem, die vom Browser geschickten Daten aus Query_String auszulesen und zu dekodieren.

Umsetzung

Ihr CGI-Programm sollte sowohl die GET- als auch die POST-Methode unterstützen. Bei der Get-Methode stellt sich dabei das Problem, wie man den Inhalt einer Umgebungsvariablen auslesen kann. Unter Windows würden Sie dazu die API-Funktion GetEnvironmentStrings aufrufen. Sie können sich die Arbeit aber auch vereinfachen, indem Sie Ihr CGI-Programm mit Hilfe des Web Server-Experten erstellen.

1. Rufen Sie den Experten auf (*Datei/Neu*, Seite *Neu*, Symbol *Web Server Anwendung*).

2. Als Typ wählen Sie: *CGI, ausführbare Datei*.

Der Experte legt eine Projektdatei, eine Unit und ein Webmodul an.

3. Im Webmodul richten Sie eine neue Action ein. (Befehl Eintrag hinzufügen im Kontextmenü zu *Actions* oder Befehl Hinzufügen im Kontextmenü des Action-Editors, der im Objektinspektor über die TWebModule-Eigenschaft Actions aufgerufen werden kann.)

4. Bearbeiten Sie das OnAction-Ereignis des WebActionItems. Über die Eigenschaften des Request-Parameters der Ereignisbehandlungsroutine können Sie die Art der Datenübertragung und die übermittelten Daten abfragen. Ihre Ausgabe weisen Sie Response.Content zu.

```
procedure TWebModule1.WebModule1WebActionItem1Action(Sender: TObject;
                    Request: TWebRequest; Response: TWebResponse;
                    var Handled: Boolean);
begin
  if Request.Method = 'GET' then  begin
    Response.Content := '<H1>Hallo von CGI-Programm</H1>';
    Response.Content := Response.Content +
                  'Übernommene Daten : ' + Request.Query;
  end
  else if Request.Method = 'POST' then  begin
    Response.Content := '<H1>Hallo von CGI-Programm</H1>';
    Response.Content := Response.Content +
                  'Übernommene Daten : ' + Request.Content;
  end
end;
```

Um die Eingaben dekodieren zu können, müssen Sie wissen, wie der Browser die Eingaben kodiert hat (**URL-Kodierung**)

- Bestimmte Sonderzeichen werden durch Escape-Sequenzen ersetzt.

Tab	%09	(	%28	)	%29	.	%2E
Leerz	%20	;	%3B	:	%3A	<	%3C
"	%22	>	%3E	@	%40	\	%5C
,	%2C	[	%5B	]	%5D	^	%5E
'	%60	|	%7C	{	%7B	}	%7D
~	%7E	?	%3F	&	%26	/	%2F
=	%3D	#	%23	%	%25		

- Leerzeichen werden durch Plus-Zeichen ersetzt.
- Formulareingaben werden zu Name=Wert-Paaren zusammengesetzt.
- Alle Name/Wert-Paare eines Formulars werden mit &-Zeichen aneinander gereiht.

Wenn Sie Formulareingaben dekodieren wollen, müssen Sie die Eingabe in der umgekehrten Reihenfolge dekodieren.

5. Speichern und kompilieren Sie die Anwendung.

Tipp

- Für die Erzeugung komplexerer Ausgaben können Sie die Producer-Komponenten auf der Seite *Internet* nutzen.

- Wenn Sie in einer CGI-Anwendung mehrere Actions vorsehen wollen, müssen Sie für jede Action in der Eigenschaft PathInfo ein eigenes virtuelles Unterverzeichnis angeben. Vom Browser aus können die verschiedenen Actions dann durch Anhängen des Unterverzeichnisnamens an den Namen des CGI-Programms angesprochen werden.

- Eine Umgebungsvariable ist ein Variable, die global auf einem Rechner gespeichert wird und auf die alle Programme, die auf diesem Rechner ablaufen, zugreifen können. Speziell für CGI stehen unter anderem folgende Umgebungsvariablen zur Verfügung:

Umgebungsvariable	Beschreibung
REQUEST_METHOD	Entweder POST oder GET, abhängig von der Methode, die verwendet wird, um Daten an das CGI-Programm zu senden.
PATH_INFO	Daten, die nach einem Slash an einen URL gehängt werden. Wird normalerweise verwendet, um einen Pfad relativ zum Dokument-Wurzelverzeichnis anzugeben.
PATH_TRANSLATED	Der vollständige Pfad von PATH_INFO.
QUERY_STRING	Enthält die Eingabedaten, wenn die GET-Methode verwendet wird. Unabhängig von der Methode enthält QUERY_STRING die Daten, die nach einem Fragezeichen (?) an den URL gehängt werden.
CONTENT_TYPE	Beschreibt, wie die Daten kodiert sind. Normalerweise application/x-www-form-urlencoded. Wird für das Hochladen von Dateien via HTTP auf multipart/form-data gesetzt.
CONTENT_LENGTH	Speichert die Länge der Eingabe, wenn Sie die POST-Methode verwenden.
SERVER_SOFTWARE	Name und Version der Server-Software.
SERVER_NAME	Host-Name der Maschine, auf der der Server läuft.

CGI-Programme testen

Anwendung

Um ein CGI-Programm zu testen, müssen Sie es über einen Browser von einem Server anfordern.

Umsetzung

1. Kopieren Sie das CGI-Programm in ein passendes Verzeichnis auf Ihrem Server.

   Einige Server erkennen CGI-Programme daran, dass sie in einem bestimmten Verzeichnis abgespeichert sind (beispielsweise *Scripts* oder *cgi-bin*), andere Server gehen nach der Extension oder einer Kombination aus beidem.

   Beachten Sie, dass Programme nicht in jedem Server-Verzeichnis ausgeführt werden dürfen. Aus Sicherheitsgründen erlaubt der Server meist nur die Ausführung von Programmen in bestimmten Verzeichnissen. (Zu Ihrem lokalen Server gibt es mit Sicherheit ein Konfigurationstool, über das Sie die Zugriffsrechte der Verzeichnisse kontrollieren und ändern können.)

2. Rufen Sie das CGI-Programm von einem Browser aus.

   Soll das CGI-Programm Daten übernehmen, hängen Sie diese URL-kodiert (siehe oben) mit einem vorangestellten Fragezeichen an den Namen des CGI-Programms an.

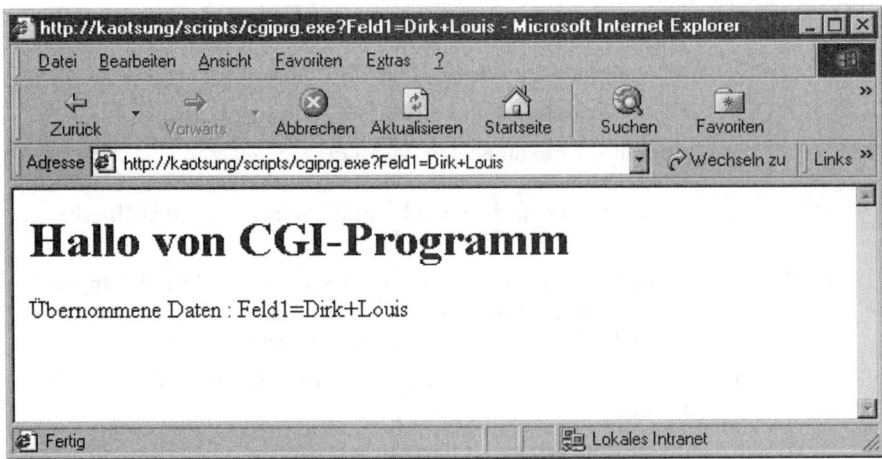

Verweise

Siehe CGI zur Verarbeitung von Browser-Daten

Kategorie: Komponentenentwicklung

Die Komponentenentwicklung läuft nach einem immer gleichen Schema ab, das in den Unterkapiteln »Komponentenklasse anlegen« bis »Komponente registrieren und installieren« nachgezeichnet ist.

Die Schritt-für-Schritt-Anweisungen in den Beispiel-Abschnitten beschreiben zusammen genommen die Erstellung einer eigenen CheckBox-Komponente mit fetter Schrift, die beim Anklicken gelb wird.

Beachten Sie auch, dass in den folgenden Abschnitten klar zwischen den Begriffen »Benutzer« und »Anwender« zu unterscheiden ist.

- Ein »Benutzer« ist in diesem Kapitel ein Programmierer, der unsere Komponente benutzt, d.h., sie in sein Programm einbaut.

- Ein »Anwender« ist jemand, der ein Programm ausführt, das unter Umständen unsere Komponente enthält.

Komponentenklasse anlegen

Komponente/Neue Komponente

Anwendung

Intern entspricht eine Komponente einer Klasse. Die erste Aufgabe bei der Komponentenentwicklung besteht daher darin, eine Komponentenklasse zu deklarieren. Dabei sind folgende Punkte zu beachten:

- Die Klasse für eine Komponente muss TComponent oder eine von TComponent abgeleitete Klasse als Basisklasse haben.

Basisklasse	Einsatzgebiet
TComponent	Erstellung nichtsichtbarer Komponenten.
TWinControl	Erstellung von Steuerelementen mit Fenster-Handle.
TGraphicControl	Erstellung von grafischen Steuerelementen (Canvas-Eigenschaft) ohne Fenster-Handle.

TCustomControl	Erstellung von grafischen Steuerelementen (Canvas-Eigenschaft) mit Fenster-Handle.
Bestehende Komponenten	Erstellung neuer Komponenten auf der Grundlage oder durch Abänderung bestehender Komponenten.

- Komponentenklassen sollten in eigenen Units definiert werden.
- Die Klasse muss für die Anzeige in der Komponentenpalette registriert werden.

Umsetzung

Der einfachste Weg, alle diese Punkte zu beachten, besteht darin, den Komponenten-Experten aufzurufen: Befehl *Neue Komponente* im Menü *Komponente*.

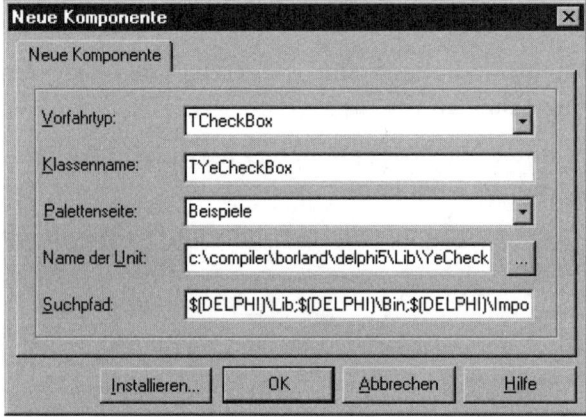

Tipp

Wenn Sie Delphi-Komponenten als Ausgangspunkte für ActiveX-Steuerelemente implementieren, sollten Sie nur solche Basisklassen als Vorfahrtyp verwenden, die auf TWinControl zurückgehen – also Fenster im Sinne von Windows sind.

Beispiel

Als Beispiel erstellen wir eine eigene CheckBox-Komponente mit eigener Schrift, die beim Anklicken gelb wird. Als Grundlage dient uns dabei die VCL-Komponente TCheckBox, in deren Implementierung des OnClick-Ereignisses wir eingreifen werden.

1. Schließen Sie das aktuelle Projekt.

2. Rufen Sie den Befehl *Komponente/Neue Komponente* auf.

3. Wählen Sie als Vorfahrtyp die Klasse TCheckBox.

4. Geben Sie einen Namen für Ihre Komponentenklasse an (im Beispiel TYeCheckBox).

5. Notieren Sie sich den Pfad, unter dem die Unit der Komponente gespeichert wird.

6. Klicken Sie auf den Schalter *OK*, um sich den Quelltext anzeigen zu lassen und die neue Komponente zu bearbeiten.

Verweise

Siehe VCL-Referenz, Die wichtigsten Basisklassen

Eigenschaften bearbeiten

Anwendung

Sie können geerbte Eigenschaften in Ihrer abgeleiteten Klasse auf verschiedene Weisen bearbeiten:

- Sie können der Eigenschaft im Konstruktor der Komponente einen Wert zuweisen, der als Anfangswert im Objektinspektor angezeigt wird (siehe Beispiel).

- Falls dies in der Basisklasse noch nicht geschehen ist, können Sie die geerbte Eigenschaft überschreiben und dabei als published deklarieren, damit sie im Objektinspektor angezeigt wird. (Array-Eigenschaften können nicht als published deklariert werden, siehe »Array-Eigenschaften«).

- Sie können bei der Überschreibung Schreib- und Lesezugriff (read, write) neu definieren (siehe Object Pascal-Referenz, Kategorie Klassen, Eigenschaften).

- Sie können bei der Überschreibung den Standardwert (default, nodefault) und den Speichermechanismus (stored) festlegen (siehe Beispiel).

Neben der Bearbeitung der geerbten Eigenschaften können Sie selbstverständlich auch neue Eigenschaften in Ihrer Komponentenklasse deklarieren.

Warnung

Die Festlegung eines neuen Standardwerts beeinflusst nicht die Anzeige im Objektinspektor, sondern nur die Entscheidung, ob der aktuelle Wert der Eigenschaft in der DFM-Datei abgespeichert wird oder nicht (siehe »Eigenschaften speichern und laden«). Wenn Sie möchten, dass der festgelegte Standardwert bei Aufnahme der Komponente in ein Formular im Objektinspektor angezeigt wird, müssen Sie der Eigenschaft den Standardwert auch im Konstruktor der Komponentenklasse zuweisen.

Beispiel

Fortsetzung des TYeCheckBox-Beispiels:

7. Überschreiben Sie die Eigenschaft State und setzen Sie deren Standardwert auf cb-Checked.

8. Überschreiben Sie den geerbten Konstruktor. Richten Sie im Konstruktor einen anderen Font ein und weisen Sie der Eigenschaft State ihren Standardwert zu.

```
type
  TYeCheckBox = class(TCheckBox)
  ...
  public
    constructor Create(AOwner : TComponent); override;
  published
    property State default cbChecked;
  end;
...
implementation
constructor TYeCheckBox.Create(AOwner : TComponent);
begin
  inherited Create(AOwner);
  Color := clBtnFace;
  Font.Name := 'Arial';
  Font.Color := clPurple;
  Font.Style := [fsBold];
  State := cbChecked;
end;
```

Verweise

Siehe Array-Eigenschaften

Siehe Speichern und Laden

Siehe Object Pascal-Referenz, Kategorie Klassen, Eigenschaften

Geerbte Ereignisse bearbeiten

Anwendung

Wenn Sie von einer Komponentenklasse ableiten, erben Sie auch deren Ereignisbehandlung. Sie können in diese Ereignisbehandlung auf einfache Weise eingreifen.

Umsetzung

Die Implementierung einer korrekten Ereignisbehandlung ist recht aufwändig (siehe »Eigene Ereignisse implementieren, Ereignisse des Objektinspektors«), da sie nicht nur eine Windows-Botschaft mit einer Antwortmethode verbinden, sondern auch dafür Sorge tragen müssen, dass eine eventuell vom Benutzer der Komponente eingerichtete Ereignisbehandlungsroutine aufgerufen wird.

Wenn die Ereignisbehandlung aber bereits in der Basisklasse implementiert ist, können Sie sich die Arbeit stark vereinfachen, indem Sie den geerbten Mechanismus der Ereignisbehandlung beibehalten und lediglich die Antwortmethode überschreiben, die mit der Windows-Botschaft verbunden ist.

Die Schwierigkeit dabei ist, die Deklaration der Antwortmethode zu finden, um diese korrekt überschreiben zu können. Fast immer ist es dazu erforderlich, die *Source*-Dateien der Basisklassen zu durchforsten. Suchen Sie dabei zuerst nach einer Methode, die genauso heißt wie das Ereignis im Objektinspektor (allerdings ohne das Präfix »On«).

Beispiel

Fortsetzung des TYeCheckBox-Beispiels: Wenn die Komponente angeklickt wird, soll sie die Farbe wechseln. Setzen Sie dazu eine eigene Implementierung der Click-Methode auf (diese wird von TControl als virtuelle Routine mit dem Zweck definiert, eine vom Benutzer der Komponente eingerichtete Ereignisbehandlungsroutine aufzurufen).

1. Überschreiben Sie die Click-Methode. Wiederholen Sie dazu die Methodendeklaration aus TControl und ersetzen Sie das Schlüsselwort dynamic durch override.

```
type
  TYeCheckBox = class(TCheckBox)
  ...
  public
    procedure Click; override;
  end;
```

2. Implementieren Sie die Click-Methode, in der die Hintergrundfarbe des Markierungskästchens geändert und die vom Benutzer definierte Ereignisbehandlungsroutine aufgerufen wird (soweit vorhanden).

```
procedure TYeCheckBox.Click;
begin
  if Checked then
    Color := clYellow
  else
    Color := clBtnFace;
  inherited;
end;
```

Warnung

Vergessen Sie nicht, die Basisklassenversion der überschriebenen Methode aufzurufen.

Eigene Ereignisse implementieren

Anwendung

Bei der Komponentenentwicklung müssen Sie zwischen zwei Arten der Ereignisbehandlung unterscheiden:

- Das Ereignis, also die Windows-Botschaft, soll von der Komponente abgefangen und bearbeitet werden.

- Dem Benutzer der Komponente soll auf dem Weg über die *Ereignis*-Seite des Objektinspektors die Gelegenheit zum Eingriff in die Ereignisbehandlung der Komponente ermöglicht werden.

Windows-Botschaften und interne Ereignisbehandlung

Um ein Ereignis (genauer gesagt eine Windows-Botschaft) in Ihrer Komponente abzufangen, gehen Sie folgendermaßen vor:

1. Binden Sie die Unit Messages ein.

   ```
   uses Messages;
   ```

2. Deklarieren Sie in der Komponentenklasse eine Antwortprozedur für das Ereignis.

   - Antwortroutinen zu Windows-Botschaften sind immer Prozeduren.

   - Antwortprozeduren zu Windows-Botschaften deklarieren immer einen var-Parameter vom Typ einer zur Botschaft passenden Struktur. Über diesen Parameter werden Informationen, die mit dem Auftreten der Botschaft in Bezug stehen, übergeben (für Mausereignisse beispielsweise die Koordinaten der Stelle, an der sich die Maus bei Auftreten des Ereignisses befunden hat). In der Unit Messages sind entsprechende Strukturen vordefiniert.

3. Verbinden Sie die Antwortprozedur mit dem Ereignis. Erweitern Sie hierzu die Deklaration der Antwortprozedur um das Schlüsselwort message, gefolgt von der Bezeichnung der Windows-Botschaft. (Die Bezeichner der Windows-Botschaften finden Sie in der Unit Messages.)

   ```
   // Deklaration in Komponentenklasse
   procedure WMRButtonUp(var Param: TWMRButtonUp);
                                         message WM_RButtonUp;
      // Implementierung
   ```

```
procedure Komponente.WMRButtonUp(var Param: TWMRButtonUp);
begin
  inherited;
  ShowMessagePos('rechte Maustaste',Param.XPos, Param.YPos);
end;
```

Ereignisse des Objektinspektors

Ereignisse für den Objektinspektor sind dazu gedacht, dass sie vom Benutzer der Komponente bearbeitet werden können. Sie stellen also nur einen Mechanismus zur Verfügung, der dafür sorgt, dass die vom Benutzer eingerichtete Ereignisbehandlungsroutine bei Eintritt des Ereignisses aufgerufen wird. Sie sollten darauf achten, dass Ihre Komponente nicht von der Behandlung dieser Ereignisse abhängig ist, da Sie nicht voraussehen können, ob und wie der Benutzer ein Ereignis bearbeitet. Um ein Ereignis über den Objektinspektor zur Verfügung zu stellen, gehen Sie folgendermaßen vor:

1. Definieren Sie den Ereignistyp. Ereignisse sind Zeiger auf Methoden. In der Definition des Ereignistyps legen Sie fest, welche Parameter vom Ereignis an die später vom Objektinspektor oder dem Benutzer eingerichteten Behandlungsprozeduren übergeben werden.

   - Der erste Parameter ist stets eine Referenz auf das auslösende Objekt.

   - Für die Übergabe der korrekten Parameter müssen Sie beim Auslösen des Ereignisses selbst sorgen.

2. Definieren Sie das eigentliche Ereignis. Ereignisse werden stets als Eigenschaften implementiert, damit sie im Objektinspektor sichtbar werden. Deklarieren Sie also ein private-Datenelement vom Typ des Ereignisses und eine published-Eigenschaft des gleichen Typs, die für den Lese- und Schreibzugriff immer direkt auf das zugehörige Datenelement zugreift.

3. Lösen Sie das Ereignis aus. Überlegen Sie sich, an welcher Stelle, also in welcher Routine das Ereignis ausgelöst werden soll. Was Sie dann aber machen, ist nicht ein echtes Windows-Ereignis auslösen, sondern Sie benutzen einfach den Methodenzeiger Ihres Ereignisses, um die vom Benutzer vorgesehene Behandlungsroutine auszuführen.

Da es sein kann, dass der Methodenzeiger nicht vom Benutzer mit einer Behandlungsroutine verknüpft wurde, sollten Sie es nicht versäumen, zuerst zu prüfen, ob dem Methodenzeiger eine Prozedur zugewiesen wurde.

```
type
  TCTChangeEvent = procedure(Sender: TObject) of object;

  TContainer = class(TComponent)
  private
    ...
    FOnTypChange: TCTChangeEvent;
```

```
  published
    ...
    property OnTypChange: TCTChangeEvent read FOnTypChange
                                         write FOnTypChange;
  end;

procedure TContainer.SetContainertyp(Value: TContainertyp);
begin
  ...
  if Assigned(FOnTypChange) then
    FOnTypChange(Self);
end;
```

Tipp

Wenn Sie Ihre Komponenten von TControl oder TWinControl ableiten, erben Sie eine Reihe vordefinierter Standardereignisse. Diese sind in den Basisklassen als protected deklariert und können durch eine Redeklaration im published-Abschnitt Ihrer Komponente direkt über den Objektinspektor zur Verfügung gestellt werden.

Namen von Ereignissen beginnt man üblicherweise mit On...

Komponente testen

Anwendung

Das Testen einer Komponente erfolgt in zwei Schritten:

- Sie müssen sicherstellen, dass die Komponente korrekt implementiert ist (keine Syntax- oder logischen Fehler).

- Sie müssen sicherstellen, dass sich die Komponente ordentlich in der RAD-Umgebung einfügt und über den Objektinspektor bearbeiten lässt.

Der zweite Schritt setzt natürlich voraus, dass die Komponente bereits in der Komponentenpalette installiert ist. Davor sollten Sie die Komponente aber unbedingt auf Syntax- und Laufzeitfehler testen.

Umsetzung

Erstellen Sie eine neue Anwendung, binden Sie die Unit der Komponente ein und erzeugen Sie die Komponente per Hand.

Schreiben Sie Testmethoden, in denen die Eigenschaften, Methoden und Ereignisse der Komponente verwendet werden.

Beispiel

Fortsetzung des TYeCheckBox-Beispiels:

1. Speichern Sie die Unit der Komponente.

2. Erstellen Sie eine neue Anwendung.

3. Binden Sie die Unit der Komponente in die Unit des Formulars ein (*Projekt/Dem Projekt hinzufügen*, uses-Klausel).

```
uses Windows, YeCheckBox, ...;
```

4. Deklarieren Sie in der Formularklasse eine Instanz der Komponente.

```
type
  TForm1 = class(TForm)
    procedure FormCreate(Sender: TObject);
    procedure FormDestroy(Sender: TObject);
    procedure YeCheckBox1Click(Sender: TObject);
  private
    TestCheckBox : TYeCheckBox;
  end;

procedure TForm1.YeCheckBox1Click(Sender: TObject);
begin
  ShowMessage('Hallo');
end;
```

5. Erzeugen Sie in der OnCreate-Ereignisbehandlungsroutine ein Objekt der Komponente.

```
procedure TForm1.FormCreate(Sender: TObject);
begin
  TestCheckBox := TYeCheckBox.Create(Self);
  TestCheckBox.Parent := Self;
  TestCheckBox.Top := 25;
  TestCheckBox.Left := 25;
  TestCheckBox.Caption := 'Klick mich';
  TestCheckBox.OnClick := YeCheckBox1Click;
end;
```

6. Löschen Sie das Objekt im Destruktor.

```
procedure TForm1.FormDestroy(Sender: TObject);
begin
  TestCheckBox.Free;
end;
```

Komponente registrieren und installieren

Komponente/Komponente installieren

Anwendung

Damit eine Komponente zur Entwurfszeit vom Benutzer richtig genutzt werden kann, muss sie unter Delphi registriert und in die Komponentenpalette aufgenommen werden.

Umsetzung

1. Zur Registrierung müssen Sie in der Unit der Komponentenklasse die Prozedur Register aufrufen. Wenn Sie den Komponenten-Experten zur Einrichtung der Komponentenklasse verwendet haben, wurde dies bereits vom Experten für Sie erledigt.

```
procedure Register;
begin
  RegisterComponents('Beispiele', [TYeCheckBox]);
end;
```

2. Rufen Sie im Menü *Komponente* den Befehl *Komponente installieren* auf. In dem erscheinenden Dialogfenster können Sie sich dafür entscheiden, ob die Komponente in ein existierendes oder ein neues Package aufgenommen werden soll. Wenn Sie das Dialogfenster abschicken, wird der Package-Editor aufgerufen und Sie werden abgefragt, ob das Package jetzt kompiliert werden soll. Bestätigen Sie dies.

Beispiel

Fortsetzung des TYeCheckBox-Beispiels:

1. Installieren Sie die Komponente in der Komponentenbibliothek (Befehl *Komponente installieren* im Menü *Komponente*).

2. Im Feld *Name der Unit* geben Sie den Pfad zur PAS-Datei Ihrer Komponente an.

3. Wenn Sie in ein bestehendes Package installieren, sollten Sie die Vorauswahl von Delphi (dclusr50.dpk) beibehalten.

Tipp

Wenn die erste Kompilation der Komponente scheitert (genauer gesagt des Packages, in das die Komponente aufgenommen wurde), können Sie den Quelltext korrigieren und die Komponente über den Schalter *Compil.* im Dialogfenster *Package* neu starten.

Das Dialogfenster *Package* können Sie über den Befehl *Packages installieren* im Menü *Komponente* aufrufen. Wählen Sie dazu in dem erscheinenden Dialogfenster das gewünschte Package aus und drücken Sie den Schalter *Bearbeiten*.

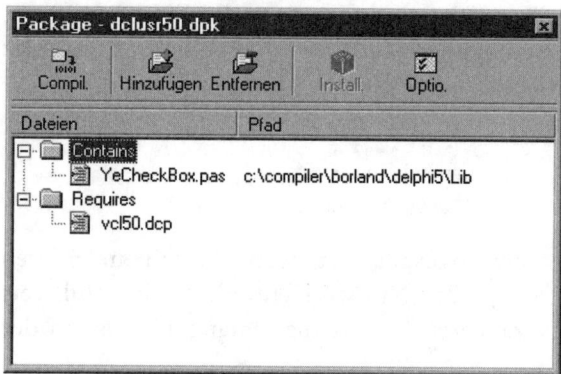

Verweise

Siehe Kategorie Fenster und Komponenten, Komponenten zur Laufzeit erstellen und löschen

Eigenschaften speichern und laden

TReader, TWriter

Anwendung

Die Eigenschaften von Formularen und deren Komponenten werden von Delphi in den Formulardateien (.dfm) gespeichert. Delphi nutzt diese Information, um die Formulare beim Laden in die IDE sowie beim Laden der Anwendung zu rekonstruieren (die DFM-Datei sorgt also dafür, dass die Einstellungen, die der Programmierer im Objektinspektor vorgenommen hat, auch beim Aufruf des fertigen Programms berücksichtigt werden).

Standardmäßig werden alle published-Eigenschaften automatisch gespeichert, sodass Sie keine Arbeit mit dem Speichermechanismus haben. Wenn Sie aber selbst festlegen wollen, wann welche Eigenschaften zu speichern sind, oder Eigenschaften speichern wollen, die von Delphi nicht standardmäßig gespeichert werden können (beispielsweise Arrays), haben Sie folgende Möglichkeiten:

- Mit Hilfe des Schlüsselworts stored können Sie festlegen, unter welchen Umständen eine Eigenschaft gespeichert werden soll.

  Anhängen der Anweisung stored False legt fest, dass die Eigenschaft nicht gespeichert werden soll.

  Anhängen der Anweisung stored True legt fest, dass die Eigenschaft gespeichert werden soll.

Anhängen der Anweisung stored Bedingung legt fest, dass die Eigenschaft nur dann gespeichert wird, wenn die Bedingung erfüllt ist (als Bedingung sind eine Boolesche Variable oder eine parameterlose Boolesche Funktion erlaubt).

```
Bedingung: Boolean;
property Name: Typ read Get write Set; stored True;
property Name: Typ read Get write Set; stored Boolean;
```

- Ansonsten werden Eigenschaften nur abgespeichert, wenn Sie einen anderen Wert als ihren Standardwert (default) oder Nullwert enthalten (der Nullwert einer Integer-Variable ist 0, eines Zeigers nil und für einen String ist es der leere String).

  Mit Hilfe des Schlüsselwortes nodefault können Sie die Standardwert-Definition einer geerbten Eigenschaft aufheben.

```
property Name: Typ read Get write Set; default 13;
property Name: Typ read Get write Set; nodefault;
```

- Um einen eigenen Speichermechanismus für eine Eigenschaft festzulegen, können Sie in Ihrer Komponente die Prozedur DefineProperties überschreiben. Innerhalb dieser Prozedur können Sie durch Aufruf der Methoden DefineProperties oder DefineBinaryProperties die abzuspeichernde Eigenschaft mit den Routinen zum Lesen (im nachfolgenden Beispiel LoadItems) und Schreiben (im Beispiel SaveItems) verbinden. Die Signatur der Routinen ist bereits vorgegeben. Die Methode DefineProperties nutzt zur Verbindung mit der .dfm-Datei Instanzen von TWriter und TReader, weshalb die Routinen zum Lesen und Schreiben entsprechende Parameter vorsehen müssen. Die Methode DefineBinaryProperties arbeitet dagegen mit reinen Streams, weshalb ihre beiden Lese- und Schreibroutinen jeweils einen Parameter vom Typ TStream definieren müssen.

  TReader und TWriter sehen für die verschiedenen Eigenschaftstypen entsprechende Methoden zum Lesen und Schreiben vor. Leider gilt dies jedoch nicht für Objekte. In bestimmten Fällen kann man sich jedoch behelfen. Brauchen von dem Objekt nur bestimmte Daten einfachen Typs in der .dfm-Datei abgespeichert zu werden, kann man eine Dummy-Eigenschaft für diesen Typ definieren und über einen DefineProperties-Aufruf mit den Methoden zum Lesen und Schreiben verbinden. In der Implementierung dieser Methoden kann man dann aber die Verbindung zu den eigentlich abzuspeichernden Daten herstellen.

Warnung

Wenn Sie festlegen wollen, mit welchem Anfangswert eine Eigenschaft im Objektinspektor angezeigt wird, weisen Sie der Eigenschaft den gewünschten Anfangswert im Konstruktor der Komponentenklasse zu. Wenn Sie dabei einen anderen Wert als den Nullwert zuweisen, führt dies normalerweise dazu, dass die Eigenschaft in der

DFM-Datei abgespeichert wird. Wollen Sie dies unterbinden, ordnen Sie der Eigenschaft mit Hilfe des Schlüsselwortes default den zugewiesenen Wert als neuen Vorgabewert zu.

Beispiel

```
procedure TContainer.SaveItems(writer: TWriter);
var i: Integer;
begin
  Writer.WriteListBegin;
  Writer.WriteInteger(FAnzahl);
  for i := 0 to FAnzahl-1 do
    Writer.WriteFloat(FItems.Werte[i]);
  Writer.WriteListEnd;
end;

procedure TContainer.LoadItems(reader: TReader);
var i, anzahl: Integer;
begin
  Reader.ReadListBegin;
  anzahl := Reader.ReadInteger;
  for i := 0 to Anzahl-1 do   begin
    Fitems.Werte[i] := Reader.ReadFloat;
    end;
  Reader.ReadListEnd;
end;

procedure TContainer.DefineProperties(Filer: TFiler);
begin
  inherited DefineProperties(Filer);
  Filer.DefineProperty('Dummy',LoadItems,SaveItems,True);
end;
```

Verweise

Siehe Object Pascal-Referenz, Kategorie Klassen, Eigenschaften

Array-Eigenschaften

Anwendung

Array-Eigenschaften sind nicht zu verwechseln mit Arrays von Eigenschaften. Array-Eigenschaften sind Eigenschaften, die selbst keine Arrays sind, aber deren Datentyp ein Array-Typ ist. Sie sind in Delphi erlaubt, können jedoch nicht als published deklariert werden, da der Objektinspektor nicht weiß, wie er diese Eigenschaften bearbeiten soll.

Mit Hilfe eines kleinen Umwegs kann man Array-Eigenschaften aber doch über den Objektinspektor zur Verfügung stellen:

Umsetzung

1. Deklarieren Sie eine Klasse als Kapselung eines Arrays (im folgenden Beispiel ist dies die Klasse TContainerItems). Stellen Sie in der Klasse einfach ein Array-Datenelement zur Verfügung und optional noch eine Array-Eigenschaft (Werte) zu dem Array-Datenelement (FWerte), die den Zugriff erleichtert (natürlich darf und kann die Array-Eigenschaft nicht als published deklariert werden).

```
TContainerItems = class
private
    FWerte: array[0..MaxWerte] of Extended;
    function GetWert(Index: Integer): Extended;
    procedure SetWert(Index: Integer; W: Extended);
protected
    property Werte[Index: Integer]: Extended
                            read GetWert write SetWert;
end;
```

2. In der eigentlichen Komponentenklasse (in diesem Beispiel als TContainer bezeichnet) setzen Sie eine Eigenschaft (Items) und ein privates Datenelement (FItems) für den Zugriff auf die Hilfsklasse auf.

```
TContainer = class(TComponent)
  private
    ...
    FItems: TContainerItems;
  published
    property Items: TContainerItems read FItems write FItems;
  end;
```

Der Objektinspektor greift nun über die Eigenschaft Items auf die TContainerItems-Instanz FItems zu, die als eingebettetes Datenelement das Array für die Container-Elemente enthält.

Um aber dem zugrunde liegenden Array über den Objektinspektor Elemente zuteilen zu können, müssen Sie noch einen Eigenschaftseditor für die Items-Eigenschaft implementieren und registrieren.

Verweise

Siehe Object Pascal-Referenz, Kategorie Klassen, Array-Eigenschaften
Siehe Eigenschaftseditor einrichten

Eigenschaftseditor einrichten

TPropertyEditor

Anwendung

Die Art und Weise, wie der Wert einer Eigenschaft im Objektinspektor dargestellt und bearbeitet werden kann, hängt – ganz abgesehen von den read- und write-Deklarationen – vom Datentyp der Eigenschaft ab:

Datentyp	Anzeige
Einfache Datentypen	Für einfache Datentypen, deren Variablen einen einzelnen Wert aufnehmen, wird direkt der Wert der jeweiligen Eigenschaft angezeigt. Umgekehrt kann der Benutzer direkt einen neuen Wert im Editierfeld des Objektinspektors eingeben.
Aufzählungstypen	Der Objektinspektor zeigt den Vorgabewert der Eigenschaft. Zusätzlich enthält das Objektinspektorfeld einen Schalter, über den eine Liste der möglichen Werte des Aufzählungstyps aufgeklappt wird. In dieser Liste kann der Benutzer einen neuen Wert auswählen.
Boolean	Wie für Aufzählungstypen mit den möglichen Werten True und False.
Mengentypen	Werden als Menge (in eckige Klammern gefasste Aufzählung der Elemente) angezeigt und editiert.
Klassentypen	Können nicht automatisch bearbeitet werden. Zur Bearbeitung von Klassentypen können aber Eigenschafts-Editoren deklariert werden, die dann über den Schalter im zugehörigen Objektinspektorfeld aufgerufen werden.
Arrays	Können nicht angezeigt werden.

Um eingebettete Klassenobjekte mit Hilfe des Objektinspektors bearbeiten zu können, muss also ein entsprechender Eigenschafts-Editor definiert und registriert werden.

Umsetzung

1. Deklaration des Eigenschafts-Editors. Eigenschafts-Editoren werden als Klassen definiert und als solche von der Klasse TPropertyEditor oder einer der weiter spezialisierten Eigenschafts-Editorklassen abgeleitet.

   - Um die Basisklassen für die Eigenschafts-Editoren zur Verfügung zu stellen, müssen Sie die Unit DsgnIntf einbinden. Steht Ihnen der Quelltext zu den Units zur Verfügung, können Sie sich in dieser Unit (*Delphi/Source/ToolsApi/Dsgn-Intf.pas*) auch über die spezialisierten Basisklassen informieren. Oder Sie kompilieren das Projekt nach Einbinden der Unit und rufen den Browser auf, um sich über die zur Verfügung stehenden Eigenschafts-Editorklassen und ihre Methoden zu informieren.

2. Implementierung der Methoden zur Bearbeitung der Eigenschaft. Um ein Dialogfenster zur Bearbeitung der Eigenschaft einzurichten, müssen Sie die Prozedur Edit überschreiben, in der Sie das Dialogfenster zur Bearbeitung der Eigenschaft aufrufen.

- Als Alternative zum Dialogfenster können Sie Eigenschaften auch als Strings bearbeiten, wobei Sie die Methoden GetValue und SetValue überschreiben. In diesen Methoden sorgen Sie für die korrekte Konvertierung der Datenelemente in Strings und wieder zurück, wobei Ihnen die vordefinierten Methoden ihrer Editorbasisklasse von Nutzen sein können.

3. Festlegen der Editor-Attribute. Die Editor-Attribute dienen zur Informierung des Objektinspektors, damit dieser weiß, welche Hilfsmittel der Editor einsetzt. Überschreiben Sie dazu einfach die Funktion GetAttributes, die eine Kombination der folgenden Werte zurückliefert:

Flag	Bedeutung
paValueList	Editor kann eine Liste von Aufzählungswerten ausgeben (Methode GetValues).
paSubProperties	Editor kann Untereigenschaften anzeigen (Methode GetProperties).
paDialog	Editor kann Dialog anzeigen (Methode Edit).
paMultiSelect	Eigenschaft soll angezeigt werden, wenn der Benutzer mehrere Komponenten ausgewählt hat.

4. Registrieren des Eigenschafts-Editors. Zur Registrierung wird die Prozedur RegisterPropertyEditor aufgerufen und das Package neu kompiliert (Aufruf des Package-Editor über *Komponente/Packages installieren*).

```
RegisterPropertyEditor( TypeInfo(Typ_der_Eigenschaft),
                        Typ_der_Komponente,
                        'Name_der_Eigenschaft',
                        Typ_des_Editors)
```

Parameter	Bedeutung
Typ_der_Eigenschaft	Mit Hilfe der Funktion TypeInfo wird ein Zeiger auf eine Typinformation zu der zu editierenden Eigenschaft zurückgeliefert.
Typ_der_Komponente	Danach wird der Komponententyp angegeben, für den der Editor registriert wird. Wenn Sie hier nil angeben, wird der Editor für alle Eigenschaften des spezifizierten Typs registriert – unabhängig davon, in welcher Komponente sie deklariert sind.
Name_der_Eigenschaft	Haben Sie im vorangehenden Parameter einen Komponententyp spezifiziert, können Sie hier den Einsatzbereich des Editors weiter einschränken, indem Sie den Editor nur für eine bestimmte Eigenschaft registrieren lassen, statt für alle Eigenschaften des spezifizierten Typs.
Typ_des_Editors	Klassentyp des zu registrierenden Editors.

Beispiel

```
unit Container;
interface
uses DsgnIntf, Komp_dlg, Dialogs …;
type TItemsPropEditor = class (TPropertyEditor)
        function GetAttributes: TPropertyAttributes; override;
        procedure Edit; override;
        end;

    TContainerItems = class
      ...
      end;

    TContainer = class(TComponent)
      ...
      property Items: TContainerItems read FItems write FItems;
      end;

procedure Register;

implementation

constructor TContainer.Create(AOwner: TComponent);
var i : Integer;
begin
  inherited Create(AOwner);
  FItems:= TContainerItems.Create;
  for i:= 0 to 4 do
    FItems.FWerte[i]:= i;
  ...
end;

function TItemsPropEditor.GetAttributes: TPropertyAttributes;
begin
  Result := [paDialog];
end;

procedure TItemsPropEditor.Edit;
var i: Integer;
begin
  OKRightDlg:= TOKRightDlg.Create(Application);
  OKRightDlg.Combobox1.Sorted := False;
  OKRightDlg.ComboBox1.Clear;
  with GetComponent(0) as TContainer do
    for i:= 0 to Count-1 do
      OKRightDlg.ComboBox1.Items.Add(FloatToStr(FItems.Werte[i]));

  if OKRightDlg.ShowModal = IdOK then
    begin
    with GetComponent(0) as TContainer do
```

```
    begin
    for i:=0 to OKRightDlg.Combobox1.Items.Count-1 do
      begin
      Items.Werte[i]:= StrToFloat(OKRightDlg.Combobox1.Items[i]);
      end;
    end;
  end;
end;

procedure Register;
begin
  RegisterComponents('Beispiele', [TContainer]);
  RegisterPropertyEditor(TypeInfo(TContainerItems),
                         TContainer,'Items',
                         TItemsPropEditor);
end;
end.
```

Tipp

Eigenschafts-Editoren werden für die Eigenschaften einer Komponente oder für alle Eigenschaften eines Typs registriert.

Die Bearbeitung einer Eigenschaft mit einem Eigenschafts-Editor erfolgt entweder in Form von Text-Strings oder mit Hilfe von Dialogfenstern.

Verweise

Siehe Array-Eigenschaften

Symbole für Komponenten

*.dcr

Anwendung

Wenn Sie eine eigene Komponente erstellen, gibt es für die Darstellung der Komponente in der Komponentenpalette drei Möglichkeiten.

- Handelt es sich um ein abgeleitetes Objekt einer existierenden Komponente aus der Komponentenpalette, erhält sie dasselbe Symbol wie ihre Basisklasse.

- Ist der Vorfahre hingegen eine Basisklasse, für die kein Symbol registriert ist, erscheint ein von Delphi definiertes Standardsymbol.

- Sie registrieren ein eigenes Symbol für die Komponente.

Umsetzung

Erzeugen Sie ein Bitmap, das die Komponente in der Komponentenpalette reprä-sentiert. Rufen Sie hierzu den Bildeditor auf und öffnen Sie eine neue DCR-Datei. Kreieren Sie ein intuitiv verständliches Symbol, wobei Sie beachten sollten, dass

- das Bitmap den gleichen Namen (in Großbuchstaben) wie die Komponente er-hält;

- die DCR-Datei den gleichen Namen wie die Unit der Komponente erhält und auch im gleichen Verzeichnis abgelegt wird;

- das Bitmap 28 x 28 Pixel groß sein sollte;

- das Bitmap mit 16 Farben auskommen sollte, damit es auch auf Bildschirmen mit geringer Farbauflösung erkennbar ist.

Komponentenbibliothek kann nicht kompiliert werden

Anwendung

Sie haben eine eigene Komponente aufgesetzt und versucht, die Komponente über den Befehl *Komponente/Komponente installieren* zu kompilieren und in die Kom-ponentenpalette aufzunehmen. Delphi ist allerdings auf einen Syntaxfehler in der Komponente gestoßen und hat den Vorgang abgebrochen.

Umsetzung

1. Korrigieren Sie den Quelltext.

2. Speichern Sie die Unit der Komponente.

3. Klicken Sie im Fenster *Package* auf den Schalter *Compil*, um die Kompilierung und Registrierung wieder aufzunehmen.

Tipp

Das Dialogfenster *Package* können Sie über den Befehl *Packages installieren* im Menü *Komponente* aufrufen. Wählen Sie dazu in dem erscheinenden Dialogfenster das gewünschte Package aus und drücken Sie den Schalter *Bearbeiten*.

Kategorie: Systemprogrammierung

Ports und serielle Schnittstelle

CreateFile('COM1'...

Anwendung

Unter 16-Bit-Windows hatten die Programmierer noch direkten Zugriff auf die Ports des PCs. Unter 32-Bit-Windows unterbindet das Betriebssystem diese direkten Zugriffe. Um unter Windows 95/98/NT oder 2000 auf einen Port, beispielsweise die serielle Schnittstelle, zugreifen zu können, muss man entweder:

- in die Tiefen der Assembler-Programmierung hinabsteigen (siehe Beispiel) oder
- die API-Funktion CreateFile verwenden.

Umsetzung

Wenn Sie die API-Funktion CreateFile verwenden, um auf eine serielle Schnittstelle zuzugreifen:

- Öffnen Sie die Schnittstelle mit CreateFile.
- Verwenden Sie ReadFile und WriteFile oder die API-Communication-Funktionen (BuildCommDCB, ClearCommError, GetCommState, SetCommState) zum Datenaustausch über die Schnittstelle.
- Schließen Sie die Schnittstelle mit CloseHandle (gibt die Schnittstelle wieder für andere Anwendungen frei).

Beispiel

Mit den folgenden zwei Funktionen können Sie sowohl unter 16-Bit- als auch unter 32-Bit-Windows auf einen Port zugreifen:

```
function InPort(PortAddr: word): byte;
{$IFDEF WIN32}
  assembler; stdcall;
  asm
    mov dx,PortAddr
    in al,dx
```

```
  end;
{$ELSE}
  begin
  Result := Port[PortAddr];
  end;
{$ENDIF}

procedure OutPort(PortAddr: word; Databyte: byte);
{$IFDEF WIN32}
  assembler; stdcall;
  asm
    mov al,Databyte
    mov dx,PortAddr
    out dx,al
  end;
{$ELSE}
  begin
  Port[PortAddr] := DataByte;
  end;
{$ENDIF}
```

Systemzeit abfragen

Time

Umsetzung

Um die aktuelle Uhrzeit abzufragen, brauchen Sie nur die Funktion Time (aus SysUtils) aufzurufen, die ihnen die Zeit in Form einer TDateTime-Struktur zurückliefert.

Um die Zeit als String auszugeben, müssen Sie die TDateTime-Struktur mit TimeToStr in einen String umwandeln (Das Format kann über die globale Variable LongTimeFormat angepasst werden).

Beispiel

```
var zeit : TDateTime;
    str_zeit : string;
begin
  zeit := Time;
  str_zeit := TimeToStr(zeit);
```

Windows beenden oder neu starten

ExitWindows

Umsetzung

Manchmal benötigen Sie nach einer Installation oder Ähnlichem einen System-neustart. Dazu verhilft Ihnen die API-Funktion `ExitWindows`. Mit ihr führen Sie ent-weder einen Neustart von Windows

```
ExitWindows(0, EW_RESTARTWINDOWS);
```

oder sogar Ihres Rechners

```
ExitWindows(0, EW_REBOOTSYSTEM);
```

durch. Der Rückgabewert der Funktion ist nur dann interessant, wenn Windows nicht beendet werden kann. Dann liefert er den Wert 0.

Bildschirmschoner ausschalten

SystemParametersInfo

Anwendung

Manche Berechnungen im Hintergrund sind sehr zeitaufwändig. Nichts passiert auf dem Bildschirm, an der Tastatur oder der Maus. Plötzlich schaltet sich der Bild-schirmschoner ein und klaut einen Teil der Systemressourcen. In einem solchen Fall ist es sinnvoll, den Bildschirmschoner vor der Berechnung aus- und danach wieder einzuschalten.

Umsetzung

Dazu verwenden Sie die API-Funktion `SystemParametersInfo`. Mit Hilfe des Befehls Nummer 17, symbolisch der Wert `SPI_SETSCREENSAVEACTIVE`, haben Sie Zugriff auf den Status des Bildschirmschoners.

Um ihn einzuschalten, verwenden Sie

```
SystemParametersInfo( SPI_SETSCREENSAVEACTIVE, 1, Nil, 0);
```

und um ihn auszuschalten entsprechend

```
SystemParametersInfo(SPI_SETSCREENSAVEACTIVE, 0, Nil, 0);
```

Registrierung verwenden

TRegistry

Anwendung

Die Windows-Registrierdatenbank erfüllt zwei wichtige Aufgaben:

- Windows speichert hier alle system-relevanten Informationen (beispielsweise welche Anwendungen installiert sind).

- Die Anwendungen können die Datenbank zum Ablegen von anwendungsspezifischen Daten nutzen.

Umsetzung

Angenommen, Sie möchten beim Schließen einer Anwendung die aktuelle Position des Hauptfensters abspeichern, damit das Fenster beim nächsten Aufruf der Anwendung genau an dieser Position wieder angezeigt wird.

1. Binden Sie die Unit Registry ein.

```
implementation
uses registry;
```

2. Bearbeiten Sie das Ereignis OnClose. Öffnen Sie in der Ereignisbehandlungsroutine einen zu HKEY_LOCAL_MACHINE untergeordneten Schlüssel »\Software\MeineFirma\Anwendung\Pos«.

- Sie müssen dazu die Methode Openkey aufrufen, deren zweiten Parameter Sie True übergeben (bewirkt, dass der untergeordnete Schlüssel neu eingerichtet wird, wenn er noch nicht vorhanden ist).

- Mit Hilfe der Methode WriteInteger schreiben Sie die aktuellen Fensterkoordinaten in die Registrierdatenbank.

```
procedure TForm1.FormClose(Sender: TObject; var Action: TCloseAction);
var Reg: TRegistry;
begin
  Reg := TRegistry.Create;
  try
    Reg.RootKey := HKEY_LOCAL_MACHINE;
    if Reg.OpenKey('\Software\MeineFirma\Anwendung\Pos', True) then
      begin
      Reg.WriteInteger('Links',Left);
      Reg.WriteInteger('Oben',Top);
      end;
  finally
    Reg.CloseKey;
    Reg.Free;
```

```
      end;
   end;
```

3. Bearbeiten Sie das Ereignis OnShow. Öffnen Sie in der Ereignisbehandlungsroutine den zu HKEY_LOCAL_MACHINE untergeordneten Schlüssel »\Software\MeineFirma\Anwendung\Pos«.

- Übergeben Sie der Methode Openkey dabei als zweites Argument False und lesen Sie die Positionsangaben nur dann, wenn der Schlüssel gefunden wurde.

- Mit Hilfe der Methode ReadInteger lesen Sie die letzten Fensterkoordinaten aus der Registrierdatenbank ein.

```
procedure TForm1.FormShow(Sender: TObject);
var Reg: TRegistry;
begin
   Reg := TRegistry.Create;
   try
      Reg.RootKey := HKEY_LOCAL_MACHINE;
      if Reg.OpenKey('\Software\MeineFirma\Anwendung\Pos', False) then
         begin
         Left := Reg.ReadInteger('Links');
         Top  := Reg.ReadInteger('Oben');
         end;
   finally
      Reg.CloseKey;
      Reg.Free;
   end;
end;
```

Systemmenü anpassen

GetSystemMenu

Anwendung

Mit Hilfe der API-Funktion GetSystemMenu können Sie auf das Systemmenü Ihrer Anwendung zugreifen. Mit Hilfe der API-Funktionen GetMenuItemID, ModifyMenu, RemoveMenu und InsertMenu können Sie das Systemmenü verändern.

Beispiel

Das folgende Beispiel entfernt den Menüpunkt *Maximieren* aus dem Systemmenü.

```
Var Handle, Handle2: THandle;
```

```
Handle := GetSystemMenu(Self.Handle, False);
Handle2 := GetMenuItemID(Handle, 4);
RemoveMenu(Handle,4,MF_BYPOSITION);
```

Windows-Informationen abfragen

Get...

Anwendung

Ihre Anwendung benötigt detaillierte Informationen über das System und den Rechner, auf dem es ausgeführt wird. Dann müssen Sie auf die entsprechenden API-Routinen zugreifen.

Hier eine kleine Auswahl:

API-Funktion	Informationen über
GetSystemInfo	System und Prozessor
GetUserName	Aktuell eingeloggter Anwender
GetVolumeInformation	Festplatte
GetVersionEx	Betriebssystem-Version
GlobalMemoryStatus	Speicher

Tipp

Für eine vollständige Beschreibung dieser Funktionen schlagen Sie bitte in der Win32-SDK-Referenz aus dem MS SDK-Hilfeordner nach.

Andere Programme abschießen

SendMessage(handle, WM_CLOSE, 0, 0)

Anwendung

Stellen Sie sich vor, Sie haben ein phänomenales Grafikprogramm geschrieben. Dieses Grafikprogramm ist so gut, dass es nicht erträgt, wenn das Paint-Programm aus dem Windows-Zubehör mit ihm zusammen auf einem Rechner ausgeführt wird. Aus diesem Grunde hält es beim Programmstart nach eventuell in der Ausführung befindlichen Instanzen von Paint Ausschau und schießt diese ab.

Beispiel

```
procedure TForm1.FormCreate(Sender: TObject);
var hPrg : HWND;
begin
  hPrg := FindWindow('MSPaintApp',0);
  while hPrg <> 0 do begin
    SendMessage(hPrg,WM_CLOSE,0,0);
    hPrg := FindWindow('MSPaintApp',0);
    end;
end;
```

Tipp

Wenn Sie alle Anwendungen schließen wollen, verwenden Sie die API-Funktion GetNextWindow.

Kategorie: Sonstiges

Kommandozeilenargumente verarbeiten

ParamCount, ParamStr

Anwendung

Die meisten Konsolenprogramme können Parameter von der Kommandozeile verarbeiten. Aber auch manche Windows-Anwendungen können über die Kommandozeile konfiguriert werden.

Mit Hilfe der Object Pascal-Routinen `ParamCount` und `ParamStr` können Sie ermitteln, welche Kommandozeilenargumente Ihrer Anwendung übergeben wurden.

Umsetzung

Die Funktion `ParamCount` liefert Ihnen die Anzahl der Kommandozeilenargumente (wobei der Programmname mitgerechnet wird).

Die Funktion `ParamStr(index)` liefert das index-te Argument als String zurück. Der Programmname hat den Index 0.

Beispiel

```
for i := 0 to ParamCount do
   writeln(ParamStr(i));
```

Verweise

Siehe Kategorie Dateien, Dateien kopieren

Warteschleifen

Sleep, GetTickCount

Anwendung

Wenn Sie die Programmausführung einmal für einen kurzen Moment unterbrechen wollen, verfallen Sie ja nicht auf die Idee, eine Warteschleife zu programmieren, in der irgendeine zeitaufwändige Berechnung durchgeführt wird. Auf diese Weise ist die Länge Ihrer Pause nämlich von der Prozessorleistung abhängig.

(Man sollte es zwar nicht glauben, aber man findet immer wieder ältere Shareware, die Pausen auf diese Weise realisieren. Ich habe ein Memory-Spiel, bei dem das Programm, wenn es am Zug ist, zwei Karten aufdeckt, für einige Sekunden aufgedeckt lässt und dann wieder umdreht – wenn man das Programm auf einem Pentium mit weniger als 100 MHz ausführt. Auf schnelleren Rechnern werden die Karten so schnell auf- und zugedeckt, dass man glauben könnte, der Rechner will schummeln.)

Umsetzung

Um eine Anwendung für eine bestimmte Zeit schlafen zu legen, ruft man am einfachsten die API-Funktion Sleep auf:

```
for i:= 0 to 10 do
  begin
  sleep(1000);        // 1 Sekunde warten
  Canvas.TextOut(10,10,IntToStr(i));
  end;
```

Wenn Sie eigene Wartefunktionen aufsetzen möchten, greifen Sie für Ihre Pausen die Systemzeit ab, nutzen Sie den Zeitgebermechanismus (TTimer) oder verwenden Sie die API-Funktion GetTickCount, die Ihnen die Anzahl an Millisekunden zurückliefert, die seit dem Start von Windows vergangen sind.

```
procedure Warten(ms : LongInt);
var start : LongInt;
begin
  start := GetTickCount;
  repeat
    Application.ProcessMessages;
  until (GetTickCount - ms) > start;
end;
```

Zufallszahlen

Random

Anwendung

Ein recht häufiges und sehr interessantes Problem bei der Programmierung ist die Erzeugung von Zufallszahlen. Zufallszahlen werden nicht nur für die Umsetzung etlicher Programmieraufgaben benötigt, sie werden häufig auch zum Testen von Programmen eingesetzt.

Umsetzung

Eine zufällige Zahlenfolge ist eine Folge von Zahlen, die sich auch nach Tausenden von Zahlen noch nicht wiederholt und hinter der kein System zu erkennen ist. Wie sich eine solche Folge erzeugen lässt, kann man in guten Büchern zur Algorithmiklehre nachlesen. Für die Praxis reicht es meist zu wissen, dass in der Laufzeitbibliothek bereits zwei leistungsfähige Funktionen zur Erzeugung von Zufallszahlen definiert sind.

Routine	Beschreibung
Random	`function Random [ ( Range: Integer) ];` Die Funktion `Random` erzeugt eine ganzzahlige Pseudo-Zufallszahl. Die erzeugte Zahl liegt im Bereich zwischen `0 <= zahl < 1` bzw. `0 <= zahl < Range`, falls Sie einen oberen Grenzwert angeben. Unit System
RandG	`function RandG(Mean, StdDev: Extended): Extended;` Liefert Zufallszahlen, die normalverteilt sind. Normalverteilte Zufallszahlen sind Zahlen, deren Häufigkeit durch eine Normalverteilung gekennzeichnet ist (siehe 10-DM-Schein). Die Normalverteilung wird durch ihren Mittelwert und die Standardabweichung gegeben. Je kleiner die Standardabweichung, umso häufiger und umso dichter liegen die Zufallswerte in der Nähe des Mittelwertes. Unit Math

Warnung

Die Funktionen liefern per Voreinstellung die immer gleiche Folge von Zufallszahlen, was insbesondere für das Debuggen von Programmen sehr wichtig ist. Um bei jedem Programmstart eine neue Zahlenfolge zu erhalten, muss man den Zufallsgenerator initialisieren.

- Weisen Sie dazu der Variablen `RandSeed` wechselnde Werte zu. Üblicherweise fragt man dazu die Systemzeit ab:

```
RandSeed := DateTimeToTimeStamp(Time).Time;
```

- Statt die Systemzeit selbst abzufragen und zuzuweisen, können Sie auch gleich die vordefinierte Prozedur Randomize (Unit System) aufrufen, die für Sie den Zufallsgenerator mit der Systemzeit initialisiert.

Beispiel

```
program Zufallszahlen;
{$APPTYPE CONSOLE}
uses sysutils, math;

type TFeld10 = array[1..10] of Integer;

var feld :  TFeld10;
    i : Integer;

begin
  randomize;  // zum Debuggen auskommentieren

  for i:= 1 to High(feld) do
    feld[i] := Random(20);

  for i:= 1 to High(feld) do
    writeln(i,'-tes Element:'#09, feld[i]);

  readln;
end.
```

Verweise

Siehe Object Pascal, Arrays sortieren

Installationsroutinen erstellen

InstallShield

Anwendung

Wenn Sie komplexere Anwendungen vertreiben, sollten Sie sich nicht die Mühe machen, eine eigene Installationsroutine aufzusetzen – lassen Sie diese Aufgabe von InstallShield Express erledigen (wird ab der Professional-Version zusammen mit Delphi ausgeliefert).

Für die Weitergabe von Programmen, die die BDE nutzen, ist der Einsatz des InstallShield Express sogar von Borland vorgeschrieben, da der Express dafür sorgt, dass alle benötigten BDE-Dateien korrekt installiert werden.

Umsetzung

1. Bereiten Sie Ihre Programmdateien für die Einrichtung der Installationsroutine vor. Der InstallShield gruppiert die zu kopierenden Dateien in zweierlei Hinsicht:

   - Zum einem danach, welche Dateien gemeinsam in welches Verzeichnis kopiert werden sollen (beispielsweise die Anwendungsdateien (.exe, .txt) in das Anwendungsverzeichnis und die verwendeten DLLs in das Windows-Systemverzeichnis).

   - Zum anderen danach, welche Komponenten für welche Setup-Typen kopiert werden sollen. (Die Setup-Typen kennen Sie bereits von der Delphi-Installation: es sind die Vorgaben: *Vollständig*, *Minimal*, *Benutzerdefiniert*. Durch die Definition von Komponenten können Sie festlegen, aus welcher Kombination von Dateien diese Setup-Typen zusammengesetzt werden sollen.

Aus diesem Grund ist es vorteilhaft, wenn auch nicht zwingend erforderlich, dass Sie Ihre zu kopierenden Dateien, vor der Einrichtung des Setups auf Ihrer Festplatte ebenfalls in Gruppen (also Unterverzeichnisse) aufteilen, sodass Sie nachher nur anzugeben brauchen: alle Dateien aus diesem Verzeichnis sollen ins Windows-Verzeichnis kopiert werden, alle Dateien aus diesem Verzeichnis nach ... und so fort.

2. Rufen Sie den InstallShield Express über *Start/Programme* auf und erstellen Sie ein neues Setup-Projekt.

3. Im Dialogfeld *Neues Projekt* geben Sie an, wie Ihr Installationsprojekt heißen und in welchem Verzeichnis es abgelegt werden soll (beispielsweise in einem Unterverzeichnis des Programms, für das die Installationsroutine erzeugt werden soll). Wenn Sie eine Auswahl der Setup-Typen *Benutzer*, *Standard* und *Minimal* einrichten wollen, markieren Sie die Option Benutzerdefinierte Installation zulassen.

Daraufhin erscheint eine Checkliste. Zu jedem übergeordneten Punkt gibt es ein eigenes Dialogfeld, dessen Seiten den Unterpunkten entsprechen. Welche Punkte Sie bereits bearbeitet haben, wird durch Häkchen vor den Punkten angezeigt. Wenn Sie alle Punkte bearbeitet haben, ist Ihre Installationsroutine fertig.

Alle Dialogfelder und Einstellmöglichkeiten sind in den Hilfetexten zu den Dialogfeldern beschrieben, sodass ich hier nur kurz auf die wichtigsten Punkte eingehen werde.

4. **Anwendungsinformation.** In dem Dialogfeld zu dem Punkt Anwendungsinformation legen Sie zuerst den Anwendungsnamen fest.

   Als Nächstes drücken Sie den Schalter *Durchsuchen*, um die ausführbare Datei (.exe) der Anwendung auszusuchen. Der Pfad zu der Datei wird dabei vom InstallShield Express in dem Platzhalter [Programme] abgespeichert.

   Auch das Zielverzeichnis, unter dem Ihre Anwendung installiert werden soll, wird standardmäßig mit Hilfe eines Platzhalters definiert.

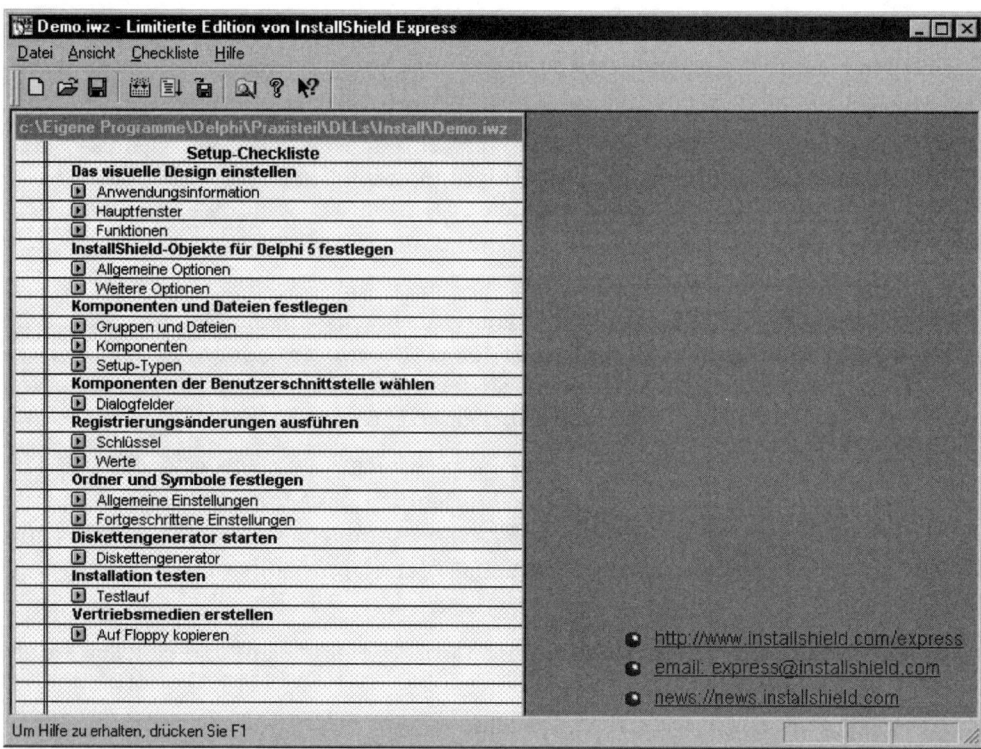

Dass der InstallShield Express mit Platzhaltern arbeitet, liegt einfach darin begründet, dass viele Verzeichnisse (Windows-Verzeichnis, Windows-System-Verzeichnis und Zielverzeichnis der Installation) bei Erstellung des Installationsprojekts nicht bekannt sind, da sie auf dem Rechner des Benutzers existieren oder erst bei der Installation vom Benutzer definiert werden. Der InstallShieldExpress verwendet daher die folgenden Platzhalter:

Platzhalter	Verzeichnis
<INSTALLDIR>	Das vom Anwender ausgewählte Zielverzeichnis. Eine entsprechende Vorgabe für dieses Verzeichnis wird vom Programmierer bei der Einrichtung des Setups vorgesehen.
<WINDIR>	Das Windows-Verzeichnis.
<WINSYSDIR>	Das Windows-Systemverzeichnis (meist C:\WINDOWS\SYSTEM).
<WINSYS16DIR>	16-Bit-Systemverzeichnis unter Windows NT (unter Win95 oder Win16 ist dieser Platzhalter identisch zu <WINSYSDIR>).
<WINDISK>	Festplattenlaufwerk, auf dem Windows installiert ist.
<WINSYSDISK>	Festplattenlaufwerk, auf dem das Windows-Systemverzeichnis installiert ist.
<ProgramFilesDir>	Verzeichnis der Programmdateien (standardmäßig ist dies C:\PROGRAMME).

\<CommonFilesDir\>	Allgemeines Dateiverzeichnis (standardmäßig ist dies C:\PRO-GRAMME\GEMEINSAME DATEIEN).
\<FONTDIR\>	Verzeichnis der Systemschriftarten (meist C:\WINDOWS\FONTS).
\<SRCDIR\>	Quellverzeichnis der zu kopierenden Dateien.
\<SUPPORTDIR\>	Vom Express angelegtes temporäres Verzeichnis.

5. **Hauptfenster.** Hiermit ist nicht das Hauptfenster der Anwendung gemeint, sondern das Hauptfenster der Installationsroutine. Dessen Erscheinungsbild können Sie hier anpassen.

6. **Allgemeine und fortgeschrittene Optionen.** Auf diesen Seiten können Sie angeben, welche besonderen Bibliotheken Sie verwenden (BDE, SQL-Links, dynamische RTL). Wenn Sie eine dieser Bibliotheken nutzen, müssen Sie die zugehörigen Borland-Module, die nicht in Ihre .exe-Datei eingebunden wurden, mit Ihrer Anwendung ausliefern. Entsprechende Verweise auf diese Module finden Sie auf der Seite Fortgeschritten.

7. **Gruppen und Dateien.** Auf dieser Seite legen Sie nun endlich fest, welche Dateien in welche Zielverzeichnisse kopiert werden.

Für jedes Zielverzeichnis legen Sie eine eigene Dateigruppe an (mit Hilfe des Schalters *Neue Gruppe*). In dem daraufhin erscheinenden Dialog geben Sie einen Gruppennamen an und spezifizieren das Zielverzeichnis. Um Ihre Programmdateien auf die Gruppen aufzuteilen, drücken Sie den Schalter *Dateien hinzufügen*.

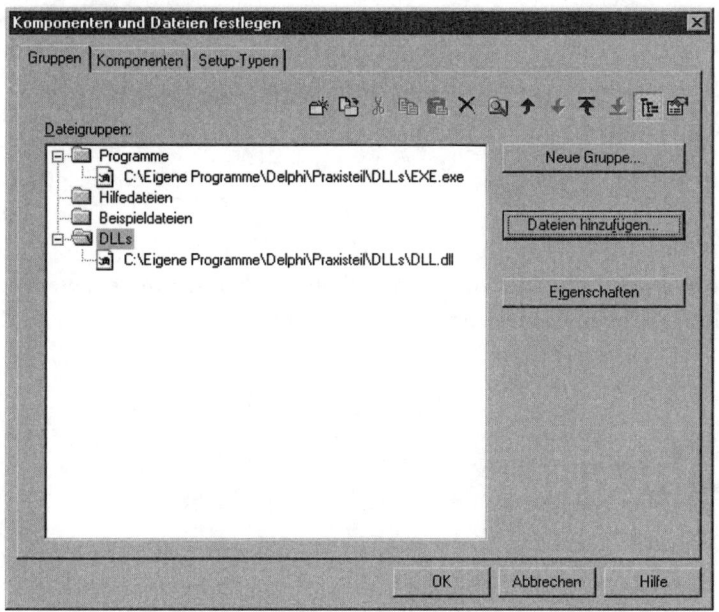

8. **Komponenten und Setup-Typen.** Auf diesen Dialogseiten können Sie zusätzlich zur Komplettinstallation auch noch eine Minimalinstallation und ein benutzerdefiniertes Setup einrichten. Durch die Definition von so genannten Komponenten können Sie dann festlegen, in welchen Kombinationen die einzelnen Dateien unter den jeweiligen Setup-Typen installiert werden sollen.

9. **Dialogfelder.** Hier klicken Sie einfach an, welche Dialogfenster im Laufe der Installation angezeigt werden sollen. Wenn Sie mit einem Eintrag in der linken Liste nichts anfangen können, klicken Sie ihn einfach an und das zugehörige Dialogfenster wird rechts angezeigt.

10. **Schlüssel und Werte.** Wollen Sie zu den vom InstallShieldExpress automatisch in die Registrierdatenbank eingefügten Informationen noch weitere Werte eintragen, können Sie hier Ihre Schlüssel-Wert-Kombinationen eintragen. Folgende Informationen werden vom InstallShieldExpress automatisch hinzugefügt:

   - Einträge für Deinstallation

   - Anwendungspfad

   - Benutzerinformationen (Name, Firma, Seriennummer)

11. **Allgemeine und fortgeschrittene Einstellungen.** Auf diesen Seiten richten Sie die Programmgruppe zu Ihrer Anwendung ein.

12. **Diskettengenerator.** Zum Abschluss des Setups starten Sie den Diskettengenerator und speichern das Setup-Projekt. Sollten Warnungen oder Fehler auftreten, kontrollieren Sie Ihre Einstellungen.

13. **Testlauf.** Lassen Sie das Setup jetzt zur Kontrolle einmal auf Ihrem Computer ausführen. Prüfen Sie, ob die Dialogfenster Ihrer Erwartung entsprechen, ob die Programmgruppe korrekt angelegt und ob das Programm lauffähig installiert wurde.

14. **Auf Floppy kopieren.** Lassen Sie die Setup-Dateien jetzt auf eine Diskette oder in ein Festplattenverzeichnis kopieren.

15. **Speichern Sie das Projekt.**

Warnung

Testen Sie die Installation und das Programm unbedingt auch auf einem zweiten Computer, auf dem Delphi nicht installiert ist.

Komplexe Zahlen

Anwendung

Delphi kennt keine Unterstützung für komplexe Zahlen. Die folgende Implementierung stellt die grundlegendsten Operationen zur Verfügung, sodass man wenigstens einfache Berechnungen mit komplexen Zahlen (wie etwa die Berechung eines Fraktals, siehe Kategorie Grafikprogrammierung) durchführen kann.

Beispiel

```
type
  TComplex = class
    real, img : double;
  public
    constructor Create(r, i : Double); overload;
    function Betrag : Double;
    procedure Addieren(c : TComplex);
    procedure Multiplizieren(c : TComplex);
  end;

Implementation
uses Math;

constructor TComplex.Create(r, i : Double);
begin
  real := r;
  img := i;
end;

function TComplex.Betrag : Double;
begin
  Result := sqrt(real*real + img*img)
end;

procedure TComplex.Addieren(c : TComplex);
begin
  real := real + c.real;
  img  := img  + c.img;
end;

procedure TComplex.Multiplizieren(c : TComplex);
var tmp : Double;
begin
  tmp := real*c.real - img*c.img;
  img  := real*c.img  + img*c.real;
  real := tmp;
end;
```

Verweise

Siehe Grafik- und Spieleprogrammierung, Fraktale

Anhang A

ASCII-Tabelle

Dec	Hex	Zeichen	Dec	Hex	Zeichen	Dec	Hex	Zeichen	Dec	Hex	Zeichen
0	00	NUL	32	20	SP	64	40	@	96	60	`
1	01	SOH	33	21	!	65	41	A	97	61	a
2	02	STX	34	22	"	66	42	B	98	62	b
3	03	ETX	35	23	#	67	43	C	99	63	c
4	04	EOT	36	24	$	68	44	D	100	64	d
5	05	ENQ	37	25	%	69	45	E	101	65	e
6	06	ACK	38	26	&	70	46	F	102	66	f
7	07	BEL	39	27	'	71	47	G	103	67	g
8	08	BS	40	28	(	72	48	H	104	68	h
9	09	HT	41	29	)	73	49	I	105	69	i
10	0A	NL	42	2A	*	74	4A	J	106	6A	j
11	0B	VT	43	2B	+	75	4B	K	107	6B	k
12	0C	NP	44	2C	,	76	4C	L	108	6C	l
13	0D	CR	45	2D	-	77	4D	M	109	6D	m
14	0E	SO	46	2E	.	78	4E	N	110	6E	n
15	0F	SI	47	2F	/	79	4F	O	111	6F	o
16	10	DLE	48	30	0	80	50	P	112	70	p
17	11	DC1	49	31	1	81	51	Q	113	71	q
18	12	DC2	50	32	2	82	52	R	114	72	r
19	13	DC3	51	33	3	83	53	S	115	73	s
20	14	DC4	52	34	4	84	54	T	116	74	t

Dec	Hex	Zeichen	Dec	Hex	Zeichen	Dec	Hex	Zeichen	Dec	Hex	Zeichen
21	15	NAK	53	35	5	85	55	U	117	75	u
22	16	SYN	54	36	6	86	56	V	118	76	v
23	17	ETB	55	37	7	87	57	W	119	77	w
24	18	CAN	56	38	8	88	58	X	120	78	x
25	19	EM	57	39	9	89	59	Y	121	79	y
26	1A	SUB	58	3A	:	90	5A	Z	122	7A	z
27	1B	ESC	59	3B	;	91	5B	[	123	7B	{
28	1C	FS	60	3C	<	92	5C	\	124	7C	|
29	18	CAN	61	3D	=	93	5D	]	125	7D	}
30	19	EM	62	3E	>	94	5E	^	126	7E	~
31	1A	SUB	63	3F	?	95	5F	_	127	7F	DEL

Anhang B

ANSI-Tabelle

In den Zeichen 32 bis 127 ist die ANSI-Tabelle identisch zur ASCII-Tabelle. Für die weiteren Zeichen 128 bis 255 gibt es verschiedene Codeseiten. Welche Codeseite verwendet wird, hängt von der Konfiguration des Betriebssystems und der jeweiligen Anwendung ab. Die nachfolgende Kodierung ist typisch für deutsche Installationen.

Dec	Hex	Zeichen	Dec	Hex	Zeichen	Dec	Hex	Zeichen	Dec	Hex	Zeichen
128	80	_	160	A0		192	C0	À	224	E0	à
129	81	_	161	A1	¡	193	C1	Á	225	E1	á
130	82	,	162	A2	¢	194	C2	Â	226	E2	â
131	83	ƒ	163	A3	£	195	C3	Ã	227	E3	ã
132	84	„	164	A4	¤	196	C4	Ä	228	E4	ä
133	85	…	165	A5	¥	197	C5	Å	229	E5	å
134	86	†	166	A6	¦	198	C6	Æ	230	E6	æ
135	87	‡	167	A7	§	199	C7	Ç	231	E7	ç
136	88	^	168	A8	¨	200	C8	È	232	E8	è
137	89	‰	169	A9	©	201	C9	É	233	E9	é
138	8A	Š	170	AA	ª	202	CA	Ê	234	EA	ê
139	8B	‹	171	AB	«	203	CB	Ë	235	EB	ë
140	8C	Œ	172	AC	¬	204	CC	Ì	236	EC	ì
141	8D	_	173	AD	-	205	CD	Í	237	ED	í
142	8E	_	174	AE	®	206	CE	Î	238	EE	î
143	8F	_	175	AF	¯	207	CF	Ï	239	EF	ï

Dec	Hex	Zeichen	Dec	Hex	Zeichen	Dec	Hex	Zeichen	Dec	Hex	Zeichen
144	90	_	176	B0	°	208	D0	Đ	240	F0	ð
145	91	'	177	B1	±	209	D1	Ñ	241	F1	ñ
146	92	'	178	B2	²	210	D2	Ò	242	F2	ò
147	93	"	179	B3	³	211	D3	Ó	243	F3	ó
148	94	"	180	B4	´	212	D4	Ô	244	F4	ô
149	95	•	181	B5	µ	213	D5	Õ	245	F5	õ
150	96	-	182	B6	¶	214	D6	Ö	246	F6	ö
151	97	-	183	B7	·	215	D7	×	247	F7	÷
152	98	~	184	B8	¸	216	D8	Ø	248	F8	ø
153	99	™	185	B9	¹	217	D9	Ù	249	F9	ù
154	9A	š	186	BA	º	218	DA	Ú	250	FA	ú
155	9B	›	187	BB	»	219	DB	Û	251	FB	û
156	9C	œ	188	BC	¼	220	DC	Ü	252	FC	ü
157	9D	_	189	BD	½	221	DD	Ý	253	FD	ý
158	9E	_	190	BE	¾	222	DE	Þ	254	FE	þ
159	9F	Ÿ	191	BF	¿	223	DF	ß	255	FF	ÿ

Anhang C

Glossar

Abstrakte Methoden: Methoden, die in einer Klasse deklariert, aber nicht implementiert sind. Abstrakte Methoden werden mit dem Schlüsselwort abstract gekennzeichnet. Sie dienen als Schnittstellenvorgaben für abgeleitete Klassen (siehe Schnittstellen). Von Klassen mit abstrakten Methoden sollte man grundsätzlich keine Instanzen bilden. (Siehe Object Pascal-Referenz, Kategorie Vererbung und Polymorphie, Abstrakte Methoden)

Allokation: Andere Bezeichnung für Speicherreservierung. Die Speicherreservierung ist vor allem bei der Programmierung mit Zeigern wichtig, da der Programmierer hier die Möglichkeit hat, selbst Speicher zu allokieren und wieder freizugeben. (Siehe Praxisteil, Kategorie Object Pascal, Dynamische Speicherverwaltung)

Argument: Wert (oder Variable), der beim Aufruf einer Routine vom Aufrufer an einen Parameter der Routine übergeben wird. (Siehe Object Pascal-Referenz, Kategorie Prozeduren und Funktionen, Prozedurdeklarationen)

Aufrufer: Routine (oder Block), die die aktuelle Routine aufgerufen hat. (Siehe Object Pascal-Referenz, Kategorie Prozeduren und Funktionen, Datenaustausch zwischen Routinen)

Bezeichner: Name für eine Variable, eine Konstante, einen Datentyp, eine Routine oder ein Label, der vom Programmierer durch eine Deklaration bekannt gemacht wird. Der Compiler verwaltet alle Bezeichner in der so genannten Symboltabelle. (Siehe Object Pascal-Referenz, Kategorie Elemente der Sprache, Eigene Bezeichner)

Definition: In Pascal wird der Begriff der Definition meist als Synonym zum Begriff der Deklaration verwendet. Man kann die Definition aber auch als Deklaration mit zugehöriger Speicherreservierung auffassen und sie auf diese Weise von der Vorwärtsdeklaration abgrenzen.

Deklaration: Einführung und Bekanntmachung eines Bezeichners in einen Programmquelltext. (Siehe Object Pascal-Referenz, Kategorie Variablen, Variablendeklaration)

Destruktor: Spezielle Methode, die bei Auflösung der Objekte einer Klasse aufgerufen wird. (Siehe Object Pascal-Referenz, Kategorie Klassen, Destruktor)

Eigenschaften: Spezielle Attribute einer Klasse, die ihren Lese- und Schreibzugriff selbst definieren. (Siehe Object Pascal-Referenz, Kategorie Klassen, Eigenschaften)

Exception: Zu Deutsch »Ausnahme«. Syntaktisch gesehen, ein Objekt einer Klasse. Semantisch gesehen, die Benachrichtigung über einen Fehler. (Siehe Object Pascal-Referenz, Kategorie Exceptions, Exceptions)

Globale Variable: Variable, die nicht innerhalb einer Routinendeklaration deklariert ist, und daher global verfügbar ist. (Siehe Object Pascal-Referenz, Kategorie Variablen, Gültigkeitsbereiche)

Information hiding: Je weniger ein Programmierer über den Aufruf einer Routine wissen muss, umso einfacher kann er sie einsetzen. Viele Routinen, die Pascal zur Verfügung stellt, werden eingesetzt, ohne dass den Programmierern ihr Quellcode bekannt ist. Object Pascal wendet dies auf den Umgang mit Klassen an. Klassen stellen dem Programmierer Methoden zur Verfügung, um mit den Objekten der Klasse in korrekter Weise umgehen zu können. Die Klasse selbst erscheint für den Programmierer wie eine Blackbox. (Siehe Object Pascal-Referenz, Kategorie Klassen, Klassen und OOP)

Instanz: Variable eines Klassentyps. Um ganz exakt zu sein, sollte man den Begriff der Instanz von dem Begriff des Objekts unterscheiden. Ein Objekt ist die Manifestation einer Klasse, es liegt an einer definierten Stelle im Speicher. Erzeugt werden Klassenobjekte durch die so genannte Instanziierung (Aufruf des Create-Konstruktors der Klasse). Eine Instanz ist eine Variable des Klassentyps. Da Instanzen in Object Pascal intern Zeiger sind, ist eine Instanz nicht automatisch mit einem Objekt verbunden (im Gegensatz beispielsweise zu den Variablen der elementaren Datentypen). Erst durch Zuweisung des Rückgabewertes des Konstruktors an die Instanz wird die Instanz mit einem Klassenobjekt verbunden. (Siehe Object Pascal-Referenz, Kategorie Klassen, Klassendeklaration)

Interface: Siehe Schnittstelle.

Internationalisierung: Ausrichtung eines Programms für den internationalen Einsatz (Berücksichtigung landesspezifischer Eigenheiten wie Sprache, Format von Datumsangaben etc.).

Kapselung: Besagt, dass reale Objekte in ihrer Repräsentation im Programm als aus Eigenschaften (Daten) und ihrem Verhalten (Methoden) bestehend angesehen werden. Die Eigenschaften und das Verhalten eines Objektes werden in der Klasse, die es repräsentiert, zusammengefasst. Mit dem Konzept der Kapselung verbindet sich die Forderung nach Abstraktion und dem Design sinnvoller Schnittstellen. (Siehe Object Pascal-Referenz, Kategorie Klassen, Klassen und OOP.)

Klassen: Klassen umfassen und repräsentieren Objekte mit gemeinsamen Attributen (Datenelemente, Eigenschaften) und Verhaltensweisen (Methoden). (Siehe Object Pascal-Referenz, Kategorie Klassen, Klassendeklaration)

Klassenmethode: Spezielle Methode einer Klasse, die über den Klassennamen aufgerufen werden kann, aber keinen Zugriff auf die Elemente der Klasse (mit Ausnahme anderer Klassenmethoden) hat. Klassenmethoden werden mit dem Schlüsselwort `class` deklariert. (Siehe Object Pascal-Referenz, Kategorie Klassenreferenzen und -methoden, Klassenmethoden.)

Konstruktor: Spezielle Methode, die bei Einrichtung (Instanzbildung) der Objekte der Klasse aufgerufen wird. (Siehe Object Pascal-Referenz, Kategorie Klassen, Konstruktor.)

Lokale: Beschreibung der lokalen, landesspezifischen Umgebung, unter der ein Programm ausgeführt wird.

Lokale Variable: Variable, die innerhalb einer Routinendeklaration deklariert ist, und daher nur im Anweisungsteil dieser Routine verfügbar ist. (Siehe Object Pascal-Referenz, Kategorie Variablen, Gültigkeitsbereiche)

Lokalisierung: Anpassung eines Programms an landesspezifische Eigenheiten wie Sprache, Format von Datumsangaben etc.

MBCS: Englische Abkürzung für Multibyte-Zeichensätze.

Methoden: Als Methoden bezeichnet man Routinen, die zu einer Klasse gehören. Sie implementieren das Verhalten, das Objekte der Klasse haben (werden auch Elementfunktionen oder Elementprozeduren genannt). (Siehe Object Pascal-Referenz, Kategorie Klassen, Methoden)

Modul: Größere Programme erstellt man nicht, indem man den gesamten Code in die Programmdatei presst. Statt dessen teilt man den Quelltext auf mehrere Quelltextdateien auf (Programmdatei, Units), die man auch als Module bezeichnet. Module können aber auch als Binärcode vorliegen (Objektdateien, DLLs). Mit Hilfe der Projektverwaltung wird festgehalten, welche Module zu einem Projekt gehören und von Compiler und Linker zu einem Programm zusammengefasst werden sollen.

Multibyte-Zeichen: Zeichen, die durch mehrere Bytes kodiert werden. Die Anzahl der Bytes kann dabei variieren (wird üblicherweise zur Abspeicherung mehrsprachiger Texte (z. B. Deutsch / Chinesisch) in Dateien verwendet).

Nullterminierungszeichen: spezielles Zeichen, #0, das das Ende eines Null-terminierten Strings anzeigt. Null-terminierte Strings dienen der Kompatibilität zu C/C++ (beispielsweise wichtig für die Aufrufe von Windows-API-Funktionen). (Siehe Object Pascal-Referenz, Kategorie Datentypen, String-Typen.)

Objekte: In der objektorientierten Philosophie sind Objekte ganz allgemein real-existierende Dinge, die uns zur Implementierung von Klassen inspirieren (die eine abstrakte Repräsentation der Objekte darstellen). Programmiertechnisch ist ein Objekt die Instanziierung einer Klasse (nicht zu verwechseln mit der Instanz). Das Charakteristikum des Objekts ist, dass es im Speicher des Computers existent ist. Im weitesten Sinne bezeichnet man alle Manifestationen von Datentypen als Objekte (oder Speicherobjekte). (Siehe Object Pascal-Referenz, Kategorie Klassen, Klassendeklaration.)

Objektorientierung: In der objektorientierten Programmierung werden Probleme gelöst, indem man Objekte identifiziert, diese in Form von Klassen implementiert und dann mit diesen Klassen weiter arbeitet. Ein großer Teil des Programmieraufwands fließt dabei in die Implementierung einer entsprechenden Klasse zur Repräsentation der Objekte. Der Rest des Programms vereinfacht sich danach, da nur noch Methoden der Klassen aufgerufen werden. Dabei stellen diese Methoden selbst sicher, dass sie richtig ausgeführt werden. Die Implementierung der Klasse braucht den Programmierer nicht mehr zu interessieren! Der Vorteil besteht in der Entstehung besser wiederverwendbare Codes in Form von Klassen. Darüber hinaus steht die objektorientierte Sichtweise der menschlichen Art und Weise, Dinge zu sehen und zu klassifizieren, näher als der Umgang mit elementaren Datentypen.

Ordinaltypen: Datentypen, deren Elemente in einer eindeutigen Reihenfolge stehen und die – mit Ausnahme des ersten und des letzten Elements – eindeutige Vorgänger und Nachfolger besitzen. Datentypen, die diese Kriterien erfüllen (Integer-Datentypen, Zeichentypen, Boolesche Typen, Teilbereiche, Aufzählungstypen) nennt man ordinale Typen. Pascal kennt eine Reihe von Funktionen, die nur auf ordinale Typen angewendet werden können: Ord, Pred, Succ, High, Low, Inc, Dec.

Parameter: Spezielle lokale Variablen von Routinen, die dem Datenaustausch mit dem Aufrufer dienen. (Siehe Object Pascal-Referenz, Kategorie Prozeduren und Funktionen, Prozedurdeklarationen.)

Polymorphismus: Erlaubt es, durch Überschreibung geerbter Methoden auf unterschiedlichen Objekten gleichlautende Operationen auszuführen. Beispielsweise könnte man zwei Klassen Kreis und Rechteck von einer gemeinsamen Basisklasse GeomForm ableiten. Beide abgeleiteten Klassen erben die Methode zeichnen(). Das Zeichnen eines Kreises bedarf aber ganz anderer Operationen als das Zeichnen eines Rechtecks. Durch Überschreibung der geerbten Methode zeichnen() in den abgeleiteten Klassen ist es möglich, den Namen der Methode beizubehalten und sie mit einer klassenspezifischen Implementierung zu verbinden. Der Polymorphismus abgeleiteter Klassen ist ein besonders interessantes Konzept der objektorientierten

Programmierung, das am sinnvollsten in Verbindung mit virtuellen Methoden und Basisklassenobjekten eingesetzt wird. (Siehe Object Pascal-Referenz, Kategorie Vererbung und Polymorphie, Polymorphie.)

Im weiteren Sinne kann auch die Überladung von Funktionen und Operatoren als eine Art Polymorphie aufgefasst werden.

Qualifizierte Bezeichner: Bezeichner, dem der Name seines Gültigkeitsbereichs vorangestellt ist: `Unit1.Variablenname`. Qualifizierte Bezeichner werden verwendet, um auf verdeckte globale Elemente zuzugreifen. (Siehe Object Pascal-Referenz, Kategorie Variablen, Redeklaration und Verdeckung)

Register: 32-Bit große Prozessorbausteine, in denen Werte zwischengespeichert werden können. Register stellen die mit Abstand schnellste Form von Speicher dar. (Siehe Object Pascal-Referenz, Kategorie Prozeduren und Funktionen, Aufrufkonventionen)

Routinen: Oberbegriff für Prozeduren und Funktionen (und im weiteren Sinne auch Methoden).

Schnittstelle: Eine Schnittstelle ist die Spezifikation von Möglichkeiten zum Datenaustausch zwischen Routinen, Klassen, Modulen etc. Die Schnittstelle einer Funktion ist beispielsweise durch ihre Parameter, den Rückgabewert oder globale Variablen gegeben. Units verwenden den Interace-Teil zur Festlegung ihrer Schnittstellen. Klassen bieten `public`- oder `protected`-Elemente an. Für Klassen kann man auch eigene Schnittstellen-Typen deklarieren. Diese Schnittstellen geben die Namen von öffentlichen Methoden vor, die dann von den Klassen implementiert werden können. (Siehe Object Pascal-Referenz, Kategorie Schnittstellen, Schnittstellen.)

Signatur: Parameterliste von Routinen. (Für Funktionen zählt man üblicherweise auch den Rückgabetyp zur Signatur.)

Stack: Speicherbereich, den der Compiler zur Verwaltung der Aufrufe von Routinen verwendet. (Siehe Object Pascal-Referenz, Kategorie Prozeduren und Funktionen, Routinen und der Stack.)

Stack-Frame: Zu Deutsch »Stack-Rahmen«. Speicherbereich im Stack, in dem die Daten (Parameter, lokale Variablen, Rücksprungadresse) für den Aufruf einer einzelnen Routine abgelegt sind. (Siehe Object Pascal-Referenz, Kategorie Prozeduren und Funktionen, Routinen und der Stack)

Stream: Datenstrom zwischen einer Ein- oder Ausgabeeinheit und dem Programm.

String: Zeichenkette. (Siehe Object Pascal-Referenz, Kategorie Datentypen, String-Typen.)

Symboltabelle: Tabelle, die intern vom Compiler angelegt wird und in der er die im Programm benutzten Bezeichner mit den zugehörigen Speicheradressen verwaltet. (Siehe Object Pascal-Referenz, Kategorie Variablen, Variablen und Datentypen.)

Überladung: Im Englischen »Overloading«. Als Überladung bezeichnet man die Deklaration mehrerer Routinen eines Namens. Wird eine überladene Methode aufgerufen, bestimmt der Compiler anhand der Zahl und Typen der Parameter die aufzurufende Version der Routine. Überladene Routinen werden mit dem Schlüsselwort overload deklariert. (Siehe Object Pascal-Referenz, Kategorie Prozeduren und Funktionen, Überladung.)

Überschreibung: Im Englischen »Overriding«. Als Überschreibung bezeichnet man die Neudefinition einer ererbten Routine in einer abgeleiteten Klasse. Der Sinn ist, dass die abgeleitete Klasse auf einen entsprechenden Funktionsaufruf in spezifischer Weise reagiert. Überschreibung ist daher das Konzept, das Polymorphismus ermöglicht. Die Überschreibung wird durch das Schlüsselwort override angezeigt. Überschreiben kann man nur virtuelle Methoden (Methoden, die als virtual oder dynamic deklariert sind). (Siehe Object Pascal-Referenz, Kategorie Vererbung und Polymorphie, Überschreibung von Methoden.)

Unicode: 16-Bit-Zeichensatz, in dem alle erdenklichen Zeichen (inklusive der asiatischen Charakters) kodiert sind.

Verdeckung: Verdeckung liegt vor, wenn in einem inneren Gültigkeitsbereich ein Element (Variable, Routine) deklariert wird, das den gleichen Namen trägt wie ein Element aus einem äußeren Gültigkeitsbereich. (Siehe Object Pascal-Referenz, Kategorie Variablen, Redeklaration und Verdeckung)

Vererbung: Klassen lassen sich in Klassenhierarchien zusammenfassen. Abgeleitete Klassen können die Eigenschaften der übergeordneten Klasse übernehmen (erben). (Siehe Object Pascal-Referenz, Kategorie Vererbung und Polymorphie, Vererbung.)

Vorwärtsdeklaration: »Unvollständige« Deklaration, die lediglich dazu dient, einen Bezeichner beim Compiler bekannt zu machen. Vorwärtsdeklarationen sind Routinendeklarationen ohne Anweisungsteil oder Deklarationen von strukturierten Typen ohne Angabe der untergeordneten Elemente.

Whitespace: Zeichen, die einen Freiraum einfügen (Leerzeichen, Tabulator, Zeilenumbruch).

Vergleich Object Pascal zu C++

Wer von C++ zu Delphi kommt, der kann sich darüber freuen, dass sich C++ und Object Pascal in vielem ähnlich sind. Es wird aber nicht lange dauern, bis die Freude in Verdruss umschlägt, denn ähnlich bedeutet halt nicht identisch und gerade die vielen Ähnlichkeiten sind für C++-Programmierer eine ständige Fehlerquelle. Als Hilfe für geplagte C++-Programmierer habe ich daher die folgende Liste aufgestellt, die im Übrigen auch für Delphi-Programmierer, die zu C++ wechseln, interessant sein dürfte.

Groß- und Kleinschreibung

C++ unterscheidet zwischen Groß- und Kleinschreibung, Object Pascal nicht.

Operatoren und Schlüsselwörter

C++	Pascal	Bedeutung
=	:=	Zuweisung
==	=	Vergleich auf Gleichheit
/	/	Gleitkommadivision
	div	Integer-Division
%	mod	Rest der Division
&&	and	logisches UND
||	or	logisches ODER
!	not	Negation
switch	case	bedingte Entscheidung
do-while	repeat-until	Schleife
int	Integer	Integer-Typ
float	Single	Gleitkomma-Typ
*	^	Zeigerdeklaration und Dereferenzierung
void *	Pointer	generischer Zeiger
NULL	nil	Null-Zeiger
this	Self	Zeiger auf die aktuelle Klasseninstanz
virtual func = 0	abstract	abstrakte Methode

Ein- und Ausgabe

printf	write, writeln	Ausgabe
scanf	read, readln	Eingabe

Indizierung von Arrays

Die Indizierung von Arrays beginnt in Object Pascal nicht automatisch mit 0, sondern mit dem bei der Deklaration festgelegten kleinsten Indexwert. Lediglich offene Array-Parameter werden automatisch ab 0 indiziert.

Konstante Variablen

Konstante Variablen nennt man in Object Pascal »Typisierte Konstanten«. Ob man einer typisierten Konstante nach der Initialisierung einen anderen Wert zuweisen kann, hängt von der Compiler-Direktive {$J} ab, die standardmäßig auf {$J+} gesetzt ist, und daher die Wertzuweisung erlaubt (siehe Object Pascal-Referenz, Konstanten, Typisierte Konstanten).

Call by reference

Um in Object Pascal über Parameter Werte zwischen Aufrufer und aufgerufener Routine auszutauschen, muss man keine Zeiger-Parameter deklarieren. Mann kann auch den Parameter mit dem Schlüsselwort var deklarieren. (Siehe Object Pascal-Referenz, Prozeduren und Funktionen, Parameter.)

Lokale statische Variablen

Object Pascal kennt keinen Speicherspezifizierer static. Um trotzdem mit »lokalen statischen Variablen« arbeiten zu können, die ihren Wert zwischen den Funktionsaufrufen beibehalten, deklarieren Sie typisierte Konstanten. (Siehe Object Pascal-Referenz, Prozeduren und Funktionen, Lokale Variablen.)

Statische Klassenelemente

Klassenmethoden werden in Object Pascal mit dem vorangestellten Schlüsselwort class deklariert. (Siehe Object Pascal-Referenz, Klassenreferenzen und -methoden, Klassenmethoden.)

Klassenvariablen gibt es in Object Pascal nicht, man kann Sie aber durch globale Variablen ersetzen, die im Implementations-Teil der Unit der Klasse deklariert sind.

Private Datenelemente

Die Pascal-Zugriffsmodifizierer gelten nicht innerhalb der Unit der Klasse. Damit der Schutzmechanismus durch die Zugriffsmodifizierer greift, ist es daher wichtig, Klassen in eigenen Units zu implementieren.

Friends

Friend-Funktionen sind in Object Pascal ganz normale Funktionen (und Prozeduren), die in der gleichen Unit wie die Klasse deklariert sind.

Überladung

Überladene Routinen müssen in Object Pascal durch das angehängte Schlüsselwort overload gekennzeichnet werden. (Siehe Object Pascal-Referenz, Prozeduren und Funktionen, Überladung.)

Überschreibung

Es können nur Methoden überschrieben werden, die als virtual oder dynamic deklariert sind. Die überschreibende Methode wird als override deklariert. (Siehe Object Pascal-Referenz, Vererbung und Polymorphie, Überschreibung von Methoden.)

Mehrfachvererbung

Object Pascal kennt keine Mehrfachvererbung, erlaubt aber die Ableitung einer Klasse von einer direkten Basisklasse und beliebig vielen Schnittstellen. (Siehe Object Pascal-Referenz, Schnittstellen.)

Templates

Gibt es in Object Pascal nicht.

Operatorenüberladung

Gibt es in Object Pascal nicht.

Tabellenindex

Vom Kenner zum Experten

Laura Lemay / Rogers Candenhead

Java 2 – in 21 Tagen

Das bewährte Kurskonzept – jedes Kapitel mit Testfragen und F&A-Session – findet auch in Laura Lemays Update seine Fortsetzung. Auf der Buch-CD finden Sie zudem den kompletten Inhalt im HTML-Format, alle Sourcedateien zu den Beispielen sowie das komplette Java-Entwicklungspaket von Sun in Version 2.

752 Seiten, 1 CD-ROM
ISBN 3-8272-5578-3, DM 89,95

Wir sorgen
für Ihre Referenzen

■■■new technology

clever • aktuell • professionell

ADSL, T-DSL, Sky DSL
272 Seiten, 1 CD-ROM
Best.-Nr. **25696**, DM 69,95

xml
ca. 400 Seiten, 1 CD-ROM
Best.-Nr. **25737**, DM 79,95

networker's guide
ca. 850 Seiten, 1 CD-ROM
Best.-Nr. **25739**,DM 99,95

**windows 2000
active directory**
ca. 500 Seiten, 1 CD-ROM
Best.-Nr. **25747**, DM 89,95

**web-datenbanken für
windows-plattformen entwickeln**
ca. 550 Seiten
Best.-Nr. **25774**, DM 89,95

Markt&Technik-Produkte erhalten Sie im Buchhandel, Fachhandel und Warenhaus.
Pearson Education Deutschland GmbH · Martin-Kollar-Straße 10–12 · 81829 München · Telefon (0 89) 4 60 03-0 · Fax (0 89) 4 60 03-100
Aktuelle Infos rund um die Uhr im Internet: www.mut.de